日本通商产业政策史 1980-2000
总论

日本通商产业政策史编纂委员会 编
[日] 尾高煌之助 著
钱华 赵银华 译

中信出版集团 | 北京

图书在版编目（CIP）数据

日本通商产业政策史：1980-2000. 总论 / 日本通商产业政策史编纂委员会编；（日）尾高煌之助著；钱华，赵银华译 . -- 北京：中信出版社，2022.8
ISBN 978-7-5217-3484-3

Ⅰ . ①日… Ⅱ . ①日… ②尾… ③钱… ④赵… Ⅲ . ①产业政策－经济史－研究－日本－ 1980-2000 Ⅳ . ① F269.313.2

中国版本图书馆 CIP 数据核字 (2021) 第 172656 号

日本通商产业政策史（1980—2000）：总论

编者： 日本通商产业政策史编纂委员会
著者： ［日］尾高煌之助
译者： 钱华 赵银华
出版发行：中信出版集团股份有限公司
（北京市朝阳区惠新东街甲 4 号富盛大厦 2 座 邮编 100029）
承印者： 北京世纪恒宇印刷有限公司

开本：787mm×1092mm 1/16 印张：32 字数：586 千字
版次：2022 年 8 月第 1 版 印次：2022 年 8 月第 1 次印刷
京权图字：01–2021–1066 书号：ISBN 978-7-5217-3484-3

定价：128.00 元

中文版序言

日本是实施产业政策较为典型的国家，有成功经验，也有失败教训。在不同时期，日本制定了不同的产业政策，明确各个时期经济发展的主攻方向，有效地推动了经济的复兴、发展和高速增长。长期以来，日本产业政策备受世界各国关注，也为我国产业结构调整和经济转型政策提供了参考和借鉴。

1995年，由原国家计委和国务院发展研究中心牵头出版的《日本通商产业政策史（1945—1979）》曾在我国经济学界产生了较大影响。在20世纪最后的20年间，日本社会经济环境至少发生了四次重大变化，分别是：国内宏观经济变化，世界经济国际化（全球化）、重视市场和财政重建以及保护环境的国际舆论升温。这些变化给日本通商产业政策带来了非常巨大且具有实际意义的变革。为准确、客观地记录这一时期通商产业政策的问题以及解决方法和后续结果，2013年，日本经济产业省下属的经济产业研究所编纂了《日本通商产业政策史（1980—2000）》，该丛书共12卷，包括总论，通商和贸易政策，产业政策，物流政策，投资、环境与安全生产政策，基础产业政策，机械电子产业政策，消费品产业政策，产业技术政策，能源资源政策，知识产权政策，中小企业政策等内容。该丛书重点回顾了1980—2000年日本经济的发展及产业政策转型过程，分析了政策主要内容及对产业的影响，并对政策实施效果进行了科学评价。

当前，我国面临的形势与20世纪80年代后的日本存在诸多相似之处。作为《日本通商产业政策史（1945—1979）》的姊妹篇，《日本通商产业政策史（1980—2000）》有助于中国各界全面了解这一时期日本各项产业政策的具体实施，对于探讨中国产业政策的转型具有重要的借鉴意义。

中国发展研究基金会是国务院发展研究中心发起设立并领导的、在民政部注册的全国性公募型基金会，宗旨是支持政策研究、促进科学决策、服务中国发展。在工业和信息化部的委托和指导下，我们专门组织力量开展了《日本通商产业政策史（1980—2000）》丛书的翻译工作。我们希望，该丛书能为中国各界了解日本通商产业政策提供有价值的内容。该项工作的完成，离不开全体项目组成员的辛勤投入及众多专家和单位的大力支持。工业和信息化部的樊烨同志做了大量协调指导工作，东京海上日动中国基金对本项目慷慨捐赠，中信出版集团《比较》编辑室的吴素萍、孟凡玲和马媛媛为本书的顺利出版提供了大力支持。值此付梓之际，我谨代表中国发展研究基金会，对项目组全体成员以及为项目顺利完成提供支持和帮助的单位和个人表示诚挚的感谢。

中国发展研究基金会秘书长　方晋

寄语
致《日本通商产业政策史（1980—2000）》的出版

在此谨向以20世纪末期（1980—2000年）为研究对象的《日本通商产业政策史（1980—2000）》的出版表示祝贺。

《日本通商产业政策史（1980—2000）》根据经济产业省对经济产业研究所制定的第二次中期目标编纂而成。该书研究的时期恰逢全球化迅猛发展之际，企业和个人也被席卷其中，环境日新月异。与此同时，企业和个人的经济活动呈现多元发展趋势，对通商产业政策的期待也发生了变化。具体来说，从原来支持特殊种类的结构调整政策，转变为促进企业进一步转型以及完善经营方式以更好地应对国际经济结构变化的政策。而且，随着产业国际竞争力的提高，国家也越发重视通过放松规制和改善商业惯例完善自由竞争环境。

该政策史研究的时期恰逢此政策转型期，并且在这种经济、产业形势的背景下，通过记录客观事实，以分析和评论的方式论述了政策的制定、实施以及落实情况。翔实的史实以及客观的评价应该可以促进经济产业政策的研究，同时有助于解决当今经济社会堆积如山的课题。

编纂委员会的各位成员殚精竭虑，历时长达五年，终获至宝——《日本通商产业政策史（1980—2000）》。借此机会，向各位表达衷心的敬意。经济产业省也将尽可能利用本书的成果，实现新的成长战略，竭尽全力实现日本经济复苏。

2011年3月

经济产业大臣　海江田万里

序

本系列丛书旨在回顾并评价20世纪末日本的产业政策，并将其作为考察21世纪初经济社会和产业政策的重要参考之一。

在20世纪最后20年间，与产业政策相关的社会经济环境至少发生过四次重大变化，分别是：国内宏观经济变化、世界经济国际化（全球化）、重视市场和财政重建，以及保护地球环境的国际舆论升温。

20世纪90年代日本产业政策出现转机就是这些变化导致的结果之一。当时的宏观环境剧变是其中一个原因。彼时，日本刚刚克服石油危机，本以为可以保持持续的稳定增长。但时隔不久，伴随《广场协议》的签署，日元快速升值，经济泡沫开始破裂。为了应对日元升值，通产省采取了很多措施，却导致政府财政进一步恶化：财政逆差扩大；国债发行规模迅速扩大，超过了GDP的增长幅度。政府不得不紧缩财政支出。为了落实产业政策，政府还出台了补贴和税收优惠措施，但其自由度也受到限制。此外，在经济高速增长的过程中，金融资产虽然不断增加，但支援民间的公共财政（财政投资资金、利息补贴等）的有效性日益下降，从而导致产业政策的效果低下。

其间，政府决策机制也出现了一些变化的征兆。比如，“桥本行革”期间，由首相官邸独揽大权并做出政治决断的情况增加。经济高速增长结束后，政府的主要任务发生调整，对有限的预算进行合理分配。所以首相官邸的功能也就必须要做出调整。从这个意义上讲，在世纪之交，中央政府机构改革成为“新时代”到来的标志。“桥本行革”明确的原则中有三条规定：强化内阁职权；大幅缩减省厅编制（由22个减少为12个）；开展工作不再以领导为中心（取消上下级关系），而是以任务为中心。通商产业省也借此更名为经济产业省（2001年），为了更加实至名归，也将重心转移到宏观经济政策和产业政策等领域。此外，政府为了确保信息传递和决策更加迅速，还实施了一系列措施，比如引入扁平化管理机制、废除总务科、用政策调整官会议取代法令审查委员会等。

围绕产业政策，20 世纪 90 年代出现的趋势更加明显。下面举例说明。

1. 20 世纪 80 年代以前，一般都是由“相关行业主管机构”针对比较繁荣的行业制定相关政策，以便灵活发挥业界团体的职能。随着信息化和节能技术的发展，越来越多的行业不再适用单一的产业政策，比如环境等领域。政府在新时代的职能转变为发明和培育先进技术以及研发创新性生产技术。同时，一直以来的干预市场型产业政策也逐渐被尊重市场规律、促进市场发展的政策取代，其典型就是高举制度改革（强调市场功能）的大旗，纠正内外价值观、改善高成本结构等。1999 年修改《中小企业基本法》，废除原来法律（1963 年制定）的核心法条“改善不足”（第 3 条第 5 款）的概念，这些举措都给中小企业政策等产业政策带来了根本性的变革。

2. 为了防止外部因素内部化导致市场失灵，或是支持市场化经营承担民间部门根本无力承担的风险等，政府开始探索新的政策，采取不同以往的政策干预市场、强调保护和改善广义上的环境以及积极的能源政策，比如积极支持大型基础设施的研究和开发。这时还开始强调知识产权政策的重要性。这些举措均是经济全球化浪潮下的必然结果。

3. 为了防止产业空洞化，把具有优势的制造业留在国内，很多新的政策应运而生，比如开发新技术、促进研究人员交流、简化专利申请程序以及增加审查官职能、改善企业创办条件等措施（减少法人税）。特别是 1995 年制定的《科学技术基本法》，其中规定鼓励将研究开发成果合理实用化；1998 年为了促进大学、国立研究所等机构的研究成果向民间转移，颁布了《大学等技术转移促进法》；1999 年还制定了《产业活力再生特别措施法》，其条款中包括鼓励把国家委托课题研究成果相关的专利转为民用。

4. 除了上述变化之外，流通业“近代化”和强调保护消费者权益的行为也华丽登场，日本政府非常果断地引入了一些新的观点。1998 年出台《大规模零售商店立地法》（《大店立地法》）就是很明显的例子。同年颁布的新法，删除了 1973 年旧法关于调整大规模零售商店零售活动的法律中的“调整”，由此可以窥见通产省逐渐放弃了调整职能。

5. 受经济环境影响，政策模式发生变化。比如，现在明显倾向于制定法律条令，而不是把行政干预作为产业政策规则；没有法律根据的行政程序和行政手段变得难以实施。此外，事前管制也调整为事后管制（不在问题发生前制定规则，而是在明确问题后再进行规范）。

6. 更加明显的是，与通产政策有关的课题不再局限于政府各个部门内部，而是根据课题的具体要求跨部门合作解决。这不仅是因为政策模式和其背后的政策思想不断动态调整，还因为当时负责制定政策的官员也开始灵活处理这种长期的趋势（“全球化”是其中的环节之一）。比较早期的案例是通产省举办“缩短劳动时间问题恳谈会”（1990 年 6 月），之后又举办“产业劳动问题恳谈会”（1991 年 5 月），提出促进女性、老人雇用比例的建议。之后，还陆续出现很多类似案例，比如提出了地价税（1991 年）、减少法人税等建议，制定与人类基因解析研究相关的伦理原则（2001 年），颁布低污染汽车开发计划（2001 年）等。

7. 从 20 世纪 70 年代后期到 90 年代前半期，日美两国双边贸易摩擦频发。一直奉行自由贸易主义、强调多边经常收支平衡重要性的日本政府不得不与外国政府（尤其是美国）展开双边谈判，并且经常实施自愿出口限制措施，国内产业苦不堪言。因此政府在决策方面面临巨大压力。

但是，另一方面，日本顺利在太平洋地区搭建了区域经济合作的平台（APEC），并且完善了针对发展中国家提供的政府开发援助（ODA）制度，给日本的经济政策带来前所未有的生机。

另外，在 20 世纪末（1995 年），GATT 体制转变为 WTO，日本在这个过程中扮演了重要角色。实际上，WTO 成立对日本贸易政策来说是一个巨大的转折点，不仅促使国际社会逐渐接受以世界共通的规则作为制定贸易政策和谈判的原则，还促使通产省的立场由自由贸易向积极谈判转变。

总而言之，20 世纪末的最后 20 年对日本社会造成深远影响。同时，也为通商政策带来了非常巨大且具有实际意义的变革。本丛书希望明确通商政策在世纪之交的变化和对这 25 年的政策课题的认识，以及政策手段的选择甚至对其结果带来了何种影响。通过准确、客观地记录这一时期通商政策的问题以及解决方法和后续结果，为当今社会甚至子孙后代做出一些有意义的事情。

就通商政策来说，要解决的问题层出不穷，而且分秒必争，要求跨部门组织很多专家和机构展开谈判和交涉，很多综合性材料无暇记录。因此，要追踪政策的决策过程，除了参考文献资料和相关统计外，还必须通过了解当时的决策者以及相关人员的回忆、调查相关机构的记录。这种工作必须及时处理。虽然是历史，但是因为刚过去不久，还来得及。所以政策史才敢于以这段时期作为对象。

实际上，在执笔时，就没有采用第一期（由隅谷委员会提出）《日本通商产业政策史》的时间来编纂各卷内容。之后，明确以 1973—2000 年通产省的组织构成作为标准，相关人员在此基础上完成编写。上述时期的变化必须易于按照政策主题进行分析。此外，还必须兼顾风格统一，以便在编写时保持相应的联系。

经济社会的变化是连续的。此外，政策在20年左右也有连续性，所以本丛书在编写时并没有完全拘泥在1980—2000年，而是根据需求涉及其他时期。在讲述政策历史时，把保持文章连续性作为前提非常重要。

在编写本丛书时，除了主编外还委托了三名副主编（武田晴人教授、中田哲雄教授、松岛茂教授）共同作为监修。而且，还成立了编纂委员会，全部作者都参与其中，促进了编纂计划的顺利实施。如上所述，因为纸质材料和录音带（或类似材料）并不丰富，所以还开展了约200次访谈调查，比如访谈原通产省官员在内的政策负责人。

本丛书编写历时5年，得到了各方的帮助，尤其是政策史编纂小组的工作人员非常辛苦。他们积极联系本部门或是其他外部机构寻求帮助、查找文献资料、开展问卷调查、成立并运营研究会甚至出差等，做出了巨大的贡献。

以及川耕造理事长为首的经济产业研究所工作人员以及经济产业省相关人员多次参加编纂委员会会议和中期报告会，并提出了很多宝贵意见。在草稿完成后，经济产业省相关部门也根据分工举办了复查会议，百忙之中还及时提出了很多宝贵意见。身处第一线的专家提出了很多精彩的意见。如果没有各位的帮助，本丛书难以完成。在此，向各位致以衷心的感谢。

最后，本丛书12卷的出版都由经济产业调查会负责，时间和费用都比较紧张，所以作为编写人员必须向从事出版和印刷的各位工作人员致以敬意。

如上述谢词所言，本政策史各卷均在经济产业研究所的指导下实施。所以本丛书属于经济产业研究所编纂的作品。

本丛书的目的和意图是否实现需要由读者判断。同时，也希望得到众多读者的斧正。

2011年3月

通商产业政策史编纂委员长　尾高煌之助

通商产业政策史编纂委员会

委员长

尾高煌之助　一桥大学名誉教授/法政大学名誉教授

委　员

阿部武司　大阪大学研究生院经济学研究科教授
石原武政　关西学院大学商学部教授/大阪市立大学名誉教授
冈崎哲二　东京大学研究生院经济学研究科教授
橘川武郎　一桥大学研究生院商学研究科教授
沢井实　大阪大学研究生院经济学研究科教授
武田晴人＊　东京大学研究生院经济学研究科教授
中田哲雄＊　同志社大学研究生院商业研究科教授
中山信弘　明治大学特任教授/东京大学名誉教授
长谷川信　青山学院大学副校长/经营学部教授
松岛茂＊　东京理科大学研究生院综合科学技术经营研究科教授
山崎志郎　首都大学东京都市教养学部经营学系教授
经济产业省相关代表

为了实施编纂工作，独立行政法人机构经济产业研究所任命尾高煌之助为主编以及三名副主编（带＊号者），并作为编写负责人。

通商产业政策史编纂委员会隶属于独立行政法人机构经济产业研究所，由主编担任委员长，成员包括副主编等各卷的编写负责人以及经济产业省的相关代表。

凡　例

1. 用字用语以使用常用汉字、现代假名为原则，但学术用语、专门用语及惯用语不拘此例。

2. 原则上使用西历纪年，但根据需要使用日本历纪年。

3. 人名敬称都已省略，包括机构外人员以及在世人员。

4. 外国人名、国名、地名及国际机构等使用惯用称谓。另外，人名的敬称参照3。

5. 引用文原则如下：

（1）用字用语等依照原文、字体采用新字体。

（2）引用文中有明显错误的地方，以引用者的责任进行订正，漏字处使用［］补全。

（3）引用文中的注释用（）标记，表示为引用者注释。

（4）省略以……或（中略）表示。

（5）参考文中的换行用/表示。

6. 引用文献、参考文献的注释采用一般方式。

7. 数字使用阿拉伯数字，同时使用万亿、亿、万等单位。

8. 度量衡原则上以米为基本单位。

9. 关于法令、条约、公文资料采用以下原则：

（1）法令的标识原则上在标题名称后加注（），需要记述公布年月日、标号、施行年月日等。

（2）条约的标识原则上按照（1）实行。按需标记生效的年月日。

（3）公文资料等的标识按照原则，需标记标题，根据需要注释年月日、编制部门、决定和通知的类别和关于发信文件的编号、发信人员及接收人员。

（4）外国法令等原则上是翻译后按照本国文件的方式标记。

目　录

第一部　政策思想和政策手段

第二部　分行业概述

序章
第二期通商产业政策史
“总论”的课题和方法

“总论”的主题

本书以1980—2000年的通商产业政策作为研究对象，是第二期通商产业政策史的第一卷“总论”。[①] 本系列丛书将1973—2000年通商产业政策的走向，按照通商产业省（以下简称通产省）主要部门管辖的领域，分成了通商和贸易，产业政策，商务流通，布局、环境、安保，基础产业，机械信息产业，生活产业，产业技术，资源能源，知识产权以及中小企业11卷论述。关于这些领域，在以后的各卷都有详细介绍，因此总论在与各卷保持紧密联系的同时，也尝试采用稍微不同的观点进行论述。因此，本书主要以政策思想为中心，从通产省成立至21世纪初期的中长期视角阐述。

政策思想尽量明确以下几点：什么样的政策企划、以什么为目的、为什么、经过什么样的过程、最终是否实施。

在进行以下论述之前，先阐述一下本系列丛书的主题，即通商产业政策（通产政策）的定义。这里所说的通产政策，是指经济产业省（经产省）或2000年以前通产省正式实施的所有政策。根据1952年制定的《通商产业省设置法》（1952年，法律第

---

① 第一期的通商产业政策史是以1945—1979年的通商产业政策作为研究对象，在隅谷三喜男委员长的主导下编纂的，《通商产业政策史》共17卷，在1989年到1994年间由通商产业调查会公开发行。该系列的前身是回顾了从明治时代开始到取代商工省成立通商产业省为止的、第二次世界大战前的商工政策史的《商工行政史》（上、中、下，编纂委员长：土屋乔雄，商工行政史刊行会，1954—1955年）和《商工政策史》（1、2－24卷，商工政策史刊行会，1961—1985年）。

275 号）第 3 条的规定，该省的任务是：②

（1）贸易的振兴与调整，以及伴随贸易的外汇管理及调整

（1.2）推进经济贸易上的国际合作

（2）增进、改善、调整和检查工矿产品的生产、流通及消费

（3）工商业合理化及适度化相关事务

（4）度量衡及计量相关事务

（5）电力事业、燃气事业及供热事业的运营调整

（6）开发矿产资源及确保电力等能源供给，推进能源利用及调整水力发电

（7）矿山安保相关事务

（8）工业所有权相关事务

（9）中小企业的振兴及指导

（10）工矿业的科学技术实验研究及研究成果的普及

（11）制定及普及工业标准

（12）关于商用工矿业的调查和统计，以及其他商用工矿业的相关事务

（13）国有贸易事业

（14）酒精专卖事业

单纯从形式而言，该省的任务就是制定符合上述条文的全部政策。

但是，如果从现代社会科学的立场模糊定义的话，通产政策就是以提高或者改善国民的经济福利为目的，政府从资金、法律或者行政上干预市场的行为。根据现代经济学的见解，政府的这些行为就是允许发生“市场失灵”的情况，也就是说当市场（如下文所述）因为某些原因不能像期待的那样充分发挥其功能时，政府的这些行为就

② 引用自通商产业省编的 2000 年版《通产六法》。1952 年的设置法经过了数次修改，特别需要指出的是，上述引用中的（1.2）是在 1962 年追加的（法律第 128 号），还有上述第（2）项是 1974 年追加的（法律第 275 号）。另外，在 1974 年的法律修改中删除了 1952 年设置法的第（2）项（振兴出口产品生产，增进、改善、调整和检查其他工矿产品的生产、流通及消费），同时将第（6）项（推进煤炭和其他矿物、电力等资源的开发利用以及调整水力发电）修改成上述引用的第（6）项。此后，2003 年（法律第 93 号）的《经济产业省设置法》第 3 条，将该省的任务进行了原理性和抽象性地规定，即“以提高民间的经济活力以及对外经济关系的顺利发展为中心，谋求确保经济和产业以及矿产资源和能源的稳定且有效供给”，而且紧接着在规定管辖事物的第 4 条中使用了在以前的《通商产业省设置法》中没有的“改革经济结构”“参与有关审议经济全局基本方针的企划及方案制定”“改善产业结构”“改善产业组织”等概念，令人感受到新鲜的气息。

得以正当化。[③]

然而，使设置法第 3 条规定的政策行为正当化的理由，如在市场失灵的情况下，改善市场不完善或者市场功能不健全的状况，促进市场功能正常发挥；为了抑制扰乱市场秩序的行为；出于国内外政治原因而执行政府政策，也部分满足了上述定义。

综上所述，通产政策就是：在（1）市场不发达或功能不健全的情况下，（2）信息不充分或不完全（“非对称性”）的情况下，（3）经济主体的行为给作为第三方的其他经济主体带来成本增加（即存在外部不经济性，external diseconomies）的情况下[④]，（4）市场参与者的行为因过度以自我为中心而扰乱了市场秩序的情况下，或者（5）因政治原因（解决国际贸易摩擦等）的情况下，通过补充、完善或者修正未能充分发挥其应有功能的市场行为，从而改善或提高经济福利的政府行为。如果用标语形式表述的话，执行通产政策的目的（或者理由）有以下 5 个：（1）鼓励市场发展，（2）纠正信息的非对称性，（3）消除外部不经济因素，（4）保护市场秩序，以及（5）政治经济原因。

“总论”的构成和写作方法

作为经济政策的通产政策，为了实现其目的，需要必要的手段（工具）。通产政策的实际效果与实现其思想的具体措施以及如何执行密切相关。通产政策的手段主要有资金、规则以及人事组织。用于政府公共政策的资金包括预算、融资及税收，规则包括法规和行政指导，人事组织包括组织的设立、变更、废除以及专业岗位的适当配置和调整。因为注意到这种情况，所以本书的前半部分是追踪有关政策思想和政策手段的关系及其变化。即第一部第 2 章讲述初始预算，第 3 章讲财政投融资，第 4 章讲法律和税收制度，第 5 章讲组织和人事。另一方面，仅仅知道政策是无法理解政策思想的，还需要知道制定政策的过程，所以第一部的开头（第 1 章）对被称作“新政策”的新

---

③ 通商产业政策的此种定义，在原理上和伊藤元重、清野一治、奥野正宽、铃村兴太郎在《产业政策的经济分析》（东京大学出版会，1988 年，第 1 章“产业政策是什么”，第 3—4 页）一书中“产业政策”的定义相同。但是本书在下述（1）和（4）中并没有明确提及。

④ 例如，（1）在经济发展中的地区有时会观察到，因创新型技术开发等不确定性因素较高（风险大）而导致市场交易无法达成，（2）如在外行和专家（例如一般市民和“金融学”专家）之间所观察到的，由于交易商品和服务等相关信息的质和量严重不均衡，导致很难达成平等交易，（3）比如环境污染（公害），某些经济主体的行为增加了他人成本，这些都属于外部不经济性。

规应时代要求及社会经济环境的变化，和准备实施的过程给予关注。⑤

本书的后半部分（第二部）追溯了政策的内容及变迁。但是，原则上为了避免与第2卷以后的论述重复，因此聚焦于产业政策，产业布局政策，中小企业和商务流通政策，能源资源政策，环境、公害、安保政策，知识产权、产业技术、信息产业相关技术政策，以及对外贸易政策7个方面，在从通产省设立到21世纪初期整个脉络中对20世纪末的20年进行概观。

本书的尾章是对上述各章的总括。

本书采用的调查、写作方法是实证史学的方法。在写作之前收集资料时，最大限度地利用现存历史资料挖掘史实，同时，对负责政策企划和执行的职员以及退休职员（OB）多次进行调查并听取其意见。另外，前期的草稿还基于经产省部局内部审阅结果进行了修改，力争没有事实上的差错。

本书各章的内容，无论在政策思想还是政策制定和执行上必然有着密切的联系，但是，在写作时尽量做到让单独阅读各章的读者也能明白各章的论述要旨。

行政规划

在谈到20世纪后期通商产业政策思想时，绝对要涉及1963年、1971年、1979年，以及1990年公布的“通商产业政策构想（远景规划）”。⑥ 其中，20世纪60年代版的远景规划由1961年10月通产省设置的产业结构调查会于1963年11月公布⑦，70年代版由1964年5月（产业结构调查会和产业合理化审议会整合）设置的产业结构审议会于1971年5月公布。⑧ 此后，该审议会于1980年3月⑨、1990年7月⑩分别公布了20

⑤ 但是，“新政策”仅仅是指新制定的政策，是所有政策中的一部分。其背后还有许多以前就一直实施的重要政策。

⑥ 通常写作“ビジョン”，本书使用了和原发音更相近的写法。

⑦ 产业结构调查会，《产业结构调查会答询》，1963年11月，及产业结构调查会，《产业结构调查会答询附表》，1963年11月（产业结构调查会编《日本的产业结构》第1卷，通商产业研究社，1964年收录）。

⑧ 产业结构审议会编，《70年代的通商产业政策——产业结构审议会中期答询》，大藏省印刷局，1971年6月。另外，作为《特集：究竟什么才是70年代通商产业政策的基本方向（产构审中期答询）》，也被1971年6月15日出版的《通产月刊》第4卷第3号收录。另外，作为与20世纪70年代远景规划有关的文章，本章没有提到的还有通产省编《为了实现产业结构远景规划——持续增长的课题和产业政策的方向》（1977年产业结构审议会报告），通商产业调查会，1977年。

⑨ 《80年代的通商产业政策——产业结构审议会答询（草案）》，1980年3月17日（产业结构审议会编，《80年代的通产政策远景规划》，通商产业调查会，1980年4月公开发行）。

⑩ 通商产业省编，《90年代的通产政策远景规划——创造地球时代的人类价值》，通商产业调查会，1990年8月。

世纪80年代和90年代版的远景规划。

这些远景规划都是根据对当时想要制定通产政策基本路线的通产大臣的咨询，经过相关委员热烈讨论、审议后制定，并作为调查会或审议会报告（有时是中期报告）公开发表的。

产业结构调查会（后来的产业结构审议会）的主要任务是，接受通产大臣关于通商产业政策基本方针的咨询，制作答询报告。该调查会由民间有识之士组成。[11] 该事务局在1964年由当时的官房大臣，1973年7月25日以后由产业政策局担任。[12] 在总结答询报告、审议并做出决定的过程中，首先对通商产业政策的基本方向进行调查、讨论，同时民间各界代表也表明自己的意见，并进行必要的意见协调。因此，这种形式不仅能让有识之士以及民间业界表达自己的意见，同时还能让实业界理解政府的政策方针（以及承载的基本思想和意识）。[13]

20世纪60年代的远景规划

1961年产业结构调查会设立之时以及之前的相关政策有：

1949年，设立产业合理化审议会；

1952年，颁布《企业合理化促进法》（法律第5号）；

1955年，发表经济自立5年计划（经济企划厅）；

1956年，颁布《机械工业振兴临时措施法》（法律第154号）；

1960年，确立贸易汇率自由化计划大纲（内阁）；

1960年，发表国民收入倍增计划（经济企划厅）；

1963年，国会审议未通过振兴特定产业临时措施法案（废案）；

---

⑪ 例如20世纪80年代的远景规划是根据通产大臣关于“80年代通商产业政策的基本方向”的咨询制定的。远景规划的草案由产业结构审议会（土光敏夫会长）下属的“80年代政策特别小委员会”制定。该小委员会由东大教养学部内田忠夫教授（时任）任委员长，此外成员还有38名富有学识的有经验人士。其间召开了9次会议（上述《80年代的通产政策远景规划》前言）。远景规划草案向审议会全体会议报告，审议并采纳后，作为“审议会答询报告”由审议会会长向大臣汇报。

⑫ 《产业结构审议会令》（1964年政令第79号）第8条。此后，依据《部分修改通商产业省组织令的政令》（1973年政令第208号）第109条第11项，审议会事务局改为通产省产业政策局。

⑬ 审议会委员由事务局预先选任，根据审议等占用的时间给予津贴（酬金）。关于从哪些领域、以什么标准、选谁担任委员，听取了各种各样的意见。《信息公开法》（《关于公开行政机关保有信息的法律》，1999年，法律第42号）制定后，审议过程的记录（议事录）原则上要公开，但是公开到什么程度（什么地方、哪一段期间、以什么形式保存），是需要深刻注意并反复讨论的重要课题。

1963年，颁布《中小企业现代化促进法》（法律第64号）及《中小企业基本法》（法律第154号）；等等。

当时的日本经济因为经历了朝鲜战争的特殊需求而渐渐复苏，企业开始追求合理化，机械加工业中小企业网络化雏形开始显现。伴随着经济高速增长，开启了探求新“产业结构”的时代。

1963年公开发表的20世纪60年代远景规划⑭将强化产业国际竞争力作为60年代的课题，并提出为了应对这一课题必须推进“经济结构优化”和“贸易自由化”。具体而言，产业政策的作用就是支持制造业中具有较大“收入弹性”和较高“生产率增长率”的产业部门。⑮

具有较大“收入弹性”的产业是指商品需求以比收入上升率更快的速度增长的产业，较高“生产率增长率”的产业是指通过设备投资使生产率快速或者显著提高的产业。换句话说，重中之重是支持那些中长期需求显著增加，而且有较大可能改善供给能力（产业合理化）的产业。这些产业基本等同于所谓“重化工业”（机械、金属及其制品，以及各种化学工业），还有一部分是材料产业（即钢铁以及其他金属业）。

根据20世纪60年代的远景规划，“重化工业”在宏观增加值中所占比例应该可以从1962年的19.1%提高到1967年的21.5%，同期在出口中所占的比例可以从50.6%提高到59.3%。而且在此期间，预测宏观经济实际增长率为年均7.5%。⑯

生产率改善的结果是，普通钢材、电力等基础物资及服务能够以较低价格稳定供应，为经济增长提供了必要的条件。因此，还设想了整合商品规格以及调整生产领域等。但由于满足上述两个基准（较大“收入弹性”和较高“生产率增长率”——译注）的产业都具备规模经济效应，所以通过企业合并扩大生产规模是一条捷径。因此，20世纪60年代前期，通产省经常从侧面助推企业合并。其中的一个例子就是日产汽车公司合并王子汽车公司（1966年）。还有一个著名的例子是1970年的八幡制铁和富士制铁的合并（成立新日本制铁），当然通过合并扩大企业规模的尝试并不总是成功的。

---

⑭ 该调查会拥有各界代表（包括学识渊博经验丰富者）委员54名，还有专门委员277名，由12个部会和32个小委员会组成，其1963年的答询报告构成了“战后日本产业政策的一大特色《远景规划方式》的原型（藤田晓男，《战后日本的“产业结构远景规划和产业结构政策”的问题点》，《金泽大学经济学部论文集》9卷2号，1989年3月，第43页）。但是，正式使用“远景规划”的名称是在20世纪70年代以后。

⑮ 推荐这些判断标准的委员有当时一桥大学教授筱原三代平。参照筱原三代平《我和通产省》，《通产月刊》，1976年6月号（同时收录在《经济学家的群像——60年的回顾》，非卖品，2007年，第253—259页）。

⑯ 产业结构调查会，《产业结构调查会答询》，1963年11月，第30—31页。

特别是八幡和富士的合并，就受到现代经济学者的强烈质疑。

另外，达成上述远景规划的主要政策手段有税收特别措施法和财政投融资等。无论如何，采用脱胎于二战时期及战败初期管理手段的（行政指导、提出远景规划、诱导措施等）“软”的政策手段受到欢迎，并且，如果通过宏观政策促进进口自由化和振兴出口，可以促进提高产品质量，降低产品价格。

在“重化学工业化”占据产业结构中心的提案背后，有一个关系成功实现经济现代化的隐蔽前提，即将制造工业的所有领域作为一个整体（即“一揽子”）培育。因此，20 世纪 60 年代的远景规划中完全没有比较优势（comparative advantage）的概念。其中提到了振兴出口，是因为成功实现产业合理化后，产品海外销售范围将进一步扩大，并且能够为从海外进口基础产业所需的原材料及材料创汇。另外，经济现代化（设备投资）所需的资金可以完全来自国内储蓄（一旦经济开始增长，只要边际消费倾向不变，国内储蓄自然会增加），所以当时还不需要引进外资。[17] 即使在合理化还不完善的情况下，也能看到产业领域中“轻工业”的振兴出口进程，取得的这些成果在很大程度上是由 360 日元兑 1 美元的固定汇率带来的。但是，远景规划完全没有提及（或许认为应当如此）支撑固定汇率和国际贸易的布雷顿森林体系（谋求利用以美元为中心的固定汇率振兴世界贸易的 IMF 贸易管理体制，1945—1971 年）及其背后的美式和平（Pax Americana，谋求在美国的霸权主导下使经济贸易兴盛的国际政治体制）。

重视产业结构的经济思想或许与强调中长期视角重要性的论断相关联。作为很多时候不得不用短期视角指导行动的中央机关的指导思想，很少强调中长期视角。政策当局以官方正式文件强调并支持产业结构变革可以说是非常独特的（同时，重视结构、强调中长期的视角并不是只有 60 年代的远景规划才有的特征。如同后面讲到的，“产业结构”在 90 年代的远景规划中，也是一个重要论点，虽然语境有所不同）。

正是因为在战争间隔期间（即一战结束到二战开始之前）经历了早期工业化，有了一定的工业化实绩（即作为振兴出口引擎的工业化进程），战败后才有可能提出并实现产业结构“高度化”构想。因为通过出口导向型工业化，才培育和蓄积了物质资本及工业化所需的人力资本（创业者和技术人员，以及中层管理层）。当然，从海外“借

---

[17] 不仅如此，如果随意推行资本自由化，还可能引起经营权的不稳定或者丧失，因此采取了非常慎重的态度。这也反映了当时在企业家之间弥漫的不安感。无论怎样，20 世纪 60 年代的远景规划中关于引进海外资金仅用了一页纸进行论述。

来的技术”（borrowed technology），无论在二战前后，都发挥了很大作用。

20世纪70年代的远景规划

《70年代的通商产业政策》，因为准确预见继“重化学工业化”之后“知识产业化”（信息革命）的到来而获得高度评价，并因为使“知识密集型产业结构”这一概念得以流行而受到称赞，除此之外，还有其他很多值得瞩目的特征。

70年代远景规划的特征之一是：在尊重市场理论（私营企业带来自由竞争）的同时明确承认其局限性，指出并强调产业政策存在的意义是弥补因信息不对称性及外部非经济因素导致的市场功能不健全。⑱ 另一方面，在谈到产业结构视角的重要性时，70年代的远景规划提出现在的重点不再是重化学工业，而应将知识生产作为重点，同时认为公共政策的作用还在于迅速构建与经济服务化相适应的“新产业结构”，并从后者的视角强调了教育的作用以及设计和流行性消费的意义。⑲

这里说的知识密集型产业，包括电子计算机、产业机器人、集成电路、飞机、通信设备、办公设备、数字控制设备、信息处理服务、软件、时尚型产业（例如，高级成衣、高级家具、住宅用品、电器音响器材、电子乐器等）。不过由于受到时代的制约，所以并没有对以计算机为中心的通信革命必然带来的危害（计算机犯罪、个人信息的滥用等）做充分的叙述。

强调知识产业的重要性，是为了在设想将来的产业结构时，设定新的标准。70年代远景规划在设想未来的产业结构时，不仅有60年代远景规划采用的收入弹性基准和生产率上升基准，还追加了“过密环境基准”和“劳动内容基准”，即尽量减少对稀缺生产要素和能源的依赖，在注重减轻环境负担的同时，还考虑到对安全、舒适和能带来满足感的工作的社会需求日益高涨。⑳

另一方面，该报告书还高度评价了日本的工业制造能力。但是，由于产品较强的出口竞争力使日本出口量急剧增加，如果放任自流则存在同海外各国发生贸易摩擦的可能性，报告书对此给予了警示。另外，报告书还注意到日本海外直接投资（FDI）增

---

⑱ 产业结构审议会编，《70年代的通商产业政策——产业结构审议会中期答询》，第19页。另外，信息的非对称性是指交易一方（有关交易）信息的质量和数量都劣于交易对手，而使交易双方的地位变得不平等。外部不经济是指部分生产费用由生产当事人以外的他人或企业等负担。

⑲ 同上，第28页。

⑳ 同上，第28—29页。

加，并认为这种趋势不仅对发达国家，同时对亚洲发展中国家（当时）强化和改善工业制造能力也做出了巨大贡献。㉑

70年代远景规划指出，工业发展必然会导致环境污染（典型的外部不经济性，即所谓的“公害”），应认识到预防环境污染也是公共政策的目标之一。㉒ 同时，还谈到该国国民不仅致力于在经济上、经营上获利，而且做好准备增加国际合作支出以及为形成国际经济秩序做更大贡献，并提及其意义。㉓ 该远景规划在强调能源产业重要性的同时，对过度的资源消费表示担忧㉔，还从消费者保护的观点论述了在商品服务交易中应从“买方承担风险”转变为“卖方承担风险”㉕，并且非常关心废弃物处理等，确实具有远见。

70年代远景规划关于政策执行方法的意见具有如下特点：重视制定明确的远景规划、支持新技术的开发、完善金融体系及税制、促进人才培养等，同时，对软件专利的保护、帮助伴随产业结构转型而来的行业间移动、支持以预防公害为中心的社会资本的革新等，注意从制度上完善对新领域社会诉求的应对。

70年代远景规划中承载的这些方针宣言（manifesto），是70年代通产省政策形成的背景，起着“低音和弦”的作用。在1979年通产省的预算案中，将“制定（80年代）通商产业政策远景规划”排在“通商产业政策重点”的第一位，这就可以看出远景规划在通产省的重要性。㉖

另外，根据为了给产业结构审议会提供参考而预测的结果，1970—1980年，民间设备投资的年均实际增长率是12.3%，出口贸易的年均实际增长率是14.2%，进口是14%，GNP是10.6%。㉗

20世纪80年代的远景规划

80年代的远景规划继承了70年代提出问题的思路，虽然在制定时经历了无法预料的石油危机（竟然在意想不到的短时间内克服了），但是在基本实现了70年代远景规划的背景下，对未来的走向做出了具体的描绘。

㉑ 但是，没有关于对日海外直接投资的论述。
㉒ 同前，第80页。
㉓ 同上，第15页和第91页。
㉔ 同上，第49—50页。
㉕ 同上，第79页。
㉖ 参照通商产业省《昭和54年通商产业政策的重点》第一点，1978年8月，第8页。
㉗ 《70年代通商产业政策》参考图表，第159页的预测值。

该远景规划提出目标：要作为“经济大国”对国际社会做出贡献，同时克服“资源小国”对自身的束缚，希望实现国内“活力”和“富裕”并存。于是，在选定产业结构新方向时，提出了以下4个标准㉘：动态的比较优势标准，满足国民需求标准，节约能源、节约资源标准，安全性标准。

根据这些标准提出了“创造性的知识密集型”产业结构。知识密集型尖端技术的例子，有生物工程、新材料、新能源、第5代计算机等。如果按照80年代远景规划的方向前进，必须重视“知识密集型”尖端技术领域中崭新的（即“创造性的”）自主技术研发，并以所有产业领域的产品和生产工艺的知识集约化为目标。㉙

在追求这个目标时不得不充分考虑国内外的经济环境。远景规划首先提到，考虑到国内劳动力市场中劳动力老龄化快速加剧的问题，重要的是要推进女性就业，并充分利用高学历化的特征。㉚ 其次，提倡在经济活动层面推进海外投资㉛，为缓解能源小国的制约推进节能措施，研发和普及石油替代能源（能源供给的多样化）㉜，以及努力向技术立国转变㉝等。另外，80年代地区振兴的基本方向是活跃地方社会，远景规划对其重要性做了说明，并认为将人口和产业从大城市圈向中小城市分散、重视中小城市、紧密联系中小城市和周边小城和乡镇等均是可行的选择。㉞ 另一方面，从动态比较优势的观点看，鉴于构建和调整国际分工结构的必要性，必须立足长远，将公共资金投向风险性较高的基础设施项目和社会开发。另外，在关注经济服务业化的发展时，以促进流通合理化、提高服务业的生产效率和质量、技术研发、公共服务产业化为要务㉟，希望能够提高该产业的资本装备率和产业形态的多样化。㊱

㉘ 《80年代通商产业政策——产业结构审议会答询（草案）》，1980年，第142—143页。

㉙ 同时，一直以来在推进的“尖端技术”，如飞机、宇宙产业、原子能、海洋开发等也很重要，这些领域中国家需要发挥很大的作用，而且还需要国际协作（同上，第213—217页）。

㉚ 同上，第33—34页。

㉛ 同上，第59页及以后。

㉜ 列举的选项有：太阳能、地热、水力、煤炭、液化天然气、原子能（即核电）（同上，第78页）。

㉝ 例如：开发对创新性进行评价的研究管理手段、完善风险挑战体制、战略性活用专利制度、扩充研发经费及确保资金到位、从基础研究到实用化的制度化等（同上，第109—112页）。

㉞ 同上，第129页。此后出现的科技城市（technopolis，即技术高度密集型城市，是日本造英语）的概念，在80年代的远景规划中还没有使用。

㉟ 即（1）关注经济服务业化的发展，（2）为促进服务业的发展，在提高生产率和质量以及促进技术开发的同时，还要促进公共服务产业化，并培育与地区特征相结合的服务部门，（3）为了提升行业间流通的效率，采取促进和完善现代化和优化政策等（同上，第154页）。

㊱ 同上，第160—164页。另外，此文章中首次出现中小企业政策（第178页）。

在国际经济方面，远景规划宣布，推进经济合作，通过对发展中国家的发展做出贡献，推动世界和平及经济稳定发展，希望政府开发援助（ODA）占GNP的比例（在80年代中）达到世界银行设定的0.45%的目标。[37]

制定80年代远景规划的前提是日本认识到在经济上已经渐渐赶上欧美等“先进国家”，也就是说站在了“技术的前沿”，在思考自身未来政策应以什么为重点的同时，也反映了日本意识到该如何开展国际合作以及怎样对国际社会做出贡献。作为“经济大国”的日本，在克服资源制约的同时，谋求活力和富裕共存，并致力于为国际社会做贡献。可见，与以前的远景规划相比，80年代远景规划有了更明确的自我认识，可以说这也是80年代远景规划的特征。[38]

20世纪90年代的远景规划

90年代远景规划的中心主题有三：（1）为国际社会做贡献和推进自我改革，（2）实现富裕和充实的生活，以及（3）维持长期经济发展的基础。

其中，由主题（1）引起的课题有：构建和推进新国际经济秩序、解决对外（贸易）不均衡问题、支援发展中国家、应对地球环境问题和资源能源问题、振兴科学技术等。重点提出了对外不均衡问题，是因为80年代日本经历的与海外（特别是欧美）各国的贸易摩擦（国际贸易谈判等）影响很大。

主题（2）对经济发展的最终目的是提高社会福利，即再次审视如何实质性丰富以及改善（广义的）消费者生活，同时反思之前完全聚焦于保护和培育生产活动的通商产业政策，提倡必须重视生活水平和消费者。

最后，主题（3）的主旨是，描绘解决短期内面临课题的重要性，以及将来经济社会可能出现的状况，通产政策要注意灵活应对变化并储备经营资源。根据90年代远景规划，中长期产业结构的变化是“经济服务业化”，即增加国民经济中服务业（在就业机会和增加值两方面）的贡献度。流通产业、服务产业的效率化和多元化是维持经济长期发展的基础之一。

（2）强调生活富裕和充实，其论点是大力支持女性进入社会，为此必须完善相应

---

[37] 政府开发援助占GNP比例的终极目标是0.7%，其中无偿援助（grant element）的目标是达到国际目标的86%（同上，第45—49页和第56页）。

[38] 但是，如同20世纪80年代“日本经营”的概念风靡一时体现的一样，有时会有这样的错觉，日本经济就像是走在现代资本主义最前沿的标准范本。

的制度条件，这种主张是值得考虑的。[39] 为了提高生活品质，不能仅从生产者的视角出发，还必须从消费者和劳动者的角度考虑。另外，非常重要的是需要应对老年社会中中高年龄层的人们普遍拥有的（关于看护和退休金等）老年不安心理，这种认识促进了对（例如）福利器具产业的支持及其振兴。

另外，90年代远景规划根据对产业结构长期动向的测算，推断（经济服务业化毫无疑问会继续发展，但）制造工业不会简单倒退，这一点引人注目。[40] 不管统计数值如何，包括设计和生产技术开发在内，通过物品生产，日本经济对世界经济的贡献度不会大幅削减（反而仍然非常重要）。顺便提一下，在贡献度上升（90年代远景规划所说）的“狭义服务产业”中占据不可忽视的一部分的是与商品供给密切相关的“生产性服务业”（信息处理服务、租赁、人才派遣、广告、大厦维护、设计、咨询等）。[41]

另外，作为展望新产业的一部分，90年代远景规划还谈到了如下问题的重要性：作为创造主体的中小企业的作用[42]、科学技术振兴和应对资源能源问题[43]、劳动力的稳定供给[44]、高效且均衡的金融职能[45]等。

90年代远景规划的一大特征是，意识到20世纪80年代以后“全球化”更加明确。同时还提出，实现了经济高速增长的日本不能止步于物质的丰富，也要使精神上更“丰富”（把“创造地球时代的人类价值”作为目标）[46]，还要注重完善长期发展的基础。这些说法都具有独特性。对于振兴科学技术、支持中小企业、节省资源能源、改

---

[39] 但是，20世纪后期，这一主张是否在通产省得到充分利用，对此还有讨论的余地。

[40] 根据对20世纪80年代到2000年的测算，增加值对宏观经济的贡献，在基础材料产业中下降，而在加工装配业中上升（不过就业人数均减少）。同上，第198—201页。

[41] “狭义服务产业”除了生产性服务业以外，还包含（由娱乐休闲服务、家政服务、餐饮、美容美发、旅馆等构成的）生活性服务业、公务、医疗以及教育。另外，根据90年代远景规划的定义，“广义服务产业”的概念是除了“狭义服务业”外，还包含由电力、煤气、供水业，运输和通信业，商业，金融、保险和房地产业等构成的“其他第三产业”（同上，第198—201页）。

[42] 同上，第55—56页。但是，没有明确提到风险支持。总的来说通产省远景规划一贯强调了中小企业政策的重要性，相对而言没有深入说明其原因。这一事实的背后或许还有政治原因，即中小企业构成自民党票仓的一部分。

[43] 同上，第57—63页。

[44] 同上，第64页。90年代远景规划中叙述了“……虽然不能简单地作为解决当前劳动力不足的方法提出，但是从期待适当运用修订的《出入境管理法》的视角看，急需讨论扩充研修制度等措施……”（第64页），没有否定引进外国劳动力。

[45] 同上，第65页。

[46] 同上，第16页。

善职场文化（雇用习惯等）、提高女性劳动参与率[47]、灵活调整产业结构等，规划中都进行了梳理。

行政规划的终结？

综上所述，自 20 世纪 60 年代的经济高速增长时期以来，产业结构审议会（1961—1964 年是产业结构调查会）在其答询报告中选取未来 10 年有希望发展的行业，作为产业培育政策的重点（“产业发展远景规划”），并收录在各年度的公开出版物中，以便于国民理解。所选出的远景规划主题在 60 年代是“重化学工业化”，70 年代是“知识集约化”，80 年代是“创造性的知识集约化”。其中最为著名的是天谷直弘（原通产省审议官）领导制定的 70 年代远景规划。[48]

产业结构审议会的答询和其他省厅的审议会答询不同，它不与具体的政策相联系，意在就时代认识形成国民共识。所以，公开发表的“远景规划”，完全是纯粹的远景规划（构想）。尽管如此，从经济高速增长时期到 20 世纪 80 年代，产业结构审议会获得较高的社会评价（所以这些远景规划因具有社会说服力而被接受），可以说是这期间产业政策具有不可忽视的社会经济影响力的佐证。

但是在 1990 年 8 月，由日本优秀知识分子代表制定的 90 年代远景规划（富裕和充实的远景规划）与以前的远景规划不同，它没有选取新的经济增长候补行业，而是呼吁转变生活方式，即告别以生产为中心的经济发展模式，主张把重心放在提高消费生活品质上。这一呼吁出现在经历了经济高速增长的成熟期后自信且陶醉于泡沫经济景气的日本，具有社会历史性意义。这也被认为佐证了在总是讨论“结构调整”必要性的日本，终于出现将自律型经济作为目标的雏形。

因此 90 年代远景规划并没有像以前的远景规划那样引起很大的社会关注，反而像泡沫经济的泡沫一样消失了。对此，还有另一种解释，即 90 年代的企业界尽管面临之前遗留的投资过剩和总工时减少等问题，并且因为高涨的人工费用而不愿意增加新的投资，但是并没有像 70 年代初期陷入石油危机和“尼克松冲击”时强调“结构转型”。90 年代的远景规划也许就是一种纯粹的象征，宣告了经济高速增长时期的结束，和相对缓慢的稳定增长时代的开启。无论如何，从这一年开始到 2009 年，远景规划就再也

㊼ 劳动参与率是指就业及失业总人数占劳动年龄（15 岁以上）人口的比例。

㊽ 《70 年代通商产业政策——产业结构审议会中期答询》。

没有华丽登场了。这也象征着以培育特定产业为中心的产业政策时代的终结。[49]

然而，在市场原理的主导下远景规划并不是就没有用了。作为市场机制的前提，制度和潜移默化经过不断变化后，能够跨时代延续，这种社会参照框架是有用的。举个例子，2011 年 3 月 11 日发生东北地区太平洋海域地震，受灾后的日本东北地区社会经济该如何发展？那里经济产业政策的作用是什么？政府该怎样行动？难道不应该花时间认真探讨对这些问题的回答，给国民提供答案（或者是草案）吗？或许上一段所述“迎来终结”的旧时代的产业政策，即使是一部分，也有必要再现。

回顾通商产业政策史的原因之一是为构想将来的远景规划（应有的政策）提供契机。从这个意义上说，“历史与现代并存”。

㊾ 此后冠以远景规划的名称而出现的经产省公文有《产业结构远景规划（2010）：我们今后如何赚钱，如何雇佣》（《产业结构审议会产业竞争力部会报告书》，2010 年 6 月），经济产业调查会，2010 年。该文件指出了 21 世纪日本企业的盈利能力过于倚重特定的出口企业，而且由于国内竞争激烈使收益受损，从而导致在国际竞争中失败的事实，为了摆脱此种情况，并维持、扩大雇佣机会，提出了如下提案：（1）通过应用数字技术，积极采用“无接触”的经济模式，致力于获取专利，推进共同研究，使用国际人才等，（2）在社会性课题领域中开辟新增长领域，增加社会服务领域服务（社会政策性课题的解决程序等）的供给，（3）从政策上降低法人税，减少投资税，提供促进实业发展的社会资本（承担公共融资的风险等）等。

第一部

政策思想和政策手段

第 1 章　从新政策看通商产业政策思想的走向*

第 1 节　从“新政策”看通商产业政策思想的变迁

研究的目的和资料的特点

传承二战后将近半个世纪通商产业政策的轨迹及其思想背景的一个重要资料是，1953 年以后通商产业省原则上每年制定的“新政策”（的最终版）。① 为了（下一章也说明了的）制定下一年度的通产省预算请求书，每年都是从年初到夏季在省内就新政策进行准备、讨论，8 月将其结果汇总为简装版资料《通商产业政策重点》。② 本章的目的是，通过观察使用这些资料制作的从二战后到 20 世纪末通商产业政策的内容，找到追溯以往通商产业政策思想的客观线索。

通产省是“商工省和贸易厅整合后，作为贸易事务负责机构”于 1949 年 5 月 25 日成立的。③ 本章以第一期《通商产业政策史》第 17 卷（通商产业调查会，1994 年）记载的“通商产业政策重点的变迁”（第 12—21 页）为基础，将 1949—1952 年的政策概要一并（虽然只是一部分）作为考察对象。

因为秋后要与大藏省（现财务省）进行预算谈判，所以“通商产业政策重点”对

---

* 根据 2010 年 12 月 24 日和 2011 年 1 月 7 日在日本独立行政法人经济产业研究所（RIETI）理事长室召开的两次讨论会的讨论意见，进行了修改。对参会各位的建言表示感谢。

① 但是，使用“新政策”一词最早也要到 1964 年以后。另外，以下将通商产业省简称为通产省，经济产业省简称为经产省。

② 8 月《通商产业政策重点》的内容刊载在《通产省公报》上，预算案经过内阁会议讨论并在次年的国会提出后，其修订版收录在《通商产业省年报》中。本章因为要探求通产省（经产省）规划通商产业政策的思想背景，所以把“新政策”中冠以“重点”名称的白色封皮简装版资料（后刊载在《通产省公报》中）作为主要的典据。另外这些资料在通产省内被称为“白皮书”。

③ 《通商产业省年报》，1949 年，第 1 页。

多个新政策（议案）按其重要性进行排序。④ 因此，如果沿着时间轴回顾当年排在第一位的新政策，就可以明确当时通产省认为什么是最重要的，并描绘它的轨迹。这是新政策资料的显著优点。通产省把排在第一位的新政策（议案）称为“一丁目”，把其中最前列的政策议案称为“一丁目一番地”。

但是，在依据新政策推测政策思想轨迹时，必须了解由新政策的特性带来的明显局限性。第一，仅看新政策无法明白通产省政策思想的全貌。新政策讨论的对象范围包括次年度的预算、法律、税收制度、财政投融资（财投）、机构定员，以及其他所有的政策措施（方法）。但是，在（称为零增长或负增长的）预算天花板到来以前，因为制定新政策的重点是获得新预算，对新预算的讨论自然就花费较多的时间和精力。因此，关于上述时期新政策的叙述，对预算以外的项目可能着墨不够。在贸易谈判、司法（商法和公司法的修订等）、专利、省厅的组织、人事等领域中有很多这样的例子。关于这些领域的政策动向及政策思想的情况和变迁，在本章以后的各章节中会进行分析。

第二，从“通商产业政策重点”中无法充分了解当时已经执行了哪些政策，以及各自取得了怎样的成果。更重要的是，“重点”中第二位（二丁目）以下的新政策的排序，无论与预算要求，还是与现实社会的实际需要，都不是直接对应的。因为它的主要目的不是传递现实中执行的政策实情，所以把叙述的“重点”放在解释新追加的政策以及新提案的理由上。这也就有了以下的观点：制定“新政策”的意义仅仅是把某一政策选定为“一丁目”（排在第一位），而讨论以下项目的排序没有意义。

但是，不管排序如何，能作为新政策被提出这一事实本身就反映了当年的通商产业政策思想。从申请、分配预算的官房大臣的立场出发，必然要对多个新政策排序，并且，由于在排序时明确了预算谈判的理由（对照社会和经济形势，容易得到大藏省主计官的理解等），因此，顺序也具有相应的意义（虽然较轻微）。本章也基于这种立场，将第二位以下的新政策及其顺序纳入考察范围。

第三，新政策主要讨论的是一般会计的预算案、税收及财政投融资。其中，关于预算案，从其定义清晰可见，因为是事先的预定支出计划，所以不能期待其与实际支出金额完全一致。而且还存在因事前无法预知的突发事件而申请预算外支出的情况。为了满足这种需要，在预算案成立后还需要组织补充预算。相反，即使列入预算案，

④ 重要性的高低和预算请求额的多少不是对应的。

也有因财政等原因而被删除未能实现的情况。所以，如果要讨论每个项目具体的实际使用金额，必须查阅决算书而不是预算案。

本章的目的是探求预算案中反映的政策思想。鉴于此，不拘泥于支出金额的限制以及因突发事件带来预算额追加、变更等各种（临时性的）情况，而要仔细研究依据中长期预测制定的预算案及其背后潜在的政策思想（构想）。关注概算要求的动向正是出于这一原因。此外，本课题应该真正仔细研究在国会通过预算案后，其中的计划实际上是如何实现（或者没能实现）的，但本章仅简单提及。

另外，预算除了有一般会计还有特别会计。特别会计是指将因特定目的分配的财政资金依法仅用于已确定的既定目的的会计制度，因为（不同于一般会计）每年度的支出项目不会变化⑤，所以在其与政策思想的关联方面，仅在制度改变时探讨其内容即可。然而，(20 世纪 70 年代以后设置的)“煤炭、石油及石油替代能源对策特别会计”和“煤炭、石油及能源供需结构优化对策特别会计”（以下统称为“石特”）出现了特殊情况。不断变动的能源需求造成支出计划有了时期性的变动，所以石特的财政来源（石油税）先暂且编入一般会计，在经过仔细讨论并确定支出计划后成为特别会计的会计科目。⑥

然而，作为制作概算请求书的准备工作，“新政策”的制定过程有助于理解政策思想，所以后面（第 5 节）对此会有比较详细的论述。⑦

“新政策”在不同时期的特征

“新政策”的主题分类及其意义

在本书的考察对象期间，政策思想和目的、实施方法和政策手段（政策方法）、省厅相互间及政府与国会间的关系时刻在发生变化。因此，对于整个考察对象期间，都

⑤ 但是，当然特别会计中每年度的年收入和年支出金额会有所变动。

⑥ 2007 年开始，电力资源开发促进税也是先暂且编入一般会计，再转到促进电力资源开发对策特别会计（电源特会）中（参照通商产业政策史编纂委员会编，橘川武郎著，《日本通商产业政策史（1980—2000）：资源能源政策》，经济产业调查会，2011 年，第 4 章第 2 节，第 60—64 页）。

⑦ 尽管以上是从方法论的角度进行了论述，但是考察新政策的终极目的是为了探究其背后的政策思想，而不是追究它们的排序以及预算额。以数值来表现政策的价值或追究排序本身的价值，就偏离了探讨政策思想的本质。本来对多个政策按照它们的排序进行比较考量就是方法论的错误。因为比较行为中存在着隐藏的大前提，即可以用单一的尺度对被比较的多个对象进行评价（能够从一个立场评价）。然而文化价值无法用单一尺度进行价值判断。因此，不得不承认，这个大前提是没有道理的。尝试对政策的意义及其时代性做出评价存在局限。故，以下的考察以谦虚为宗旨。

使用统一（固定）的分类方法对新政策的内容进行分类是不容易的，也是不明智的⑧，但本书还是从扼要把握政策思想变迁的目的出发，进行了自认为有益的粗略分类。⑨

每年度的“通商产业政策重点”都把新政策按照若干个主题（政策大项目）进行分类，然后从“一丁目”开始往下按顺序（即从迫切程度高的项目依次）记载。每个大项目更分成若干个细目（中小项目）⑩，并明确了各自的请求金额和请求理由。但是在整个期间，主题的分类方法并没有一贯的标准，而且政策的细分和整理方法也因社会环境及负责人的方针不同而有所不同。

本章按照各年度新政策大项目的迫切程度高低依次排列，编制了一览表，并以此作为基础资料（日本独立行政法人产业研究所网页的“通商产业政策史总论篇附属统计表等”登载）。在制作此资料时，简洁概括了重点记载的内容，完全没有改变其内容和记载顺序⑪，只是按照整个期间共通的政策领域分类，对概算要求的大项目进行了划分。政策领域分类的项目有（按50音图排序）：

能源和资源（煤炭和石油对策、节能政策、电力资源开发等）；

行政改革（促进地方分权、政策评价、信息公开等）；

经济运行（贷款难对策、促进个人消费的自行恢复、整顿投资环境等）；

公害和环境对策（预防公害、地球环境问题、废弃物处理、再利用等）；⑫

国民生活（消费者保护、住宅问题等）；

产业和技术开发（产业振兴和尖端技术开发、支持独创性研究、工业给水事业等）；

信息化（推进信息相关技术和产业的信息化、中小企业的信息化等）；

商务流通（分期付款销售制度、流通现代化、物价对策等）；

---

⑧ 特别是1991年以后，政策项目的构建方式发生了原理性的变化（后文会详细分析），因此严格来说，要特别注意对跨越1991年的全年比较。

⑨ 因为详细的分类大多是在特定时期特定情况下进行的，所以不适合做全年观察。

⑩ “一丁目”最开始的小项目是“一丁目一番地”。

⑪ “重点”中记载的新政策的排列标准包含价值判断，因此本来就无法机械性地变更其分类方法。

⑫ 地球环境问题是指大气中二氧化碳等浓度的上升，地球变暖、酸雨、有害废弃物的跨国移动、沙漠化等需要全球范围共同处理的各种问题。地球环境问题给地球带来全面的影响，而且其中的因果关系现在在科学上还没有完全明确，这是它与公害的区别（参照通商产业政策史编纂委员会编，武田晴人著，《日本通商产业政策史（1980—2000）：投资、环境和安全生产政策》，2011年，第2部第11章第2节，第489—490页）。截至20世纪70年代末在新政策（重点）中出现的“公害问题”在80年代消失了，90年代以后作为“地球环境问题”处理。后面的表1.1为了方便把两者一并记载（表1.2及以后，图1.1及以后也一样）。

对外经济和贸易（贸易振兴、促进海外直接投资、海外经济合作等）；

地区振兴（产业布局对策、新产业城市构想、产业安保等）；

中小企业政策（中小企业现代化、支持中小企业创业等）；

万国博览会（以下简称万博）（日本万国博览会的准备等）。

另外，1993 年到 2007 年的“重点”记载了“经济结构”项目，为了明确其内容，本章将其归类为“产业和技术开发”。除此之外，作为只在某一个年度才有的“其他”项目，有的年度（1992 年）在末尾汇总了各种企划。

但是，上述政策项目中的“产业和技术开发”，不仅涉及多个方面，而且是构成历史上通产政策主要领域的项目，所以将其进一步划分为以下 5 个领域。

（1）产业振兴：关于振兴现有产业的内容；

（2）企业振兴：企业合理化等，有关强化支持企业经营的内容；

（3）支持开拓尖端领域：开发尖端技术，调整产业结构等，关于改革现有体系或者是支持开拓尖端领域的内容；

（4）新技术开发：支持独创性研究等，有关支持技术革新及新技术开发的内容；

（5）构建和完善产业基础：有关强化以工业用水事业为中心的社会资本的内容。

另一方面，“对外经济和贸易”政策是以振兴出口（即面向国内产业实施的政策）和对外援助及国际协调（即对外实施的政策）为主要目的，其特性明显不同，所以在此分别用对外经济和贸易（1）、对外经济和贸易（2）表示。

综上所述，本章以“新政策”为主要资料，将合计 17 种政策大项目作为候补考察对象进行讨论。

通常这些政策项目带有各个时期的特征。例如，同样是中小企业政策，其内容和意思（意义）也随着时期的不同而变化。尽管如此，在相隔数年的任何一个时期，它们依然是“中小企业政策”。因此，考察“中小企业政策”在不同时期政策顺序的变化非常有意义。

另外，上述 17 种政策领域分类，能够从原理上进行判别且相互独立，所以可以将其套用于新政策资料，作为表现时间轴上政策动向的手段。然而，上述分类在实际运用中有时不一定完全相互独立。一种情况是，有时因相邻的多个领域存在微妙的关联，从而导致特定的小项目无法简单确定应该归在哪一类；还有时因不同年度的实际状况，想要放在与通常不同的大项目中强调其重要性。⑬ 另外一种情况是，在不同时期，大分类中包含的小分类的所属发生了变动。但是，尽管在分类上存在这些问题，只要我们承认些许误差，还是能够从对排位变动的观察中把握长期的政策思想走向。

“新政策”的变迁

首先，整理新政策排在“一丁目”的大项目在不同时期的变化，得到表1.1。从表中我们可以看出，在二战战败后的复兴期，日本以扩大出口为中心重视振兴贸易，还可以看出，经济环境的变动（能源供给情况的变化等）带来政策的变动，同时，随着时间的推移，本国的竞争力越来越强，强调国际合作、培育新产业和创造性技术的必要性以及提高国民生活品质的倾向越发明显。

表1.1　新政策排在“一丁目一番地”标题的变化（1950—2009年）

年度	“通产政策的重点”副标题	“一丁目一番地”的标题	本章中的名称
1950	确保实现经济自立的基础	振兴贸易	对外经济和贸易
1951	确保实现经济自立的基础	振兴贸易	对外经济和贸易
1952	重新评价占领政策和达成经济自立	振兴出口	对外经济和贸易
1953	重新评价占领政策和达成经济自立	扩大贸易	对外经济和贸易（1）
1954	重新评价占领政策和达成经济自立	促进出口	对外经济和贸易（1）
1955	推进经济自立发展	振兴出口对策	对外经济和贸易（1）
1956	推进经济自立发展	修改税制	产业和技术开发（2）
1957	推进经济自立发展	振兴出口	对外经济和贸易（1）
1958	推进经济自立发展	期待出口的长期增长，树立综合性振兴出口对策	对外经济和贸易（1）
1959	通过贸易自由化加强国际交流和通过改善产业的制度，培养经济发展的驱动力	振兴贸易及经济合作	对外经济和贸易（1）
1960	通过贸易自由化加强国际交流和通过改善产业的体质，培养经济发展的驱动力	推进海外经济合作	对外经济和贸易（2）
1961	通过贸易自由化加强国际交流和通过改善产业的体质，培养经济发展的驱动力	推进产业结构政策	产业和技术开发（1）

⑬ 例如，1954年“一丁目一番地”提出的“从纺织工业向重化学工业的转变”，没有记载在“产业和技术开发”的大项目中，而是记载在“对外经济和贸易”的大项目中。参照日本独立行政法人产业研究所网页的“通商产业政策史总论篇附属统计表”等。

（续表）

年度	“通产政策的重点”副标题	“一丁目一番地”的标题	本章中的称呼
1962	实现经济高速增长和缩小差距	振兴中小企业	中小企业政策
1963	确保经济的稳定增长路线和巩固长期增长基础	中小企业现代化，制定《中小企业基本法》	中小企业政策
1964	为开放经济环境下的繁荣巩固基础	振兴出口和推进经济合作	对外经济和贸易（1）
1965	实现国际协调下的均衡增长	振兴出口和扩大面向发展中国家的对策	对外经济和贸易（1）
1966	在真正开放的体制下有计划地推进均衡性的经济增长	振兴出口和推进经济合作	对外经济和贸易（1）
1967	巩固产业发展基础和充实国民生活	促进产业结构升级	产业和技术开发（2）
1968	巩固产业发展基础和实现富裕的国民生活	强化企业制度和产业结构改善	产业和技术开发（2）
1969	经济繁荣和国民生活富裕	振兴贸易和推进经济合作	对外经济和贸易（1）
1970	实现富裕的国民生活和确立国际社会的地位	经济在国际范围的扩展	产业和技术开发（1）
1971	实现富裕的国民生活和履行在国际社会的责任	提高国民生活品质	公害和环境对策
1972	实现富裕的国民生活和履行在国际社会的责任	经济在国际范围的扩展	对外经济和贸易（2）
1973	提高国民福利和促进国际协调	为建设无公害社会	公害和环境对策
1974	提高国民福利和促进国际协调	稳定物价和改善消费者生活	商务流通
1975	进一步提高国民福利和为国际社会做贡献	稳定物价和改善消费者生活：确立宽裕的生活基础	商务流通
1976	提高国民福利和为国际经济社会发展做贡献	日本经济的恢复和推进旨在实现稳定发展的产业政策	产业和技术开发（3）
1977	进一步提高国民福利和为世界经济的稳定发展积极做出贡献	重新推进稳定增长时期的产业政策	产业和技术开发（1）
1978	为日本经济社会重新繁荣和发展开辟道路	刺激景气和推进新产业政策	产业和技术开发（1）
1979	确立旨在实现充实国民生活的基础、确保向稳定增长顺利过渡和日本经济社会的繁荣与发展的源动力	制定80年代通商产业政策远景规划	制定远景规划
1980	无	确保能源安全	能源和资源
1981	以社会活力和经济安全保障为目标	确立能源安全保障和准备脱离石油社会	能源和资源

（续表）

年度	“通产政策的重点”副标题	“一丁目一番地”的标题	本章中的称呼
1982	以确立我国经济的长期发展基础为目标	切实推进综合能源政策	能源和资源
1983	以为世界经济做出积极贡献，确立我国经济的发展基础为目标	依据中长期展望推进产业的活跃发展和技术开发	产业和技术开发（1）
1984	以为世界经济的持续发展做贡献，确立创造性社会为目标	形成创造性发展基础	产业和技术开发（3）
1985	确立长期发展基础并以此做出国际贡献	构建技术开发基础	产业和技术开发（3）
1986	实现崭新的国际化和确立长期发展基础	以崭新的国际化为目标	对外经济和贸易（2）
1987	以创造性发展为目标，面向构建新经济和产业社会	推进立足于国际视角的产业结构政策	对外经济和贸易（1）
1988	以经济社会的国际协调和活跃为目标	地区的活跃	地区振兴
1989	为了对世界的贡献和新的长期发展	对国际经济社会的贡献	对外经济和贸易（2）
1990	以实现“全球共存共荣”和“充满富裕及活力的经济社会”为目标	纠正对外不平等和实现国际协调型的经济结构、产业活动	对外经济和贸易（2）
1991	无	实现富裕和丰富的生活	商务流通
1992	谋求“与国际社会的协作、协调”和“创造地区产业文化”	对国际社会做贡献和推进自我改革	对外经济和贸易（2）
1993	以“克服地球的课题”和“构建创造性及富裕的社会”为目标	综合推进能源环境对策	能源和资源
1994	为了进一步发展而进行自我改革和应对国际社会责任	面向创造性改革的结构调整和完善发展基础	产业和技术开发（3）
1995	无	为了实现国际社会中开放富裕的经济社会而推进改革	产业和技术开发（3）
1996	面向创造新经济社会	加速经济结构改革	产业和技术开发（3）
1997	面向实现知识创造立国	面向知识创造立国的经济结构改革，产业空洞化及对策	产业和技术开发（3）
1998	无	强力推进经济结构改革	产业和技术开发（3）
1999	通过产业再繁荣实现经济再生	摆脱低迷的宏观经济	经济运行
2000	面向 21 世纪经济发展基础的新生	恢复以国民需求为核心的稳定增长轨道	经济运行
2001	以新的经济结构改革为目标	完善灵活的企业、雇佣环境	产业和技术开发（3）

（续表）

年度	“通产政策的重点”副标题	“一丁目一番地”的标题	本章中的称呼
2002	通过前瞻性结构改革实现自主增长	“通过前瞻性结构改革”创造出新市场、新产业和新就业岗位	产业和技术开发（3）
2003	强化产业竞争力	强化我国的产业竞争力	产业和技术开发（2）
2004	挑战社会的复兴	挑战社会的复兴	产业和技术开发（3）
2005	面向我国经济社会的新发展	以创造新产业战略为核心进行创造创新	产业和技术开发（2）
2006	重新构建支持创造性企业活动的社会体系	通过创新创造有竞争力的产业群	产业和技术开发（2）
2007	实现“新增长”	加快发展成为增长起爆剂的技术革新等的创新	产业和技术开发（2）
2008	持续的经济增长	各行业的广泛增长中：通过发挥地区和中小企业以及每个国民的潜力提高增长的起点	中小企业政策
2009	实现对应高价格资源时代的经济结构	实现低碳社会的“能源需求结构改革”	能源和资源

资料来源：1950—1952年的内容是根据第一期《通商产业政策史》第17卷，通商产业调查会，1994年，第12页，其他内容是根据各年度的《通商产业政策的重点》。

其次，表1.2将1949年到2008年各年度新政策的重点项目整理成表头的17种大类⑭，并按照各年度“新政策重点”（即概算要求上）的顺序，从左到右依次排列。如果按照通产省的习惯用语，此表第一顺位是“一丁目”，第二顺位是“二丁目”，第三顺位是“三丁目”，等等。

下面将尝试根据“政策重点”追溯表1.2中总结的“新政策”的变迁。据此，虽然存在上述定义上的局限以及资料比较有限，但还是大致能了解自通产省成立到20世纪末通商产业政策在不同时期的特征。

⑭　“整理”主要是指历年分类名称的统一（时间序列的统一化）。但是，存在在不同年代把两种类别合并成一种的情况，也存在中途出现和以前完全不同特性的新分类的情况，没能完全统一历年的名称。当然，t年度的新政策是在$t-1$年度制定的。

表 1.2 “通商产业政策重点”的项目构成（1949—2008 年度）⑮

年度	1	2	3	4	5	6	7	8	9	10	11	12
1949	对外经济和贸易	产业和技术开发										
1950 1951	对外经济和贸易	产业和技术开发 1	产业和技术开发 2	中小企业政策	产业和技术开发 3							
1952	对外经济和贸易 1	产业和技术开发 1	对外经济和贸易 2	能源和资源	中小企业政策	产业和技术开发 2						
1953	对外经济和贸易 1	对外经济和贸易 1	产业和技术开发 1	产业和技术开发 2	能源和资源	产业和技术开发 3	中小企业政策					
1954	对外经济和贸易 1	对外经济和贸易 1	产业和技术开发 2									
1955	对外经济和贸易 1	产业和技术开发 3	对外经济和贸易 1	产业和技术开发 2	中小企业政策	产业和技术开发 1	产业和技术开发 4					
1956	产业和技术开发 2	对外经济和贸易 1	产业和技术开发 1	中小企业政策	产业和技术开发 4	国民生活	地区振兴	产业和技术开发 1				
1957	对外经济和贸易 1	产业和技术开发 2	产业和技术开发 4	产业和技术开发 4	中小企业政策							
1958	对外经济和贸易 1	中小企业政策	产业和技术开发 4	产业和技术开发 5								

⑮ “新政策”的详细内容收录在日本独立行政法人经济产业研究所网页（RIETI）登载的“通商产业政策史总论篇附属统计表等”中。关于制表的详细过程参照以下两篇制作笔记：尾高煌之助、结城武延、大岛朋刚，《从“新政策”看通商产业省的政策思想：1949—1979年》，以及尾高煌之助、今城彻，《从“通商产业政策重点”看通商产业省的政策思想：1980—2000年》。

（续表）

年度	1	2	3	4	5	6	7	8	9	10	11	12
1959	对外经济和贸易 1	中小企业政策	产业和技术开发 4	产业和技术开发 5								
1960	对外经济和贸易 2	对外经济和贸易 1	产业和技术开发 5	中小企业政策	产业和技术开发 4							
1961	产业和技术开发 1	产业和技术开发 4	产业和技术开发 5	对外经济和贸易 1	中小企业政策	国民生活						
1962	中小企业政策	产业和技术开发 1	对外经济和贸易 1	产业和技术开发 4	产业和技术开发 5	能源和资源	公害和环境对策	国民生活				
1963	中小企业政策	产业和技术开发 1	对外经济和贸易 1	产业和技术开发 4	产业和技术开发 5	能源和资源	国民生活					
1964	对外经济和贸易 1	产业和技术开发 1	中小企业政策	能源和资源	产业和技术开发 5	商务流通						
1965	对外经济和贸易 1	中小企业政策	产业和技术开发 1	公害和环境对策	国民生活							
1966	对外经济和贸易 1	中小企业政策	产业和技术开发 4	产业和技术开发 1	能源和资源	产业和技术开发 5	商务流通					
1967	产业和技术开发 2	中小企业政策	产业和技术开发 4	对外经济和贸易 1	对外经济和贸易 2	产业和技术开发 5	能源和资源	商务流通				
1968	产业和技术开发 2	中小企业政策	产业和技术开发 4	对外经济和贸易 1	产业和技术开发 5	能源和资源	商务流通	万博				

（续表）

年度	1	2	3	4	5	6	7	8	9	10	11	12
1969	对外经济和贸易1	产业和技术开发2	中小企业政策	产业和技术开发4	能源和资源	公害和环境对策	商务流通	万博				
1970	产业和技术开发1	公害和环境对策	能源和资源	中小企业政策	产业和技术开发4	万博						
1971	公害和环境对策	对外经济和贸易2	能源和资源	中小企业政策	产业和技术开发4							
1972	对外经济和贸易2	信息化	地区振兴（产业布局）	能源和资源	中小企业政策	商务流通	产业和技术开发4					
1973	公害和环境对策	国民生活	地区振兴（产业布局）	中小企业政策	对外经济和贸易2	产业和技术开发4	能源和资源					
1974	商务流通	公害和环境对策	中小企业政策	能源和资源	国民生活	产业和技术开发2	对外经济和贸易2					
1975	商务流通	能源和资源	公害和环境对策	中小企业政策	产业和技术开发3	产业和技术开发4	对外经济和贸易2					
1976	产业和技术开发3	中小企业政策	能源和资源	对外经济和贸易2	国民生活	公害和环境对策	产业和技术开发4					
1977	产业和技术开发3	对外经济和贸易2	中小企业政策	能源和资源	产业和技术开发4	商务流通	地区振兴（产业布局）	公害和环境对策				
1978	产业和技术开发1	能源和资源	对外经济和贸易2	中小企业政策	产业和技术开发4	国民生活	商务流通	地区振兴（产业布局）	公害和环境对策			

（续表）

年度	1	2	3	4	5	6	7	8	9	10	11	12
1979	制定远景规划	对外经济和贸易 2	产业和技术开发 1	中小企业政策	能源和资源	产业和技术开发 4	公害和环境对策					
1980	能源和资源	对外经济和贸易 2	产业和技术开发 4	中小企业政策	地区振兴（产业布局）	公害和环境对策	国民生活					
1981	能源和资源	产业和技术开发 4	对外经济和贸易 2	产业和技术开发 3	中小企业政策	地区振兴（产业布局）	公害和环境对策	国民生活				
1982	能源和资源	对外经济和贸易 2	产业和技术开发 4	中小企业政策	地区振兴（产业布局）	公害和环境对策	国民生活	行政改革✱				
1983	产业和技术开发 1	能源和资源	对外经济和贸易 2	中小企业政策	地区振兴（产业布局）	公害和环境对策	国民生活					
1984	产业和技术开发 3	对外经济和贸易 2	能源和资源	中小企业政策	地区振兴（产业布局）	公害和环境对策	国民生活	行政改革✱				
1985	产业和技术开发 4	信息化	对外经济和贸易 2	能源和资源	中小企业政策	地区振兴（产业布局）	国民生活					
1986	对外经济和贸易 2	产业和技术开发 4	信息化	中小企业政策	能源和资源	地区振兴（产业布局）	国民生活					
1987	对外经济和贸易 1	对外经济和贸易 2	中小企业政策	产业和技术开发 4	信息化	能源和资源	国民生活	公害和环境对策	地区振兴（产业布局）			
1988	地区振兴（产业布局）	产业和技术开发 4	信息化	国民生活	中小企业政策	对外经济和贸易 1	对外经济和贸易 2	能源和资源	国民生活	公害和环境对策		

（续表）

年度	1	2	3	4	5	6	7	8	9	10	11	12
1989	对外经济和贸易2	产业和技术开发3	产业和技术开发4	信息化	地区振兴（产业布局）	国民生活）	中小企业政策	能源和资源				
1990	对外经济和贸易2	公害和环境对策	地区振兴（产业布局）	中小企业政策	国民生活	产业和技术开发4	信息化	能源和资源				
1991	商务流通	地区振兴（产业布局）	公害和环境对策	对外经济和贸易2	能源和资源	中小企业政策	产业和技术开发4	信息化				
1992	对外经济和贸易2	公害和环境对策	地区振兴（产业布局）	国民生活	产业和技术开发4	信息化	能源和资源	中小企业政策	其他▲			
1993	能源和资源	公害和环境对策	产业和技术开发3（产业结构改革）	产业和技术开发4（产业结构改革）	信息化（产业结构改革）	中小企业政策（产业结构改革）	对外经济和贸易2	国民生活	地区振兴（产业布局）			
1994	产业和技术开发3（结构调整）	中小企业政策（结构调整）	信息化（结构调整）	产业和技术开发4（结构调整）	对外经济和贸易2	公害和环境对策	能源和资源	国民生活	地区振兴（产业布局）			
1995	产业和技术开发3	产业和技术开发3（结构转换）	产业和技术开发4（结构改革）	信息化（结构改革）	地区振兴（产业布局，结构改革）	中小企业政策（结构改革）	能源和资源	国民生活	公害和环境对策	对外经济和贸易2		
1996	产业和技术开发4（结构改革）	信息化（结构改革）	产业和技术开发3（结构转换）	地区振兴（结构转换）	中小企业政策（结构转换）	对外经济和贸易2	公害和环境对策	能源和资源	国民生活			

（续表）

年度	1	2	3	4	5	6	7	8	9	10	11	12
1997	产业和技术开发4（结构改革）	产业和技术开发3（结构改革）	地区振兴（结构改革）	中小企业政策（结构改革）	信息化（结构改革）	能源和资源	公害和环境对策	国民生活	对外经济和贸易2			
1998	产业和技术开发4（结构改革）	信息化（结构改革）	产业和技术开发3（结构改革）	地区振兴	中小企业政策	对外经济和贸易2	能源和资源	公害和环境对策	行政改革 ❋			
1999	经济运行 ■	中小企业政策（结构改革）	产业和技术开发4（结构改革）	信息化	产业和技术开发2	国民生活	地区振兴	对外经济和贸易2	公害和环境对策	能源和资源	行政改革 ❋	
2000	经济运行 ■	信息化（结构改革）	公害和环境对策（结构改革）	国民生活（结构改革）	产业和技术开发4（结构改革）	中小企业政策（结构改革）	地区振兴（结构改革）	产业和技术开发3（结构改革）	对外经济和贸易2	能源和资源	公害和环境对策	行政改革 ❋
2001	产业和技术开发3	信息化	中小企业政策	地区振兴	产业和技术开发4	公害和环境对策	能源和资源	国民生活	对外经济和贸易2			
2002	产业和技术开发3	地区振兴	产业和技术开发2	信息化	中小企业政策	国民生活	公害和环境对策	能源和资源	对外经济和贸易2	行政改革 ❋		
2003	产业和技术开发2	中小企业政策	产业和技术开发4	国民生活	对外经济和贸易2	公害和环境对策	能源和资源	行政改革 ❋				
2004	产业和技术开发3	中小企业政策	国民生活	产业和技术开发4	对外经济和贸易2	信息化	能源和资源	公害和环境对策	行政改革 ❋			

（续表）

年度	1	2	3	4	5	6	7	8	9	10	11	12
2005	产业和技术开发 2	产业和技术开发 4	信息化	中小企业政策	地区振兴	对外经济和贸易 2	公害和环境对策	能源和资源				
2006	产业和技术开发 3	对外经济和贸易 2	能源和资源	公害和环境对策	中小企业政策	地区振兴						
2007	产业和技术开发 4	对外经济和贸易 2	信息化	地区振兴	中小企业政策	产业和技术开发 3	公害和环境对策	国民生活	能源和资源			
2008	中小企业政策	地区振兴	国民生活	产业和技术开发 4	公害和环境对策							

注：1. 此处 t 年度的“新政策”是在 $t-1$ 年度制定的。

2. 产业和技术开发 1 对应的是（现有产业的）产业振兴，产业和技术开发 2 对应的是企业振兴（合理化等），产业和技术开发 3 对应的是支持开拓尖端领域，产业和技术开发 4 对应的是新技术开发，产业和技术开发 5 对应的是维持、补充及强化社会资本。

3. 1993 年开始出现总的分类项目（“经济结构”等改革；原表内是“结构改革”），但是本表根据各年度的记载内容，将其划分到与 1992 年以前相同的分类项目中（此外还有其他总的分类项目，在此省略注记）。

4. 1955—1956 年产业和技术 1 的内容是促进防卫产业；1958—1961 年产业和技术 5 的内容是促进工业给水事业；1962 年产业和技术 5 的内容是促进工业给水事业；1963—1964 年和 1966 年的产业和技术 5 的内容是消除工业的过度集中、促进工业给水事业；1964 年和 1966 年产业和技术 5 的内容是消除工业的过度集中、促进工业给水事业及防止产业公害；1967—1968 年产业和技术开发 5 的内容是促进工业给水事业和防止产业公害。

5. 1969 年公害和环境对策，其中一部分是继续促进工业给水事业（产业和技术开发的范畴从 20 世纪 60 年代后半期开始转变为公害和环境对策）。

6. 1974 年产业和技术开发 2 包含工厂布局的合理化。

7. 1977 年“地区振兴”中包含的“预防公害对策”成为独立项目。同样，1978 年“国民生活”中包含的“商务流通”“地区振兴”“预防公害对策”，1980—1984 年“地区振兴”中包含的“公害和环境对策”，1987—1988 年“国民生活”中包含的“公害和环境对策”，在各自年度中都成为独立项目。

8. 1979 年“公害和环境对策”包含有《工业立地法》的指定扩大。

9. 1985 年“地区振兴”包含“确保工业用水”和“水资源的再利用”。

资料来源：根据 RIETI 网页登载的“通商产业政策史总论篇附属统计表等”中收录的“第 1 章附表 1953—2010 年新政策的变化”。原资料记载在上述附表中。另外，“新政策”的称呼是从 1953 年固定下来的。作为参考，1949—1952 年的图示依据了第一期《通商产业政策史》第 17 卷（第 12—21 页）的内容。但是，1950 年和 1951 年的政策计划没法与此资料分开记录。

第2节　从复兴期到稳定增长时期的通商产业政策思想

从战败后复兴到高速增长初期的"新政策"

强调振兴出口

1949年，日本谋求摆脱"以国内经济为中心"，转变为重视国际贸易。1950年通产大臣宣布切实履行赔偿、处理外债、补偿联合国财产，同时，新政策的副标题呼吁必须实现本国经济自立（1950—1958年），并谋求以实现贸易自由化为目标，通过改善产业体制发展经济（1959—1961年）。这些主张都是在旧金山媾和会议签署《对日和平条约》（1951年签署，1952年4月生效）的背景下产生的。

从1949年到1960年（以修改税收制度为最重要事项的1956年是唯一的例外），通商贸易相关政策一直占据"新政策"的首位。[16] 这一时期初期制定的"通商产业政策实施纲要"（1949年）宣称，通过"道奇计划"的三大宗旨（扩大出口、合理化以及扩大生产），强化因道奇通缩（1949年）苏醒的市场机制。

然而，虽然道奇通缩是通过特需扭转的，但是朝鲜战争开始后国际市场停滞，导致（经营橡胶、皮革、油脂和纺织品的）商业部门资金紧缺，出口产业（中小型纺织及杂货业等）陷入困境。[17] 1952年通产省一方面认识到，这种萧条并非受到"道奇计划"的影响，而是由国际萧条带来的，特别是对中小企业有较大的负面影响；另一方面在《对日和平条约》生效后，通产省认为，在促进出口的同时还必须通过推进工业化和生产的合理化重新实现"经济的自立"。[18] 实际上，实现该目的并不容易，出口持续低迷、自然灾害及大米减产等使进口增加、外汇储备减少，前景并不光明。然而，贸易赤字占贸易总额（出口额＋进口额）的比例有所好转，相比于1946—1950年的平均－30.7%，1951—1955年提高到平均－9.4%，但由于填补这些赤字的是来自海外的援助（1949—1952年）和特需（1950—1955年），所以通产省当然还是强调振兴出口和限制进口。[19] 此外，通

---

⑯ 1965年的新政策，要求必须（最重要的是排在第一位）改善税制，以减轻中小企业和劳动者税负，充实企业资本。

⑰ 朝鲜战争从1950年6月开始。战况在1951年1月陷入胶着状态。停战谈判于同年7月开始却一直未取得进展，直到1953年7月才签订了停战条约。

⑱ 依据通产大臣谈《媾和条约生效之际》（1952年通产省内部资料）。

⑲ 如果将援助和特需合并计算，两个时期上述比例分别为17.9%和9.4%（数据来自香西泰的《向着高速增长进发》，载于中村隆英编著的《计划化和民主化》，日本经济史7，岩波书店，1989年，第287页）。

产省早就关注到贸易之外其他收支的重要性（1953 年，ⅱ）。[20]

为了增加出口，新政策要促进的事项有：完善产业结构，即从纺织工业向“重化学工业”的转换（1953—1954 年，ⅰ；1956 年，ⅲ），化学成套设备的对外出口（1953 年，ⅰ），贸易公司的合并以及促进贸易公司和生产厂家合作（1954 年，ⅰ），开展外交促进与中国、苏联的贸易（1955 年，ⅰ）等。为了改善出口商品的市场竞争力，获得外汇，必须提高企业生产率、降低生产成本，因此新政策主张必须增加设备投资（使用了“设备现代化”的表述）（1953—1954 年，ⅲ）。然而，增加设备投资离不开资金状况的改善。因此就有了扩充财政投融资（放宽日本开发银行、中小企业金融公库的融资条件等；1955—1957 年，ⅲ－ⅴ），以及减轻中小企业税负（1955—1957 年，ⅰ－ⅱ，Ⅴ）等提案。

这些政策给“重点”读者带来些许震撼。因为在经济开始高速增长（一般指 1955 年）以前，就已经描绘了“重化工业化”和化学工厂进军海外的蓝图[21]，更预见了向未建立外交关系地区扩大市场圈。但是，从人力资本、企业家精神、社会制度等方面看，也有评价认为，当时的日本具有重化工业化的“比较优势”。[22] 另外，推进与计划经济圈的经济交流政策，也反映了鸠山一郎政府强烈希望与这些国家实现邦交正常化的意向。[23]

另外，1955 年新政策第 6 条（1956 年第 8 条）提出必须建设、培育、促进防卫产业，第 7 条（1956 年第 5 条）提出必须促进民间及公立的技术研究和（特别是化学领域的）实验研究。

---

⑳ 括号内的罗马数字指的是该年度新政策的项目编号（所谓的“排序”），专门为了显示与表 1. 2 的对应关系（例如，附表的“第 2 位”，即“二丁目”简记为ⅱ，下同），也存在和原资料《政策重点》（参照 RIETI 网页登载的“通商产业政策史总论篇附属统计表等”）中“名次”不一致的情况。1953 年新政策在第ⅱ位第 4 项中列举了“促进引进外资”。然而这里说的“外资”，与以前芦田均首相倡导的意味着增加对日援助额度的“通过引进外资重建经济”（滨野洁、中村宗悦、岸田真、牛岛利明、永江雅和、井奥成彦，《日本经济史 1600—2000 年：从历史中读出现代》，庆应义塾大学出版社，2009 年，第 242 页）的概念类似，专指通过特需增加美元收入，并围绕其用途提案政策。

㉑ 猪木武德，《战后世界经济史——从自由和平等的视角》，中公新书，2000 年和 2009 年，第 41 页。

㉒ 香西，同前，第 316—317 页。

㉓ 鸠山首相为了恢复和苏联的外交，搁置了两国间的领土问题，签署了日苏两国的《共同宣言》（1956 年 10 月），此举使日本加入了联合国，实现和东欧各国邦交正常化（同年 12 月 12 日）。以此为契机，鸠山急流勇退，石桥湛山内阁诞生（通商产业政策史编纂委员会编，《通商产业政策史》，第 1 卷总论，通商产业调查会，1994 年，第 248—249 页）。另外也参照安场安吉、猪木武德，“概说 1955—1980 年”，载于安场安吉、猪木武德编著的《高速增长》日本经济史 8，岩波书店，1989 年，第 7 页。

摆脱贸易赤字的捷径是财政紧缩和日元贬值。然而，新政策却（可以说是理所当然地）选择了产业合理化，诚如香西所言㉔，因为贸易收支至少保持了账面上的盈余状态。而且，更重要的前提条件是：日本的生产设备尽管在战时因轰炸受损或被指定用于战后赔款，但在战后还勉强可用㉕，而且从兵役及军事生产中解放出来的优质人力资源（特别是技术工人）供应比较充分。正是因为有了以前留下来的这些物力、人力的储备，振兴出口才得以支撑日本经济在高速增长期初期的复苏。

另外，贸易政策积极谋求稳定进口原材料（铁矿石、煤炭等）的价格（1953 年，ⅲ），这是因为日本经济所需的原材料大多依靠海外，而且很大程度上左右了当时合理化计划进程中钢铁行业的竞争力。㉖ 同样，为了减少进口额，还有许多关于社会生活的详细政策提案，比如促进对原材料进口依赖性高的矿产品、林产品、水产品等的国产资源开发（1954 年，ⅱ）；用国产原材料（合成纤维、合成树脂、钛合金等）代替进口物资（1955 年，ⅲ）；另外还限制不必要的海外旅游及奢侈品进口（1955 年，ⅲ）等。

支撑出口的工业“现代化”

与振兴出口密切相关，为了制造工业设备的现代化，新政策除了利用财政资金推进开发银行融资外，还在软件方面采用科学的管理方法，通过引进“现代化”劳务管理方法使经营合理化（1954 年，ⅲ）㉗，并建立企业间的合作体制（尽管有垄断法）（同前，ⅲ）。在谋求充实社会资本及提高潜在技术能力层面，新政策判断，必须改善作为工业化原动力的能源供给状况（1956 年，ⅲ）、促进改良工业给水改善布局条件（同前），并准备核能发电（1957 年，ⅱ）。1957 年，随着专利、实用新技术、商标注册的激增，新政策强调必须完善审查、审判体制。该年度以后，基础研发项目频频受到重视（强化国立研究机构、促进民间实验研究、确保为新技术提供资金等）。

㉔ 香西，同前，第 285 页和第 291 页。

㉕ 例如，战败时工业机械台数约为战争中最大台数（60134 台，1940 年）的 90%（三和良一、原朗编，《近现代日本经济史要览》增补版，东京大学出版会，2010 年，第 146 页）。当然考虑到它们的性能，其生产能力远远达不到 90%，但因为它们都有修复、完善的可能，所以比从零开始要好多了。

㉖ 钢铁第一次合理化计划是在 1951—1955 年实行的。钢铁业的合理化是 20 世纪 50 年代产业合理化的核心（香西，同前，第 292—298 页）。

㉗ 新政策强调了产业中协调劳资关系的重要性（1954 年，ⅲ），由于 1953 年频发劳动争议，所以通产政策无法不重点关注劳资关系。

当时的经济学界，很少有人主张推崇贸易和资本自由化。[28] 道奇通缩以后，即使在专注于经营重建的金融界，也已经失去了积极主张自由化的精神和自信。经济学界有彻底偏向马克思主义经济学的倾向，劳资双方忙于处理纷争，根本不可能冷静地讨论经济政策。对此，大多数通产省相关人员奉行以“保护幼稚产业”为条件的自由主义经济观。例如，通产省产业结构审议会中有多年相关工作经验的有泽广巳，虽然自称“是工农派”，但是又认为“自己必须实行自由化”。有泽断言，“因为日本经济是要在国际经济环境中发展，所以仅仅围绕自己发展在国际经济中是行不通的”。他更指出[29]：

> 不能回避资本自由化，而且日本也应该实行自由化，这些是我的基本想法。但是，不仅要考虑自由化的优点，还要考虑自由化的缺点。其中我认为最重要的是，外国资本进入日本时，日本经济中增长最快、利润最多的领域很有可能被侵蚀。

另一方面，时任日本银行总裁一万田尚登公开发言（1950 年）称，即便是实行自由贸易，日本的汽车国产化也是不合理的，而应该进口。[30] 为了抵制这种潮流，此后通产省公开发表了《国产车培育纲要》（1955 年），推动了国内汽车产业的发展（虽然没能完全按照草案）[31]，从部分代表自由主义经济的意义上说，此举在当时的舆论中简直

---

[28] 经济学家并不总是举双手赞成贸易和资本自由化。20 世纪 40 年代的凯恩斯（John M. Keynes）、俄林（Bertil G. Ohlin）、怀特（Harry D. White）等都否定资本流动。根据这一时期凯恩斯的观点，短期资本流动不仅会威胁贸易，而且会导致无法灵活运用金融政策，长期资本流出有时还会牺牲国内雇佣。20 世纪 60 年代初，熟知自由贸易优点的普雷维什（Raoul Prebisch），也基于发展中国家农民的利益而反对无条件自由贸易。刘易斯（W. Arthur Lewis）也推崇经济发展不依赖外资（全部依据 Martin Daunton 教授的指教）。

[29] 《有泽广巳的昭和史》编纂委员会，《活在历史中》，东京大学出版会，1989 年，引用顺序是第 156 页、第 134 页、第 142 页。

[30] 《日本经济新闻》，1950 年 4 月 13 日。然而，就在 1967 年 5 月《关贸总协定》的肯尼迪回合谈判要求降低轿车关税时，时任经济企划厅长官宫泽喜一认为：“这不是很好吗？日本可以买外国车。”但当时来自通产省的人说：“您别开玩笑了！日本是要出口轿车的，大臣请不要说那样的话。”（御厨贵、中村隆英编，《访谈记：宫泽喜一回忆录（宫泽喜一口述）》，岩波书店，2005 年，第 228 页）宫泽还说：“我曾坐汽车从名古屋到大阪。外国车很好，而坐了四五名新闻记者的国产车，爬坡时就一直落后。所以，当时我认为日本出口汽车简直就是吹牛。”（同上，第 229 页）

[31] 通产省《我国汽车产业的未来》（1952 年）指出，只要政策正确，汽车产业可以在日本生根（参照桥本寿朗，“1955 年”，载于安场安吉、猪木武德编著的《高速增长》，日本经济史 8，岩波书店，1989 年，第 60 页）。汽车“把人们封闭在自我的世界，淡薄了对公共事物的关怀和关心。汽车是象征现代‘民主’的交通工具”（猪木，《战后世界经济史——从自由和平等的视角》，第 37 页）。对照这样的见解，可以说汽车国产计划的出现正好契合了当时日本的社会变革意识。

有种逆风而立的感觉。

总之，在确定了加入《关贸总协定》的方向后[32]，为了战后初期的商品出口（陶器和玩具等杂货及纺织制品等），通产省研究了支持开拓国际市场的各种政策（贸易谈判、海外宣传、参加会展等）。此后，1958 年由国家出资设立的日本贸易振兴会（JETRO）（后来的日本贸易振兴机构——译注），就是完全沿用此种路线的产物。

朝鲜战争热潮过后迎来了萧条，从 1954 年下半年开始出口逐渐增长，此后迎来了“神武景气”（1955—1957 年）。鸠山内阁下的经济审议厅制订的“经济自立五年计划”（1955 年），设想了机械工业、金属工业、化学工业等的高速增长。1953—1958 年新政策提出的振兴贸易和产业基础、中小企业、科学技术，可以说契合了这些动向。[33]

在 1961—1963 年，从 1949 年到 1965 年“对外经济和贸易政策”连续排在第一位的进程暂时中断，产业技术（1961 年）和中小企业（1962—1963 年）政策排在前列。1961 年强调机械工业和化学工业的现代化，以及包含纺织工业的轻工业的完善、多样化和资源产业合理化；1962—1963 年强调向中小金融机构投入财政资金和充实中小企业信用保险制度。而且，1963 年制定了占据经济高速增长时代中小企业政策核心的《中小企业现代化促进法》（简称《现促法》），并将作为其保证的设备现代化补贴及工业区化和协作化资金列入预算。

日本经济的一个特征是，在呼吁促进工业化时，必须支持和振兴中小企业。但是，新政策中首次出现中小企业是在 1955 年，提出在促进中小企业发展的同时，必须稳定和改善其经营内容。特别是对中小企业财务上的关注（中小企业融资、减轻税负，1955 年和 1957 年，ⅴ；1956 年，ⅵ），以及振兴其产品出口，促进机械设备现代化（《机械工业振兴临时措施法》）（1957 年，ⅱ）等，都是经过充分准备后实施的。[34]

政策在聚焦先进大企业的同时，还很注意振兴中小机械工业，这是有原因的。因为高品质机械设备的生产能力是真正工业化不可欠缺的。由大量零部件构成的机械设备产品，从原材料采购到最终产品完成当然可以在同一企业中进行，但也可以通过产业内的“分工与合作”完成，即也可以采取协作体制，机械设备的多种标准化零部件

---

[32] 1954 年 1 月通过加入《关贸总协定》的方针，1955 年实际加入。

[33] 《通商产业政策概要》，1956 年 1 月 31 日。

[34] 例如，作为《机械工业振兴临时措施法》的一环，在将分包汽车零部件工业的设备投资作为支持对象时，实施了详细的事前统计调查，公开出版了厚厚的报告书（汽车零部件工业会和日本机械工业联合会共同编著，《汽车零部件工业的实际状况》本篇和别册，1957 年）。

由多个企业分工制造，最终在某个（装配）厂家统一装配（形成合作网络）。而且机械设备（包含精密机械）的生产相对来说是熟练工密集型的，多是中小型企业比较擅长。如果构建好中小零部件供给企业的网络，有利于增加雇用。这样有助于中小型机械设备工厂的健康成长（即完善经营指标，保证低价供应高品质产品）。

总而言之，为了发展工业化，振兴中小企业非常重要。这个观点来源于小宫山琢二、藤田敬三、丰田稔等人，并通过他们的学生传达到通产省。例如，丰田的学生林信太郎就说过，当时的产业政策“欠缺一贯性和国际性”，所以必须改正：

> 以自由主义原则下无法解决的中小企业的从属性和消除低工资为基轴，必须以完成下列过程为根本政策：成品机械和零部件的分工化→零部件工业的独立化、专门化、集中化→推进批量生产→降低零部件价格→强化成品机械的竞争力。如果同时进行经济合作，推进重新开展与中国的贸易等根本市场对策，那么对机械出口的前途没有必要悲观。㉟

《机械工业振兴临时措施法》的制定过程中存在类似的思想，即分包制机械零部件工业的发展是日本工业化的充分条件。最初该法律的有效期仅有5年，后来被延长了两次。振兴工业所使用的政策手段（政策方法）包括：首先企业需要自己申请并通过审查，被选定的企业可以从日本开发银行或者中小企业金融公库获得低息融资，作为购买特定生产设备的部分必要资金。这个政策的宣传效果（即传递了发展机械工业是必须的、不可欠缺的且是有希望的）非常好。更重要的是，此种方式不仅以少量的公共贷款诱发了民间银行的资金供给（称为牛铃诱导效应，cow-bell effect），而且增加了被支持企业的信用。㊱

㉟ 林信太郎，《日本机械出口论：扩大发展的结构基础》，东洋经济新报社，1961年，前言，第ⅵ—ⅶ页。写作该书时，林信太郎任职于通产省大臣官房企划室。在此之前，林信太郎在通产省大阪通产局任职，参与了调查20世纪50年代缝纫机工业实际状况的下列书的编纂：通商产业省大阪通商产业局编，《缝纫机工业》，缝纫机月报社，1951年。

㊱ 参照 Konosuke Odaka，“Evaluating Japanese industrial policy：the auto－parts industry example，” in Konosuke Odaka and Minoru Sawai（eds.），*Small Firms*，*Large Concerns*，*the Development of Small Business in Comparative Perspective*，Oxford：Oxford University Press，1999，第11章。但是，也有全面否定以《机械工业振兴临时措施法》为首的产业政策效果的意见［三轮芳朗、马克·拉姆萨耶（J. Mark Ramseyer），《产业政策论的误解：高速增长的真相》，东洋经济新报社，2002年，等］。

20世纪50年代末，经济高速增长的光明前景已成为许多人的共识。对于1959年的通产省企划室来说，当时经历的经济增长和出口扩张是“产业结构改善”和“快速调整”带来的。依据1959—1961年新政策的副标题反映的通产省意见，当时的日本经济，为了通过贸易自由化和改善产业体制培养经济增长的驱动力，必须由政策进行强有力的引导。在此，通产省认识到，在经济实现自主性发展之前，通产省的作用是承担辅助工作（助产士工作），具体来说就是提高出口竞争力。

这个时期的产业政策，无论是短期的还是中长期的，都考虑到对外经济关系（提高竞争力），为防备不久将实施的贸易和资本自由化，特别将重点放在增强制造工业的产能上。[37] 另外，采取扩大企业规模［促进王子汽车和日产汽车的合并（1966年）等］、促进钢铁行业的设备投资（认可加速折旧等）、为了从海外采购高性能的机床进行外汇融资等各种政策，正是出于这一目的。

例如，《机械工业振兴临时措施法》规定接受融资的企业从海外采购生产设备时，由通产省代替那些不习惯海外交易的中小企业，帮助它们查看目录并选择最合适的机床种类，与对方讨价还价，对中小企业进行无微不至的照顾。另外，鉴于先进的机床是生产优质机械不可或缺的工具，1953年开始实行了“机床等试制补助金”制度，截至1955年共投入了（当时是巨额的）3亿日元的研发资金。另一方面，因为进口国外的先进机床对日本产业界是非常贵重的，所以政令指定的进口机床品类可以免除关税。[38] 回顾该关税免除制度的记录，可以发现机床的指定品类从1955年开始陆续减少（1963年急剧减少），从这里可以推测国产机床的竞争力和质量都有了飞速提高。[39] 实际上围绕数控机床的开发，日美间的技术差距从初期基础研究阶段（1947年）的7年，缩小到1955年的约2年。[40]

然而，即使为了保护幼稚产业，政府也不一定需要使用很多资金。举个例子，为了保护幼稚产业，如果以特别补偿和财政投融资的合计金额来看国家实际负担的费用，

㊲ 政府于1960年（第二次岸信介内阁）发表了贸易自由化方针，1967年（第二次佐藤荣作内阁）发表了资本自由化方针。

㊳ 依据有效期一年的《关税暂定措施法》第2条，免除重要机械类关税。

㊴ 机械振兴协会经济研究所《技术水平差距的研究》，《机械工业经济研究报告书》42－5，1968年6月（渡部经彦等的共同研究报告书），第86—111页。

㊵ 同上，第162页。

那么对于民间制造业，国家实际负担费用的递减效果在1974—1980年只不过约为2.1%。[41]

另外，作为为了实现工业化而增强社会资本的一环，关心工业给水的建设也引人注目（1958—1959年，ⅵ；1961年，ⅲ）。

从经济高速增长到第一次石油危机的“新政策”

国际收支的天花板

扩大国内市场是经济高速增长的一个重要前提。但是反过来说，正是因为有了经济高速增长才扩大了国内市场（有效需求）。这个结论是怎样得出的完全没有考察过，而是仅把结果作为分析对象。

经济高速增长如何开始的或许并不重要。增长机制一旦启动，“投资带动投资”就开始循环往复。该机制运转的条件之一是点燃人们的信心。点燃信心的一个原因，难道不是“国民收入倍增计划”（1960年）及那一时机吗？[42] 当人们想到这个计划“一定会实现”时，经济发展的引擎就启动了。通过启动引擎实际收入开始增加，经济发展的动机就稳固了。通商产业政策在背后发挥推波助澜的作用，而且通产省提供的信息及政策指引也缓和了公众的不安（风险）。从这个意义上说，思想的力量很强大。也许这些政策仅仅起到了点火的作用，但是正因为有了这些政策才使人们真正开始行动。

无论如何，这个时代的特征是：活跃的投资和产业结构调整（从以第一产业为中心变为以第二和第三产业为中心）、技术进步和不完全雇用状况的消除、生产率急速上升带来实际工资增加和小幅的物价上涨等。日本和欧洲一起从战争的废墟中复苏，而美国经济却因拥有经常项目赤字和庞大的军事同盟费用，开始显现相对下降的趋势。因此，开始出现低估美元、高估日元和德国马克的现象。

经济高速增长的步伐大大超出了大部分人的预期。然而，贸易问题是通商产业政策最优先关注的问题，这点直到20世纪60年代结束也没有改变。因为在此期间宏观经济的运营总是在关注国际收支平衡（经常项目赤字）。为了维持经济高速增长，积极推

[41] 小椋正立、吉野直行《税制和财政投融资》，选自小宫隆太郎、奥野正宽、铃村兴太郎编《日本的产业政策》，东京大学出版会，1984年，第131页。

[42] 但是，国民收入倍增计划（与“经济自立5年计划”及日本政府的其他所有经济计划一样）并非本来意义上的计划，而是接近于构想，最多不过是带有政策引导的预测。

进生产设备投资，但因此导致进口增加，而一旦触碰国际收支的“天花板”，经济增长的势头就会被抑制。从侧面看国际收支平衡，宏观经济运行持续着“停停走走”的循环。1970年前后，通产省不再关注国际收支的制约。[43] 所以，对外经济关系在1972年从“一丁目一番地”中移出并非偶然。战后日本经济高速增长的基础是培育国际竞争力，鼓励振兴出口。进口替代可以看作此过程中必然（而且几乎同时出现）的副产品。

即使在经济高速增长初期，由于希望振兴杂货出口而提议制定《振兴法》（1962年，ⅲ），在促进使用国产机械的同时，提倡振兴国产机械出口和提高石油化学的竞争力（1963年，ⅱ），但这类关于振兴具体产业产品出口的通商政策就此结束，在经济高速增长末期前消失。取而代之的是扩大出口保险覆盖面及降低费率（1962—1963年，ⅲ），扩充振兴出口税制（1964年，ⅰ；1967年，ⅱ），充实和改善日本贸易振兴会体制（1962—1963年，ⅲ；1964—1965年，ⅰ），充实和强化进出口银行的作用（1962—1963年，ⅲ；1964—1966年，1969—1970年，ⅰ）等，作为贸易政策推进从制度上（软件上）支持国际贸易的方案。此外还提出加强亚洲经济研究所（1968年度，ⅳ），以及设立亚洲贸易开发事业团（1969年，ⅰ）。

另外，20世纪60年代以后的对外经济政策加强了对发展中国家的关注，这也迎合了自由主义世界的时代风潮。联合国宣布20世纪60年代是“发展的时代”，并于1963年设立了联合国贸易和发展会议（UNCTAD）。另外，《关贸总协定》的肯尼迪回合谈判（1964—1967年）还提议给予发展中国家出口特惠政策。[44]

新政策对发展中国家的关注始于呼吁必须开展亚洲经济基础调查以及资本和技术合作（1960年，ⅰ），进而主张以增加购买初级产品（1961年，ⅳ；1962年，ⅲ；1964年，ⅰ；1966年，ⅰ；1968年，ⅳ）为主，必须促进从发展中国家进口产品（1967年，ⅳ；1970年，ⅰ）。另外，还设计了面向发展中国家的咨询服务（1962年，ⅲ）、日元贷款（1964年，ⅰ）、进口资金的低息融资和经济合作优惠（1970年，ⅰ）等。1971年也继续要求促进经济合作。

---

[43] 20世纪70年代，两次石油危机（1973年，1979年）时也产生了经常项目收支赤字。经常项目收支从20世纪80年代初期以后一直保持盈余。从国际收支制约中突然解放，是当时人们从未预想到的新事态。对于经济学家来说也是意外的发展。日本经济的这个经验，证明了经济增长能够改善国际收支平衡这一假设（Ryutaro Komiya，“Economic growth and the balance of payment：a monetary approach,” *Journal of Political Economy*，77－1［Jan./Feb. 1969］，P35－48）。

[44] 这些（特别是以美国为中心的西方各国的）动向与当时美苏对立（冷战）的政治形势有关。

这个时期值得注意的是开始强调海外直接投资（FDI）。20 世纪 60 年代初就已经明文规定了日本的海外直接投资享受税收优惠（1962 年，ⅲ），随后不仅进一步完善税制，还改进了企业进军海外市场需要的融资和保险制度（1964 年，ⅰ），更进一步推进中小企业海外直接投资（1968 年度，ⅵ）。此后，1972 年（ⅰ）采取了为签订"交钥匙"（turn－key）合同而加强保险制度,㊺ 以及为促进成套设备出口而增加对进出口银行的注资金额等措施。

靠近技术创新

20 世纪 60 年代前半期，产业振兴政策的核心是金属和机械工业（1961 年，ⅰ；1962—1964 年，1966 年，ⅳ）和化学工业［最初是硫酸铵（1962 年，ⅱ），此后是石油化学工业（1964 年，ⅱ；1966 年，ⅳ）］。1964 年（ⅱ—ⅲ）将注意力转向振兴汽车工业和中小企业的现代化，希望从政策上确保逐渐能看到出口希望的国产汽车的品质和价格竞争力。同时，使用开发银行和中小企业金融公库的资金，不仅是为了提高机械工业，也是为了提高电子工业的国际竞争力（1966 年，ⅳ；1967 年，ⅰ）。

然而，20 世纪 60 年代后半期，产业振兴政策的对象发生了转变。在此时期，培育尖端技术［飞机相关（1967 年，ⅲ；1973 年，ⅵ）、振兴电子及核能发电机器工业（1967—1968 年，ⅲ）、中型喷气式飞机及海水淡化（1969 年，ⅳ）等］出现在新政策的前列。与此相对，从前产业政策的明星（纺织、高炉制造、特种钢、机械、化学）只是在判断是否有必要为资本自由化制定防御政策（生产合理化）（1968 年，ⅰ）时才成为话题，而且，这时为了防备资本自由化，还强调了中小企业（包含分包制零部件工业）的发展和流通部门的现代化（1968 年，ⅱ，ⅶ；1969 年，ⅲ）。

在强调培育尖端产业的同时，要确保大型研究开发、实验研究等的预算（1966—1968 年，ⅲ）。㊻ 另外，在制度上实行了加强专利保护（1968 年，ⅲ）和改善专利制度（1969 年，ⅳ；1973 年，ⅵ），以及加强工业标准化、促进国产技术的振兴和保护（1968 年，ⅲ）等举措。

这一时期的产业振兴出现了与以前不同的视角。在培育新产业的目录中加入了住宅产业、海洋开发、大规模集成电路、合成纸、石油蛋白以及家居产业（1972 年，ⅱ）。另外，在提出将产业技术应用于社会发展（医疗、住宅、汽车安全等）的提案

㊺ 海外直接投资等钥匙一转整套设备就能在运转的状态下移交工厂的合同被称为交钥匙合同。

㊻ 例如，1968 年的大型研究项目包含氨原料燃气、海水淡化以及大型喷气引擎。

时，出现了“技术评价”的新术语（1973—1974年，ⅵ）。

虽然比当初的预想大幅延迟，但是在20世纪60年代后半期还是实现了资本输入的自由化。这一变化发生在日本金融界“会不会被海外资本占领”的恐惧中［资本自由化迟滞还有一个原因是经济团体联合会（简称经团联）倡导“强行反对论”（“时机尚早说”），产业结构审议会不得不尊重金融界的意见］。[47] 从这个历程看，随着逐渐满足加入提倡贸易和资本自由化的经合组织（OECD）的条件，1964年日本成为OECD正式成员，标志着日本经济（还有其通商产业政策）跨越了一个大“节点”。但是对于跨越这个“节点”日本并没有充分的认识，所以此后日本企业界掀起了一股思潮：必须重新审视自己作为OECD一员的意义。

于是，在经济高速增长的末期出现了为此前产业政策末尾增色的两个政策提案：一个是纺织、机械以及电子工业的结构改造和升级（1970年，ⅰ；1972年，ⅱ），一个是通过推进特种钢制造行业和石油化学行业大型企业合并，解决设备过剩问题（1972年，ⅰ），这些都是贸易政策希望看到的。它们在1967—1968年的产业政策中反复出现，说明了国际竞争力与产业政策的紧密联动。还有一个新的动向是为了避免贸易摩擦，倡导制定避免贸易摩擦的标准（1972年，ⅰ；1973年，ⅴ）。加强日本贸易振兴会的功能，应该也是出于同样的目的。通产省早就预感到，日本商品的出口攻势会不断加剧与贸易对象国之间的经济摩擦。

日美纺织品谈判

作为1968年总统大选的战略，理查德·尼克松在竞选时就向美国南部的纺织业者承诺将限制日本的纺织（合纤及毛纤）进口。他就任美国总统后，强烈要求日本政府（佐藤荣作内阁）签署纺织产品出口限制协定。1970年1月，一直执着于冲绳回归的佐藤首相（时任）为了顺应这一要求，请通产大臣宫泽喜一推进此项谈判。[48]

然而，当时的美国并没有因日本的化纤产品进口而出现明确的经济损失，因此使

---

[47] 当然，各个企业都会紧张地做好准备以应对被淘汰的可能。但是，从国际经济学理论看，如果因为资本流入使一些国内企业被淘汰，那意味着国内经济的效率提高了，这种现象是可取的。不过，从政治经济学的立场出发，也有不欢迎资本输入（因为也有公共政策受影响的情况）的观点（例如，参见Joan Robinson，*Aspects of Development and Underdevelopment*，Cambridge University Press，1979年；西川润译，《发达和不发达问题：从后凯恩斯主义的角度出发》，岩波书店，1980年）。另外，从经济理论出发，主张贸易保护政策和资本输入不能并存的有宇泽和滨田（宇泽弘文，《资本自由化和国民经济》，《经济学人》，1969年12月23日；滨田宏一，《国际贸易和直接投资理论》，《东洋经济》增刊，1971年2月5日）。

[48] 从这里开始的三段，依据《访谈记：宫泽喜一回忆录》，第237—267页。

用法律强制手段的条件还不成熟。而且与钢铁行业等垄断产业不同，纺织行业由多种类且无数的产品构成，很难做到限制每个商品，因此根本无法顺应美国总统的要求，交涉难以进行。

日本纺织业界不忍坐视，从而制定了自愿出口限制方案（1970 年 11 月），但是美国政府执着于签署政府间协定而没有接受，结果日美纺织品问题直到 1971 年 12 月时任通产大臣田中角荣提供了 1278 亿日元用于处理过剩的设备并提供长期低息资金，才得以解决。

新政策在 1973 年（ⅵ）产业结构改造中的“改善纺织、特种钢等的产业结构”中包含该事件的内容。

20 世纪 70 年代的新政策

节约能源和防止公害

20 世纪 70 年代初，国际经济也开启了新纪元。“尼克松冲击”导致布雷顿森林体系终止，停止了美元和黄金的可兑换性（1971 年 8 月 15 日），此后《史密森协定》（Smithsonian Agreement，1971—1973 年）崩溃，开始了浮动汇率制度。石油危机的影响使资本形成减速，而且劳动生产率的提高赶不上工资的上涨，从而导致了滞胀。

《史密森协定》终止时，大藏省做出将固定汇率改为浮动汇率的决策的过程很缓慢[49]，但是贸易政策较早地预见了完善汇率变动保险制度、日元升值，提出加强（中小企业的）海外直接投资、进口融资及有效利用外汇等。日本试图通过这些政策避免贸易摩擦，并进一步促进与发展中国家的技术合作以及与社会主义国家的经济交流，此举是切合时宜的。

然而，此后石油输出国组织（OPEC）大幅提高原油价格（第一次石油危机，1973 年秋）[50]，对日本乃至世界经济（特别是对计划实行工业化的非产油国发展中国家）都带来了意想不到的冲击。[51] 但是如果回过头看，对作为本国经济命脉的能源资源不得不

---

[49] 固定汇率制度下的日元汇率，在经济高速增长的过程中迅速被低估，虽然不是有意为之，但是产生了与以邻为壑政策类似的结果。当时的日本对这点缺乏认识，将固定汇率制度视为不可动摇的前提条件。

[50] OPEC 成立于 1960 年。石油价格的大幅上升还被解释为 OPEC 对长期持续的国际流通货币（最初是英镑，接着是美元）贬值导致资源收入实质性减少的报复（Charles A. Coombs，*The Arena of International Finance*，N. Y.：John Wiley，1976，第 232—233 页，该作者在 1975 年退休前的 33 年间，一直是纽约联邦储备银行的职员）。

[51] 通产省在第一次石油危机发生的很久以前就预想到了石油危机一定会发生。第一次石油危机到来时（仅仅一个月前）已经设立了资源能源厅。

基本依赖海外供给的日本经济的脆弱性，可以说石油危机对此提供了一个绝好的重新审视的机会。

当时海外倾向于认为石油危机“终止了日本经济的腾飞”，但是日本经济在遵循国际能源组织（IEA）的规则努力储备石油（原油）的同时，尽力节省能源。结果，日本的石油依存度（与石油危机之前相比）有了大幅改善。[52] 不仅如此，日本还在20世纪80年代成为单位GDP石油节约最多的国家。这是活用当时日本积累的科学技术的成果。多亏了这些技术，日本经济能够在石油危机后重生。

1973年重视公害对策，也许象征着经济高速增长时期到了尾声。该年度提出为防止公害而改善生产工艺和设备、防止大气污染、联合企业（企业集团）对策、防止矿业带来的公害、化学物质及核能发电的安全对策等。同时还采取了生活和工业（包含汽车）废弃物处理对策。1973年政策的特征是，把着力点放在防止公害上，其出发点是发展地区经济。

1973年提案的促进工业重新布局和工厂环境整顿，契合当时处于全国舆论中心的（时任首相田中角荣的）“列岛改造论”。与此并列，1973年，稳定物价、零售业“现代化”、促进休闲发展等，总体来说强调了意在提高消费者福利的政策，这一点非常引人注目。另外，筹备举办世界设计大会，也为此前的产业政策形象增添了新的“容颜”。

然而，包含石油开发和储备、矿物资源的海外勘探和煤炭政策、铀浓缩的国际合作等资源能源政策，在概算要求上却被列在了末尾。第一次石油危机后新政策特别注意的反而是维护消费者生活。当时面对的问题是稳定疯涨的物价，并防止其再次发生。具体来说采取了下列措施：提供丰富的生产和流通信息防止惜售和抢购，通过引入销售点系统（POS，point of sales system）等合理化措施促进流通领域的现代化和更加完善日本工业标准（JIS）（1974年，ⅰ）等，同时在省内新设负责这些工作的部局——流通消费局的提案也被提上日程。[53]

无论如何，新政策反映了不稳定的宏观经济状况，并将有关地区经济和国民生活的政策列在“一丁目一番地”，这是具有划时代意义的（而且这也是当时世人要求的）。这些新政策于1970年准备，在1971年的预算中实现，此后经过两年的间隙期，

---

[52] 作为它的代替品，不能不留意对海外煤炭的依存及其使用量的急剧增加。

[53] 但是，最终没有设立流通消费局。

在1974—1975年又得到延续。

然而，早在1969年，通产省就预见了上述变化，即由于经济高速增长，日本GDP成为世界第二，并且出现劳动力供给不足和公害等负面影响，这时，通产省内认识到通商产业政策迎来了转折点。时任通产大臣大平正芳认可此种看法以及据此讨论的结果，他在谈话（1969年7月11日）中指出，下一年度以后通产省的政策立场将是以下几点：（1）重视经济的国际发展和提高国民生活的品质，（2）确保基础资源、工业用地及劳动力，提高中小企业、流通部门的生产力，作为整体促进发展，（3）产业界将资本自由化、公害问题当作自己的课题努力解决，政府对此给予支持，（4）为了开拓日本的未来，谋求振兴技术和培育新产业，这些和以前强调的重点有些许不同，并概括如下：

> 这里提出的诸问题中，比如布局、劳动力、消费者物价、公共投资、住宅问题等，有很多仅靠通商产业省的政策是起不到效果的，有些问题还需要政府各相关机构按此想法开展业务，因此，希望采取联合行动。[54]

把重点放在地区经济和国民政策的这些年度，还谋求促进休闲业发展（1974年，ⅰ）和培育住宅产业（1974—1975年，ⅰ）。另外还强调，为了提高与消费生活密切相关的产品的丰富度，要振兴纺织和杂货产业、传统工艺等（1974—1975年，ⅰ）。当然，还要采取措施促进石油稳定供给和储备。

然而，尽管石油危机导致物价飞涨，但是在1973年被作为最重点领域的“建设无公害社会”，在1974年（ⅱ）仍得到了延续。因此，除了谋求促进防公害技术开发、强化废弃物对策和防止矿山灾害外，在资源再生利用及其启蒙活动的基础上，还采取了联合的地震对策。

孕育新生产技术

与关注上述领域相对，1974—1975年新政策的显著特征是产业技术政策和对外贸易政策位于下方。虽说位于下方，但是这些从以前就开始推进的政策项目依然没有改变，并且得到了延续。实际上，1974年产业结构审议会机械产业部会的中期答询（12月）指出，只有机械产业是日本“最适合的产业”，在开拓新需求、消除发展制约、强

[54] 依据《关于新通商产业政策的基本方向》，1969年8月。

化产业间及产业内联系的同时，应该谋求进一步开展海外活动。[55] 此中期答询进一步论述了机械工业应注意开拓新领域尖端技术的研发，推进规格化和标准化，强化中小机械工业，促进流通的现代化等，主张政府在把产业界向这些方向“引导”的同时，为进行风险较大的新技术研发，应该实施大型研究项目。[56]

新政策也提出了丰富多样的项目。在对外经济领域提出了促进海外投资，避免贸易摩擦以及完善对华关系的情报处理体制（都是1972年，ⅰ），推进经济合作和应对币值浮动（都是1973年，ⅴ；1974年，ⅶ）等；另外在产业技术方面提出了电动汽车等大型技术开发（1972年，ⅶ），推进知识密集型产业（1973年，ⅵ），振兴新产业及新技术（信息、飞机、海洋开发、自动化工厂等），为了社会发展而活用产业技术（新的医疗体系、住宅产业、汽车驾驶控制系统等，1973—1974年，ⅵ），以促进技术开发为目标的技术评价（1973—1974年，ⅵ），培育自主技术或研发型企业（1975年，ⅴ）等。

同样，信息技术的发展也是不可或缺的。因此，以1978年《特定电子工业及特定机械工业振兴临时措施法》（7年有效期，简称《机电法》）的失效为契机，[57] 同年12月制定了《特定机械信息产业振兴临时措施法》（简称《机信法》）。制定这些法律的目的都是为了使相关产业发展所必需的共同行为豁免《关于禁止私人垄断及确保公正交易的法律》（《反垄断法》），并在产业政策措施中通过财政投融资资金进行融资。鉴于机械工业中中小机械零部件供给企业的重要性，这些法律重视改善中小企业体制和流通领域的现代化。

1973年，新政策的副标题首次使用了关键词“提高国民福利”，此后一直延续到1977年，但是1976—1977年，占据“一丁目一番地”（此副标题下面）的又是产业振兴相关政策，并且声明要重新思考产业组织政策的原理。依据这种政策思想，要发挥电子计算机和石油化学领域的国际竞争力就必须扩大企业规模，这些产业的产业组织政策不能完全适用自由竞争市场的经济理论（尽管有《反垄断法》）。一般而言，对于不同的产业，开出的适当竞争政策处方也是不同的。另外，新政策还主张引入使设备投资平稳化的税收措施，防止经济反复剧烈波动（1977年，1978年也继续）。

此时期出现的具有新面貌的政策事项中，在经济服务业化的应对下罗列了提供质

---

[55] 《昭和50年代的机械产业规划》，《通产省公报》，1974年12月6日。

[56] 通产省机械信息产业局编，《昭和50年代的机械产业》，通商产业调查会，1975年。

[57] 《机电法》是将《机械工业振兴临时措施法》和《电子工业振兴临时措施法》合并后的法律，其意图及产业政策的风格与《机械工业振兴临时措施法》是相同的。

优价廉的住宅、灵活供应纺织及其他生活相关用品，以及废弃物的有效再利用和废纸的再资源化（1977 年，ⅵ，ⅷ）等，更有作为 21 世纪尖端产业的大规模集成电路（LSI）的研发和强化软件产业的技术开发（1978 年，ⅴ），作为经济合作的一环促进开发投资（1978 年，ⅲ）和接受海外研修生（国际合作事业团负责，1977 年，ⅱ；1978 年，ⅲ），以及振兴海外咨询服务（1978 年，ⅲ）等。并且再次提出加入专利合作条约（PCT，Patent Cooperation Treaty）（1978 年，ⅴ）。

值得关注的是，全权负责通商产业政策的通产省在 1979 年新政策的首要位置提出了"制作远景规划"。这意味着此后通产省的政策立场和政策思想发生了转变。意识到日本对国际社会的责任，同时，认识到基于长期展望的经济政策是必要的，如克服国内"结构不景气"及由此带来的就业问题、日元升值对策等。具体来说包括：（1）全面修正外汇管理制度和扩大进出口银行的信贷规模，（2）推进核能政策（改良轻水反应堆，确立核燃料循环等）和节能政策，（3）促进大型工业技术研发，（4）积极应对商标注册条约（TRT），以及（5）加强地震对策等。虽然新的政策提案并不多，但是该年度强调长期远景规划，或许是因为认识到创新的速度开始减慢的事实。

另外，《纺织工业结构改善临时措施法》和《肥料价格稳定临时措施法》在此期间又延长了一次，这恐怕是出于政治上的考虑。

第 3 节　20 世纪末期的通商产业政策思想

1980 年至 1992 年的新政策

年度预算负增长的到来及其意义[58]

为了应对日益膨胀的财政赤字，在预算审查中实行了年度预算零增长（zero - ceiling，1982 年）和负增长（minus - ceiling，1983 年）[59]，从此，预算的编制方法发生了改变，即先决定总额，然后缩小请求金额和实际金额的差距。换句话说，请求金额基本上能直接通过，而获得新预算的希望却变小了。另外，当发生需要紧急支出的事项

---

[58] 很多内容来自通商产业政策史编纂委员会副主编松岛茂的教导。

[59] 此处是指预算额与上年度持平（zero - ceiling），或者机械地按一定比例削减上年度预算（minus - ceiling），是预算编制过程中大藏省的原则。这两个术语都是日式英语。年度预算零增长是在第二次临时行政调查会（土光临调）上提出的，开始于铃木（善幸）内阁。

时，内阁或命令各省节约预算资金，或追加发行国债，以追加财源，从中分配资金。但是由于通产省政治谈判的能力较低，而且有关公共事业的项目稀少，所以能得到这种追加分配的可能性较小。

与此形成对比的是，在经济高速增长时期，因为财政收入规模的增加，所以就有根据创意增加预算的可能性，而且有政治谈判的余地。这时通产省举全省之力致力于制定新政策就有意义。

制定新政策是通产省（经产省）的显著特征。与公共事业（包括道路、农地、港湾等）密切相关的建设省和农林水产省（农水省）首先决定必要事项和必要的支出金额[60]，然后通过合计金额来决定全省的预算总额。然而，通产省与这些省不一样，因为其管辖的现实活动非常少，所以预算总额也比较少。因此，通产省各局必须绞尽脑汁编制来年的新计划，由大臣官房将其汇总成“一个声音”，与大藏省交涉。国会执政党商工部会的议员（所谓“商工族”）在此过程中接受商谈，并且支持预算请求，但是他们和“建设族”及“农业族”相比势力分散，整体的声音较小。制定新政策在理论上形成累积型预算。

在年度预算零增长和负增长的约束下，通过通产省内的意见交换及将意见综合考虑来决定新政策的架构没有改变，但是，在预算编制中，精力却集中于研究出符合全省整体目标及（年初方针演说中体现的）总理大臣意向的方针。在汇总这些新政策方案时必须遵循这些方针，在相比以前更具框架性和概括性的题目（结构改革等）下形成总括性项目。[61] 新政策的题目也可以说“被揉成团了”。最终，制定的预算请求项目和新政策的各个具体事业内容无法一一对应。

在预算天花板的时代到来以前，新政策具有很强的由通产省的（供给侧）状况决定的特性，但是从1991年开始，由于年度预算零增长和负增长的影响，渐渐地也开始关注总理大臣的施政方针，相比以前变成了“有张有弛”的预算和政策。从这一意义而言，制定“新政策”的自由度受到了制约，同时，内阁会议还会询问经产省作为经济政策负责部门的见解。

重视能源的时代

第一次石油危机以后，原油价格在1978年末稳定下来，但是其后1979年（2月）

---

[60] 这个阶段政治判断也在起作用。

[61] 1990年以后这一变化更加显著。

的伊朗政变和1980年（9月）的两伊战争（伊朗和伊拉克战争）使其再次（超过第一次危机时的飞涨）急剧上涨。受此影响从1980年开始的约5年间，是集中强调能源政策的时期。[62] 这期间不断推进节能化，频繁修订《关于合理化使用能源的法律》（简称《节能法》），以促进新能源的开发与利用，其中著名的是被称为“阳光计划”和“月光计划”的能源技术开发。前者始于1974年，除了石油、煤炭、核能、天然气以外，还提案了煤炭液化、太阳能、地热、水力等在当时并不划算的热源，促进其开发研究和试用，希望在不久的将来这些能源资源能实现成本效益。后者始于1978年，旨在研发节能技术。

与此同时，鉴于稳定供给低价优质的能源对日本经济运转不可欠缺，新政策还特别考虑了有关能源的预算措施，即合并了以前的电源特别会计和石油、煤炭特别会计，设立了能源特别会计。通过这些措施，每年可以预定一定额度的能源相关费用。

总之，1980—1982年的“一丁目一番地”中，增加了展望现在和将来的能源资源对策，即在稳定石油（原油）供给的同时，确保石油替代能源（煤炭、天然气、核能等），并谋求开发新能源（太阳能、地热能、海水发电等）。同时，还将推进节能和核能发电安全作为重要事项。

为什么能源资源政策没有在石油危机发生后马上（例如20世纪70年代中期，或者后半期）出现，而是在80年代以后出现呢？这是因为70年代后半期（受石油价格飞涨的影响）全球经济衰退，当时判断资源问题还不是十分紧迫。[63] 另外作为应对危机的应急策略，除了储备石油外就是确保替代的能源资源（当下是煤炭），前者需要储备费用，后者的勘探任务委托给了民营企业。不管怎样，为了探求摆脱石油依赖的对策，需要经过数年准备周密的计划。能源资源的预算（石油及能源供需结构优化科目），从1980年的28万亿日元急速增加，1981年为36万亿日元，1982年为41万亿日元。结果使能源消费的石油依存度从1973年的将近75%降低到2005年的不足50%。[64]

贯穿整个20世纪80年代，“一丁目二番地”以下的项目反映了一番地的状况，有

---

[62] 第二次危机的原因和第一次完全不同，“由于对波斯湾沿岸各国政治稳定和伊斯兰政教合一霍梅尼新体制的担心，产油国减少原油供给”（猪木，《战后世界经济史——从自由和平等的视角》，第226页）。

[63] “因为受世界经济衰退的影响，资源生产国的资源产量相对于需求量而言变得富裕了，而且资源的储量逐年提高，所以，长期暂且不论，现在看来，资源问题没有那么紧迫……”（河野修一，《推进节省资源和资源再生》，《通产省公报》，1976年12月22日，第25页）

[64] 依据资源能源厅，《〈能源白皮书〉解读3》（http.//www.enecho.meti.go/topics/hakusho/enehaku－kaisetsu/03.htm 25vi2012，最后访问时间：2012年6月25日）。

很多关于能源资源的项目。[65] 其中特别引人注目的是能源技术开发（1981—1990 年）[66]，其他的还有推进能源外交（1980 年和 1982 年，ⅱ；1981 年和 1983 年，ⅲ），中小企业能源对策（1981 年，ⅴ；1982—1983 年，ⅳ），有关资源能源的国际研究合作（1980 年和 1982 年，ⅲ；1981 年，ⅱ），设立促进能源对策的税制（1981 年，ⅳ），开发和确保石油替代能源（1980—1982 年，ⅰ；1983 年，ⅱ；1984 年，ⅲ；1985 年，ⅳ；1986 年，ⅴ；1987 年，ⅵ；1988—1989 年，ⅷ），推进节能（1983 年，ⅱ；1984 年，ⅲ；1985 年，ⅳ；1986 年，ⅴ；1987 年，ⅵ；1988—1989 年，ⅷ；1992 年、1994 年、1995 年和 1998 年，ⅶ；1993 年，ⅰ；2000 年，ⅹ），液化石油气储备（1986 年，ⅴ），以核能为中心的电源多样化（1983 年，ⅱ；1984 年，ⅲ；1985 年，ⅳ；1986 年，ⅴ；1987 年，ⅵ），能源技术开发（1986 年，ⅴ；1987 年，ⅵ），引进可再生能源（1990 年，ⅷ；1991 年，ⅴ；1992 年，ⅶ）等。

尖端技术开发和国际贸易摩擦

另外，1983 年以后产业技术政策再次出现在“一丁目”中，无论是否出现在“一番地”中，都包含能源资源问题的应对策略，不断延续着几乎同样的主题，即培育必将成为 21 世纪排头兵的产业（例如，信息处理、宇宙开发、飞机、核能机器等：1980 年和 1982 年，ⅲ；1981 年和 1987 年，ⅳ；1984—1985 年，ⅰ；1986 年和 1988 年，ⅱ），以及推广新材料（例如精密陶瓷、生物技术、新功能元器件等：1981 年、1986 年和 1988 年，ⅱ；1982 年和 1989 年，ⅲ；1983—1985 年，ⅰ）。[67] 为了推进研究开发，促进产官学合作的大型项目制度（1983—1985 年，ⅰ；1981 年、1986 年和 1988 年，ⅱ；1987 年，ⅳ）成为政策的重要着眼点。另外，与此并列，改组和加强工业所有权（专利）管理仍作为长期政策事项得以延续（1980 年、1982 年和 1989 年，ⅲ；1981 年、1986 年和 1988 年，ⅱ；1983—1984 年，ⅰ；1987 年，ⅳ）。[68]

在连续三年重点关注能源对策后，产业技术政策再次成为焦点。作为基本完成了追赶欧美先进国家历程的亚洲国家，日本希望发挥创造力，实现社会发展和丰富人民文化生活的愿望。因此，普遍认为必须有科技立国的决心。

于是，1983—1985 年“一丁目一番地”的政策课题是新技术的开发和实用化，即

---

[65] 特别是 1987 年度。

[66] 特别是“阳光计划”和“月光计划”。

[67] 1980 年的下一期先导产业培育项目中，引人注目的是特别记载了纺织产业（以高度化为题）。

[68] 1990 年的政策题目是“强化知识产权政策”。

精密陶瓷、生物技术、宇宙科学等基础材料产业的“结构改革”。在预期的新技术中，当然也包含能源技术开发，这意味着1983年以后的政策延续了20世纪80年代初的政策主题（例如“阳光计划”和“月光计划”）。同时，对外经济政策中引人注目的是出现了促进尖端领域的国际研究合作，以及对发展中国家的综合经济合作（ODA等）和“工业标准化”等（都是1984年，ⅱ）。

1988年在公布特别立法措施“关于完善产业技术相关研究开发体制等法律”（《完善产业技术研究开发体制法》）的同时，积极推进促进产官学合作的大型研究项目、奖励基础研究、国际共同研究、从海外招聘专家等措施。

然而，提高技术能力的路线不得不再次转向调整对外经济关系的对策。因为20世纪80年代后半期，和欧美各国（特别是美国）的国际经济摩擦加深。摩擦的背景是日本经济（对比欧美经济）有相对较快的增长。20世纪80年代全世界都在宣扬“日本经营”的特征性风格，而与此对照的是美国经济比较低迷。而且日本对美国（以及欧洲）的贸易顺差不断扩大，使相关国家的政府及金融界很恼火。[69]

早在20世纪70年代后半期就爆发了几次严重的日美经济摩擦。其中有1972年的纺织谈判，1977年的彩电摩擦，1976年的特种钢自愿出口限制，1986年的机床自愿出口限制，以及80年代关于半导体和汽车的贸易摩擦。特别是半导体，不仅讨论了日本的出口，还讨论了外国产品在日本国内的市场占有率，并将其作为数值目标要求日本政府接受，这种做法也给后来的汽车谈判带来了影响。关于汽车，日美间举行了数次谈判，美国要求限制日本产汽车出口数量，并购买美国产汽车零部件。此后发生了围绕知识产权和防卫问题（武器出口）的计算机（IBM、日立）事件（1982年），以及围绕防卫机密的东芝机械事件（1987年）。受此影响，1986年新政策的“一丁目一番地”中重新出现了对外经济关系（1988年和1990年除外，持续到1992年）。这是因为贸易摩擦的频度增加，并且波及范围也扩大。具体来说，包括通过扩大内需促进产品进口（1986年、1987年、1989年和1990年，ⅰ；1988年，ⅵ）、太平洋经济合作构想（1986年和1989年，ⅰ；1987年和1990年，ⅱ）、促进对外直接投资以及对日直

[69] 经济学者（例如小宫隆太郎教授）再三指出，计算国际收支平衡时抓住多国间贸易黑字和贸易赤字即可，将两国间的顺差和逆差（一国的财政收支和家庭收支可以类推）视作问题是不正确的。撇开经济学家不谈，这种观点并没有达到遏制相关国家政府对日批判的目的（著名国际经济学者、哥伦比亚大学教授巴格瓦蒂就和小宫教授持完全相同的见解。巴格瓦蒂教授认为美国因为经常收支逆差而批判日本是不对的，他批评了美国的对日交涉态度。Jagdish Bhagwati，*The World Trading System at Risk*，Princeton University Press，1991）。

接投资（1987年，ⅰ；1988年，ⅵ）、推进《关贸总协定》的乌拉圭回合谈判（1987年和1990年，ⅱ；1989年，ⅰ）、进行旨在改善地球环境的技术开发（作为对外经济政策的一部分，1989年，ⅰ）、与发展中国家进行“三位一体”（援助、直接投资、贸易）的经济合作（1990年，ⅱ）[70]，以及调整中小企业的产业结构（1990年，ⅰ）等。

通商政策的各个项目虽然是随着时代变迁的，但是1989年首次出现地球环境问题，反映了通产省改变了以前因为科学无法充分证明其因果关系而对环境对策采取的消极态度。[71] 在中曾根政府的主导下还采取了在国家层面通过日本贸易振兴会的斡旋、奖励来促进进口的特殊措施（1985年，ⅲ；1986年，ⅰ）。

上面两段所述的很多项目，在1991—1992年的新政策中得以延续。但是，与对外经济问题形成对照的是，能源问题到20世纪80年代后半期变得沉寂，从“一丁目一番地”中消失了［这也许是石油价格（虽然1990年初有一时的飞涨）回落，以及通过特别会计确保财政措施起到了效果］。

活跃地区经济和提高国民生活品质

作为这一时期（1980—1992年）具有特征性的政策项目，流通业现代化（1980—1985年）、因与地区经济和国民生活密切相关而多次出现的防灾对策及产业安保对策（1980—1984年）、作为中小企业政策的零售业和服务业振兴政策（1980—1988年），以及推进资源的再生利用，作为新型政策浮出水面（1980年，ⅴ）。

另外，在因国际经济摩擦而持续动荡的80年代后半期，1988年和1991年分别把视线转移到地区经济和国民生活。因为随着强调地方分权的风潮，提出了特定不景气地区对策、活跃地区商店街、80年代登场的建设地方产业城市（科技城）构想［1982年（ⅴ）以后推进］、促进产业重新布局及确保工业用水资源［1985年（ⅵ）以后推进］等紧急课题。这里所说的“地区活跃”，就像该年度“通商产业政策重点”的副标题（“以经济社会的国际协调和活跃为目标”）显示的那样，是在全球化的大环境下而言的。

经济高速增长时期以来，作为中小企业对策，仿佛口头禅似的总是强调“经营的现代化”。即使在20世纪80年代，这一点也没有改变，但是呈现与以前不同的特征：

---

[70] 包含改善能源的利用效率。

[71] 参照通商产业政策史编纂委员会编，武田晴人著，《日本通商产业政策史（1980—2000）：投资、环境和安全生产政策》，经济产业调查会，2011年，第8章第2节“公害健康损害补偿制度的修正”。

中小企业的能源对策（1981 年，ⅴ；1982—1983 年，ⅳ）、风险支持（1984 年，ⅳ）和振兴服务业（1980 年、1983—1984 年，ⅳ；1981 年、1985 年和 1988 年，ⅴ；1986 年，ⅳ；1987 年，ⅲ）、海外投资顺畅化（1981 年，ⅴ；1982—1983 年，ⅳ；1986 年，ⅳ；1987 年，ⅲ）、支持人才培养（1985 年，ⅴ；1986 年，ⅳ；1987 年，ⅲ）、（金融和财政上的）经营稳定化（1981 年，ⅴ；1982—1984 年，ⅳ；1985 年，ⅴ；1986 年，ⅳ；1987 年，ⅲ）等政策的提出并实行，体现了中小企业政策领域中的新风气。

泡沫经济时代

1986 年时任大藏大臣宫泽喜一谈道，战后经济史中无法回避的两个“转折点”中，第二个是为应对美元升值，五国（G5）财长决定联合干预的《广场协议》（1985 年 9 月）。[72]《广场协议》签署以后，日元的急速升值给日本出口产业带来冲击，因此要求降低利率（1986 年）和大规模追加预算（1987 年）[73]，但这造成了流动性过剩。另一方面，日元升值大大有利于进口行业，因此国内景气程度并没有像担心的那样恶化，尽管纽约股市大跌（黑色星期一，1987 年 10 月），但是 1988 年税收增加，不久地价暴涨，产生了泡沫经济[74]，并由此产生导致 20 世纪 90 年代泡沫经济破灭的不良债权问题。

20 世纪 90 年代的新政策

通商产业政策的变身

20 世纪末的十年间，是沉沦在泡沫经济破灭的“失去的十年”，同时也是新政策完成大变身的时期。带来变化的时代背景酝酿于 20 世纪 80 年代。1981 年铃木（善幸）内阁时代开始的第二次临时行政调查会（土光临调），以官方和民间专家的讨论为基础，对政府的概算要求设定上限（与上年度预算持平，前述），还推出了“三公社”民营化的提案。土光临调的提议，也呼应了当时欧美各国不约而同出现的经济新自由主义萌动。[75] 接着在中曾根（康弘）内阁的主导下通产政策转向了土光临调提议的实行

---

[72] 第一个转折点是指成为日本战后自主性民主主义出发点的日美安保斗争（1960 年）（本段落以下部分依据上述《访谈记：宫泽喜一回忆录》，第 336—337 页和第 273—283 页）。

[73] 美元兑日元的汇率，从 1985 年 9 月的 241.70 日元降到 1988 年 1 月的 120.45 日元。

[74] 资金宽裕到三菱地产能够买下纽约的洛克菲勒中心（1989 年 10 月）。

[75] 关于这点，作为回顾撒切尔政府的英国政治经济思想，Richard Cockett 的著作［*Thinking the Unthinkable, Think - tanks and the Economic Counter - revolution 1931 - 1983*, London: Harper - Collins，修订于 1995 年］是很有深意的。

“三公社”的民营化[76]，这可以说是此后行政改革的起点，而且标志着政治对政策形成的影响力上升了。[77] 另外，20世纪80年代末（“泡沫经济时期”的后半段），社会舆论中存在强调“富裕与丰富”的倾向，但是1991年以后经济泡沫开始破裂，在没能提出有效对策的情况下时间悄悄流逝，社会的不安和目标的迷失、信心的丧失等成为社会的新特征。

1991年新政策的“一丁目”，把焦点从上年度重视对外经济关系转向了国民生活，强调搞活国内经济的必要性，提出包含纠正国内外价格差异的各种政策。其中包括通过修订《关于调整大型零售商店零售业务活动的法律》（《大店法》）改善流通业、缩短工时、废弃物处理（或者再利用）、促进消费者保护、应对老龄化社会、形成女性参与的社会、从支持设计创造的新视角振兴服务产业等。

同年，作为新政策的大分类项目之一，出现了地球环境问题。对于环境和生态的世界性共同课题，通产省认识到不能将其作为一国的公害对策，而必须在全球范围内（即全球化）共同解决。[78] 这个新动向暗示着日本赞同1997年12月在京都召开的、以应对地球变暖为主要议题的国际会议（第3次《联合国气候变化框架公约》缔约方会议[79]）上聚焦的国际舆论。本来，日本企业界对这个问题的态度一贯是慎重的。

此后，1992年再次出现了重视（1986—1990年曾出现的）贸易政策的标题[80]，接着在1993年，为了应对再次飞涨的石油价格暂时将能源资源问题作为必需的政策课题。但是，1993年能源资源政策的主要课题着力于引入环境友好型能源，保护臭氧层，稳定能源供给（液化石油气、石油对策等），推进再循环利用等，与80年代的重点不同。20世纪90年代初期政策的问题意识，无论是促进流通业的合理化、废弃物处理，还是为能源问题做国际贡献、改善环境，都与经济高速增长时期的通商产业政策划清界限。[81]

---

[76] “三公社”指的是日本国有铁道公司（国铁）、日本烟草专卖公社（烟草），以及日本电信电话公社（电电公社）三公司。其中国铁在1987年，烟草和电电公社在1985年分别实现了民营化。

[77] 村松巡夫，《政官混乱型领导力的崩溃》（东洋经济新报社，2010年，第236—237页）的观察，为这个解释提供了背书。

[78] 参照猪木，《战后世界经济史——从自由和平等的视角》，第350—354页。

[79] The 3rd Session of the Conference of the Parties to the United Nations Framework Convention on Climate Change.

[80] 促进对日直接投资、与发展中国家进行各种合作、推进亚洲太平洋经济合作、支持原社会主义各国的经济改革、将乌拉圭回合谈判成果反映在国内制度上、为解决能源问题做出国际贡献等。

[81] 在制定1993年新政策的过程中，排位在最后阶段发生了改变，把能源资源和地球环境问题放在了前列（一、二番地）。理由之一是，上年里约热内卢召开的联合国环境与发展会议（UNCED，简称地球峰会，the Earth Summit）重点提出了地球环境问题。尽管环境和能源存在冲突，但是把两者一并提出还是能看出用心良苦。

从 1994 年开始，出现了以前新政策中不曾出现的新用语“经济结构”和“经济运行”。[82]“经济结构”政策不是像以前那样以个别具体的产业和商品、服务作为政策的对象，而是旨在通过对现有的制度、惯例等社会经济结构进行改善、修复以及革新，使市场机制接近本来应有的状态，同时防止并纠正“市场失灵”和“政府失灵”。而后者“经济运行”与一般性的经济运行相关，财政和金融自不待言，旨在对贸易、产业组织、劳动、社会保障（医疗、养老金）、社会资本（运输、信息）、司法（经济法）等一般经济政策进行规划、提议并实施。

具体来说，有关“经济结构”的政策是放松管制（1994—1995 年，ⅰ；1996 年和 1998 年，ⅲ；1997 年，ⅱ）、金融资本市场改革（1994—1995 年，ⅰ；1996 年，ⅲ；1997 年，ⅱ）、支持创建风险企业（及新市场）（1995 年和 1997 年，ⅱ；1998 年，ⅰ）、缩小国内外价格差异（1995 年，ⅰ；1996 年，ⅲ）、促进进口和对日直接投资（1995 年，ⅰ）[83]、完善社会资本和修改雇用惯例（或者是雇用制度）（1995 年，ⅰ；1996 年，ⅲ；1997 年，ⅱ）、改革企业组织（1997 年，ⅱ）、应对老龄化社会（1997 年，ⅱ）、引入股票期权制度（1998 年，ⅲ）、修改《大店法》（1998 年，ⅲ）、改革企业税制（1998 年，ⅲ）、降低能源费用（1998 年，ⅲ）、研究社会保障制度（1998 年，ⅲ）等，涉及领域非常广泛。另外，有关“经济运行”的政策是降低法人税率、贷款难对策、不良债权处理、社会保障制度重建等有关宏观经济运行的政策。

这两个政策无疑延续了以前的通商产业政策思想。但是，如果从社会一般想法看，与其说是通商产业政策，不如理解为属于（正统的）“经济政策”门类。这类列在新政策“一丁目”的政策值得关注。在这一时期，必须迅速解决的国家层面的政策课题，比如消除社会不安和谋求分配公平等，通常具有囊括多个官厅管辖事务的特点。

其实通商产业政策的思想是一脉相承的，并没有中断。无论是“经济结构”还是“经济运行”，这些新立场并不是从侧面否定以前产业政策标榜的“企业界代表的、有条件的自由主义”。然而，这两个标题的出现，也确实是通商产业政策思想史中引人瞩

[82] 早在 1988 年通产省已经论述了“应该推进世界级的经济结构调整”（《经济运行 5 年计划，与世界共存的日本》，《通产省公报（第 2 部）》，1988 年 5 月 27 日，第 14 页），讨论了日本应该进行内需主导型的“经济结构”改革。因此，1994 年以前通产省内部就开始使用“经济结构”的概念了（20 世纪 80 年代以前频繁使用的不是“经济结构”，而是更狭义的“产业结构”概念）。

[83] 1995 年的“经济结构”政策中包含“扩大进口和对日直接投资”，以“对外经济政策”为题的新政策则放在最后，非常罕见。

目的变化。如果说从经济高速增长时期到20世纪80年代末的通商产业政策是“以企业为本的经济自由主义”，那么90年代后半期的通商产业政策可以说转变成了“以市场为本的经济自由主义”。

新政策出现这种变化的背景是，认识到日本经济已经接近生产技术前沿，以前在追赶型工业化过程中有用的通商产业政策不再起作用了（或者发生变化了）。在这种认识的主导下，通产省开始追求新型通商产业政策。不仅如此，上述变化还标志着世界性经济思想发生了变化。

20世纪90年代，除日本外，经合组织各成员国经济状况都出现了回暖，以美国为领导者的“全球化”风靡一时。一方面是引人瞩目的亚洲各国经济飞速发展，另一方面是以苏联为首的计划经济相继崩溃，印度经济也实现了自由化。[84] 中国经济步入增长轨道，调整国际经济组织（世界银行及IMF）作用的呼声日益高涨，1995年《关贸总协定》解散，取而代之的是世界贸易组织（WTO）。[85] 为了顺应这些趋势和步调，通产省强调了上述作为世界性趋势（经济的）新自由主义。美国对拉美政策的典型特征是经济市场化、民营化、宣扬放松管制的《华盛顿共识》等。[86]

依据经济的新自由主义，为了从根本上优化社会经济制度和惯例，必须转变和更新产品及服务的生产，最直接的手段就是重视市场机制。[87] 它否定了以前凯恩斯学派的经济政策及其理论基础，重新大力宣扬从管制到自由的市场作用，以及因此带来的放松管制的功效。改革专利制度和流通制度（以及修订商法）也契合了这种思想潮流。同样，新政策还提到了行政改革和改进公务员制度，省厅重组也提上了日程。[88]

这些思想跳跃和制度改革，其实在广泛倡导的很多年前，通产省内就已经（通过

---

[84] 苏联解体是在1991年12月，印度加快经济和贸易自由化是在1991年以后。

[85] WTO也不容易解决发展中国家与工业发达国家间相距甚远的问题（南北对立）。

[86] 《华盛顿共识》的主张由以下10项构成：（1）国家财政规律，（2）从补助金向社会资本形成过渡，（3）税制改革，（4）由市场决定实际利率水平，（5）由市场决定汇率，（6）贸易自由化，（7）海外直接投资自由化，（8）国有企业民营化，（9）放松管制，以及（10）保护私有财产。（首次使用“华盛顿共识”是在下面的论述中：John Williamson, “What Washington Means by Policy Reform,” in John Williamson (ed.), *Latin American Readjustment: How Much Has Happened*, Washington: Institute for International Economics, 1989年，并非有“华盛顿共识”这一名称的正式政策。）

[87] 但是，当然也有经济学家虽然重视市场机制，但与“新自由主义”划清界限（例如，参照Joseph E. Stiglitz, *The Roaring Nineties: A New History of the World's Most Prosperous Decade*, N. Y.: W. W. North, 2003；铃木主税译《造福人类的经济是什么：从90年代的失败中所吸取的教训》，德间书店，2003年）。

[88] 2001年合并了工业技术院（工技院）下属的15个研究所和计量教习所，设立了产业技术综合研究所（产综研，AIST）。以此为契机，改变组织形式并开始新的组织运营规则（包含预算措施）等，都迅速得以实现。

局长的私人研究会等）议论和探讨过，针对有些事项还提出了具体的企划案。通产省事先预见了省厅重组的必要性，早在以提案经济结构改革获得好评的《前川报告》（1986 年）中，就已出现与通产省主张一致的内容。[89] 从这个意义上说通产省是具有先见之明的。

如果把行政改革看作广义经济结构改革的一部分，那么 2001 年的省厅重组也可以定位为通产省未来构想（远景规划）的一环。通产省的名称变更为经产省，不仅是字面上的改变，还代表该省进行了实质性的意识变革，即经产省现在不是单纯负责贸易和商工的省，还必须参与经济政策和与此相关的广泛领域（科学技术、福利劳动、建设、司法等），预示着经产省要做好政策建议或者政策制定的准备。省厅重组时制定了《经济产业省设置法》，指出该省的任务是“推进经济结构改革”（《经济产业省设置法》，1999 年法律第 99 号，第 4 条第 1 款第 1 项），这点具有深刻的意义。[90] 这里说的经济“结构”，虽然在内容表达上不是很明确，但是其中蕴含了在与该省的政策思想密切相关的广泛领域进行改革和施政的决心。

这些变化对应了桥本内阁提倡的经济结构改革的重要性，更对应了其后小泉内阁开始实行的以首相官邸为中心制定政策的新型政治。如果大胆推测一下，或许结构改革的思想与桥本龙太郎担任通产大臣时，在通产省内体验、学习的成果有着很深的渊源。如此这般，通产省孕育的长期展望和形成的新型经济政策，在此后的影响力渐渐扩大。

1991 年的政策重点是提高国民生活品质，“一丁目”中包含改善中小企业劳动条件（缩短劳动时间等）和废弃物处理，更以文化生活的多样化为目标支持设计创新，但另一方面将产业技术排在末尾，这一点独具一格。

此后各年度（到 2000 年为止）的新政策中，和以前相比被认为具有特色的政策有：海洋污染对策（1991 年，ⅲ），保护臭氧层（1991 年，ⅲ；1994 年，ⅵ；1996 年，ⅶ）[91]，恩度老年人、残疾人的技术开发（1992 年，ⅳ），加强感性产业（sensible industry，即文化产业——译注）的基础（1993 年，ⅷ），综合性国际研究合作（1993

[89] 《前川报告》是指，“国际合作经济结构调整研究会”（前川春雄任主席）于 1986 年 4 月 7 日向时任总理大臣中曾根康弘提出的报告书（第 6 章“产业政策”会再次论述）。

[90] 1952 年（法律第 275 号）的任务条款中（第 3 条），没有（《经济产业省设置法》第 4 条第 1 款第 3 项）“经济结构”和“产业结构”的概念。

[91] 臭氧层保护对策是 1993 年“一丁目一番地”的项目。

年，ⅳ)，促进开发医疗、福利器具（1991年，ⅰ；1993—1995年，ⅷ；1996年，ⅸ；1997年，ⅷ；1999年，ⅵ)，加强基础研发的基础（1992年，ⅴ)，创造传统与个性的社会（1993—1995年，ⅷ)，应对化学武器禁止条约（1994年，ⅴ)，废弃物处理（1995年，ⅸ)[92]；加强WTO体制（1994年，ⅴ；1996年，ⅵ；1997年和2000年，ⅸ)[93]，促进循环利用（1996年和1999年，ⅸ；1997年，ⅶ；1998年，ⅷ；2000年，ⅲ)，支持产品制造网络（1997年，ⅳ)，实现自由健康的生活风格（1999年，ⅵ)，自由人才流动（1999年，ⅲ；2000年，ⅷ)，支持职住一体型（工作和居住在一起——译注）的个人事业（1999年，ⅵ)，支持俄罗斯经济结构改革（2000年，ⅸ）等，内容非常丰富。

和这些“新政策”并列，原来那些熟悉的政策议案也顺应时代进行包装后被重新提案（但是被分配的预算额几乎都在持续减少)。其中包括：扩大进口或奖励对日直接投资（1990年，ⅰ；1997年，ⅸ)，促进标准化（1991年，ⅶ)，中小企业结构改革或修改中小企业政策（1992年，ⅷ；1993年，ⅵ)；亚太地区的繁荣和稳定（1991年，ⅳ；1993年，ⅶ)，工业所有权（1991年，ⅳ；1992年，ⅷ；1993年，ⅲ)，确保工业用水（1991年，ⅱ；1992年，ⅲ；1993—1994年，ⅸ)；支持原社会主义国家的市场经济化、民主化（1994年，ⅴ)；推进亚太经合组织合作（1996年，ⅵ；1997年，ⅸ)，各地区中小企业聚集对策（1997年，ⅳ)，扶持风险企业（1999年，ⅱ)，以及完善贸易保险制度（2000年，ⅸ）等。

第4节　通过“新政策”观察战后通商产业政策的长期趋势

长期趋势的观察方法

上节通过概览“新政策”各分类项目的出现频率及其内容特征，试图找出各时期政策立场的特征。但是，并没有完全拘泥于“新政策”的排位（虽然有所关注)。现在我们要关注“一丁目”以下的排位，通过利用排名的“权重”，观察通商产业政策历年的特征及其大致变化。换句话说，本节希望通过新政策项目的排序，使之成为能

---

[92] 废弃物处理是1991年“一丁目一番地”的项目。

[93] 延续了以前乌拉圭回合谈判成果的应对政策。

够映照出政策思想动态的一面镜子。但是，并不是单纯追究排位的绝对值及其差异（是大还是小），而是将其作为判定特定时期什么要“相对优先”（“那也不能忽略，这也必须进行”）的资料加以参考。关于政策的排位，不是讨论排位的绝对值，而是将其作为客观表现该时期动向（变化的动态）的信息加以使用。

但是，因为相比于通产政策，“行政改革”本来就是围绕政策制度方向的主题，所以不作为本节的考察对象。另外，因为“万博”也只在特定的年份出现，所以不包含在以下的分析对象中。1999 年和 2000 年在“一丁目”中提出了以宏观经济政策为中心的“经济运行”，但是因为该内容和其他年度新政策大项目有本质不同，所以本节也先把它从考察对象中排除。最后，在表 1. 2 中仅出现一次的“其他”，在这里也排除了。

表 1. 3 是对表 1. 2 中的资料进行加工，并对政策项目的相对重要程度进行量化得来的（以下称为得分），即表 1. 3 是对表 1. 2 中新政策的排位进行加工，赋予“一丁目”较大的权重，赋予远离“一丁目”的项目较小的权重之后得出的结果。[94] 所以，数值越大（最大值是 10）表示优先程度相对越高，数值越小（最小值是 0）表示优先程度相对越低。该表最下行显示的是每个新政策项目在整个期间的平均得分。另外在计算时，将表 1. 2 中有关产业和技术开发的五个项目和“信息化”，概括成三类：新技术开发、支持开拓尖端领域以及产业振兴（参照表 1. 3 的注）。

图 1. 1 展现了表 1. 3 揭示的得分变动情况。但是，为了揭示历年的趋势，而不是每年剧烈的上下变动，所以图 1. 1 展示的是根据各年的值计算的 7 年移动平均值。

如果观察 1980—2000 年这 21 年就会发现，通商产业政策中比较“重要的”是对外贸易政策，其次是研究和技术开发以及中小企业政策，紧随其后的是地区振兴和能源资源对策（按此顺序）。

此序列与 1953—2008 年的 56 年间观察到的结果基本相同，但中小企业政策上升到

---

[94] 表 1. 2 中，位于“一丁目”的最优先新政策被记为 1，往下按照 2、3、4 的顺序记录政策项目。但是，当考虑对每个政策议案赋予权重时，对优先程度较高的项目赋予较大的值是恰当的。表 1. 3 中，通过用一定的数值（这里是 11）减去表 1. 2 中显示的排位数值作为权重，使排位数值的大小发生了逆转。顺便说一下，比较历年的排位（得分）数值，至少可以把当年和上一年的新政策（的相对重要性）做比较，但是，前提条件是整个对象期间都能适用同样的判定项目和尺度。政策项目即使称呼（标题）相同，其内容和拥有的社会经济意义在不同时期也存在差异，所以政策具有的含义全部按数量和时间序列比较是不可能的。然而，大的概括性的政策项目（例如产业政策），只要其意义和目的在不同时期大致相同，跨时期政策排位的比较就具有实质性意义。

第2位，新技术开发下降到第3位，这两点比较引人注目。与此对照，如果仅仅观察1991—2000年的10年，会发现研究和技术开发出现在首位，紧接着是中小企业政策以及公害和环境对策等，变化很大。

表1.3　新政策的得分及其推移

年度	对外经济和贸易	新技术开发*	能源和资源	地区振兴（产业布局）	中小企业政策	公害和环境对策	支持开拓尖端领域*	国民生活	商务流通	产业振兴*
1953	9.5	0.0	6.0	0.0	7.0	0.0	5.0	0.0	0.0	5.0
1954	9.5	0.0	0.0	0.0	0.0	0.0	0.0	0.0	0.0	2.7
1955	9.0	2.0	0.0	0.0	5.0	0.0	9.0	0.0	0.0	4.0
1956	9.0	3.0	0.0	7.0	4.0	0.0	0.0	5.0	0.0	7.0
1957	10.0	4.0	0.0	0.0	5.0	0.0	0.0	0.0	0.0	3.0
1958	10.0	4.0	0.0	0.0	2.0	0.0	0.0	0.0	0.0	2.3
1959	10.0	4.0	0.0	0.0	2.0	0.0	0.0	0.0	0.0	2.3
1960	9.5	3.0	0.0	0.0	4.0	0.0	0.0	0.0	0.0	2.7
1961	7.0	4.5	0.0	0.0	5.0	0.0	0.0	5.0	0.0	6.0
1962	8.0	3.5	5.0	0.0	1.0	4.0	0.0	3.0	0.0	5.0
1963	8.0	3.5	5.0	0.0	1.0	0.0	0.0	0.0	0.0	5.0
1964	10.0	0.0	7.0	0.0	3.0	0.0	0.0	0.0	5.0	5.0
1965	10.0	0.0	0.0	0.0	2.0	7.0	0.0	6.0	0.0	2.7
1966	10.0	4.0	6.0	0.0	2.0	0.0	0.0	0.0	4.0	4.0
1967	6.0	4.0	4.0	0.0	2.0	0.0	0.0	0.0	3.0	5.0
1968	7.0	4.0	5.0	0.0	2.0	0.0	0.0	0.0	4.0	5.3
1969	10.0	3.5	6.0	0.0	3.0	5.0	0.0	0.0	4.0	3.0
1970	0.0	3.0	8.0	0.0	4.0	9.0	0.0	0.0	0.0	3.3
1971	9.0	3.0	8.0	0.0	4.0	10.0	0.0	0.0	0.0	0.0
1972	10.0	6.5	7.0	3.0	5.0	0.0	0.0	0.0	5.0	0.0
1973	6.0	2.5	4.0	3.0	4.0	10.0	0.0	9.0	0.0	0.0
1974	4.0	0.0	7.0	0.0	3.0	9.0	0.0	6.0	10.0	1.7
1975	4.0	2.5	9.0	0.0	4.0	8.0	6.0	0.0	10.0	0.0

（续表）

年度	对外经济和贸易	新技术开发*	能源和资源	地区振兴（产业布局）	中小企业政策	公害和环境对策	支持开拓尖端领域*	国民生活	商务流通	产业振兴*
1976	7.0	2.0	8.0	0.0	2.0	5.0	10.0	6.0	11.0	0.0
1977	9.0	3.0	7.0	7.0	3.0	3.0	10.0	0.0	5.0	0.0
1978	8.0	3.0	9.0	8.0	4.0	2.0	0.0	5.0	4.0	7.0
1979	9.0	2.5	6.0	0.0	4.0	4.0	0.0	0.0	0.0	2.7
1980	9.0	4.0	10.0	5.0	4.0	5.0	0.0	4.0	0.0	0.0
1981	8.0	4.5	10.0	6.0	5.0	4.0	7.0	3.0	0.0	0.0
1982	9.0	4.0	10.0	5.0	4.0	5.0	0.0	4.0	0.0	0.0
1983	8.0	0.0	9.0	5.0	4.0	5.0	0.0	4.0	0.0	3.3
1984	9.0	0.0	8.0	5.0	4.0	5.0	10.0	4.0	0.0	0.0
1985	8.0	9.5	7.0	6.0	5.0	0.0	0.0	4.0	0.0	0.0
1986	10.0	8.5	6.0	6.0	4.0	0.0	0.0	4.0	0.0	0.0
1987	9.5	6.5	5.0	9.0	3.0	3.0	0.0	4.0	0.0	0.0
1988	4.5	8.5	3.0	1.0	5.0	1.0	0.0	7.0	0.0	0.0
1989	10.0	7.5	3.0	5.0	7.0	0.0	9.0	5.0	0.0	0.0
1990	10.0	4.5	3.0	3.0	4.0	9.0	0.0	6.0	0.0	0.0
1991	7.0	3.5	6.0	2.0	6.0	8.0	0.0	0.0	10.0	0.0
1992	10.0	5.5	4.0	3.0	8.0	9.0	0.0	7.0	0.0	0.0
1993	4.0	6.5	10.0	9.0	6.0	9.0	8.0	3.0	0.0	0.0
1994	6.0	7.5	4.0	9.0	2.0	5.0	10.0	3.0	0.0	0.0
1995	1.0	7.5	4.0	5.0	6.0	2.0	10.0	3.0	0.0	0.0
1996	5.0	9.5	3.0	4.0	5.0	4.0	8.0	2.0	0.0	0.0
1997	2.0	8.0	5.0	3.0	4.0	4.0	9.0	3.0	0.0	0.0
1998	5.0	9.5	4.0	4.0	5.0	3.0	8.0	0.0	0.0	0.0
1999	4.0	8.5	2.0	6.0	1.0	3.0	0.0	6.0	0.0	2.3
2000	3.0	8.5	2.0	6.0	5.0	9.0	4.0	8.0	0.0	0.0
2001	2.0	7.5	4.0	4.0	3.0	5.0	10.0	3.0	0.0	0.0
2002	2.0	3.5	3.0	2.0	5.0	4.0	10.0	5.0	0.0	2.7
2003	6.0	4.0	4.0	0.0	2.0	5.0	0.0	7.0	0.0	3.3

（续表）

年度	对外经济和贸易	新技术开发*	能源和资源	地区振兴（产业布局）	中小企业政策	公害和环境对策	支持开拓尖端领域*	国民生活	商务流通	产业振兴*
2004	6.0	6.0	4.0	0.0	2.0	3.0	10.0	8.0	0.0	3.7
2005	5.0	8.5	3.0	5.0	4.0	4.0	0.0	0.0	0.0	3.3
2006	9.0	5.5	8.0	6.0	5.0	7.0	0.0	0.0	0.0	3.3
2007	9.0	9.0	2.0	4.0	5.0	4.0	5.0	3.0	0.0	0.0
2008	0.0	3.5	0.0	2.0	1.0	6.0	0.0	8.0	0.0	0.0
1953—2008 年平均值	7.1	4.5	4.7	2.8	3.8	3.7	2.8	3.0	1.3	1.9
1990—2000 年平均值	5.2	7.2	4.3	4.9	4.7	5.9	5.2	3.7	0.9	0.2
1980—2000 年平均值	6.8	6.3	5.6	5.1	4.6	4.5	4.0	4.0	0.5	0.3

注：1. 带 * 号的项目，是将表 1.2 的项目整理合并得出的：“产业振兴”是表 1.2 的产业和技术开发 1、2、5 的算术平均值；“支持开拓尖端领域”和表 1.1 的产业和技术开发（3）相同；“新技术开发”是表 1.1 的产业和技术开发（4）与“信息化”的算术平均值。

2. 新政策排位是按以下方式打分的：（1）排除了与通产政策内容没有直接联系的“经济运行”“行政改革”“万博”以及内容杂乱的“其他”；（2）“对外经济和贸易”的 1 和 2 互为进出口的关系，所以以两者的算术平均值计算“对外经济和贸易”的排位；（3）按照注 1 的方法将表 1.1 的项目分类合并到本表的项目分类中。

资料来源：依据表 1.2 计算得出。

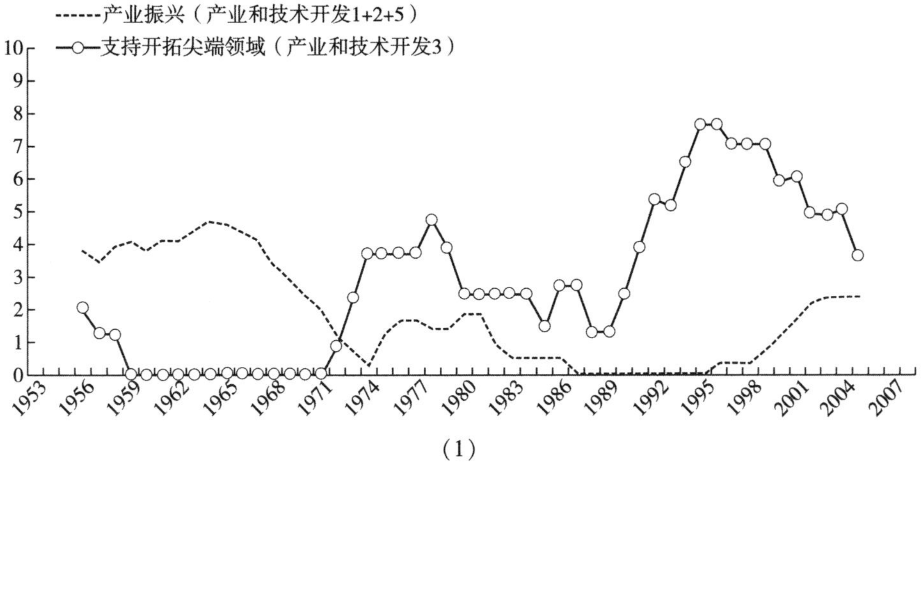

（1）

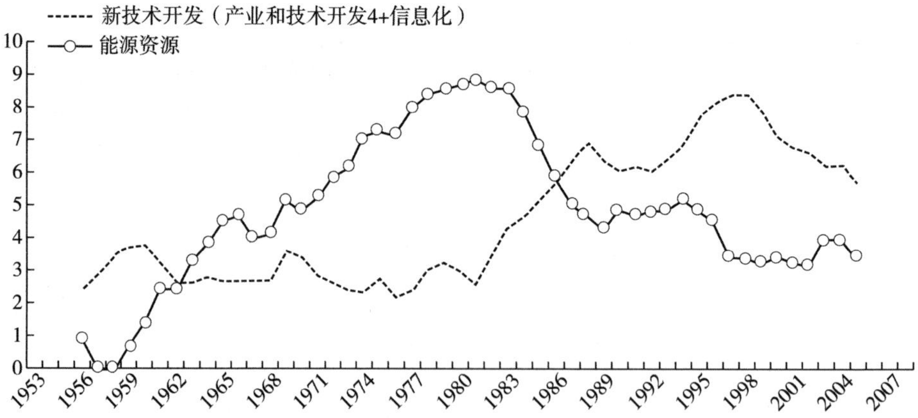
新技术开发（产业和技术开发4+信息化）
能源资源
10
9
8
7
6
5
4
3
2
1
0
1953
1956
1959
1962
1965
1968
1971
1974
1977
1980
1983
1986
1989
1992
1995
1998
2001
2004
2007

（2）

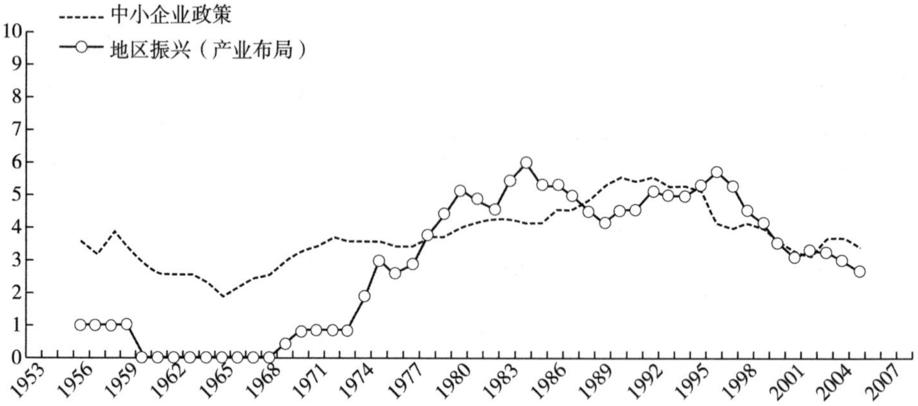
中小企业政策
地区振兴（产业布局）
10
9
8
7
6
5
4
3
2
1
0
1953
1956
1959
1962
1965
1968
1971
1974
1977
1980
1983
1986
1989
1992
1995
1998
2001
2004
2007

（3）

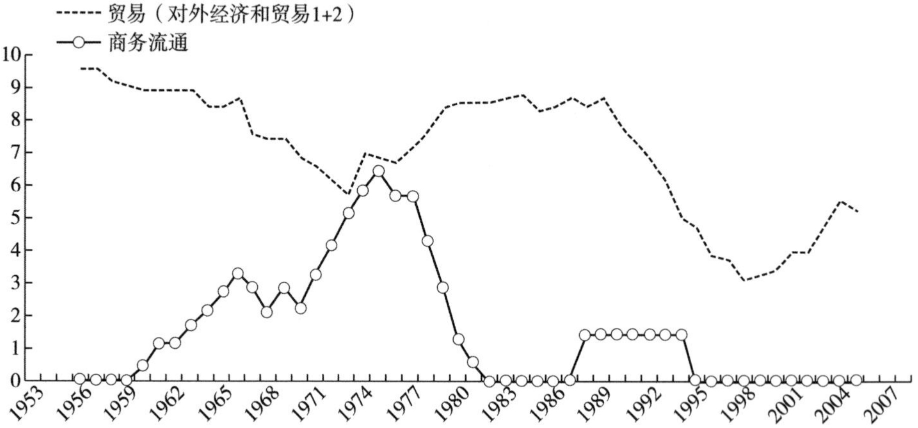
贸易（对外经济和贸易1+2）
商务流通
10
9
8
7
6
5
4
3
2
1
0
1953
1956
1959
1962
1965
1968
1971
1974
1977
1980
1983
1986
1989
1992
1995
1998
2001
2004
2007

（4）

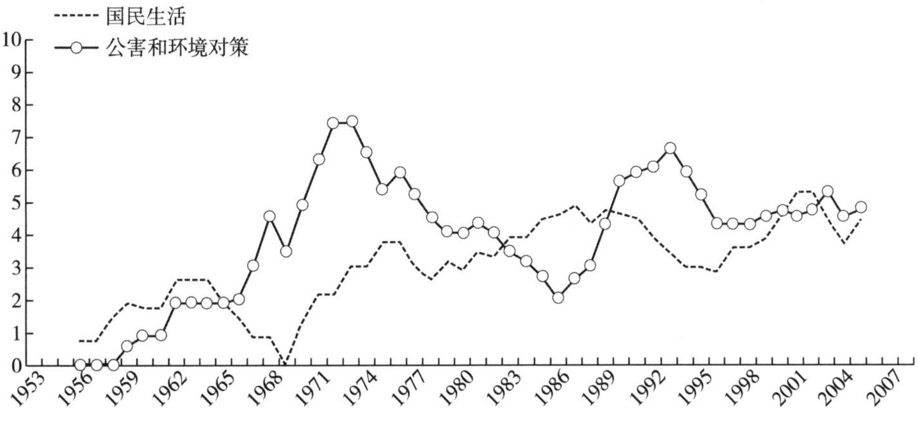

(5)

图1.1　新政策得分（1953—2008年，7年移动平均值）

资料来源：依据表1.3绘制。

无论哪个时段，从这些任一平均值看，产业发展和振兴的得分都处在低位（而且越来越低）。而一般看法都认为对现有产业的政策支持是通产政策的主要内容，所以这个结果有些令人意外。

战后通商产业政策的长期趋势

观察图1.1，在经济高速增长时期，产业振兴政策与对外经济贸易政策呈下降的趋势，但是资源和能源政策的上升趋势却很明显。与此相对照，从20世纪60年代中期到70年代中期，引人注目的是商务流通政策急速上升。另外，从60年代末开始，国民生活政策和地区振兴政策已经变得不可忽视，在石油危机不再那么紧迫后，它们的重要性在80年代重新得到确认。如同1986年4月时任首相中曾根的私人咨询机构在公开发表的《为实现国际合作的经济结构调整研究会报告》（《前川报告》）中强调的，这段时期“为开展国际合作，减少国际收支顺差，需要扩大内需，同时，也提高国民生活的品质”。[95] 20世纪末排在前列的行政改革和制度改革的历史起源，恐怕要从这里寻找。

在此期间，20世纪70年代排位一度靠前的公害和环境对策虽然稍微后移，然而伴

---

[95] 引用文字依据香西泰，《高速增长时期的经济政策》，载于安场保吉和猪木武德编集的《高速增长》，日本经济史8，岩波书店，1989年，第255页。另外，制作《前川报告》时，由时任产业政策局长福川伸次传递了通产省的见解（第6章“产业政策”中会再次论述）。

随着90年代的“全球化”，它又以“地球环境”的新面貌出现，而且通商产业政策也渐渐向尊重它的方向转变。

下面将图1.1传递的新政策趋势，通过几个例子进行说明。

作为“主角”的对外贸易关系和产业技术

观察上述图表我们会发现，贯穿战后整个时期，对外经济和贸易以及产业技术在新政策中占有的分量非常明显。

特别是在战败之后，有关贸易的新政策一直连续独占每年“一丁目”的位置。作为公认的以贸易立国为目标的国家，这并非不可思议。在经济高速增长时期之前，日本致力于振兴出口和减少进口，甚至被揶揄为“现代重商主义”。然而，一进入经济高速增长时期，对外关系政策的重要性急剧下降。到出现最低值的1975年，“国际收支的天花板”早已被作废。[96] 这些也反映了这段时期以前日本经济国际竞争力的提高。

和贸易政策形成鲜明对比的是开拓尖端领域和新技术开发，这两者从20世纪80年代末开始，在约10年间取得了显著的增长。

20世纪70年代后半期到80年代末，对外经济的重要性再度上升，这是因为日本商品称霸世界市场而数次引起和欧美各国（特别是美国）的贸易摩擦。然而90年代，欧美经济状况有所好转的同时，日本经济却陷入“泡沫经济破裂”，对外经济摩擦消失了。[97] 这也是由于1995年WTO成立，取代GATT，多边谈判而不是双边谈判的重要性上升。如果排除80年代现代经济史中贸易摩擦的紧迫性，那么对外经济政策的“一丁目一番地”属性，在整个战后半个世纪可以说是持续下降的。在此过程中，随着时间发展，越来越重视对发展中国家的合作与支持（包括ODA）。

中小企业的作用

贯穿整个战后期间，中小企业政策占据的位置非常稳定，在其他项目中没有见到

---

[96] 在第二次石油危机时再次出现了经常项目赤字。存在“国际收支天花板”期间，对外经济政策的变化和国内产业振兴政策的变化存在弱反向关系也是可以理解的。如果以增强国际竞争力为目标奖励设备投资和增加原材料进口，无异于给突破“天花板”踩下了刹车，而为了恢复经济和增加外汇不得不增加出口。但是，如果通过增加出口来积聚外汇储备，然后再着力于依赖进口原材料的“重化学工业”，“走走停停”的宏观经济政策则循环往复。当然，这两个政策变数的关系很复杂，还包含政治过程，不是显而易见的简单逻辑关系。因此，现在试着从它们两者的政策排位（但是，3年移动平均值）相对上一年的变化率看，1953—1973年是负相关关系（相关系数是-0.45），这有点耐人寻味。但是，1975—2000年，两者又不是反向关系了，相关系数反而变成了正数（0.10）。

[97] 与此同时，引人注目的是20世纪90年代后半期商务流通政策的得分走向也变得稳定了。

类似的稳定趋势。整个20世纪60年代，制造出口商品的杂货和纺织品业中，存在大量劳动密集型中小企业，所以对它们的培育保护以及促进其“现代化”（企业经营诊断等），在提高出口竞争力方面取得了较好的效果。如果考虑到包含很多自营业主的商业流通，那么中小企业政策的意义更大，包括政治考量在内。1963年制定《中小企业基本法》以前，中小企业政策中，相比经济政策而言，社会政策更多一些。

不过，也有看法倾向于认为日本中小企业政策真正变身为“经济政策”，是在1999年《中小企业基本法》被大幅修订以后。从这个观点而言，作为经济弱者的中小企业政策，必须在整个20世纪“稳定”实施是有重要原因的。

作为基本前提的能源资源

始终关注能源资源是日本经济的一个关键。能源资源是工业化发展的基本条件这一普遍观点，得到了英国“工业革命”的验证。二战前的日本，也将确保能源资源（作为海上运输燃料的重油）作为资本主义发展的必要条件。[98] 20世纪50年代初期发生能源革命，从煤炭转向石油，这时当然要强调有关能源的政策[99]，从经济高速增长前到20世纪80年代初期，该政策的优先程度稳步上升，这是值得关注的。这是因为这表明在发生石油危机很早以前，通产省就认识到石油资源对日本经济的重要性，并制定了应对之策。对照这一点，20世纪80年代能源资源政策的重要性（90年代前半期的油价飞涨期除外）持续降低，可以归因于修改了特别会计等，已经达成了20世纪中必须完成的目标。

生活品质和地区经济问题

从1956年到1979年，国民生活和地区经济这两个项目都集中在同一个项目之下无法分割。在此，对其中每个项目的评分，都是依据其内容来判断的。

20世纪70年代中期到80年代初期，是地方“红极一时”的时代。国土厅的“第三次全国综合开发计划”（1977年，简称“三全综”）倡导地方“定居圈构想”，对人口从都市向地方的回归（被称为回流现象）寄予厚望，并在全国各地广泛推广“一村

---

[98] 日本发动太平洋战争的原因之一就是源于对石油资源供给的不安。

[99] 参照经济产业省，《我国能源供给中煤炭的变迁》，第1页。滨野洁、井奥成彦、中村宗悦、岸田真、牛岛利明、永江雅和，《日本经济史1600—2000年：从历史中读出现代》（庆应义塾大学出版社，2009年），评价了“倾斜生产方式”的成果，认为“日本政府主导的复兴计划，导致美国许可日本进口重油，这成为战后日本重工业复兴的诱因”（第241页）。

一品”运动。[100]重新强调了地方自治的重要性。新政策中对地方经济的相对重视，反映了这些社会动向。这样的动作并没有使之成为此后制定制度的基础，人口回流也没有得到落实。然而，对于现代日本经济，刺激地方经济和振兴地方自治毫无疑问依然是一个重要的课题。

公害、地球环境以及结构改革

20 世纪 70 年代，全日本都强调控制公害的必要性和紧迫性，此后又因为地球环境的“全球化”因素而急剧升温。这些都与在京都召开的国际环境会议紧密相关。

然而，从 20 世纪 70 年代到 80 年代，日本政府对行政改革充满热情。90 年代以后“结构改革”更是风靡一时，新政策的风格就好像在迎合它们一样，也发生了很大的变化。1993 年以后，新政策的目录中加入了社会经济制度的设计、变革、运用方法等，1998 年更是出现了以宏观经济政策为对象的“经济运行”项目。90 年代以后，支持开拓尖端领域和新技术开发，以及国民生活等项目实现飞跃，都可以看作由此导致的结果。

这种山崩式的变化给通产省新政策的制定带来了改变。以前通过一线积累、经过省内讨论形成新政策的方式并非消失了，而是与此并列，遵循首相官邸和经济咨询会议的意向（所谓自上而下）决定政策框架（标题）的比例上升了。在小泉纯一郎内阁新统治形态（21 世纪初）的主导下，提高预算的秘诀就是制定新政策时吸取首相官邸的主张和意向。

另外，“结构改革”在很多方面受到（经济）新自由主义的影响，自 20 世纪末开始（经济）新自由主义给世界各国都带来强烈影响。[101]它对经济高速增长时期之前在日本经济中处于主导地位、以尊重社会和谐为基础建立的社会规则、制度和惯例进行正面批判，代之以（盎格鲁－撒克逊流派的）市场规则，并使之成为共通的社会规范。[102]从思想史来看，也可以视为通过（辩证地）否定过去的自我来重构自我的尝试。这种

---

[100] 许多市县村制订了刺激地区经济计划，通产省官员因为兼具支持的任务而频繁地到地方出差。

[101] 在讨论究竟是按照市场经济还是自由竞争前行时，如何（依据怎样的原理）制定政策框架（即制度设计）？现代经济学主流学派的新古典经济理论将制度作为既定的，很少讨论其设计原理。但是，现代社会中如同家常便饭似的发生的具有深远意义的分歧（“不应该”的事件），其根本原因难道不是在于局部均衡的制度设计吗？如果是这样，如何对其加以改善，现代经济政策论应进行考察并给出建议。

[102] 对于日本毫无批判地采纳新自由主义，还存在下列尖锐的批评意见：Ronald P. Dore，*Stock Market Capitalism*，*Welfare Capitalism*：*Japan and Germany versus Anglo－Saxons*，Oxford：Oxford University Press，2000（藤井真人译《日本型资本主义与市场主义的冲突：日德 vs. 盎格鲁－撒克逊》，东洋经济新报社，2001 年）。

新动向也在意识形态上反映了完成“追赶”过程的日本社会不仅经历了经济增长放缓，而且丢失了社会共通的目标意识（曾经的“山坡上的云朵”）。

探究新通商产业政策的原理

无论如何，约半个世纪的通商产业政策主要集中于本节使用的（10个）分类中，这一现象本身可以说体现了这个时期的政策思想特征。如同已经指出的那样，在二战后的历史进程中，有关产业技术和对外贸易的政策一直占据重要位置，与此同时，还始终关注作为经济活动基础的能源问题的重要性。随着时代的变迁，不仅需要关注生产，而且需要关注最终需求（消费）。寻求与发展中国家的合作及对其支持，不仅在国际政治上是必要的，在政策思想上也是为了谋求脱离生产者中心主义。与此同时，为了将此变化固定下来，通产省认识到不仅要变革制度，而且必须革新社会意识，并使用了工作方式、设计、感性等对产业政策来说耳目一新的词语（虽然排位不一定很高）[103]，这非常引人注目。

政策制定过程中出现的变化

在研究20世纪90年代的“政策重点”时，有一个不容忽视的发现。80年代的惯例是，《通商产业省年报》按照“政策重点”中完全一样的题目和顺序通报国会通过的新年度预算[104]，但是1993年开始并不一定遵循这种方式。从该年度开始，新政策的新项目追加了“经济结构”，而且1996年出现了“经济运行”。这里将1996年以后作为“一丁目一番地”记载在“重点”中的政策大项目与《通商产业省年报》预算书中的该内容相比较，得出了表1.4。这些年度，通产省的政策草案在经内阁提交国会审议之前，存在大幅修改的可能。当然，即使在1992年以前，在削减预算请求额的阶段也必然会对草案内容进行修改，但这种情况下，修改作为草案大框架的大项目，或改变题目，比较罕见。然而这种状况在1993年发生了大转变。

不仅如此，自1993年起还改变了以前的政策分类方式，采取先拟定一个大的框架，然后在其中添加具体的政策。而且，在审议预算案的过程中，还可以修正框架，因此“政策重点”中记载的分类基准无法直接与预算书的分类基准对比，使考察金额变化的工作变得更加复杂。从这种统计处理上的变化可以窥探到政官制定政策过程中

---

[103] 在此过程中，还谋求对传统工艺的关注。

[104] 但是，1965年、1968年、1970年以及1971年是例外。然而这些时候的变化都停留于追加“重点”中欠缺的项目，并没有改变“一丁目一番地”的排序。

的某种变化。下节中，我们以制定新政策的过程为研究对象，来探究其意义和变化。

表 1.4　通商产业政策的大项目对照表（1996—1999 年）

年度	出处	排位						
		1	2	3	4	5	6	7
1996	重点	加速经济结构改革	负责任地应对国际课题	实现安全、高品质的国民生活				
	预算书	推进经济结构改革	推进中小企业对策	推进综合性能源政策				
1997	重点	面向知识创造立国的经济机构改革，产业空洞化对策	与环境共存，构建重视国民生活的经济社会	与全球化、经济网络化时代相匹配的国际努力				
	预算书	推进经济结构改革	作为经济结构改革旗手来推进中小企业对策	与环境共存，构建重视国民生活的经济社会	与全球化、经济网络化时代相匹配的国际努力			
1998	重点	强力推进经济结构改革	支持面向地区经济的自律发展，支持中小企业开展新事业和强化基础	战略性构建全球化经济环境	克服能源制约，构建与环境共存的经济循环	提高行政效率		
	预算书	强力推进经济结构改革	支持中小企业强化基础和开展新事业	克服能源制约，构建与环境共存的经济循环	战略性构建全球化经济环境			

（续表）

年度	出处	排位						
		1	2	3	4	5	6	7
1999	重点	摆脱低迷的宏观经济	使产业重新活跃的政策手段总动员（加速经济结构改革）	完善发挥企业和个人潜在能力的经济交易规则（推进经济结构改革的制度改革）	支持提高生活品质	为构建支撑21世纪国际经济的基础做贡献	对环境、能源制约的挑战	推进有效率、有效果的行政
	预算书	使产业重生的政策手段总动员（加速经济结构改革）	支持中小企业强化基础和开展新事业	支持提高生活品质	为构建支撑21世纪国际经济的基础做贡献	对环境和能源制约的挑战		

资料来源：各年的《通商产业政策的重点》及《通商产业省年报》。

第5节　新政策的制定：通商产业政策的形成过程[105]

本节对1980年到2000年通产省制定概算请求的过程进行研究，由于其与预算请求密切相关，从而能够概览通商产业政策思想的形成过程。

预算请求和新政策

概算请求书的制作

该时期，通产省（经产省）（其他时期，其他省厅也一样）每年都要制定次年度被称为“概算请求书”的预算请求说明书。[106]概算请求书经过大藏省（财务省）等部门的讨论，在年末的内阁会议上通过并纳入政府的预算案，其内容由来年初召开的国

[105] 现存的有关新政策形成过程的著作有，铃木宽、城山英明，“通产省的政策形成过程”（日本计划行政学会，城山英明、铃木宽、细野助博编著，《中央省厅的政策形成过程：解析日本官僚的制度》，中央大学出版社，1999年，第4章，第89—127页）。

[106] 这件事自始至终都没有改变。

会审议并决定。

通产省（经产省）在制定概算请求书时，将作为其构成要素的各种政策计划称为“新政策”，事前在省内进行广泛讨论。所以，某年的新政策中出现了什么，为什么将其作为重要项目，新政策被纳入概算请求的过程中经过了怎样的讨论和变化，或者以前重要的政策项目为什么最终消失了或是降低了排名等，如果明确了这些，我们就更容易理解通商产业政策思想形成及其背后的逻辑。这里将新政策作为探讨的对象，就是为了追溯政策思想的形成过程。但是，我们还必须充分注意，（如上所述）通产省（经产省）制定的政策中也有很多与概算请求没有直接联系的重要事项（与国际外交相关的贸易政策等）。

1980 年到 20 世纪末，通产省（经产省）的一般会计预算规模（名义数额）在请求阶段基本没有增加或者仅增加一点，没有大幅变动。尽管如此，每年制定反复将新政策纳入其中的概算请求书，是由于通产省（经产省）想要不负新时代的自我要求。[107] 于是，这些在内部要求的基础上新制定的概算请求书，其内容在财务会计上是否合理、在政府整体预算中是否保持平衡，在提交内阁会议讨论前都需要经过大藏省（财务省）负责人（被称为主计官）的严格审查。

新政策的制定和研讨

度过 3 月通常国会这道难关后，各局的课长助理刚刚从应对国会的工作中解放出来，就围绕各自负责的领域中当前政策面临的问题，讨论下年度的新政策。首先，在 3 月至 4 月间，法令审查委员（各局总务课的第一课长助理）集中到大臣官房总务课，制作“新政策”草案。[108] 其领导者（委员长）是大臣官房总务课课长助理，成员如下[109]：大臣官房总务课 3 人、企划室 1 人、会计课 1 人、秘书课 1 人，以及各局第一课总务课各 1 人。[110] 由他们制作完成的“新政策”草案被称作“账单”。

---

[107] 预算规模比较小，而且与大部分预算都是日常行政费用的其他省（例如农林水产省）不同，重要政策每年都要变化是通产省（经产省）的特征。

[108] 从年初到 3 月，在法令审查委员会上，各局第一课长助理围绕新政策开展自由讨论。

[109] 法令审查委员由大臣官房总务课、企划室、会计课、秘书课以及各局总务课课长助理（大学毕业进入通产省后 12～13 年，35 岁左右，即将担任课长的课长助理）组成。讨论制定新政策的框架时，大臣官房的课长以上官员是不参加的（这种情况在数年以后发生很大变化，出席的课长以上官员大幅增加）。

[110] 这里的各局是指产业政策局、通商政策局、贸易局、立地公害局、基础产业局、生活产业局、机械信息产业局、中小企业厅、资源能源厅、专利厅以及工业技术院。但是，2001 年的省厅机构改革，使所谓“原课”的政策制定程序发生了很大变化。因此，像后面叙述的那样，2001 年以后“新政策”的制定方法及其含义都与以前有所不同。

“账单”是为了制定新政策时带着问题意识进行讨论的“基础方案”，由大臣官房总务课报送（包含官房自身在内的）省内各部门。收到“账单”的各部门开始制作自己负责领域相关的“新政策资料”。为了准备不久后在全省范围召开的讨论会，各部门积极收集数据，听取业内人士的意见，负责的课室还会召开数次会议讨论拟提交的草案。既会以法令审查委员为对象听取意见，也会请每局一名技术审查委员（技术官中的第一课长助理）提供参考信息。相反，有的部门在收到“账单”前就确定了主题，也有的部门在读了“账单”后感到很“可笑”。更有一些部门（专利厅经常发生）用该部局的草案替换了“账单”（当时专利厅提案的主题和议案很多都是专业性的实务，如果从讨论全省政策的观点来看，重要性较低的居多）。

另外，在进行上述工作的同时，官房总务课、官房会计课、官房秘书课分别开始讨论“账单”依据的法律、预算以及人事情况。[111]

4 月，首先在各局内部举行两次新政策讨论会（局内的听取意见会）。各课都提出多个议案，由负责的课长助理说明提出这些议案的理由。总务课课长助理（法令审查委员）对照主题的重要性、与政策工具的关系、目的和手段的联系、预算规模等，对议案进行大胆地整理。在第二次听取意见会上，总务课长是主要的听众。

在局内的听取意见会上，总务课长助理比课长更有权威，课长助理将整理后的结果（按照标准格式）制作成文书，在连休结束（5 月中旬左右）后提交给大臣官房总务课。即便如此，各局在这时提出的新政策文本，还有很多表里不一、不成熟的内容。[112]

接着，以这些根据“账单”提出的文本和资料为基础，以探讨新政策的支柱为目的，在全省范围内召开以各局为单位的听取意见会，多的时候要开两次。[113] 在第一次听取意见会中，代表各局的总务课长先报告各自“新政策”的要点，接着是主管课长（或者是课长助理）对每个政策主题进行追加说明。[114] 主要听众（评审）是大臣官房的

---

[111] 当时，令人烦恼的事情是，人事变动也是在这个时期（4—6 月）。

[112] 这些新政策草案的文本以及资料，有些还会成为下年度及以后的材料，所以很珍贵（许多制作者都是没有执笔经验的，所以必须参考上年度以前的资料）。针对并非最重要事项的请求项目（补助金、调查费等）的“账单”，省内各局会制作答复文书，提交给官房。这些所有关于新政策的文本和资料中（多数是手写或者是打印），混杂着独创的方案、讨论过程记录以及最终决定等。其中，最终整理制作的“新政策”文本封面上写着“重点项目”，采用部内印刷品的体裁。

[113] 第二次听取意见会是围绕主题展开的。

[114] 不同政策议案的说明时间基本是均等的。

三个课长（总务课长、会计课长和秘书课长）[115]、企划室长，还有产业资金课长、产业结构课长等与预算请求有关的（横向组织的）课长们。列席的各主管部局的课长与资深的课长助理经常进行激烈讨论，助理级、系（股）长级也积极参加讨论。听取意见会主席（最大的提问角色）是大臣官房总务课长，其任务是负责讨论的顺利进行，而深度参与新政策制定的是能够清楚把握所提文本、资料内涵的总务课长助理（最资深的课长助理）。

此时，大臣官房总务课长、三位法令审查委员和一位技术审查委员（必要时会加上会计课长），开始考虑新年度政策核心的议案（即上述“一丁目一番地”）。

另一方面，官房会计课长对通过第一次听取意见会的议案（被称为“玉”）进行意见征询。会计课长关心的重点是，与提案政策相关的现有项目（如果有的话）的既定预算额、必要的新预算请求额、请求的必要性和“抗震性”（能否扛住财政当局的质询）等。从会计的角度，较早决定的是财政投融资（财投）议案。因为它们前景光明，内容及其必要金额明确，所以比较容易做决断。[116] 与此相对照，有关一般会计的预算规模往往要到最后才能做出决定。

全省规模的第二次听取意见会，以第一次听取意见会通过的议案（玉）为对象[117]，在第一次会议结束后的两三周内，主要集中讨论官房指定话题。[118] 像日元升值对策这样与多个局相关的主题，还会将相关各局集中起来召开听取意见会。

到7月中旬左右，第二次听取意见会、会计意见听取会结束，次年度概算请求中最重点的新政策（“一丁目一番地”）就确定了。[119] 于是这时开始讨论每个新政策项目的预算额和预算构成、请求人员等，其结果按重要性排序记载在《次年度通商产业政策的重点》中（印刷物，竖写），7月末至8月上旬召开执政党商工部会和产业结构审议会时披露，交付审议。[120]

---

[115] 秘书课长很少因为人事评价以外的原因列席会议。

[116] 另外关于财政投融资，在官房听取意见会结束后，产业资金课还会针对提出该议案的课长及课长助理召开听取意见会。其后（从7月中旬至下旬以后）在产业政策局企业行动课召开的听取意见会上研究税收相关议案的可行性。

[117] 对没通过的议案送达没通过的通知（称作 love letters）。有时还会附上旨在改进的评论，或要求重新提出。

[118] 因此，讨论耗费的时间根据不同主题而长短不一。

[119] 顺便说一下，“一丁目一番地”后续议案的顺序（包含第二、第三）并不是很重要，很多时候后面的排序与上一年度的议案完全相同。

[120] 自民党的商工部会以各省为单位设立（因此，布局、环境等涉及多个省厅管辖的议案，还会预先在各省厅间交换信息）。

从新政策到概算请求

政府和国会的职责分配

最终决定新政策时，首先需要向执政党商工部会提议并得到认可，因此通常在此之前已经就政策内容对作为商工部会成员的各位议员进行了充分说明（联合执政的情况下，得到所有执政党的商工部会认可）。自民党商工部会放置了记载预算要求详情的厚厚的（被称作“电话号码本”）文件，被打上标记“○”是通过审议的前提条件。执政党商工部会认可后召开的产业结构审议会综合部会上，一般不会对新政策内容进行修改和变更。[121]

在这两次会议上被认可后，终于要着手制作下年度的“概算请求书”了。制作完成的议案在8月末产业结构审议会（综合部会）和执政党商工部会上提出。[122] 经过这些会议审议认可的内容就形成了“概算请求书”，于8月底前提交到大藏省（财务省）主计局负责贸易和外事的主计官手中。[123] 主计局需要在接到请求书的三周以内完成对请求内容的讨论，然后为了准备11月开始的国会审议和年末召开的新年度预算内阁会议，开始和通产省（经产省）进行预算谈判（概算请求的核定工作）。[124] 此时为了将政策手段（法律、预算、税收、财投、机构编制等）具体化，还必须与行政管理厅（1984年7月1号撤销行政管理厅，设立总务厅）等展开具体的讨论。表1.5根据预算谈判中不同的讨论课题，列出了业务分工情况。

和大藏省谈判的基础是次年度宏观经济的前景。当出现财政赤字问题以后，讨论预算天花板花费很多时间。[125] 大藏省事先内定预算分配的大框架[126]，但是不对各省公开。因为大藏省希望通过各个议案的累加来形成预算案。

“概算请求书”中新政策的内容通常是由（通产省）各局的课长助理向主审进行说明。与预算谈判有关的政策准备（手段）有预算、财投、税制以及立法措施，其中

---

[121] 产业结构审议会借7月末的基本问题委员会和盂兰盆节后的综合部会之机，召开两次说明会。

[122] 由于对外发表日期的关系，这两个会议不得不在同一天或是两天以内召开。

[123] 主计官由课长担任。主计局有七八位主计官，主计官下设置了3名负责贸易的主查（一系、二系、三系）。通产省的课长助理和主计官助理（毕业年份比通产省的课长助理晚一两年）进行交涉，同样，会计课长与主计官（两者几乎同龄）进行谈判。

[124] 秋季临时国会召开后，必须进行集中审核和预算谈判。

[125] 有关宏观经济前景的议论在大藏省、经济企划厅、官房课长等之间进行，（相关预算）由大藏省负责与执政党协调意见。

[126] 预算分配的大框架，在设定天花板以前在各省厅间调整。

前三者的谈判在每年秋季同时进行。[127] 在年度预算零（或者负）增长的约束下，财务和经产两省会就如何调整超额部分进行交涉，但是不会改变预算案的内容及其终极的政策目的。[128]

表 1.5 预算谈判的分工

	法律	预算[b]	税收[c]	财政投融资[d]	机构（组织）[e]
审议[a]	大臣官房 总务课	大臣官房 会计课	产业政策局 企业行动课	产业政策局 资金课	大臣官房 总务课
审议者	内阁法制局	大藏省主计局	大藏省主税局	大藏省理财局	行政管理厅＋ 大藏省主计局

注：（a）由提案者决定选择怎样的政策手段。（b）差旅费、人工费等经费和补助金、委托费等。补助金在通产省（经产省）中相对较少。（c）作为政策手段“税收”的认定，是以承认税收特别措施为前提，所以比较困难。但是，税收特别措施的实际业务，没有通产（经产）大臣的认定（例如，企业和设备能否成为减税的对象）是不许实施的，这点也说明通产省（经产省）的影响力扩大了（然而这不能说是实质性的权限扩大）。（d）日本开发银行的特别融资是很好的例子。还采取了出资减少利息负担等方法。适用《机械工业振兴临时措施法》的时候，开发银行的融资必须有通产省的推荐，然而到20世纪70年代变成只要满足了公示条件，开发银行自己就能审查、决定（关于同样问题，进出口银行比开发银行做决定更慎重）。相反，规模较大的财政投融资，如果不制定作为相关政策依据的法律，实施起来是很困难的。（e）“机构（组织）”是指，例如讨论新设立资源能源厅等。

财政投融资、税收及法案

以上是预算谈判，但是除了预算，还有需要财投、税收、法律措施的议案。例如，在提出有关中小企业金融政策的时候，通产省总务课和中小企业厅金融课赴（大藏省）

---

[127] 财政投融资的谈判对手是大藏省理财局资金一课。

[128] 在国家财政有盈余、可以增加预算金额的经济高速增长时期（1955—1965 年），通产省和大藏省有时也会围绕预算案展开激烈的攻防战。预算谈判刚开始时，大藏省（主计官助理）的最初评价（也可以说是“感受”）通过通产省会计课传达给通产省的负责人。这时候主计官助理为了试探对手的反应，就会说“全部不行”。通产省方面对此进行抗争并再次做出说明，但是财政当局为了确定政策议案的潜力，会对提案内容进行彻底批判。为了试探通产省是否有即使麻烦也要实施的意志，大藏省有时还会询问：“为了实施，是否有意制定必要的法律呢?”通产省便很有耐心地就政策议案的重要性及其效果进行多次反复说明，直到对方认可为止。这种交涉一般在大藏省的主查和通产省的课长助理之间进行（有时相互间会产生信赖关系从而解决问题），两省各自上司基本不参与。因此，预算谈判的成功与否取决于负责人的说服力（理论和实际说明）。所以许多出面交涉的人多是巧舌如簧的人。11 月中旬以后，通产省会计课提出“差不多该停止攻击了”。12 月上旬之前，讨论基本结束，议案差不多可以确定了（但是，除预算外还需要财投、税收、法律的议案，决定时间会推迟）。12 月中旬（20 日前后）内部公示第一次审核的结果。通常，新请求全部都会被否决，所以马上开始要求重新启用上次的请求。在第一回合中通常要求全部重新启用，但在第二次的内部公示中基本没有变化。这时，通产省就依照责任课长、总务课长、会计课长、局长等的顺序，出面和主计官面谈。这样还决定不了的重要议案，还会由大臣出面交涉。

金融局说明概算请求的宗旨，其后还必须得到（大藏省）理财局分配的预算（这个过程一般从11月中旬开始，到20日左右决定）。

需要税收措施的情况下，为了探讨理论和实际认识，通产省产业政策局企业行动课会在7月中下旬召开省内听取意见会，在此基础上，还要取得（自民党）商工部会和产业结构审议会的认可，还要对自民党税制调查会（党税调）的成员逐一说明宗旨。秋季开始与大藏省主税局（何时开始无法决定，断断续续地）进行交涉。[129] 另外，因为税收和税收预测在理论和实践中都有重要的关联性，所以“税制大纲”要比预算更早出台（12月10日到15日之间）。[130]

有关税收的政策以税收法定主义为基础，因此立法措施是必需的。涉及权利和义务时也是一样。[131] 有时还因为与地方自治团体有关而希望制定法律。[132]

这些需要立法措施的议案，从秋季就开始准备法律草案。法案审查的顺序是：提出→实质审议→次官会议[133]→内阁审议→国会审议[134]。一旦首先承认了法案的提出，就进入对法案内容进行“深究”的审查阶段，另一方面，为了协商国会审议计划还需要与执政党国会对策委员会联系。当预料到法案会遭到在野党反对时，责任课长会去在野党的政策审议会上说明宗旨。预算谈判结束后，1月上旬内阁法制局会召开听取意见会。法制局听取意见会由法制局的参事官、通产省的官房总务课长和负责法令的法令审查委员参加。

围绕制定政策议案的行政和国会

直到1990年，国会议员和官厅（政府机关——译注）间的关系还很紧密且融洽，

---

[129] 直接税是税制一课，间接税是税制二课。另外，政策性减税有一条潜规则，即遵守通产省的企业减税框架。所以，在实施新的减税政策时不得不削减现有的减税事项。顺便说一下，管理整个减税框架的是（通产省）企业行动课，但在做决定时必须得到省内的一致同意。当然，也要请求相关业界的通力合作。

[130] 在此阶段完成对“电话号码本”的整理。

[131] 有些情况下只需要认可事项就可以了，还有些情况下因为存在《专利法》和《振兴法》而不需要重新立法。

[132] 即使形式上不需要法律，但还是有规则更能够避免纠纷。

[133] 各省厅间的利害关系在事务次官会议上进行协调。例如，基于《控制危险废料跨境转移及其处置巴塞尔公约》必须制定产业废弃物的贸易禁止规定时，通产省考虑出台出口贸易管理令，而环境厅主张进行事前检查，因此必须就管理令的权限范围进行协调。这个议案在局长层面没能做出决定，被拿到了事务次官会议上讨论。国会审议时，由哪个委员会审议也是交涉要点。因为据此可以决定相关法规的管辖省厅。特别是委托多个省厅共同审查的情况下，因为没有明确的管辖省厅，所以委员会的选定很重要。

[134] 参议院是否先进行审议，也是法案能否成立的战略（的一部分）（但是，预算相关的法案必须先在众议院审议）。另外，重要法案很多时候是在正式会议上审查的（如果不是这样，就是商工委员会审查）。国会审议在说明提案理由后就进行质询应答，然后就表决议案，没有议论和讨论。因为必要的修改、调整都已在私下完成。

但在泡沫经济时期发生少数公务员利用公款豪华旅游等丑闻，以及公务员职业道德出现问题之后，曾经的信赖丧失殆尽。[135]

在本章主要的对象时期，国会从一开始就没有参与制定新政策的过程。新政策的草案首先由行政机关（通产省）调查、讨论、完成，然后提交给执政党的商工部会和产业机构审议会审议，此后在经过预算上和法律上的充分讨论后，提交（来年初的）国会审议。因为日本的行政机关具备制定政策必要的、充分的调查能力和管理实力，所以国会议员才能将较多的时间和精力放在制定政策以外的工作上。

这个事实说明日本的政治家并没有完全具备制定政策的能力（因为没必要）。然而，20 世纪 90 年代以后，在这个“事实”并没有改变的情况下，在制定和实施政策的过程中行政机关的社会权威开始降低，相反政治要素的重要性有上升的倾向。而且，另一方面，（恐怕与这些变化相连动）以媒体为中心，对公务员进行批判和要求强化公务员纪律的运动也达到了高潮。[136] 这些虽然是上述状况带来的必然结果，但是从国民福利的角度看并不一定是值得欣喜的趋势。反而应该倡导的，一方面是提高政治家制定政策以及评价政策的能力，促进政策决定过程的透明度，另一方面是提高（保持政治中立的）公务员的工作热情，改善行政质量和效率。在制定和执行政策的过程中，立法机关和行政机关合理分配职责、提高各自的能力才是有利于国民福利的，因此必须充分认识到尽全力加以改进的必要性。立法机关（国会）和行政机关（中央官厅）具有各自不同的目的和本质，相互保持尊重是十分重要的。[137]

改变吗？新政策

发生变化的原因

新政策的内容每年都会修改。因为通产省认为所实施的政策并不都是最好的。以

---

[135] 大藏省官僚的丑闻（二信组接待贪污，1995 年）和社会保险厅国民养老金记录的缺失、丢失（2007 年以后发现）等事件受到了社会的强烈批判，毫无疑问破坏了国民对政府以及政府政策的信赖。恢复民众对政府的信任，是维持政策有效性必要的前提条件。

[136] 一般情况下，公务员对媒体和国会议员的批判并没有说明和抗辩的机会。如果因为不正当的批评和责难使他们丧失了工作的意愿或使优秀人才失去了当公务员的志向，这都是国民的重大损失。在经济不景气时报纸会热衷于对公务员待遇过高的批判，而在经济繁荣时却完全没有相反的论调，这也是欠缺公平的。评价很差的旧官僚“空降”为民间职务，也是因为只有活用有才能的人才能增加社会效用，因此给予有（除过分的钱财交换、退职金等）条件的自由为好。否则，还可能会侵犯选择职业的自由。

[137] 政治家不仅依靠官僚（行政官员）实施政策，还依靠他们制定政策以及说明制定政策的合理性，然而如果将作为公仆的他们当作自己的手下斥骂，那么只能说这是可耻的行为。

此为前提通产省每年收集新信息，全省的成员群策群力，最终的结果由大臣官房按轻重缓急进行区分。

不仅是新政策的内容，决定政策的形式也随着时代的变化而慢慢地改变。经济高速增长时期以后，第一个改变发生在出现财政赤字的20世纪80年代初，第二个改变发生在战后“1955年体制”终结、自民党一党独裁政府时代即将结束的90年代初，第三个改变发生在开始意识到政治主导（官邸主导）政策决定的21世纪初。下面简要叙述一下这些变化。

从预算零增长（1982年）、预算负增长（1983年）的时代开始，制作预算的方式发生了改变。首先决定总额，然后缩小请求金额和最终金额的差距。换句话说，请求的内容基本能直接获得通过，但是获得额外新预算的希望很渺茫。另外，内阁确保手中持有预备费，以便分配到紧急、必需的项目中，但是经产省基本不可能成为这种分配对象。所以，政治谈判的空间变小了。

在经济高速增长时期，因为有想法就能增加预算，所以政治谈判有着充分的空间和意义。这时候怀着满腔热情制定新政策，并为此投入时间和劳动力是有意义的。本来，通产省（经产省）的最大特征就是制定新政策。建设省和农水省的各局因为与公共事业（道路、农田、港口）有很深关联，所以政治家首先决定各局的具体事业及其金额，然后将它们加总起来决定全省的预算总额。然而通产省与它们不同，构成通产省的各局为了提出新方案必须绞尽脑汁，由大臣官房将它们汇集成“一个声音”，与大藏省谈判。换句话说，新政策是通过累加形成预算的。累加的过程中要向国会的“商工族”报告并接受商谈，而且即使预算请求得到支持，与建设族和农业族相比，“商工族”的政治势力比较分散，而且整体力量较小。

20世纪90年代初后，自官邸主导形成政策成为焦点以来，自上而下的政策意志形成模式得到强化。在首相之下设置了经济财政咨询会议，并赋予它很强的政策决定权。与这种变化相对应，通产省的概算请求过程当然也发生了变化。新政策的制定，不仅是像以前那样为追求新点子年轻人绞尽脑汁的“累积型”方式，而且也在不断地向遵循咨询会议和内阁的施政方针、编制对其能产生影响的政策的方向调整。与此对应，新政策的项目（就像“结构改革”）也变为大框架性和概括性的。[138] 因此，1990年以

[138] 也可以说标题变得“概括性”或是“横向分割式”。

后，新政策提倡的政策目的，与各个预算请求并不一一对应。[139]（如上所述）1991 年开始，可以说政府的方针意识型（需求牵引型，demand pull）因素占了上风。也可以说，通产省作为负责经济政策的机关，在内阁中已变成被咨询经济政策相关见解的机构。这种变化，实际上也是通产省自身希望的。

1993 年：变化的萌芽

1993 年，在产业政策的决定方式发生变化的同时，其内容也发生了显著变化。1993 年有一个引人注目的标志，这一年自民党一党政府宣告终结（宫泽到细川、村山的政权交替发生在这个时期）。

随着时代的发展，新政策的制定方式出现了变化。其中应该注意的是 2000 年以后，通产省内部出现了对新政策制定方式的批判。根据这些内部批判者的观点，截至 20 世纪末，鉴于世界经济的动向和产业界的现状，作为制定全新政策（“琢玉”）的方法，新政策的制定是独特的且有巨大贡献的，但是也存在过于目的化、出现“琢玉淘汰赛”等负面因素。而且，如何顺利执行（或者改进）现有政策与制定新政策同样重要，“把现有的政策暂放一旁”，或盲目追求“与已实施政策的差异”，这些倾向都不好。[140]以 2001 年 1 月 6 日省厅重组和通产省的变身（改为经产省）为契机，2000 年和 2001 两个年度中止了新政策的制定，并讨论改变制定方式，很多意见认为，首先必须从认识和评价政策现状出发，而不是竞争新政策的“新意”。

因此，新政策的制定改为这样的方式：由大臣官房大概听取关于现状评价的讨论后制定、传达“账单”，然后各部局相应地提出新政策。围绕新政策课题召开第一次听取意见会时，在开会的两天前相关的 120 个课就要提出（已实施）政策的现状和定性评价资料。出席者事先阅读这些资料后出席听取意见会，所以省略了口头说明，从一开始就分别花 20 分钟时间进行提问和讨论。会议结束后，大臣官房（基于第一次的讨论）将课题清单（“账单”）发给各个课。第二次听取意见会是（与该课题有关的）几个课共同针对账单制作完成应对方案然后实施。

至此，对新政策讨论起推动作用的法令审查委员被废除了。因为有看法认为虽然这是通产省的决策程序，但由那些与相关业务没有直接关系的（即，是工作人员，但

[139] 具体、详细的预算项目集合为所谓新政策的一部分。

[140] 以前，也偶尔有过只热衷于制定新政策，而一旦被采用后并没有尽全力实施（直接扔给相关团体等）的情况。内部批判者并不是意图废除新政策。

不是权限系统的）人来决定政策是可笑的，花费的时间也过多。与此相关，经产省还认为本来就应该由权限系统的组织机构人员来决定政策，所以废除了各局的总务课。

废除法令审查委员会后，相应地设置了27~28个单元（单元制）（2001年）。[141] 本来，单元长会议作为单个会议来说规模太大，成员容易相互疏远，组织的向心力也有降低的感觉。于是设置了单元长助理会议以共享信息，有时也讨论政策课题。从小泉政府时代开始，政府的经济政策议案在（官邸直辖的）经济财政咨询会议上讨论的频度较高，但是决策周期以一年为单位的咨询会议与现实需求并不一致，更无法触碰每一个具体案件，所以需要设立一个接近现场、能够做出政策判断的组织。

综上所述，20世纪末的20年间，我们可以看到，不仅是通商产业政策思想，而且其形成方式和过程都发生了变化。这些变化对日本经济究竟带来了怎样的意义和影响，就留待后人评判吧。这里仅止步于理解新政策是如何形成的，以及形成过程在世纪之交发生了怎样的变化。

第6节　新政策形成的政治理论基础

战后日本的政策决定概况

我们有必要站在政策决定全过程的角度理解上述新政策的形成和以此为基础的通商产业政策预算的制定程序。在民主主义的主导下，政策是由民选的内阁准备草案，并经过国会审议、决定后由行政机关执行。当然也存在国会自己发起议案并决定政策的情况。另外，在制作草案的过程中，必然要调动熟知现实状况的官员。

二战后，在“1955年体制”下，日本制定政策草案时，通常主要部分是“执政党”即自由民主党委托中央官厅制定的。[142] 整个过程是：在官厅任职、政治中立、有能力的官员以内阁的方针为基础，同时根据自己的判断制定国家必需的政策议案，一方

---

[141] 如果用纵横的组织矩阵观点解释，虽然并非要只重视纵向关系，但也不要硬在横向层面达成协议。

[142] 日语中的“与党（执政党——译注）”是指众议院中的多数派，选出内阁的母体政党，即意味着“虽然不是直接指政权，但是与政权有很深关系的政党”（饭尾润，《日本的统治机构、从官僚内阁制到议院内阁制》，中公新书195，2007年，第80页）。执政党和立足于执政党的政府（内阁）之间有明确的界线，两者是相互独立的，所以意见并不一定相同，而且，作为执政党的自民党通过“政务调查会”实施独立的政策审议。因此，执政党（自民党）和内阁有时候需要就相互的政策反复进行协商达成一致（同上，第3章）。

面通过审议会等考虑民间人士的建议，另一方面征集相关国会议员的意见（这被称作“执政党审查”）[143]，得到认可的草案（或者修订案）提交通产省审议。一旦通产省审议通过，与经过大藏省（财务省）审查的预算案和法案一起通过分管大臣提交内阁讨论，获得通过后再委托国会审议。

上节所述新政策的形成过程，是20世纪下半叶通产省（经产省）政策制定程序的实际执行情况。毋庸置疑，这种政策议案的形成是建立在政（政治家）和官（官厅）相互信赖关系的基础之上的。

制定优秀的政策议案，必须要熟悉现有政策的实施状况以及现实需求。而且，因为制定政策是一项需要各种专业技能、投入大量时间与劳动力的工作，所以当然也必然要交给专家——官员。通过将拟制政策草案（新政策时的“账单”）的大部分工作交给官员，执政党（自民党）的议员就能将更多精力投入维持、管理他们的选举基础中。[144]

20世纪50年代后半期到70年代初，日本经济政策的精华是，以达到欧美各国（所谓发达工业国家）的工业化水准为目标，采取了“追赶和超越”的路线。它与维持《日美安保条约》体制并称为“吉田（茂）主义”的两大支柱。一旦经济发展的机制运转起来，为了实现该目的，很多时候从（经济学家中广为人知的）有限的目录中选择即可，因此将准备决策所需的材料和拟制具体议案的工作交给政治上保持中立的官员，可以说是非常合理的。政策的形成和执行很多时候都需要预算，幸运的是在经济高速增长的过程中财政基础持续扩大，所以较少受到财政上的约束。

制定政策议案时当然要考虑相关议员的政治利益。另外，为形成高质量政策做出贡献的官员，有望获得晋升或辞官后拥有较好的就业前景。在“1955年体制”自民党一党独大的情况下，政治家和官僚的“通力合作”逐渐制度化。[145]

---

[143] 根据需要也要对在野党的相关议员说明相关政策议案并请求给予理解。另外，开始执政党审查是在池田（勇人）内阁时期（1962年）（村松，《政官混乱型领导力的崩溃》，东洋经济新报社，2010年，第22—23页）。顺便说一下，对执政党的事前说明是（有执政党的时候）战前就有的惯例（饭尾，《日本的统治机构，从官僚内阁制到议院内阁制》，中公新书195，第88页）。

[144] 依据村松（同上，第12—20页）的说明。

[145] 虽说如此，但是“官僚不过是作为自民党的影子在行动”（拉姆塞耶和罗森布鲁斯合著，《日本的政治经济学：政权政党的合理选择》，加藤宽监译，川野边裕幸和细野助博合译，弘文堂，1995年，第119页；原题目是：J. Mark Ramseyer and Francis McCall Rosenbluth, *Japan's Politica Marketplace*, Cambridge, MA: Havard University Press, 1993，第6章）的说法是不恰当的（这些作者关于通产政策制定过程的观点，引用电力资源开发、中小企业，以及《大店法》为例，在该书第7章第2节中加以叙述）。简单来说，这本著作有过分强调遵循合理选择模式行动的政治家姿态的倾向。

然而，随着“1955 年体制”的消亡，这种格局开始发生变化。促成其变化的一个原因是经济高速增长结束，财政赤字累积（其结果是发行了大量赤字国债），对扩大预算亮起了红灯（预算零增长和预算负增长时代到来）。政、官“通力合作”的纽带因此弱化。1991—1992 年，泡沫经济破灭时，宫泽（喜一）政府的金融政策错失时机，住宅金融专门会社（住专）的不良债权问题久拖不决。

1988 年竹下（登）内阁时期发生了里库路特事件（涉嫌行贿受贿）。包括内阁成员在内的很多政治家都卷入其中，饱受舆论的批判。第二年春引入了消费税，此时必须进行自民党改革的呼声从党内开始沸腾，而作为“花钱多”的选举的元凶，中选举区制度成为攻击的主要目标。然而，自民党内围绕选举区制出现了裂痕，自民党支持率开始逐年递减，终于在 1993 年 8 月迎来了非自民党政府细川（护熙）内阁的诞生。在该内阁的主导下几经磨难（1994 年 1 月）最终成立的小选举区和比例代表并立制度，给日本政治带来了“巨大的波及效应”。[146]

在抛开自民党、由四党联合执政的细川政府下，政策决定同样延续了政、官“通力合作”，但被评价为“没有活力”。然而，在该政府的主导下，政、官、产业界的相互勾结和政治与行政的不透明性成为改革的对象。[147] 这时连续发生了多起官僚丑闻。这成为选举公约中出现行政改革的直接原因。

细川政府后经历了短命的（少数自民党政府）羽田（孜）内阁，紧接着就成立了社会党、自民党、先驱党三党联合执政的村山富市政府。社会党联合政府之所以能够成立，其背景包括苏联的解体、柏林墙的倒塌以及中国走上了市场机制道路，冷战体制冰消雪融，而且社会党稳健的纲领也发挥了很大作用。

冷战的结束，消除了世界范围弥散的不安感。与此同时，给以美国为中心的西欧各国带来“资本主义取得胜利”的自信，认为即使存在几种变化，世界经济现在也只有按照资本主义原则运营。世界形成一体（全球化），推动经济的是市场原理，于是仅基于市场原理的（经济）新自由主义被更加有力地宣传（而且超越了国境）。日本也重新增加了参照作为社会体制标准模型的美国社会制定新政策的比重。

这种观念的变化还同时（虽然是一时的）消除了 20 世纪初以来国内政治中长期存

---

[146] 饭尾，《日本的统治机构，从官僚内阁制到议院内阁制》，中公新书 195，2007 年，第 190 页。小选举区制是两党制带来的，而且指出“一点点国民感情的变化就有可能引起大规模的变化”（村松，《政官混乱型领导力的崩溃》，第 33 页）。

[147] 村松，《政官混乱型领导力的崩溃》，第 31—36 页。

在的意识形态上的双重构造。社会主义和共产主义已经不再恐怖。标榜社会主义和共产主义的政党也不能够积聚选票的倾向增大，同时，或许还产生了自民党不是唯一选择的新认识。在自民党一党独大的体制下长期以来国民对政治不透明的宽容消失了。

然而，在村山政府的主导下对于作为悬案的不良债权处理打乱了政、官的“通力合作”，使自民党与大藏省的信赖关系出现裂痕（1994 年）。[148] 此后，自民党千辛万苦夺回政权（桥本内阁）后，行政改革变得不可避免，于是设置首相直属的咨询会议（始于中曾根康弘政府时代）[149]，在政策决定过程中与官厅抗衡。但是，自民党的势力连续不振，桥本内阁在（参议院）选举失败后与小渊（惠三）内阁完成了政权交替。其后，2001 年小泉（纯一郎）政府取代了不招人喜欢的森（喜郎）政府。

尽管出现了上述政策决定过程的变化，但是以新政策形成（ 从而形成“重点”）为核心的通商产业政策的形成程序基本没有变化，并且延续到本书写作时（2011 年 12 月）。[150] 但是，在出现上述政策决定过程显著变化（自上而下方式的并用）的 20 世纪 90 年代中期，作为“重点”进行提案的概算请求经过国会审议成为新年度预算案时，（包括“一丁目一番地”在内的）政策议案的排序和内容与“重点”不一致的情况多次发生。这些或许体现了伴随转变期的调整过程。

关于政策形成的行政改革

第 41 次总选举后成立了自民、社民、先驱新党的联合内阁，发表了三党的政治协议（1996 年 11 月）。

---

[148] 依据村松，《政官混乱型领导力的崩溃》，第 29 页。围绕制定金融政策的混乱状况，可以看到自民党转变了对大藏省官员的评价，导致大藏省在执政党中的威信降低。1994 年以后重新夺回政权的自民党，顶住了没能挽救金融机构破产的大藏省的抗争，设置了金融监督厅（同前，第 262 页）。

[149] 中曾根政府为了与官厅对抗，作为进行政策提案的内阁直属机构，设立了临时行政改革审议会（1983 年）和临时教育审议会（1984 年）。

[150] 但是，以前的“法令审查委员”已经没有了，代之以在大臣官房中设置了由 24 名（大臣官房 8 人和 16 个局各 1 人）成员组成的“政策企划委员会”，该委员会在春季（4 月左右）拟定来年的政策大纲并发给提案各局（发出“账单”），以对政策大纲的评价和批判为基础制定具体的政策议案。最终议案从对政策的必要性、意义、相关政策实施的成果进行评价的角度出发，与官房会计课、政策评价课以及秘书课商谈后决定，在 8 月召开的执政党经济产业部门会议上（“横排书写”的形式）提交审议。另外，在（同时期召开的）产业结构审议会全体会议上也进行报告和审议。决定政策议案的这种方法是经产省独有的，大臣官房把握了该省整体的意向后形成政策。此过程中课长、助理以下都要参加讨论，这种做法一直延续到 2000 年，而且“一丁目一番地”在概算请求中的意义也一直没有改变。

在总理强有力的领导下，设置以民间人士为中心的总理直属机构，果断实行大规模的霞关改革：省厅按功能进行重组、整合，大胆实施国家、地方公务员的优化改革，重新思考国家和地方的作用，构建国民对行政的信任和确保行政透明性，讨论财政重建法案等。

有关具体的实施程序，在总理直属机构设置后的1年内形成方案。随后直接进入立法工作，希望在1998年的通常国会中提出并获得通过。[151]

以上内容即是三党达成的政治协议。[152]

1996年11月7日第二次上台的桥本（龙太郎）内阁，于当月21日公布了行政改革会议令，作为首相直属机构设置了行政改革会议。这里说的“行政改革”是指，支持“极力回避重视经济效率的科学政策潮流、避免干预自律性的市场经济的新自由主义思维模式”[153]，同时以“强化内阁功能”[154] 为目标。[155] 小泉（纯一郎）内阁接受了行政改革，发挥了崭新的领导能力，使首相和内阁占据了政治秩序的中心。

呼唤行政改革的必要性并不是新出现的东西。临调也几次提出改革的必要性和通过改革节省经费，并且进行了一些尝试。然而，以官僚机构为对象企划改革，为实现此项改革准备法案等一揽子工作，直到20世纪末也没有完成。但是，处理住专问题、用药导致的艾滋病以及其他一系列与中央官厅职员有关的丑闻，成为政治家断然实行行政改革的重要原因。第41次总选举时，选举公约中提出了改革和重组省厅、缩小国家职能等方针。下此决断的桥本首相（时任）设置了以自己为领导、仅由13位民间委员组成的行政改革委员会，经过41次会议，在1997年1月的最终会议中形成了报告书。遵循报告书中的意见制定了中央省厅等改革基本法案（1998年6月），在21世纪初终于实行了省厅重组（省厅重组时，自然也重新制定了相关各省厅的设置法）。

---

[151] 网页“三党政策协议”，www5. sdp. or. jp/central/timebeing/time－being97/santou－goui. htmi，最后登录于2012年4月。另外，参照矶部力、大石真、三边夏雄、高桥滋、森田朗，《（座谈会）行政改革的理念从此起步》，《法学专家》，No. 1161，1999年8月1—15日号，第11页。

[152] 与信息公开有关的、关注20世纪90年代行政改革的叙述有，濑畑源，《使用公文：公文管理制度和历史研究》，青弓社，2011年，第79—84页。

[153] 《法学专家》，第16页（高桥滋的发言）。

[154] 同上，第17页（矶部力的发言）。

[155] 《内阁法》的修改中最引人注目的是，加上了以前没有的“关于内阁重要政策基本方针的企划、方案拟定以及综合协调相关事务”［同上，第19页（大石真的发言）］。这是在内阁府设置的经济财政咨询会议开展活动的法律根据。

对中央官厅进行行政改革的目的有三个。其一，制定并彻底贯彻官僚的职业伦理规范；其二，检查组织的执行力，提高效率，节省人力；其三，使行政机关的业务内容及其成果透明化。为了实现最后一个目标，1999 年制定了《关于行政机关信息公开的法律》（《信息公开法》）。

除此之外，还增加了关于政策决定过程的重要改革（变更），即以比以前更中央集权的方式（即以内阁为中心）[《内阁府设置法》（1999 年法律第 89 号）确定政策决定程序，第 4 条）]。同时，为了讨论经济政策还在内阁府中设置了经济财政咨询会议，形成了在经济财政咨询会议中讨论和决定政策重点（或是重要支柱）的体制。为实施通商产业政策必不可少的预算案的制定方法也随之发生了变化，即由在总理大臣的主导下决定新年度政策的主要项目，并制定为实现新政策必不可少的预算案，变成了这种自上而下方式并用的方式。

尽管如此，以前那样通过收集现场的意见制作草案的方法依然存在。因为最清楚经济实情的就是负责日常业务的现场的人，因此有必要对现场的信息加以充分利用。而且，即使在以前，这种通过累积方式制作的政策议案也并不是没有反映内阁和国会的意向。然而，确定政策决定机制的主要路径就是自上而下的方式，政治家将其作为官方方针，并上升为法律是有很大意义的。结果是，以前的政策决定机制迎来终结。[156]

跨越现代制定“新政策”的意义

按照上面的看法，新政策的形成机制既是经济高速增长时期的产物，同时也是支撑经济高速增长的因素。这就是伴随“1955 年体制”发挥作用的政治（制度）结构。政策如何形成、谁支持它，因为什么支持它、资金如何分配、成果如何等，这些国民未必清楚，但在经济高速增长顺利运转的时期，这些很少被视为问题。

但是，经济迎来稳定增长期后，政策的形成程序慢慢发生了变化。其中，布雷顿

---

[156] 村松，《政官混乱型领导力的崩溃》。自上而下的形式从鼓励创意竞争的角度看是有意义的，但是如果过了头致使两者间的平衡被破坏的话则会产生危害。政策的决定过程中完全按照自上而下的方式，会导致官员（假如上层与自己意见相反，担心会出现对自己不利的状况，因而）不能自由发表自己意见的弊端。因为他们最熟悉经济社会的实际状况，如果封死这些信息和以这些信息为基础的政策提案，则行政机关可能会失去活力。顺便说一下，在丰田英二担任丰田社长的时代，当他不赞同曾参与大量新车设计并成功的中村健也主查的意见时，并不是简单将其驳回，而是说“再调查一下”（齐藤明彦编，《创造丰田的技术者们》，丰田汽车技术管理部，2001 年，第 93 页）。领导和现场官员之间既要保持紧张关系，还要维持能够自由交换意见的关系，而且要保持领导综合平衡整体的格局，同理，这也适用于官厅的运营（政策的决定和实施）。

森林体系的终结、石油危机，以及冷战的开始这三大事件带来无法忽视的环境变化。通商产业政策虽然采用和以前同样的方法顺利跨越了这些大变化，但是20世纪80年代末却显现自民党一党独大体制开始出现变化的征兆。所谓的摆脱“官僚内阁制”，以“议员内阁制”为目标的动向变成现实。[157] 产生这种动向的直接原因是土地泡沫的破裂。一方面，里库路特事件使支撑自民党一党优势地位的社会经济基础——“金权”政治实态遭到国民的批判，自民党面临不得不组建联合政权的状况；另一方面，泡沫经济破裂也是带来变化的元凶。不良债权问题的处理遥遥无期，而且当时政、官的“通力合作”也不像以前那样能够顺利发挥作用了。

村松谈道，早在20世纪90年代中期，政、官的“通力合作”就已经停止了。其象征就是桥本行政改革。以议员内阁制为目标的大实验由小泉内阁开始尝试，似乎得到了大多数国民的支持。此后频繁的内阁更替，也可以看作战后日本政治体系（以及在其主导下的政策形成机制）开始摸索寻求新的平衡点的表现。到行政改革时为止，政、官“通力合作”已经完全弱化了。[158]

通产省（经产省）制定政策草案，正如执行经济政策过程一样，虽然仅仅是一小部分（然而是非常重要的一部分），但始终是受到政治主体的委托来实施的。在官僚内阁制之下，这种委托涉及非常广泛的领域，并且被赋予较大的自由裁断权。但是通过累积的方式制作草案，经过执政党审查后通过内阁提交国会审议的这种方法，其决定过程中的透明度不足，而且虽说是经济政策，但只不过是其中纵向并列各种各样计划的拼凑罢了，欠缺综合性和连贯性。

如上所述，桥本时代以后（特别是小泉时代以来）的政策形成过程中，内阁集中方式（上意下达）的因素增强。因此，新政策的形成也变得不再（像以前那样）华丽，反而变成根据内阁的意向进行。在2011年这一阶段，我们还无法看清这种方式究竟能形成怎样的体系。

然而不管结果如何，优良政策的形成与执行都必须有政治和行政上良好的团队合作。根据经济社会的实际状况和需要来制作政策草案，除了借助熟知经济实际情况的下级组织完成，并没有其他可行的替代方法。执行政策也是如此。但是，在现场很难

---

[157] 引号内是饭尾（《日本的统治机构，从官僚内阁制到议院内阁制》，中公新书195，2007年，第33页及以后）的内容。

[158] 村松认为，到行政改革为止，政官“通力合作”已经崩溃（同上，第262—263页）。

看到经济社会的整体状况。另外，为了实现选举公约，需要将偶有相互矛盾的政策进行调整和综合，形成政策体系，这项工作当然需要由当权者承担，这是行政机关无法代替的。

总而言之，下意上达和上意下达，必须在保持相互间一定紧张感的同时并行存在。计划经济的低迷和崩溃已经证明，期待仅靠上意下达就万事大吉的理论将会以失败告终。

委任制定政策的当然是当政者。与此同时，为了形成政策草案，积累信息收集、整理、综合、形成、执行所需的专业知识、经验、技能、必要准备等，只有依靠官僚制来完成。政治家个人或集团拥有的专家团体，虽然在一定程度上能够发挥同样的作用，但是他们欠缺连续性，而且无法保证中立性。并且由于人力和财力资源的规模相对较小，仅仅依靠他们是不够的。[159]

优良政策的形成和执行，不可欠缺的是拥有高远志向和强烈动机，并且经过专门训练的优秀官员。充分关心对他们的培养、供应和管理，以及承诺对他们的忠心工作给予匹配的报酬，由于最终关系到国民福祉的提升，因此可以说是国民的义务。对新政策的形成和执行进行历史性评价，将为实现该目的提供一个绝无仅有的良机。

---

[159] “为了建立能够承担国家统治的政党制，必须相应建立由与其‘相独立的’专家参与的辅助子系统……一方面，现代的社会功能变得越来越细分化、专业化，在所有功能中全面贯彻民主是行不通的。这样的功能，某种程度上必须由与每次选举的政党利益和政党战略‘相独立的’专家来承担。另一方面，民主如果不是在这样的独立领域通过某种机制和参与者所带来，就不能保持政治的向心力”（远藤乾，“时势和个性，美国和亚洲，国际金融和民主——三谷太一郎《华尔街和远东：政治中的国际金融》的寄语”，《UP》，No. 451，2010年5月号，第18—19页）。

第2章　预算

第1节　预算的定义

预算的定义

这里讨论的是作为通商产业政策手段的预算内容及其变迁。预算包含一般会计和特别会计（以下简称为特会），通产省（经产省）管辖的一般会计有最初预算（年度初的支出预定金额）和补充预算。

一般会计是指通过使用一般财政资金（税收）进行经常经费的年收入和年支出的工作，该预算案由以下几项构成：（1）每年的官厅运营费（工资、物品费、水电费等房屋运营费、差旅费等），（2）企划实施具体政策的必要经费。一般会计预算案的内容（总额及其细目）由制定政策的机构［本书是指通产省（经产省）］每年重新编制，经过财务省（原大藏省，以下按年份交替使用上述两省的名称）研究、审查后作为内阁预算案提交国会，在审议通过后执行。

区别于一般会计的特别会计（特会）是指，各自依据法律的规定，在大藏省（财务省）的监督下将来自特定收入来源的资金作为财政资金，由被用于指定目的的会计科目构成。[①] 特会的预算和一般会计一样，当然需要经过国会的审议后决定，与一般会计不同的是，其支出的目的和预算内容每年不会修订。

补充预算是指一般会计最初预算的修订版（追加金额或是减少金额），一般会计成立后因为发生了（事前无法预测的）事件而必须变更预算项目或者支出金额时，由内阁制定，提交国会审议通过后成立并执行。

---

① 一般会计和特会的资金并不是完全独立的，相互间有一定的转移。下图显示了2006年围绕两者的资金流转。

（转下页）

以下讨论上述的全部预算，将各个大项目支出（预定）金额作为考察对象。

不讨论决算而是讨论预算，是因为本书考察的主题是政策思想及其动向。特别是最初的预算能够表现出每年的通商产业政策是以什么为课题，以及以怎样的方式来解决。② 当然，因为预算约束是在不同的外交状况与政治状况、通产省内以及省外（特别是对财务省）的相互竞争的交锋中达成的，所以未必是始终统一的，有些时候在预算中可能还存在矛盾。另外，有时候为了满足新需求，可能不得不牺牲以前延续下来的支出等，所以思想的变化未必完全体现在预算金额的变化上。尽管如此，预算案的内容背后暗含了“政策要追求什么，以及如何才能实现”的判断，这一判断在各种制约和各种因素的相互斗争中变得清晰。出于上述理由，本章专门讨论每年的预算，而不将决算作为考察的对象。③

编制预算的步骤

政府的预算、决算及其管理由财务省主计局负责。财务省每年以内阁的预算编制

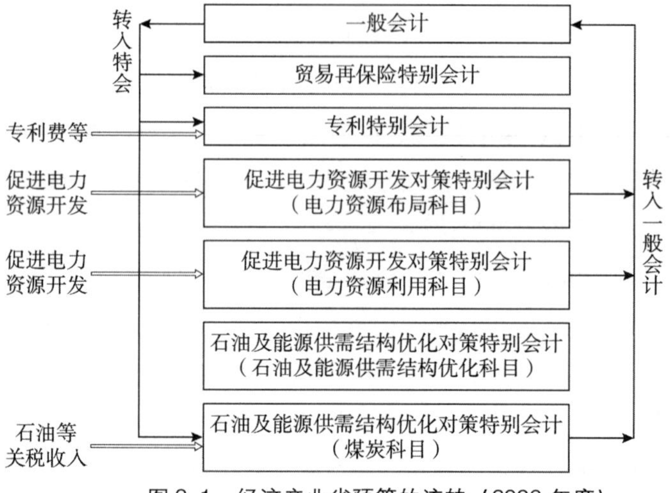

图 2.1　经济产业省预算的流转（2006 年度）

② 另外，即使不说也能想到，在特殊的预算请求中很多时候并没有反映重要的通商产业政策。例如，(a) 基准（标准）政策［日本工业标准（简称 JIS）和国际标准化组织（简称 IOS）等的标准制定，统一长度、重量、体积、磁力、压力、速度等计量单位和计量标准的统一和遵守等］，(b) 人才政策（在公共职业安定所旁边开设“工作咖啡室”，为求职提供咨询服务等），(c) 有关服务产业的政策（评选优秀家具设计等），(d) 关于商业竞争的政策（遵守和运用反垄断法等），(e) 提出和运用法案（产业再生法等），以及 (f) 贸易管理等。

③ 但是，因为本章将补充预算也作为考察对象，所以对于预算金额与补充预算成立后的年支出预定金额之间出现较大偏差的年度，可以（简单）解释下原因。

基本方针为基础，围绕次年度预算请求的内容与各省厅进行谈判后，基于财务省独自的方针制作出（作为内阁的）预算案草案，并参与内阁会议讨论、提交国会、国会审议、修订等的全面工作，承担汇总完成国家预算的任务。

编制预算从该年度的上一年春天开始。一方面，财务省会考察宏观经济的动向，预测（次年度的）财政收入前景④；另一方面，中央各省厅以秋季完成预算编制工作为预期，着手制定来年的预算（称为“概算请求”）（经产省是制定“新政策”）。

另外，在公共资金的提供方面，除了有预算，还有财政投融资（财投）。⑤ 财投是用国家管理的资金对特别会计、地方公共团体、政府的金融机构、特殊法人、独立行政法人等提供资金或是融资的行为，在提供公共资金的这点上与每年通过税收提供资金（不返还）的预算执行有本质上的差异。但是，在制定新年度预算计划的同时，还要制定财投的执行计划，并且都作为概算请求一并提交给大藏省（财务省）。⑥

每年初夏（6月），内阁会决定次年度预算的编制方针⑦，内阁的预算编制方针大概有以下内容：首先（a）像养老金和医疗那样，每年在制度上基本确定了支出规模（实际有逐渐增加的倾向）；另外（b）在法律或制度上政府有义务支出的经费项目以及工资。（a）（b）这两项通过制度改革逐渐优化，但是不能随意改动其大框架。另外还有每年都可能调整预算金额的经费项目：（c）公共事业，振兴大学、防卫、科学技术，以及其他各种经费（政府开发援助等）。这些可能调整的经费项目支出的企划，一方面有财务省的草案⑧，另一方面还有（上述）各省厅制作的“概算请求”。

各省厅的概算请求书根据上述基本方针制作，于8月末提交给财务省（大藏省）⑨，

---

④ 预测宏观经济动向前景的是财务省，但是有时候在做出决定前，还会非正式地与（原来的）经济企划厅和通产省进行共同协商，征求参考意见。

⑤ 详情参照本书第1章以及第3章。

⑥ 然而，预算由大藏省（财务省）的主计局管理，财投由该省的理财局管理。

⑦ 举个例子，2009年度，以经济财政咨询会议的答复（2008年6月27日）为基础，同一天的内阁会议决定了“2008年经济财政改革的基本方针”（被称为“骨太方针”）。该方针延续了“2006年基本方针”和“2007年基本方针”，最大限度削减支出，果断针对无作用和零效果进行改革，“将财政资金重点分配给真正必须的需求”。此后，同年7月29日，做出了“关于2009年度预算概算请求的基本方针”（也就是预算天花板）的内阁会议决定（在设立咨询会议以前，内阁会议决定预算方针的时期会更晚）。

⑧ 例如，在2009年中，“公共事业”和“其他”项目比上年度请求金额减少3%、“大学”和“防卫”项目比上年度请求金额减少1%、仅振兴科学技术项目以上年度请求金额为基准，在此基准上各减少2%作为分配额度（天花板），并将通过以上操作产生的富余资金作为重要课题的新的请求项目经费。

⑨ 根据《预算决算以及会计令》（1947年颁布令第165号）第8条规定，概算请求书必须在该年度前一年的8月31日以前送交内阁（具体是指财务省）。

9月以后各省厅和财务省（主计局）反复谈判和协调，最终纳入财务省草案的大框架中。[⑩] 另外，因为削减了请求金额，因此各省厅代表和主计局会就多出来的财源分配到哪些新的重要课题进行谈判。年底前，确定次年度的预算案[⑪]，内阁以此为基础竭尽全力使次年度预算案在本年度内获得通过。万一（次年度的）预算没在本年度内国会中获得通过，内阁（财务省）则不得不制定暂定预算案。[⑫]

另外，财政收入前景时刻都在发生变化，此外还会有因为无法预测的灾害以及突然的经济不景气等带来预算外支出，这时（如上所述）在制定预算案的同时，（或者是预算案成立后）还需要制定补充预算案。即使并不是每年都需要编制大型的补充预算，但是经常会出现税收比预测大幅减少的情况，这时就需要编制补充预算（通过预备费能够处理的少量金额的情况除外）。当然，在景气突然恶化的情况下，需要彻底制作补充预算。

因为补充预算不事先制定框架，所以决定起来很快。草案由相关部局提交，一个月左右就决定了。[⑬]（顺便说一下，一般会计的最初预算中追加补充预算后的总额，很多时候都与该年度的决算金额相等，但是无法保证这两者一定相等。因为会发生预想不到的情况，还有预算没有用完的情况。）

通产省（经产省）一般会计预算的特征

通产省（经产省）制定新年度一般会计预算概算请求，无论是长期持续的项目，

---

⑩ 财务省主计局中以主计局长为首，设数名副局长和数名主计官（对应课长）。各主计官配数名主查和数名系长（相当于股长——译注），在系长之下有多名职员。通常，主计官一个人要管理多个省厅的预算。新政策一般是由主查负责制定审查方案，然后与次长协商审查方针。以主查为中心召开各省厅的概算请求听取会。由系长以下的职员详细讨论概算请求内容（审查内容、决定优先顺序等）。决定各省厅概算请求被采纳或不被采纳的标准有：事业的公益性和紧迫性、从官与民（或国家与地方）职责分担判断是否为国家必须进行的事业、有没有现有的类似政策、事业的费效比（花费是否最小，手段是否合适正确，是否有与费用相对应的效果，是否增加了受益者的负担等）、事业进行中有没有阻碍等（依据财务省负责人的情况汇报）。

⑪ 以制定2009年的预算为例，2008年12月3日内阁会议决定有关预算编制基本方针，12月18日进行了大臣谈判，12月20日内阁会议决定公债发行额度并提出财务省草案，2009年1月19日内阁会议提出政府预算书，并提交国会，3月27日最终预算案成立。

⑫ 根据国会的运营情况，在年初（4月1日）预算案还未成立时，由内阁编制“暂定预算案”，在预算案成立之前实施临时支出。编制暂定预算案也需要非常繁杂的工作。中央政府需要制定暂定预算的事例很少，但是桥本内阁时代1998年的预算就是在同年4月8日成立的。因此，本章没有将暂定预算作为考察对象。

⑬ 补充预算从其目的来看原则上需要尽快完成，但是因为存在预想外的支出，所以有时候将其中的一部分作为“基金”加以积累，这种方式受到了批判。

还是新项目，都经过省内的“新政策”讨论确定（参照第1章），由官房会计课集中制定。[14] 之后，经过和财务省主计局的谈判，在年底前，将概算请求汇总到次年度预算案（提交国会的政策草案）中。[15]

通商产业政策相关预算绝对规模相对较小[16]，而且不会（像厚生劳动相关预算那样）来回不断地增减。另外，在制定一般会计预算案的阶段，惯例是由通产省（经产省）的预算负责人和国会议员进行事前谈判和协调。因此，通产省（经产省）的概算请求可以说是相对不让财务省受累的议案。[17] 但是，因为必须应对社会经济的变化，所以其内容也顺应时代来回变化（即经常有老企划被废止，而代之以新要求）。

图2.2描绘了通产省管辖的一般会计占中央政府一般会计总额的比例。如图所示，通产省的预算规模小范围（占总额的比例，1953—2008年的算术平均值是1.27%）上下波动。如果将其上下波动和景气指数相比较，可以看出景气不好的时期通产省预算的相对规模（占政府一般会计总额的比例）基本上都是增加的（反之亦然）。[18] 换句话说，可以解释为景气不好的时期，中央政府通过增加经产省（通产省）一般会计预算谋求景气对策（1995年和1999年预算规模比例的激增，都是因为当时内阁采取积极的财政政策）。

---

⑭ 在夏季结束前决定，但是6—7月中惯例进行的人事变动成为业务上的一个主要障碍。

⑮ 会计课最害怕的是到了决定预算案的时候，发现漏掉了必需项目或者出现了前所未有（完全是新的）的项目。另外，曾经有过提交内阁会议审议后，因大臣的“复活谈判”获得新预算的情况，但是在20世纪末，年底前确定的预算案就只朝着了结和决定的方向进行。

⑯ 例如，观察2009年的“义务经费等”概算请求项目，我们可以看到在其34万亿日元的总额中，经产省仅仅占了7700亿日元（2.3%）。

⑰ 过去，围绕新的概算请求（“新政策”），通产省（经产省）和大藏省（财务省）有时会展开激烈的攻防战，但是2009年6月在听取曾经担任过财务省主计课（负责经济产业省）主查人的意见时，他说：“并不是不采纳基于新政策的新的预算请求。要说原因，我个人认为，其他省厅的请求另当别论，经济产业省作为政策家集团的政策官厅，经过省内多道程序对外公布新政策，同时编制了预算请求，因此单纯从是和非出发讨论和否定特定的新政策必须慎重……所以，在尊重新政策支柱的同时，在编制预算过程中，从财政当局的观点出发，对以下内容进行了充分讨论，例如，调整补助对象或列出重点、降低补助比例、废除或缩减现有事业、排除与其他省厅类似的重复政策或进行合作等。”通产省（经产省）制作概算请求书的负责人，为了获得新预算做了各种各样的工作。例如，当已经制定的计划急需得到支持时，有时候会通过媒体努力宣传，促使内阁和大臣理解其必要性，并促使大臣公开发言以表示支持（比如，原首相宫泽的“生活大国”发言，《朝日新闻》，1992年5月22日）等。这样的动作使大藏省（财务省）陷入窘境，手忙脚乱地“灭火”。

⑱ 图2.2中还揭示了景气动向综合指数（composite index）的一致指数（3年移动平均值）。

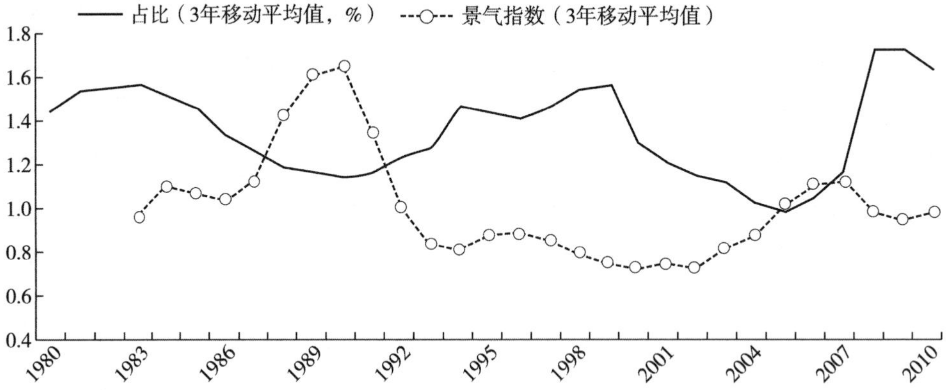

图2.2　通产省（经产省）一般会计预算占中央政府一般会计预算的比例和景气指数

注：通产省（经产省）的一般会计数值包含补充预算，还有特会转入的数值。因为统计项目的差异，与本章统计的通产省一般会计的合计值并不完全一致，本图是完全根据财务省资料制作的。

资料来源：预算比例是根据财务省网页登载的“明治28年以后一般会计年支出分类统计”（http//www.mof.go.jp/budget/reference/statistics/data.htm，2012年3月26日）。

景气动向指数采用岛根统计信息数据库登载的CI（composite index）长期系列（各年10月的数值）（http：//pref.shimane-toukei.jp/index.php？view=14401，最后访问时间：2012年3月26日）。以上内容全都登载在RIETI网页的“通商产业政策史总论篇附属统计表等”中。另外，composite index不仅反映景气动向波及范围，还反映影响的程度。

第2节　一般会计和特别会计的历年走势

下面，我们来看通产省（经产省）预算规模的历年走势。

以下所用的（通产省成立以后到21世纪初的）一般会计以及特会、按照不同大项目和时间序列分类的统计数据，主要是依据财政调查会的“国家预算”（各年度）重新编集而成。[19] 因为通商产业政策的特点是，不同时期预算理由变化显著，导致预算细目也随之年年频繁变更，所以基本上不可能将由经产省（通产省）制作完成，并在《经济产业省（通商产业省）年报》（各年度）中报告的预算统计，直接整理为连续的时间序列。[20] 因此，为了制作历年观察所需的时间序列统计表，就使用上述

⑲　根据不同年度，出版社有柏叶社、同友书房和长谷书房。

⑳　就是因为这个原因，所以通商产业省编《通商产业省30年日志》（通商产业调查会，1979年，第3章）以及各年度的《经济产业省（通商产业省）年报》中都没有提供适合长期历年观察的预算统计。

以大项目分类为基础的资料。因此，以下使用的（一般会计）项目经费名称，并不一定与每年的原始资料中采用的项目经费支出名称一致（详细的预算时间序列的编集，请参照RIETI网页登载的“通商产业政策史总论篇附属统计表等”中预算统计表的注记）。

另外，补充预算的时间序列统计表依据的是财务省网页中登载的“预算书和决算书数据库”（http：//www. bb. mof. go. jp/hdocs/bxsselect. html）。

通产省预算的历年变化

通产省的前身——商工省的预算是从1925年开始的。当时的预算总额是1080万日元，到1939年膨胀到1亿日元，变为军需省后，1943年达到约10亿日元的规模。

第二次世界大战后，废除了军需省，重新恢复商工省。该省作为通产省重新出现时（1950年），一般会计预算规模约为43亿日元。[21] 为了得到通产省（经产省）历年预算额的概况，通过计算一般会计（最初预算）和特会年支出合计总额的5年移动平均值，得出了表2.1。从该表中可以看到，在20世纪60年代前半期通产省预算的合计总额突破了500亿日元，但是因为从1967年开始出现了石油特别会计（以下简称石特），所以60年代后半期，一般会计和特会合计的预算规模就突破了1000亿日元。此后，一般会计在经济高速增长时期急剧扩大，到70年代前半期就超过了1000亿日元（如果加上石特是将近3000亿日元），而且因为1972年出现的工业重新布局预算（一般会计），还有1974年开始的电力资源特会，使70年代后半期一般会计和特会的合计预算规模超过了6000亿日元。

通产省（经产省）的合计预算金额在20世纪70年代经历了急剧增长以后，在80年代后半期保持了稳定（即基本没有上升），此后虽然在90年代显示出一点再次增加的倾向，但是在21世纪初可以看到下降的征兆（表2.1）。[22]

㉑ 因为1949年5月通产省取代了商工省，所以通产省的预算是从次年度开始的。另外，因为1949年及1951年度的一般会计预算中，包含向贸易相关特别会计转移部分，所以成为“别具一格”的大规模预算。

㉒ 2007年，通产省的特别会计谋求能源特会预算的重点化以及整合优化。另外，在2008年统一了石油特会和电力资源特会，创设了“能源对策特会”，而且停止了将电力资源开发促进税直接投入特别会计的方式，变更为（像石油煤炭税一样）从一般会计中将必要金额转入特会的形式。

表2.1 通产省（经产省）预算的变化情况 （单位：年均值，亿日元）

年度	一般会计最初预算总额[1,2]	特别会计年支出最初预算总额[3]	合计
1950—1954	66	633	699
1952—1956	69	58	127
1955—1959	98	46	144
1957—1961	147	46	193
1960—1964	333	75	408
1962—1966	535	124	659
1965—1969	790	526	1316
1967—1971	928	884	1813
1970—1974	1679	1302	2981
1972—1976	2444	1695	4139
1975—1979	3292	2907	6199
1977—1981	3696	4716	8412
1980—1984	3917	8186	12103
1982—1986	3658	10328	13986
1985—1989	3283	11473	14756
1987—1991	3310	12082	15392
1990—1994	3532	13507	17039
1992—1996	3642	13597	17239
1995—1999	3880	13807	17687
1997—2001	4203	13826	18029
2000—2004	4559	13781	18339
2002—2006	4498	13780	18278

注：(1) 不包含以石特为首的向特会转入的金额。(2) 不包含补充预算。(3) 不包含国债整理基金特会以及向一般会计的转入金额和预备费。

资料来源：根据财政调查会的《国家预算》（各年度）以及财务省网页登载的“预算书和决算书数据库”（http：//www. bb. mof. go. jp/hdocs/bxsselect. html）制作。为了本表制作的时间序列统计表以及制作过程的详情登载在 RIETI 网页的“通商产业政策史总论篇附属统计表等”中。

一般会计相对特别会计的规模及其变动

其次，让我们将通产省预算分为一般会计和特别会计，然后逐年度地观察变动情况（见图2.3）。

根据图2.3，从年支出规模看，可以将二战后的通产省预算大致分为以下三个时期。

（1）承担战后处理工作的特会保持优势地位的时期（1952年为止）；

（2）经济高速增长的过渡期以后，重要性突然增加的一般会计（20世纪60年代末到70年代初有时还超过了特会）成为主流的时期（1953—1978年）；

（3）从关注能源来源出发，重新重视特会的时期（1979年及以后）。

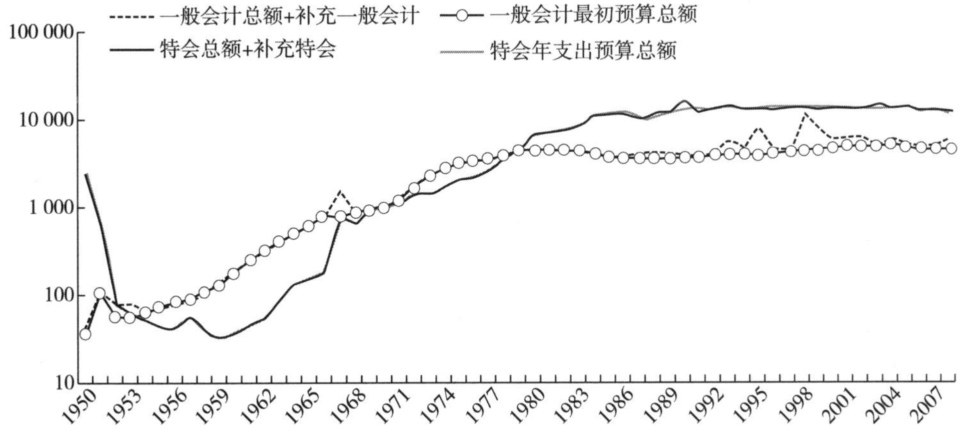

图2.3　一般会计预算金额和特别会计年支出预算金额（亿日元）

注：（1）一般会计预算中不包含转入特会的部分（石特、能源特、机械类信用保险以及贸易保险）。同样，特会预算中也不包含国债整理基金以及转入一般会计的部分和预备费。一般会计和特会的补充预算也是同样的。（2）纵轴是用常用对数尺度测量，加上了原数值单位的刻度。

资料来源：同表2.1。

从1953年到1978年，出现了最初的两个趋势：相比一般会计名义预算金额每年稳定增长，可以看到特会年支出金额在1959年前出现剧烈下降，然后直到1967年（以远远超过一般会计预算额的比例）急剧上升，此后到1978年为止出现和一般会计几乎相等或是稍低的增长率。然而，第三个时期，即1979年以后，一般会计的（名义）最初预算额基本保持平稳，好的时候会微增，但是有时还会减少（像1983—1989年和2004—2006年）。然而，特会年支出金额在1979年以后到1986年左右，还是保持与以前基本一致的增长率，20 世纪 80 年代中期以后才终于进入“稳定的”增长期。

这些变化导致的结果是，从 20 世纪 50 年代末到 1967 年，通产省特会的预算规模仅有一般会计的 1/4 ~ 1/2 左右，或者略超过一般会计（1966—1971 年），然而 1980 年以后大幅超越了后者（绝对金额是其的 3 ~ 4 倍）。以 1959 年和 1979 年的两次石油危机，特别是第二次石油危机为契机，通产省预算的构成完成了巨大转变。

“天花板”（预算天花板）的引入及其效果

然而，从 20 世纪 70 年代末开始，一般会计相对特别会计在规模上出现大变化还存在自身的因素，即政府财政状况持续紧张（财政赤字扩大、国债占 GDP 比例上升）。所以在制作次年度预算请求时设定了每一年度的上限（天花板）。

本来，1961 年引入“天花板”的原意是指设定正增长的天花板[23]，例如，“如果以上年度作为 100，本年度最高比它增加 50%”。但是此后，增加幅度逐渐减小，财政重建计划开始后对预算请求金额施加了限制（上限）。

因为决定“天花板”的是财政收入，所以以来年财政收入的预测为基础，事前，有关宏观运营的省厅（经济企划厅、大藏省、通产省三个省）集中起来进行协商，决定预算框架。[24] 这里要说的是，协商中虽然通产省（经产省，负责的是产业政策局调查课）采取攻势，大藏省（财务省）采取守势，而经济企划厅（内阁府）采取维持平衡的方式，但是财政状况变得严峻以后，可以说变成完全由“财政主导”决定的方式。[25]

特别是从 1983 年开始，鉴于政府财政状况的恶化，全部省厅在制作一般预算的概算请求时，都采用按一定比例比上一年度缩小规模的方法（被称为“负增长上限”）。1983 年预算缩小的比例是 5%，但是从次年度开始到 1987 年就被提高到了 10%。

在年度预算负增长时期，在不同时期也存在一些例外。例如：

○1988—1993 年，一般会计经常经费减少 10%，但是投资经费减少 0%。

○1992—1993 年，为了利用投资经费充实公共投资，将其列入“临时特别措施”。

○1993 年，一般会计的经常经费中有关生活和学术研究的部分增加了 5%（但是

㉓ 内阁会议决定设定“天花板”是在 1960 年。

㉔ 因为财政赤字扩大，所以要考虑国债利息支付额、新国债发行额及其预测。财政咨询会议成立后，在该会议中讨论草案，然后提交内阁审议。

㉕ 这些讨论始于 5 月左右，通常在 7 月结束。如果要决定“天花板”的框架，就要集中框架以外的特别请求，（如前所述）在 8 月底以前完成概算请求。

仅限于当年）。

○1994—1995 年，投资经费例外地增加了 5%。㉖

○1996—1997 年，一般行政经费减少 15%。

○1998 年，以“财政结构改革法”为基础㉗，对于（社会保障、公共支出、文教、防卫等）支出项目设定了（被称为“帽子制”的）支出上限。

○1999 年以后，即使在负增长上限的主导下，对于必须特别推进的领域（后文还会叙述）还是重点分配预算，等等。㉘

虽说如此，20 世纪 80 年代初期以后，通产省的一般会计预算严重受到上限（天花板）约束的状况并没有改变。另一方面，90 年代以后，通产省特会年支出额的绝对水平也没有增加。但是，因为设定一般会计的天花板要比特会早 10 年，所以两者间的较大差异此后还在继续（如图 2. 2 所示，需要提请注意的是，经产省管辖的一般会计相对特会的比例在 80 年代末停止下降，而且在 90 年代中还能看到些许逆转的趋势）。

第 3 节　通产省（经产省）不同时期的预算重点

下面，我们讨论经济高速增长时期以后，当时通产省最初预算项目中特别值得注意的变化。

昭和末期的预算

从 1972 年开始出现了帮助工业重新布局的预算。“全国综合开发计划”（全综）等就是为了呼应产业布局振兴政策和活跃地方经济项目。㉙

㉖ 1995 年度，被称为“公共投资重点框架”。

㉗ 正式名称是《推进财政结构改革特别措施法》（1997 年法律第 109 号）。但是该法被“关于停止《推进财政结构改革特别措施法》的法律”（1998 年法律第 150 号）冻结了。

㉘ 例外措施此后还在继续。例如在制定 2008 年度的概算请求时，设立了“推进重要课题框架”。

㉙ 地区振兴政策的目的是为了探求如何改变集中于东京一极和三大都市圈的方法。在企业选择国家的全球化时代，如果放任自流当然就会过于集中在一极，所以需要公共引导。从将经济集中带来的成本（地震等的安全对策以及伴随集中化的各种边际成本）最小化、由社区负担老年社会的费用（不是指税金）等观点出发，其内容就是能够在地区内创造就业机会和能够创造附加价值的政策（工业重新布局、地方发起的革新、产业集群等）。

从 1978 年开始，石油税经由一般会计转入石特。与此同时，石特变成暂计入一般会计后转入特别会计的方式。因为鉴于石特的特会规模进一步扩大㉚，所以每年大藏省都有机会对其内容进行讨论和评价会更有利于会计管理。

1985 年，作为财政投融资（财投）的一环，产业投资会计（简称“产投”）中计入了 224 亿日元㉛，还建立了基础技术研究促进中心。这反映了日本的产业已经到达技术前沿，同时认识到必须致力于自主技术开发。另外，伴随经济的国际化，除了采取中小企业的“国际经济调整对策”（1986 年）外，还将以前实施改善结构政策时，为借入处理过剩设备的必要资金提供债务担保而（于 1978 年）设立的“特定产业信用基金”（1983 年之前的旧称是“特定不景气产业信用基金”），改组为（包含中小企业的）普通民营企业借入资金提供债务担保等的特殊法人——“产业基础信用基金”（1986 年）㉜，更于 1987 年将其更名为产业基础整备基金。㉝

平成初期的预算

《广场协议》（1985 年）签订以后，日元急速升值。考虑到出口前景存在不安的倾向，1989 年，出于加强贸易保险的目的，大幅增加了它的资本金（从 72 亿日元增加到 1002 亿日元）。通过一般会计增加贸易保险资本金的状况此后还在继续，1991 年将近

㉚ 1983 年，一般、石特、电特三种会计的合计总额突破了 1 万亿日元（1.0733 万亿日元）。

㉛ 如下表所示，在财投下设立的产投在 1988 年达到顶点，以后虽然有些上下反复但是一直在缩小，最后在 2007 年被废止［此后设立了“财政投融资特别会计”（财务省），其投资科目中在 2008 年计入了 653 亿日元，2009 年计入了 749 亿日元］（数据来源为 RIETI 网页中登载的“通商产业政策史总论篇附属统计表等”）。

年度	1987	1988	1989	1990	1991	1992	1993	1994	1995	1996	1997
亿日元	663	705	677	496	508	435	433	416	380	399	395
年度	1998	1999	2000	2001	2002	2003	2004	2005	2006	2007	
亿日元	370	367	368	233	173	163	154	172	332	44	

㉜ 特定不景气产业信用基金是以《特安法》（《稳定特定不景气产业临时措施法》，1978 年法律第 44 号）为基础，“为了促进特定不景气产业有计划地处理设备，以为其借入必要资金提供担保，助其顺利融资为目的”（第 13 条），由日本开发银行等出资设立的。另外，该基金在 1983 年更名为“特定产业信用基金”。

㉝ 产业基础整备基金，作为 2004 年由中小企业综合事业团等联合成立的独立行政法人中小企业基础整备机构重新启动，承担对中小企业家及其他企业家的建议、进修、资金的借贷、出资、筹集以及债务的担保，设施的维护，互助制度的运营等工作。

1800亿日元，而到2000年急剧增加到超过4000亿日元。[34]

1989年，为了顺利引入消费税，一方面是减轻石油税，另一方面以缓和美国对美日贸易赤字的不满，着手制定了综合性扩大进口政策，同时还注意到环境对策和活跃地区经济对策。

此外，平成初期还分别推进了大店法对策、废弃物对策、确保劳动力对策（1991年）。另外还对促进进口的地区给予支持，对环境技术转移政策给予综合性奖励，并推迟纠正完全集中于东京一极和活跃地区经济的对策（1992年）。在商务流通方面，将支持商工会和商工会议所活动的经营指导人员的工资等，部分纳入一般财政资金（1993—1995年）；在能源方面，通过改组、扩充石特会计，制定了能源供需结构优化对策（1993年），并对石油公团开发天然气项目追加了投资（1994年）。

1995年以后，探索活跃经济新政策的各项活动，并没有受限于财政状况的窘境，而是留下了它们的印迹。首先在1995年、1996年两个财年中，分别确保了46亿日元和48亿日元的公共投资重点框架，支持促进“形成创造性的经济发展基础地区”（“超级科技园区”）（1996年）和包括“健全活用因特网等先进信息处理技术的实证模范事业设施”（1997年）在内的新事业。1997—1999年，在提倡活跃经济、经济结构改革、经济再生时，设定了包含中小企业对策的“重点领域”，尝试有重点地分配预算。[35] 另外，2000年度的预算分配以创造新市场为目标，作为“千禧计划”，想要从根本上强化信息化、改善环境、老龄化对策等各领域的技术开发。

21世纪初的经产省预算

21世纪初期的预算编制格外清楚地表明，其不仅受到财政的严格约束，还试图将

㉞ 1950年以后，贸易保险是由通产省直接运营的，但是从2001年开始变为由独立行政法人日本贸易保险承保，由经产省进行再保险。作为2005年3月缓和限制政策的一环，允许民营保险公司参与贸易保险的承保业务。政府对贸易保险（从2001年开始是再保险）资本金的出资金额，如下表所示，到2000年一直急速增长，从2001年开始微弱增长，此后从2007年开始减少。

年度	1991	1992	1993	1994	1995	1996	1997	1998	1999	2000
亿日元	1758.5	1964.5	2192.7	2435.2	2683.3	2936.3	3329.9	3471.3	3587.3	4017.7
年度	2001	2002	2003	2004	2005	2006	2007	2008	2009	
亿日元	4117.7	4187.7	4240.2	4280.2	4300.2	4348.2	3881.2	3413.1	2945.2	

㉟ 这里的重点领域，1997年是指地区产业空洞化对策、中小企业对策、研究开发以及信息化，1998年是指经济结构改革和中小企业对策，1999年是指加速产业复兴和经济结构改革、中小企业对策、能源环境对策、创造性的技术开发等。

社会经济构想具体化。2001 年的预算案以构建新发展基础的“日本新生计划”作为基本政策，提出了推进 IT（信息技术）革命、应对环境问题、老龄化对策、都市建设 4 个重点项目。接着在 2002 年，提出了在不同年度要大胆改变重点项目的“果断实行改革的预算”，其内容包括以下 5 点：创造新市场、新产业，技术创新，启动新商务，将与新需求相对的潜在需要表面化，充实有活力的中小企业和安全的网络。此后，2003 年，通过将重点转移到 5 个新目标的“骨太方针”（即为了与实用化、市场化有直接关联的产学官合作的战略性技术开发而推进研究开发，开拓新商务、前沿领域，培育有活力的中小企业和活跃地方经济，推进信息化，应对环境能源问题等）分配预算。

另外，2004—2009 年的经产省预算经常涉及创新，并且强调了通过产学官合作进行研究开发（表 2.2）。而且，几乎每年都提出“活跃中小企业和地方经济”，在贸易政策中还再三强调了亚洲经济外交的重要性，这些都很引人注目。另外，虽然只是一年一次，但提出了在国内建立信任的重要性和第一产业与第二、第三产业合作的必要性（2008 年），显示出日本社会经济变化的征兆。

表 2.2　2004—2009 年度编制一般会计预算的基本方针

2004 年度	（1）	为完善企业、个人开拓未来的环境构建新的产业金融体系，培育人才，支持创业
	（2）	树立、培养日本品牌，推进经济改革，通过 IT 进行社会改革
	（3）	稳定供应作为竞争力源泉的能源，创造能源稳定供给的新环境
2005 年度	（1）	作为改革创新基础的人才和技术
	（2）	活跃中小企业和复兴地方经济
	（3）	重视包含构建亚洲经济圈的战略性贸易政策、东亚地区的对外政策
	（4）	支持重点领域的研究开发，实现知识产权立国
	（5）	应对环境问题
2006 年度	（1）	中小企业的技术开发[1]
	（2）	人才开发[1]
	（3）	活跃城市中心地区[1]
	（4）	支持地方的产学官合作[1]
	（5）	支持重点领域的研究开发，实现知识产权立国
	（6）	应对环境问题

（续表）

2007年度	(1)	改革，创新[2]
	(2)	与亚洲共存和发展[2]
	(3)	提高IT产业以及服务产业的生产力[2]
	(4)	活跃地方经济和中小企业[2]
	(5)	实现“人才国家（尊重人才、知识产权的国家）”[2]
	(6)	战略性地制定资源、能源政策[2]
2008年度	(1)	促进地方经济和中小企业的成长
	(2)	安全、安心地确立和创造值得信赖的产业
	(3)	面向地球环境和经济增长的并存来发挥国际领导能力
	(4)	促进“农工商合作”（农林水产业与商工业的地方合作）
2009年度	(1)	作为经济状况对策的中小、小企业政策
	(2)	为了实现根本性提高资源生产力，改善经济产业结构
	(3)	促进改革和重新构建全球化战略
	(4)	活跃地方经济和中小企业

注：1. 基于“新产业创造战略2005”中提出的方针。2. 以实现“经济增长战略大纲”中的内容为目标。

第4节　一般会计最初预算的项目构成及其变化

这里转变视角，通过追踪历年经产省（通产省）最初预算的统计数值，观察其内容是怎样变化的。首先是一般会计，其次是特会（下节中），再将这两者综合起来考察。

一般会计最初预算的历年变动情况

首先是一般会计，构成通产省预算的六大项目，即科学技术、公共事业（林道、工业给水）、经济合作、中小企业、能源对策费（新能源以及节能技术对策经费），以及“其他”在时间序列上的波动耐人寻味。在将20世纪下半叶大致划分为经济高速增长时期（20世纪50年代后半期到70年代后半期）以及此后（80年代到2008年）的时期，可以发现除了能源对策费，其他大项目的增长率都呈现在70年代前半期之前急剧上升，而后陷入停滞的倾向（图2.4）。此外，以石油危机为契机而引入、此后一直

持续减少的能源对策费，因为该经费项目是转入特会的剩余部分，后面会和特会一起讨论，所以下面就将其从观察对象中排除。㊱

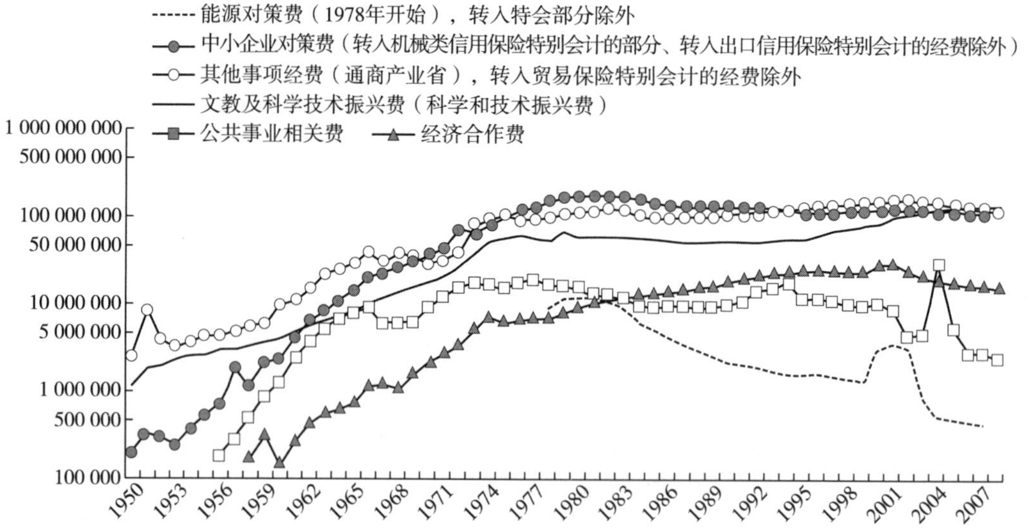

图 2.4　一般会计（最初预算）的走势（千日元，转入特会部分除外）

注：纵轴是用常数对数尺度测量，加上了原数值单位的刻度。

资料来源：同表 2.1。

如果比较图 2.4 中描绘的各种预算额数值的相对大小，就能看出经费项目的特征（表 2.3）。也就是说，上述五大项目中（能源对策费除外），经济高速增长时期以后中小企业对策费和“其他事项经费”在预算金额上一直高于其他项目经费，其次是科学和技术振兴费。另外，五大项目中，预算分配金额在考察期的前半段上升、后半段下降的只有公共事业相关经费和中小企业对策费这两项。这两者构成了经济高速增长时期政策的重点领域，经济进入稳定增长期以后，它们的绝对金额开始减少。顺便提一下，这里说的公共事业主要是指工业给水，该预算从经济高速增长前的 1956 年开始，次年的预算规模达到 101 亿日元。因为健全的工业化发展，确保工业用水是必要条件。

㊱　新能源技术相关经费、节能技术相关经费以及能源对策经费不作为本节的考察对象。另外，为了避免重复计算，从一般会计转入特会的部分排除在下面的统计数值之外。符合的有，转入出口信用保险特别会计的、转入机械类信用保险特别会计的、转入煤炭和石油以及石油代替能源对策特别会计（石油及石油代替能源科目）的、转入煤炭和石油以及能源供求结构优化对策特别会计（石油及能源供求结构优化科目）的，以及转入能源对策特别会计（促进电力资源开发科目）的。

此后，又因为经济增长速度很快，所以工业给水的必要性也有增无减。这些清楚地反映在20世纪60年代前半期工业用水预算比例的增长趋势中。

另外，与上述两者相反，科学和技术振兴费以及“其他事项”经费两个项目，其经费绝对金额在前半期暂时降低，在后半期却改为上升趋势。科学技术相关费用在日本达到技术前沿以后开始上升的原因显而易见，但是关于“其他事项”经费的动向，还有必要对其内容进行较为深入的分析。最后，与上述所有项目都不相同，在整个20世纪下半叶，经济合作费用比重逐渐提高，但是进入21世纪后，略有降低的趋势。

表2.3 一般会计总额（最初预算）的构成比例（转入特会部分除外） （单位：%）

年度	“其他事项”经费（转入贸易保险特别会计的部分除外）	中小企业对策费（转入机械类信用保险特别会计以及出口信用保险特别会计的部分除外）	文教及科学技术振兴费	公共事业相关费	经济合作费	能源对策费（1978年以后，转入特别会计的部分除外）	合计
1950—1959	57.8	7.6	32.6	1.7	0.4	0.0	100.0
1955—1964	51.2	14.7	25.9	7.3	1.0	0.0	100.0
1960—1969	47.3	24.0	17.0	10.3	1.3	0.0	100.0
1965—1974	38.2	33.4	17.2	9.3	1.9	0.0	100.0
1970—1979	31.6	39.4	18.9	7.2	2.3	0.6	100.0
1975—1984	30.7	43.2	17.3	4.3	2.6	1.9	100.0
1980—1989	30.9	43.8	16.4	3.1	3.8	1.9	100.0
1985—1994	33.0	40.4	16.7	3.5	5.5	0.9	100.0
1990—1999	36.1	35.5	17.9	3.5	6.5	0.5	100.0
1995—2004	36.8	30.8	22.7	2.8	6.3	0.5	100.0
2000—2008	34.0	29.1	29.5	1.9	5.1	0.4	100.0
平均	39.7	29.9	21.9	4.7	3.2	0.6	100.0

资料来源：同表2.1。

中小企业对策费[37]

虽说在一般会计中有很多关于中小企业政策的最初预算，但是其绝对规模比较小，1980—2000 年平均每年为 1441 亿日元。但是，从结果看，提供的资金发挥了很大作用。

昭和时代初期以后，日本渐渐着重强调中小企业对经济发展的重要性，并有了切身体会。在二战期间强调的是中小企业的贡献，战后强调的是经济民主主义，在经济高速增长时期这种认识进一步强化。正是由于这个原因，还强调了中小企业实现“现代化”的必要性。1963 年制定的《中小企业基本法》（1963 年法律第 154 号）可以说是强调中小企业重要性的象征。

从 20 世纪 50 年代到 60 年代，促进中小企业现代化的事业（也就是“近促事业”）在中小企业政策中占据了绝对的重要性。为此耗费的预算规模在 60 年代初期急剧增加，此后从 1963 年到 1990 年基本保持了相同速度的稳定增长（图 2. 5）。[38] 但是，伴随着经济的高速增长，中小企业实现了现代化，因此其在预算中所占比例急剧降低，取而代之的是支持小型事业的预算占比获得稳步增长。在此期间，增加了对面向相关事业团体和中小企业的公共金融机构的出资及运营经费（补助金）（但是，相比出资比重的急剧下降，补助金在泡沫经济时期以外持续增加）。另外，《近促法》因“达成了其目的”而在 1999 年被废止，但是引人注目的是，对中小企业的支持活动改变了内容和形式，通过新理念和新标题（强化中小企业）的项目得以延续（图 2. 5，以及表 2. 4）。

---

[37] “中小企业相关经费”中包含的支出项目有：（1）为振兴中小企业而对各组织的支持，即中小企业（振兴）事业团（出资和补助运营费）、中小企业综合事业团（出资和补助事业运营费）、小型企业互助事业团和中小企业互助事业团、中小企业事业环境建设费、独立行政法人中小企业基础建设机构运营费，以及独立行政法人中小企业基础建设机构设施完善费；（2）支持中小企业的经营，即促进中小企业经营的改革、创新，中小企业现代化促进费，中小企业指导事业费，小型事业对策费，以及中小企业团体中央会补助、组织化对策费；（3）强化中小企业的技术能力，即中小企业事业环境建设费、中小企业的经营支持费、促进中小企业的经营改革和创业、中小企业技术能力强化费，以及研究开发型新企业的培育促进补助费；（4）支持小型事业，即小型事业对策费和小企业（等）经营改善资金贷款；（5）中小企业相关金融机构的出资以及补助金，即商工组合中央金库出资、中小企业金融公库出资、株式会社日本政策金融公库出资、中小企业金融公库补助金、株式会社日本政策金融公库补助金，以及信用保证协会基金补助（金）；（6）纺织产业政策相关费用，即改善纺织工业结构事业协会出资和临时纺织产业特别对策费；（7）上述这些以外的，即顺利引入消费税对策、活跃中心城区对策费，以及“其他”。

[38] 有如 1967—1969 年一样预算额减少的时期，也有增长率控制在更低位的时期（比如 1985—1988 年）。

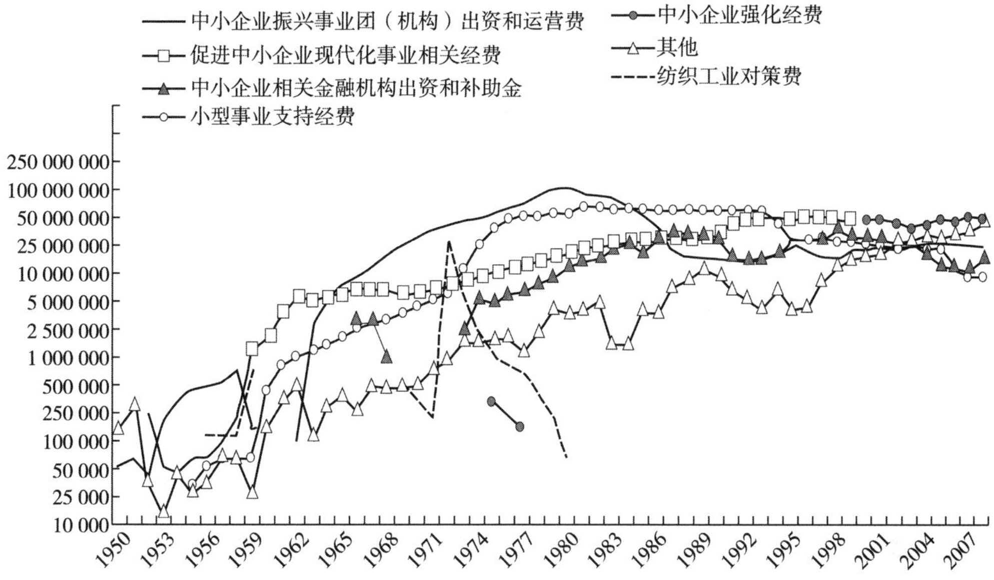

图 2.5　中小企业对策费（一般会计最初预算，千日元）

注：纵轴是用常数对数尺度测量，加上了原数值单位的刻度。

资料来源：同表 2.1。

表 2.4　一般会计（最初预算）中中小企业对策费的构成　（单位：%）

年度	中小企业振兴事业团（机构）出资和运营经费	促进中小企业现代化事业相关经费	小型事业支持经费	其他	中小企业相关金融机构出资和补助金	中小企业强化经费	纺织工业对策费	合计
1950—1959	47.8	21.5	2.8	20.5	0.0	0.0	7.3	100.0
1955—1964	34.6	42.8	10.6	4.7	0.0	0.0	7.3	100.0
1960—1969	35.0	45.8	13.1	3.2	2.7	0.0	0.2	100.0
1965—1974	57.8	19.9	12.6	1.7	3.6	0.0	4.4	100.0
1970—1979	56.5	10.7	23.4	1.6	3.3	0.0	4.5	100.0
1975—1984	48.3	10.4	32.4	1.5	7.1	0.0	0.3	100.0
1980—1989	31.6	14.8	36.0	3.2	14.4	0.0	0.0	100.0
1985—1994	14.7	24.8	39.5	4.7	16.2	0.0	0.0	100.0
1990—1999	13.0	34.0	29.9	5.7	17.5	0.0	0.0	100.0
1995—2004	15.7	18.2	18.5	12.1	20.0	15.6	0.0	100.0
2000—2008	17.3	0.0	13.8	21.3	14.6	33.0	0.0	100.0
平均	33.8	21.5	19.9	9.0	8.6	5.0	2.1	100.0

注："中小企业对策费"合计中不包含转入机械类信用保险特别会计的金额。

资料来源：同图 2.3。

然而，1972年，中小企业振兴事业团运营经费的比重急剧减少，似与此相对应，纺织工业对策费所占比重（虽然只是短期的）急剧增加（见图2.5）。出现这种现象的原因是，为了能让美国顺利归还冲绳，日本必须自主限制纺织工业产品的出口，根据时任通产大臣田中角荣的决断，决定对纺织工业过剩设备实行政府收购。该政策从时间上看可以说是中小企业政策执行计划的一个短期干扰因素。在此目的下的支出，虽然金额逐渐减少，但是一直持续到1980年。[39]

此外，20世纪80年代末到90年代初，预算绝对额中，强化中小企业的经费增加，相反中小企业振兴事业团相关经费却减少了，这两个经费项目各自管辖领域（经费项目）或许有所更换。

另外，虽然近促事业和小型事业并没有影响预算规模，但引人注目的是，在（有关中小企业的）“其他”中计入的经费，整个时期都实现了稳定增长。这是因为中小企业政策的相关项目的特点是多种多样，其实质内容不只局限于中小企业厅日常管辖的政策业务，还包括通产省在必要时制定与执行的各种企划。从这一意义上而言，分类中“其他”的比例最近呈逐年提高的倾向，反映出在整个观察期间，由于中小企业实现现代化（合理化），取而代之的是，在这一时期以前很少受到眷顾的新型政策提案（扶持发展风险企业和培育时尚产业等）得到了推进。也可以说中小企业政策的内涵渐渐变得多样化（多角度化）。例如，20世纪末中小企业金融业务是以融资和信用保险为主要业务，但是21世纪头10年间，遵循彻底补充、完善民营金融机构的政策方针，致力于承担民营金融机构无法担负的风险。[40] 比如从2004年开始，日本政策金融公库的融资余额[41]在将近5年间从7万亿日元递减到5万亿日元，客户也从5万减少到4.5万左右，其结果使资金规模方面信用保险的功能变大了（1999年金融危机时是30万亿日元左右，2009年是20万亿日元左右的规模）。[42]

㊴ 1971—1980年计入的纺织工业对策费（最初预算），包含最高峰时期的235.5亿日元（1972年），合计达到328.2亿日元。

㊵ 受到金融政策改革潮流的影响。虽然有“尽量不承担风险”的政策指示，但这样就失去了金融政策的意义。回避风险有时反而会带来更高的风险（回避风险导致产生更大损失，比如雇用减少等）。

㊶ 日本政策金融公库是财务省管辖的特殊公司。以《株式会社日本政策金融公库法》（2007年法律第57号）为基础，综合以前国民生活金融公库、农林渔业金融公库、中小企业金融公库以及国际合作银行的各种业务，于2008年设立。

㊷ 信用保险以前也是采取由国家用收支差额保险金填补赤字的方式，但是因金融改革的影响这种制度消失了，代之以利差补助金制度（只填补利息的差分部分）。这是一种向顾客收取信用成本，以收支相抵为目标应对风险的利息制度。

中小企业并不一定是受到庇护的社会弱者，反而，基于合理的理由自主选择中小规模的情况很多。当然新型产业的企业必然规模较小。因此伴随经济现代化的进程，所需的中小企业政策内容当然也会发生变化。例如，在政府承担创立新行业和风险企业部分风险的情况下，产业政策必须从背后支持中小企业的经营，这是有充分意义的。然而，与20世纪60年代相比，其正当性要归因于（救济弱者意义上的）社会政策因素的必要性大大减小。

文教以及科学技术振兴经费[43]

有关研究和开发的支出在通产省（经产省）一般会计中所占的比重，在20世纪60年代前半期暂时减少，虽然到70年代前半期有所上升，但是长期低迷（参见表2.4）。[44] 特别是20世纪80年代，其绝对金额也有略微减少或是停滞的倾向［1995年制定了《科学技术基本法》（1995年法律第130号）后也一样，参见图2.4］。然而，20世纪90年代以后科学技术经费与以前相比出现了跃升，这是该时期一个引人注目的特征（见表2.3）。这反映了日本在经济发展的“追赶和超越”时期结束后，达到了产业技术前沿，逐渐认识到创新的必要性（也受内外因素的刺激）。同时，这也是20世纪末以后，从半导体、新材料、精细化学品、生物技术等产业技术自发地产生革命性的新领域所带来的结果。而且，宇宙开发和海洋开发等、被指定与其他省厅（科学技术厅、文部省等）共同管辖的广泛的尖端技术领域、相关预算经费项目不适用于负增长上限（所谓的“圣域”），这对科学技术经费的跃进也有影响。无论如何，通产省（经产省）的科学技术预算中，有关工业技术的经费一贯位于首位（表2.5）。[45] 另外，因为资源能源相关的研究开发经费计入特会中，所以无法仅仅依靠一般会计推测有关科学技术的所有预算变动情况。

---

[43] “科学技术振兴费”中包含的支出项目有：(1) 有关开发宇宙及海洋的费用，即宇宙开发相关经费（通商产业省本省）、宇宙开发相关经费（工业技术院）、宇宙开发相关经费（产业技术综合研究所），以及海洋开发相关经费；(2) 原子能和新能源，即新能源技术相关经费、原子能相关经费，以及独立行政法人新能源和产业技术综合开发机构经费；(3) 大型工业技术振兴经费，即大型工业技术相关经费和产业技术基础相关经费、独立行政法人产业技术综合研究所经常项目经费，以及其他的产业技术振兴费和产业技术振兴设施费；(4) 有关推进信息处理的经费，即振兴电子计算机产业对策费以及独立行政法人信息处理推进组织经常项目经费。

[44] 另外，在此项目中没有包含一般会计中计入“其他事项经费”的项目，如基于通产省单独项目的无人宇宙试验系统开发、民用运输机开发、振兴信息处理、飞机用喷气发动机开发、飞机的国际共同开发等。

[45] 通产省内设置的研究开发部门——工业研究院，在2005年变成独立行政法人产业技术综合研究所。在追踪预算经费项目时必须要注意这种机构上的变化。

表2.5　一般会计（最初预算）中科学技术费用的构成　（单位：%）

年度	振兴大型工业技术和产业技术	推进信息处理	核能和新能源	宇宙开发和海洋开发相关经费	合计
1950—1959	98.2	0.0	1.8	0.0	100.0
1955—1964	98.1	0.0	1.9	0.0	100.0
1960—1969	99.7	0.0	0.1	0.2	100.0
1965—1974	90.2	8.4	0.5	0.9	100.0
1970—1979	78.6	17.7	2.6	1.0	100.0
1975—1984	83.4	14.0	2.2	0.5	100.0
1980—1989	91.2	8.4	0.0	0.5	100.0
1985—1994	94.2	5.5	0.0	0.4	100.0
1990—1999	97.1	2.3	0.0	0.6	100.0
1995—2004	93.9	1.0	4.3	0.7	100.0
2000—2008	80.0	2.1	17.6	0.3	100.0
平均	91.0	5.1	3.4	0.4	100.0

资料来源：同表2.1。

20世纪末到21世纪初，政府（内阁）的一般方针是以经费的合理化为目标，通产省以此为基础，果断决定对工业技术院下设的多个研究所进行前瞻性改组、合并，组建新技术开发事业团，合并多个研究所。于是，诞生了作为独立行政法人的大型研究所，从事最新的研究开发活动。因为这些机构置于各自独立的（独立于政府的一般会计）会计制度之下，所以为了了解它们活动的经济规模，必须从其他途径对它们分别进行讨论。然而，促进顺应时代要求而产生的新产业的成长、促进创新期大型新技术的开发等项目，只要标题得到认可，都计入能源特会经费。

其他事项

被称为“其他事项经费”的，因为其内容贯穿多个方面，而且从金额大小上看是很重要的，所以这里做成了一览表（表2.6）。

表2.6 经产省（通产省）一般会计“其他事项经费”的构成

1. **贸易对策和贸易振兴**
   日本贸易振兴会事业运营经费
   海外市场调查经费
   顺利开展贸易等经费
   提高产品品质及创意经费
   亚洲经济研究所事业运营经费
   其他贸易对策和振兴经费
2. **商务流通**
   商务流通行政经费
   万国博览会举办费
   国际博览会事业参加费
   召开国际博览会准备费
3. **环境、产业、安保**
   确保提高产品及化学物质等安全性对策费
   高压煤气及火药类安保对策费
   产业公害（防止）对策费
   矿山安保对策费
   电力燃气供热事业监督及安保对策费
   矿灾恢复事业费
4. **产业布局**
   产业布局合理化及完善布局条件经费
   促进工业重新布局对策费
5. **地下资源**
   开发地热发电调查经费
   地下资源对策费
   煤炭对策费
6. **产业振兴**
   提高生产力对策费
   紧急实施民间企业活力特定设施完善事业经费、紧急完善民间企业活力特定设施经费
   知识融合型新企业培育经费、特定新事业等培育经费
   产业复兴支持事业经费
   技术高度密集型产业等研究开发经费
   企业对策费、工商业对策费、工业振兴经费
7. **机械信息**
   开发无人宇宙试验系统等经费
   开发民间运输机械经费
   振兴信息处理对策费
   开发民用飞机喷气发动机经费
   促进国际共同开发飞机经费
8. **生活产业**
   开发改善居住环境机器系统等经费
   开发都市环境等改善系统等经费
   改善纺织工业（产业）结构对策费
   消费生活改善经费
9. **专利行政**
10. **一般行政**
   一般行政经费
   国际会议等诸（经）费
   改善通商产业省设施经费
   工商矿业统计调查经费
   检查机构经费
   通商产业局设施经费 经济产业局设施经费
   结束战争和赔偿处理经费
   物资（供需）调整经费
   其他的一般行政经费

注：为了显示各自的分类内容，经费项目名称没有区分大、中、小项目。另外，专利行政费于1984年7月转移到专利特会。

资料来源：以RIETI网页登载的“通商产业政策史总论篇附属统计表等”中的一般会计统计为基础，由作者制作。

20世纪50年代末到70年代中期，“其他事项”经费在一般会计总额中所占比重较低（表2.3），这是因为在经济高速增长时期该经费的增长没能赶上其他项目经费的增长，但是其绝对金额（如果除去20世纪60年代后半期的几年）是持续增加的（图2.4）。其绝对金额的增长率在1983年左右达到了顶点，但是从趋势上看直到20世纪末都持续保持了正增长。这与同时期中小企业经费（的绝对金额）从正增长转为负增长形成对照。

在“其他事项”经费中占据大部分的是（见表2.7）一般行政费（人员工资、厅的办公费以及其他经常项目经费）[46]，此外还包含不定期但是在该时期受到重视的经费（万国博览会就是很好的例子）。其中，整个经济高速增长时期（20世纪70年代和80年代）有关产业布局的预算额都有显著上升（图2.6）[47]，这是因为该时期高度关注地方分权，而且自从有了全国综合开发计划，地方开发项目开始盛行（该经费项目在“其他事项”经费中的构成占比在70年代有引人注目的增加趋势）。另外，在同时期中，虽然增长速度没有产业布局那样快，但是环境和安保相关的最初预算也能看到显著的上升趋势（图2.7）。另一方面，与上述两个经费项目不同，地下资源相关的预算在经济高速增长时期的前半段有很高的增长率，但是从1968年开始不仅绝对金额下降，增长也完全停止（图2.6）。

另外，振兴贸易的预算在整个期间都保持稳定的增长（图2.6），这可以说明国际贸易对日本经济具有多么重要的意义。[48] 原本，在20世纪70年代和80年代贸易振兴

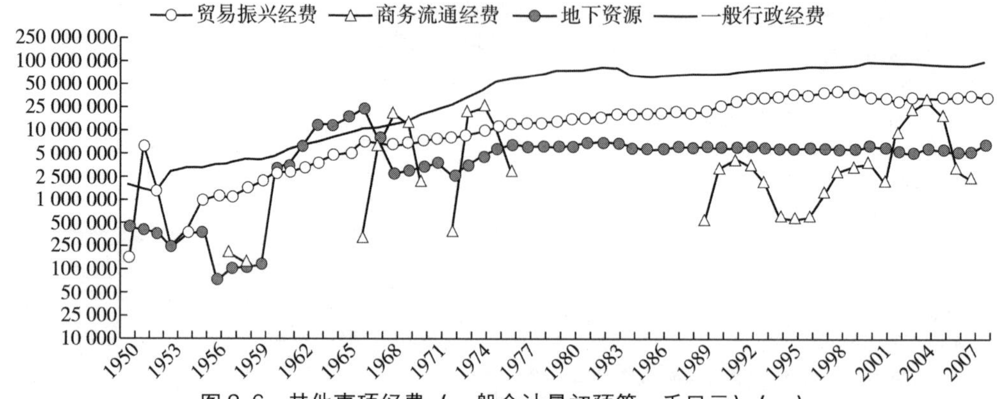

图2.6　其他事项经费（一般会计最初预算，千日元）（一）

注：纵轴是用常数对数尺度测量，加上了原数值单位的刻度。

资料来源：同表2.1。

---

[46] 这里被称作“一般行政经费”的，详细看，除了预算统计定义的一般行政经费（职员工资、福利费用、差旅费等），还包含国际会议等各种经费、通商产业（经济产业）省省级设施建设经费、工商矿业统计调查经费、专利行政经费（1987年7月以后转移到特会）、检查机关经费、通商产业局设施经费、经济产业局设施经费，以及“其他”项目［战败后数年间，结束战争、赔偿处理经费和物资（供需）调整经费也计入其中］。

[47] 与产业布局相关的，必须和财投发挥的作用一并考虑。

[48] 这里说的“贸易振兴经费”是由日本贸易振兴会事业运营经费、海外市场调查经费、顺利开展贸易等经费、提高产品品质及创意经费、亚洲经济研究所事业运营经费，以及“其他”构成。另外，“其他事项”中的贸易振兴经费和特会中的“出口保险”制度，始终在预算中占据重要位置（参见后面表2.9）。

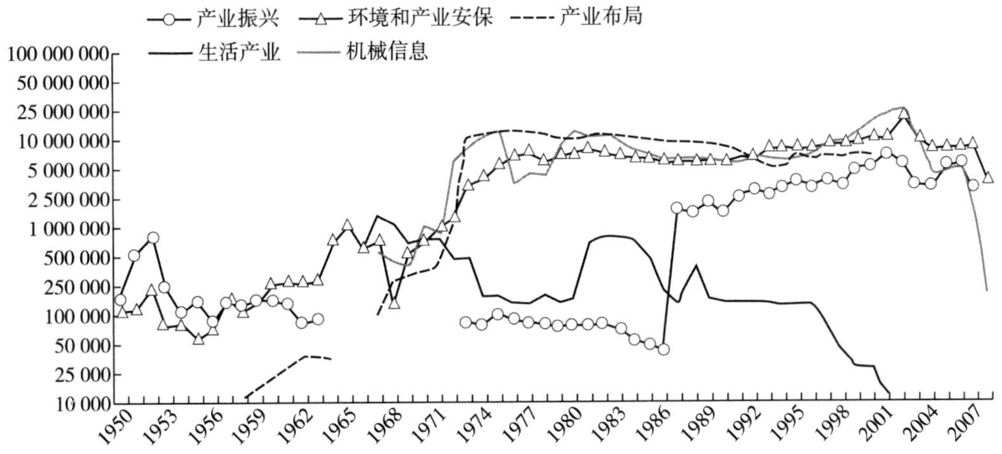

图2.7 其他事项经费（一般会计最初预算，千日元）（二）

注：纵轴是用常数对数尺度测量，加上了原数值单位的刻度。

资料来源：同表2.1。

表2.7 一般会计（最初预算）的“其他事项”中非一般行政经费的构成 （单位：%）

年度平均	贸易振兴和贸易对策费	地下资源	产业振兴和机械信息	专利行政	环境和产业安保	产业布局	商务流通	生活产业	合计	（参考）“其他事项”总额中“一般行政经费”所占的比例
1950—1959	53.7	12.8	11.7	15.0	5.6	0.1	1.2	0.0	100.0	53.7
1955—1964	40.3	39.3	3.0	12.5	3.7	0.3	1.0	0.0	100.0	45.4
1960—1969	25.7	47.4	1.0	8.4	2.6	0.4	13.0	1.5	100.0	28.8
1965—1974	24.6	25.0	6.7	12.6	3.6	4.4	20.6	2.5	100.0	31.3
1970—1979	23.7	10.4	12.2	20.7	7.6	14.1	10.3	1.2	100.0	39.6
1975—1984	21.9	9.6	12.9	24.6	10.3	17.8	2.3	0.6	100.0	43.2
1980—1989	29.7	10.6	15.6	14.1	11.3	17.9	0.1	0.8	100.0	50.5
1985—1994	43.0	11.0	15.3	0.0	12.4	15.5	2.3	0.4	100.0	55.8
1990—1999	48.2	8.9	16.6	0.0	12.5	10.4	3.2	0.2	100.0	54.4
1995—2004	42.0	7.3	21.6	0.0	13.7	6.5	8.8	0.1	100.0	53.5
2000—2008	42.9	9.4	18.9	0.0	13.7	2.6	12.3	0.1	100.0	56.2
总平均	36.0	17.4	12.3	9.8	8.8	8.2	6.8	0.7	100.0	46.6

资料来源：同表2.1。另外，关于经费项目分类请参照表2.6。

刚刚萌芽，但是90年代重新变得“活跃”，其中中曾根内阁的扩大进口战略做出了很大贡献。与振兴贸易密切相关的、有关“商务流通”的支出计划存在间断性爆发，其原因是召开了万博等国际会议（图2.6）。

另外，“产业振兴”的预算额从1987年开始有非常显著的向上跳跃，这是因为本年度终止计入“提高生产力对策费”，编制了较大的“紧急实施民间企业活力特定设施完善事业经费、紧急完善民间企业活力特定设施经费”的预算。但是，这个项目的经费从20世纪90年代中期开始逐渐减少，慢慢被“技术高度密集型产业等研究开发经费”取代。

商务流通相关经费中，20世纪下半叶召开的万博以及国际博览会是重要的支出经费项目。[49] 此外，我们能够看到除了20世纪70年代和21世纪初，与机械信息相关的预算总体上呈现逐渐减少的趋势（所以，作为产业振兴经费，似乎让位于生物和其他新型产业）。

在整个20世纪90年代，一般行政经费所占的比例逐年缓慢递减的趋势非常明显。这是因为从20世纪80年代后半期开始受到国家财政紧缩的影响，缩减定员（勿论省厅的状况）成为不可规避的制度（另外，表2.7显示，21世纪初以后，一般行政经费的构成比例出现显著上升，这是因为该期间“产业振兴”“商务流通”“机械信息”等的构成比例明显减少，一般行政经费的绝对额并没有显著增加）。

“其他事项”经费中“一般行政经费”以外的项目，本身由较多细分的企划构成，当出现涉及全社会的大型企划时，它们“让位并期待他日卷土重来”。因为大型企划具有优先于（所谓定义上的）其他企划，并主张自身必要性的特点（称为“其他事项”的大项目也拥有同样的特点）。

因此，存在大型企划时，例如，1951—1952年的贸易振兴、1952年的产业振兴、1962—1966年的地下资源，以及1968—1969年、1973—1974年的商务流通，在这些时期，（“其他事项”中的）这些项目经费以外的经费构成比例相应地出现了大波谷。1951—1952年能看到振兴贸易的两座波峰，体现了二战后经济复苏的紧急需求。另外1968—1969年地下资源经费的上升，反映了在经济高速增长的高潮中，不得不把目光

[49] 商务流通经费中能看到出现了几个大波峰，1968—1969年是因为大阪万博，1973—1974年是因为冲绳万博，然后2004—2005年是因为爱知万博。另外，如果比较“其他事项”经费中的构成比例，可以看出冲绳万博和爱知万博的影响力比大阪万博要小得多。大阪万博庞大的预算规模，体现了希望在万博中展现日本二战后实现经济复兴的喜悦心情（发扬国威）。

转向探索新能源供给的来源上。1968—1969年和1973—1974年的大型企划经费，是对国际博览会注入的热情在金钱上的体现。

这些抑制其他项目而优先自己的大型企划，在二战刚结束以及经济高速增长时期比较集中。然而在经济高速增长时期以后，有点例外的是1992—1999年贸易振兴相关经费有优先于其他（尽管比较弱）的倾向，这反映了当时日本经济正经历应对国际经济摩擦。

经济合作经费[50]

最后，经济合作经费最早是在战后的1958年出现，此后在整个20世纪（虽然在一般会计中所占比例逐渐减少）金额持续增加（参见图2.4），这是值得关注的事。2000年，日本政府开发援助总额（约135亿美元）超过了世界其他任何国家，其中一个原因就在于此。[51]

原本，在经济高速增长时期（到20世纪70年代为止），日本政府开发援助非常注意促进本国的产业活动，即注意将政府开发援助企划和运用于引导出口或诱导直接投资。[52] 因此，伴随经济增长，政府开发援助金额持续增加。然而，特别是到了20世纪末，无偿援助比例虽然每年只有一点，却逐步上升。

表2.8显示了经济合作经费的构成情况。在"经济合作经费"的大项目中，技术合作及国际合作委托事业、技术合作事业经费补助、技术转移研究事业、促进经济合作调查指导和宣传，以及海外技术中心委托事业这5个项目的合计，在该表中被称为"经济合作和技术转移经费"。与截至20世纪70年代中期一直保持显著上升的"振兴日本贸易经费"（在"经济合作费"大项目中）的比例相比[53]，该合计值所占比例急剧

---

[50] "经济合作经费"是很宽泛的概念，由以下部分构成：（1）海外开发研究事业，即日本贸易振兴会亚洲等地区的调查研究等必要经费、海外开发计划调查委托事业和海外开发计划调查事业（经费），以及国际产业技术研究事业（经费）；（2）技术合作和技术转移相关经费，即技术合作及国际合作委托事业（经费）、技术合作事业经费补助、技术转移研究事业、促进经济合作调查指导和宣传以及海外技术中心委托事业经费；（3）促进投资和发展进口，即投资和发展进口促进事业经费补助以及投资和发展进口促进事业（经费）；（4）研究合作，即研究合作推进委托事业、研究合作项目推进事业、研究开发合作事业经费补助以及研究合作推进事业；（5）国际组织会费，即有关国际组织会费、国联工业发展组织会费以及东南亚贸易投资观光促进中心会费；（6）其他振兴日本贸易经费，即对日本贸易振兴会的出资、海外贸易发展事业及"其他"。

[51] 但是，从占GDP的比例看不是世界第一。顺便说一下，2007年的支出总额是世界第五（约77亿美元）。

[52] 有关这点，在2000年通产省《经济合作的现状和问题》（经济产业调查会，2001）中就披露了。

[53] 经济合作费中这里被称作"日本贸易振兴费"的经费项目，是对日本贸易振兴会的出资和海外贸易发展事业及（"经济合作费"大项目中的）"其他"的合计。

递减。此后，“经济合作和技术转移经费”的比例反而开始增加了。这可以解释为，如果加上经济高速增长时期实现了急剧增长（但是此后可以看到增长乏力）的“海外开发研究事业”[54]，那么与海外各国经济合作的相关思想及其实践，以1974年为界限发生了很大变化：在经济高速增长时期，日本国内的产业振兴（以及作为其手段的促进出口）优先于与海外的技术合作，但是此后，比起为国内产业撑腰，与海外（所谓第三国）的经济发展合作开始引人注目。[55] 此后到21世纪初，与海外的研究合作事业也越发显眼了。[56]

表2.8　一般会计（最初预算）中经济合作经费的构成　（单位：%）

年度	经济合作和技术转移	海外开发研究事业	振兴日本贸易（其他）	研究合作	国际组织会费	投资和开发促进进口	合计
1950—1959	98.1	0.0	1.9	0.0	0.0	0.0	100.0
1955—1964	91.6	5.0	3.4	0.0	0.0	0.0	100.0
1960—1969	80.4	7.5	12.1	0.0	0.0	0.0	100.0
1965—1974	54.7	14.2	30.3	0.0	0.1	0.7	100.0
1970—1979	36.2	33.5	26.7	0.0	1.5	2.2	100.0
1975—1984	38.7	49.4	6.6	0.0	3.2	2.1	100.0
1980—1989	42.9	50.5	0.1	2.3	3.5	0.7	100.0
1985—1994	42.7	46.0	0.1	7.5	3.6	0.0	100.0
1990—1999	42.5	43.7	0.1	9.5	4.2	0.0	100.0
1995—2004	40.6	46.1	0.1	9.2	4.1	0.0	100.0
2000—2008	44.5	43.1	0.1	8.4	3.9	0.0	100.0
平均	51.3	3.1	7.7	3.8	2.5	0.6	100.0

注：二战战败后，最早在1958年计入了经济合作经费。

资料来源：同表2.1。

[54] “海外开发研究事业”包括日本贸易振兴会亚洲地区等地调查研究等的必要经费、海外开发计划调查委托事业和海外开发计划调查事业（费），以及国际产业技术研究事业（费）的合计值。

[55] 表现之一是，提倡和平愿望及通过“心与心的交融”加强与东盟密切合作的“福田（赳夫）主义”（1977年的马尼拉演讲）。

[56] 日本国内的研究机构（京都大学和日本贸易振兴会亚洲经济研究所等）战败后在亚洲地区设立研究机构的渊源要追溯到20世纪60年代，但是在2008年，作为日本政府直接参与的国际研究机构——东亚和东南亚经济研究中心（ERIA）在雅加达成立。

第5节 通产省（经产省）预算中特别会计的地位

通产省（经产省）预算一个值得注意的特征是特会的变动情况。其支出内容反映了比较长期的社会经济需求，所以当我们事后回顾其轨迹时，就能捕捉时代的动向。

从战败到经济高速增长时期（工业用酒精、出口保险及煤矿处理的时代）

现在，我们来看看经济高速增长前和高速增长初期通产省特会的经费项目构成(表2.9)。在1950—1952年，通产省特会的内容除了包括为处理战败问题设立的五个特会外[57]，还包括“工业用酒精专卖”、“出口保险”、“特别矿灾复兴”（1951—1958年）以及“特定物资捐款的处理”（1956—1962年）这四个特会，这些特会的合计规模远远超过了一般会计总额。这是因为在刚刚战败的那个时期（本章第2节的（1）时期），发展经济必须强化生产基础并通过振兴出口获得外汇，如对煤炭产业的支持、旨在振兴出口的出口保险，以及围绕机械类出口的保险等。[58]

表2.9 特别会计（最初）年支出金额的构成 （单位：%）

年度	石油和石油的代替能源科目	酒精	煤炭科目	电力资源特会	出口保险	战败处理	专利	中小企业发展融通资金	特别矿灾复兴	机械类信用保险	特定物资捐款处理	特别会计支出合计
1950—1959	0.0	47.3	0.0	0.0	13.7	32.0	0.0	0.0	6.9	0.0	0.0	100.0
1955—1964	0.0	63.1	0.0	0.0	18.7	7.3	0.0	5.8	4.0	1.0	0.1	100.0
1960—1969	0.0	44.4	11.7	0.0	16.0	16.0	0.0	7.4	3.5	1.1	0.0	100.0
1965—1974	5.8	13.4	58.2	0.6	11.7	0.0	0.0	8.9	0.0	1.4	0.0	100.0
1970—1979	21.8	8.2	54.2	7.7	7.8	0.0	0.0	0.0	0.0	0.4	0.0	100.0
1975—1984	39.9	6.5	26.6	18.3	8.2	0.0	0.2	0.0	0.0	0.4	0.0	100.0

---

[57] 这里所说的有关战败处理的特会是指“不正当保有物资等特别措施特别会计（1950年）”、“贸易资金特别会计（1949—1950年）”（1949年是贸易特别会计）、“美国对日援助物资处理等的特别会计（1950—1953年）”、“中小企业信用保险特别会计（1951—1958年）”，以及“紧要物资进口基金特别会计（1951—1953年）”（图2.3是这些的合计）。其中，1950—1952年和1953—1958年分别占特会绝大部分的是美国对日援助物资和中小企业信用保险。

[58] 参见图2.3。

（续表）

年度	石油和石油的代替能源科目	酒精	煤炭科目	电力资源特会	出口保险	战败处理	专利	中小企业发展融通资金	特别矿灾复兴	机械类信用保险	特定物资捐款处理	特别会计支出合计
1980—1989	42.2	3.6	12.0	23.4	16.3	0.0	2.3	0.0	0.0	0.2	0.0	100.0
1985—1994	37.9	2.5	8.0	27.0	20.1	0.0	4.6	0.0	0.0	0.0	0.0	100.0
1990—1999	41.8	2.5	6.3	31.4	12.5	0.0	5.6	0.0	0.0	0.0	0.0	100.0
1995—2004	45.0	1.5	4.3	34.2	7.6	0.0	7.3	0.0	0.0	0.0	0.0	100.0
2000—2008	48.0	0.3	1.4	32.9	8.7	0.0	8.7	0.0	0.0	0.0	0.0	100.0
平均	25.3	17.5	16.5	15.6	12.9	5.4	2.7	2.5	1.2	0.5	0.0	100.0

注：（1）“战败处理”是不正当保有物资等特别措施特别会计、贸易特别会计、美国对日援助物资处理等特别会计、中小企业信用保险特别会计以及紧要物资进口基金特别会计五种的合计（作者计算）。（2）本表的统计对象不包括转入国债整理基金特别会计、转入经产省（通产省）一般会计、转入其他会计以及预备费后的金额。

资料来源：同表2.1。

在战败后的经济复苏中，特会在通产省的预算构成中占据了很大比例，但是这一时期没能持续很久。因此，从20世纪50年代中期开始到经济高速增长时期结束的70年代后半期，特会在通产省预算构成中的相对重要性减小了。这就是经济高速增长时期［第2节的（2）时期］。[59]

1953—1966年，首先因为战败处理的相关特会进入尾声并于1958年结束，所以一般会计的金额超过了特会。其次，因为在经济高速增长时期后期，1967年开始了煤炭特会，所以特会总额再次与一般会计总额基本相当（1967—1971年），或者仅比它少一点点（1971—1973年）。

经济高速增长后半期以后，特别引人注目的是煤炭特会的年支出规模及其意义。迄今为止作为支撑日本经济发展主要能源（之一）的煤矿，在这一时期逐渐进入衰退产业之列，为了应对这种状况，煤炭特会最初是对煤矿进行生产补助，后来是以闭矿处理和矿山废弃后的公害对策为目的。也就是说该特会的意义在于，其既是重要的社会政策，同时还对煤矿经营的“后处理”以期万全。[60] 然而，因为煤炭特会的规模急剧

[59] 参见图2.3。但是，在经济复苏完成后出口保险（贸易保险）的重要性也并没有改变。

[60] 从这点出发，有评价认为战后关于煤炭产业的产业政策失败了（杉山伸也，《谁导致了煤炭产业的衰退?》，《书斋之窗》，No.604，2011年5月号，第38—42页）。

缩小，所以在整个第（2）期并没有动摇一般会计的“规模性优势地位”。

从战败后到经济高速增长时期［即（1）（2）两个时期］，贯穿整个时期的通产省特会的主要项目都是“工业用酒精”和“出口保险”。其中前者是为了实施工业用酒精专卖制度设立的。该专卖制度是指，“从产业政策的观点出发，（1）对于拥有广泛用途的基础物资——工业用酒精，通过国家统一实施制造、进口、销售等业务，谋求实现稳定供给，同时（2）对于没有征收酒税的工业用酒精的流通进行严格管理，确保以低廉价格供应”[61]，根据《酒精专卖法》（1937年法律第32号）的设立，1942年其管辖权从大藏省转移到商工省，此后直到2006年被废除都是由通产省（经产省）管辖。[62]酒精特会的年支出规模从20世纪60年代的29亿日元增加到80年代的328亿日元，2000年更进一步扩大到353亿日元。在此期间，虽然在70年代和90年代有关工业用酒精的预算额显著增长[63]，但是，因为特会整体规模都变大了，所以其存在感逐渐减小，在市场化万能的风潮高涨的时期，首先将其业务移入（独立行政法人）新能源和产业技术开发组织（NEDO）的酒精事业本部（2001年），接着在2006年3月使之民营化（变为株式会社）。

另一方面，“出口保险”是贯穿二战后整个期间的“通奏低音”（但是，1986年更名为“贸易保险”）。[64] 尤其在上述（1）和（2）时期，值得注意的是，出口保险特会在通产特会中占据了不容忽视的规模。正因为有了这个制度，民间企业甘冒风险也要致力于振兴出口。由于还并存着独立于出口保险、以从事机械工具制造和出口的中小企业为对象的“机械类信用保险”特会制度，[65] 所以当这两者合并起来发挥作用时，通过保险功能谋求振兴出口和机械工业具有非常重大的意义（另外，在1984年非常必要设立专利特会时，机械类信用保险特会被废除，其业务由中小企业信用保险公库继承[66]）。

---

[61] 根据产业结构审议会酒精部会1999年1月的答询“关于今后工业用酒精生产、流通等制度的方向”。

[62] 但是，1943年11月到1945年8月由军需省管辖。

[63] 也存在1952—1955年、1978—1979年、1985—1990年等金额减少的时期。

[64] 另外，一般会计中的“其他事项”经费也一直包含贸易振兴经费（参见表2.6和表2.7）。

[65] 依据《机械类信用保险法》（1961年法律第156号，2002年废止），机械类信用保险由通商产业省机械信息产业局运营。

[66] 因为当时大藏省不允许增加特会的总数（其后也是），所以为了设立专利特会就不得不废除一个现有的特会。顺便说一句，机械类信用保险的开支规模（虽然有逐步增加的趋势）比较小（1983年大约为出口保险特会年度支出额的6%），之后于2003年4月被废止。

石油危机以后（能源优先和专利的时代）

从1973年第一次石油危机开始，确保石油稳定供给、开发石油替代能源以及节省能源（节能）政策彻底成为特会的支柱。首先，随着将石油储备和石油自主开发确定为国家重要的政策课题，政府从1972年开始在“煤炭、石油及能源供需结构优化对策特别会计”（石特）中设置了“石油以及石油替代能源科目”。接着在1974年增加了环境政策视角，关注不产生废气排放污染（被称为清洁能源）的能源，设置了“电力资源开发促进对策特别会计”（电特）。电特的主要内容是为建设及运营新设核电站而向相关地区提供补偿，20世纪70年代以后特会费用的70%左右（或者更多），（参照特会的目的）作为核能发电的相关费用。除此之外，电特还志在强化电力供应的能力和竞争力，如，作为电力来源多样化的新能源对策财源的新能源（太阳能等）、节能（IC卡，小型化、轻量化、高性能化等）、替代能源（燃料电池）等新技术开发。[67]

这里，为了回顾被称为能源最优先时代的20世纪70年代中期以后的状况，我们按照年代记录70年代以后有关资源能源会计的大致流程。

1972年：“煤炭对策特别会计”改为“煤炭及石油对策特别会计”（简称石油特会），其中设置了独立于“煤炭科目”的“石油科目”。

1974年：为了推进电力资源布局设立了电力资源开发促进对策特别会计。

1975年：颁布《石油储备法》（1975年法律第96号），赋予民间石油企业70天的石油储备义务（后来变更为与国家储备合计90天）。

1975年：启动“阳光计划”（石油替代能源的调查研究以及开发）。此后，1993年起，根据该计划支付补助金纳入“新阳光计划”重新启动，并持续了12年（比如，2000年度的预算是1200亿日元）。

1978年：设立石油税（从价税）。

1979年：颁布《关于能源使用合理化的法律》（1979年法律第49号，简称《节能法》）。但是，全面节能是从在石油特会（石油替代能源和节能并存）下设“石油及能源供需结构优化科目”（1993年）开始的。

---

[67] 电特是在田中角荣的领导下设立的。另外，石特和电特于2005年合并（其年收入来源中除了石油煤炭税和电力税，还有航空燃油税和电波利用税等）。

1980年：鉴于石油替代能源对策必须保证充足的资金，因此将“煤炭及石油对策特别会计”改为“煤炭、石油及石油替代能源对策特别会计”（简称还是“石油特会”），另外将“石油科目”改为“石油及石油替代能源科目”。此外，为了将开发出的石油替代能源推广到发电领域，在电力资源开发促进对策特别会计中设立了“电力资源多样化科目”。

1983年：作为通产省的审议会设置了综合资源能源调查会，研究确保能源以及成本的最佳平衡（与自由化的关系上的“最优化”）。

1988年（8月）：由于1986—1987年原油价格下跌和日元升值导致石油税收下降，致使年度财政收入不足，对此进行了反省，将石油税变更为从量税。

1993年：“煤炭、石油及石油代替能源对策特别会计”更名为“煤炭、石油及能源供需结构优化对策特别会计”（简称依然是“石油特会”），同时将“石油及石油替代能源科目”变更为“石油及能源供需结构优化科目”，不是仅仅止步于石油替代能源政策，还涉及新能源和节能对策。

2002年：“煤炭、石油及能源供需结构优化对策特别会计”改称为“石油及能源供需结构对策优化特别会计”，其支出对象还包含（比新能源和节能对策更进一步的）二氧化碳（CO_2）排放限额对策。

2003年：修订了《石油税法》和《税收特别措施法》，提高了液化石油气（LPG）和液化天然气（LNG）的石油税税率，同时重新对煤炭征税，将石油税更名为“石油煤炭税”。

2007年：将“煤炭、石油及能源供需结构优化对策特别会计”和“电力资源开发促进对策特别会计”（简称“电源特会”）合并，设立了“能源对策特别会计”，在其中设置了“能源供需科目”和“促进电力资源开发科目”。

如上所述，经过两次石油危机，通产省充分认识到开发和储备石油、开发替代能源资源等的必要性，并借机修订了一般会计中当时被称为“石油替代会计”的石油相关预算措施。1972年将“煤炭对策特别会计”改为“煤炭及石油对策特别会计”（石油特会），在以原油、重油关税作为财政来源的煤炭对策的基础上追加了石油对策，至此形成了开发和储备对策预算措施（储备是在1975年）。然而，原油、重油的关税非常有限，所以1978年设立了石油税，名副其实地改变石油对策，并重新将原油、重油关税仅作为煤炭对策的财政资金。此后，1980年在石油特会下开始开发石油替代能源，

1993 年将“替代能源对策”改称为“能源供需结构优化对策”。

石油特会（日元计价）的设立带来了巨大的变化。特别是，1993 年在石油特会下设立“石油及能源供需结构优化科目”，使节能对策费和新能源对策费能够自由使用，这点具有很大意义。此后，从 2007 年开始，石油特会和电源特会合并，诞生了“能源对策特别会计”。

石油特会的最大特征是，其大部分年收入是由一般会计转入的，即进口企业等缴纳的石油煤炭税首先作为普通税计入一般会计，然后将一定金额作为石油等对策的特定财政资金、遵从预算案的规定转入石油特会。这样，石油相关的年收入、年支出经由一般会计进入财务省综合管理之下。如果试着将 1978—2005 年整个时期的石油煤炭税收额（i）与转入石油特会的金额（0）以决算为基础进行比较，1979—1980 年税收大幅超出（i >0），1986—1987 年税收严重不足（i <0），除了这四个年度以外，剩下的 24 个年度两者基本平衡（参见表 2. 10）。

表 2. 10　石油税收与年支出的平衡关系

税收超出（i>0）的年度		税收不足（i<0）的年度		税收和转入基本平衡的年度
超大幅度	小幅度	超大幅度	小幅度	
1979—1981 年	1989—1991 年 2004—2005 年	1986—1987 年	1983—1985 年	1982 年、1988 年、 1992—2003 年

注：1981 年，年收入“大幅度”超出的说法可能是准确的。

资料来源：植田大佑，“石油特会的修正：制度的概要及其论点”，《国立国会图书馆：调查和情报》第 592 号，2007 年 7 月 3 日，第 7 页（http：//www. ndl. go. jp/j. /data/publication/issue/0592. pdf#search =. ‘石油特会’，最后访问日期：2010 年 12 月 26 日）。原始资料为财务省（大藏省）的《特别会计年收入年支出决算参照书》以及各年度的《一般会计年收入年支出决算》。

另外，石油特会的年支出“预算现额”的余额有可能转入（仅限于）下一年度。但是上一年度的转入金额在本年度末再次出现剩余时，不能再转到下一个年度，而是成为“无用额度”。1999—2003 年的“石油及能源供需结构优化科目”中，因为无用额度在决算额中占比达到 21% ~26% 而被视为有问题，这也成为特会预算被当作批判对象的一个原因。

石油危机以后，因为这些特会发挥了作用，所以日本经济最终还是摆脱了对石油的过度依赖（因此，虽然很痛苦，但是得以实现“稳定”的持续增长）。揣度一下当时的政策思想，其背后存在着这样一种愿望，即经济高速增长时期虽然结束了，但还是希望能维持持续的经济增长。不论是有意识的还是无意识的，这一强烈愿望广泛存在于通产省内，支持了核电是安全的“工作猜想”，使国民就建立核电站达成一致。因为核电站的建设、维护以及对所在地区的收益返还（补偿），都需要巨额资金，因此这时期的特会规模大幅度超过一般会计。

然而，20世纪80年代以后，在美国主导下世界范围内开始呼吁保护知识产权。日本也积极致力于加强专利制度，在设立“专利特会”的同时，开始向国民广泛宣传专利（知识产权）的重要性，对专利代理人制度重要性的认识逐步提高。

一般会计与特别会计的合计

为了总结本章到目前为止观察的最初预算的历年走势，将一般会计最初预算的经费项目和特会的经费项目，以本政策史系列共有的政策项目为轴进行合计，看看有哪些特征。

为此目的，这里采用的经费项目分类仍沿袭以上各节使用的经费项目大分类。但是，从简明扼要的宗旨出发，分别将地下资源并入“资源能源”、经济合作经费并入“贸易振兴”、机械信息产业和生活产业并入“产业振兴”进行计算[68]，还将产业布局和环境、产业安保合并成“环境、安保、布局”。除此之外，中小企业、文教和科学技术振兴、一般行政经费、知识产权、林道和工业给水、战败处理以及商务流通还是延续以前的分类，这些合起来一共分为11个项目（表2.11）。

很容易预想到，贯穿整个考察期间，在通产省（经产省）最初预算中占最大比例的一定是资源能源的相关费用（其最大值是1997年的65.7%，最小值是1950年的0.2%；1980年的值是49.5%）。稍微有点意外的是贸易相关经费数值较大，虽然从整个期间来看，其比例有减少的趋势，但是算术平均值是仅次于资源能源的第二高值，并且在进入21世纪后还出现逐渐增加的势头（最高是1959年的39.1%，最低是2001年的7.5%，1980年是16.6%）。另外，排在第三位的是中小企业，虽然仅次于贸易，但是20世纪80年代以后该数值呈减小的趋势（最大值是1957年的25.3%，最小值是2006年的6.8%，1980年是16.2%）。

仅次于这三者的重要经费项目是有关研发（科学和技术）的经费。其支出比例在经济高速增长时期到达了顶峰（1959年16.5%），然后一路下降，并于1990年达到谷

---

[68] 产业振兴中包含工业用酒精的专卖事业（特会）。

表 2.11　一般会计和特别会计合计总值的构成比例及其变动　（单位：%）

年度	资源能源	贸易	中小企业	研发	一般行政经费	产业和技术振兴	知识产权	林道和工业给水	战败处理	环境、布局、安保	商务流通	一般会计和特会的合计
1950—1959	0.9	24.8	15.1	11.5	10.2	13.2	1.4	0.8	19.5	2.5	0.1	100.0
1955—1964	6.8	31.4	16.8	13.5	12.1	11.4	1.8	4.4	0.0	1.6	0.1	100.0
1960—1969	21.5	25.1	17.4	10.1	8.3	7.0	1.7	6.4	0.0	0.6	1.9	100.0
1965—1974	33.3	17.8	19.1	8.8	5.8	4.9	1.6	4.9	0.0	1.1	2.8	100.0
1970—1979	36.2	18.0	18.6	8.8	5.7	4.4	1.8	3.4	0.0	2.0	1.2	100.0
1975—1984	44.4	18.5	16.4	6.6	4.9	3.8	1.8	1.7	0.0	1.9	0.2	100.0
1980—1989	53.9	19.2	11.5	4.1	3.9	2.9	2.5	0.8	0.0	1.1	0.0	100.0
1985—1994	57.2	19.5	8.4	3.5	3.8	2.4	3.6	0.7	0.0	0.8	0.1	100.0
1990—1999	62.3	14.2	7.3	3.7	4.1	2.5	4.3	0.7	0.0	0.8	0.1	100.0
1995—2004	64.0	9.8	7.0	5.3	4.5	2.0	5.5	0.7	0.0	0.8	0.3	100.0
2000—2008	61.7	10.4	7.1	7.2	4.7	1.0	6.5	0.5	0.0	0.6	0.5	100.0
平均	40.2	19.0	13.2	7.5	6.2	5.0	2.9	2.3	1.8	1.3	0.7	100.0

注：没有计入补充预算。

资料来源：根据 RIETI 网页登载的“通商产业政策史总论篇附属统计表等”中的预算统计表计算而得。

底（3.2%），到2008年又慢慢回复到8.8%（1980年是5.3%）。然而，因为作为研发对象的、包括核电的资源能源相关研发活动，也包含在资源能源经费项目中[69]，因此从这一意义上说，本表显示的研发比例是被低估了。

另外，广义的产业振兴所占的支出比例较小，而且随着时间流逝还在持续减少（最高值是1952年的24.4%，最低值是2008年的0.01%，1980年是3.9%）。这可以说与社会上流传的“（产业政策）是丰富且强大的资金来源”的普遍看法有较大差异。相反，知识产权（专利）所占比例在80年代以后毫无疑问上升了（最高值是2004年的7.5%，最低值是1950年的0.01%，1980年是1.6%）。这反映了通产省重新认识到创新的重要性，并从背后积极推动。

总而言之，20世纪末到21世纪初最初预算反映出的日本通商产业政策，很大程度受到资源能源动向的左右，同时，现代经济开始实现增长以后，非常关注振兴海外贸易的重要性（其具体的表现是贸易保险）。临近20世纪末，因为察觉到接近（或是达到）技术前沿，所以开始更关注研发投资和知识产权保护，与此同时，为了维护和发

[69] 2000年，对新能源（产业和技术）综合开发组织的支付金额是31亿日元。

展（也含有风险支持的意思）作为“产业基础”的中小企业（还包含支持风险企业这层意思），也没有忘记给它们分配资金。

第6节　通过补充预算来修正最初预算

因为各种各样的理由，预算案在国会通过后有时还要编制补充预算案。有时候是追加一般预算，相反也有减少预算数额的情况。另外，编制补充预算案不只限于一次，像1987年和1990年，还存在必须编制第二次的情况。

通过补充预算，通产省（经产省）的一般会计预算得到了怎样的修正呢？在图2.8中可以看出各个大支出项目的情况。这些图中，一般会计的预算案和修正案的合计金额暂时以“执行”值命名，将“执行”值换算为预算金额的倍数后，再对倍率取常数对数值。[70] 总之，从经济高速增长时期到20世纪80年代结束为止，唯一例外的是经济合作经费，它的“执行”额与预算额基本一致。另外，和以前不一样的是，20世纪90年代是通过修正案大幅变更预算案的“大动荡”时期。

1967年经济合作费的“执行”规模大幅超越了预算，这应该与昭和40年代日本积极发展和东南亚的经济合作紧密相关。1964年11月上台的佐藤（荣作）内阁以经济合作为主题，“全面开展亚洲外交，于1965年4月与中国台湾签订了经济合作协定，同年6月签订了日韩协定。而且，日本在1966年9月的印度尼西亚债权国会议上表明了合作意图，以此为契机进一步积极推进对韩国和印度尼西亚的援助”[71]。与此相关，日

---

[70] 倍率的数值重新使用常数对数值呈现，是为了力求这里采用的所有大项目都能使用相同尺度进行简便的相互比较。如果“执行”额是预算额的（例如）12倍，其常数对数值就是1.08，反之如果减少30%，那么其常数对数值就是－0.15（参照下表）。

倍率	倍率的常数对数值	倍率	倍率的常数对数值
20.0	1.30	1.6	0.20
16.0	1.20	1.3	0.11
12.0	1.08	1.0	0.00
8.0	0.90	0.7	－0.15
4.0	0.60	0.4	－0.40
1.9	0.28	0.1	－1.00

[71] 通产省通商产业政策史编纂委员会，《通商产业政策史 第9卷：第Ⅲ期高速增长时期（2）》，通商产业调查会，1989年，第210—211页。

本在1967年8月举行的第一次日韩定期阁僚会议（部长级会议——译注）中，应韩国的要求，（作为民间经济合作部分）承诺追加提供2亿美元的出口信用，而且同年对印度尼西亚也提供了第二次日元借款。在更早的1966年11月，亚洲开发银行在东京设立了总行，日美分别承担了对该银行最大的出资比例（15.7%）。[72]

1965年以后，日本的经济合作变得更加多样化，开始实施直接借款、非研究项目援助（商品援助、债务再融资等），为了确保资源和初级产品供给进一步实行了资本和技术两方面的合作。[73]

如此这般，在经济高速增长时期临近尾声时，因为日本大幅度增加与亚洲各经济体经济合作项目的预算，使该时期注定成为一个引人瞩目的时期。

此后在漫长的20世纪90年代，泡沫经济破灭后不景气时代到来，日本经济持续经历“狂风暴雨”的苦难。与此同时，自民党一党独裁体制崩溃，开启了内阁频繁更替的时代大幕。财政形势一年比一年严峻，日本渐渐习惯于通过发行国债填补财政收入的不足。

如果将20世纪90年代初期的一般会计预算案及其“执行”结合起来观察，会发现两者的比例有特别大的波动（图2.8）。从总额看，这种波动在1995年和1998年特别大。1995年1月发生了阪神大地震，而且受4月日元升值到1美元兑79日元的影响，村山（富市）内阁计入了约7万亿日元的阪神淡路大地震相关经费以及日元升值对策经费。而且，同年秋，该内阁采取了综合经济对策（不景气对策，约14万亿日元）。这些对策也使通商产业政策的“执行”大幅超过预算。[74]

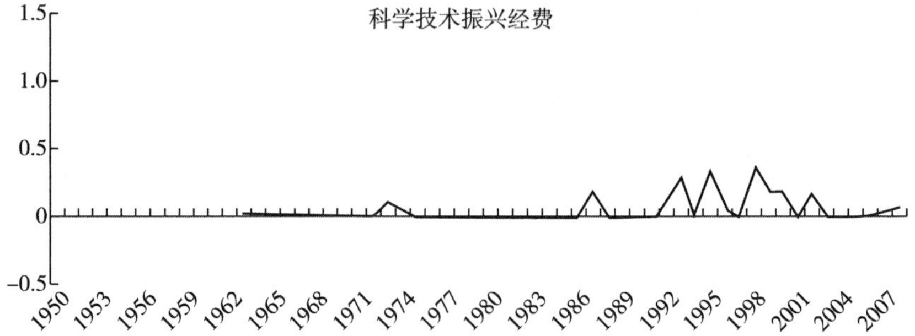

[72] 通产省通商产业政策史编纂委员会，《通商产业政策史 第9卷：第Ⅲ期高速增长时期（2）》，通商产业调查会，1989年，第212页、第214页和第217页。

[73] 同上，第217—218页。

[74] 草野厚，《历代首相的全部经济政策数据》（角川one课题），角川书店，2005年，第194—197页。

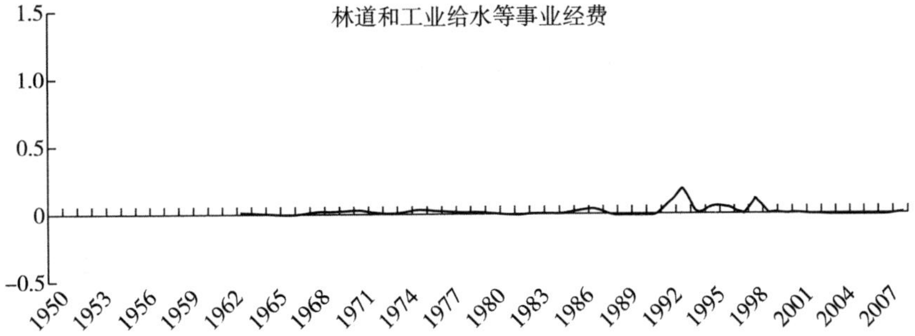
林道和工业给水等事业经费
1.5
1.0
0.5
0
−0.5
1950 1953 1956 1959 1962 1965 1968 1971 1974 1977 1980 1983 1986 1989 1992 1995 1998 2001 2004 2007

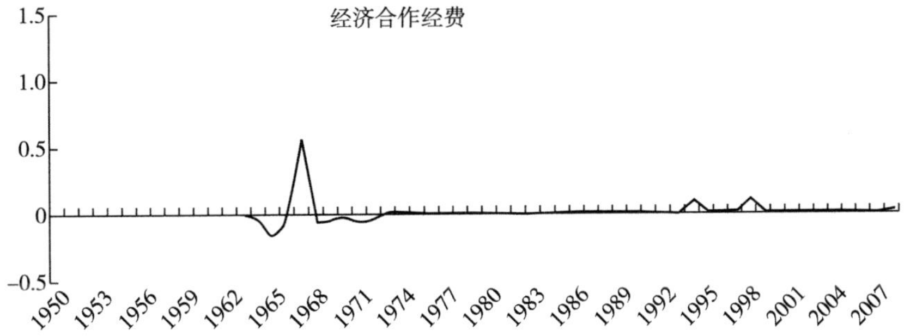
经济合作经费
1.5
1.0
0.5
0
−0.5
1950 1953 1956 1959 1962 1965 1968 1971 1974 1977 1980 1983 1986 1989 1992 1995 1998 2001 2004 2007

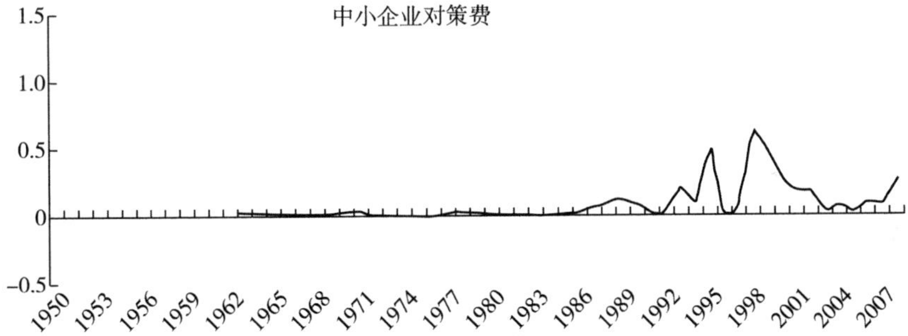
中小企业对策费
1.5
1.0
0.5
0
−0.5
1950 1953 1956 1959 1962 1965 1968 1971 1974 1977 1980 1983 1986 1989 1992 1995 1998 2001 2004 2007

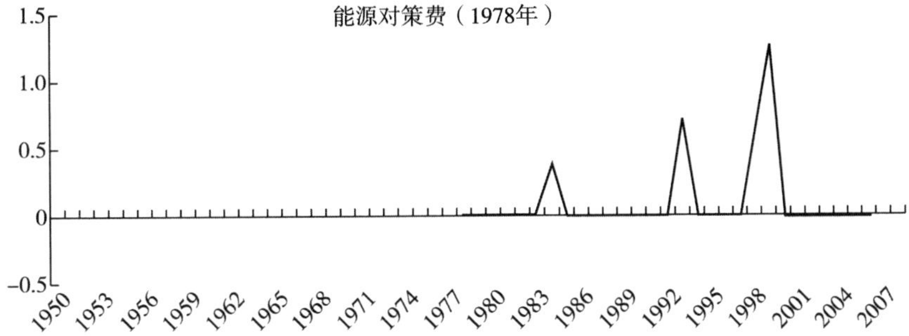
能源对策费（1978年）
1.5
1.0
0.5
0
−0.5
1950 1953 1956 1959 1962 1965 1968 1971 1974 1977 1980 1983 1986 1989 1992 1995 1998 2001 2004 2007

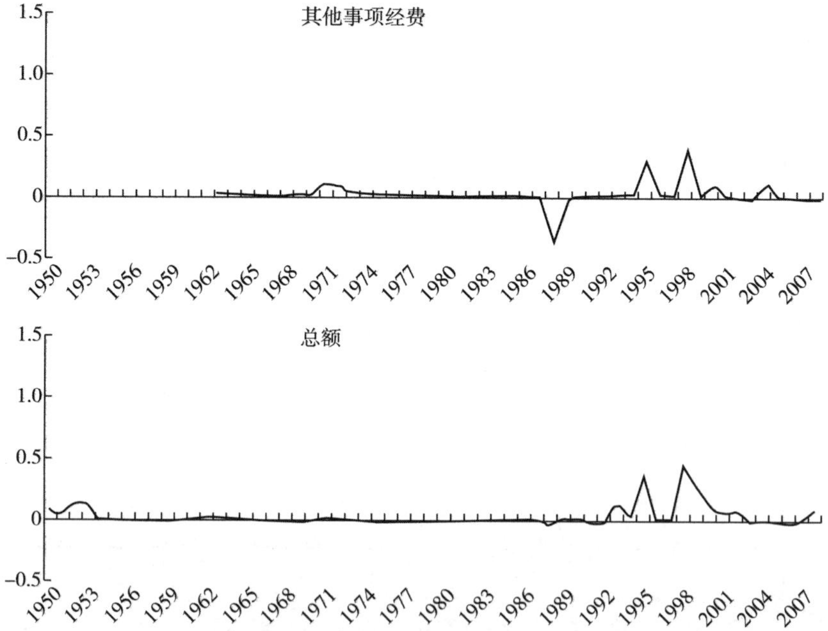

图 2.8　一般会计中“执行”额与预算额的对比（比例的常数对数值）

注：“其他事项”中不包含贸易保险特会的转入部分。

资料来源：同表 2.1。

此后，急于重建财政的桥本（龙太郎）内阁实施了省厅重组和制度改革、紧缩财政并增加消费税等措施，严重加剧了经济的不景气状况，其结果是使自民党在 1998 年 7 月的参议院选举中失去大量席位，导致该内阁下台。[75] 其后继任的小渊（惠三）内阁，为了克服经济社会中开始显现的对金融制度的担忧（银行等的破产相继出现），搁置了财政改革法案，在此基础上，为消除对创业和雇佣的担忧，实施了空前规模的紧急经济对策。[76] 此后的约三年时间，小渊内阁实施了积极的财政政策，大规模的年度支出远远超过村山内阁。因此，1995 年和 1998—1999 年的执行预算（财政年支出）大幅超过了预算。通产省的情况是，“执行”额与预算额的偏离特别明显地体现在能源相关经费中（图 2.8），这是因为该时期一般会计中能源预算规模始终较小（相对于最初预算 1.5 亿日元，补充预算是 29.3 亿日元），从补充预算的绝对金额看，对在困境中挣扎的中小企业的财政支持是同年度最高值（相对于最初预算的 1316 亿日元，补充预算是 4279 亿日元）。

---

[75] 草野厚，《历代首相的全部经济政策数据》（角川 one 课题），角川书店，2005 年，第 201—205 页。

[76] 同上，第 208—212 页。

第3章　财政投融资*

第1节　通商产业政策中财政投融资的意义

政策性金融的意义和起源

公共金融存在的意义，除了对资金不足的经济体提供利息补贴，还有减轻风险、消除信息不对称性①、提供（有关政策意图的）信号、提供长期资金②、代行中小金融机构审查功能等。

二战后，社会普遍缺少富余资金。持续的通胀、财阀解体、废除战时公共负债，其结果是使投资者急剧减少，直接投资的功能减弱。在战时管制下金融市场被逼退一隅，结果导致民间金融机构资金供给能力降低，资本市场的完善被延缓。同样状况下的联邦德国由金融机构代替投资者，但日本的金融机构没有做出相同的决断。③ 就连支持生产所需的资金，也因无法从陷入财政困难的政府处得到而不得不依赖发行复兴债

---

* 基于从经济产业政策负责人处获得的信息，作者进行了部分总结。另外，还依据经济产业政策负责人的评论进行了修改。

① 这里所说的信息是指，有关经济走势的信息和关于其他相关企业（市场）的信息。

② 需要政府提供长期资金也是因为商业银行没有长期融资的审查能力。

③ 有看法认为，二战前后，直接融资衰退而间接融资发挥了重要作用，即产业融资中民间银行的作用发生了很大变化。参照 Takeo Hoshi and Anil Kashyap, *Corporate Financing and Governance in Japan: the Road to the Future*, Cambridge, MA: MIT Press, 2001 年（星岳雄、A·卡什亚普著，鲤渕贤译，《日本金融系统进化论》，日本经济新闻社，2006 年）。顺便说一下，美国从二战前就把融资从证券业务中分离出来，相反欧洲大陆（德国、法国和瑞士等）总体上承认全能银行（universal banking）。日本银行将钞票发行功能集中以后，日本的民营银行就转化为商业银行（1882 年日银设立的次年，颁布了国立银行变为普通银行的条例，1896 年第一国立银行变为普通银行，此后到 1899 年为止 122 家银行都变为普通银行）。

券，这成为战后通胀的一个主因。④

因此，二战刚结束后的产业融资除钢铁和海运行业之外非常有限，占 GDP 的比重也很小。正是因为存在上述背景，所以日本政府于 1953 年开始进行作为公共金融的财政投融资（称为财投）。⑤

财政投融资在产业政策中的地位

财投是指以国家管理的资金（即不通过税收融资），对国家的特别会计、地方公共团体、政府金融机构、特殊法人、独立行政法人等实施出资和融资（投融资）。通过这些机构对以下活动提供长期低息资金：在民间很难筹集资金且必须由国家推动发展的产业，及研究和技术开发支援，教育、福利、医疗领域的活动援助，公共设施（机场、城市的再开发等）建设，国际金融和政府开发援助，地方公共团体的活动（灾后重建、人口密度过小对策等）等。财投从来都是由财务省（大藏省）理财局管理，经产省（通产省）承担其运营方面（支出活动）的部分功能。⑥

2000 年以前的财投资金，大部分来源于邮政储蓄、国民养老金公积金等原本就属于大藏省（财务省）的资金运用部资金⑦，再加上一般会计（到 1955 年为止）和产业投资特别会计（产投）的资金，以及追加返还资金（到 1954 年为止）、剩余农产品资金（只有 1955 年和 1956 年）、公募债券（到 1972 年为止）、简易保险资金（到 1999 年为止）和来自政府担保债券（1973 年以后）的寄存金或者借款来运作。⑧

---

④ 三和良一，《概说日本经济史：近现代》，东京大学出版会，1993 年，第 170—171 页。另外，关于复兴金融公库及其作用，在冈崎哲二《前史：复兴金融公库的作用》，以及宇泽弘文、武田晴人编《日本的政策金融 Ⅰ，高增长经济和日本开发银行》（东京大学出版会，2009 年）的第一章中均有说明。

⑤ 关于通产省产业资金课在昭和 30 年代的财投政策，有以下口述记录。《柴崎芳一访谈》，收录于冈崎哲二、奥野正宽、植田和男、石井晋、掘宣昭的《战后日本的资金分配：产业政策和民间银行》（大学出版社，2002 年，第 385—405 页）。

⑥ 有关财投的历史、资金来源及其变迁、财投和民间金融活动的经费分析和评价等，在下列书中尝试着进行了分析：深尾光洋，《财政投融资制度的概观和问题所在》，载于岩田一政和深尾光洋共同编著的《财政投融资的经济分析》，日本经济新闻社，1998 年。另外，财投在 2001 年经历了大变革（财政投融资改革）。该年度以后的制度内容及运用状况，从财务省理财局的《财政投融资报告》（各年度）中可以了解到。

⑦ “资金运用部资金”是依据 1951 年《资金运用部资金法》（1951 年法律第 100 号），由财务省（大藏省）管理的资金会计的名称，并没有以此名称命名的组织。

⑧ 伴随着平成年间财投的制度改革（后面叙述），2001 年废除了资金运用部资金，该年度以后的财投资金来自“产业投资”“政府保证债券”以及新设立的“财政融资”这三种资金。其中，产业投资资金和财政融资资金是依据（对上述《资金运用部资金法》进行修改制定的）《财政融资资金法》（2000 年法律第 99 号）设立的

在通产省（经产省）执行通产政策时，财投在资金供给方面发挥了重要作用。例如，为了提高特定制造工业的技术能力，想要促进技术引进和设备投资时，一部分财投资金对公共金融机构提供贷款，后者将此作为资金来源，再对属于该行业的特定企业提供比民间市场更优惠的贷款。这就是所谓的国内版“两步贷款”。

另外，通产省在支持需要政策扶持的行业和特定的产业活动（确保能源供给和振兴科学技术等）时，将部分产投资金作为出资提供给它们。

通产省财投的最初计划（内容及其预算金额），是作为该省提案的各年度概算请求的一部分来制定的，一旦该省和财务省（大藏省）达成协议⑨，经过内阁会议的讨论、通过后，由内阁提交给国会。众参两院经过审议、确认后，财务省理财局将相关资金转到财投的实施机构（政府关联金融机构和团体等），项目转入实际执行。⑩

作为以产业政策为目的的财投资金的接受者，在1990年有16个组织。⑪ 但是，通产省单独管辖的组织只是其中的一部分，多数是由多个省厅共同管辖。⑫ 因此这些组织通过包括通产省在内的多个省厅的斡旋，获得财投资金的融通。

另外，财投提供的资金，不仅局限于贷款还有出资，规定其接受者在有纯利润的

财政投融资特别会计中的两个科目。产业投资是代替了2000年以前的产业投资特别会计而设立的科目，“以（株式会社）日本政策金融公库（国际合作银行业务科目）等上缴国库的资金和财政投融资特别会计账户中持有的NTT股票、JT股票的股息作为资金来源，为了产业开发和贸易振兴进行的投资（出资及贷款）”，另外财政融资除了通过发行“财投债”（国债的一种）筹集资金外，还以国家特别会计的（年收入和年支出产生的）剩余资金等寄存金作为资金来源进行出资、融资（废止了邮政储蓄和养老金公积金的寄存）。顺便说一下，“财政融资进行的是确定付息的贷款，而产业投资的特征是指虽然政策上的必要性很大，但是因为风险高，仅靠民间无法提供充足资金的事业，通过投资（主要是出资）提供资金……”［本段落引号中的内容引自财务省《财政投融资基础知识（用语集）》，http：//www. mof. go. jp/filp/faq/filp_ glossary1. htm，最后访问时间：2011年7月］

⑨ 很多情况下，这一阶段要制订修改计划。修改计划不一定要同实绩相一致。

⑩ 1973年的《财政融资资金长期运用特别措施法》（1973年法律第7号）规定，运用期间在5年以上的财投计划的预算，在区分每个运用对象时必须经过国会的决议，但是除此之外的计划，在紧急情况下将追加支出的制定、执行权限有条件地赋予大藏省［深尾光洋，《财政投融资制度的概观和问题所在》，第4页。另外，参照《特别会计法》（2007年法律第23号）第7条，“弹性条款”］。

⑪ 即日本开发银行、北海道东北开发公库、日本进出口银行、中小企业金融公库、国民金融公库、冲绳振兴开发金融公库、商工组合中央金库、中小企业信用保险公库、中小企业振兴事业团、煤矿地区振兴事业团、石油开发公团、金属矿物探矿促进事业团、电力资源开发株式会社、信息处理振兴事业协会、新能源和产业技术综合开发机构以及基础技术研究促进中心［这些特殊法人中，关于通产大臣（经产大臣）管辖下的活动内容，在第5章中有简单的介绍］。另外，通过组织的重组和废立，相关组织的数量有所增减。其详细情况在RIETI网页中登载的“通商产业政策史总论篇附属统计表等”的财投统计表中可以看到。

⑫ 2001年由经产省单独管辖的是石油公团（原名“石油开发公团”）、金属矿业事业团（原名“金属矿物探矿促进事业团”）、新能源和产业技术综合开发机构，以及电力资源开发株式会社。

情况下要将相当部分上缴国库，但是从企划的特点来看，即对私有资金无法承担、风险较大的事业给予支持，能够上缴国库的情况并不一定多。

记载多个中央省厅向这16个组织（1990年的情况）分配财投资金金额的资料，弄清了产业政策执行中使用的财政资金的流向。该资料被命名为“通产省相关的财投资金统计”⑬，记录了由大藏省（财务省）与共同管辖这些组织的各省厅协商后确定的、对各个组织的财投资金金额（计划值、修订值、实际预定值或者实际值）（没有记录各省厅的资金内容）。因此，该信息传递了包含通产省（经产省）在内的全部行政机关执行有关（广义）产业政策的财投运用状况（资金量及其构成），并非仅对应由通产省（经产省）单独企划制定的（狭义）产业政策。⑭ 然而，即使广义产业政策和狭义产业政策之间存在不同的侧重点，但是并没有方向性的差异，所以上述信息被解读为传递了整个20世纪50年代到21世纪10年代财投支持的产业政策的目的（思想）。本章就利用上述资料，基于此种解读论述。

另外，上述统计资料中记录了三个数值：财投的“计划”值（即确定概算请求时的数值）“修订”值以及“实际”值（或者“实际预想”值），以下从探讨政策的目的及其思想背景的视角出发，首先讨论被认为最重要的计划值，然后再利用实际值概览相关政策的实施。

财投在产业政策中的重要性

衡量财投在产业政策中重要性的指标之一是财投的资金额相对通产省（经产省）预算额的比例大小。

财投总额在与政府全部预算（一般会计预算值）相比较时，前者占后者的比例在最高峰时（20世纪90年代中期）将近七成（1990年左右）。⑮ 然而，与通产省（经产省）相关的财投金额和该省预算金额的关系同政府整体以及其他省厅的情况都不一样。

现在尝试通过上面介绍的“通产省相关的财投资金统计”来追溯1953年到2008年通产省相关的财投计划金额的轨迹，加上该省的最初预算总额（一般会计及特别会

---

⑬ 本章的后半段将介绍考察该资料得出的结论。另外，该资料的统计结果收录在RIETI网页中登载的“通商产业政策史总论篇附属统计表等”的统计表中。

⑭ 因此该统计资料的特性，与本书其他章节利用的统计资料的特性相比欠缺一致性。

⑮ 通商产业政策史编纂委员会编，冈崎哲二编著，《日本通商产业政策史（1980—2000）：产业政策》，经济产业调查会，2012年，第364页图3.1。

计），绘制出图 3.1（数值的规模随着年度大幅增加，为了将它们纳入一张图中，纵轴使用常数对数）。⑯ 令人吃惊的是，该期间财投总额（平均）是通产省预算总额的 5.2 倍。⑰ 但是，如前所述，这里使用的财投资金统计数值是对应广义产业政策的数值，所以假设其中的一半是通产省（经产省）独自制定的政策，那么通产省（经产省）相关的财投资金（即狭义产业政策的财投资金），其规模就（平均）是该省总（最初）预算金额的 2.6 倍左右。即，通产省（经产省）相关的财投预算规模还是大大超过了该省的预算总额。

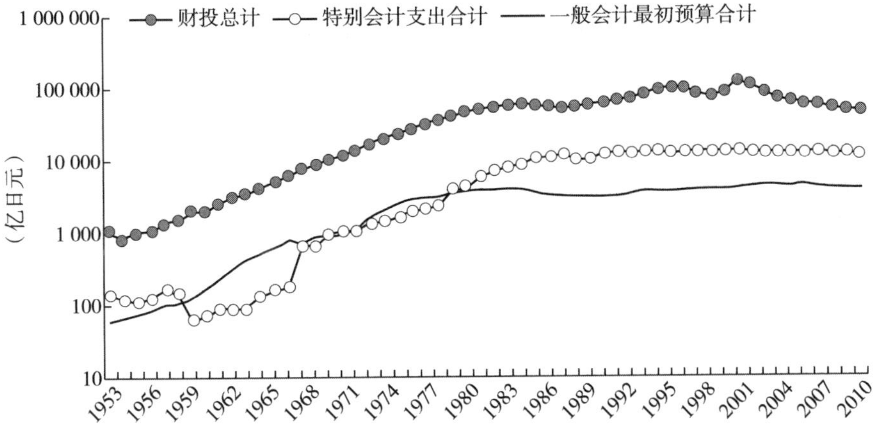

图 3.1　通产省（经产省）的预算和该省相关财政投融资计划，1953—2008 年

注：纵轴的金额采用常数对数，用原单位表示。

资料来源：根据 RIETI 网页中登载的“通商产业政策史总论篇附属统计表等”中“经济产业省相关财政投融资计划：1953—2012 年（最初计划，亿日元）”及其预算统计计算。

从这个单纯的事实可以发现，在政策的制定和执行中，通产省的财投相比其他省有着更为重要的地位。⑱

⑯ 本章使用的图 3.1 及以下图表的数据，都是为编写通商产业政策史总结整理出来的，是以几个需要注意的前提条件为基础的，所以使用时需要注意。关于这些资料的详细情况，请参照 RIETI 网页中登载的“通商产业政策史总论篇附属统计表等”中财投相关统计表的注释。

⑰ 顺便说一下，前者相对后者比率的最大值是 1959 年的 9.8 倍，最小值是 2007 年的 2.8 倍。

⑱ 正因为如此，正确实施产业政策中财投的责任很大。通产省在制作融资清单时，为收集、总结必要的信息也做出了很大的努力。相反，20 世纪末财投规模逐渐缩小（后面叙述），相比其他省厅，对于通产省（经产省）可能有着更为深刻的影响（原本，20 世纪末该省的政策思想已经转向了尊重市场功能，这意味着世纪末财投特性的变化可能并没有带来超预期的影响）。

同样，我们以产业政策中始终占据重要并且稳定位置的中小企业政策为例[19]，将通产省（经产省）财投计划中由其管辖的中小企业金融公库获得的财政资金数量，和通产省年度预算（一般会计与特会的合计）按照支出对象进行比较，得到图3.2。观察此图我们可以发现，中小企业金融公库接受的财投资金总额，战后始终大幅高于该省的一般会计（最初）预算规模，而且从特会占据通产省预算中重要位置的20世纪70年代开始，到20世纪结束为止，都不亚于特会预算总额。[20] 因此，从1958年到2000年，提供给中小企业金融公库的财投资金数量（计划值），都超过了通产省（经产省）的最初预算总额（平均比率是1.3）[21]，只有1997年是例外。该事实一方面显示该省的预算额比较小，同时（因此）也说明在政策实施中来自财投的贷款占据了非常重要的位置。

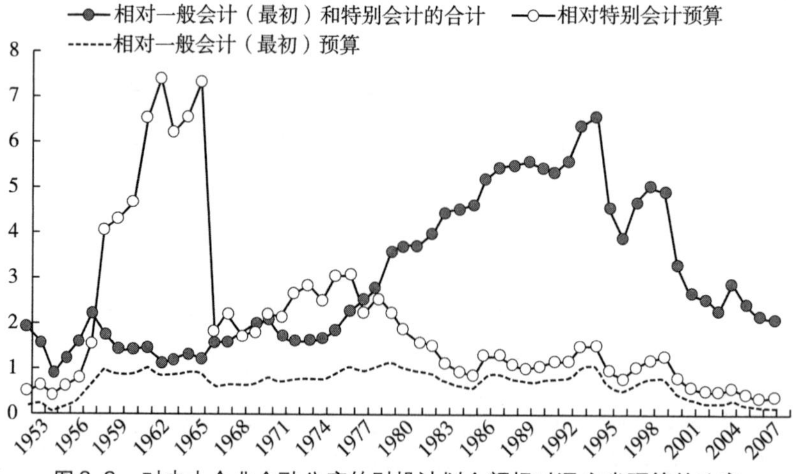

图3.2　对中小企业金融公库的财投计划金额相对通产省预算的比率

资料来源：同图3.1。

（广义）产业政策中财投的“入口”和“出口”

图3.3和表3.1是为了了解通产省相关财投计划的资金来源，使用上述资料，按照

---

[19] 此种判断的依据，希望参考本章以下的叙述，同时还希望参考第1章“从新政策看通商产业政策思想的走向”以及第2章“预算”。

[20] 从1953年到2008年，通产省相关财投中对中小企业金融公库的财投，平均是该省一般会计总额的3.3倍（最大值是1995年的6.6倍，最小值是1963年的1.6倍），是特会总额的2.4倍（最大值是1963年的7.3倍，最小值是2007年的0.8倍）。

[21] 财投资金数量相对预算总额的比率，最大值是1980年的1.5倍，最小值是2007年的0.6倍。

年代展示概算请求时财投资金来源的构成及其变化。

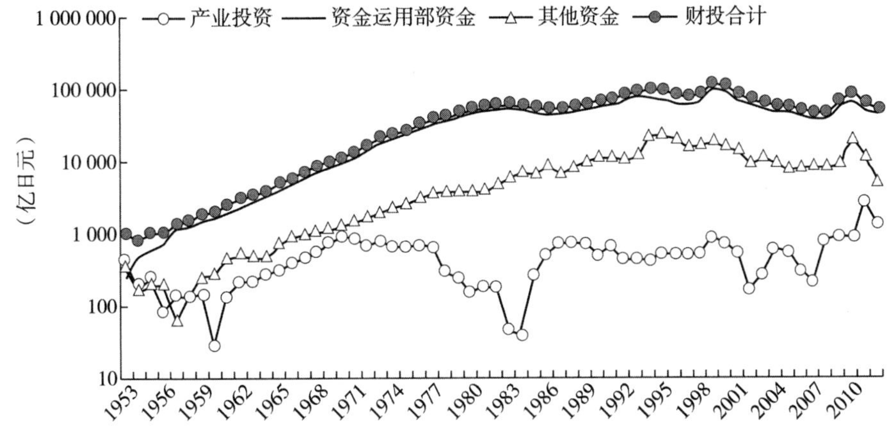

图3.3　通产省（经产省）相关的财政投融资资金动向

注：纵轴使用常数对数，记载的是原数值。

资料来源：依据RIETI网页中登载的“通商产业政策史总论篇附属统计表等”中的财投统计表（最初计划）。

表3.1　通产省（经产省）相关的财政投融资资金构成的变化（%，年度平均）

年度	资金运用部资金	产业投资	其他资金	财投合计
1953—1959	66.0	17.2	16.8	100.0
1955—1964	77.9	8.4	13.7	100.0
1960—1969	80.2	6.0	13.8	100.0
1965—1974	82.7	5.7	11.5	100.0
1970—1979	87.2	3.2	9.6	100.0
1975—1984	90.0	0.9	9.1	100.0
1980—1989	87.7	0.6	11.6	100.0
1985—1994	84.0	0.8	15.2	100.0
1990—1999	80.9	0.6	18.5	100.0
1995—2004	81.2	0.6	18.2	100.0
2000—2009	83.5	0.8	15.7	100.0
平均	81.7	4.1	14.2	100.0

资料来源：同图3.3。

通产省相关财投的资金来源，绝大部分由大藏省资金运用部提供（1953—2012 年间平均是 81.7%）。与此相对照的是，如图 3.3 所示，在财投制度刚开始的 1953 年，作为（大藏省）特别会计的产业投资会计提供的资金所占比例，是图中三项里最多的，但是 1958 年以后，这一比例降到了最低，而且引人注目的是到经济高速增长时期结束的 20 世纪 70 年代末，它降到了基本可以忽略不计的水平（参见表 3.1）。如果按照绝对额看，在 1983—1984 年其金额降到了最低值，但是 1985 年因为日本电报电话公司（NTT）的民营化，所以产业投资中增加了卖掉政府所持股票的利润㉒，导致其金额再次恢复到 70 年代的水平。㉓ 新政策中的“西格玛计划”（1985—1989 年）能够得以实行也是产投的功劳。㉔

另外，图 3.3 和表 3.1 中“其他资金”包含的项目内容，在不同时期也是不一样的。这些图表在整个考察期间（即截至减少了财投制度背书的 1998 年），始终是财投资金来源会计科目的只有资金运用部和产投。

其次，如果按照不同组织（制度）观察通产省相关财投资金的去向（用途），会发现在 1953—2004 年整个期间，通产省相关财投总额中 85.7% 是对四个政府金融机构（日本开发银行、日本进出口银行、中小企业金融公库以及国民金融公库）的贷款（图 3.4，表 3.2。在图 3.4 中，为了观察趋势，使用 7 年移动平均值表示，下面也做同样处理）。㉕

观察图 3.4 和表 3.2，会发现财投的资金分配对象随着时间在变化。在这些图表整个 40 年的观察期中，首先，刚战败后对（政府金融机构以外的）特殊法人提供资金（出资）发挥了较大的作用，此后经济高速增长时期对日本开发银行和进出口银行提供的贷款资金几乎占了全部财投资金的 1/2（20 世纪 60 年代和 70 年代合在一起的平均比例是 45.0%），石油危机以后增加了对国民金融公库的融资比例（而且是趋势性的），增速超过了其他任何机构（1975—1994 年平均是 30.5%）。另外，中小公库的融资比

㉒ 政府持有的日本电报电话公司股票（1985 年持有 1560 万股），在 1986—1988 年和 1998—2000 年分 6 次合计卖掉了 836 万股（日本电报电话株式会社，“关于日本电报电话公司的民营化和重组”，2004 年 6 月 16 日，www.yuuseimineika.go.jp/yuushiki/dai3/sshiryou.pdf。最后访问时间：2011 年 7 月 3 日）。

㉓ 到 1983 年为止，通产省相关的产业投资规模在 180 亿日元以上，1983—1984 年减少到 40 亿日元，但是从 1985 年到 2000 年又增加到 400 亿到 700 亿日元之间。

㉔ “西格玛计划”是通产省在 1985 年制定的项目，其最初目标是大量培养计算机软件的开发技术人员。

㉕ 图 3.4 及表 3.2 中的“其他政府金融机构”，是将北海道东北开发公库、冲绳振兴开发金融公库以及商工组合中央公库进行了合并计算。

例从20世纪70年代到80年代前半期持续急剧增加（与开发银行和进出口银行的融资比例正相反），1973年以后被国民公库超越，1993年以后，相比国民公库的相对比例持续上升，中小公库反而明显进入下降趋势。㉖

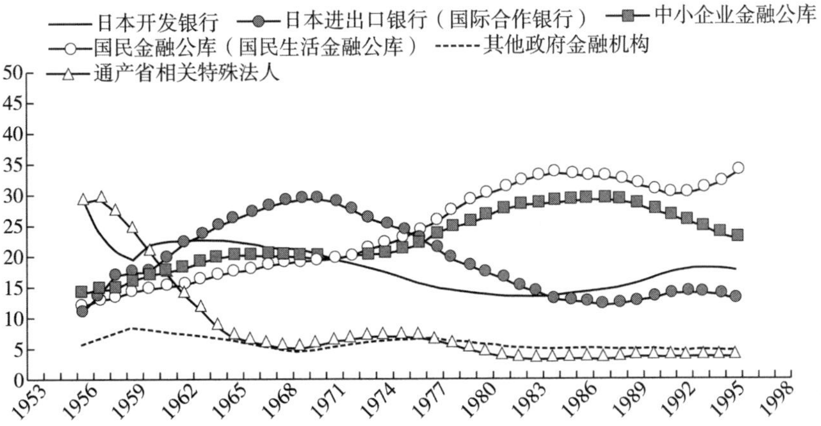

图3.4　通产省（经产省）相关财投计划：按机构分配（%，各年度数值的7年移动平均数）

资料来源：同图3.3。

表3.2　按机构分配的通产省相关财投预算及其变化（%，年度平均值）

年度	国民金融公库	中小企业金融公库	日本开发银行[1]	日本进出口银行	通产省相关特殊法人	其他政府金融机构	财投合计
1953—1964	14.1	16.1	21.3	18.9	22.0	7.6	100.0
1960—1969	17.0	19.3	22.1	25.7	9.6	6.4	100.0
1965—1974	19.4	20.1	20.6	28.1	6.2	5.6	100.0
1970—1979	23.1	21.5	17.4	24.7	6.9	6.5	100.0
1975—1984	29.3	25.8	14.6	18.7	5.4	6.3	100.0
1980—1989	33.0	29.4	14.5	13.4	4.1	5.6	100.0
1985—1994	31.7	27.9	17.0	13.4	4.4	5.6	100.0
1990—1999	33.6	23.7	18.5	14.8	4.2	5.2	100.0
1995—2004	40.3	20.7	16.7	16.1	2.5	3.8	100.0
平均	26.3	21.8	19.3	18.3	8.8	5.5	100.0

注：（1）1999年日本开发银行与北海道东北开发公库合并，改称为日本政策投资银行。

资料来源：同图3.3。

如果从这些轨迹来判断，可以看到，经历了战败后以加强工矿业为主流的时期，

㉖　详细的年度数值变化，请参照RIETI网页中登载的“通商产业政策史总论篇附属统计表等”中的财投统计表。

在经济高速增长高峰期以后，即使同样是支持工矿业，通产省财投的内容也变为提供低息贷款，并且在以实现经济稳定增长为目标的时代，财投最优先的贷款目标由产业活动转向具有公益性、福利性特征的各种活动。

这里利用图3.4和表3.2，通过将图中提到的四个机构的融资活动相互比照，指出各个机构的特征。

（a）如果将进出口银行和开发银行相比较，观察经济高速增长时期的前半段和后半段，发现两者的相对位置发生了逆转。但是此后，两者的趋势在20世纪60年代末到80年代都是向下的，而在80年代后半期到90年代初期都是向上的。

（b）如果将进出口银行和中小公库相比较，共同的特征是在经济高速增长时期快速增长，但是此后两者表现出相反的变化。经济实现高速增长后，在整个20世纪70年代后半期和80年代，中小公库的增长率远超进出口银行的增长率（对中小公库贷款的增长率一直比对进出口银行高）。可以看出这段时期的政府金融将支持重点放在中小企业的发展而不是进出口上。

（c）如果将进出口银行和中小公库相比较，从1955年到20世纪60年代，前者的增长超过后者。但是在经济高速增长时期的后半段，两者呈现相反的趋势，即与进出口银行和中小公库一样的状况。

20世纪70年代以后中小公库以及国民公库提供的政策金融金额遥遥领先于开发银行，是具有实际意义的。现在假设将日本经济比作一个船队，开发银行负责的金融政策发挥了船队前进指示灯的作用，中小公库、国民公库的金融政策是小型船只追赶船队行动的燃料。作为开发银行融资对象的中等以上规模的民营企业，维持经营所需的资金可以自己筹集，反而是为未来做准备的经营创新和改善企业体制（即所谓点燃照亮船队航向的指示灯）需要使用开发银行的融资。[27] 事实上开发银行的融资，在制度上

㉗ 至少到20世纪80年代，开银的金融政策引出了民营金融机构的融资，起着引发民营企业投资的“诱因”效果。即开银融资，（1）一方面诱导民营金融机构的融资，（2）另一方面通过公布选择性费用负担以增加市场对该投资案的信心（即纠正信息的不对称性），因为人们预期这会降低相关事业的设立费用和经常费用，所以诱导了投资。关于这点的实证分析，可以参考福田慎以、照山博司、神谷明广、计聪的《制造业中金融政策的诱导效果——从信息生产功能进行研究》，以及山中尚的《金融政策和财政投融资：关于资金供给功能研究的现状》（登载于《经济分析》第140号，1995年9月），还有三重野文晴的《选择性政府介入中作为资金诱导手段的开银融资：〈电子工业振兴临时措施法〉中开银融资的作用》，载于《日本经济研究》，No. 34，1997年4月等［顺便说一下，上述福田等的论文具有重视（2）（这里探求的是金融政策的本质）的特征］。对照这些实证分析的结果，将财投中开银的作用比喻为“指示灯”是贴切的。无论如何，在产业政策企图培育某种产业时，如果通过金融政策将希望的投资诱导到该产业，那么达成政策效果的可能性就会提高。

被限定为具有特定用途的设备资金，而且规定融资金额是需要资金量的20%～40%，所以无法充当企业自身经营活动必需的资金（燃料）。因此开发银行的财投金额，与以补充资金不足（燃料不足）为目的的中小公库和国民公库的融资金额相比，当然是不足挂齿的。

在将中小公库以及国民公库和进出口银行相比较时，也可以说是几乎同样的状况。

（d）最后如果将中小公库和国民公库相比较，两者的贷款动向很相似。20世纪50—80年代双方都是向上的趋势，第一次石油危机时两者也共同出现暂时向下的趋势，但是中小公库更早经历了80年代的波峰和波谷。另外，这两者的融资目标产业中，虽然工矿业所占的比例一直呈现下降的趋势，但是90年代后半期看到了反转的动向。相反，中小公库和国民公库对“其他”大框架中的各种活动给予越来越多的关注（必须留意的是，在国民公库的“其他”中包含学费援助等个人活动）。

另外，国民公库对商务流通和一般服务业的融资占比，在20世纪50年代前半期急剧上升，此后（虽说有缓慢下降倾向）一直以40%以上的水平占据了首位。这反映了日本经济出现了“经济服务业化”的倾向，同时，该领域的需求渐渐变得相对重要。

如果对基于图3.4和表3.2的上述观察做大致总结，可以分为下面四个时期：

（1）为了满足产业界的急需资金，对特殊法人投入大量支出的50年代[28]；

（2）优先为出口主导型经济增长提供融资的经济高速增长时期（60年代到70年代前半期）；

（3）政府金融机构覆盖中小企业和个人企业，对于经济增长和技术创新的支持逐渐委托给民营金融机构的80年代；

（4）着力点转移到提高国民生活品质上，土地泡沫破裂后“失去的十年”。

第2节　政府金融机构中财政投融资的动向

财投中的产业政策金融（1）

开发银行、进出口银行、中小公库以及国民公库这四个金融机构对什么样的融资

[28] 内容是出资。

目标提供了财政资金呢？我们通过其各自的历史试着观察融资比例随时代的变迁。[29]

在以下考察中不得不注意的是，如上所述，中小公库以外的金融机构使用的资金来源：（1）包含通产省以外的中央政府机关的财投活动资金，而且（2）其融资对象非常广泛，不仅局限于通产省（经产省）管辖的各产业。特别是国民公库资金，因为包含1953年开始的养老金抵押贷款和1978年开始的教育贷款（学费贷款）等针对个人的贷款，所以其融资对象并不限于生产活动。

如果观察上述（1）的有关情况，会发现其主要资金是通过财投借入的，在这一点上以上四个机构都是共通的。但是无论哪个机构的资金来源，除了包括财投资金，还包括通过发行公债筹集的资金、有价证券以及自有资金。下面为了作为参考，将各金融机构的贷款金额与从政府借入的资金相比较，得到了表3.3。

表3.3　各年度贷款金额（融资额）相对政府借入资金的比例（%）

年度	日本开发银行	日本进出口银行	中小企业金融公库	国民金融公库
1960	66.0	45.7	76.7	34.9
1970	69.1	67.0	68.5	53.0
1980	75.2	87.2	87.0	65.9
1990	76.5	89.7	75.5	83.2
1998	86.7	78.2	59.5	95.7

注：日本开发银行从政府借入的资金全部来自资金运用部，进出口银行在1990年和1998年还包含少量来自简易生命保险的借入资金。中小企业金融公库从资金运用部和从简保及邮政养老金的借入资金的构成比例是9∶1（1970年和1980年）或者是8∶2（此外的3个年度）。

资料来源：根据《日本开发银行史》，2002年，第840—845页和第898页；《日本进出口银行史》，2003年，第464—467页；《中小企业金融公库五十年史》，2003年，第71—78页；《国民金融公库史》，1999年，第610—611页、第698—699页。

另外，关于上述（2），其实际状况因机构的不同而有很大差异，但是融资对象与通产省管辖的产业政策比较一致，且将重点放在生产产品上的是开银的产业政策相关融资，其次是进出口银行，中小公库的重点是商务流通业和服务业，并且对地方公共团体的融资和贷款也非常多。国民公库的重点是以保护地球环境、合理化利用能源等

[29] 虽然不喜欢按照不同的融资目的讨论融资余额，但是为了这个目的，因为公开发表的上述四个机构的历史中的余额资料，并没有将融资对象按照各产业细分，所以这里通过追踪融资活动对象的变化，推测不同时期融资对象的相对重要性。

为目的的项目（例如，为了环保的氟利昂贷款、节能资金贷款等），它是随着时代的发展出现的。[30] 融资的项目，还常常涉及很难从私营金融机构得到的长期贷款。

财政投融资的贷款利率，原则上要低于市场利率（长期基准利率），但是利率的差异幅度在逐渐减小。现在如果观察每年 10 月的利率差异，1955—1964 年平均是 2.62%，1965—1974 年平均是 1.84%，1975—1984 年平均是 1.16%，1985—1994 年平均是 0.50%，而在整个 1955—1998 年平均是 1.41%。[31] 虽然不同机构在不同时期都有过经营困难的时候，但是从中长期看，开银和进出口银行都获得了适度的利润，而中小公库在 1953—2007 年、国民公库在 1958—2007 年各自的损益表中都没有计入利润。[32]

如果财政投融资的金融政策促进了产业发展，导致国民收入的实际增加，那么从宏观来看，可以认为一般国民也通过财投获得了社会经济效益。当这些政府金融机构的融资活动收支相抵时，通产省（经产省）相关财政投融资所需的政策成本，除了包括对这些机构的政府出资的机会成本，还包括由于邮政储蓄等的托管金利息和政府融资利息之间的差额，以及政府融资利息和市场贷款利息的差额导致贷款余额的机会成本。[33]

㉚ 《国民金融公库五十年史》，国民金融公库，1999 年，第 448—450 页。

㉛ 根据《日本进出口银行史》，国际合作银行（2003 年），第 469—471 页的内容计算。财政投融资的利率，从 1955 年 1 月到 1972 年 8 月一直都是 6.5%，但是长期基准利率从 1955 年 1 月的 11.3% 逐渐降到 1972 年 8 月的 7.7%。此后两者上下往复波动，（长期基准利率在 1975 年 7 月的最高值为 9.9%，财投利率在 1980 年 5—11 月的最高值为 8.5%）从 1983 年末开始了长期下降，虽然在 1990 年秋暂时出现了反转（长期基准利率是 8.9%，财投利率为 7.9%），但是此后再次降低，有时候长期基准利率比财投利率高（1995 年 3 月前者是 4.65%，后者是 4.5%，逆利率一直持续到 1997 年 4 月）。另外，利率差异不太大，被认为是防止政府融资（产生过剩贷款）成为搅乱社会经济重要因素的必要条件（参见寺西重郎、三重野文晴，《关于日本金融政策的功能和效果》，《金融经济研究》第 8 号，1995 年 1 月，第 1—7 页）。

㉜ 全部都是依据《日本开发银行史》（2002 年，第 868—869 页）、《日本进出口银行史》（2003 年，第 464—467 页）、《中小金融公库五十年史》（2003 年，第 702—709 页），以及《国民金融公库史》（1999 年，第 716—721 页）刊载的连续损益表。另外，当政府融资机构获得超过一定比例的利润时，利润的一部分要返还国库。相反，为了防备经济严重不景气时因坏账而持续发生亏损的情况，还存在从一般会计和产特转入（收支差额补助金）以及获得增资的情况。例如，1978 年以后，中小公库的融资活动很难产生经常利润。通过贷款产生的收益不能充分弥补其费用。因此，到 1985 年，通过坏账准备金来弥补损失。但是，业绩并没有出现向好的征兆，如果继续实行同样的对策，不久后准备金就会枯竭。考虑到这点，从 1986 年开始，发生损失时，一方面通过坏账准备金填补，另一方面还从一般会计得到援助，合理地弥补损失金额（这种努力一直持续到 2007 年）。

㉝ 1996 年（包含通产省相关）政府财政投融资给纳税者带来的负担（机会成本），估计大约有 15163 亿日元（深尾光洋，《财政投融资制度的概观和问题所在》，第 16—17 页）。

那么，以上述内容为基础，回顾20世纪下半叶进出口银行、开银、中小公库以及国民公库各年度的融资活动对象，就能很好地了解其中反映的这期间广义通商产业政策重点的时代变化。而且这四个机构融资活动的结果可以解释为进行了一场集体游戏。通过观察，这个集体游戏可以大致区分为以下五个时期。

（1）经济高速增长准备期

1949年通产省成立，设立了产业合理化审议会，开银（1951年设立）的成员必须参加该审议会（以后的产业结构审议会也一样）。产业合理化审议会以经济复兴为目标，决定对产业基础和能源（电力、煤炭、钢铁、海运、造船）进行融资，开银也参与其中。[34]

战败后的15年间，造船业（运输省管辖的产业）的生产和出口是进出口银行融资的重要标的。[35] 造船业不仅是劳动密集型产业，而且在战争期间积累了制造经验，在此基础上，注入新技术制造新式大型船舶（油轮等），逐渐获得出口到世界各地的竞争力（图3.5和表3.4）。

另外，进口必要的原材料和半成品需要外汇，为此力图振兴出口。将努力出口纺织产品和陶瓷器、杂货等工作委托给了民营企业，而其中的一个重点是由日本当时的技术能力所造就的成套设备出口。[36] 因此战败后不久，进出口银行就开始为成套设备的出口提供融资。

虽然进出口银行的融资中成套设备出口的重要性在20世纪50年代急剧减小，但是在经济高速增长时期还是作为极为重要的融资对象维持了25%～40%的比重，而且到70年代相对比重再次增加，然而此后受80年代以后日元升值的影响较大，其趋势转为下降。

为了提高造船业、钢铁行业和能源相关产业的设备投资及生产力，开银提供了大

---

[34] 但是，开银的参与形式随时期不同而变化，其分别为以下计划提供了资金：（1）截至20世纪50年代中期的复兴资金计划，（2）20世纪50年代到石油危机的创造经济增长基础计划，（3）石油危机到泡沫经济破灭的融资项目多样化（能源、技术能力、国际竞争力等）计划，以及（4）20世纪90年代以后调整产业结构的计划。

[35] 进出口银行的财投资金主要由资金运用部提供。产投会计仅提供了一次（1953年）。此后虽然有从一般会计的借入（1972—1978年）、从外汇资金的借入（1977—1979年、1982年和1986年）、从简易生命保险的借入（1986—1999年），但是与从资金运用部的借入金额相比规模都很小。

[36] 日本为了通过发展重化工提高经济水平，必须确保重化工产品的市场，为此成套设备的出口是最合适的。但是，对于外资和资本都不充足的东南亚地区，不提供投资或长期信用就不可能出口成套设备。另外，为了优化日本的产业结构，还必须确保工业原材料长期稳定的供给源（参见国际合作银行编，《日本进出口银行史》，2003年，第30—38页）。

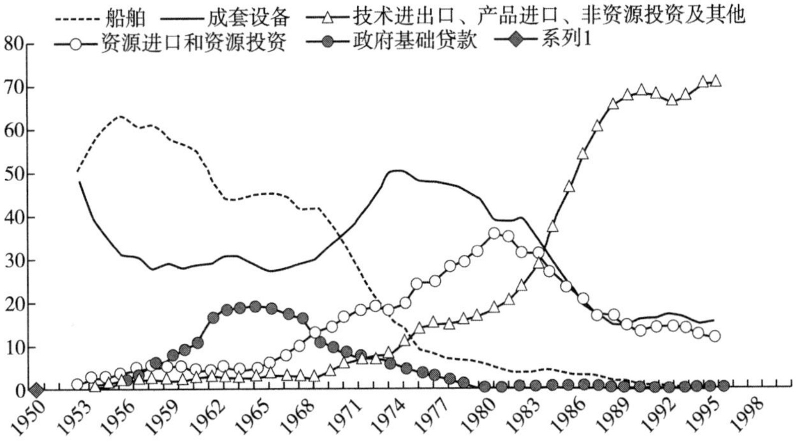

图3.5 日本进出口银行国内外融资对象的变迁，1950—1999年
（%，各年度数值的7年移动平均数）

注：政府基础贷款是以政府间的交换公文为基础的，区别于进出口银行不基于交换公文而实施的直接贷款（buyers' credit、bank loan、untied loan等）。

资料来源：根据《日本进出口银行史》（第344—350页）算出。包含承诺的外汇金额。

表3.4 1950—1999年日本进出口银行国内外融资对象的变迁（%，年度平均值）

年度	成套设备出口	船舶	技术进出口、产品进口、非资源投资及其他	资源进口和资源投资	政府基础	合计
1950—1959	38.9	57.1	1.1	2.2	0.7	100.0
1955—1964	28.7	58.1	1.9	4.0	7.3	100.0
1960—1969	30.5	45.2	2.2	5.4	16.6	100.0
1965—1974	33.4	34.7	5.1	13.1	13.7	100.0
1970—1979	43.3	17.7	10.6	23.3	5.0	100.0
1975—1984	46.8	6.0	15.3	30.2	1.7	100.0
1980—1989	31.7	4.1	37.8	26.1	0.4	100.0
1985—1994	17.9	2.7	62.3	16.8	0.2	100.0
1990—1999	16.4	0.5	70.3	12.8	0.0	100.0
1995—1999	14.2	0.1	74.7	11.0	0.0	100.0
平均	32.2	24.9	24.4	14.0	4.6	100.0

资料来源：同图3.5。

量融资（钢铁行业还利用了世界银行的协调贷款）。[37] 当然需要优先考虑确保能源供给（煤炭和电力）。另外为了扩大生产设备，还必须提供钢铁产品（图3.6和表3.5）。[38]

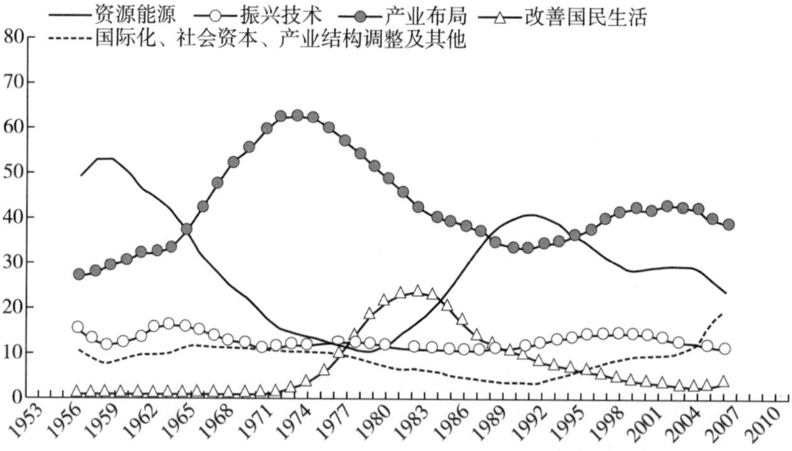

图3.6　1951—1999年开银融资对象的变化（%，各年度数值的7年移动平均数）

注：钢铁、机械、纺织、石油化学等的产业融资，归类于“振兴技术”。

资料来源：根据《日本开发银行史》（2002年，第840—845页）制作。

表3.5　1951—1999年开银融资对象的变迁（%，年度平均值）

年度	产业布局	资源能源	振兴技术	国际化、社会资本、产业结构调整及其他	改善国民生活	合计
1951—1959	27.4	48.1	14.8	9.8	0.0	100
1955—1964	35.4	41.0	13.6	10.0	0.0	100
1960—1969	52.3	24.2	12.4	10.9	0.2	100
1965—1974	59.9	13.3	11.1	9.2	6.6	100
1970—1979	48.2	14.6	11.9	7.3	18.1	100

[37] 在整个考察期间，开银的财投资金中资金运用部资金项目所占比例一直很高，在经济高速增长时期的整个20世纪70年代其数值从70%上升到90%，此后80年代到90年代出现了下降的趋势，1995年前后因为“其他资金”比例的提高而再次回落到75%左右。1999年开银改组成为日本政策投资银行，废除了“资金运用部”资金，设置了新的“财政融资”资金，但是后者在开银的活动资金中所占的相对规模基本没有变化。

[38] 钢铁行业从世界银行贷款时，世界银行附加了提高自有资本比例的条件，所以开银和世界银行就有关放宽贷款条件进行了谈判。1961年12月岩户景气结束后钢铁价格急剧下跌，与世界银行的谈判一时间无法取得成果，但是到了1965年景气恢复时，世界银行虽然没有改变条件，但是做出了让步，表示如果开银承担责任继续贷款的话就由开银负责进行。

（续表）

年度	产业布局	资源能源	振兴技术	国际化、社会资本、产业结构调整及其他	改善国民生活	合计
1975—1984	37.1	30.4	11.0	4.6	17.0	100
1980—1989	36.6	37.8	12.5	5.0	8.2	100
1985—1994	41.0	31.8	14.3	8.3	4.6	100
1990—1999	40.5	25.5	12.6	17.4	4.0	100
1995—1999	38.6	21.0	11.0	24.8	4.5	100
平均	41.2	29.8	12.8	10.0	6.2	100

资料来源：同图3.6。

（2）经济高速增长期

如果说成套设备出口、重工业以及资源能源是经济高速增长时期之前融资活动的重点，那么高速增长时期的重点就是充实社会资本和振兴与机械产业相关的企业。也是由于这个原因，与产业布局相关的融资（高速公路、港湾设施、地区开发等）占据了20世纪60年代开银融资的中心。[39] 与此同时，从20世纪50年代末到整个60年代，为了强化机械产业，开银增加了融资比例。[40] 因为增强机械产业需要零部件供给行业提供巨大支持，所以提出了一系列提高中小型机械企业生产能力和生产效率的短期措施。[41] 除此之外，该时期的中小公库还强力推动实施了支持制造工业中中小企业的一般融资（图3.7和表3.6）。

这些（以及类似的）暗地里进行的有力活动，首先改善了基础性机械要素（轴承、齿轮、电动工具、磨具等），接着在20世纪70年代实现了汽车工业的飞跃。另外，20世纪70年代以后，以进出口银行和开银为主导，施行了对以石油化学为中心的有机、

---

[39] 对于产业布局的热情，在20世纪90年代（虽然达不到60年代后半期的程度）再次得到确认（与这段时期地方分权意识的高涨有关）。

[40] 对中小企业的融资，开银和中小公库（1953年设立）（以《中小企业基本法》为基础）明确了各自承担的责任。但是，如同《机械工业振兴临时措施法》（1956—1971年）规定的那样，也存在开银对中小企业贷款的例外情况。

[41] 第一期以基础性机械零部件为对象，第二期以电子机械为对象，第三期以信息相关机械为对象。该政策的内容是，事先获得业界合作而设置了审议会，以该审议会选定的机械零部件为对象，公开审查由企业提出的改善生产效率等企划案，对于审查合格的企划由开银或者中小公库提供低息贷款。

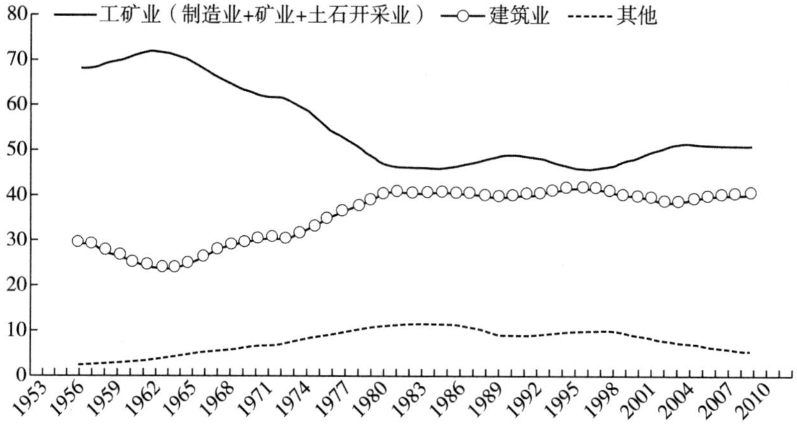

图 3.7　1953—2007 年中小企业金融公库融资对象产业的变化
（%，各年度值的 7 年移动平均数）

资料来源：截至 2002 年的《中小企业金融公库五十年史》，2003 年，第 674—681 页；2003—2007 年的《中小企业金融公库史》，2008 年，第 359 页。

表 3.6　1953—2007 年中小企业金融公库中一般融资对象产业的比例及其变化（%，年度平均值）

年度	工矿业（制造业＋矿业＋土石开采业）	建筑业	其他	合计
1953—1959	67.9	2.4	29.7	100.0
1955—1964	70.9	3.2	25.9	100.0
1960—1969	68.7	5.0	26.3	100.0
1965—1974	62.4	7.2	30.4	100.0
1970—1979	54.7	9.6	35.7	100.0
1975—1984	47.1	11.8	41.1	100.0
1980—1989	48.3	11.0	40.7	100.0
1985—1994	48.1	10.3	41.6	100.0
1990—1999	48.6	10.3	41.2	100.0
1995—2004	51.8	7.8	40.4	100.0
2000—2007	52.1	6.8	41.1	100.0
平均	56.3	7.8	35.9	100.0

资料来源：同图 3.7。

无机化学设备产业的补救措施。

（3）经济稳定增长期

在经济高速增长期，舆论对财投偏重于经济增长的动向给予强烈批判。因为经济增长的同时环境污染（公害的发生）加重，所以无法忽视对环境对策的呼声。也许受此影响，在经济增长期末期（20世纪70年代），开银融资（新政策的章节中也涉及）将政策重点向改善和提高国民生活品质倾斜（最直观的是20世纪60年代末到80年代初，中小公库和国民公库提高了面向建筑业的融资比例）。

然而，在这种趋势逐渐明显的70年代，发生了第二次石油危机，强制性地推动了产业的能源基础变革。产业政策，从一直以来的单纯重视竞争力转为以节能为中心，20世纪70年代到80年代中期，进出口银行融资比例的趋势大幅倾斜于资源进口和资源开发投资，对于国内的能源资源开发，开银融资的比例也在急剧上升（图3.5和图3.6，表3.4和表3.5）。[42]（石油危机以后，开银演变为不是为了经济增长，而是为了产业调整与中央官厅进行政策合作的角色。）另一方面，20世纪70年代末不再那么强调改善国民生活品质了。

另外，在应对石油危机告一段落的20世纪80年代后半期，进出口银行和开银对能源相关产业的融资比例明显降低了。

（4）贸易摩擦期

通过节能恢复活力的日本经济，努力克服因1985年《广场协议》日元升值导致的萧条，实现了（也因为之前积累的竞争力）出口额的增加。时常被经济停滞困扰需要寻求应对策略的欧美各国，对于对日贸易赤字的增幅非常不满，强烈要求日本扩大进口。1985年以后，进出口银行面向技术进口、产品进口、非资源的（海外）投资等的融资比例急剧增加，也表明了日本在努力满足这个要求。[43]

但是，仅仅依靠扩大对日出口并不一定能够让欧美经济走出停滞，因此20世纪80年代和90年代的日本贸易政策都在忙于应对对外经济摩擦。其结果是日本开始自主限制出口、签订了日美经济结构协议，而且在此过程中开始关注作为国际财产权的知识产权。对外经济摩擦当然不仅仅是日本单方面的原因，但是对日本而言，这宣告了重视供给能力的时代结束。这些国际交涉，也给面向国内的产业政策带来不小的影响。

---

[42] 因为改善环境和推进节能是当时国内产业政策的中心，所以将两者结合起来，其结果就是这段时期电力资源开发政策的重心放在核能上。

[43] 顺便说一下，在1974年5月召开的OECD的“出口信贷和信用担保华盛顿会议”上，英、美、法、意、西、德、日达成的协议内容包含以下两点：（1）对于5年以上、（综合利率）7.5%以下的商业出口信用不提供政府支持，（2）限制协议国之间以及对富裕国家提供3年以上的政府出口信用。这些给进出口银行的融资活动带来了制约（上述，《日本进出口银行史》，第110页注释25）。

财政投融资不仅关注社会资本、资源能源、振兴进出口、提高制造业的效率，还关注改善环境、更广泛的商务流通，更将目光转向加强包括时尚产业在内的相关服务业。20世纪70年代中期以后，中小公库的“其他”和国民公库的“商务流通服务”的融资对象，相比以前稳定占据了较高的位置，也可以说提前抢占了这种变化的先机（图3.8和表3.7）。

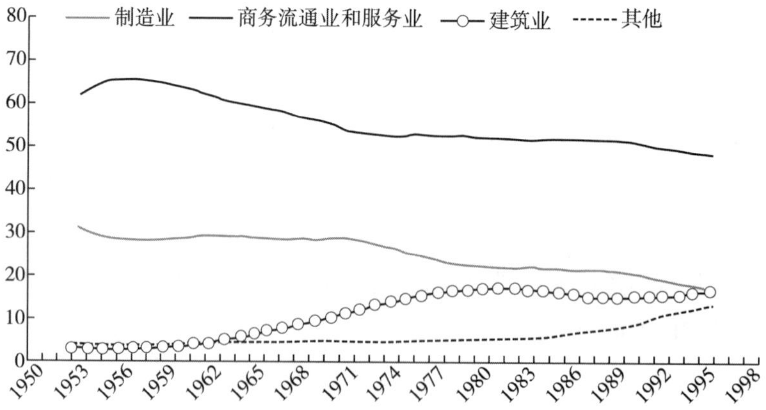

图3.8　1950—1998年国民金融公库融资对象的变化（%，各年度值的7年移动平均数）

资料来源：《国民金融公库五十年史》，1999年，第698—699页（截至1998年）。

表3.7　1950—1998年国民金融公库融资实绩的对象产业及其变化（%，年度平均值）

年度	制造业	商务流通业和服务业	建筑业	其他	合计
1950—1959	63.2	29.9	3.0	3.9	100.0
1955—1964	63.8	28.7	3.4	4.1	100.0
1960—1969	60.0	29.1	6.1	4.8	100.0
1965—1974	55.8	28.8	10.3	5.1	100.0
1970—1979	53.5	26.4	14.6	5.4	100.0
1975—1984	53.3	23.2	17.5	6.0	100.0
1980—1989	52.9	22.7	17.1	7.3	100.0
1985—1994	52.1	21.5	16.2	10.2	100.0
1990—1999	50.1	19.1	17.3	13.5	100.0
1995—1998	48.9	17.5	18.5	15.1	100.0
平均	56.1	25.6	11.5	6.8	100.0

资料来源：同图3.8。

（5）“失去的十年”期

20世纪90年代迎来了泡沫经济破灭后的萧条时期，这个时期通产省倡导产业结构改革，将政策方针从产业融资转变为产业结构升级融资（因为行业不同也被称为产业重组融资）。在新方针的主导下，融资对象更加多样化。例如，开银除了能源融资外，还致力于建设城市基础设施、商业、环境和福利对策、普及产业技术和信息通信技术[44]、回避经济摩擦、产业结构对策。另外还实施了针对研究开发、发明的融资。[45] 总之，财投政策开始脱离培育产业，转入产业对策。[46] 另外，这个时期以后，官厅和进出口银行、开银的关系变得疏离。

然而，在中小公库和国民公库的融资活动中，对于（包含商务、流通的广义）生产活动的融资比例还是继续保持占半数或是半数以上的水平（图3.7和图3.8，表3.6和表3.7）。其中的一个理由是，因为对当时金融体系的担忧而产生了“贷款难”现象。财投在补充民营金融机构功能上也发挥了重要的作用。[47]

财投中的产业政策金融（2）

将以上考察的四个政府融资机构的融资对象进行合并计算，按照不同时期总结出其各自的比例，就得到了图3.9和表3.8。[48]

---

[44] 飞机的国际共同开发，超导磁悬浮铁路技术，信息处理、通信系统、广播电视基础设施建设等（《日本开发银行史》，第657—667页）。

[45] 关于研究开发、发明的融资，有针对短期工资提供的低息贷款（武田晴人，《泡沫的产生、破裂和泡沫经济》，宇泽弘文、武田晴人编，《日本的金融政策Ⅱ——石油危机后的日本开发银行》，东京大学出版会，2009年，第17章，第277—278页）。

[46] 开银在避开民间同业压制的同时，还努力开拓优秀客户。因此，在经济不景气时有时会对不符合原则的运营资金提供贷款，有时还会对满足条件的中小企业提供贷款（虽然是例外）。例如，1997年亚洲金融危机出现贷款难（1997—1998年）现象时，作为萧条对策，开银实施了中小公库无法完全承担的对中小企业的融资（包括运营资金），阪神大地震的时候也通过特别融资（开银历史上首次）发挥了安全网（safety net）的作用（《日本开发银行史》，第727—731页）。另外，日本电报电话公司发挥“民间活力”时，开银在市场上卖出政府持有的日本电报电话公司的股票并设立了基金，创设了利用其资金提供无息贷款的制度（《日本开发银行史》，第562—565页）。但是，因为贷款是无息的，所以借入者认为这是补助金，导致了返还义务意识低下的难题（即道德风险）。

[47] 参见上述冈崎哲二编著的《产业政策》，第371—372页。但是，1978年以后，中小公库的融资活动很难产生经常利润。通过贷款产生的收益不能充分弥补其费用。因此，截至1985年，都是通过坏账准备金来弥补损失。但是，由于业绩并没有出现恢复的征兆，如果继续同样的对策，不久后准备金就会枯竭。所以，从1986年开始，在发生损失时，一方面通过坏账准备金填补，同时还从一般会计得到援助，弥补损失。另外，在同一时期，中小公库还不断努力地通过一般会计和产投特会逐渐积累、增加出资金额（依据中小企业金融公库的《中小企业金融公库五十年史》2003年刊载的各期“决算概要”）。

[48] 为了观察趋势，图3.9也采用了7年移动平均值描绘。另外，图3.9和表3.8中中小公库的政策性金融，除了包含一般融资还包含特别融资。顺便说一下，1953—2009年，特别融资占两者合计总额的29.2%。

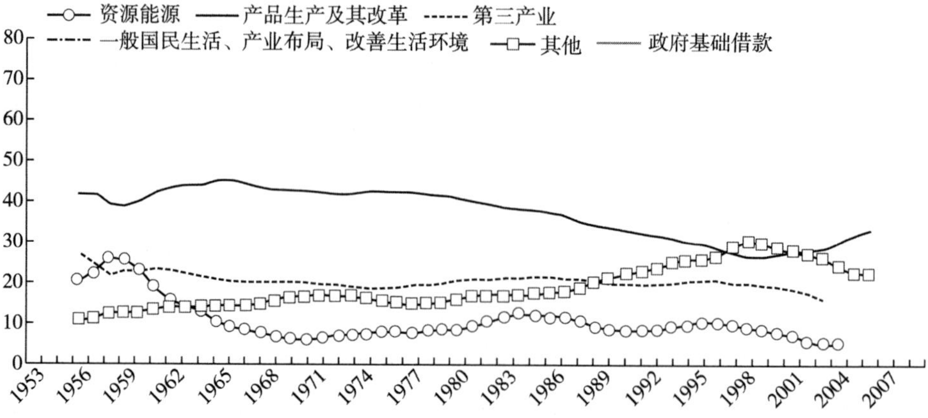

图3.9　通产省（经产省）相关的四个政府金融机构政策金融实绩：不同对象领域比例（%，年度7年移动平均值）

注："产品生产及其改革"包含技术的振兴、提供、开发，设备的借贷、更新，成套设备出口，制造业，矿业（包含土石开采），以及出口振兴。"一般国民生活、产业布局、改善生活环境"包括都市开发、地区开发、产业振兴、产业安保、环境污染和公害防治、灾后重建。"其他"包含政府基础借款。1992年的"其他"包含对进出口银行的1488亿日元注资。

资料来源：《日本开发银行史》，2002年，第840—845页；《日本进出口银行史》，第344—350页；《中小企业金融公库五十年史》，2003年，第674—681页（截至2002年）；《中小企业金融公库史》，2008年，第359页（2003—2007年）；《国民金融公库五十年史》，1999年，第698—699页（截至1998年）。

表3.8　通产省相关财投实绩的不同对象领域分配比例变化（%，年度平均值）

年度	产品生产及其改革	第三产业	资源能源	一般国民生活、产业布局、改善生活环境	政府基础借款	其他	合计
1950—1959	41.9	24.1	21.0	0.5	0.2	12.3	85.7
1955—1964	44.0	22.1	13.5	3.4	2.9	14.1	85.9
1960—1969	43.7	20.3	7.6	7.8	5.1	15.5	84.5
1965—1974	42.3	19.6	7.4	11.0	3.7	16.1	83.9
1970—1979	42.0	19.8	8.6	12.5	1.6	15.5	84.5
1975—1984	39.6	21.4	10.7	11.2	0.4	16.7	83.3
1980—1989	35.6	21.0	10.8	12.8	0.0	19.8	80.2
1985—1994	32.6	20.7	9.6	13.2	0.0	23.9	76.1
1990—1999	28.9	20.5	9.5	14.9	0.0	28.2	73.8
1995—1998	25.8	19.6	8.9	15.0	0.0	30.7	69.3
平均	38.7	21.2	11.6	9.2	1.4	18.0	82.0

资料来源：同图3.9。

从图3.9和表3.8可以看出，在经济高速增长时期，财投对较多领域的分配比例都出现上升趋势，而且在增长的高峰期维持了较稳定的比例，然而20世纪70年代以后，与“稳定增长”期中景气的动摇基本相对应，财投对不同领域的分配比例也出现了较大波动。特别要注意的是以下几点：

·对产品生产的支持一贯占据了30%以上的较高比例，但是从经济高速增长期以后到20世纪90年代中期呈现下降的趋势，后来到21世纪初又有了上升的倾向。

显示出与之相反动向的是：

·对资源能源的关注，需要好好观察开银的融资呈现的趋势；

·对第三产业的分配，虽然能看到轻微的波动，但是一直维持在20%左右的稳定比例，等等。

财投中的信用担保

在对中小企业的支持中，值得关注的是伴随融资的信用担保事业。特别引人注目的是，《广场协议》以后90年代末日元升值经济萧条时实施的、具有期限限制的特别担保。对于其政策的效果存在不同的评价。

融资保险制度始于1950年，通过信用担保协会（特殊法人）为债务提供担保的保险，是从1951年开始的。[49] 这是基于中小企业信用保险法、以再次担保贷款的偿还为目的、根据特定政策目的认定融资保险的机制。[50] 然而，尽管这一制度对于融资的判断要件没有任何规定，但还是没有被广泛采用。因为利用该制度的大前提是具有信用的借款方。

1997年12月，山一证券和北海道拓殖银行相继破产。紧接着，在1998年11月日本长期信用银行（长银）倒闭，12月日本债券信用银行（日债银）倒闭，这一年是金融界陷入大风暴旋涡的一年。[51] 在前所未有的金融危机发生时，1998年4月政府列入16万亿日元补充预算[52]，其后首相官邸指示，在8月召开的临时国会上必须讨论为中小

㊾ 信用担保协会的设立要追溯到1937年（由东京府、东京市、商工团体、金融机构等共同出资）。

㊿ 几十个特定目的在共通的体系下运作。

51 当时，因为首先出现的是国内大型金融机构的破产，所以优先实施金融对策有着重要意义。

52 在春季国会中就完成了补充预算，而且金额庞大，这些都是特例的措施。因为国会结束后，预定7月举行参议院选举，所以这被视为自民党单独政府（当时）有着表明对策的意图。但是，选举的结果是自民党失败了。

企业制定根本性金融对策。[53]

当时，民间金融市场上是有富余存款的。但是，因为开始实行了新的自有资本管制（BIS管制）和金融监督厅的金融审查等[54]，在这种状况下商业银行对风险变得特别敏感，所以为了打破经济的停滞，希望制定能够利用富余资金的制度。因此，通产省并没有考虑附加了特定政策目的的融资，而是提出了以一般中小企业（不指定行业）为对象的信用担保（信用保险的特例措施）。于是，通产省就制定了稳定中小企业金融特别担保制度（通称“特别担保制度”；也叫作“应对贷款难特别担保制度”）[55]，并明示了融资担保的要件，力图给借款方提供便利。[56] 另外，特别担保原则上是无担保的。

在特别担保制度（总额20万亿日元）开始实施的当天，申请的人们就在全国各地的市政厅门前排起长龙，形成了一大热潮，最初的3个月提供了11.3万亿日元的担保（55万件），此后的一年半中合计担保了20.9万亿日元。[57] 结果，最初每月1800件的破产数量，到1998年末减少到每月1000件以下。[58] 这是因为宣传活动以及商业银行为了减轻风险而积极利用这项制度的效果。[59] 1999年10月联合政府（公明党成为执政党）诞生以后，追加了10万亿日元的额度[60]，并将该制度的存续期限延长了一年。

另外，截至1999年，信用担保都是以融资总额作为对象（担保率100%），但是经过与大藏省主计局协商，从2007年10月以后改为要求民营金融机构也承担20%的风险（责任共有制度）。

此外，在实施特别担保制度的同时，1999年建立了“中小企业信用风险数据库”

---

[53] 当时的相关阁僚是：总理小渊惠三、官房长官野中广务、通产大臣与谢野馨。同年8月以后到10月在连日的“金融国会”中，提出了“过桥银行”（bridge bank）议案和民主党议案，并进行了激烈的讨论。

[54] BIS管制是国际清算银行于1988年制定的，规定了民营银行贷款债权的最低自有资本比率。日本政府于1993年引入。

[55] 1998年8月的最后内阁会议中决定，于同年10月1日实施。该制度的实施不需要新的法案。另外，因为特别担保制度是如同“樟脑丸”的猛药，所以从开始实施就被认为很快会被废止（时任通产大臣与谢野馨在1999年3月已经指示说“必须探寻出口”）。

[56] 例如，利用特别担保制度的要件是：没有连续两期资不抵债、没有滞纳税金、不存在双重账簿、没有利用高利贷等。另外，在对顾客的宣传活动中，公示了“没有……就可以利用”[使用了与东京的信用担保协会内部贷款基准（指针）相反的表述]。

[57] 顺便说一下，当时的中小企业总数超过500万家（此后10年间减少到大约400万家）。

[58] 原本融资担保制度的效果就是比较短期的，并不具有永远存续的特性。破产数量也回复到泡沫经济之前的每月1400件。

[59] 另外，当商业银行发出“将融资的一部分转换为担保”的内部指示书时，金融监督厅下达了业务改善指令。其宗旨是单纯转换为救济，无论对银行还是对中小企业都没有益处。

[60] 如上所述，本来设定了20万亿日元的额度，但是因为广受好评而预想到会超过设定额度，所以追加了10万亿日元。

(credit risk database，简称CRD)。利用信用担保协会和中小公库拥有的融资数据将中小企业的经营财务信息数值化，利用该数值预测风险溢价，为融资担保业务提供帮助。[61]

刚开始实施特别担保制度时，很多人担心这种原则上无担保的制度能否被合理运用。但是，1998—2001年，据推算通过特别担保制度避免了约1万家公司（负债总额为2万亿日元）破产，保住了约10万人的就业。[62] 如果依据统计数值看其成果，回收贷款确实不容易，坏账率也比当初预想的（部分损失的占10%，不能回收的占5%）要高，但是与没有利用特别信用担保的企业相比，利用了该制度的企业长期贷款比例提高，设备投资增加，信用风险相对较低的企业改善了收益率。另外，信用较高的企业贷款难的问题得到缓解，收益率提高。很少出现没有经过充分讨论就提出申请的情况以及随意运用等逆向选择的弊端（所谓道德风险），总之特别担保制度对改善当时中小企业的金融困境有正面的效果。[63]

第3节 特殊法人的财政投融资资金支出动向

作为财投资金支出的事例，我们来看看电力资源开发、石油公团以及地域振兴整备公团（都属于图3.4中的“通产省相关特殊法人”）的情况（图3.10）。从图中描绘的这三个组织的财投支出额，能看到相互间存在显著差异。20世纪70年代初到20世纪末，电力资源开发出现明显的上升倾向，形成两个“波峰”[64]，而石油公团在70年代后半期和90年代出现了两个大波峰，地域振兴整备公团从70年代到20世纪结束存在一个大的波动。

在财投金额动向中观察到的上述对比，与这三个组织的目的和活动内容（特质）有很深的关联。首先，对电力资源开发的财投出资在20世纪70年代末到80年代初的第一个波峰，是与第一次石油危机后祭出的新能源政策紧密相关的，即1975年12月制

---

[61] 中小企业厅设立的信用风险协会负责信用风险数据库的管理、运营。另外，除了信用风险协会以外，还存在数个运营中小企业信用风险数据库的团体。参照鹿野嘉昭，《日本的中小企业：从信用风险数据观察经营和财务的真相》，东洋经济新报社，2008年，第9—10页。

[62] 中小企业政策审议会基本政策部会“关于信用补充制度现状的总结”，2005年6月2日，第4页。

[63] 植杉威一郎，《政府的特别信用担保是否有效?》，收录于渡边努和植杉威一郎编著的《验证中小企业金融：“无根据解说”的实证分析》，日本经济新闻社，2008年，第6章。

[64] 但是这种趋势，在20世纪80年代前半期有短暂下降。

定了《石油储备法》（1975 年法律第 96 号），开始进行原油的民间及国家储备，另一方面，通产省还开始实施开发替代能源的“阳光计划”（1973 年 7 月）和“月光计划”（1978 年 3 月）。[65] 此外，1979 年 6 月以节能为目标颁布了《合理化使用能源的法律》（简称《节能法》，1979 年法律第 49 号）。但是 1982 年以后，受世界经济不景气的影响电力需求停滞，所以 1983 年大幅缩减了电力资源开发计划。[66] 这是 80 年代中期在电力资源开发财投中能观察到明显波谷的原因。90 年代后半期，日本一方面持续降低核能开发速度，另一方面“领先于国际，增加了核电站的设备功率”[67]，而且还经历了国内核电相关设施发生的几次事故。正是因为发生了这些事情，所以这一时期提高了与电力资源开发相关的财投支出。

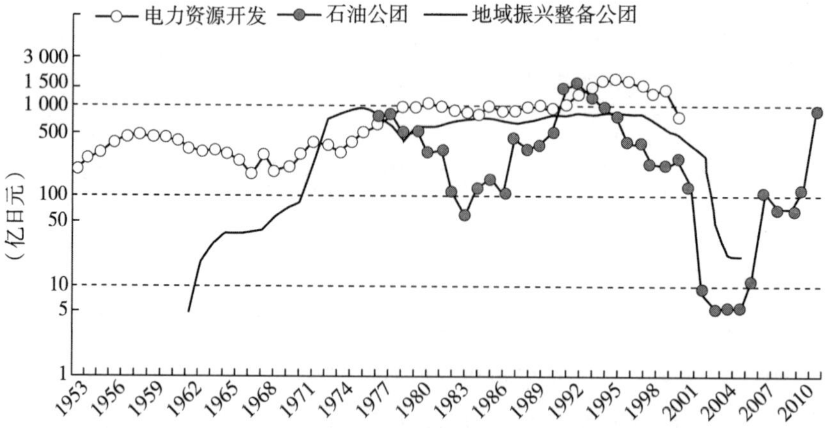

图 3.10　三个非政府金融机构特殊法人财投计划的案例

注：纵轴的金额采用常数对数，用原单位表示。

资料来源：同图 3.3。

对石油公团的财投支出，与为了应对石油价格涨跌的支出变动紧密相关。相关的财投在第一次石油危机之前的 1967 年，就在产投会计中计入了对（海外）原油开采事业约 25 亿日元的出资，“截至 1971 年，在四年半的时间内对 23 家公司提供了约 368 亿

---

[65] 电力资源开发株式会社，《电力资源开发 30 年史》，1984 年，第 366—367 页。

[66] 同上，第 463—464 页。

[67] 通商产业政策史编纂委员会编，橘川武郎著，《日本通商产业政策史（1980—2000）：资源能源政策》，经济产业调查会，2011 年，第 320—321 页。

日元的投融资”。[68] 1976 年，这些原油开采活动一度中止，但是不久后开始了大型项目[69]，对财投的资金需求上升（第一个波峰）。然而，从 1984 年开始，“由于受世界范围内油价低迷、日元升值、国内石油需求减少等影响严重，原油开采活动停滞，资金需求大幅下降”，财投支出的趋势线出现了波谷（与电力资源开发的情况一样）。[70] 为了应对原油价格的大幅波动、日元的持续升值、新油田的小规模化等剧烈的环境变化，1989 年“为设法减轻石油公团原油开采融资事业的利息负担”，提高了现有项目和新项目的出资比例，还在 1994 年 6 月修订了《石油公团法》，在该公团的活动目的中追加了“对可燃性天然气的开采和液化出资并实行债务担保，以及石油开采和相关开采技术的海外验证”。[71] 另外从 1996 年开始，为了将石油开发的相关信息提供给民营企业，实施了产油国石油开发合作事业。[72] 这一系列动作，导致石油公团财投在 20 世纪 90 年代中期出现第二个波峰。[73]

最后，地域振兴整备公团原来是根据田中角荣内阁的“日本列岛改造论”构想设立的，将工业再配置和煤矿地区振兴公团（1974 年 8 月）进行改组，在事业目的的第三项目中增加了地方都市建设，宗旨是“谋求全国人口和产业适当配置，以及提高地方居民的福利”。[74] 20 世纪 70 年代到 21 世纪初，该公团的相关财投支出有三个平稳的波段，这似乎对应了 1977 年制订“第三次全国综合开发计划”（三全综）的过程，以及其后 80 年代到 90 年代末两次制订“全国综合开发计划”的酝酿过程。[75] 贯穿 20 世纪最后 25 年分别实施了以下项目：20 世纪 70 年代中期让人口回流到地方的实验项目；80 年代胸怀“多极分散型国土构想”、谋求促进地区产业化的多个项目；90 年代鉴于

---

[68] 引号内的内容引自石油公团，《石油公团二十年史》，1987 年，第 34 页。顺便说一下，依据财投的时间序列统计资料（RIETI 网页登载的“通商产业政策史总论篇附属统计表等”中收录），1962—1971 年对石油公团的财投支出合计是 500 亿日元。

[69] 石油公团，《石油公团二十年史》，1987 年，第 34 页。

[70] 引号内的内容引自《石油公团二十年史》，第 35 页。1986 年因产油国原油供应过剩引发原油价格暴跌，被称为“逆石油危机”（石油公团，《这十年的变迁（1987—1996 年：成立 30 周年纪念刊）》，1996 年，第 9 页）。

[71] 石油公团，《这十年的变迁（1987—1996 年：成立 30 周年纪念刊）》，第 12 页。

[72] 同上，第 13 页。

[73] 除了低息贷款和信用担保，通产省的财投资金还作为投资资金（出资）使用并发挥了重要的作用。例如，能源相关开发调查，基础技术领域尖端性基础调查和研究，以转入产业投资特会的、因日本电报电话公司民营化卖掉股票的收益为资金来源的补助金、推进接受该补助金的西格玛计划等，这些都不是融资而是投资（出资）。

[74] 引号内的内容引自《地域振兴整备公团 20 年史》，1994 年，第 24 页。

[75] 此后“四全综”是在 1987 年，“五全综”是在 1997 年，分别由内阁会议决定。

没能按照三全综的希望解决人口集中于首都圈一极的事实，重新谋求充实首都圈功能和构筑产业网络的项目。

第4节　财政投融资的计划和实绩

图3.11描绘了历年财投支出金额的实绩与最初计划的比较结果。其中前五张图以财投的全部支出金额和政府金融机构的支出金额为观察对象，而后三张图从与通产政策有着紧密联系的金融机构以外的各公共组织中选取了三个组织，考察其实绩与预算的比例。

财投合计

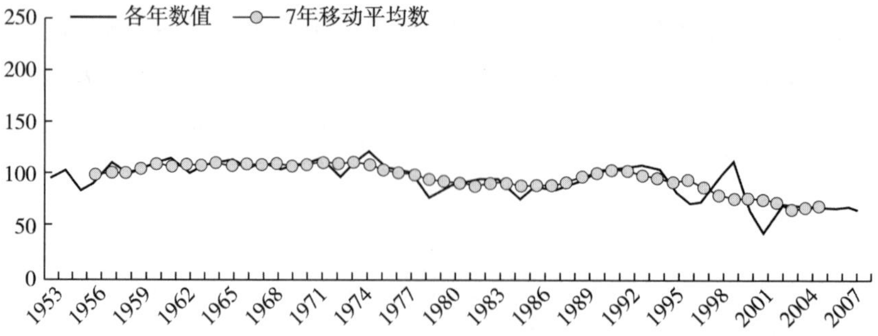

日本开发银行

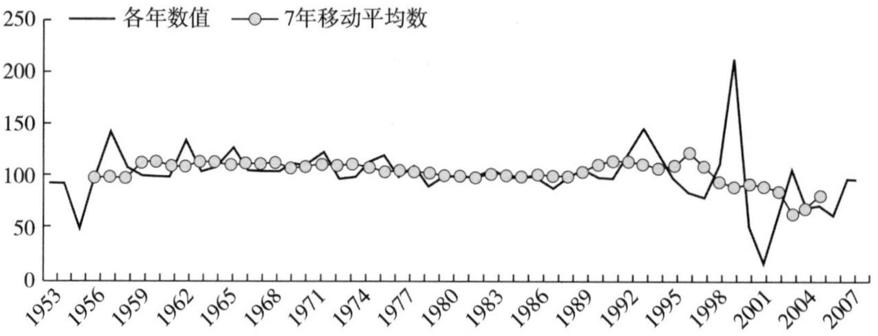

日本进出口银行

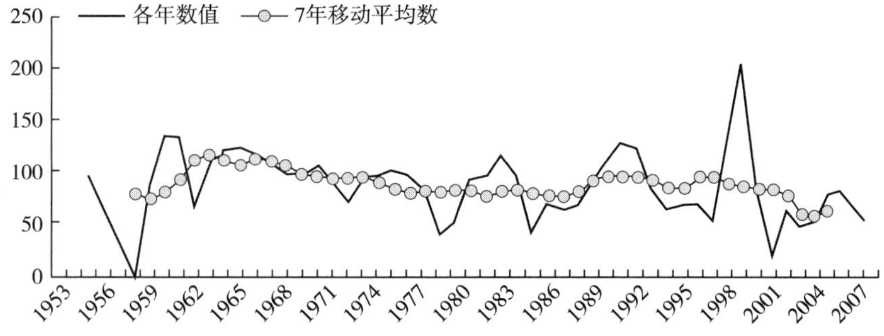

中小企业金融公库

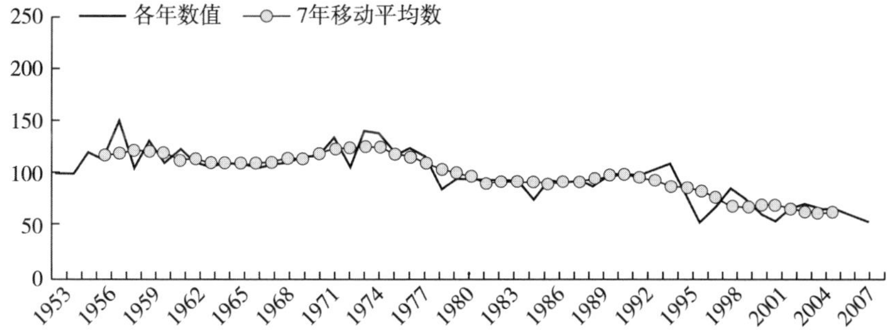

国民金融公库

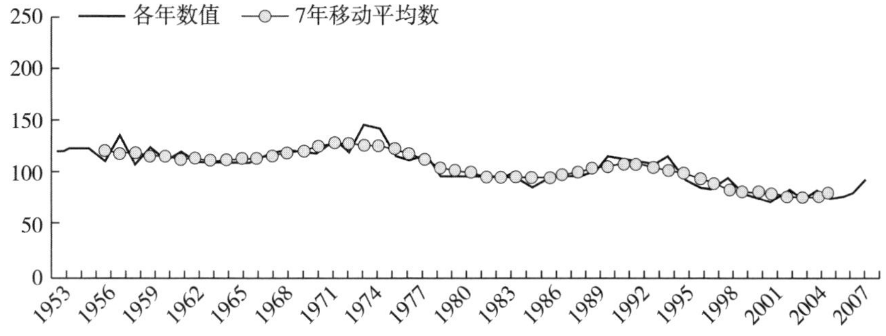

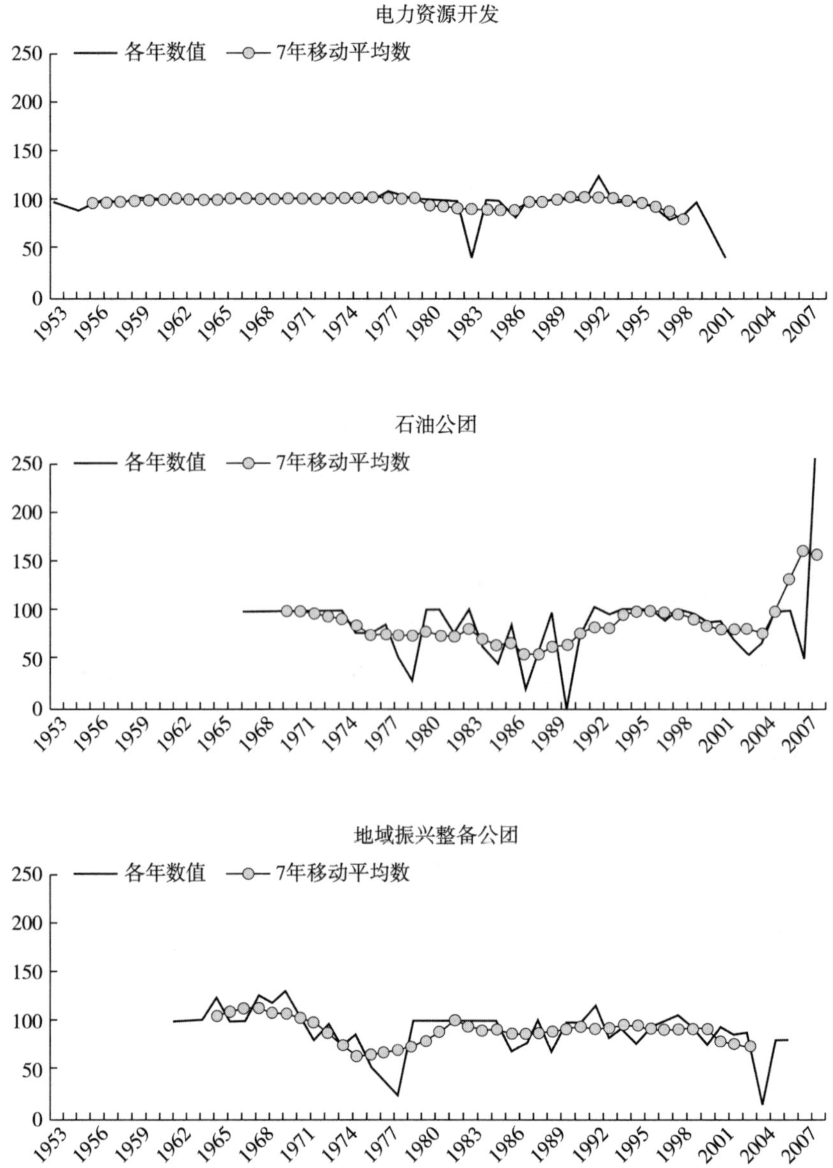

图 3. 11　通产省（经产省）不同机构相关财投的实绩/预算比率（%）

资料来源：同图 3. 1。

政府金融机构的实绩大幅偏离最初计划是很罕见的。但是，大致从 1990 年起，实绩与计划的比率的中长期趋势（7 年移动平均值）呈现明显的下降趋势。这是因为日本经济迎来低利率时代，业界对政府融资的期待降低。另外，20 世纪 90 年代末到 21 世纪初，开银、进出口银行的实绩与计划的比例存在较大的波动，这与（第 2 章观察到的）政府财政预算的波动大体一致，因为它们都受到了村山和小渊内阁主导下实行的积极财政政策的冲击。

另外，作为非金融机构的代表提出的三个公共组织（图 3. 11 后半部分），它们的实绩相对计划的比例的趋势，与各个组织为应对经济环境变化采取的措施相关。电力资源开发投资因为具有长期性特征，所以实绩很难大幅偏离计划。相反，石油公团很多时候会被产油国原油产量及价格的设定以及国际宏观经济变化（以外汇市场为首）左右。大体上，原油价格飞涨和经济景气度提升时，为了降低因能源费用上涨带来的负面影响，财投的实绩会超过计划（反之反是）。最后，地域振兴整备公团从 20 世纪 70 年代开始实施“地区的时代”家园计划，此外在同一时期还合并多个组织设立了地域振兴整备公团，所以它的实绩与计划的比例总是受到这些制度变化的影响。

财投制度的重新修正：一个时代的终结

在经济高速增长时期结束后，相比经济规模的缓慢扩大，财投融资则持续增加。因此，社会上有如下批评意见：政府融资金额在宏观金融活动中占有过大的份额，不仅不是对市场功能的补充，反而会妨碍它。由于财投与民间的经济活动产生摩擦，而且实际上财投融资是由各负责机构裁定，所以招致了欠缺透明度的批评。[76] 另外，在土地泡沫破裂后低利率政策之下，21 世纪初还有意见认为财投的作用已经结束。随着国内不断进行资本积累，日本迎来了前所未有的低利率时代，财投的优势确实变小了。再加上财投自身的资金周转变得困难，出现了从资金运用部以外借款的情况，虽然金额较小。因此，制度改革蜂拥而至。

为了应对这些批评和事态的变化，以及顺应制度改革的时代潮流，作为修订 1999 年以后实施的行政制度（政府省厅重组等）的一环，财投制度进行了大幅改革，例如，1999 年日本开发银行和北海道东北开发公库合并，成立了“日本政策投资银行”。同年，日本进出口银行和国民金融公库各自变身为“国际合作银行”和“国民生活金融

[76] 关于财投问题的分析，以及对问题克服后未来面貌的论述，可以参见，例如，高桥洋一，《财政投融资的改革方向》，载于岩田一政和深尾光洋编著的《财政投融资的经济分析》，第 7 章；高桥洋一，《财投改革的经济学》，东洋经济新报社，2007 年。

公库”，此后，2008 年，作为包括中小企业金融公库在内的三家机构的合体组织，诞生了“日本政策金融公库”。另外，2003 年，石油公团与金属矿业事业团合并，成立了“独立行政法人石油天然气和金属矿物资源组织”。[77] 2001 年 4 月，随着《资金运用部资金法部分修正案》（2000 年法律第 99 号）的实施，（如上述）大藏省资金运用部消失了，也废除了邮政储蓄金和养老储蓄金的寄存制度，使财投失去最大的资金来源。[78]

另外，1996 年秋设立“行政改革会议”以后，邮政也必须进行民营化的议论甚嚣尘上。历来经济界对邮政储蓄金的不满和批判就不绝于耳，认为它压迫民间金融界，但是反对民营化的声音也很多，无法轻易实现制度的变更。然而，虽然经历了很多曲折，但是 2007 年 10 月终于实现了邮政的民营化。

于是，在 21 世纪头 10 年，财投总额完全逆转了 20 世纪末 20 年间持续增加的趋势，缩小为 1/3 左右的规模。为了补充和完善市场功能，财投开展了多彩且广泛的活动，如民间融资和中小企业现代化、政府债务的延期，甚至衰退产业的行业转换和新能源开发等，这些已经成为过去，是时候对其重新评价并描绘未来的新进程了。[79]

财投活动最华丽的时代是 20 世纪 50 年代中期到 70 年代前半期的经济高速增长期[80]，实际生产从劳动密集型技术向资本密集型技术转移。教育水平高、劳动意愿强烈的劳动力比较充足，但是资本不足的时代长期延续，利率（与欧美相比）较高，金融监管严格。民间的产业资金主要从国内的银行筹集，是“间接金融”处于主导地位的时代。财投在这个资本相对不足的时代提供了成本更低廉的长期产业资金，开展了非常有意义的（从成本收益的角度是值得赞赏的）融资活动，其主要来源是“多亏了寄存款利率管制和银行的店铺管制……可以比银行更有利地聚集资金”的邮政储蓄金。[81]

然而，随着经济高速增长带来的资本积累，企业自有资本的比例提高。从 20 世纪 70 年代后半期开始受金融自由化的（缓慢）推动，1983—1989 年债券市场实现了自由

---

[77] 截至 2008 年，日本政策金融公库及日本政策投资银行几乎断绝了和官厅的合作关系。

[78] 1996 年邮政储蓄提供了财投资金的 46.9%。

[79] 如果粗略观察通产省相关财投资金占财投总额的大小，能看到其比例有如下变化：在 20 世纪 50 年代到 60 年代占 30% 多，但是 70 年代到 80 年代持续减少，90 年代初降到 20%，此后 21 世纪初显示出略微增加的倾向，到 2010 年重新超过了 40%。这表明在整个观察期中财投的特性（即关于资金供给及其分配对象的理论和基本原则）发生了变化（依据《国家预算》，财政制度等审议会财政投融资分科会“关于财政投融资的总盘点”，2004 年 12 月 10 日，以及国会提交的“年度预算及财政投融资计划的说明”等资料计算）。

[80] 制定通产省（经产省）财投计划的是产业资金课，在财投发挥重要作用的时代，该课有强者云集的感觉，历代的事务次官很多都是从具有该课课长经历的人中涌现的。

[81] 引用文根据上述 Hoshi 和 Kashyap（译本，第 286 页）。

化，并且在1996年11月，桥本龙太郎首相宣布金融完全自由化（金融大爆炸）。

正值大爆炸工程完成的那一年（2001年），财投制度进行了大幅改革，邮政储蓄金实现了民营化。这象征着财投体系和金融制度在行动和成果两方面处于相悖的关系。

附论　财投中政策性金融的一个案例

为了探究通产省相关财投融资的形成过程，我们来看看20世纪80年代到90年代通产省、大藏省，以及作为政府金融机构的日本开发银行，是怎样制订财投最初计划的。[82]

1984年，通产省为了新能源融资谋求扩充制度，从这一宗旨出发提出了扩大核电、推动燃料转换为液化天然气（LNG）、开拓和普及替代能源、加强节省资源能源、能源多样化等政策课题。然而在当时的状况下，企业收回节能设备费用需要花费很长时间，但是进行长期融资的金融机构只有政府金融机构。[83] 于是，我们假设依据《合理化使用能源法》（1979年），通产省要求普及节能设备。一旦开银被要求对此进行合作[84]，后者（开银总务部）就会拟定关于设备内容（节能效果）和贷款条件（利率、偿还年限）等的草案，并与通产省相关课进行协商。[85]

此时，中央官厅和开银在信息交换的过程中还就贷款比例、融资条件等进行讨论，并在此基础上制作预算申请方案以获得预算。开银利用有关企业资金需求预测的信息确定具有申请依据的数值。[86] 对此，官厅虽然不太了解特定产业的详细信息，但是拥有

---

[82] 为了财政投融资经常与开银合作的官厅，除了通产省，还有邮政省、运输省以及建设省。有时候，农水省（旅游等）和厚生劳动省中极少的部门也会与开银有联系。另外，关于政策性金融中日本开发银行的活动，比如在宇泽弘文和武田晴人编著的《日本的政策金融Ⅰ 高增长经济和日本开发银行》和《日本的政策金融Ⅱ 石油危机后的日本开发银行》（均为东京大学出版会，2009年）中均有介绍和分析。

[83] 这种情形不仅限于节能，还发生在所有设备投资需求上。另外，节能投资的回收周期也不是特别长。民营金融机构对具有较高信用的借款方，也可能通过旧债倒新债提供长期资金，但是存在贷款条件中途改变或中断融资的风险。

[84] 根据《合理化使用能源法》（1979年法律第49号，简称《节能法》）第82条之规定，"国家为了促进合理化使用能源等，必须致力于采取必要的财政、金融以及税收上的措施"，这里描述的假定状况下的开银，有义务与通产省合作。

[85] 多起案件同时发生关联的情况下，通产省产业资金课和同省的相关各课进行协商，根据紧迫性排位。另外，与能源相关的、必须提供特别低利率融资的情况下，有时为了不出现亏损还由国家（从特会）补贴利息，但这是例外。

[86] 这时候完全没有政治上的合作（不成文的）。开银融资在政治上保持中立是很重要的。但是正因为如此，在行政改革时期讨论开银的民营化时，出于政治压力保留开银的只有官厅（通产省、运输省、财务省等）（民营化讨论的最终阶段，商业银行代表希望开银继续存在，但是没有被认可）。

世界形势以及政治等相关的丰富知识。

节能草案（也可能是修正案）在产业结构审议会通过后，一旦在夏季末的（自民党）商工部会获得通过，在秋季通产省产业资金课就会对大藏省理财局就草案进行说明，双方达成一致意见后，该项目被列入年末通产省的次年度概算请求。[87]

预算在通过国会审议后才有可能融资，一旦民营企业向开银申请借用资金，就开始实施融资审查。这时，通产省负责政策性（即是否符合政策目录，能否有效达成政策目标等）审查，开银负责信用审查和项目可行性审查。[88]

另外，开银在与政府的关系中保持了独立性，依据审查结果，开银还有可能拒绝政府推荐的融资项目。

如此这般，官厅和开银在制度上是紧密联动的，但在各个融资业务中又互相保持独立。[89]

开银的特性是对长期投资提供贷款。投资周期很长时，贷款周期也必须很长（最短5—6年，最长30年）。无论如何，最初无法预期到收益是不能做出投资决定的。为此，因为需要确定（或者是可能预测）利率，所以资金供给也必须延续很长时间。[90]

开银的融资率，即贷款额/申请额×100，不是100%，而是30%～40%。这里考虑了开银作为政府金融机构不能挤压民间银行的生存空间。但在实际操作中，开银融资一旦成立，商业银行的协调融资也就成立了。[91] 这样的操作产生了官民一体的政策效果。相反，如果商业银行贷款没有成立，开银融资也不成立。特别是，如果被主银行

---

[87] 以前大藏省和通产省的交涉是在两省间来回进行，但是到20世纪末变成大藏省一次性回答的方式。

[88] 开银的审查由营业部、分行（营业部店）以及审查部实施。根据营业部（以及营业部店）的要求，项目调查和信用调查比较困难的项目由审查部接手审查。融资对象企业的信息还能从该企业的交易对象处获得（得到的信息如果在同一个课内，还可以在审查别的企业时使用，但是不能流出本课）。业界状况的信息能够在全行内活用，总结成调查报告予以公开。为了信息管理的严密，原则上项目审查由一人负责实施。因为不仅审查偿还能力，还要审查使用的资金能否达到预期的政策效果，所以审查很费时间，但是事实上可以说发挥了咨询的功能。有关全新的项目和巨额的疑难案件，往往花费很长时间（长的有3个月）。另外关于项目审查，有时还需要从各种技术专家和大学研究者那里收集信息。

[89] 通常，通产省不参与个别项目的审查。

[90] 融资期限在5年以下的项目由民营金融机构负责（如果由开银负责会被批判为“压迫民营机构”）。融资对象只是机械设备时，开银的融资期限是7年左右（土地、建筑物也是融资对象的话期限更长），融资期限平均超过10年，且并不觉得10年和15年很“长”。但是对于民营金融机构，10～15年的融资是“特别长”的。

[91] 协调融资的成立，是开银融资的条件（民营金融机构接受协调融资时，对于已经通过开银审查的案件实际上是没有再进行审查的）。另外，协调融资与美国很发达的银团贷款类似，但是接受协调融资的商业银行有多个的话，各自的融资条件都不同，这一点和银团贷款有差别。

拒绝，那么后果很严重。因为开银（原则上）不会为运转资金提供贷款。无论怎样优秀的贷款项目，其经营环境都是瞬息万变的，一旦发生万一，这时候失去作为后盾的主银行的融资，那么（开银融资也）不成立的概率很高。

20世纪80年代以前，开银的贷款条件有长期低息贷款和补贴利息融资。长期低息的基准是（旧）日本兴业银行的长期贷款最优惠利率，这是开银融资的最高利率，却是民间市场的最低水平。此外，还有短期优惠利率。但是，从20世纪90年代后半期起，开银利率开始与商业银行利率联动。[92] 截至20世纪80年代还没有出现过融资不需要提供担保的情况。这并不是因为担保融资原则，而是为了防备发生预料之外的状况，并且还必须有连带保证人。

开银融资能否获得成功，很多时候是不容易判断的。评价政策效果有各种各样的尺度，但是基本的判断尺度是能否实现政策设定的目标（节能多少，氮氧化物削减多少，等等）。这种情况下，使用纯技术的尺度［能源成本削减、基础设施建设、铁路和电力相关项目、对第三区域的融资（建造商业街）等］衡量比较客观，比较容易操作，但是用经济评价尺度（雇佣增加和增长停滞等）衡量和判断，其结果可能具有主观性（所以，也有不设定数值目标的情况）。而且，开银融资必须是政策性融资，融资的目的是降低成本促进产业培育、合理化、研发等。开银融资的效果，并不仅限于立刻提高产量。

不管怎样，对开银来说，融资成功与否的重要标准是，是否达成了预期的投资效果以及政策效果。项目结束后开银还会对这两个标准进行检查，没有达到标准的话，有时还会要求借款人提前清偿贷款。因此，对开银来说判断能否融资的标准，既不仅仅是借入企业的利润提升，也不是作为借出方的开银利润的提升。

然而20世纪90年代开始，由于企业信息收集能力的提高、民营金融机构的成熟，产业金融（为强化产业和应对产业的金融）的必要性降低了，为应对这一状况，开银致力于拓展新的金融手法。主要有风险融资、项目融资、破产保护融资（Debtor－in－Possession Finance）、环境信用融资、防灾信用融资等。[93]

开银基本上所有的融资都取得了成功，除了因为融资前花费了大量时间审查以避

[92] 另外，1998年日本兴业银行被吸收合并后，（旧）长期优惠利率也消失了。

[93] 另外，以中小企业为对象的风险融资，因为诞生的时日尚浅，而且资金回收的可能性明显比通常案件要低，所以审查很慎重。

免名不副实的项目，还有一个最大原因是融资对象多是大型企业和骨干企业。不然，审查条件会很严格，通过率还不到一半。即使项目本身很优秀，也会因存在经营者资质、继承人问题和内部纷争等情况，对企业整体能否顺利前行感到担忧，所以无法获得融资。另外，毋庸置疑，财投资金是开银的借入资金。[94] 其利息是固定的（所以筹集资金的成本固定），借入期限有上限，而且当然需要偿还。

---

[94] 资金来源由资金运用部资金、外债以及自有资金三部分组成。如上所述，其主要来源是资金运用部资金，它是从资金运用部（大藏省理财局负责）借入的，偿还时需要附加利息。开银融资运作很顺利，基本不会出现赤字（一旦认可了资金供给框架就确定了融资总额，其运用另外再讨论）。20 世纪 70 年代开始，利用开银的信用发行外债。其发行量随时代发展而增加，大量发行外债时，从邮政储蓄流出的资金量就减少了（通过外债筹集资金并不容易）。另外，因为开银一贯是盈利的，所以源自利息收入的自有资金仅占很少一部分。

第4章　法律和税收制度

本章作为通商产业政策手段的法规和税收制度的概览。但是，对于和本题目相关的税收制度，因为本系列第三卷“产业政策”中已经做了详细叙述，所以这里仅从与其稍稍不同的政策思想的观点出发进行概述。

第1节　20世纪末的通产法规

本节的主要任务是展望在本政策史系列的主要对象期间，即1980—2000年制定的、作为通商产业政策的政策手段的法律，并分析它们共通的特征。

因为通商产业政策是以国民同意为背景依靠政府权威执行，所以在某些领域法律是必需的，如税收（确定特别折旧和变更关税税率等）、确立和保护私有权利（知识产权等）、确定现有法律规定的例外情况（不适用于垄断法等）、确定政府金融机构［（旧）日本开发银行等］的业务范围及其权限、限制与海外进行经济往来（直接投资等）。

通产大臣在国会说明提案理由、最终获得通过并实行的法律被定义为通产省相关法律①，从1980年到2000年共有166部，年均7.9部（图4.1）。其中，中小企业相关法律有41部②，基本上每年颁布两部与中小企业相关的法律。

具体领域的考察由本系列书的其他各卷完成，本节希望把关注重点放在上述期间颁布的法律的制定流程上。

---

① 但是，《通商产业省年报》中登载的《为了使外国企业顺利取得许可等而修改部分相关法律的法律》和《制造物责任法》并不是由通产大臣在国会说明提案理由的，但是也包含在通产省相关法律中。不包含议员立法。

② 名称中包含“中小企业”“小型企业”“中小零售业”等词的法律。

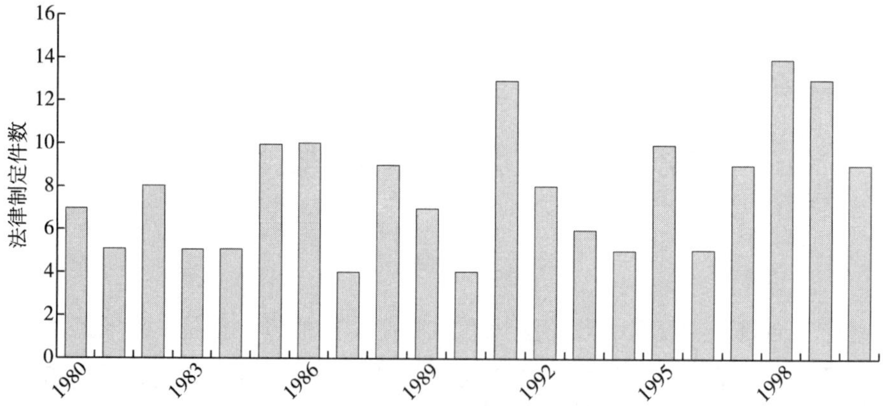

图 4.1　历年通产省相关的立法件数

注：作者根据通商产业政策史研究所的《通商产业政策史：法令年表》（1986—2001 年）制作。

围绕产业结构的政策思想的变化

这里被称为产业结构的政策是指，通过鼓励调整和革新特定产业内的生产结构来改善企业经营的政策。其最初的目的是拯救特定行业中垄断型大企业因长期不景气导致开工率显著降低、经营恶化的状态。

为提高开工率制定的法律有：1983 年的《改善特定产业结构临时措施法》（《产构法》）和 1987 年的《顺利转换产业结构临时措施法》（《顺利转换法》，新法）。其中前者是对 1978 年制定的《稳定特定不景气产业临时措施法》（《稳特法》，1978 年法律第 44 号）进行部分修订形成的，后者是制定 5 年后被废止的前者的后继法。

《稳特法》是作为不景气对策制定的临时法，其对象是以下行业：

（1）使用平炉或电炉生产普通钢块或者钢材半成品的制造业；

（2）铝制造和提炼行业；

（3）合成纤维制造业；

（4）船舶制造业；

（5）因产能显著过剩而可能存在长期经营不稳定的各行业。

其目的是通过促进生产设备的处理和转让改善经营状况。[③] 该法律为了实现上述目

③ “处理”意味着“废弃、长期闲置或者停止运转”。另外，“转让”仅限于“被转让的设备明确被废弃的情况”。

的，除了在需要资金时进行融通和提供债务担保外，当某个项目很难由一家企业单独实施时还认可“共同行为”（企业合并等），规定在此情况下不适用《禁止私人垄断及确保公正交易法》（《禁止垄断法》《反垄断法》）。

《产构法》是将本应于1983年失效的《稳特法》的有效期限延长到1988年并更名而来的。修订的要点在于改变对象产业，即《产构法》确认了“以通产大臣提出的计划为基础处理生产设备和开展事业合作”时，下列产业是课税的特例：

（1）电炉业；

（2）铝制造和提炼行业；

（3）化学纤维制造业；

（4）化学肥料制造业；

（5）铁合金制造业；

（6）洋纸制造业及板纸制造业；

（7）石油化学工业电炉；

（8）“满足因产能过剩导致经营规模和生产方式显著不适当等条件”的行业。

另外，关于事业合作，《产构法》规定在必要时由通产大臣与公正交易委员会协商。

上述两部法律，即《产构法》和《稳特法》，明确规定了法规的对象产业。但是，这一旨在调整规模的产业政策，被认为是“针对特定产业的政策”，因此饱受美国政府的强烈批判。于是，作为《产构法》的预定继承者，1987年制定的《顺利转换法》规定：民营企业（1）由于经济状况发生变化而产生大量过剩生产设备的废弃及转产（被称为“事业适应”），或者（2）为了顺利进行“事业适应”而计划与其他企业共同生产的行为（被称为“事业合作”）时，主管大臣在认可该计划的前提下在税收、金融上采取优待措施，而且（3）在实施“共同行为”时，必要的情况下通产大臣会与公正交易委员会协商（努力获得后者的认可）。这些规定和上述两个法律（《稳特法》和《产构法》）的规定是一样的，但是值得注意的是没有指定特定行业。

此后1989年制定的《顺利实施特定新事业临时措施法》（《新事业法》，新法），以生产新商品、提供新服务、通过新技术改进生产方式等为对象④，通过追加产业基础

④　但是，和其他一系列类似的法规一样，民营企业必须遵从通产大臣制定的方针来制订实施计划，并且在获得该大臣的认可后才能实行。

整备基金规定了债务担保、公司债券发行限额的特例等，其目的是更加容易地实现《顺利转换法》。⑤

以上四个法律，都是通过促进不适合宏观经济发展的企业调整生产设施来维持企业活力，并且以防止产业状况发生剧变（破产频出、业绩剧变、失业增加等）为宗旨的法规。促进企业处理因无法预期的市场萎缩而产生的过剩设备，减轻企业资金负担，并视情况奖励企业实行共同行为（企业合并等）。为了使面临经营困难的企业恢复生机，除了将相关产业的（特定的）个别企业适用税收特别措施外，如果获得公正交易委员会的认可，其共同行为可以豁免《反垄断法》。

另外，《稳特法》《产构法》《顺利转换法》《业务创新法》这四部法律中，还附加了在实施政策时一定不能影响雇佣的注意事项。可见这些法律担心，如果在经济不景气时期缩小生产设备的规模或者引入事业改革，（其他条件不变的情况下）会减少雇佣数量。

然而，在临近《顺利转换法》期限（1996 年）的 1995 年，作为该法的后继法，诞生了《特定企业业务创新顺畅化临时措施法》（简称《业务创新法》）（新法）。⑥该法规的内容是，因内外经济环境的变化，有些行业生产和雇佣减少，这些行业的企业在谋求“业务创新”，即通过开发新商品和引入新生产方式提高效率时，如果计划得到通产大臣的认可，就可能享受产业基础整备基金提供的债务担保和课税的特例措施。接着，在《业务创新法》即将失效的 1999 年，取而代之制定了《产业活力再生特别措施法》（通称《产活法》）（新法）。该新法以商法的豁免和金融、税收制度上的措施等，对通产大臣认可的业务重组计划（为了强化生产力而进行的企业合并、营业转让、新商品开发等），以及活用被认定为企业经营资源的项目给予支持。而且，对创业者以及中小企业开拓新事业特别提供了中小企业信用担保等支持，并且为了奖励开拓新事业，承认民营企业接受政府委托进行研究、技术开发时，取得成果的专利权归属被委托者。⑦

---

⑤ 1995 年，依据《关于为了促进新事业活动而完善相关法律的法律》（《新事业促进法》），《新事业法》（与《民活法》一起）被修改，并且在其后的 1999 年（与部分修订的《新事业创造促进法》一起）被废止。

⑥ 同时，1987 年的《顺利转换法》于 1996 年被废止。

⑦ 因为这个“特例”，《产活法》还被称为日本版的《拜杜法案》。美国《拜杜法案》的正式名称是 Public Law 96 – 517，Patent and Trademark Act Amendments of 1980，该法律规定大学利用政府的援助资金创造的知识产权，不仅归属政府，还归属该大学。

以上与产业结构相关的六个法规，都有调整产业结构的目标，其内容却随着时代变迁发生显著的变化（参见表4.1）。初期的产业结构法规选定特定的产业作为政策实施目标，后期不再针对特定的产业，而是致力于以企业为单位“支持民营企业活力”。主管大臣也发生了变化，不再特别限定为通产大臣。可以说后期的法规不再执着于现有产业的实际状况，而是将新的活动形态和开拓创新型业务纳入视野。特别是《顺利转换法》以后的四个法规，虽说同样是以增强产业结构活力为目的，但是相比以前救济垄断企业，它们将方向转换为培育新行业，或者奖励向新行业的转换（有时候是多样化），以及为开发新支柱产业推进研究开发等。为顺应这种变化，20世纪末产业结构的相关法规中还提到了获取专利。

虽然上述六部法律使用的政策手段都是税收特别措施，但是后期的四部法律，其功能与初期的两部法律在特性上有所不同（变为所谓“向前看”，即面向未来）。[⑧] 20世纪80年代末开始，产业结构相关法规中都提到了零售业和中小企业，这点是值得注意的。不仅如此，在研究相关条文的规定时，可以看到按照《稳特法》《产构法》《顺利转换法》《新事业法》《业务创新法》《产活法》的顺序，随着时间变化法律支援的条件也在逐渐缓和。本来《稳特法》和《产构法》的条件内容基本一致，但是《顺利转换法》支持的对象行为中就包含事业的合并和转让。决定转产等计划的主体是民营企业，国家的立场仅仅是支持它们。另外，随着时间的推移，通产省和公正交易委员会的关系逐渐疏离，到20世纪末前者仅仅向后者说明计划、征求意见。

重视技术开发和研究

1980年到2000年，这段时期通产省相关法律引人注目的特征是将立法重点放在技术和研究上。如果仅看法律题目，在1980年版《通商产业六法》中出现的法律，并没有看到将“技术”和“研究”这样的字眼作为标题的法律。但是，20世纪80年代以后，开始频繁出现使用这些词语作为标题的法律（参见表4.2）。

1985年制定的《基础技术研究顺畅化法》（新法），允许将国有设施廉价地提供给研究者使用，以及将国际共同研究获得的专利权无偿提供给共同研究者，另外还设立

⑧　但是，其成果是否达成政策目的还有另外讨论的余地。

表 4.1　1980—2000 年产业结构相关法律的内容对比

年度	法律名称	按照法律目的分类	指定产业	结构改善计划	课税的特例等
1978	《稳定特定不景气产业临时措施法》（**《稳特法》**）	结构不景气对策	（2）平炉或者电炉炼钢，铝精炼，合成纤维，船舶，其他长期不景气的行业	（3）设备处理，转型，共同行为	
1983	《改善特定产业结构临时措施法》（**《产构法》**）	结构不景气对策	（2）电炉，铝精炼，化学纺织，化学肥料，铁合金，洋纸，板纸，石油化学	（4）设备处理，经营规模的适当化，事业合作	（6）因设备废弃而产生损失的结转，事业合作时的法人税（或者是注册执照税）减免及设备的特别折旧
1987	《顺利转换产业结构临时措施法》（**《顺利转换法》**）	结构不景气对策	（1，4）为了顺利适应新国际经济环境下的产业结构的企业，以及特定地区	（4）长期过剩的设备，以及处理转产中的淘汰设备，事业合作	（11）因设备废弃而产生损失的结转，因事业适应而购入设备、装置的特别折旧
1989	《顺利实施特定新事业临时措施法》（**《新事业法》**）	业务创新与发展	（2）新商品、服务，以及通过新技术生产商品、服务的事业	（3）开拓能够及时对应新经济环境的产业领域	
1995	《关于顺利革新特定企业事业的临时措施法》（**《事业革新法》**）	业务创新与发展	（1，2）生产、雇佣出现减少的行业中希望引入业务创新（开发新商品、新生产方法、新销售方式等）的企业	（1，2）生产、雇佣出现减少的行业中的业务创新（开发新商品、新生产方法、新销售方式等）计划	（15）以业务创新为目的的新机械资产的特别折旧
1999	《产业活力再生特别措施法》（**《产活法》**）	事业的重新活跃	（1）通过“经营资源”的有效活用而希望重新构建事业或者创业的企业	（2）通过“经营资源”的有效活用而希望重新构建事业或者创业的、改变事业结构的计划（合并、废止、多元化、显著效率化、新的国内需求拓展等）；以及相关研究活动的活跃化	（17）在课税上存在特例

注：黑体的法律名称是简称。括号内的数字是相关的条文号。

资料来源：作者制作。

资金筹措	提及中小企业	雇佣	和公正交易委员会的关联
(9) 国家为了实现计划而努力确保资金，以及提供债务担保		(10) 国家在实现计划的同时努力稳定雇佣	(11) 不适用反垄断法
			(12) 主管大臣就事业合作和反垄断法之间的关系进行协商
(10，16—21) 国家为了（过剩或者因转产而不要的）设备处理而（特别是对特定地域）努力确保资金，提供债务担保，补贴财政投融资的利息	(2) 推进中小企业顺利适应新经济环境	(12) 国家和都道府县在实现计划时努力预防失业，为工作调换提供职业培训、就业斡旋等	(9) 主管大臣就事业合作和反垄断法之间的关系进行协商
(6—7) 产业基础整备基金为债务担保以及新事业提供资金			
(11，13) 产业基础整备基金为借入资金提供债务担保；设定中小企业债务保险的特别框架	(2) 包含与工矿业具有很深关联的零售业以及批发行业	(16) 通过企业预防失业，以及其他的稳定雇佣措施	
(8—16) 关于实物出资、自有股票变现、债务转化为股份、产业基础整备基金、活用事业相关补偿等，都存在特例措施	(1) 支持创业以及中小企业开拓新事业	(18) 为稳定雇佣采取必要的措施	(5) 讨论所需措施

表 4.2　1980—2000 年产业技术振兴相关法律的内容对比

年度	法律名称	目的	国有设施的使用及其完善	专利权
1985	《基础技术研究顺畅化法》	（6）设置基础技术研究促进中心，对研究资金提供出资、贷款，和非政府部门实施共同研究、委托研究，收集、整理、提供、调查基础技术信息	（3）使用费可以低于市场价格	（4）承诺无偿或者低价提供国际共同研究成果中的国有专利权
1986	《研究交流促进法》	（1）国家推进理工科相关的国际研究交流	（9）国有研究设施设定低廉的使用费	（6，7）相关研究成果的国有专利权可以转让给国外；还承诺允许无偿使用
1986	《关于通过活用民营企业的能力促进完善特定设施的临时措施法》（**《民活法》**）	（14）设立产业基础信用基金，通过民间从业者促进国家设施的完善	（2，3）民营企业完善国家的设施等	
1988	《关于完善产业技术相关研究开发体制的法律》	（3）通过新能源和产业技术综合开发机构（NEDO），促使国家和民间共同推进产业技术	（3）完善新能源和产业技术综合开发机构的研究设施，并向产业技术的研究开发者开放	
1998	《关于促进大学等技术相关研究成果向民营企业转移的法律》（**《TLO 法》**）	（1）促进大学、高等专科学校等的技术研究成果向民营企业转移		（12—13）国立大学以及国立研究机构的专利转让或者是实施费用的特例措施
1999	《产品制造基础技术振兴基本法》*	（9）政府制订“产品制造基础技术基本计划”		
2000	《产业技术能力强化法》*	（2—3）提高产业技术能力（产业技术的研究开发能力及其成果的企业转化能力）	（15）必要的情况下依据 TLO 无偿提供国立大学等的设施使用	（17）一定条件下减少或者免除专利费

注：黑体法律名称是简称。括号内的数字是相关的条文号。* 表示基本法，不涉及具体的决定。

资料来源：作者制作。

必要资金	税制措施	国际研究交流
（6）政府和政府以外的机构提供基础技术研究促进中心的资本金		
		（3）任用外国人担任研究公务员，派遣研究公务员参加国外的研究会议
（11，12，14—15）国家努力确保和融通、斡旋整备业务的资金；资本金由日本开发银行和民间出资；产业基础信用基金对于促进特定产业基础设施的完善所需贷款提供债务担保	（10）整备企业按照整备计划所取得的建筑物、设施的特别折旧；不动产所得税、固定资产税、特别土地保有税、事业所税（全部是地方税）的特例措施	
（3）NEDO 提供产业技术的研究开发资金；产业基础整备基金对研究基础设施的整备资金提供债务担保		（3）NEDO 协助外国人参与产业技术研究开发
（6—8）当研究开发成果的实用化需要资金时，产业基础整备基金提供借入债务的担保、交付资助金、提供信息，中小企业投资培育株式会社买入股票、可转换公司债券等		

了特别认可法人“基础技术研究促进中心”[⑨]，对于试验研究资金的出资、融资和实施受托试验研究等做出了明确规定。

其次，1986年制定的《研究交流促进法》（新法），承认无日本国籍的个人也可以被聘为研究公务员，这一点改变了以前的国家方针，具有划时代的意义。[⑩] 而且，该法律和上述《基础技术研究顺畅化法》一样，允许无偿提供利用国家资金取得研究成果的专利（专利权或者实用新型专利权）。

同年制定的《关于通过活用民营企业的能力促进完善特定设施的临时措施法》（简称《民活法》）（新法），以促进尖端技术开发为宗旨，重点（不是研究内容）是完善和利用研究设施的硬件条件。即规定了民营企业在（遵从国家认定的计划）建设完善国家的技术开发设施等时，提供税收、金融上的优惠措施。[⑪] 与此相关，政府设立了特别认可法人“产业基础信用基金”（1987年更名为“产业基础整备基金”），实施必需资金相关的债务担保等业务。[⑫]

接着，1988年制定的《关于完善产业技术相关研究开发体制的法律》（《产业技术研究开发体制整备法》，简称《产技法》），追加了新能源和产业技术综合开发机构（New Energy and Industrial Technology Development Organization，NEDO）的业务，规定该机构的宗旨是努力完善开发先进产业技术的各种相关设施、利用其成果进行研究开发并完善相关设施，而且为相关研究开发提供政府资金，帮助海外研究者参与研究开

⑨ 基础技术研究促进中心是为了应对日本搭其他国家开发基础技术的“便车”这种批评而设立的。资金来自（财投的）产业投资特别会计，对于由多个企业共同出资成立的企业或者是企业为了与大学共同研究而设立的公司，以工资、材料费、机械装置购置费等研究经费的70%为限出资。该中心想通过获取研究成果的专利收入等回收资金，但是，根据2000年会计检察院的报告，“实际上很明显能够看出，通过这个方案回收资金是很困难的”（依据2000年会计检察院报告，第4章“有关特定检查对象的检查状况，关于第12基础技术研究促进中心的出资事业”。http：//report. jbaudit. go. jp/org/h12/2000 - h12 - 0625 - 0. htm，最后访问时间：2011年12月19日）。2003年，该中心被解散，其权利义务由“新能源和产业技术综合开发机构”以及“通信和广播机构”（TAO）继承。

⑩ 此后，在1992年修订该法时，确认可以附带任期条件录用研究公务员。

⑪ 依据1995年的《关于为了促进新事业活动而完善相关法律的法律》，同时修订了《民活法》和《新事业法》等，将旨在保护和改善港湾环境、促进再生资源利用以及发展体育产业的设施都纳入《民活法》的对象。

⑫ 产业基础整备基金基于《民活法》《节能和循环利用支援法》《中心地区活跃法》《新事业创造促进法》等，实施债务担保（有担保）、出资、（对政府融资机构的）利息补贴等。此后，（经历许多曲折）2004年中小企业综合事业团（信用保险部门除外）和地域振兴整备公团（地方都市开发整备等业务除外）合并，成立独立行政法人“中小企业基础整备机构”。

发等。希望该机构和其他促进开发“先进产业技术”的一系列法规共同发挥作用。⑬

1998年的《关于促进大学等技术相关研究成果向民营企业转移的法律》(《大学等技术转移促进法》，简称《TLO法》)（新法）规定，当计划将大学的技术研究成果转移到民营企业时，产业基础整备基金对这些企业提供债务担保，同时中小企业投资培育株式会社可以买入该企业的股票、公司债券、可转换公司债券等，还一并规定了减免研究成果专利费的特例。

1999年的《产品制造基础技术振兴基本法》（新法）和2000年的《产业技术能力强化法》（新法）都属于基本法范畴，尽管服务经济在发展，但是前者倡导“产品制造”即制造工业生产活动的重要性，而后者鉴于为实现上一段概述的各项法规目标，必须在教育领域进行技术开发，为此规定了对于TLO可以无偿使用国立大学等国有设施，免除或者减少大学的专利费用。

产业技术相关法律，遵循1995年科学技术厅（科技厅）制定的《科学技术基本法》中提倡的相同理念，为了促进新产业技术开发，提供研究资金，以加强国际、国内共同研究，同时为了共享成果还规定了知识产权（专利）的特例。依据这些法规，即使是获得了政府资金补助的新技术开发，如果研究取得了成功，那么开发的责任人可以通过取得专利等方式将商品的生产垄断权掌握在手中。

如果概览以上各项法律的内容（参见表4.2)，首先可以看到在各项法律内容的背后，围绕国有机构实验研究等的构想发生了大幅度转变。这种转变最直接地体现在科技厅的《科学技术基本法》中，即仅仅依靠国家经费推进（包含大学）国家专业机构的研究开发是不够的，民间人士和企业界必须与国家各机构合作进行技术创新，为此必须降低（或者是撤掉）官民之间的制度壁垒。可以聘用外国研究者为公务员，这样的设想自大正（嘉仁天皇年号，1912—1926年——译注）时代以来从未有过（在这种意义上，或许可以说构想变成了维新，也就是说，不是全新的设想)。该设想的思想基础是，大学和高等专科学校的研究，包括所谓基础研究，必定是“对产业界有用”的东西（实用科学)。⑭

---

⑬ 1991年修改了该法，在NEDO的业务中追加了国家委托的国际共同研究，规定当研究成果获得专利权时，专利权可以无偿或者廉价提供给被委托研究者。

⑭ 这种思想是在回顾过去的过程中（即在判断什么是有用的，哪里有“创新”之后）产生的，是找出产生这些结果的先行研究，对其成果进行赞赏的结果。但是，这里对被称为研究开发的智力工作还存在误解。在回顾科学史和技术史的长期历程时我们会发现，许多推动时代发展的重大发明、发现，事先都并没有考虑到其是否“有用”。创造性的见解，其基础中都蕴含着“游戏”的因素，从这个意义上说，这些发明创造中都包含很大的（和所谓“风险”不同）不确定性要素。

不管怎样，从20世纪80年代到2000年，日本国内的专利申请数量显著增加。这也体现了本节所述法令强调先进技术开发所发挥的重要作用。

从公害到环境再生

在经济高速增长时期，出现了各种各样的公害等负面现象。正如“公害”这个词象征的一样，谋求解决当前这里发生的问题，并且在1980年左右就开始寻求在一定程度上解决。另一方面，从20世纪80年代开始，“地球环境问题”囊括的许多问题都成了焦点。与公害涉及的局部性问题不同，地球环境问题是人类共同面对的问题，而且，相比现在、这里、具体出现的损失，更多的是关注未来的环境问题。如果放任不管，会对子孙后代产生恶劣影响，所以要在现阶段就解决。

最初，1988年制定了《通过限制特定物质保护臭氧层法》。该法律遵循国际条约，宗旨是限制排放破坏（吸收紫外线维护生态系统的）臭氧层的氟利昂气体等。该法律对特定物质（氟利昂、甲烷）的产量以及进口实施许可证制度。另外，国家努力对开发和利用有助于替代、抑制排放及合理使用特定物质的设备提供必要资金及其他援助，并普及调查研究的成果。该法律在1991年修订，特定物质中追加了三氯乙烷、四氯化碳等。1994年修订该法时，特定物质变为由政令规定，而且扩大了范围（参见表4.3）。

表4.3　1980—2000年环境和再生相关法律的主要内容

年度	法律名称	按照法律目的的分类	目的	国家的支持等
1982	临时煤矿矿灾复兴法及煤矿矿灾赔偿等临时措施法的部分修改	环境和再生等	（附则）期限延长10年	
1988	关于通过限制特定物质来保护臭氧层的法律（新法）	环境和再生等	（4—6，16—18）对特定物质（特定氟利昂，特定甲烷）的制造数量以及进口实行许可证制度*	（24，26）国家对于开发、利用、合理化使用特定物质的替代产品、抑制排放的所需设备提供必要资金及其他援助，努力普及调查研究的成果

（续表）

年度	法律名称	按照法律目的的分类	目的	国家的支持等
1991	关于通过限制特定物质来保护臭氧层的法律的部分修改	环境和再生等	（2）特定物质中追加了三氯乙烷、四氯化碳等	
1991	关于促进再生资源利用的法律（新法，《**再生法**》）	环境和再生等	（3—5，10—12）对于政令规定必须或者可能利用再生资源的特定行业的企业，揭示再生资源利用的判断标准，可以进行劝告和命令；明示了政令规定的第一种指定产品（为了能够再利用而在结构和材料上下了功夫的产品）以及第二种指定产品（必须标示可以分类回收的产品）的判断标准，可以进行劝告和命令；企业承担再生资源再利用的责任，消费者也要提供协助	（6—9）国家确保促进再生资源利用的必要资金以及努力振兴科学技术；地方公共团体努力促进国家政策的实施
1992	金属矿业等矿灾对策特别措施法的部分修改	环境和再生等	（1，12）对于关闭的特定设施，为了永久实施矿灾防治事业，采矿权所有者等有义务对矿灾防治事业基金捐款，创设了指定的矿灾防治事业机构从该基金支出矿灾防治费用的制度	（14）当采矿企业不再存在时，指定矿灾防治机构继续该事业
1993	关于促进有关能源等的合理化使用以及再生资源利用的事业活动的临时措施法（新法，《**节能再生法**》）	环境和再生等	（1，2）（工厂、住宅以外的建筑业，供热企业中的）节能，合理使用特定物质（氟利昂气体等），以及对于在主管大臣认可事业计划的前提下促进再生资源利用的企业（或者是共同企业）给予支持	（10—19，21—25）产业基础整备基金提供债务担保，日本开发银行对融资给予利息补贴（对于中小企业，提供中小企业信用保险，买入新发行的股票）；国家努力确保必要的资金；课税的特例（特别折旧等），为了储备再生资源利用准备金而实施法人（所得）税的特别措施

（续表）

年度	法律名称	按照法律目的的分类	目的	国家的支持等
1994	关于通过限制特定物质来保护臭氧层的法律的部分修改	环境和再生等	（2）由政令规定特定物质，扩大了其范围**	
1995	关于包装容器的分类收集以及促进再商品化等的法律（新法，**《包装容器再生法》**）	环境和再生等	（1）谋求包装容器废弃物的分类收集和再商品化，希望减少废弃物的数量和促进再利用	（3—11）都道府县以及市乡村遵循主管大臣制定的基本方针，制订包装容器的分类收集计划，规定使用特定容器的企业、制造特定容器的企业、特定包装的利用者具有再商品化义务
1997	环境影响评价法	环境和再生等	（2，5，7，8，10—12，14，16—18，20—25，27，31，33—38）大规模的、对环境具有很大影响的道路、水坝、铁路、机场、发电站等企业，（1）开工前公示关于环境影响的评价方法，广泛听取（包含都道府县知事和市乡村长的）意见，（2）依据其结果实施环境影响评估，并公示结果，另外召开说明会，在听取（包含都道府县知事和市乡村长的）意见后讨论必要措施并制作评价书，提交给（包含环境厅长官）许可证发放者，（3）接着根据许可证发放者的意见在评价书中实施必要的修改，公告结果，最后（4）以修改后的评价书的记载为基础，在考虑保护环境的同时进行建设。但是，关于电力企业在电力事业法中规定了特例	

（续表）

年度	法律名称	按照法律目的的分类	目的	国家的支持等
1998	特定家庭用机器再商品化法（新法，**《家电再生法》**）	环境和再生等	（1）促进零售企业、制造企业等收集、搬运、再商品化政令规定的特定家庭用机器（空调、电视、冰箱、洗衣机）废弃物，谋求减少废弃物的数量和促进再生资源的充分利用	（3，9—10）分别规定：以主管大臣制定的基本方针为基础，企业、消费者努力减少特定家庭用机器废弃物，贩卖相同机器的零售企业有义务回收该废弃物（收取再利用费用），制造相同机器的企业有义务将这些回收的机器再商品化等
1998	推进地球变暖对策的法律（新法，**《温对法》**）	环境和再生等	（1）确定地球变暖对策的基本方针，谋求推进	（4—7，13）地方公共团体、企业、国民努力减少排放物，排放量多的企业制定、公开发表减排措施，政府每年公开发表温室效应气体的总排放量
1999	关于把握特定化学物质向环境的排放量以及促进改善管理的法律（新法，**《PRTR法》**）	环境和再生等	（1—4）促进企业对第一种指定化学物质的自主管理，环境保护应防患于未然	（5，11）涉及第一种指定化学物质的企业有义务掌握它的排放量以及向主管大臣报告，报告事项的记录内容要符合申请要求
2000	《再生法》的部分修改	环境和再生等	（1—3）法律名称变为《关于促进资源有效利用的法律》，在再利用（recycle，再资源化）中增加了“减少”（reduce，有效利用或者节省资源）和“重新使用”（reuse，再利用化），变为推进这三者合称的3R	

注：黑体是法律名称的简称。括号内的数字是相关的条文号。顺便说一下，1993年颁布了《环境基本法》。

* 保护臭氧层的《维也纳条约》，以及关于破坏臭氧层物质的《蒙特利尔议定书》中规定的。

** 特定物质是依据《蒙特利尔议定书》规定的。

资料来源：作者制作。

对地球变暖问题的关注高涨是在20世纪80年代以后。导致地球变暖的温室效应气体的代表二氧化碳，其本身并不是有害物质，很难用“公害”这样的词概括，但是因为担心二氧化碳排放量增加造成地球变暖会对后代产生影响，促使包括日本在内的世界各国展开积极行动。于是，日本制定了《推进地球变暖对策的法律》（1998 年）。另外，因为二氧化碳主要是燃烧化石燃料产生的，所以这也带动了能源立法。1993 年制定了《为优化能源供需结构而完善相关法律的法律》，1997 年制定了《促进新能源利用特别措施法》，1998 年修改了《合理化利用能源法》（《节能法》）（表 4.4）。这些立法，虽然都是在推进节能和引进新能源的能源政策下产生的，但是这些立法的背景都是地球变暖问题。

表 4.4　1980—2000 年有关资源能源法律的主要内容

颁布年度	法律名称	主要内容
1980	关于促进石油替代能源的开发及导入的法律	为了谋求石油替代能源的开发及导入，制定了“石油替代能源的供给目标”，设立新能源综合开发组织
1981	石油储备法的部分修改	进口企业的储备义务不仅包括原油等，还增加了石油天然气
1981	挥发油销售业法的部分修改	当必须节约使用挥发油时，通产大臣对限制销售商的营业日、缩短营业时间等措施进行公告、劝告、指示
1982	煤矿业合理化临时措施法等的部分修改	期限延长 5 年
1982	深海海底矿业暂定措施法	制定深海海底矿业的许可证制度
1983	金属矿业事业团法的部分修改	在事业团业务中追加了稀有金属的储备
1985	进口特定石油制品暂定措施法（新法，《特石法》）	挥发油、煤油、柴油的进口企业在通产省登记时以在国内准备一定的设备为条件，有效期为 10 年的法律
1985	关于一般电力企业及一般煤气企业公司债券发行限额特例法的部分修改	废除了关于一般煤气企业公司债券发行限额的特例，一般电力企业的公司债券发行限额变更为商法原则的 6 倍
1987	煤矿业合理化临时措施法等的部分修改	期限延长 5 年，对实施煤炭储存管理制度的必要规定、拨付煤炭矿山缩小规模补助金的必要规定进行完善
1988	部分修改振兴开发冲绳特别措施法的法律	为了冲绳电力株式会社实行民营化，讨论了必要的措施
1992	为综合实施推进煤矿业结构调整等的煤炭对策而完善相关法律的法律	规定了以下制度：通过将相关法律的期限延长 10 年、实现煤矿业的合理化及稳定发展、促进煤炭会社开拓新领域等，谋求顺利调整煤矿业结构

（续表）

颁布年度	法律名称	主要内容
1993	关于为了优化能源供需结构而完善相关法律的法律	通过修改节能法强化管制以及在 NEDO 中追加节能技术开发等业务、通过修改代替能源法在 NEDO 中追加了替代能源开发资金补助事业、通过修改石油特会法将“石油及石油代替能源对策”变为“石油及能源供需结构优化对策”
1994	石油公团法的部分修改	在石油公团的业务中追加了在海外进行可燃性天然气液化项目时对于必需资金提供债务担保，对于开采、液化时所需资金提供出资等业务
1994	煤气事业法的部分修改	放宽对一定规模以上的用户提供大宗煤气的行业准入管制及费用管制
1995	电力事业法的部分修改	放宽仅对特定供应地区提供电力的特定电力事业，及对一般电力企业提供电力的批发供给事业的准入管制及费用等
1997	关于促进新能源利用等的特别措施法（新法，**《新能源法》**）	对于利用新能源并受到大臣的利用计划认可的企业，通过中小企业投资培育会社法的特例给予支持
1997	部分修改电力事业法的法律	随着环境影响评价法的制定，规定了关于发电站环境评价的特例
1998	关于合理化使用能源的法律（**《节能法》**）的部分修改	将太阳能发电等代替电力，排除在以燃料作为热源通过转换动力而得到的电力之外。规定了第一种能源管理指定工厂及第二种能源管理指定工厂的相关措施
1999	电力事业法及煤气事业法的部分修改	放松了电力事业的管制，创设了特定规模电力事业制度，建立了当发生下调费用等情况时变更供给条款的申报制度，扩大了制定选择条款的范围，允许联网供应等。同时也放松了煤气事业的管制，建立了当发生下调费用等情况时变更供给条款的申报制度、许可选择条款、许可联网供应等。
2000	关于伴随煤矿业结束结构调整等而完善相关法律的法律	废除了煤矿业结构调整临时措施法等有关煤炭对策的6部法律，通过修改石油特会法废除了煤炭科目。在终止煤炭对策的同时，规定了必要的过渡期措施
2000	关于最终处理特定放射性废弃物的法律（新法）	为了实现高强度废弃物的深层处理而挑选实施地点，规定核能发电企业具有缴纳保证金的义务等

注：黑体是法律名称的简称。

资料来源：作者制作。

另外，有效利用有限资源、尽量将它们留给后代的设想，以推进资源再利用的形式出现。1991 年制定了《促进再生资源利用法》（新法，简称《再生法》），规定了企业承担再生资源利用的责任、消费者也要提供协助的一般性原则，同时，对于必须且能够利用再生资源的特定企业制定了再生资源的判断标准，并可以进行劝告和命令。1993 年制定了《促进能源使用合理化以及再生资源利用等事业活动的临时措施法》（新法，简称《节能再生法》），规定了在主管大臣认可事业计划的前提下对实施节能、合理化使用特定物质（氟利昂气体等）、促进再生资源利用的相关企业（或者是共同企业）提供支持。1995 年制定了《容器包装分类收集及再商品化促进法》（新法，简称《容器包装再生法》），谋求容器包装废弃物的分类收集和再商品化，希望减少废弃物的数量以及促进再利用。

再利用的潮流还涉及机械类，1998 年制定了《特定家用电器再商品化法》（新法，简称《家电再生法》），以主管大臣制定的基本方针为基础，赋予它们各自不同的责任和义务：企业和消费者要努力减少特定家用电器废弃物，出售家用电器的零售企业回收该废弃物（收取再利用费用），制造家用电器的企业将这些回收的电器进行再商品化等。

2000 年，《促进再生资源利用法》更名为《促进资源有效利用法》，在回收利用（recycle，再资源化）的基础上增加了“减少”（reduce，有效利用或者节约资源）和“再利用”（reuse），变为推进这三者合称的“3R”。

围绕管制的法律修订

20 世纪 80 年代以后，经济政策的一个潮流是推进放松管制。这缘于几个理由。第一是贸易摩擦，日本的国内管制作为非关税壁垒妨碍了美国的出口。第二是存在受到管制保护的产业，使内外价格产生差异，消费者蒙受了损失，使作为使用者的产业（特别是制造业）在国际竞争中处于不利位置。第三是景气对策（经济对策），为了重新搞活 20 世纪 90 年代变得低迷的日本经济必须放松管制。

如果从大的方面看，在 1995 年 3 月 31 日决定的“推进放松管制计划”中，关于限制产业内竞争的管制有如下记叙：

> 对于从调节竞争性产业供求结构的角度实施准入、设备管制，在考虑事业的内容、特性等的同时，还必须从根本上修订，乃至废除。

在行政改革的大潮中实施了放松管制的法令修改。

从放松管制的角度看，通产省相关法令特别重要的修订有：《关于调整大型零售商店零售业务活动的法律》（通称《（旧）大店法》）中有关放松管制的动作，以及围绕能源行业相关法律的放松管制。另外，在放松管制的进程中，从保护消费者的角度出发进行的加强管制也引人注目。上述三项修改中，围绕《大店法》的动作在石原武政编著的《日本通商产业政策史（1980—2000）：商务流通政策》中有详细记叙，所以下面仅概述能源领域的放松管制和消费者保护中的加强管制。

放松能源领域的管制

原本能源领域中制定了《电力事业法》《煤气事业法》《石油业法》等行业法，实行了各种各样的管制。

20世纪80年代初这种倾向还在继续，1981年通过部分修改《挥发油销售业法》，当必须节约使用挥发油时，通产大臣可以通过公告、劝告、指示来实施限制销售商的营业日、缩短营业时间等措施。

虽然当时的《石油业法》规定石油制品的进口实行申报制，但是实际上按照行政指导的意见，除了规定范围内的重油、石脑油、液化石油气以外，石油制品的进口是被禁止的。⑮ 因此，1984年神奈川县的汽油企业依据法律从新加坡进口廉价汽油，这一事件成了业界争论的焦点。

1985年颁布了有效期为10年的法律《进口特定石油制品暂定措施法》（1985年法律第95号，简称《特石法》），该法律终止了石油制品（挥发油、柴油、煤油）的进口业务适用于《石油业法》申报制的规定，确定只有具备储油能力、产品品质调节能力、能够应对产品进口数量变动并且在日本国内拥有替代生产能力的企业，才能被认定为有进口石油产品的注册资格。乍一看好像是加强了管制，但是如果与按照行政指导意见事实上禁止进口石油产品的状态相比，其实是放松了管制。然而，能够满足该法律的要求进口石油产品的企业，实际上仅限于石油精炼企业。

随着对石油产品进口问题的进一步讨论，必须彻底实行自由化的思想在通产省内占据了主流，于是1995年制定了《为了确保稳定并有效供给石油制品完善相关法律的法律》，该法律通过废除《特石法》、修改《石油储备法》、全面修改《挥发油销售业

---

⑮　本段依据佐伯彰洋，《石油行政中的行政指导》，《同志社法学》，第37卷第6号，1986年编写。

法》、制定《确保挥发油品质法》，实现了自由进口石油产品。结果，不光进口石油产品变得自由，还解禁了石油精炼企业以外的企业进口石油产品的业务。1998 年，石油审议会（石油部会基本政策小委员会）提议废除紧急时刻以外的石油精炼业供求调整管制。受此影响，2001 年废除了《石油业法》。这样，围绕石油业界的放松管制就告一段落了。

虽然没有像石油行业那样出现剧烈变化，但是电力行业和煤气行业也能看到放松管制的动作，其结果是修改了相关法律。以《电力事业法》和《煤气事业法》为基础的管制具有地区垄断思想，一个企业可以对特定地区消费者的供给实行垄断，但是费用等要遵从各种各样的管制，这是这些法律的基本思想。然而，从纠正内外价格差异和促进竞争的角度出发，需要修改这种管制体系。

最初，1994 年修订了《煤气事业法》，放松了对一定规模以上的消费者提供大宗煤气的准入管制及费用管制。

1995 年全面修改了《电力事业法》。修改的要点是：①扩大新企业参与发电业务，②创设特定电力事业制度，③改善及放松费用管制，以及④电力企业明确自我责任和合理实行安保管制。①是原则上废除了进入电力批发行业的许可证制度，引入招投标制度。通过这项制度，成立了被称为 IPP（Independent Power Producer）的独立发电企业。③是为了稳定负荷，将决定费用明细的方式由许可证制改为申报制，而且引入了容易衡量经营效率的费用检查方法。另外，通过④，国家尝试仅最低限度参与重点项目。

1999 年也大幅修改了《电力事业法》。其要点是：

①为规模在 2000 千瓦以上、2 万伏以上特高压电力的需求者（特高压需求者）供电的电力零售业部分实现了自由化，在零售部门中也彻底引入竞争机制；

②新设立了电力会社将输电网络向外部电力企业开放的托运制度；

③降低电费方式由许可证制改为申报制；

④取消了对电力企业的兼营管制等。

这次修订导致众多企业纷纷进入电力零售行业，促成了“特定规模电力公司”（PPS，Power Producer and Supplier）的出现，更促进了 9 个电力会社间的竞争。例如，2000 年 3 月东京电力设立了 My Energy 株式会社，在东北电力和中部电力的供电区域从事本地发电业务，2002 年 3 月还在仙台市的电力招标中投标。但是，这样的自由化并不是全面性的，一般家庭和中小工厂等特高压以外的消费者没能成为自由化对象，和从前一样还是在《电力事业法》的管制下由各电力会社供电。

同年还修改了《煤气事业法》，建立了当发生下调费用等情况时变更供给条款的申报制度、许可选择条款、许可联网供应等。

加强保护消费者的管制

综上所述，为了不制约企业间的竞争，从1980年到2000年出现了放松管制，但是加强了关于消费者保护的管制（参见表4.5）。

表4.5 1980—2000年消费者保护相关法律的主要内容

成立年	法律名称	主要内容
1982	关于受托在海外商品市场进行期货交易等的法律	为了公正海外商品市场受托期货交易等，防止损害期货交易委托者的利益，规定了书面交付的义务、禁止不正当行为等
1984	部分修改分期付款销售法的法律	对于与消费者频繁发生纠纷的分期付款购买合约，规定了标明交易条件、书面交付、无条件退货、合同解除的限制等
1986	关于托管特定商品等交易合同的法律	对于约定了“特定商品”的托管、提供财产利益的合同，规定了书面交付的义务、禁止不正当推销行为、无条件退货等
1988	部分修改关于上门销售法等法律的法律	在上门销售、邮购交易以及连锁销售中，鉴于销售者和消费者之间频发纠纷的现状，为了谋求公正交易而采取强化管制等必要措施
1992	关于对特定债权相关事业进行管制的法律	对于租赁、信用贷款等特定债权的转让、销售等相关业务，从保护投资者的角度出发采取必要管制措施
1996	部分修改有关上门销售法等的法律及通商产业省设置法的法律	从应对消费者交易形态多样化及交易纠纷激增的观点出发，为了谋求电话推销、连锁销售交易等的合理化，采取必要措施
1999	部分修改有关上门销售法的法律及分期付款销售法的法律	鉴于美容沙龙、英语会话教室等提供特定连续服务的行业，其纠纷增加及使用分期付款销售方式增加，所以通过规定书面交付的义务和解除合同的相关措施，谋求交易的合理化
2000	部分修改有关上门销售法的法律及分期付款销售法的法律	由于普及电子商务交易而使交易形态多样化，导致邮购等领域消费者的实际受害状况发生了变化，因此在上门销售等相关法律中修改了有关消费者保护的规定，同时在分期付款销售法中也进行了必要的修改

资料来源：作者制作。

其中最具代表性的是数次修改《关于上门销售等法律》（《上门销售法》）。[16]《上门销售法》是1976年制定的，截至2000年被修订过三次。该法律对通过上门销售产品设立了无条件退货等规定，但是1988年修改法律时在法律对象中增加了服务相关的上门销售等，加强了管制。1996年的修改，还将管制扩大到通过电话推销产品。2000年，进一步将互联网广告纳入该法的管制对象中。

1982年，制定了《关于受托在海外商品市场进行期货交易等的法律》。1984年修改了《分期付款销售法》。1986年制定了《托管特定商品等交易合同法》。1988年，作为议员立法通过了《部分修改关于防止老鼠会的法律》。另外，由经济企划厅管辖，作为有关消费者保护的重要法律，1994年实施了《制造物责任法》（《PL法》）。

产业布局的兴衰

产业布局相关法规是与20世纪80年代多次被提倡的地方分权运动紧密相关、主要意图是推动产业向地方分散的众多法律，地方政府遵循这些法律实施计划时，国库提供了约半数的资金支持。[17] 其中承担主要作用的是1983年颁布的《高科技工业聚集地区开发促进法》（简称《科技城法》）（新法）和1988年颁布的《促进利于地区产业优化的特定事业集中法》（简称《头脑立地法》）（新法），这两部法规被认为促进了东日本机械零部件供给企业聚集地的形成。[18] 对这些与计划相关的企业在税法中规定了特例，而且为了减轻它们的负担，相关地区的地方政府还设立了支付国家拨款等特例（参见表4.6）。

其中，《科技城法》制定了以下规则：[19]

①为促进现有工业聚集地以外的高科技工业聚集发展，当开发区政府的税收出现减少时，由国家通过地方交付税填补；

---

⑯ 详细内容请参照通商产业政策史编纂委员会，石原武政编著，《日本通商产业政策史（1980—2000）：商务流通政策》第8章“消费者行政”。

⑰ 过去，有关产业布局政策的法规有1962年制定的《新产业城市建设促进法》（简称《新产法》）、1964年制定的《工业整备特殊地域整备促进法》（简称《工特法》）（2001年全部被废除）。

⑱ 2011年3月11日东北地区太平洋地震和海啸带来的灾害，也侵袭了这些地区，导致生产供给能力的崩溃。受灾后如何重建，是灾后日本国民的一个重要课题（另外，这两部法律还与振兴中小企业有关）。

⑲ 1999年进行了部分修改［作为促进开拓新事业领域的支持措施，在商法特例中追加了发行无表决权股票、赋予新股认购权、关于事后设立（将公司设立前已预定使用于公司营业的财产，在公司设立后由公司受让的契约——译注）的监理人调查等特例］。

表4.6　1980—2000年产业布局相关法律的内容对照表

年度	法律名称	目的	条件	资金筹集	课税的特例	用地的确保和整备	提及中小企业
1983	高科技工业聚集地区开发促进法（**《科技城法》**）	（1）促进立足于高新技术的工业聚集地的开发	（3）适合存在大量高科技开发企业的地区，确保用地、用水、住宅用地，拥有城市、大学、高速运输设施	（7）法人支出的基金支持资金计入亏损金额；支持地方公共团体发行地方债	（8）利用地方交付税，填补地方政府因固定资产税的差别课税导致的减收	（10）支持依据《农地法》等进行的土地分割	
1988	促进利于地区产业优化的特定事业集中法（**《头脑立地法》**）	（1，2）促进"高科技产业"企业向产业聚集地区聚集	（3）确保产业聚集地、高科技人才，拥有高速运输设施及信息设施	（7—8，13，15）借入资金由产业基础整备基金提供债务担保；国家和地方政府努力确保资金；支持地方公共团体发行地方债	（11，12）为了该目的而取得的建筑物、设备等实行特别折旧；利用地方交付税，填补地方政府因固定资产税的差别课税导致的减收	（16）支持依据《农地法》等进行的土地分割	
1998	新事业创造促进法*	（1，3）完善个人创业、新事业、中小企业利用新技术的事业、活用地区产业资源的事业环境		（13，16—17，21，27）国家为中小企业提供特定补助金，通过中小企业投资培育株式会社认购新股及提供债务担保，依据现代化资金法的出资特例和中小企业信用保险法提供债务担保			聚焦中小企业的法规

注：黑体是法律名称的简称。括号内的数字是相关的条文号。

* 替换被废除的《科技城法》（1983年）和《头脑立地法》（1988年），制定了本法规。

资料来源：作者制作。

②国家以补贴费用为目的，协助（通过地方公共团体）发行地方债；

③对于为了促进工业发展而进行的土地开发（或者是土地处理）（尽管有《农地法》等的规定）给予照顾。

另外，为了促进“头脑密集型”产业向满足一定条件的（现有产业聚集地以外的）地区聚集，《头脑立地法》不仅在地域振兴整备公团的业务中追加了业务用地的建设，而且在产业基础整备基金业务中追加了提供债务担保，更引入了税收制度的特例。[20]

然而，20 世纪 90 年代中期，将重点放在产业布局上的产业政策逐步衰退。因为 90 年代虽然没有改变地区振兴政策的重要性，但是重新认识到城市聚集的优点，同时开始重视企业的网络发展。另外，也是为了缩小地区差异。不管怎样，在土地泡沫破裂的情况下，即使形成了工业团地，很多地区也无法吸引足够的企业进驻，还频繁出现因为坐拥大量剩余的工业团地而影响地方政府财政的问题。

1998 年废除了《科技城法》《头脑立地法》，新制定《新事业创造促进法》（新法）[21]，以各都道府县为中心设立支援机构，活用高科技产业聚集地区等，提出了活用“地区产业资源”以完善事业环境的目标。但是该法的内涵是开始实施包含个人创业的新事业，以及将着力点放在支持活用新技术的中小企业上。这些与其说是为了产业布局，倒不如说是以振兴中小企业为主要目的的法律制度。

中小企业政策相关法律的重要性始终没有改变

从 1980 年到 2000 年，中小企业政策相关法律的重要性始终未减，基本每年都制定了以振兴中小企业为目的的法律。下面我们将遵循政策目的，将中小企业政策相关法律制度大致分为 4 个种类概述：（a）经济萧条行业和地区对策，（b）支持中小企业挑战新事业，（c）完善中小企业支援体制，（d）中小企业集中布局。

（a）经济萧条行业和地区对策

1980—2000 年，以中小企业经济萧条对策和地区对策为目的实施了 4 部法规，分别是：1983 年颁布的《特定行业关联地区中小企业对策临时措施法》，1986 年有 2 部法规，即《特定中小企业转产对策等临时措施法》及《特定地区中小企业对策临时措

[20] 1990 年部分修改了《头脑立地法》：为从过度密集地域转移必需的资金提供贷款和扩充课税特例等。

[21] 但是 1998 年，作为过渡性措施，将依据《新科技城法》实施的第 3 期开发计划的有效期延长到 2005 年 3 月。

施法》，以及1993年的《关于特定中小企业进入新领域顺利适应经济结构变化的临时措施法》（参见4.7）。

其中，第一部法律《特定行业关联地区中小企业对策临时措施法》规定，特定地区中小企业及由它们组成的事业协同组合开拓新领域时，作为支持引入了中小企业信用保险的特例和课税特例等支持制度。㉒ 三年后（1986年）制定的第二部法律《特定中小企业转产对策等临时措施法》（新法，实施期限为两年），对属于都道府县知事指定的行业，并且因贸易结构及其他经济形势的显著变化而不断受到影响的中小企业的转产计划，规定在税收制度及资金上提供支援。㉓ 另外，第三部法规《特定地区中小企业对策临时措施法》（1986年的新法，五年后失效）规定，㉔ 与地区经济贸易具有很深关联的中小企业或者由它们组成的事业协同组合等，由于经济状况的显著变化而产生经营上的困难，希望通过进入新领域等“适应措施”攻克难关时，可以利用中小企业信用保险的特例和课税的特例进行支援。㉕ 同样，第四部法规《关于特定中小企业进入新领域顺利适应经济结构变化的临时措施法》（1993年的新法，实施期限为七年）也规定，对受经济结构变化影响行业的中小企业开拓新事业领域，或通过开展海外事业谋求“顺利”适应新情况，提供支持，㉖ 而且两年后放宽了困难状况的条件，追加了“国际经济发生急剧变化的影响”，政府支持的对象增加了为摆脱影响而开拓新领域和开发新商品、新技术等。㉗

（b）支持中小企业挑战新事业

20世纪80年代后期到整个90年代，相继出现了促进中小企业革新和挑战新领域（包含风险事业）的法律，即1985年的《中小企业技术开发促进临时措施法》（新法，简称《中小技术法》），1988年的《关于通过不同领域中小企业的知识融合促进开拓新领域的临时措施法》（新法，简称《知识融合化法》），1995年的《促进中小企业创造性事业活动临时措施法》（新法，简称《中小创造法》），1998年的《新事业创造促进法》（新法），以及1999年的《中小企业经营革新支援法》（新法）（参见表4.7）。

㉒ 形式上是将《特定不景气地区中小企业对策临时措施法》（1978年法律第106号）的期限延长了5年，同时对部分内容进行了修改。得到支持的事业计划，必须事先得到都道府县知事的认可。

㉓ 同时，废除了1976年颁布的《中小企业转产对策临时措施法》。

㉔ 废除了《特定行业关联地区中小企业对策临时措施法》（1983年）。

㉕ 但是，必须遵从得到都道府县知事认可的计划。

㉖ 这种情况，也仅限于遵从得到都道府县知事认可的新事业进入计划（等）。

㉗ 仅限于遵从得到都道府县知事认可的新事业进入计划（等）。

表 4.7　1980—2000 年有关支援中小企业和联合组织等法律的内容对照表

年度	法律名称	按照法律目的分类	目的	条件	资金筹集	课税的特例	其他
1983	特定行业关联地区中小企业对策临时措施法（形式上是《特定不景气地区中小企业对策临时措施法》的部分修改）	经济萧条和地区对策	（1）支持开发新产品、新技术，开拓需求，事业和设备的现代化，培养人才、合理化经营等	（3）得到都道府县知事认可的中小企业或者是事业协同组合等的实施计划	（4，6）国家努力筹集资金；信用担保协会的担保成为现代化保险的特例	（7）（相关组合）负担的用于试验研究的费用及取得的资产适用特别折扣，增加试验研究经费时适用课税特例	（12）对于开拓新领域的土地、设施，在特别土地保有税、事业所税（全部是地方税）中实施必要措施
1985	中小企业技术开发促进临时措施法（新法，《中小技术法》）	挑战新事业	（1）支持中小企业的技术开发	（4）得到都道府县知事认可的中小企业或者是事业协同组合等的实施计划	（7，8）国家努力筹集资金；中小企业投资培育株式会社，认购为了筹集资金而发行的新股、可转换公司债券；通过信用担保协会的担保可以适用保险费等特例	（9）（相关组合）负担的用于试验研究的费用及取得的资产适用特别折扣，增加试验研究经费时适用课税特例	（10）国家和地方公共团体通过提供信息、培养人才等促进技术开发
1986	特定中小企业转产对策等临时措施法（新法，两年后失效）［废除了中小企业转产对策临时措施法（1976）］	经济萧条和地区对策	（1）应对国际经济环境变化的中小企业（或者由中小企业构成的商工组合等）顺利实现转产	（2—3）通产大臣认定的行业中得到都道府县知事认可的实施计划	（7，14）必需资金的担保特例及必需资金的特例措施；保险费率降低 1/3；国家努力确保必要资金	（8，12，附则 5）（对相关组合征收的）试验研究费用实行任意偿还并作为免税对象，事业税及土地保有税的特例措施；对于亏损金额，法人税通过依次倒算返还	（15，17）国家和都道府县共同稳定雇佣和支援经济衰退地区

（续表）

年度	法律名称	按照法律目的分类	目的	条件	资金筹集	课税的特例	其他
1986	特定地区中小企业对策临时措施法（新法，五年后失效）（废除了特定行业关联地区中小企业对策临时措施法）	经济萧条和地区对策	（1）通过顺利应对经济状况的显著变化，稳定包含雇佣的地区经济	（3）都道府县知事认可的特定区域中小企业或者事业协同组合开展新事业、培养人才、合理规划事业规模等实施计划	（4，5）国家和都道府县努力筹集资金；为资金提供信用保险的保险费降低1/3	（7，8，10）（对相关组合征收的）试验研究费用实行任意偿还，置换资产适用课税特例和机械等适用特别折旧，以及土地保有税的特例措施	
1988	关于通过不同领域中小企业的知识融合促进开拓新领域的临时措施法（新法，《知识融合化法》）	挑战新事业	（3）不同领域中小企业顺利进行知识融合、交流、组织化，利用研究开发成果，满足需求	（4）不同领域中小企业的事业协同组合制订开展知识融合事业计划，并得到行政厅的认可	（7）国家努力确保资金；扩大信用保险的投保限额，无担保债务担保适用保险费的特例措施	（8）（对相关组合征收的）试验研究费用适用特别折扣，所购固定资产适用所得税特例，对于开发准备公积金提供特别措施	
1992	关于活跃特定中小企业聚集的临时措施法（新法）	中小企业集中布局	（1）通过促进特定中小企业的聚集，强化地区中小企业的自律性发展基础	（5—10）得到通产大臣和都道府县知事的认可，与都道府县制订的活跃计划相关的中小企业进入（以及顺利进入）特定领域的计划	（11—13）国家和地方公共团体努力确保资金；中小企业投资培育株式会社认购新股、可转换公司债券；另行设定债务保险的投保限额，提高补偿比例和降低保险费率	（16）（对相关组合征收的）负担费用适用特别折扣等	

（续表）

年度	法律名称	按照法律目的分类	目的	条件	资金筹集	课税的特例	其他
1993	部分修改关于特定中小企业进入新领域顺利适应经济结构变化的临时措施法	经济萧条和地区对策	（1—2）为了适应经济变化，帮助中小企业顺利开拓新领域及开展海外业务	（3—4）得到都道府县知事认可的，该领域的中小企业开拓新领域等计划	（5—6，9）中小企业设备现代化资金的偿还期限适用特例；为债务资金提供担保的相关保险适用特例；国家及都道府县努力确保资金	（11）对于确实缩小规模的旧事业（但是必须得到都道府县知事的认可）适用课税特例	（12）符合条件的中小企业努力稳定雇佣，国家和都道府县努力稳定雇佣、进行职业培训等
1995	促进中小企业创造性事业活动临时措施法（新法，《中小创造法》）（废除了《中小技术法》《知识融合化法》）	挑战新事业	（1）通过促进中小企业的创造性事业活动，谋求开拓新事业和顺利转产	（2，4）设立时间在5年以内的中小企业或者是试验研究经费占收入一定比例以上的企业，以及得到都道府县知事认可的个人	（7，8）国家和地方公共团体努力确保资金；中小企业投资培育株式会社认购新股、可转换公司债券；另行设定债务保险的投保限额，提高补偿比例和降低保险费率	（10）为了研究开发等目的而购买的机械等适用课税特例，（对相关组合征收的）试验研究费用适用特别折扣等，发生损失时依照税收特别措施法采取特别措施	
1995	关于特定中小企业进入新领域顺利适应经济结构变化的临时措施法的部分修改	经济萧条和地区对策	为了帮助受到经济结构变动影响较大并由政令规定的行业中的中小企业及其组合等，顺利开拓新领域或者开始实施、扩大海外事业	（6）制订了“事业发展计划”，并得到都道府县知事认可的特定领域的中小企业或是它们的组合等	（6，9）中小企业现代化资金等推动法的特例措施；国家和都道府县努力筹集资金	（10）依照税收特别措施法采取特别措施	（12）讨论了特定中小企业稳定雇佣的措施

（续表）

年度	法律名称	按照法律目的分类	目的	条件	资金筹集	课税的特例	其他
1996	《中小创造法》的部分修改	挑战新事业	（14）为促进开拓新事业领域而追加支援措施	（14）通产大臣将支持创造性事业的组织指定为“指定支援机构”	（8，11）扩大有关研究开发事业所需资金债务担保的投保限额；“指定支援机构”对中小企业关于创造性事业发行公司债券提供债务担保，另外设定金融支援基金；中小企业信用保险公库对于中小企业通过指定支援机构发行的公司债券提供债务担保	（14）规定了特例：为金融支援基金提供的资金直接计入亏损	（8）为了进行被认定的研究开发项目而分期购买机械及项目分期或者相关租赁费用可以缔结（中小企业信用保险公库的）机械类信用保险合同
1997	《中小创造法》的部分修改	挑战新事业	（10）追加天使税制			（10）符合条件的中小企业发生股票转让损失时适用税收特别措施法规定的（转入扣除等的）课税特例	

（续表）

年度	法律名称	按照法律目的分类	目的	条件	资金筹集	课税的特例	其他
1997	关于活跃特定产业聚集的临时措施法（新法，废除了关于活跃特定中小企业聚集的临时措施法）	中小企业集中布局					
1998	《新事业创造促进法》（新法）	挑战新事业	（1）通过个人创业和中小企业开发新技术促进事业发展，完善促进地区产业自律性发展的事业环境	（3，9）遵循主管大臣决定的关于完善事业环境的基本方针，进行创业等技术革新	（4—8，10，12，16，17，28）中小企业事业团提供资金；对于无担保保险的债务担保设定特殊范围和降低保费；赋予董事、利用者新股认购权时适用特例；国家努力增加特定补助金的支出；中小企业投资培育株式会社可以认购或者持有该中小企业或者个人发行的股票；提高资金债务担保的投保限额		

（续表）

年度	法律名称	按照法律目的分类	目的	条件	资金筹集	课税的特例	其他
1999	《中小企业经营革新支援法》（新法）	挑战新事业	（1）支持中小企业应对经济环境变化的经营革新	（3，4，10）中小企业以及它们的事业组合等（a）遵循通产大臣确定的经营革新方针制订经营革新计划，并提交给行政厅获得认可，或者（b）经营基础强化计划提交给主管大臣并得到认可	（6，7，12）另行设定债务保险的投保限额以及增加额度，提高补偿率；现代化设备资金贷款的偿还期限最长为7年	（9，13）尽量减少生产、交易金额，对于通产大臣确定的行业实行（a）针对设备的课税特例，（b）针对损失的特别措施；组合等实施的试验研究所需费用适用特别折扣等	
1999	《新事业创造促进法》的部分修改［废除了顺利实施特定新事业的临时措施法（《新事业法》）］	挑战新事业	（11）为了促进开拓新事业领域而追加支援措施		（11）发行无表决权股票的特例，有条件赋予新股发行认购权的特例；确定债务担保的特殊范围，增加保险金额以及降低保险费率		

注：括号内的数值是相关的条文号。为了满足本表记载的各项法律目的和规定，1999年部分修改了《中小企业基本法》。另外，为了与本次修改相关的法律在内容上保持一致，同年，颁布了《为了活跃中小企业事业活动而部分修改中小企业相关法律的法律》（法律第222号）。

资料来源：作者制作。

其中，第一部《中小技术法》（1985 年）是针对中小企业或者中小企业事业组合开展技术开发事业，第二部《知识融合化法》（1988 年）是针对分属不同领域的多个中小企业通过事业协同组合、利用知识融合实施新产品研究开发等，以及第三部《中小创造法》（1995 年）是针对创业五年以内的中小企业，或者是负担较高比率实验研究费的企业。

中小企业进行研究开发事业，都通过适用中小企业信用保险的特例和课税的特例等给予支持。㉘ 接着第四部《新事业创造促进法》（1998 年）㉙，支持个人创业、通过设立新企业开始新事业、中小企业活用新技术开展事业，以及活用地区产业资源完善事业环境（设置各都道府县的核心支援机构、活用高科技产业聚集地区的资源）等，另外第五部《中小企业经营革新支援法》（1999 年），在金融、税制上对中小企业通过开发新产品和引入新生产方式等的经营创新计划（但必须是都道府县知事认可的）提供支持。另外，对因经济状况发生显著变化而导致经营状况恶化的行业，采取措施强化中小企业经营基础。此外，1999 年，部分修订上述《新事业创造促进法》（1998 年），追加了支持促进开拓新事业的措施，如发行无表决权股票、赋予新股认购权、事后设立（将公司设立前已预定使用于公司营业的财产，在公司设立后由公司受让的契约——译注）的监理人调查等商法特例。㉚

上述（a）（b）两项中有关支持中小企业的法规，按照其目的可以分为经济萧条对策（a）和提高企业活力（b），这一点与前面“围绕产业结构的政策思想变化”中考察的与“产业结构”政策相关的各项法规相似。而且，以提高企业活力为目的的各项法规，在内容、概念和政策手段方面与相关政策有很多共通点。原本，“产业结构”政策是从前半时期的经济萧条对策转变为后半时期的创新、再活跃化，但是在中小企业政策中并没有看到这种直线型的变化，而是交替出现经济萧条和地区对策、创新和活跃化政策。不仅如此，随着时代的发展，中小企业政策中关于创新和活跃化法规的出现频率增加了。这些反映了中小企业政策已经摆脱社会政策的特性，开始更聚焦经济

㉘ 前提全都是相关计划得到都道府县知事等的认可。另外，颁布《中小创造法》的同时，废除了《中小技术法》（1985 年）和《知识融合化法》（1988 年）。

㉙ 废除了与产业布局相关的《科技城法》（1993 年）和《头脑立地法》（1998 年）。

㉚ 另外，废除了《新事业法》（1989 年，见表 4.1）。

政策方面。[31]

（c）完善中小企业支援体制

在政策上支持中小企业的法律制度，根据需要修订数次。表4.8显示了1980—2000年这些法规的修订情况。

1999年大幅修改《中小企业基本法》（1963年法律第154号），在修改中小企业定义的同时引入了几个新的概念，更修正了关于中小企业的基本观点。[32] 首先，中小企业的定义被修改为：

（1）制造业、建筑业、运输业等企业的资本金标准由以前的1亿日元以下变为3亿日元以下，不包括批发业、零售业以及服务业。

（2）批发业企业的资本金（等）标准由以前的3000万日元以下变为1亿日元以下。

（3）服务业企业的资本金（等）标准由以前的1000万日元以下变为5000万日元以下，另外从业者人数的标准由以前的50人以下变为100人以下。

（4）零售业企业的资本金（等）标准由以前的1000万日元以下变为5000万日元以下。

表4.8　1980—2000年有关完善中小企业支援体制的法律的主要内容

颁布年度	法律名称	主要内容
1980	部分修订《中小企业金融公库法》的法律	为了扩充、强化中小企业金融公库的功能，完善了政府对中小企业金融公库追加出资的规定，同时将债券发行限额由资本金的20倍提高到30倍
1980	《中小企业事业团法》	解散“中小企业互济事业团”和“中小企业振兴事业团”，新设立“中小企业事业团”。新事业团在继承两个旧事业团业务的同时，为了继承它们的一切权利及义务而完善了必要的规则
1980	部分修订《中小企业等协同组合法》的法律	在火灾互济协同组合的业务中增加了火灾互济业务，在从事综合互济业务的同时，扩大了互济业务利用者的范围。另外，在修改干部选拔方法的同时，为了清理有名无实的工会组合而完善必要的规则

㉛ 虽然如此，但是通过政策创新支援风险企业并不总能获得成功。政府的政策能否帮助风险企业获得成功，值得怀疑。有评价认为基础技术促进中心没有取得成功，不也是因为存在这样的问题吗？

㉜ 依据部分修改《中小企业基本法》等的法律（法律第146号）。另外，伴随《中小企业基本法》的修改，有关活跃中小企业事业活动的一系列法律［依据《为了活跃中小企业事业活动而部分修改中小企业相关法律的法律》（法律第222号）］也被部分修订。

（续表）

颁布年度	法律名称	主要内容
1980	部分修订《中小企业信用保险法》的法律	为了谋求中小企业的稳定经营，在中小企业破产的定义中增加了破产原因的种类，同时提高了投保限额，新设了新技术企业化保险等
1980	部分修订《防止中小企业破产互济法》的法律	鉴于因客户企业破产而使中小企业陷入困境的状况，在提高互济金贷款限额的同时，讨论了提高每月赊账金额、新设清偿补助金的支付制度等措施
1982	部分修订《小型企业互济法》的法律	鉴于经济状况的变化，在提高小型企业互济合同中每月最高赊账限额的同时，讨论了完善互济金内容等措施
1982	部分修订《中小企业信用保险法》的法律	新设了能源对策保险制度，扩大了破产中小企业的范围
1984	部分修订《中小企业等协同组合法》及中小企业团体组织相关法律的法律	放松了事业协同组合、商工组合等编外成员利用规则
1985	部分修订《防止中小企业破产互济法》的法律	提高了每个月的赊账限额等
1986	部分修订《中小企业指导法》及《中小企业现代化资金助成法》的法律	各都道府县分别指定了指导中小企业利用电子计算机进行经营管理的法人
1986	部分修订《中小企业信用保险法》及《特定中小企业转产对策等临时措施法》的法律	中小企业信用保险法规定，与破产相关的担保涉及萧条行业的中小企业时，必须提高无担保保险的投保限额
1988	部分修订《中小企业信用保险法》及《中小企业信用保险公库法》的法律	提高普通保险等的投保限额，新设海外投资相关保险及新事业开拓保险
1989	部分修订《小型企业互济法》及《中小企业事业团法》的法律	为了应对经济情况的变化、谋求扩充小型企业互济制度，讨论了提高赊账限额、引入分期付款制度、扩大结余资金的运用范围等措施
1989	部分修订《中小企业投资培育株式会社法》的法律	中小企业投资培育株式会社的业务中追加了认购，及持有资本金1亿日元以下的株式会社成立时发行的股票
1989	部分修订《中小企业事业团法》的法律	为了促进中小企业应对经济环境变化、改善中小企业行业结构，讨论增加中小企业事业团业务内容等必要措施
1991	关于为了确保中小企业的劳动力而促进改善雇佣管理的法律（新法，简称《中小企业劳动力确保法》）	通过在雇佣促进事业团的业务内容中追加从事改善中小企业雇佣管理业务的事业协同组合、提供中小企业信用保险的特例等，支持遵循都道府县知事认可的改善计划

（续表）

颁布年度	法律名称	主要内容
1993	部分修订《中小企业信用保险法》的法律	提高投保限额
1993	《关于通过商工会及商工会议所支援小型企业的法律》（新法）	商工会、商工会议所从事完善小型企业的共同工厂、共同店铺等事业，同时由全国商工联合会及日本商工会议所对所需资金提供债务担保
1995	部分修订《小型企业互济法》及《中小企业事业团法》的法律	为适应社会经济环境的变化谋求重新构建防备小型企业事业荒废的小型企业互济制度，采取必要措施
1995	部分修订《中小企业信用保险法》的法律	提高投保限额
1997	部分修订《中小企业等协同组合法》及《中小企业团体组织相关法律》的法律	为了中小企业应对经济环境的变化，强化组合的经营基础等，采取活用组合闲置资产等措施
1998	《关于中小企业等投资事业有限责任组合合同的法律》	在中小企业进行投资事业的组合合同中，分别新设了约束无限责任组合成员和有限责任组合成员的相关制度
1998	部分修订《中小企业信用保险法》的法律	提高了作为支援对象的中小企业的资本金标准
1998	部分修订《中小企业劳动力确保法》的法律*	在法律目的中追加了“创造良好的雇佣机会”，同时通过中小企业开拓新领域等有助于创造良好的雇佣机会，支持这种得到认可的改善雇佣管理的事业计划
1999	《中小企业综合事业团法》（新法）	统合了中小企业事业团、中小企业信用保险公库、纺织产业结构改善事业协会
1999	部分修订《中小企业基本法》等的法律	以当年9月的中小企业政策审议会答询报告为基础，以规定中小企业政策的新理念、政策的新实施体系为目的，全面修改了《中小企业基本法》
1999	为了活跃中小企业的事业活动而部分修订中小企业相关法律的法律	随着扩大《中小企业基本法》中中小企业的范围，对相关的32部法律中规定的中小企业范围一并进行了修订
2000	部分修订《中小企业指导法》的法律	法律名称改为《中小企业支援法》
2000	部分修订《中小企业信用保险法》及《中小企业综合事业团法》的法律	通过修订《中小企业信用保险法》提高了无担保保险的投保限额，通过修订《中小企业综合事业团法》使该事业团能够从金融机构获得短期借款

注：*1998年，法律名称改为《确保中小企业的劳动力及为了创造良好的雇佣机会而促进改善雇佣管理的相关法律》。

资料来源：作者制作。

另外，对中小企业相关法规中使用的新用语做了如下规定：

（1）“经营革新”是指，通过开展新事业活动谋求经营的革命性提高；[33]

（2）“创造性事业活动”是指，在经营创新或者创业中，活用新技术或者创造性的经营管理方法；

（3）“经营资源”是指设备、技术、个人拥有的知识和技能，以及其他在事业活动中被活用的资源；

（4）“小型企业”是指，从业人数常年在20人（属于商业或者服务业的为5人）以下的企业。

另外，进一步对中小企业的基本理念做了如下修订：中小企业的事业是指，各行各业中经营中小企业的个人发挥其能力振兴事业，通过创新的方法谋求提高经营效益。其结果是培育了新的产业，增加了多种就业机会，促进了市场竞争，活跃了地区经济。这样，促进了独立中小企业的自主性努力，中小企业通过经营改革和创新强化了经营基础，并通过顺利适应经济和社会环境的变化维持并强化经济活力。

因此政府为了促进中小企业的经营活动，制定和实行恰当的产业政策。其基本方针是，以中小企业为对象，谋求

（1）创新经营，促进创业，促进创造性的事业活动；

（2）确保经营资源的顺畅化和（通过交易的合理化等）强化经营基础；

（3）适应社会经济环境的变化，经营稳定化、转产顺畅化（等）；

（4）顺利供给资金和充实自有资本。

（d）推进中小企业集中布局

在我们考察期间属于这个项目的法规仅有以下两部：1992年《关于活跃特定中小企业聚集的临时措施法》（新法）和1997年《关于活跃特定产业聚集的临时措施法》（新法）。

其中1992年的临时措施法，是基于都道府县制订的“活跃化计划”，对于着手推进集中布局的中小企业，通过适用中小企业信用保险特例、课税特例等方式给予支持。另一部1997年的临时措施法，是为取代1992年的法律而制定的[34]，主要目的是支持积

---

[33] 这里的“新事业活动”指的是，例如开发或者生产新产品，开发或者提供新劳务，引入新的生产或者销售方式，引入新的劳务提供方式，引入新的经营管理方法等。

[34] 废除了1992年制定的《关于活跃特定中小企业聚集的临时措施法》。

极利用“基础技术”产业的企业集中布局，以及支持通过制造业多个（相当数量）中小企业（等）的有机合作来促进中小企业集中布局。

总结

本节从①围绕产业结构的政策思想变化，②重视技术开发和研究，③放松能源领域的管制和强化消费者行政的管制，④从公害到环境再生，⑤产业布局的兴衰，⑥中小企业政策相关法律的重要性始终没有改变等角度，概述了1980—2000年通产省相关立法措施。

然而，这些仅仅是通产省相关立法措施的一部分，还有很多这里没有提及的立法措施也非常重要。但是因为那些内容在本系列丛书的其他各卷中有充分叙述，这里就不再赘述了。[35]

第2节　税收制度和通产省

因为法人税制度会对以设备投资、研究开发为主的企业活动带来极大影响，所以其也是产业政策中的重要手段。本系列丛书中冈崎哲二编著的《日本通商产业政策史（1980—2000）：产业政策》对修改税制的程序及1980—2000年主要产业税制的修改做了详细记叙。另外，由于消费税在中田哲雄主编的《日本通商产业政策史（1980—2000）：中小企业政策》中有详细介绍，所以下面紧扣法人税减税和税收特别措施，概述这期间的相关动向。

法人税减税和通产省

1980—2000年，关于税收制度的讨论对象主要是法人税减税。回顾法人税（国税）的基本税率，我们会发现，截至1980年基本税率是40%，1981年提高到42%，1984—1986年达到最高点43.3%后逐步下降，1999年降到30%并一直延续至今（参照图4.2）。

㉟　例如，关于通商贸易政策请参照阿部武司编著的《日本通商产业政策史（1980—2000）：通商和贸易政策》（中文版已由中信出版集团出版），关于流通政策请参照石原武政编著的《日本通商产业政策史（1980—2000）：商务流通政策》，关于知识产权请参照中山信弘编著的《日本通商产业政策史（1980—2000）：知识产权政策》。

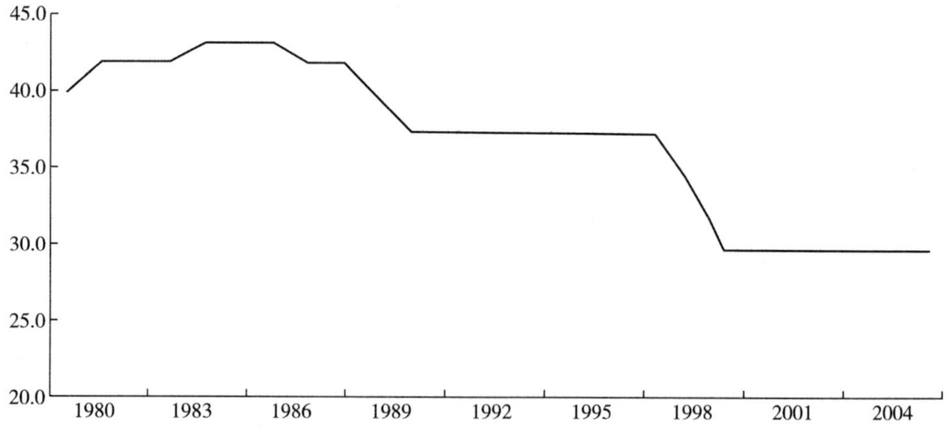

图 4.2　法人税税率走势（国税基本税率，%）

注：作者依据政府税制调查会资料制作。

人们通常认为法人税存在以下几个问题。第一，如经济学家早就提出的法人税实际由谁负担的“转嫁与归结”问题。法人是技术上的术语，实际上法人税是由购买商品和服务的消费者支付，还是从盈利中支出即由股东支付呢？其关键是不清楚法人税的存在意义。如果法人税由股东负担，那么对盈利进行双重课税就成了问题点。

第二个受到指责的方面是，通产省和产业界宣扬：如果法人税税率较高，企业就会从日本迁往他国；或者如果法人税税率高于其他国家，日本企业在与海外企业的国际竞争中就处于不利地位。甚至还出现了像爱尔兰那样，故意将法人税税率降到低于其他国家的水平吸引企业，这些国际动向或许也使通产省和产业界焦虑。

第三个问题是，因为法人税是对企业的盈利课税，所以税收总是伴随景气循环而上下浮动。截至 1989 年法人税收入大幅增加，但是此后就变成了下降的趋势（图 4.3）。于是，修改直接税和间接税的比例（包括消费税）就成为整个税制改革讨论中的大论题。

法人税收入的不稳定性，给国家和地方政府带来了严重的问题。因为都道府县税收的主要来源是法人二税，即法人事业税和法人所得税。1989 年法人二税的收入占到了都道府县税收的一半以上，但是在日本经济显著恶化的 20 世纪 90 年代，以城市圈的都道府县为中心，财政趋向恶化。因此，都道府县开始寻求法人事业税的外形标准化（建立法人事业税课税之际对纳税能力或收益额从外部客观地加以推测的标准——译注）。

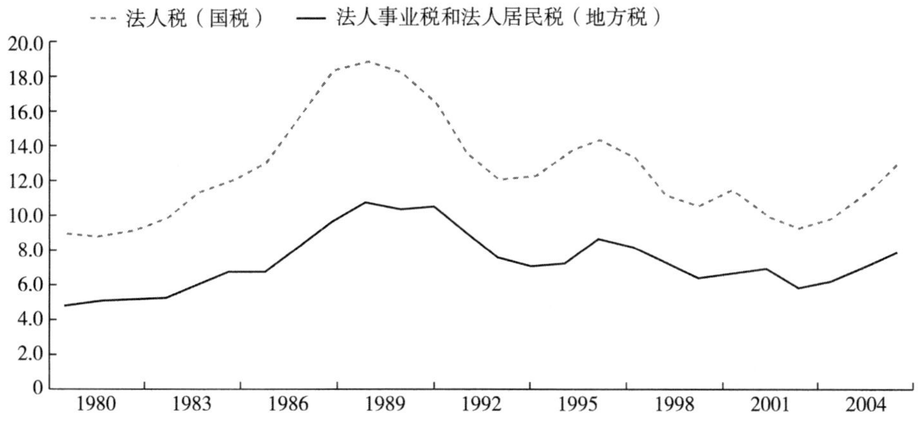

图4.3 法人税收入的变化（万亿日元）

注：作者依据财务省各年版的《财政金融经济月报》制作。

在这样的背景下，通产省在1997年8月公布了《关于平成10年度（1998年）税制修改的通产省意见》，以降低法人税，以下为原文：

> 因为我国的法人所得税负担比其他发达国家的实际税率高10%左右，所以这给我国的经济活力带来重大影响，今后，这种影响可能是致命性的。因此，首先国税、地方税都要大幅降低法人所得税税率，国内也必须完善能够提高收益率的环境。
>
> 另外，我国企业的实际负担水平也比欧美各国高，所以也有必要降低。相比增加设备投资、提高收益率等，减轻实际负担的效果更明显，能够成为经济增长的有力支撑，并有助于从年度财政收入方面确保财政基础和维持中长期可持续的财政状况。
>
> 另外，在重视经济活力的同时，从准确把握企业实际业绩、在企业国际化基础上从制度上与国际接轨的角度出发，必须合理修改课税基础。
>
> 然而，这时候必须关注因国际化等因素而置身于严峻经营环境中的中小企业。
>
> 除了上述要点，地方法人税还必须遵循地方税自主的原则——按“收益征税原则”修正。为了追求投资经费的效率化、重点化，今后政府将减少对法人能够直接受益的产业基础的投资，所以也必须减轻地方法人税的负担。

针对上述问题，通产省在意见中提出“在大幅降低法人税税率的同时，减轻实际负担”，“关于法人事业税，在增强经济活力的基础上，遵循按收益征税原则大幅降低税率，切实减轻实际负担”，“在重视经济活力的同时，从准确把握企业实际业绩、在企业国际化基础上，从制度上与国际接轨的角度出发，必须合理修改课税基础”。

该意见的主要内容都反映在同年12月制定的大藏省1998年度税制修改大纲中，法人税税率由37.5%降为34.5%，法人事业税税率由12%降为11%，两者合并的法人税实际税率从49.98%降为46.36%。另外，还通过废除和减少准备金等使课税基础更加合理化。

1998年8月，小渊惠三内阁总理大臣在施政演说中声明，要将法人税和个人所得税合计减税超过6万亿日元，其中，关于法人税，表示“为了使我国企业在国际竞争中具有竞争力，经综合研究，将实际税率降到40%左右”。同月制定的《关于1999年度税制修改的通商产业省意见》指出，尽早确定小渊总理提出的法人税减税具体方案，从1999年开始实施非常重要。结果，同年12月制定的“1999年度税制修改大纲”中，将普通法人的税率从34.5%降为30%，中小法人的优惠税率从25%降为22%（表4.9）。

表4.9　税收特别措施中（“技术振兴和设备现代化”）的减税金额变化　（单位：亿日元）

税收特别措施	1991年	1998年	1999年
增加试验研究经费等的税额扣除	1100	440	290
推进能源供求结构改革投资促进税制	840	440	470
中小企业新技术具体化投资促进税制	550	410	490
中小企业等基础强化税制	390	80	40
购买事业化设备等的特别折旧或者税额扣除	—	10	10
中小企业投资促进税制	—	—	1460
技术等海外所得的特别扣除	130	50	30
特定设备等的特别折旧	100	50	40
事业革新设备等的特别折旧	0	50	20
特定电力通信设备等的特别折旧	30	60	30
中小企业机械等的特别折旧	450	240	—
医疗用机器等的特别折旧	260	220	130
特定信息通信机器的实时折旧	—	—	2960
项目等的准备金等	250	0	0
其他	11	60	40
合计	4210	2110	6010

资料来源：财务省各年度的《日本的财政》。

围绕税收的特别措施

因为在冈崎哲二编著的《日本通商产业政策史（1980—2000）：产业政策》中按年度详细记述了每年的税收特别措施，所以这里仅论述1980—2000年税收特别措施的大致流程。

首先，如果试着观察《产业税制手册》中关于税收特别措施的减税金额，可以发现1980—2000年呈下降趋势。特别是，20世纪80年代末到21世纪初因为法人税改革的浪潮，与上述降低法人税税率配套，通过减少税收特别措施等扩大了课税基础。

作为和通产省有深刻关联的税收特别措施，如果观察每年度发表的有关税收特别措施的减税金额的具体情况，我们会发现，“技术振兴和设备现代化”的合计金额在1991年达到最高峰，减税金额是4210亿日元，1998年减少到2110亿日元。因为在此期间法人税处于下降的趋势，所以也试着计算了每年的减税比例（即税收特别措施的减税金额/法人税收入）。伴随着1990年前后经济状况出现好转，虽然法人税收入的增加是减税比例降低的主要原因，但是截至这个时期税收特别措施还是有扩大的倾向，而进入90年代，直到1998年税收特别措施才开始向缩小的方向发展（图4.4）。

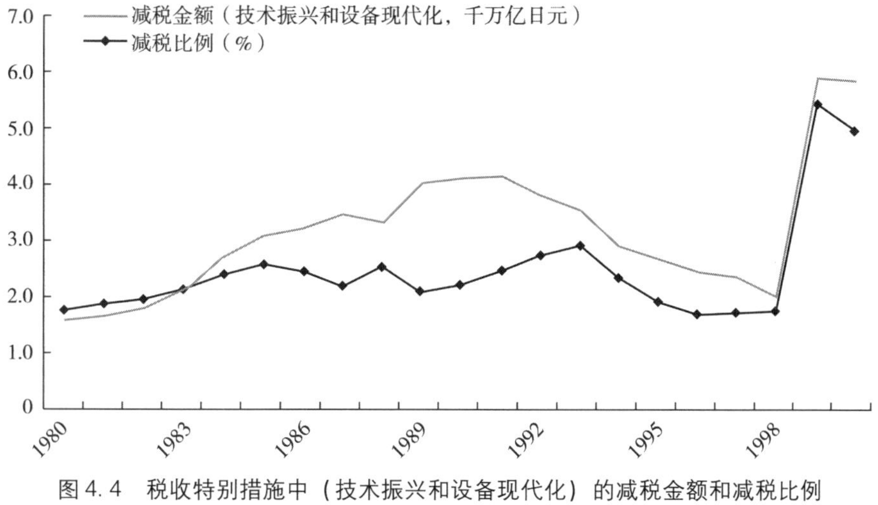

图4.4　税收特别措施中（技术振兴和设备现代化）的减税金额和减税比例

资料来源：财务省各年度的《日本的财政》。

如果按具体项目详细考察，也能得出同样的结论。1991年以后，“增加试验研究经费的税额扣除”“推进能源供需结构改革投资促进税制”“中小企业新技术具体化投资促进税制”等税收特别措施的减税金额逐渐减少。

但是，1999年出现了重大变化。因为1997年下半年以后，日本经济处于前所未有的不景气中，为此实施了经济对策色彩浓厚的减税措施。与通常的税制修改程序不同，1998年4月发布的经济对策表明要创设中小企业投资促进税制，并很快在6月得到落实（表4.9）。最初该税制的实施期限是一年，但是每年都被更新。1999年税制修改过程中，规定实施“特定信息通信机器的实时折旧”（所谓“计算机税制”）。

第 5 章　组织和人事*

社会所需的通商产业政策，因为需要在最合适的时期（而且，经常限定了实施期限）实施，所以无论如何都需要为政策议案和政策实施出谋划策的专家集团。因此，集中、培养以及训练制定和实施政策的合适人才，是实现优秀政策的必要条件。另外，为了使这些人能够怀着进取心从事工作，要在组织的设计、管理、运营中充分有效地发挥他们的实力，在合适的时机还要顺应时代的需求尝试着对组织进行灵活重组和改编。

总而言之，通商产业政策的原动力是人和组织。发挥原动力的动力来源是政策思想（意识形态）。

第 1 节　组织的历史连续性

通产省（经产省）的组织概况

2001 年 1 月省厅重组前的通产省（如图 5.1 所示），由八个内部局构成，此外，还设置了三个外局（资源能源厅、专利厅和中小企业厅）。① 通产省（本省）由多个负责不同领域业务的局组成，各局由多个课构成，根据需要在局里还设置了由多个课组成的部。统管各局的是大臣官房，下设作为通产省管理核心的秘书课、总务课、会计课。

---

* 在写作本章时，听取了许多负责经济产业省组织和人事业务相关人员的意见，大有裨益。在此表示感谢。

① 通商产业政策相关的国家行政机关有本省（通产省）及外局（厅），关于外局规定了“通商产业省设置的外局是资源能源厅、专利厅及中小企业厅”［《通商产业省设置法》，1952 年法律第 275 号，修订 1973 年法律第 66 号（第 36 条）］。统管省的是大臣。省和大臣委任的外局（厅）中设置官房和局。局之下（根据需要）设置部，另外，厅、官房、局、部中还可以设置课和（相当于课的）室（《国家行政组织法》，1948 年法律第 120 号，第 7 条）。另外，下节会详述 2001 年省厅重组后的经济产业省的组织。

在通产省中还设置了管理特定领域的外局，各外局和本省内的局一样都由部和课构成。另外，作为特别机构，通产省附设了工业技术院，作为“进行有关工矿业科学技术试验研究等的机构”②，此外还设置了作为设施机构的计量教习所、产品评价技术中心和通商产业研究所。③ 另外，作为地方分支部局，被称为通商产业局的产业政策地方执行机构有 8 个④，另外还设置有矿山保安监督部等（《通商产业省设置法》，修改于 1973 年法律第 66 号，第 17—35 条）。⑤

另外，虽然图 5.1 中没有显示，但是以批判性思考、讨论编制政策议案内容为目的，作为其他附属机构还设置了多个审议会，其委员都是来自民间和政府的专家。⑥ 需要国会审议和决定的议案，即预算案、制定法律或者伴随法律改变的政策议案等，首先由本省及外局的专门负责人拟定草案，得到相关审议会赞同的议案，经过通商产业（经济产业）大臣的裁决和内阁的决议后交付国会审议。此外，审议会还参与讨论通商产业政策的核心——远景规划及实施计划（路线图），对通产省而言，其发挥了连接社会要求和批判的官方接点的作用。

② 下节有详细论述，2001 年省厅重组以前，通产省在 1973 年还实施了大规模改组。1973 年工业技术院设置了以下试验研究所：计量研究所、机械技术研究所、东京工业实验所、大阪工业技术实验所、名古屋工业技术实验所、微生物工业技术研究所、纤维高分子材料研究所、地质调查所、电子技术综合研究所、产品科学研究所、公害资源研究所、北海道工业开发实验所、九州工业技术实验所、四国工业技术实验所、东北工业技术实验所以及中国工业技术实验所。2000 年 1 月的工业技术院，由本省内的事务组织和下列设置在筑波的 15 个研究所构成：产业技术融合领域研究所、计量研究所、机械技术研究所、物质工学工业技术研究所、大阪工业技术研究所、名古屋工业技术研究所、生命工学技术研究所、地质调查所、电子技术综合研究所、资源环境技术综合研究所、北海道工业技术研究所、九州工业技术研究所、四国工业技术研究所、东北工业技术研究所以及中国工业技术研究所。

③ 1973 年工业技术院也是作为附属机构设置的，作为它的附属机构还设置了工业品检查所、纤维制品检查所、通商产业研修所、计量教习所、矿务监督员研修所以及保安技术讲习所。

④ 地方通商产业局最初被冠以四国、札幌、仙台、东京、名古屋、大阪、广岛和福冈的各个城市名称，合计有 8 处，但是从 1989 年开始冠以北海道、东北、关东、中部、近畿、中国、四国、九州的各地区名称，2001 年名称又从各通商产业局变更为经济产业局。另外关于冲绳，在回归本土（1972 年）的同时，作为冲绳开发厅的地方分支部局设立了国家综合派出机构——冲绳综合事务局，为了一元化、有效地推进振兴开发业务，在事务局中设置了通商产业部，但是在 2001 年省厅重组时，冲绳综合事务局作为内阁府的地方分支部局被重组，成为经济产业部。

⑤ 1973 年，矿山保安监督部等包括矿山保安监督局、矿山保安监督部等。

⑥ 2000 年设置了下列审议会等机构：进出口交易审议会、消费经济审议会、工业布局及工业用水审议会、产业结构审议会、大型零售店审议会、高压煤气及火药类保安审议会、化学品审议会、信息处理振兴审议会、飞机工业审议会、车辆竞技审议会、纤维产业审议会、产业技术审议会、贸易保险审议会、商品交易所审议会、分期付款销售审议会、矿山保安实验审查会、中央矿山保安协议会、计量行政审议会、传统工艺品产业审议会、矿业审议会、石油审议会、产煤地区振兴审议会、综合能源调查会、石油供需调整审议会、煤炭矿业审议会、电力事业审议会、工业所有权审议会、代理人审查会、中小企业政策审议会、中小企业稳定审议会、中小企业领域等调整审议会以及日本工业标准调查会。

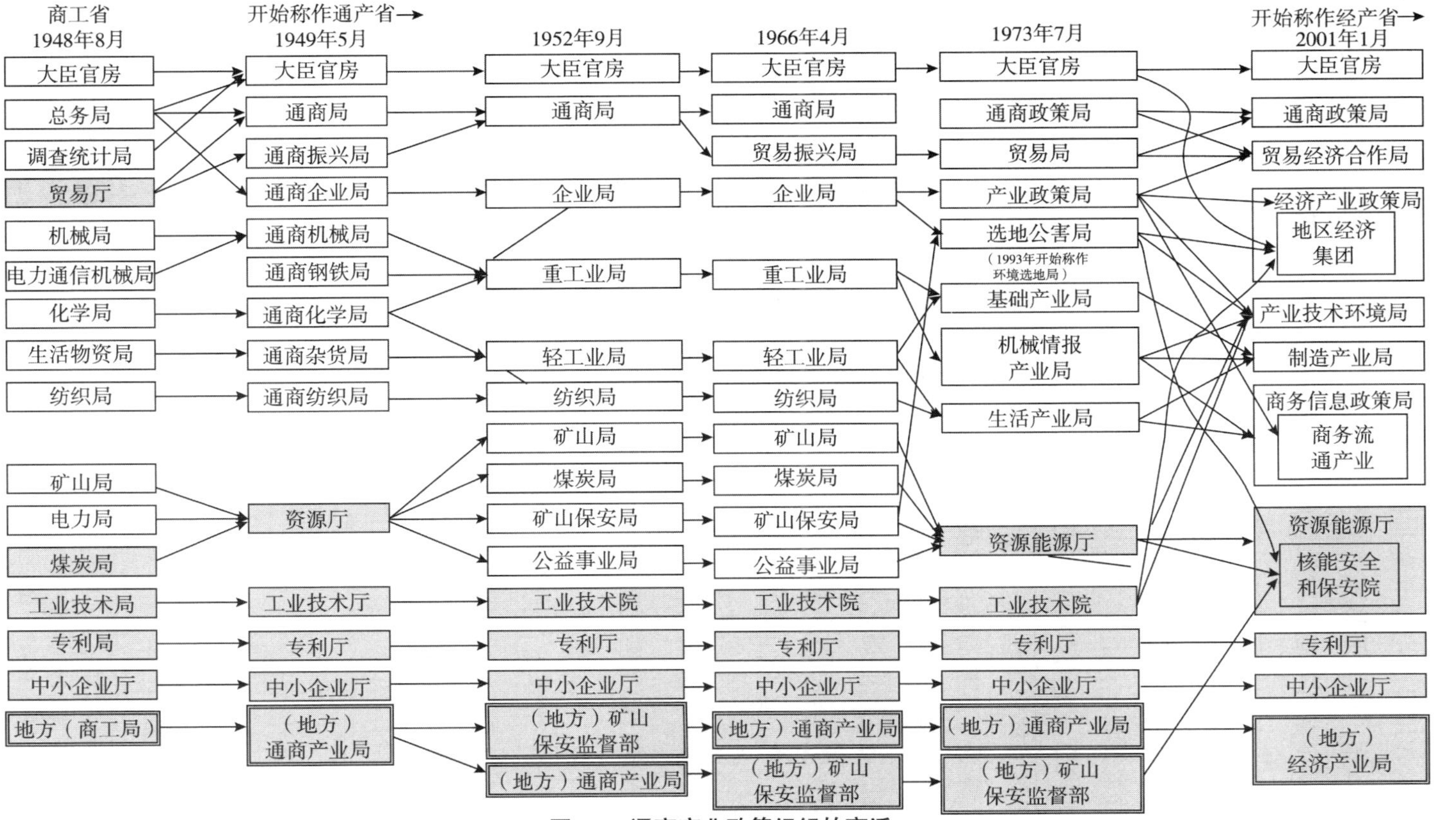

图5.1　通商产业政策组织的变迁

注：标灰的是外局，双重方框加涂灰的是地方分支部局。箭头显示的是改组、统合或分割等。

资料来源：作者根据产业政策史研究所《（修订版）商工省·通商产业省行政机构及干部职员的变迁（大正14年—昭和55年）》（1981年），以及经济产业省资料制作。

本省及外局的作用是适当地（而且经常超前）捕捉日常的通商产业政策课题并总结为具体的政策议案，同时采取措施落实已决定的政策。通商产业政策相关法案，有时按国会的指示制定，有时也顺应社会经济的现状以及企业界等的要求由通产省内部制定。如此这般，本省内各部局一方面不断灵活应对对新政策的需求，另一方面还对正在实施中的政策进行管理，提议或实施必要的修订和废除。

被称为外局的部局，不仅在本省政策体系中拥有自己的位置，同时，因为各自负责单独完整的政策领域，而且需要长期从事专门的业务，所以在本省之外另设，承担履行（当前短期内不一定需要的）业务的职责。资源能源厅是为了“合理开发矿物资源及确保电力等能源的稳定供给，并推进它们的合理利用和调整电力事业的运营”⑦而设立的，专利厅是为了“履行关于发明、专利、设计及商标的事务”⑧而设立的，中小企业厅是为了“培育及发展中小企业，并确立提高经营的各种条件”⑨而设立的。

设置在地方的通商产业局（简称通产局）⑩主要负责政策的实施，也被称为政策的手足。通产局的作用是顺应社会经济的需求，适当、适时地实施政策。因此，（地方）通产局工作的重点并不是政策思想和政策企划（立案），而是为了实现已通过的政策，各自在各自的地区行动，根据地方的要求调整政策，听取、观察、调查地方经济的实际状况并向中央汇报等。另外，因为它们平常与地区实际接触，因此能够感知地方期待怎样的政策以及现行政策需要实施修改的必要性，这些是政策合意不可或缺的条件。因此，有时候地方通产局会根据各自的视角，向中央提出活跃地区经济的改善提案和新设想等⑪，如果通产省本省认为有必要了解实际状况，就会由中央的负责人直接奔赴现场。无论具体的方法怎样，但正因为有植根于地方负责政策实施的各分支局，才有可能迅速了解地方的需要并做出灵活应对。

图5.2显示了通产局（经产局）主要组织的变更轨迹，另外，表5.1揭示了

---

⑦《通商产业省设置法》第36条第2项。

⑧同上，第37条。

⑨《中小企业厅设置法》（1948年法律第83号，修订1973年法律第101号）第1条。

⑩2001年以后是（地方）经济产业局（简称经产局）。

⑪例如，实施反映地区实情的调查（包含委托调查），（1）扩充经济产业局对本省政策的建议功能，（2）在地方有效运用通产省的支援工具和形成地区网络等。20世纪末到21世纪初，产业政策很大程度依靠地方通产局（地方经产局）来实行，其中的一个例子就是“地方产业集群计划”。参照今井康夫《作为产业政策的产业集群计划：产业集群计划的制订过程》，载于二神恭一和西川太一郎编著的《产业集群和地区经济》，八千代出版，2005年，第7章。

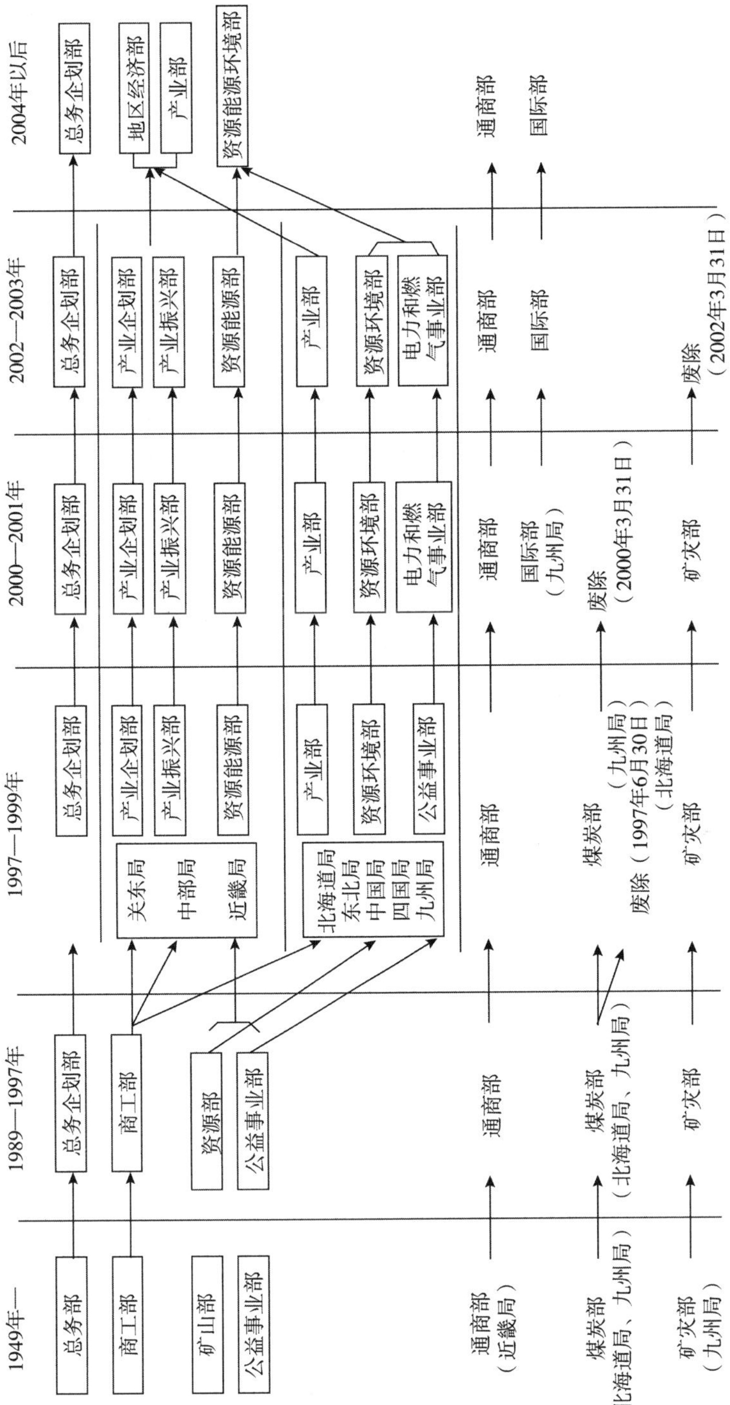

图5.2　地方通产局（经产局）组织的时代变迁

资料来源：经济产业省地区经济产业集团地方调整室“关于地方调整室的业务内容（补充资料）”，2010年6月。

（2010 年的时候）局内各部大概负责怎样的业务。

地方通产局中除了负责人事、会计、企划的事务部门（总务部），其他的业务部门大致分为以下三类：有关该地区（1）产业振兴计划的企划及实施，（2）资源能源的供给及环境保护政策的实施，以及（3）振兴国际贸易。另外，随着煤炭产业的退出，1997—2002 年，依次废除了北海道局和九州局的煤炭部、九州局的矿灾部。

除此之外必须指出的是，在通产省（经产省）外部还设立了多个具有很强公共干预职能的组织，被称为独立行政法人、特殊法人、认可法人，它们与政府机关只有“一步之遥”，在政策的实现过程中发挥了重要作用。关于这一点后面会再论述。

表 5. 1　地方通产局（经产局）的内部组织及其业务内容（2010 年）

部门	部名	管辖业务的内容
总务部门	总务企划部	①内部管理事务（总管人事、会计、宣传等事务，全部地区政策的企划和制定等） ②实施关于景气动向等的统计调查（经济产业省特定行业石油等的消费统计调查，燃气事业的生产动态统计调查等）
产业部门	地区经济部	①有关完善新产业环境的事务（支持产业集群、支持风险企业等） ②有关技术开发、人才培养等支持事业发展的相关事务 （有关振兴地区技术、培养产学人才伙伴关系、促进信息处理的事务等） ③据《工业标准化法》（《JIS 法》）对事业单位进行入室检查等事务 ④关于工业产权的咨询、确认等事务
	产业部	①关于支持中小企业的事务 ［关于公平交易的事务（《转包价格法》），关于提高经营、创造新事业的事务（《农商工联合促进法》等），关于顺利提供资金的事务（《信用担保协会法》等）］等 ②关于消费者公平交易的事务（征收依据《分期付款法》而必须提交的报告、入室检查事务等） ③关于确保消费生活产品安全的事务 （依据《消费生活产品安全法》对制造、进口企业实施入室检查等事务） ④有关自行车竞赛、赛车的指导、监督事务 ⑤关于执行飞机、武器、化学武器等相关法令的事务 （以《化学武器禁止法》为基础，有关配合国际核查的事务等） ⑥关于振兴传统工艺品产业的事务 ⑦关于酒精事业的事务等

（续表）

部门	部名	管辖业务的内容
资源环境部门	资源能源环境部	①关于电力、燃气事业的许可、认可、监察事务 ②各种再生法的施行，推进再利用（《包装容器再生法》等） ③关于合理化使用能源的事务（依据《节能法》的指导建议等） ④关于促进电力资源及核能关联设施布局的事务 ⑤关于实施确保挥发油等品质的事务
国际部门	产业部（北海道、东北、关东、中国、四国）、地区经济部（中部）、通商部（近畿）、国际部（九州）	①有关进出口贸易管理的事务（以《外汇法》为基础，对货物出口实施许可证管理等） ②关于关税配额的事务（依据《关税暂定措施法》实施关税配额管理等） ③关于国际商务交流、促进对日投资的事务 （为了深化、扩大产业交流而召开研讨会、洽谈会等）

资料来源：经济产业省地区经济产业集团地方调查室“关于地方调查室的内容（补充资料）”，2010年6月。

组织的近现代史渊源

考察通产省的组织渊源，要追溯到1881年农商务省的诞生。⑫ 1925年农林省从农商务省中分离出来，设置了商工省，经过省内的数次组织变更后⑬，1943年改名为军需省，此后数年都是为了满足军需而支持和调整生产活动⑭，1945年8月，在第二次世界大战战败时重新挂出了“商工省”的招牌。

商工省在1946年1月、同年11月、1947年6月以及1948年8月进行四次重组（复杂化）后，于1949年5月变更为通商产业省（通产省）。⑮ 该省在经历1950年4月、1952年9月、1966年4月的小规模机构调整后迎来经济高速增长期，其后1973年7月实施了较大的组织改革，1975年3月又经历小幅修改后，于2001年省厅重组时再

⑫ 但是，明治初期通商产业政策的管理部门几经转变，明治维新后一部分由大藏省和民部省管理，1870年12月开始一部分转为工部省管理，从1873年11月开始一部分又转为内务省管理。其中，工部省管理的部分在该省（内阁制度确立的同时）被废除的1885年12月转为由农商务省管理，其余部分也在设立农商务省的时候转为由农商务省管理（根据通商产业省编《商工政策史》第3卷“行政机构”商工政策史发行会，1962年，第3页）。

⑬ 战前和战时，商工省在1930年6月、1937年7月、1939年6月、1941年4月以及1943年3月分别实施了组织变更。顺便说一下，在考察战前产业合理化运动的进程时，必须关注1930年组织重组时仿效德国设置的、截至1937年组织变更时一直存在的“临时产业合理局”。

⑭ 在此期间，1945年6月也进行了组织重组。

⑮ 法律上规定设置通产省的《通商产业省设置法》，是1949年制定的。

次变身为经济产业省（经产省）。

第二次世界大战前商工省负责通商政策的是“贸易局”，1943 年 11 月商工省变为军需省时，贸易局有关对外经济问题的业务[16]被划分给作为独立部局的燃料局。因为对军部来说，确保海外燃料的稳定是当务之急。从那时起，一直到战败后在商工省设置“贸易厅”为止，日本国内产业政策是商工省政策的全部。战败后不久，外务省暂时掌管了包括外汇管理的一切贸易谈判。在商工省的最后时期，即 1948 年 12 月到次年 5 月，贸易厅长官是白洲次郎，由此可见当时外务省对通商政策的影响之强烈。[17] 通产省 1949 年负责处理（作为从外务省“独立”出来的对外通商政策课题的）赔偿问题，渐渐恢复元气，国内经济开始复苏之后恢复了作为职能机关的活力。然而截至 1952 年 9 月机构改组，通产省内所有部局的名称都以“通商”两字开头，部局名称去掉“通商”后不久，资深外交官牛场信彦担任了通商局长（1952 年 8 月至 1954 年 7 月）。不管怎样，曾由外务省负责的（尽管是一时的）通商政策转交给通产省具有深刻的意义。[18]

此后，由于通商产业政策的对象即国内及国外产业状况随时间推移发生变化，所以必要的政策内容也随之发生变化，导致通产省组织结构时常出现大变革。特别是在 1949 年通产省成立初期、1973 年石油危机以后以及 2001 年初，通产省经历了三次大规模的组织变更（参照图 5.1）。事后来看，通产省（经产省）大约每四分之一世纪就进行一次大规模组织结构变化。

历史连续性

本节通过通产省（经产省）的职员表确认，将该省的过去和现在紧密联系在一起的纽带在于人的组织。

通产省产业政策的基本概念之一是生产的效率化（生产力的改善，如果使用以前的用语是“产业合理化”），这是被大家熟知的。然而，该概念被广泛关注是在 20 世纪

⑯ 从 1937 年 7 月到 1942 年 10 月“贸易局”是外局，11 月改名为“交易局”后再次成为（1943 年 10 月为止）本省的内局。

⑰ 白洲在卸任后就任东北电力会长。

⑱ 因为这个原因，1954 年设置的政府外围团体——日本贸易振兴会（JETRO，本章所说的“特殊行政组织”的一员；其前身是 1952 年设置的海外市场调查会）由通产省管理。

30年代。但是在此之前，即1921年，通过时任农商务省事务官吉野信次的努力[19]，就已经设立了官方的工业品规格统一调查会，制定了与后来的日本工业标准（JIS，Japanese Industrial Standards）相关的日本工程标准（JES，Japanese Engineering Standards）。[20] 虽然迟迟没能推动它们的普及，但是1924年模仿德国引入了产业合理化运动后，情况多少有些好转。特别是在鼓励机械产品扩大国内市场规模上，该运动具有重大意义。[21]

属于商工省成员、战败后也作为通产官僚活跃着的这些成员中，不少人亲历了这些历史事件，而且参与了政策制定。例如，简单记录通产省初期的事务次官与二战前期商工省的关系（表5.2），就会发现他们都是在二战前（所谓“战争间隔期间”）进入商工省，在饱尝了战争的艰辛而实现内部晋升的人。另外，表5.3虽然仅仅回顾了战败后到经济开始高速增长时期具有代表性的干部职员的简历，但是这些成员在战后的经济复苏和高速增长中发挥了很强的领导力，对政策构想也产生了很大影响。

表5.2 20世纪40—80年代通产事务次官与（战争前）商工省的关系

姓名	事务次官就任时期	商工省等的职务简历
山本高行	1949—1952	1929年进入商工省，1941—1942年任总务局生产扩充课长，1943—1945年任军需省总动员局考察课长，1945—1946年任商工省终战联络部部长，1948年任纺织局长，1948—1949年任总务局长
玉置敬三	1952—1953	1930年进入商工省，1942年任物价局第二部机械金属和纺织课长，1943—1945年任军需省机械局机政课长，1946—1948年任商工省赔偿实施局长，1949—1952年任通产省通商机械局长
平井富三郎	1953—1955	1931年进入商工省，1940—1942年任总务局物资调整（动员）课长，1945—1949年任煤炭厅配给（企划课）（管理课）课长，1949年任商工省化学局长，同年转任通产省通商振兴局长

---

⑲ 吉野信次是吉野作造的亲弟弟，1928—1931年任商工省工务局长，1931—1936年任商工省事务次官，在第一届近卫内阁中担任商工大臣（1937—1938年），战败后公职驱逐运动解除后当选为参议院议员（宫城县选出），在第三届鸠山内阁中担任运输大臣（1955—1956年）。他在战前、战后广泛参与了（广义的）通商产业政策，为产业政策思想和风格的连贯性做出了很大贡献。

⑳ 吉野信次，《商工行政的回忆：日本资本主义的演变》，商工政策史发行会，1962年，第221—223页（该书还以《右舵左舵：从内部看日本产业的演变》为题出售，通商产业研究社，1962年）。

㉑ 举个例子，设定机械零部件的规格标准是推进机械生产中分工与协作时不可或缺的条件。相反，如同以前亚当·斯密倡导的，如果扩大了商品市场，那么也会促进（机械生产的）分工与协作。

（续表）

姓名	事务次官就任时期	商工省等的职务简历
石原武夫	1955—1957	1932 年进入商工省，1941—1942 年任物价局日用品（日用品第一课）课长，1943—1945 年任总动员局财务（资金课）课长，1945 年任化学（工务）局无机化学课长，1946 年任商务局供需课长
上野幸七	1957—1960	1932 年进入商工省，1941—1943 年任总务局调查课长，1943—1945 年任军需省总动员局防卫（防卫第一课）课长，1946—1947 年任商工省纺织局工业（棉业课）课长，1954—1955 年任专利厅长官
德永久次	1960—1961	1938 年进入商工省，1942 年任贸易局进口第二课课长，1942—1943 年任交易局进口课长，1948—1949 年任总务局总务课长，1949—1952 年任通产省资源厅矿山局长
松尾金藏	1961—1963	1934 年进入商工省，1945 年任军需省管理局财务课长，1946—1948 年任商工省机械局产业机械（机政课）课长，1951—1952 年任通产省中小企业厅振兴部长，1957—1961 年任企业局长
今井善卫	1963—1964	1937 年进入商工省，1946—1947 年任煤炭厅配给课长，1949—1951 年任通产省通产局进口第一课（通商政策课）课长，1954—1956 年任大臣官房总务课长
佐桥滋	1964—1966	1935 年进入商工省，1946—1947 年任总务局劳动课长，1947—1948 年任生活物资局纸业课长，1948—1949 年任纺织局棉业课长，1949—1951 年任通产省通商局进口第一课（通商政策课）课长
山本重信	1966—1968	1939 年进入商工省，1948—1949 年任中小企业厅指导第二课（指导第一课）课长，1949—1951 年任通产省通商机械局民政机械（汽车课）课长，1953—1954 年任重工业局钢铁业务课长
熊谷典文	1968—1969	1940 年进入商工省，1943 年进入军需省总动员局，1945 年进入商工省工务局无机化学课，1949 年任通产省通商振兴局出口检查课长，1964 年任重工业局长，1964 年任大臣官房长
大慈弥嘉久	1969—1971	1941 年进入商工省，1945 年进入商工省专利标准局，1949 年进入通产省福冈通产局，1964—1966 年任矿山局长，1966—1968 年任大臣官房长，1968—1969 年任企业局长
两角良彦	1971—1973	1942 年进入商工省，1943 年进入军需省福冈地方燃料局，1945 年进入商工省燃料局，1949 年进入通产省官房总务课，1966 年任矿山局长，1968—1969 年任大臣官房长，1969—1971 年任企业局长
山下英明	1973—1974	1943 年进入商工省，1943 年进入军需省总动员局，1945 年进入商工省总务局，1949 年进入通产省资源厅，1969—1971 年任化学工业局长，1971—1972 年任通商局长，1972—1973 年任企业局长
小松勇五郎	1974—1976	1944 年进入军需省，1944 年进入军需省企业整备本部，1948 年进入商工省钢铁局，1949 年进入通产省通商钢铁局，1971—1972 年任大臣官房长，1972—1973 年任通商局长

（续表）

姓名	事务次官就任时期	商工省等的职务简历
和田敏信	1976—1978	1947 年进入商工省，1971—1972 年任通产省重工业局次长，1972—1973 年任大臣官房长，1973—1974 年任通商政策局长，1974—1976 年任产业政策局长
浓野滋	1978—1980	1947 年进入商工省，1973—1974 年任通产省贸易局长，1974—1976 年任大臣官房长，1976—1978 年任产业政策局长
矢野俊比古	1980—1981	1948 年进入商工省，1974—1976 年任通产省基础产业局长，1976—1978 年任通商政策局长，1978—1980 年任产业政策局长

注：简历中括号内是同局或同部等调动（或者是名称变更）后的部门名称。另外，为了节约空间，记载时有时候还省略了上一级的部门名称。

资料来源：作者依据《（修订版）商工省·通商产业省行政机构及干部职员的变迁（大正 14 年—昭和 55 年)》（修订版）（产业政策史研究所，1981 年）、《产业政策史回顾录》（产业政策史研究所，1979—1986 年）制作而成。进入商工省的年份，部分依据小长启一《日本的设计，挑战通产省》（内斯科/文艺春秋，1986 年）。

表 5.3　战败后与通商产业政策具有很深关联的代表性商工官员的简历（按日语五十音图排序）

姓名	（第二次世界大战）战前和战后的简历	
岸信介	1920 年	进入农商务省
	1933—1935 年	商工省大臣官房文书课长
	1935—1936 年	工务局长，临时产业合理局第一部和第二部部长
	1939 年	商工次官
	1941—1943 年	商工大臣
	1957 年	总理大臣
小岛庆三	1940 年	进入企划院
	1950 年	物价厅机械金属课长
	1954—1956 年	通产省重工业局钢铁业务课长
	1961—1962 年	通产省公益事业局经理参事官
	1963 年	通产省大臣官房审议官
中岛征帆	1943 年	军需省化学局合成课长
	1945 年	军需省整备局整备课长
	1945 年	商工省燃料局石油课长
	1949—1952 年	通产省资源厅煤炭管理局长和炭政局长
奥田新三	1936—1937 年	商工省贸易局检查课长
	1939—1941 年	商工省大臣官房秘书课长
	1945—1946 年	商工省工务局长
	1946—1947 年	商工省次官

（续表）

姓名	（第二次世界大战）战前和战后的简历	
椎名悦三郎	1923 年	进入农商务省
	1939—1941 年	商工省代理总务局长和总务局长
	1941—1943 年	商工省次官
	1944—1945 年	军需省总动员局长、次官和商工省次官
	1960—1961 年、1967—1968 年	通产大臣
铃木义雄	1933 年	进入商工省
	1941 年	商工省矿产局代理调整课长
	1943 年	商工省金属局轻金属课长
	1954—1957 年	通产省重工业局长
武内征平	1938—1940 年	商工省矿山监督局札幌矿山监督局矿政课长和总务部长
	1942—1943 年	商工省机械局动力机械课长
	1948—1949 年	商工省机械局长
	1949—1950 年	通产省资源厅电力局长
和田太郎	1939—1940 年	商工省振兴局工业组合课长
	1940—1941 年	商工省振兴部总务课长
	1941—1942 年	商工省纺织局棉业课长
	1948—1949 年	商工省化学局长

资料来源：由作者依据《（修订版）商工省·通商产业省行政机构及干部职员的变迁（大正 14 年—昭和 55 年）》（修订版）（产业政策史研究所，1981 年）、《产业政策史回顾录》（产业政策史研究所，1979—1986 年）制作而成。

与日本的民营企业一样，制定和实施通产省政策的主要力量是课长以下的职员，干部职员调整整体政策的平衡、准备政策执行的必要手段并肩负政策实施的职责。有鉴于此，我们不仅要关注上述两个表格中揭示的干部职员的成绩，同时更要关注他们手下一般职员的经历、目标意识、责任感以及对工作的意愿（为国民奉献的观念）等。

这样，无论是战时还是战败后，通产省的组织及其人事构成从战前开始就具有连续性。这不一定能保证政策思想的连续性。但从这个事实出发，我们能够理解贯穿战前、战后制定通商产业政策的思想和方法是具有连续性（一贯性或者是共同性）的这一观点。

如同中村隆英和约翰·道尔（John W. Dower）指出的[22]，战败后重建生产力的步

㉒ 中村隆英《昭和史Ⅱ（1945—1989）》，东洋经济新报社，1993 年，第五章。John Dower，*Japan in war & peace*，selected essays，New York：The New Press，1933（明田川融译，《昭和：战争与和平的日本》，美玲书屋，2010 年，第 5 页）。

伐，受到占领军特别是盟军总司令部（General Headquarters of the Allied Forces，GHQ）观念的很大影响。假如日本政府提出与GHQ观念相反的提案，实现起来很困难。然而，遵循以前组织的惯例制定政策并执行（不需要重新请示盟军总司令部的指示），只要没有特别的原因，那么从战前开始的政策制定程序得以保留。例如，商工省的职员在起草了新政策草案后，经过审议会审议之后提交内阁的方式是战前就存在的。[23] 即使是强化了军部（特别是陆军）发言权的40年代，仍然存在敢于对抗军部的意向并努力贯彻以前政策思想的行为。[24]

综上所述，从战败到现在，在日本通商产业政策的形成及其实践中，存在从二战前就开始出现的连续性。仔细观察一下，实业界的现状是，在吸取现场工作人员意见的基础上，制定旨在促进工业化的路线图，并采取关税保护、在限期内提供少量补助金或者利息补贴、扣除税额、提供信息、促进未知企业和产业的相互联合、举办产业博览会、形成企业间的合作网络（工业组合等），以及为了能够顺利开展上述活动而制定法令等政策手段，致力于达成产业活动振兴这一最初目的。这就发挥了所谓助产士的作用（即从侧面促进自立和自律的行为）。

第2节　组织的矩形构造

经济高速增长时期通产省的组织特征

1949年改组了从战前开始就具有悠久历史和传统的商工省（战时合并为军需省），成立了通产省，此时战时被附加的军需作用都被移除了，取而代之的是，以（a）更加

㉓ 例如，1910年，依据敕令第28号，以调查、审议“关于生产的重要事项”为目的在农商务大臣下设置了延续四年的“生产调查会”（商工行政史发行会，《商工行政史》上卷，1954年，第620—645页）。此后，商工省的时代，为了征求民间人士的意见还设置了各种委员会和协议会，比如1941年，其中有一个组织是“贸易审议会”（同前，《商工行政史》下卷，1955年，第31页）。

㉔ 例如，制定《汽车制造事业法》（1936年法律第33号，1945年废除）的重大目的是培养军用汽车的制造能力。根据吉野信次所说，“为了发展工业，虽然商工省做了很多工作，但是目的都是发展产业，从国防的角度看，虽然《石油业法》规定由企业承担储油的义务”，但是《汽车制造事业法》规定“这时，首先是军部的需求，所以从国防的需要出发必须对汽车制造业加以保护”（吉野信次，《商工行政的回忆：日本资本主义的演变》，第264页）。《汽车制造事业法》是商工省工务局经手制定的，但是它是基于陆军省整备局动员课的“大众车构想”来行动并得以实现的（大场四千男，《日本汽车产业的建立和汽车制造事业法的研究》，信山社，2001年，第263—277页）。

强化制造工业中已经具有比较优势的领域，同时（b）为培育不久后能够获得比较优势、拥有国际竞争力的新产业（即“保护幼稚产业”）为目的，设置了负责该领域的部局。占据（a）前列的是纺织，其次是杂货和机械，再次是化学和铁。同时，鉴于稳定供给能源是实现工业化的大前提，因此强调了重建煤矿业和复兴钢铁业。为了实现这一目的，以当时经济稳定本部的提案为基础编制了“倾斜生产方式”，由通产省的担当部局（即重工业局和矿山局）具体实施。[25] 始于1885年的以奖励技术革新为宗旨、在一定期限内保护发明和设计的当事者权利的专利厅，由高桥是清担任第一任专卖专利所长[26]，1925年起成为商工省的外局。20世纪30年代以来，学术界开始广泛关注中小企业的重要性，于是1948年8月第一次作为商工省外局设置了处理中小企业问题的中小企业厅。[27]

作为（b）的候补产业，通产省首先关注的是电力机械设备行业和运输机械行业。[28] 这些行业被选中的背景是，江户时代以后，民间出现了许多对机械制造有着浓厚兴趣的人才，并且日本国内还在经营生产（即使是苟延残喘）日本船、钟表、织机、人力车、农机具等。因此，明治时期以后机械工业在实现现代化的进程中不仅引入欧美技术，还继承了过去努力实现工业化的遗产。[29] “舶来技术”和“原有技术”[30] 并行，以及进一步将这两者结合产生“混合型技术”，这些广为人知。这个过程中，通过国内博览会和军工厂进行的技术引进和技术转移发挥了很大作用。结果，到20世纪30年代末，虽然在产品品质和价格上还不具备国际竞争力，但是借助与

㉕ 也有质疑“倾斜生产方式”有效性的学者。其主张是，即使政府不重点关照，按照市场机制也有可能获得同样（甚至更出色）的结果。不管怎样，当时为了协调相关材料的供求而必须迅速获取相关信息并采取对策的是通产省，并不是这两个产业。

㉖ 但是，开始从事专利相关事务要追溯到前一年在农商工省内设置商标登记所（所长为高桥是清）时。

㉗ 产业政策史研究所，《（修订版）商工省·通商产业省行政机构及干部职员的变迁（大正14年—昭和55年）》，1981年，第26页。

㉘ 在1950年4月的组织图中占据首位的纺织局，在1952年9月的组织图中位于（包含钢铁、机械）重工业局和（包含化学）轻工业局之后。另外，在1949年的组织图中占据第二位的杂货局，在1952年9月的组织图中完全不见了（产业政策研究所，《（修订版）商工省·通商产业省行政机构及干部职员的变迁（大正14年—昭和55年）》，1981年，第30—32页）。这些变化可能是因为20世纪50年代的通产官僚强烈意识到，现在必须积极振兴的行业是钢铁和机械设备。此后，在1973年的机构改革中，拥有悠久历史的纺织局消失了，代之出现的生活产业局，是象征时代潮流的又一个小事件（参见图5.2）。

㉙ 例如，参照铃木淳，《明治的机械工业——其形成和发展》，米内努吧书社，1996年。

㉚ 例如，参照中村隆英，《日本经济——其成长和结构》第3版，第2章，东京大学出版会，1993年；中村隆英编，《日本的经济发展和原有产业》，山川出版社，1997年；中村隆英和藤井信幸编著，《城市化和原有产业》，日本经济评论社，2002年；等等。

欧美技术人员的合作逐渐具备了钢铁船、自动织机、机床、汽车甚至是飞机的自主制造能力。

经济高速增长期初期的产业政策特征是，战败后，产业界和官僚一致认为日本产业具有比较优势的应该是机械设备生产，并以这种观念（远景规划）为基础构建和推进政策议案。1955年通产省重工业局发表的“我国轿车工业振兴政策（所谓国民车构想）”，也是在明治以来产业化的历史进程和民营企业技术储备的基础上出现的㉛，并不是从通产官僚的理论构想中突然产生的。㉜ 战后很快就开始发挥实力的机械工业，是战前就积累了悠久经验的造船工业，但是当时造船工业是相对劳动密集型的产业，所以适合当时劳动力富余的日本。㉝ 同样，鉴于战前的经验，省内的有识之士（例如林信太郎，1964—1966年的企业局商务课长）认识到，为了发展机械工业，适合进行机械零部件的“分工与协作”，并主张为了发展机械工业必须迅速培育中小企业供应零部件的网络。㉞ 像伍堂卓雄那样以前担任吴海军工厂机械技师的人出任商工大臣（1939—1940年）等事件可能也产生了深远的影响。㉟ 1956年6月颁布的《机械工业振兴临时措施法》和以此为基础制定的中小型机械零部件供给企业培育政策背后，都有着这些历史进程的身影。㊱

1952年，通产省内部组织是与强调比较优势产业和培育新产业组建相适应的结构，既有像重工业局、轻工业局、纺织局这样不同行业采取不同的产业政策，追求各行业

㉛ “国民车”的定义是，（1）最高速度100千米/小时以上，（2）可以乘坐2～4人，载重100千克，（3）以60千米/小时的速度在平坦道路行驶时，燃油效率30千米/升以上，（4）累计行驶距离10万千米以上无大修，以及（5）月产2000辆、每辆价格在15万日元以下。负责制定国民车培育纲要的是汽车课技官川原晃等（“从技术背景看‘国民车’构想”，汽车技术协会，“建造汽车的带头工程师”，参见http://www.jsae.or.jp/interview/，最后访问时间：2011年6月12日）。同时还希望参照吕寅满《“国民车构想”和机动化的前兆——以新三菱轿车的开发过程为中心》，东京大学CEO产品制作经营研究中心，MMRC Descussion Paper No. 194。关于振兴国产汽车工业的决议是在1955年7月众议院商工委员会上被采纳的。

㉜ 人们认为，战前有飞机设计和政策经验的人（包含归国者），战后对各种机械设计和政策做出了巨大贡献。关于战争中的技术人员为战败后重建机械工业做出贡献的书籍有，比如前间孝则的《技术人员的战败》（草思社，2004年）。

㉝ 造船业由运输省管辖。

㉞ 林信太郎，《日本机械出口论：扩大发展的结构基础》，东洋经济新报社，1961年。

㉟ 在工厂时代伍堂卓雄就指出，必须保证劳动者的“生活工资”（孙田良平编集，《自立工资的演变和未来——工资体系100年史》，产业劳动研究所，1970年，第247—272页）。

㊱ 颁布《机振法》时，通产省大臣是石桥湛三，事务次官是石原武夫，官房长是松尾金藏，官房秘书课长是佐桥滋，重工业局长是铃木义雄，以及该局的钢铁业务课长是小岛庆三等，聚集了豪华的阵容。

从原材料到成品的纵向流程[37]，同时，也有如通商局和企业局一般，追求对全行业共通的政策原理（例如自由贸易）进行批判性思考及实施的横向流程，这就构成了通产省纵横交错的棋盘式结构（矩形）。这些都是商工省时代组织中看不到的特征，商工省时代除促进贸易外，还将着力点放在鼓励培育国内产业上。大学毕业的通产官僚，原则上两三年后就转职到其他局不同的岗位。由于上述通产省组织的矩形构造，他们必然体会了纵向和横向的（有时是对立的）政策视角。[38] 他们针对社会提出的严厉要求、仔细观察经济的实际需求、根据所赋予的政策课题独自编制议案的知识能力和顽强精神，都是在实际工作中养成的。

1973 年的机构改革及其意义

贯穿战败后到经济高速增长的整个期间，通商产业省“顺应追求提高收入的国民要求，将其行政的重点放在发展产业和振兴贸易上”。但是，在工业化发展的同时，（a）国内出现了“环境保护问题、过密过疏问题、消费者问题、物价问题等国民生活各层面的难题”，而且必须“实施产业的知识集约化、节省资源、节能等结构政策”，更在面对（b）对外国际关系中的“市场摩擦、国际收支问题、货币问题等新问题”的同时，增强了“国际经济社会责任”。基于这些认识，1973 年春，通产省决定“利用本省作为企划、立案机关，并且是实施机关的特长，不断谋求横向局和纵向局的平衡，全面改变本省内部部局的组成”。[39]

这时候的机构改革有五个基本方针：

（1）负责通商政策部局的一体化。为此，重组了以前的通商局和贸易振兴局，改

---

[37] 除了上述部门，追求纵向流程的还有矿山局、煤炭局、矿山保安局以及公益产业局。另外仅作为参考，引入纵向组织原理是由于判断认为，为了适应第二次世界大战中的“作战能力扩充计划”和“物资动员计划”，“以前的商务局、工务局式的机构不再合适”，“按所管物资的不同，对落实计划的行政机构进行区分，由其负责所管物资是有效的”（《时代对我们的要求是什么——通产政策和通产官僚的新课题，新日本的前途》，1962 年 1 月，第 5—6 页）。结果，依据 1939 年的敕令第 386 号，将工务局分解为钢铁局、化学局、机械局、纺织局等（同前，第 6 页）。另外这里引用的资料，是 1962 年由通产省企划室职员天谷直弘执笔的，1963 年印刷出版，收录在《位高则任重：天谷直弘主要论文集》中，PHP 研究所，1997 年。

[38] 组织的矩形构造（纵向和横向的部局之间呈现显著的利害冲突，通过互相竞争，谋求更好的“辩证法式”解决机制）在原理上与丰田采用的生产方式是相同的（参照尾高煌之助的《企业腾飞的诸要件：看战后企业家史》，收录于大塚启二郎、东乡贤和滨田宏一编著的《模仿型经济的腾飞和原地踏步：回顾战后的日本经济》，中西屋出版社，2010 年，第 6 章）。

[39] 本段落中引号内的内容引自通商产业省《通商产业省机构改革概要》，1973 年 6 月，第 1—3 页。

为“通商政策局”和“贸易局”；

（2）强化矩形构造的横向（行）流程。为此，重组了以前的企业局并命名为“产业政策局”；

（3）为积极进行产业布局和环境保护，新设了“选地公害局”；

（4）重新编制矩形构造的纵向（列）流程。为此，各产业依据它们共有的组织原理改编为“基础产业局”、“机械信息产业局”及“生活产业局”；

（5）为了推进综合性的、强有力的能源行政，设置了“资源能源厅”。

另外，为了提高对于重要行政事务的判断能力，设置了通商产业审议官[40]，为专利制度的改善和合理化设置了专利技监。

上述第一个方针（1）是将负责通商政策的部局，重组成负责企划、制定国际经济政策的通商政策局和统一负责进出口管理、保险业务等的贸易局。[41] 前者被认为有效促进了顺利协调对外经济关系，而后者被认为强力并有效推进了进出口、经济合作等贸易政策。

变更（2）引人注目的是，以前企业局的活动重点是创设和活跃各个产业，而现在产业政策的主题是强化生产和提高国民福利这两个方面，因此将其重新定义为在强化“产业结构、产业组织、企业行动的……企划和引导功能”的同时，采取“流通对策、物价对策、消费者安全对策等”。[42]换句话说，产业政策局的核心业务是与各产业独自面对的课题并行、追求全产业一贯共通的政策课题。

另外，产业政策局中分别设置了关注物价问题的物价对策课、“谋求企业行动合理化”的企业行动课、“推进产业结构知识集约化”的产业结构课，以及“以国际化视野推进产业结构政策”的国际企业课。[43]

紧接着第三个方针（3），鉴于谋求全面推进产业布局政策和环境保护对策的实际情况，以前（旧）企业局内设置的有关产业布局的部门与（1970年从企业局独立出来的）公害保安局合并，成立了选地公害局。

---

[40] 顺便说一下，在这时期的重组中，“为了及时适当地应对流动性行政需求，以前在各局设置的参事官全部合并为官房审议官”（《通商产业省新机构的开始》，《通产省公报》，1973年7月25日，第10页）。

[41] 这时，作为（旧）通商局的一部分，进口相关业务转移给贸易局，相反（旧）贸易振兴局中包含的经济合作部转移到通商政策局。

[42] 引号内的内容引自上述《通商产业省新机构的开始》，《通产省公报》，第4页。

[43] 同上。

第四个变更（4）是这时期机构改革中最复杂的：

（a）既是基础产业，同时还兼有布局问题、节约资源、节能三个课题的两个产业，即［（旧）重工业局的］钢铁业和［1966年从（旧）轻工业局中独立出来的］化学工业局合并成为“基础产业局”的主要部门[44]；

（b）现在是知识集约化焦点的［曾是（旧）重工业局的一部分］各种机械产品行业，与（新时代宠儿）信息机器产业合并，成立了机械信息产业局；

（c）“与国民生活直接相关，并与实现富裕和充实生活有直接关系的”［（旧）化学工业局的］窑业、建材等各课和（旧）纺织杂货局合并，成立了生活产业局。[45] 另外，该局中，“作为知识集约产业的一环，为了谋求振兴住宅产业”，还设置了住宅产业课。[46]

最后，第五个方针（5）是将（旧）矿山煤炭局和（旧）公益事业局合并，而且是作为本省的外局设置了资源能源厅，设置的原因是“为了确保资源和能源稳定的对策、有效利用各种能源、推进日益严重的公害问题对策、推进节省资源和节能，必须推进综合性的并且强有力的资源能源行政”。[47] 这种改变肯定是因为重新认识到能源供给是工业化的关键，是日本经济的阿喀琉斯之踵。那时候发生了第一次石油危机，再次使人们强烈意识到对工业国家来说能源供给就是生命线。另外，这时期为了应对石油输出国组织（OPEC）等提出的国际资源问题，在资源能源厅中新设置了国际资源课，另外，为了强调煤气安全行政的重要性还新设置了煤气保安课。[48][49]

如上所述，1973年完成的新组织结构构成如下：（1）继承了1952年的组织骨干，同时对结构进行了修改，（2）在重视能源供给的同时，（3）实现了高速增长，而且日本经济现在已经进入了以信息化、新材料、新技术等为核心的新发展阶段（也就是进入了“结构变化”的时期），在这种认识下重新对矩形结构中位于纵轴的行业进行分类，同时为了强化横轴而追加了选地公害局。

此后，截至2001年的省厅重组，通产省组织结构的主要变化是1988年创设商务流

---

[44] 非铁金属课从（旧）矿山煤炭局转移到基础产业局。另外，酒精事业部也随（旧）化学工业局转移到基础产业局。

[45] 引号内的内容引自上述《通商产业省新机构的开始》，《通产省公报》，第5页。

[46] 同上。

[47] 引号内的内容，同上，引自第6页。另外，矿山煤炭局是矿山局和煤炭局在1968年6月合并成立的。

[48] 同上。

[49] 此后，1978年设置了石油储备对策室（1979年升级为储备课）。

通商审议官。[50] 商务流通审议官反映了对产业政策的再定义，也就是说将重点转移到流通对策和消费者对策，审议官负责这些领域，形成了以审议官为首的商务流通集团。

以实现新飞跃为目标

20 世纪末到 21 世纪初，中央官厅进行了大重组。这时候的省厅重组传递给国民的基本信息是：从“根据个别行业的需要应对”转换为“根据一般市场规则应对”。如果按照通产省的表达方法，这意味着从“原课行政”向“市场原理行政”的转移。伴随着这种变化，通产省内没有和其他省厅合并的部门将招牌换成了“经济产业省”（简称经产省），向内外明确宣布自己是负责有关经济政策的机构，并且省内部局也进行了大幅改组。[51]

这时候组织变更的主要内容如下：

第一，大幅修改了内局的业务划分。以前管理制造业的部局是基础产业局、机械信息产业局、生活产业局，现在将它们主要集中到制造产业局，仅将信息机器等部分制造业转为归商务信息政策局管辖。另外，将工业技术院管辖的产业技术相关业务与环境选址局合并，成立了产业技术环境局。通商政策局管辖的经济合作业务转移到贸易局，成立贸易经济合作局。更进一步新设置了地区经济产业审议官，负责产业布局业务和地方经济产业局的统筹。

第二，从区分“规划”部局和“振兴（企划）”部局的设想出发，在两者间设立了明确的界限。特别是有关核能的行政机构，负责推进核电的核能发电课等，和负责核能发电安全管制的核能发电安全企划课等，都设置在资源能源厅公益事业部内，但是两者设置在同一个部局会存在这样的担忧：优先推进核能发电的话会疏忽管制，因此振兴和管制就被视为互相冲突的问题。当然，最终振兴和管制之间的冲突会在内部

---

[50] 此外还作为新审议官岗位设置了总务审议官（1984 年设置）、技术总括审议官（1989 年设置）。

[51] 这时候，通产省重组的年谱大致如下：1997 年 12 月 3 日，行政改革会议最终报告；1998 年 6 月 9 日，颁布《中央省厅等改革基本法》（1998 年 6 月 12 日法律第 103 号）；1999 年 4 月 27 日，确定（改革推进本部）推进省厅等改革的基本方针；1999 年 5 月 7 日，颁布《信息公开法》（1999 年 5 月 14 日法律第 42 号）；1999 年 7 月 8 日，颁布《新府省设置法》；1999 年秋，为了成立“经产省”，彻底完善通产省的内部组织；1999 年 12 月，确定经产省内部的组织概要；2000 年 12 月 1 日，内阁会议决定“行政改革大纲”；2001 年 1 月 6 日，开始中央省厅新体制；2001 年 1 月，决定、发表（总务厅行政监察局）政策评价的标准准则；2001 年 4 月，成立独立行政法人（经产省有 5 个法人，其中 2 个法人是非公务员型）；2001 年 4 月，小泉内阁上台；2002 年 3 月，确定经产省政策评价基本计划；2002 年 4 月 1 日，《政策评价法》（2001 年 6 月 29 日法律第 86 号）实施。

得到某种程度的调整，但是这种调整也可能带来重大问题，所以一定要在较高层次上进行调整，不能局限于一个部局的内部。于是，一部分科学技术厅管辖的有关核能安全的行政工作与通产省的核能安全行政工作合并，并作为一元化统辖电力和煤气的保安、环境选址局管辖的火药类和矿山安全的组织，创设了核能安全和保安院。

第三，引入单元制和政策评价等新的配套体系。其背景是：作为机构重组终极目标的优秀政策的实施，与政策评价有表里一体的关系，并且应该目标明确且灵活地实施。[52] 于是，在具体进行机构重组时，遵循了下列基本方针：

（a）各局、厅（专利厅、核能安全和保安院除外）在废除总务课的同时，代之以导入扩展组织纵横双向的“单元制”，通过设立和运营横贯几个课、室的组织，以便于迅速制定具有广泛视野的政策；

（b）规定职员的职务年限为三年，为了防备少子化和老龄化引入了“中二阶”制度（属于指定职位的审议官、部长），“中二阶”的职员在履行自己职责的同时，还要处理日常的行政事务，这样就不再是以前的“课长中心”，而是以“中二阶 + 课长”为中心；

（c）制定新政策时，不仅采取自下而上的方式，还通过自上而下的方式来活跃问题意识；

（d）一方面准备实施《信息公开法》，另一方面试行政策评价体系。

伴随省厅重组进行的第四个组织变更是设立独立行政法人。2001 年 4 月，设立了 5 个独立行政法人：经济产业研究所（为了高效且有效实施关于内外经济和产业的状况以及经济产业政策的相关基础调查和研究等而设立）、日本贸易保险（为了高效且有效地对对外贸易中发生的、普通保险无法救济的危险进行保险而设立）、产业技术综合研究所（工业技术院的 15 个研究所和计量教习所进行合并、重组）、产品评价技术基础组织（管理产品评价技术中心的业务），以及工业所有权综合信息馆（管理专利厅工业所有权综合信息馆的业务）。[53]

---

[52] 通产省具有重视评价的渊源，因为这里是桥本行政改革的出发点。通产省在省厅重组和引入政策评价体系时也发挥了领导能力。顺便说一下，社会上广泛流行的事后绩效评价（performance evaluation），仅仅是评价方法的一种。

[53] 2001 年以后设立了以下的独立行政法人：新能源和产业技术综合开发机构、日本贸易振兴机构、原子能安全基础机构（2003 年）、信息处理推进机构、石油天然气和金属矿物资源机构、中小企业基础整备机构（2004 年）。参照后叙“附录 主要特殊法人等的设立过程、目的和变迁”。

由重视纵向到重视横向

2001 年的组织改组意味着通产省的组织在矩形结构中减弱了纵轴。然而，这种倾向并不是突然出现的机构重组结果，而是在 20 世纪 70 年代以后就慢慢开始发展了。

纵轴出现减弱有以下几个背景。第一个背景是服务经济的发展。日本的经济活动中制造业的比例逐年下降，而流通业和服务业的比例逐步提高。另一方面，因为作为纵轴典型的原课行政是以制造业为中心的，所以出现了纵轴行政无法充分涵盖的产业。

第二个背景是经济的高速增长使日本完成了对发达国家的赶超。经济高速增长之前以及高速增长时期，就像对煤炭和钢铁实行倾斜生产方式那样，在不同行业应该做的事在某种程度上是明确的，但是一旦完成了赶超，此后的前沿就不得不由日本自己来发现，各行业应该做的事反而不明了了，不得不摸索产业横向的新增长策略。

第三个背景是贸易摩擦。日本的产业政策，特别是以振兴特定行业为目的的“目标产业政策”，即不适合作为公共政策的、对特定行业实行的优惠政策，给美国带来了危机感。因为对于日本来说美国是重要的伙伴，所以必须尊重该国的意愿。

虽然从数据很难看出纵轴究竟是从什么时候开始减弱的，但是大的转机可能出现在 20 世纪 90 年代中期。截至这个时期，经济高速增长时代的纵向优势地位结束了，代之以相对强化横向的因素。[54] 这也可以描述为“迎来了‘原课行政’时代的终结”。原本，在 20 世纪期间这个变化并没有如此明确地表现为“终结”，因为组织的结构变化是在保持总体平衡的同时（即比较缓慢地）进行的。虽说如此，但是通过 2001 年的省厅重组产生了横向的信息移动和纵向的下方移动（后退），这些引人注目的变化（现在改变了意识性政策立场）值得留意。

这个变化也对应了有关国内产业的政策中使用“结构”概念的变化。20 世纪 60 年代的产业政策文献中所说的“结构变化”和“结构改革”，很多和经济现代化具有相同意义。天谷直弘（通产审议官，任期为 1974—1976 年和 1979—1981 年）在 1970—1971 年描绘“产业结构远景规划”时也提到“结构”。他所说的“结构”意味着通过新产业的出现来修改产业地图（通过新产业的出现和成长、旧产业的退潮和消失来改

---

[54] 20 世纪末以后，如果考虑机械信息产业政策和资源能源政策开始拥有的横向特性，那么向横向的倾斜就更加明显。

变产业结构等）。天谷意在唤起对产业结构变化（即修改产业地图）的注意，随着信息化社会的到来产业结构必然发生改变。然而，20 世纪 90 年代中期以后，通产省内讨论的“结构改革”不再是以前的含义，而是意味着在国际化的经济环境中促进竞争（例如监管改革、奖励风险企业等）。[55]“结构”的含义，也从注意纵向变化改为强调横向变化。

这里应该追问的是：“到底是什么促成了上述变化？带来这些变化的原因是什么？这些变化究竟如何能够实现、什么时候可以实现呢？”研究 20 世纪最后 25 年通商产业政策的实施状况，同时探讨这个时期日本产业的变化、旧课题的结束和新需求的产生以及由此产生的新政策课题等，更能理解导致组织变更的原因。

（1）因为全球化时代的到来，通商产业政策、科学技术都必须在国际经济关系中重新定位并制定政策，（2）以前被认为是日本强项的制造技术，在崭新的发展中具备了新的国际竞争力，同时还处在摸索与海外各国共存的探路阶段，（3）鉴于民营企业已经独立，不再需要实施幼稚产业保护政策等状况，政策立场也渐渐发生了根本性变化。在矩形结构发生变化的同时，以前在产业政策中发挥了重要作用的行业团体的功能也开始消退，甚至还出现了行业团体解散的情况。

第 3 节　特殊行政组织

“特殊行政组织”的定义

伴随社会经济的发展，包括通产省（经产省）在内的行政机关负责的业务范围急剧扩大，业务内容变得多样化的同时更加专业化。然而，负责这些业务的官员不一定具备所需的专业技能、知识、经验等，并且还受到人员限额以及不可避免的定期人事更迭的束缚。另外，因为省厅的会计是实行单年度主义原则，所以给中长期事业的实施带来了不便。于是，行政机关的业务并不全部由中央（或者是地方）政府的省厅负责，而是根据不同事务成立了多种在制度上独立于行政机关的（即非官僚组织）组织，它们虽然由国家提供资金，但是在会计上保持独立性，在机关的管理、监督下，在事业的计划、立案和实施中尽可能发挥自主权。通过自主性的组织运作，提高了工作意

[55] 1993 年以后，“新政策”中提出了“结构改革”“结构调整”“结构转换”等内容（参照本书第 1 章表 1.2）。

愿，并有可能出现具有新思想和提案的职场文化，即能够提高业务效率。[56] 这些组织，在这里姑且称之为“特殊行政组织”。[57]

如果换一种说法，特殊行政组织是指，行政机关将政策的立案、执行委托给多种多样的政府相关团体，活动内容具备公共性（所以不能委托给民间），虽然职员不是公务员，但是由政府来负担组织的资本金或者运营费用。根据其特性和目的，这些组织分别被称为“特殊法人”“认可法人”“独立行政法人”等，但是即使具有相同的法人资格，组织的特性和活动内容也不一定具有共通性。而且随着时代的发展，对于特殊行政组织的社会、经济、政治要求也会发生变化，所以会对它们频繁地改组、合并、废除等。

表5.4是1993年通产省所辖的特殊行政组织一览表。该表中的管辖指的是负责各特殊行政组织监督责任的中央机关（法律上是指其大臣），“专管”是指监督责任在于一个特定机关，另外“共管”指的是由多个机关共同承担监督责任（但是，主要管辖的是其中的一个机关）。

表5.4中的特殊法人，设立时当然要依据各自的法规制定有关目的、资金和其他制度性条件，还要将每年的运营状况置于政府的监督下。通常，总裁、理事长等最高级职务由主管大臣任命，理事（在主管大臣的认可下）从总裁等主要管理人员中选任。特殊法人自主雇用的一般职员，法令上完全没有关于服务、身份限制等制约，也不限制劳资间通过谈判确定劳动条件、就业规则等。[58]

另外，表5.4中的认可法人是指“以特别的法律为基础，限定数量的法人，由民间等相关人士作为发起人自主设立，但是有关设立以及设立时的章程需获得主管大臣认可的组织”。[59]

---

[56] 但是这也有弱点。特殊行政组织自主运营的结果是，报告业务的执行状况及其成果、会计内容相关信息拖沓费时，存在不透明的可能性。

[57] “特殊行政组织”的名称来源于田中二郎的《新版行政法》（中卷全订第二版，弘文堂，1974年，第187页）。同样的概念在佐藤功的新版《行政组织法》（法律学全集7－Ⅰ，有斐阁，1979年，第三章，第214—226页）中也有涉及。顺便说一下，这段论述的特殊行政组织的各种特性，在这两本书中（各自的第四章和第三章）都提到了。

[58] 以下，关于个别特殊行政组织的特征及行政改革的经过，有很多是依据产业研究所的《关于通商产业行政中特殊法人等的作用和今后存在方式的调查研究》（1993年12月，第10—28页）论述的。

[59] 引号内的内容来源于总务厅《关于认可法人的调查结果（要旨）》（http：//www.soumu.go.jp/main_sosiki/hyouka/990305.htm，最后访问时间：2012年7月10日）。

表 5.4　1993 年通产省管辖的特殊行政组织

区别	类别	组织名称	管辖（没有记载的是通产省专管）
特殊法人	公团	石油公团	
		水资源开发公团	与国土厅、厚生省、农水省、建设省共管
		地域振兴整备公团	与国土厅、建设省共管
	事业团	金属矿业事业团	
		煤炭矿灾事业团	
		中小企业事业团	
		环境事业团	与环境厅、建设省共管
		国际合作事业团	与外务省共管
	公库	中小企业金融公库	与大藏省共管
		中小企业信用保险公库	与大藏省共管
	金库	商工组合中央金库	与大藏省共管
	特殊会社	电力资源开发株式会社	
	其他	日本自行车振兴会	
		日本贸易振兴会	
		亚洲经济研究所	
		日本小型汽车振兴会	
		新能源和产业技术综合开发机构	
		矿灾健康受害补偿预防协会	与环境厅共管
认可法人		日本商工会议所	
		全国中小企业团体中央会	
		全国商工会联合会	
		纺织工业结构改善事业协会	
		信息处理振兴事业协会	
		产业基础整备基金	
		基础技术研究促进中心	

注：补充了引用的原表中欠缺的产业基础整备基金。

资料来源：产业研究所，《关于通商产业行政中特殊法人等的作用和今后存在方式的调查研究》，1993 年 12 月，第 30—48 页。

特殊行政组织的起源和变迁

通产省相关的特殊行政组织中，历史最悠久的是1936年11月设立的商工组合中央金库。20世纪50年代后半期，特殊行政组织的数量急剧增加，并且发挥了多种多样的功能，但是战后初期设立特殊行政组织的构想，被认为受到了美国田纳西河流域管理局（Tennessee Valley Authority，简称TVA）成功经验的影响。[60] 不管怎样，二战后驻日盟军总司令部的对日政策反映了罗斯福的新政[61]，当时的政策构想也受到了对资本主义体制持有批判性意见的少数学者（大内兵卫、有泽广巳、都留重人等）的很大影响。[62]

"期待和强调政府积极作用"的结果是，1955—1964年，特殊行政组织数量急剧增加。[63] 但是另一方面，随着其存在感的增加，这些组织被强烈要求改善运营实态并使其合理化。行政改革本部在1963年刚设立时就迈出了第一步。[64] 特别是1965年以后，"社会上广泛指出特殊行政法人缺乏经营效率、领导空降等弊端，同时还受到责问：'没有滥设（特殊行政法人）吗？'"[65] 在此之前，1963年修改了《行政管理厅设置法》，规定特殊法人必须是国家主导设置的法人，设立新的特殊法人时必须经过行政管理厅的审查。此后还反复有计划地实施了特殊法人的统一、合并、废除，并且严格限制设立新的特殊法人。

1980年，以财政困难为契机重新实施了行政改革，次年设立了第二次临时行政调查会（第二临调）。第二临调做出了五次答询，其中1983年7月公布的第五次答询，以政策金融、产业培育、公共事业、检查和审定等为对象，提出了下列要求。

---

[60] 产业研究所，《关于通商产业行政中特殊法人等的作用和今后存在方式的调查研究》，第23页。

[61] "罗斯福新政"是指美国总统罗斯福为了克服20世纪30年代大萧条而引入的新修正政策，并通过驻日盟军总司令部影响被占领时期的日本。本来，这样的动向是逆历史潮流的，因为朝鲜战争时上任的威洛比（Charles A. Willoughby）将军通过强调反对共产主义的立场，试图消除当时占领政策中反映出的社会民主主义色彩（参照尾高煌之助和西泽保编，《都留重人的回忆：资本主义、社会主义以及环境》，劲草书房，2010年，第387页）。

[62] 上述的（原商工省官僚）吉野信次，在1937年担任近卫内阁的商工大臣之前曾担任国策会社——东北振兴电力社长，那时候他就试图在开发东北地区时运用与田纳西河流域管理局类似的企划（吉野，《商工行政的回忆：日本资本主义的步伐》，第342页）。虽然在东北地区没有实现，但是通过吉野信次及其人脉将田纳西河流域管理局的事迹传递给了商工省职员，在战后复兴期有可能发挥了作用。

[63] 引号内的内容引自产业研究所，《关于通商产业行政中特殊法人等的作用和今后存在方式的调查研究》，第23页。

[64] 1962年设立了第一次临时行政调查会（"临调"），1964年9月公布的答询报告中提出了围绕行政改革的手续和制度。

[65] 引号内的内容引自产业研究所，《关于通商产业行政中特殊法人等的作用和今后存在方式的调查研究》，第24页。

①对于社会意义低下或者效果不明显的项目、对于特定对象的优待措施，谋求废除、减少或限定事业领域；

②对于能够民营的项目，取消民营禁令或者使之民间法人化；

③对于欠缺效率性、合理性的项目，谋求改善运营、改革机构及定员。

接受了第二临调第五次答询意见的政府，努力实施了特殊法人等的清理、改革，将改革方法等委托给行政改革审议会（行革审）审议。接受委托后经过长时间审议制定的行政改革审议会的答询，首先要求特殊法人的人事管理、预算和会计、工资确定、项目运营等各方面的活跃（第一次答询，1986 年），提出了特殊法人的民营化、整理与合并特殊法人、使其业务重点化和效率化（第二次，1990 年），其次，以 1995 年为限要求特殊法人全面整改（第三次，1993 年）。

此后，在桥本内阁的主导下设置的行政改革会议，其最终报告（1997 年 12 月）提出了政策评价和公务员改革的必要性，受此影响次年制定了《中央省厅等改革基本法》（1998 年 6 月）。

然而，1999 年 7 月中央省厅开始重组时，也必须同时进行特殊行政组织的改革。这是因为中央省厅改革的根本立场是，行政机关的业务仅限定于存在市场失灵和信息不对称性等政府固有领域，其他可以委托给民营部门的要积极转移到民间，此外，即使具有很强的公共性，但是个别的、特定领域的业务也要委托给特殊行政组织。同时，作为一直以来行政改革潮流的趋势，特殊行政组织自身必须进行改进和进一步合理化，应参考英国的公共政策管理思想。1999 年 7 月颁布了《独立行政法人通则法》（1999 年法律第 103 号），为此新设立了独立行政法人，并将很多特殊行政组织吸收、合并到独立行政法人中。[66]

依据《独立行政法人通则法》，独立行政法人是指，“对于从国民生活及稳定社会经济等公共视角看有必要切实实施的事务及事业，当国家没必要自己直接实施时，委托给民间主体有可能无法实施或者必须由一个主体垄断施行，为了高效且有效实施这类事务及事业，依据本法律及个别法的规定而设立的法人”（该法第 2 条）。独立行政法人可以接受政府的出资和由政府提供运营费用（第 8 条和第 46 条），也可以从民间借入短期资金（第 45 条），其会计要遵循企业会计原则（第 37 条）。但是，当独立行

[66] 另外，该法中规定的“独立行政法人”与田中（《新版 行政法》）第四章（第 187 页和第 197—198 页等）和佐藤（《行政组织法》）第三章（第 214—221 页）中出现的“独立行政法人”是完全不同的新概念。

政法人存在富余资金时，必须通过公积金、购买国债、存入金融机构或是金钱信托的方式加以运用（第44条和第47条）。独立行政法人要公布未来3~5年的业务运营"中期目标"（第29条），其活动成果在报告给主管大臣的同时接受"评价委员会"的评价（第12条、第32条和第33条）。顺便说一下，主管大臣和评价委员会在中期目标完成的时候，会对独立行政法人的业务存续、组织存在方式等进行全面讨论（第35条），从这点看，独立行政法人不能被定义为半永久性的存续组织（全部依据2011年6月24日的条文）。

通过实行上述行政改革，通产省（经产省）监管（专管）下的特殊行政组织，在1965—2005年发生了巨大变化。表5.5显示了主要的变化结果。该表罗列了二战后到21世纪初通产省（经产省）相关特殊行政组织，从统计结果我们可以看出，20世纪80年代中期，也就是截至行政改革审议会发布第一次答询报告时，特殊行政组织的总数达到了顶峰，其后伴随着《独立行政法人通则法》的颁布其数量大幅减少。

表5.5 通产省（经产省）专管的特殊行政组织数量的变迁

事业分类＼年度	1945	1955	1965	1975	1985	1995	2005
矿物资源		1	2	2	2	2	1
煤炭和新能源		4	6	2	3	3	2
企业基础建设			3	4	4	4	2
政策性金融	1	2	3	3	3	3	0
电力资源开发		1	1	2	1	1	0
自行车竞赛等			2	2	2	2	0
贸易和经济合作			2	2	2	2	2
信息处理和管理				1	1	1	2
研究开发							2
合计	1	8	19	18	18	18	11

注：不包含社团法人、财团法人，以及完全民营化的株式会社。

资料来源：各年的详细变动，登载在RIETI网站上的"通商产业政策史总论篇附属统计表等"中。

然而，21世纪初改组和新设立特殊行政组织时，应该特别注意的是与科学和技术的研发及应用相关的组织动向。[67] 通产省刚成立时，就认识到通产行政中技术开发的重要性，并于1952年设置了工业技术院。经济高速增长最鼎盛的时期，1967年，作为优势产业领域专门化的国立研究机构，在九州、四国、中国、大阪、名古屋、东京、东北以及北海道8个地方设置了被称为“（地方）工业技术实验所”的研究设施网络[68]，1970年进行了重组，并于1993年改称为“（地方）工业技术研究所”。20世纪末日本不断累积的贸易盈余成为国际批判的对象，与此同时，还被指责搭欧美各国开发技术的便车，因此日本政府也考虑完善国家的研究组织，准备建立能推动基础科学研究和促进尖端技术开发国际合作的体制。为此2001年重组了上述的地方工业技术研究所，成立了产业技术综合研究所。该研究所致力于新材料、超导、信息技术、生物技术、DNA解析等基础及应用研究，同时还要仰仗与民间实业界、学术界以及海外人才的合作，为发掘大规模研究项目等做出努力。由于这些研发制度不由国家直属机构运营，反而是由特殊行政组织运营更加合适，所以产业技术综合研究所在2005年实现了非公务员化，成为独立行政法人。另外，还有意识地采用行政改革中被认为具有重要意义的评价制度，动员所内外的人才定期评价研究所的经营活动。期待这一系列果断的新措施，在将来以及面向广阔的世界产生新的成果。[69] 正是因为存在上述必要性，所以表5.6中记录的、在特殊法人中工作的职员编制人数，在世纪之交以后反而增加了。

另外，为了作为参考，本章的附录会简单叙述本节中提到的通产省（经产省）专管的特殊行政组织的活动概要。

---

[67] 关于其详细内容，请参照通商产业政策史编纂委员会编，泽井实著《日本通商产业政策史（1980—2000）：产业技术政策》，经济产业调查会，2011年，第7章“国立实验研究机构的变迁”。

[68] 但是，东京的被称为东京工业实验所，北海道的被称为北海道工业开发实验所。

[69] 当然需要克服的问题还有很多。鉴于在研究开发的过程中不仅需要大家的协同合作，同时很多时候还需要发挥个人的创造性，因此如何确定研究组织的最合适规模、如何活用竞争要素、希望通过谁以怎样的尺度和频率来评价研究成果等，还有探讨余地。研究开发不同于制造已知物品和服务的工厂生产，具有很大的意外性和偶然性，想要将其过程和成果标准化，或以过去的经验和现有的尺度来进行评价未必适当。重要的是容忍“游戏”和“自由放任”的部分，以及具备中长期视野。

表 5.6　20 世纪 80—90 年代通产省专管的特殊法人职员编制人数及其在 21 世纪初期的变化

事业分类	旧组织名称	年度			新组织名称	职员编制人数
		1983	1988	1993		2009
矿物资源	石油公团	329	349	359	(独法) 石油天然气和金属矿物组织	472
	金属矿业事业团	213	214	218		
煤炭和新能源	煤炭矿灾事业团	379	371	357	(独法) 新能源和产业技术综合开发组织	944
	新能源和产业技术综合开发机构	871	847	845		
					(株) 日本酒精产业	143
	* [1]				(独法) 核能安全基础组织	465
企业基础整备	中小企业事业团	411	452	491	(独法) 中小企业基础整备机构 [2]	800
	*				(特定独法) 产品评价技术基础组织	405
政策金融	中小企业金融公库	1765	1760	1760	(株) 日本政策金融公库	6952 [3]
	中小企业信用保险金库	387	413	412		
	商工组合中央公库	7171	5904	5896	(株) 商工组合中央公库	4369 [3]
电力资源开发	电力资源开发株式会社	3107	2723	2818	(完全民营化)	-
	冲绳电力株式会社	1534	(完全民营化)	(完全民营化)	(完全民营化)	-
自行车竞赛等	日本自行车振兴会	305	305	305	(株) JKA	222 [4]
	日本小型汽车振兴会	83	83	83		
贸易和经济合作	日本贸易振兴会	854	965	894	(独法) 日本贸易振兴机构	1578
	亚洲经济研究所	267	262	257		
	*				(独法) 日本贸易保险	149
信息处理和管理	* *				(独法) 信息处理推进组织	180
	*				(独法) 工业所有权信息和研修馆	101
研究开发	*				(独法) 经济产业研究所	48
	*				(独法) 产业技术综合研究所	3115
	职员规定人数合计	17676	14648	14695	职员定员合计	19943 [5]

注：(1) 本表中的星号 (*) 表示的是以前在通产省内就存在，但是 21 世纪初期成为独立法人的组织。同样，两颗星号 (* *) 表示的是以前是认可法人，但是后来成为独立法人的组织。

（2）地域振兴整备公团（2004 年的职员人数是 355 名）、产业基础信用基金（2004 年的职员人数是 30 名），以及中小企业综合事业团（纺织工业结构改善事业协会和中小企业事业团于 1999 年合并设立，同年度的职员人数是 515 名）合并，于 2004 年设立。

（3）2008 年的数值。（株）日本政策金融公库是 2008 年合并了中小企业金融公库、国民生活金融公库、农林渔业金融公库、国际合作银行（国际金融）而设立的。

（4）2012 年的数值。

（5）独法的合计是 8257 名。

资料来源：依据产业研究所《从组织和特殊法人等的变迁看通商产业政策的进程和展望》，1988 年 3 月，第 68 页；产业研究所《关于通商产业行政中特殊法人等的作用和今后存在方式的调查研究》，1993 年 12 月，第 95 页；行政管理研究中心《独立行政法人和特殊法人总览》，2008 年版，以及产业技术综合研究所网页（http://www.aist.go.jp/aist_j/information/history/history.html，最后访问时间：2012 年 4 月 23 日）。

第 4 节　人事管理

通产省（经产省）的人员阵容

2000 年通产省（2001 年以后是经产省）拥有 12381 名职员。[70] 当然不同时期总数是会发生变化的（见图 5.3）。

20 世纪末通产省的人事雇佣分为一类（四年制本科毕业以上）、二类（大学毕业或者是短期大学毕业）以及三类（这些以外）这三个职种。这样区分的最初意图是：一类培育通才，二类和三类培育专业人才。一类中的文科（作为“事务官”录用）被试验性地区分为法律职务、经济职务、行政职务，同样理工科（作为“技官”录用）也尝试了核能、土木等多种职务，但是入省后分配的工作（特别是文科）与大学所学专业基本没有关系。

入职后的惯例是：一类职员定期在本省和外局之间轮岗，以避免与特定的部局产生被称为特权的紧密联系[71]，而二类和三类职员在同一个局内部轮岗。但是从 20 世纪 70 年代后期开始，通产省内部和外局的所有岗位都实施了定期而且是全省范围的轮岗。[72]

入省一段时间担任领导职务后，也会持续经历高频率的轮岗，如图 5.4 和图 5.5 所示。

---

[70] 其他还有签订短期合同的被雇佣者、派遣职员、小时工从业员等编制以外的从业者。

[71] 但是，理工科职员在分配时尊重本人的专业领域。

[72] 以此为契机，在 20 世纪 70 年代中期发现了收取关税相关贿赂的职员。

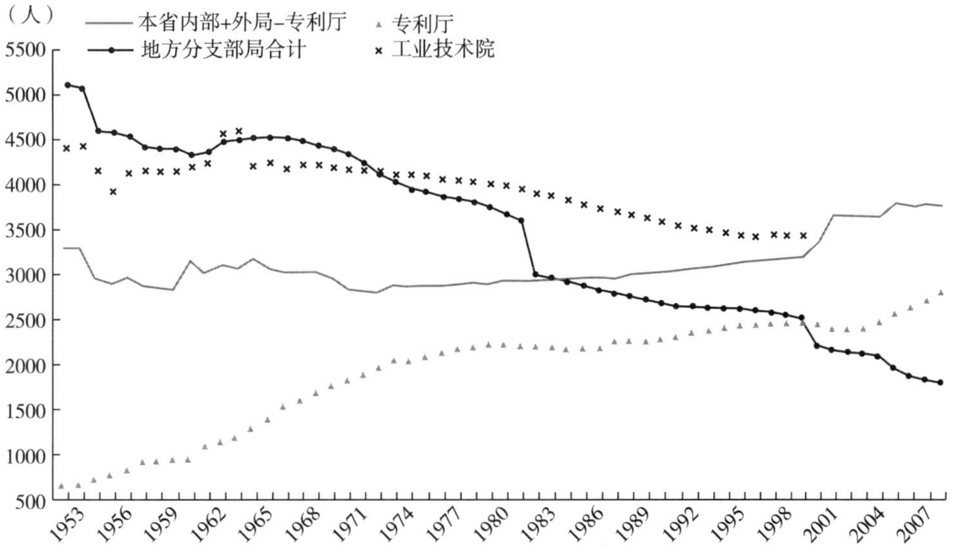

图5.3　通产省职员人数的变迁

注：工业技术院是2001年由本省产业技术环境局、本省经济产业政策局地区经济产业集团、产业技术综合研究所等重组而成的，其中产业技术综合研究所成为独立行政法人。地方分支部局合计，到1999年为止是地方通商产业局和矿山保安监督部（局）的合计。2000年以后的矿山保安监督部，是将核能和安全保安院的定员作为内数，计入“本省内部+外局–专利厅”中。

资料来源：依据图5.1中引用的资料以及各年度《通商产业省（经济产业省）年报》。统计数值登载于RIETI网站的“通商产业政策史总论篇附属统计表等”中。

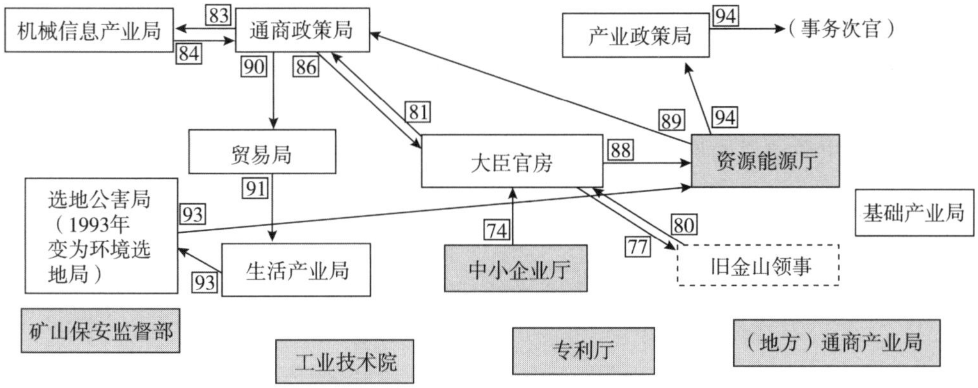

图5.4　堤富男（1962年入省）的职务转换经历

注：本图显示了1973年通产省大规模机构改革以后的调动经历。

资料来源：经产省资料。

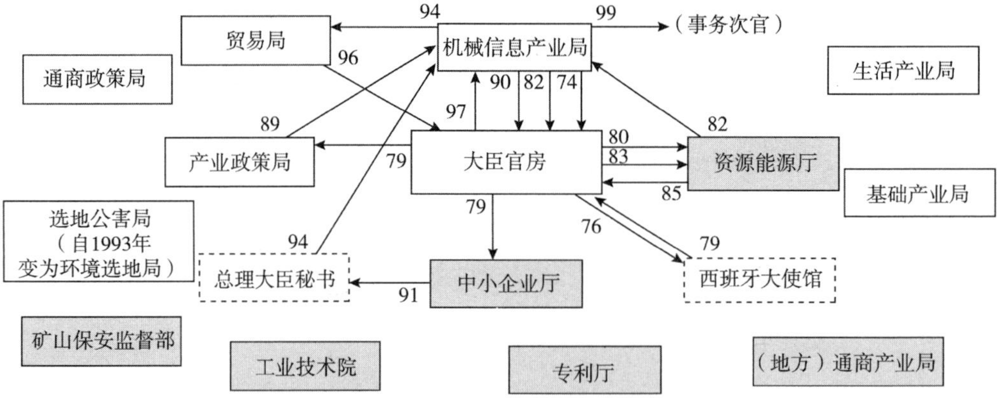

图 5.5　广濑胜贞（1966 年入省）的职务转换经历

注：本图显示了 1973 年通产省大规模机构改革以后的调动经历。另外，广濑 1966 年进入通产省（煤炭局炭政课），第一次石油危机时期借调到经济企划厅参与制定物价对策的法案。

资料来源：经产省资料。

截至 20 世纪 90 年代人事分配的原则是，入省时的不同职种“等级”不一样，晋升路线也不相同（虽然不是明文规定）。例如，一类、二类的职员都由大臣官房秘书课管理，在省内和外局间自由调动，一类职员入省约 15 年会晋升为管理职位，约 25 年会晋升为指定职位。[73] 而二类职员很多担任“不直接负责政策（包括政策立案、企划在内）”的职位。[74] 另外，三类职员由省内各局的庶务室（不是大臣官房秘书课）负责其人事管理，仅仅在跨局调动时由官房秘书课办理。

另外，（地方）通商产业局的人事聘用权分别属于各个地方局，截至 20 世纪 80 年代职员（二类和三类）原则上不会从该局转职到外部，但是此后出现了地方局职员借调到中央、结束后还返回地方局的情况。此外，通商产业局的局长由通产省派遣。

负责制定并实施通商产业政策的核心人士，主要是大学毕业并通过了公务员一类考试、经过面试等程序进入通产省的人。[75] 他们得到同样经过公务员考试（二类和三类）而进入通产省职员忘我工作的支持，并且随时接收来自产业界的借调者，通过官

[73] 这是文科职员的晋升，技术类职员也有重视专业领域特殊性的晋升机制。顺便说一下，法令审查委员会负责事务官的评价，技术审查委员会负责技官的评价。

[74] 就像被称为“二类的技术类职位”那样，不同部门也存在着职位被固定化（特权）的情况（这种倾向比一类显著）。

[75] 主要就是这些人在探究政策思想的内容及其变化的实态。这类型的人现在总计有大约 700 名（20 世纪末到 21 世纪初期）。

民间的人事交流尝试灵活制定和实施政策。

经过一类考试进入通产省的职员，入省后先接受一定时期的入职训练，然后被分配到本省或者通产省的外局，此后通过“在职培训”积累作为通产省官僚的经验。还有不少人被选出借调到其他中央机关，或是去海外任职（大使馆，以及半官方的日本贸易振兴会的海外办事处等）。[76] 这种方式的默认前提是长期稳定的雇佣关系以及下一届最高管理层必须是省内“土生土长”的。他们和前辈一样，原则上每两三年就要调换到不同部局，根据工作中表现出的适应性和擅长领域，直到成为骨干职员为止，省内的评价才会固定下来。[77] 考虑到政策的多面性，同时为了高效利用有限的人力资源，所以必须做恰当的人事安排。因此，人事评价机制，对于通产省是非常重要并且不可或缺的。例如，如果是具有外交才能的优秀人才，可以提拔为对外交涉（贸易交涉等）的负责人，还可以出任国际组织的职员。

但是，通产省（经产省）并没有有计划地培养大量代表日本在国际上工作的人才。这是该省遗留的问题。

通过一类考试入省的职员（特别是事务类）在两三年后就要被调到各处不同的工作岗位，但有一个职位，即法令审查委员要入省后经过十余年才能就任。它是由各局总务课的第一课长助理兼任的职位，法令审查委员每周两次齐聚一堂，召开法令审查委员会，讨论有关政策的重大议案及研究解决方案。法令审查委员会是讨论全省的政策目录和制定政策实施方案的场所，同时委员们各自代表自己的领域提出要求，并谋求实现全省的政策课题，也是（并且在比较年轻时）训练、培养多角度思考的机会。[78] 在该委员会中获得的宝贵经验，以及为制定和实施更优秀的政策议案做出的贡献，在人事评价时都会加分，这样的人事评价机制不但有利于本人的历练，还能活跃省内讨论。[79]

---

⑯ 还有很多在海外大学留过学的职员，以及在海外取得学位的职员。

⑰ 让他们经历很多职种，意味着进行（如果使用劳务管理的概念）“综合职务”（候补干部）的训练。顺便说一下，在经济高速增长时期，日本民营企业希望将“土生土长”的员工作为专业人员来培养，同时想要从中培养后备的高级管理层，所以也要让他们每隔几年“遍历”各种各样的工作岗位（《西川忠（日本钢管原常务董事）口述历史》，C. O. E. 口述政策研究项目，政策研究院/政策研究大学院大学，2005 年，第 45—48 页）。

⑱ 入省时间比较短的年轻职员参加全省范围的讨论和确定政策课题的会议，这种形式一定会使外部观察者感到震惊。但是，不局限于法令审查委员，以前通产省制定政策议案就具有自下而上的特征（即在基层工作的人们勤于思索并向上层提案）。产业政策局制定政策的这种倾向更加强烈。

⑲ 因为本节的叙述重点是政策思想，所以专门提到了一类职员的作用及其动向，但是通产省希望制定组织方针和政策议案的职员以及负责政策实施的职员，双方在紧密交换信息的基础上保持一定的平衡，开展团队协作。这两者在机关工作中是完全平等的，只不过发挥的作用不同。

经产省新的人事体系

21 世纪初，中央机关在机构重组的同时开始尝试在人事工作中引入新风气，经产省显示出打头阵的势头。为了应对重点从纵向向横向的转移，并不是要抛弃以前通商产业政策的强项，而是必须储备以前不足的专业职员阵容。

20 世纪 80 年代已经出现了公务员制度改革的苗头。这之前通产省职员的工作风格是经常过度加班。例如，一类职员具有“为了实践国民政策而成为公务员”的意识，废寝忘食地工作，努力履行责任。有不少人虽然感觉“这样的工作状态不正常”，但还是长时间留在单位努力工作。

但是，从 20 世纪 80 年代后半期开始工作环境慢慢有了变化。例如，与以前相比通产省减少了和实业界接触的频率（对于行业行政的要求内容和频率发生了变化），关于行业的信息变得稀少了，年轻官僚对行业的新动向变得生疏。[80] 因为要比以前更频繁地制定创造性政策，所以业务的处理方法也要相应发生改变。另外，直到 20 世纪末，战败后的通产省（经产省）基本都是站在生产者的角度制定通商产业政策[81]，但是世纪末以后，出现了站在消费者视角的行政。贸易交涉中所提案件的专业性增强[82]，而且业务的责任期间变得更长了。

组织和人事的革新需求还源于通产省内部的状况。1993—1995 年前后，通产省被一种闭塞感笼罩。由产业政策局发起并提出问题的频率减少了，翻旧账似的批判性意见在省内横行，创造性思维能力低下。在国内时常被人质疑：“产业政策的存在意义在哪里？”在国外也有着“日本的产业政策是以特定产业为目标的产业振兴政策，所以是不公平的”评价，使之成为海外（特别是美国）严厉批判的目标。

通产省的人事制度改革，还有一个原因就是希望应对这种状况而自发发起的。[83] 大臣官房希望重新构建具有工作意愿的组织。其中的一个尝试是修改人事评价制度，从 1998—2000 年，大臣官房秘书课一边盯着必定会到来的省厅重组，一边尝试重新设计人事方案。其起步是 1999 年以后，从年轻课长开始，依次对所有课长及以上官员实施

---

[80] 可以说在结构调整诸法迎来终结时，“原课行政”开始减弱了。这种变化也体现在（如同第 4 章“法律和税制”中指出的）《产构法》没有指定具体行业这一事例中（事实上，该法律也被其他省利用）。

[81] 在其他国家看不到这样的事例。

[82] 以前如果是有能力的人，不论什么领域的工作都交给他处理。

[83] 重视创造性、自主性、行动性以及现实可行性的通产省固有的价值观并没有改变。

不记名评价。

改革通产官僚评价制度的具体契机，是2001年12月25日内阁会议通过的“公务员制度改革大纲”。根据这一决议，经产省决定将评价标准区分为能力和业绩两项，2003—2005年试行该评价标准，2006年开始正式实施。

本来，通产省以外的省厅（特别是总务省），对上述人事改革的实际效果抱着怀疑态度。事实上根据以前地方政府的经验，“能力”很难测定（不容易获得被评定人的认可），还被认为是用“年头”替代能力的“苦肉计”。

但是这时候经产省的想法是，行政官员的“能力”指的是非定型的技能以及处理业务时的智慧在行动和成果中的综合能力[84]，他（她）的“业绩”意味着目标达成度，而且这两者需要各自独立评测。

不过，如果在测定与评价能力和业绩时过度尊重专业性，有可能导致僵化的人事管理。在强调专业性时，因为要深刻挖掘工作内容并将各个领域细分，所以优点是便于采取措施提高专业性，使本人未来职责前景更好，但另一方面因为限制了人事调动，所以缺点是人事政策欠缺灵活性、人事政策也被纵向割裂（即使能适应专业以外的领域也无法被活用等）。

经产省终止了之前对于“一类”和“二类”分别进行人事评价的方式，改为将人事管理集中于官房秘书课，实行横跨职种的管理方式。同时，也废除了为“二类”单设的（与“一类”相区别的）晋升路线（所谓“二类的职位”）。[85] 在实行这些改革时需要共通的评价尺度，因此遵循竞争原则，这个尺度以创造性、自主性、行动力的程度为标准。[86]

官房秘书课不可能同时对全部评价对象（约4000人）进行评定。因此，活用事前准备的人事数据库，每年度都由科员负责与该年度调动工作的人面谈，并以各部局的评价为判断基础。

另外，确保和培养专业性的重要性就不再赘述了。而且，鉴于管理业务多，很多人希望“承担工作”，经产省考虑应该在培养专业岗位技能上下功夫。[87] 其具体对策是，准备三类人才培养课程，设定对应它们的职位和晋升路线，然后募集人员：

---

[84] 经济产业省的这个新人事管理思想及其制度，是在美国的人事咨询公司的帮助下设计的。

[85] 通过这些管理方式扩大了人事的选项。过去虽然很少见，但是也有不少二类职员担任课长的情况。

[86] 不把着力点放在团队工作中。这种评价标准和商社类似。

[87] 这被称为人力资源管理。不过，具备较高专业性的职位并不是很多，令人头疼。

（1）政策专家（政策专门职务）：不限定晋升路线，具备较高能力、可被广泛使用的人才；[88]

（2）政策专门职务（高度专业的职务）：限于二三类的专业领域特殊人才；[89]

（3）流程经理（经营管理专业职务）：负责预算、会计、文书的人才。

尝试设计一种即使负责的业务（因为调动等）发生变化也可以继续追踪同一个项目的业务模式。[90]

此外，为了促进“官民交流”，提高外部借调者第一年的工资，消除对中途雇佣者的差别待遇，促进留学[91]，奖励与国际组织和地方政府的人事交流。

然而，在世纪末实施的人事制度变革中，废除了与制定通商产业政策具有很深关联的法令审查委员。截至20世纪90年代，如上所述，各局总务课的第一课长助理作为法令审查委员，每周两次集中到大臣官房召开法令审查委员会，讨论省的业务和课题。但是，法令审查委员参与讨论的并不一定是其专业领域，省内有倾向认为这是个问题。而且，还有看法认为成为法令审查委员难道不是晋升的一条飞黄腾达之路吗？经产省判断这些看法在省内流传不太好，于是经产省废除了法令审查委员会，实施适应业务特性的“单位制”，促进经产省课题和新年度计划的快速决断。但是，仅仅为了迅速决断而实施单位制，会导致组织的强弱流于表面。因此，设立了由各单位第一助理组成的“政策企划委员会”，就省内政策企划以及需要调整的议案，谋求达成共识，在部门之间进行横向的政策讨论。

第5节　小结

通过本章的讨论，我们弄明白了（1）通产省（经产省）的人事组织中，保留了贯穿战前、战时、战后的连续性，（2）但是其组织的内部结构按照产业界不断变化的需

---

[88] 相当于过去的“一类”课程。

[89] 专业领域是指企业系统、知识产权、统计数据、贸易、安全保障、研发、创新、标准认证、实际业务、信息、法务行政、资源能源、原子能安全、产业安保、会计、劳务管理。但是，即使有专业，也不固守专业（不贴标签）。

[90] 但是，过去天谷直弘也提出了这样的问题，比较短的时间内涉足多个领域，能否扩展专业性值得怀疑。

[91] 20世纪末以后，海外留学的人数（包含二类的人）增加了。从1999年开始，不仅硕士学位（MBA等），连获得博士学位回国的职员也增加了。经产省的留学人数仅次于外务省，但是这也导致了想去而不能去的人们的不满。另外留学期限为两年，自费的情况下（取得博士学位等）也有可能延长到三年。

求做了调整，特别是1952年、1973年以及2001年进行了大幅调整，（3）截至20世纪末，矩形组织结构中的纵轴减弱了，横轴得到了强化[92]，等等。

在此期间，通产省（经产省）职员经历了频繁的内部调动和海外工作、研修，灵活应对情况的变化。入省后不久就开始参与拟定政策草案，通过亲自观察经济和企业的现实需求，自己思考最好的对策方案，然后经过省内讨论拟定出新的政策议案。为了活跃这一过程，并从各不相同（时常是对抗的）的角度思考和修改草案，而省内部局的活动和方针都是纵、横（所谓矩形似的）交错（相克的）结构，所以每隔数年进行无限制的人事变动是有用的。

随着经济高速增长时期结束，特定产业振兴型（纵向型）的政策及其作用也结束了，一时间通产省内的气氛变得凝重。这是因为实现了高速增长以后，以前通产省以推进工业化为中心构建经济政策重要课题的时代已经成为过去。

因此，不仅局限于通商产业政策，作为负责广泛宏观经济政策的中央机关（即不是作为“通产省”，而是作为“经产省”），从换上经产省的招牌开始，该省的视野就变得更加开阔和深远，增加了积极挑战中央机关纵向分割行政（即甚至“插嘴”原来不属于通产省的“领域”）的机会。这可以看作21世纪初的经产省正在慢慢蓄积力量以支持日本经济社会的重建。

刚战败时，美国对日本的经济政策和企业经营产生了很大的影响。经济复苏时期实行经济民主化时，虽然指挥着当时驻日盟军总司令部的罗斯福新政经济思想发挥了很大作用，但是在个别企业的经营管理上，比如生产管理、质量管理、资金管理、人事管理、劳务管理等，各方面都将英美企业的案例视为理想型。[93] 在经营思想上，也受到彼得・德鲁克等美国人思想的很大影响。[94]

然而越南战争后，美国陷入经济萧条的困境，还为始终无法减少财政和贸易赤字

---

[92] 换句话说，不再重视以特定产业为中心的产业政策，而相对重视以整体经济或者多个产业共通的政策原理（例如信息化）为中心、推动它们前进的政策。

[93] 很大程度上也是受到战败后日本生产本部派遣到欧美的视察团成员回国的影响，他们从欧美的生产现场和经营管理中获得新鲜的刺激（对多次派遣视察团的效果进行细致评价的研究有：森直子、岛西智辉和梅崎修合著的《日本生产本部的海外视察团的运营和效果：海外视察经历的意义》，《企业家研究》第4号，2007年，第39—55页）。

[94] 本来，英美的影响被迅速吸收还因为从一战二战的间期到二战期间，日本的经营者和技术人员强烈感受到经营管理“合理化”的必要性。因此，从欧美积极引入并被保留的新经营技术，根据日本企业所处的环境做了适当修正。

而苦恼。相反，实现了经济高速增长的80年代的日本，因为国内外都认为经济的成功就是源于“日本的经营”，所以陷入过度自信，充斥着浓厚的趾高气扬的氛围。[95] 除了在外交政策上顾虑美国的想法外，日本其他社会思想都与英美的思潮拉开了一定的距离。

然而20世纪80年代后半期，美国经济恢复了以前的势头。另外，英国也在撒切尔夫人政府下，摆脱了上届政府以前的长期经济停滞，慢慢改善了生产效率和劳资关系（经营势力的挽回）。在这样的背景下出现了下列经济思潮：将重点放在自由的市场功能上，质疑政府依据凯恩斯经济学进行政策干预的有效性，政府对市场的干预有时还导致市场失灵。[96]

另外，与20世纪80年代不同，90年代初期以后日本经济因土地泡沫破灭而陷入长期萧条，但是日本并没有采取果断的恢复政策，而是白白浪费了时间（所谓“失去的十年”）。这样，从计划经济圈相继崩溃的80年代末到90年代，日本尊重市场作用的经济政策思想势头也在自然而然地增强。20世纪末到21世纪初，通产省（经产省）职员逐渐认可这一趋势也就不难理解了。也是因为这个原因，所以90年代以后的通商产业政策不仅减弱了纵轴，而且贴近市场功能的特色变得浓厚。在设计经产省新的人事管理制度时，美国的咨询公司提供了帮助，这也从一个侧面反映了这种倾向。20世纪末的日本经济思潮，可以说重新回归了欧美型。但是与此同时，日本政府的姿态也发生变化，在对外通商产业政策中明确且强烈展现出独自的主张。[97]

---

[95] 这也是日美发生经济摩擦的一个重要原因。

[96] 这种经济思想起源于货币主义学派，与撒切尔夫人和美国的里根政府具有很强的亲和力。

[97] 例如，经历信息技术泡沫破灭（2000年春以后）和雷曼冲击（2008年9月）后的世界经济，在重视市场原理的同时，还必须追求深深植根于经济结构中的通商产业政策等。

附录　主要特殊法人等的设立过程、目的和变迁[98]

回顾多个特殊行政组织长时期的变迁不是简单的事。我们在图5.6中尽量简单化地描绘了战败后到21世纪初这些组织的诞生、变更、统一、废除、合并等状况（另外，其原图登载在RIETI网站上的“通商产业政策史总论篇附属统计表等”中）。

（1）矿物资源

石油公团

对日本来说，当务之急是确保石油能源的稳定供给并完善体制，因此在1967年设立了石油开发公团，其主要业务是促进石油勘探以实现多样化的原油供给，以及为日本企业的海外自主开发油田提供必要资金和融资。在经历了两次石油危机后于1978年改名为“石油公团”，还从事国家石油的储备事业。[99]

最初设立时，国家的资金是通过“产业投资特别会计”和一般会计支出，但是1972年以后通过“煤炭及石油对策特别会计”（从1980年开始创设了“煤炭及石油和石油替代能源对策特别会计”，从1993年开始又通过新设的“煤炭、石油和能源供需结构优化对策特别会计”）支出。

---

[98] 依据《从组织、特殊法人等的变迁看通商产业政策的进程和展望》（财团法人产业研究所，1988年3月）、《关于通商产业政策中特殊法人等的作用和今后存在方式的调查研究》（财团法人产业研究所，1993年12月）和《独立行政法人·特殊法人总览》（财团法人行政管理研究中心，2011年），以及随时查阅的网页信息制作。也参照了会计检察院资料http：//report. jbaudit. go. jp/org/h17/zuiji3/2005－h17－4075－0. htm。另外，以下引用的网页中的内容，都是在2012年2—3月间查阅的。这些独立法人组织的统一、废除、合并等随时间的变化情况，在RIETI网页内的“通商产业政策史总论篇附属统计表等”中有图示。

[99] http：//www. ndl. go. jp/jp/data/publication/issue0592. pdf.

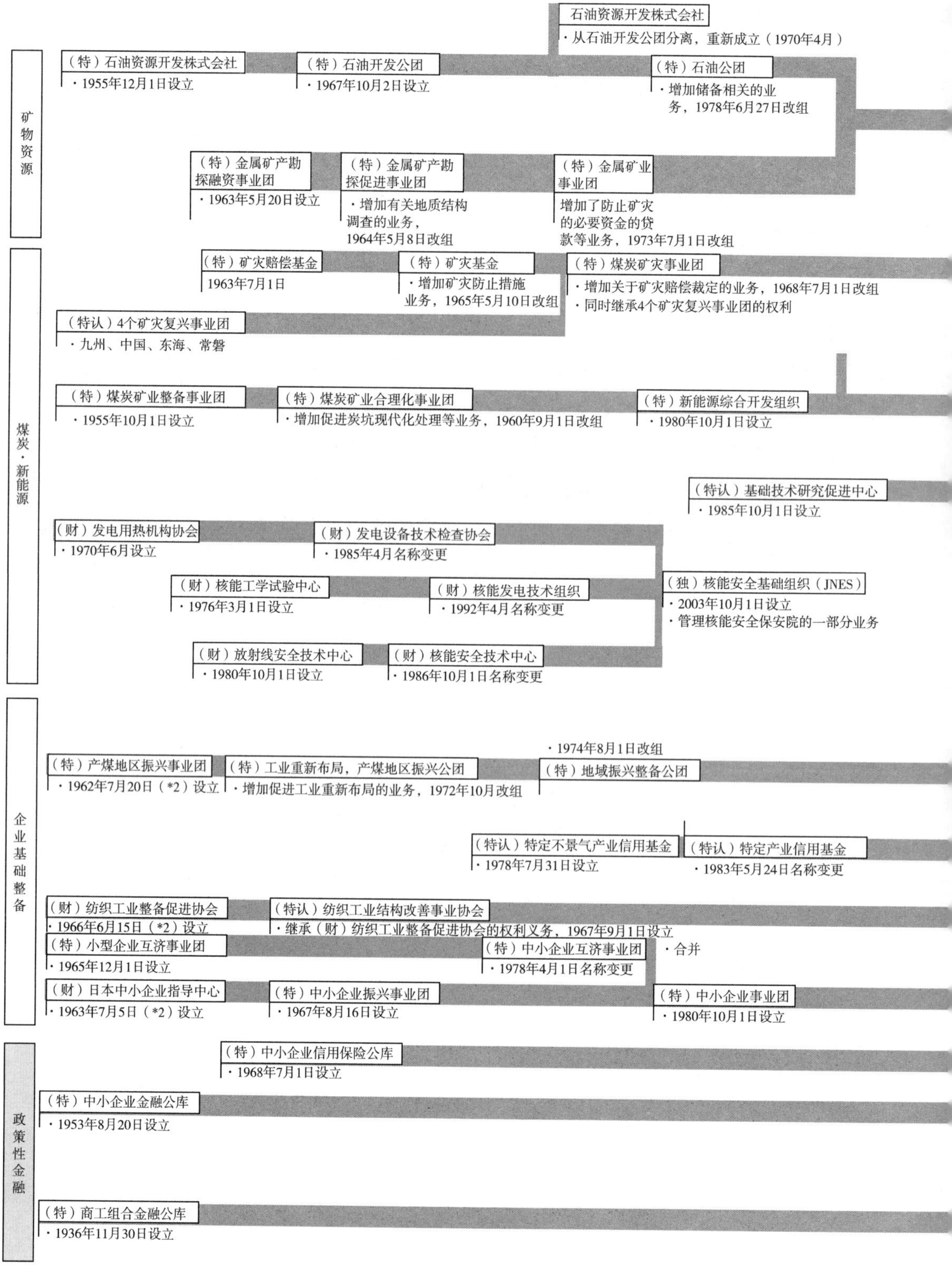

图5.6 特殊法人等的变迁

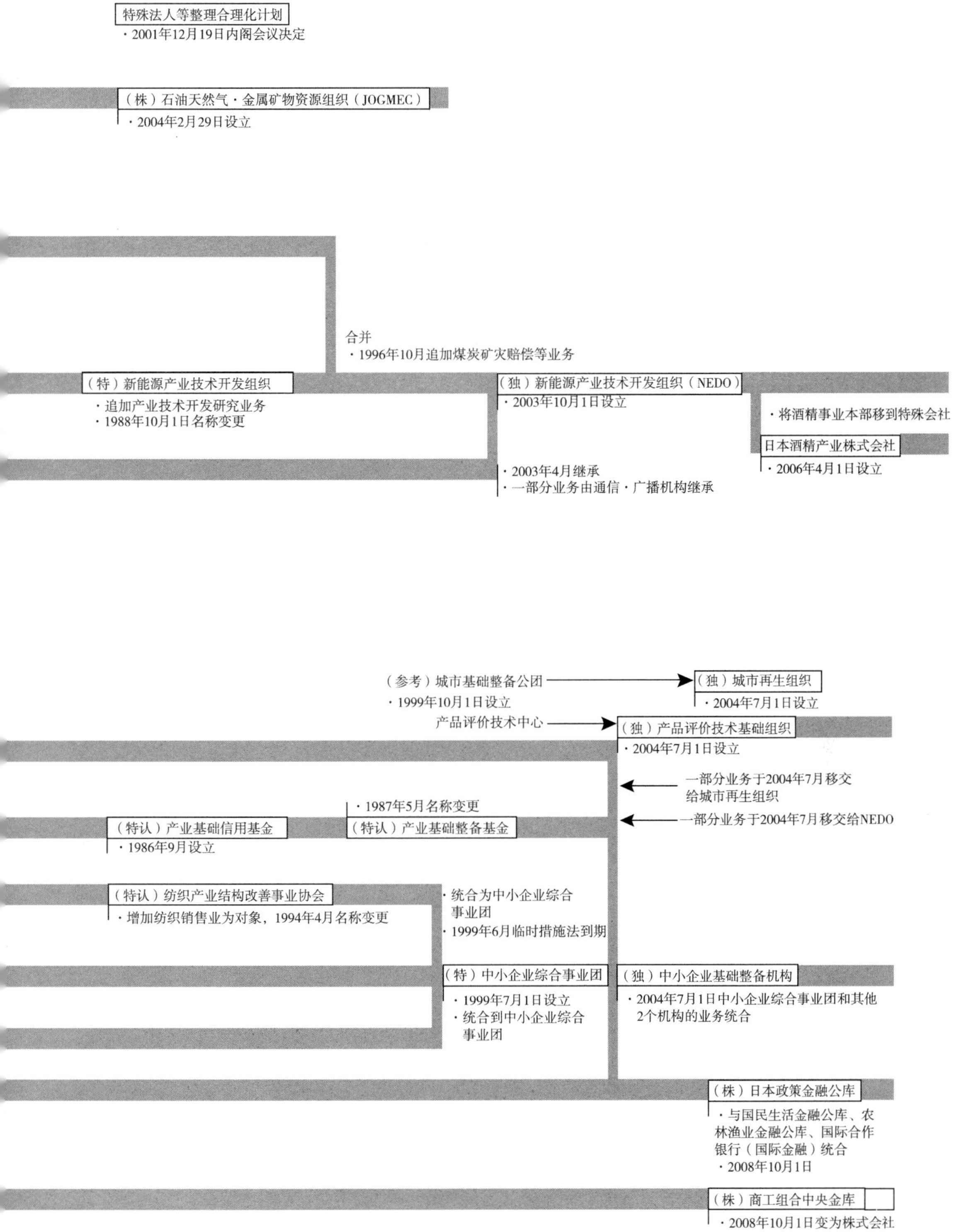
特殊法人等整理合理化计划
・2001年12月19日内阁会议决定
（株）石油天然气・金属矿物资源组织（JOGMEC）
・2004年2月29日设立
合并
・1996年10月追加煤炭矿灾赔偿等业务
（特）新能源产业技术开发组织
・追加产业技术开发研究业务
・1988年10月1日名称变更
（独）新能源产业技术开发组织（NEDO）
・2003年10月1日设立
・将酒精事业本部移到特殊会社
日本酒精产业株式会社
・2006年4月1日设立
・2003年4月继承
・一部分业务由通信・广播机构继承
（参考）城市基础整备公团
・1999年10月1日设立
（独）城市再生组织
・2004年7月1日设立
产品评价技术中心
（独）产品评价技术基础组织
・2004年7月1日设立
一部分业务于2004年7月移交
给城市再生组织
一部分业务于2004年7月移交给NEDO
・1987年5月名称变更
（特认）产业基础信用基金
・1986年9月设立
（特认）产业基础整备基金
（特认）纺织产业结构改善事业协会
・增加纺织销售业为对象，1994年4月名称变更
・统合为中小企业综合
事业团
・1999年6月临时措施法到期
（特）中小企业综合事业团
・1999年7月1日设立
・统合到中小企业综合
事业团
（独）中小企业基础整备机构
・2004年7月1日中小企业综合事业团和其他
2个机构的业务统合
（株）日本政策金融公库
・与国民生活金融公库、农
林渔业金融公库、国际合作
银行（国际金融）统合
・2008年10月1日
（株）商工组合中央金库
・2008年10月1日变为株式会社

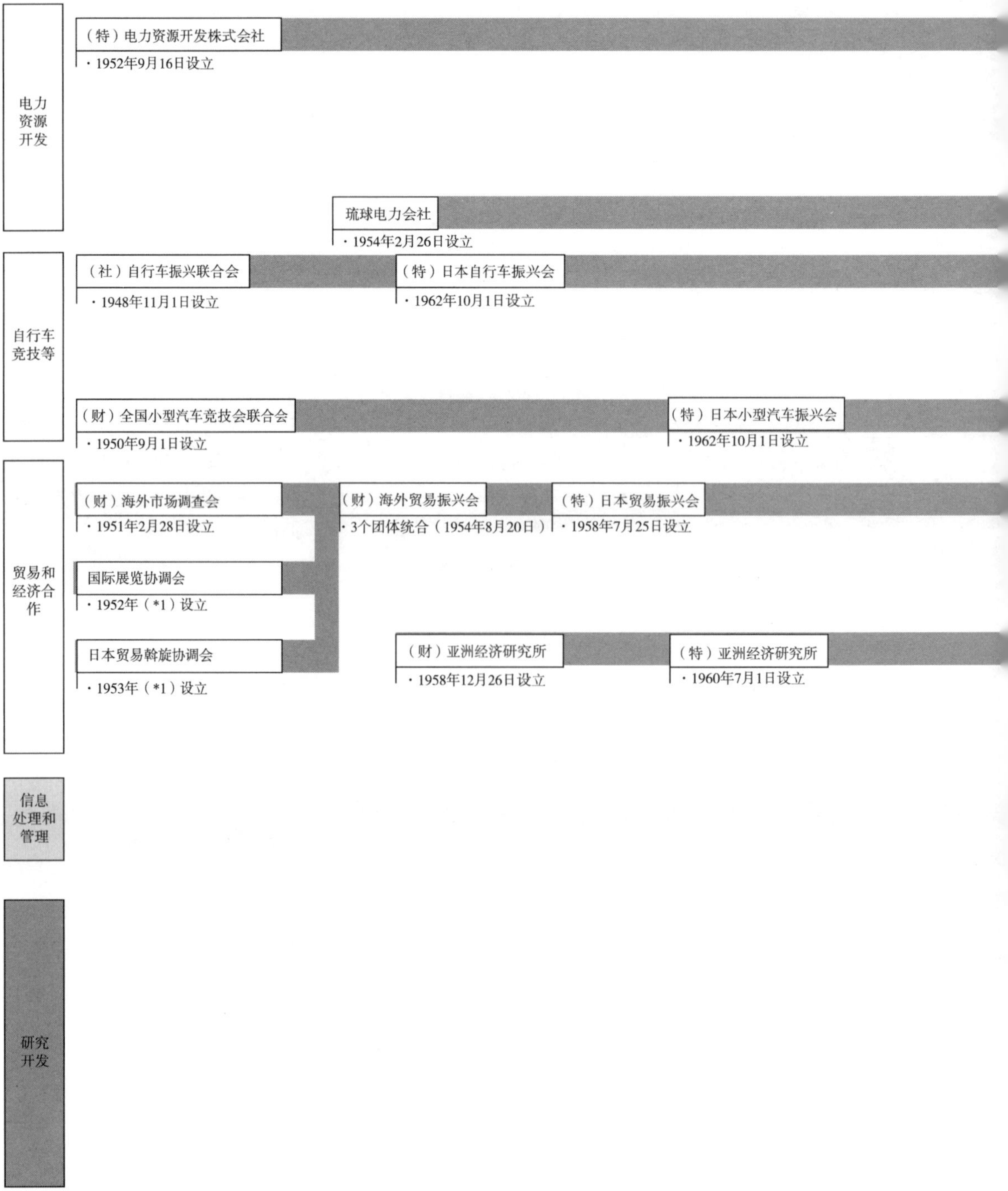

注：法人名称中（特）是特殊法人，（特认）是特别认可法人，（财）是财团法人，（社）是社团法人，（独）是独立行政法人、（株）是株式会社的简写。
资料来源：产业研究所，《从组织、特殊法人等的变迁看通商产业政策的进程和展望》（1988年3月）、产业研究所，《关于通商产业行政中特殊法人等的作用和今后存在方式的调查研究》（1993年12月），以及产综研网页（http://www.aist.go.jp/aist_j/information/history/history.html）。通商产业调查会和通商产业政策史研究所，《通商产业政策史：法令年表》（1999年6月）。
（*1）日本贸易研究会编，通商产业省通商局监制，《战后日本的20年贸易史》，第452页，通商产业调查会，1967年3月。
（*2）通商产业省编，《通商产业省30年日志》，通商产业调查会，1979年5月。

图5.6　特殊行政法人等的变迁

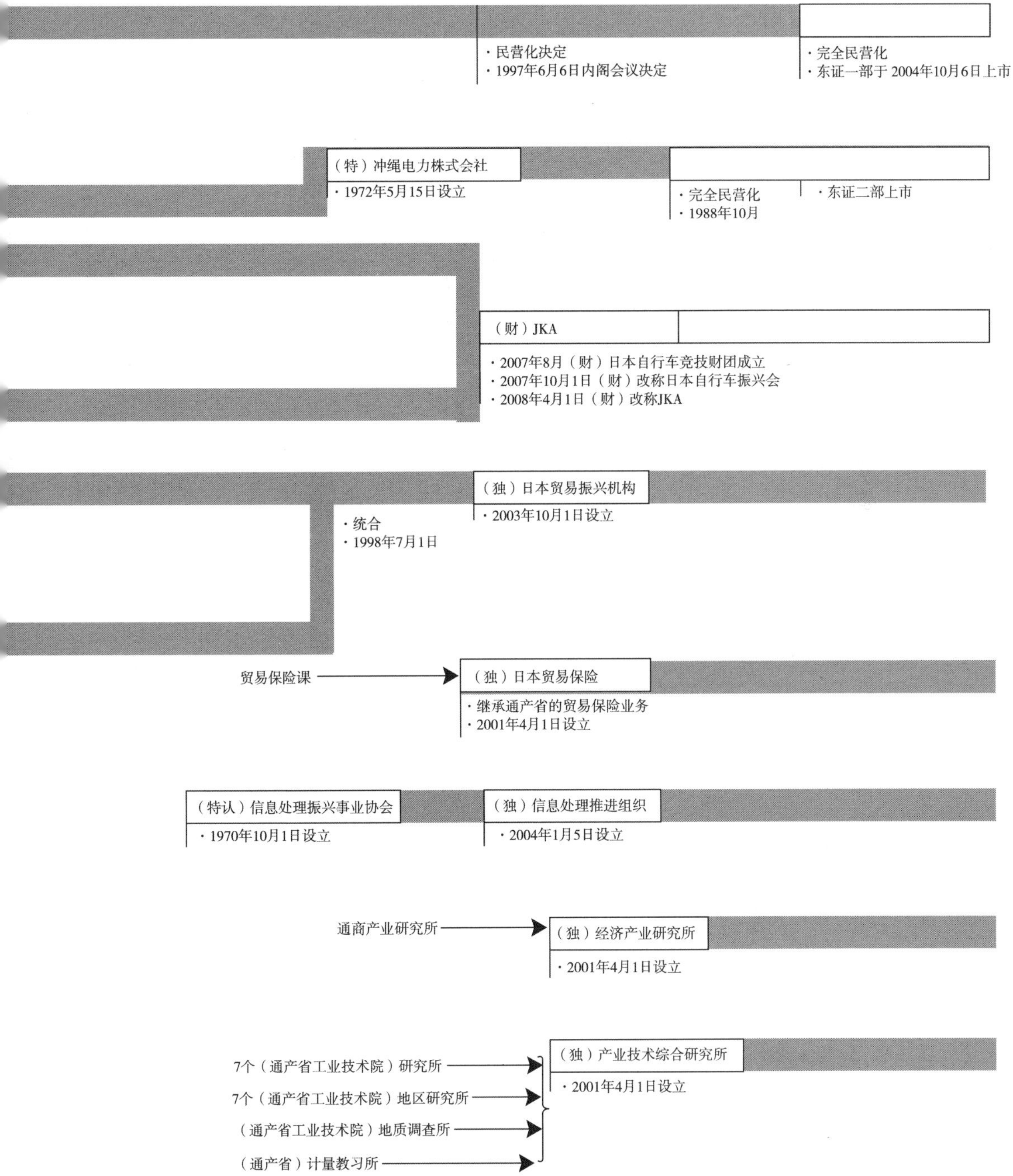

·民营化决定
·1997年6月6日内阁会议决定
·完全民营化
·东证一部于2004年10月6日上市
（特）冲绳电力株式会社
·1972年5月15日设立
·完全民营化
·1988年10月
·东证二部上市
（财）JKA
·2007年8月（财）日本自行车竞技财团成立
·2007年10月1日（财）改称日本自行车振兴会
·2008年4月1日（财）改称JKA
（独）日本贸易振兴机构
·2003年10月1日设立
·统合
·1998年7月1日
贸易保险课
（独）日本贸易保险
·继承通产省的贸易保险业务
·2001年4月1日设立
（特认）信息处理振兴事业协会
·1970年10月1日设立
（独）信息处理推进组织
·2004年1月5日设立
通商产业研究所
（独）经济产业研究所
·2001年4月1日设立
7个（通产省工业技术院）研究所
7个（通产省工业技术院）地区研究所
（通产省工业技术院）地质调查所
（通产省）计量教习所
（独）产业技术综合研究所
·2001年4月1日设立

金属矿业事业团

为了强化金属矿业的国际竞争力以及稳定并且廉价地供应金属矿产，在1963年设立了“金属矿产勘探融资事业团”[100]，以促进金属矿产资源的勘探、开发和金属矿产的储备事业，并为所需资金提供贷款。成为财投资金使用对象的是：大部分国内勘探资金的融资来源，以及为了筹集稀有金属矿产的储备资金而认购金属矿业债券。[101]

独立行政法人石油天然气金属矿产资源机构

鉴于出现了大量因原油价格低迷和日元不断升值而不能盈利的项目，以及无法确认当初预测储藏量的项目，作为优化整顿特殊法人等计划的一环，解散了石油公团和金属矿业事业团，于2004年设立了“独立行政法人石油天然气金属矿产资源机构”。其主要目的是促进天然资源中日本供给基础特别脆弱的石油、液化天然气、可燃性天然气以及非铁金属矿产资源的稳定供给（开发和储备），并提供金属矿产等防灾必要贷款。财投资金的供应对象为“石油天然气科目”“金属矿产储备、勘探融资等科目”“金属矿业一般科目”。[102]

（2）煤炭和新能源

煤炭矿灾事业团

1968年因煤炭及褐煤的采掘发生了矿灾，设立了“煤炭矿灾事业团”，作为一元化处理矿灾重建和矿灾赔偿等的煤炭矿灾业务机构。它是由以前国家、县等出资设立的从事九州、中国、东海及常磐地区煤炭矿灾的计划性救助和重建的“矿灾复兴事业团”，与1963年为了充实矿灾赔偿制度及提供资金融资等由政府全额出资设立的“矿灾赔偿基金”（1965年更名为“矿灾基金”）合并而成的，其宗旨是为矿灾赔偿提供担保管理、必要资金的贷款，为矿灾重建制订复兴基本计划等。

新能源产业技术综合开发机构（NEDO）

在经历了两次石油危机后，对外石油依存度很高的日本认识到迫切需要开发石油的替代能源。于是1980年制定《关于促进石油替代能源的开发及引入的法律》（法律第71号）作为石油替代能源供需两方面对策的基本法。在此基础上，作为国家层面广

---

[100] 1964年到1973年6月是“金属矿产勘探促进事业团”，其后是“金属矿业事业团”。通过制定《关于废止石油公团法及金属矿业事业团法等的法律》（2002年法律第93号）而被废除。

[101] http：//www. soumu. go. jp/main_ sosiki/hyouka/kinzoku - zaimu. htm.

[102] http：//report. jbaudit. go. jp/org/h17/zuiji3/2005 - h17 - 4075 - 0. htm.

泛集结官民人才、资金进行灵活研究开发的中心机构，设立了特殊法人“新能源综合开发机构”。这时候，废除了1960年设立的特殊法人“煤炭矿业合理化事业团”，其调整煤炭矿业结构业务由新机构继承。

为了确保新能源综合开发机构的必要资金，以前是通过扩大“电力资源开发促进税”的用途和提高税率以及扩大“石油税”的用途，但是此后，以为了发电而促进石油替代能源的利用为目的在“电力资源开发促进对策特别会计（电源特会）”中新设了“电力资源多样化科目”（1980年）。另外，作为促进发电以外的石油代替能源利用的计划性预算措施，将“煤炭及石油对策特别会计”修改为“煤炭及石油和石油代替能源对策特别会计”（1980年）。此外，为了促进石油代替能源的利用还完善了财政投融资和税收制度。[103]

1982年新能源综合开发机构从国家接手了酒精制造事业的管理业务，另外1988年增加了产业技术研究开发业务，并且将组织名称变更为“新能源产业技术综合开发机构”。接着在1996年与煤炭矿业事业团合并，增加了煤炭矿灾赔偿等业务，2003年继承了基础技术研究促进中心的业务（但是该中心的一部分业务由通信广播机构继承），然后在2003年使之成为独立行政法人，改名为“独立行政法人新能源产业技术综合开发机构”。

日本酒精产业株式会社

1937年，为确保燃料的稳定供给和振兴地区农业以及推动化学工业发展，创设了国营的酒精专卖事业。[104] 二战后，该事业的目的是廉价且稳定地供给工业用酒精。1982年，该事业被移交给“特殊法人新能源综合开发机构”（后来的“独立行政法人新能源产业技术综合开发机构”）管理，作为该机构的酒精事业本部，在根据需求稳定地进行制造的同时，推进生产技术的开发，并于2005年成立了日本酒精产业株式会社，2006年作为株式会社（特殊法人）独立出来。

基础技术研究促进中心

20世纪80年代中期的日本，尽管工业产品的出口能力很强，但是民间的研究经费中基础技术研究经费的比例很低，和欧美相比对民间研究的支持很少，因此被批判为搭欧美各国基础技术的便车。迫切想要提高基础性前沿技术水平的日本政府，在1985

---

[103] http：//www. nedo. go. jp/content/100104994. pdf.

[104] 其法律基础是《酒精专卖法》（同年施行）。1937年到1942年由大藏省管理，1942年4月起移交给商工省管理。

年以《基础技术研究顺畅化法》为基础，设立了特别认可法人“基础技术研究促进中心”，作为促进民间基础技术研究的核心组织。最初该中心由通产省和邮政省共同管理，设立以后主要为新材料、生物技术、通信处理等相关基础技术研究提供必要资金和融资。[105] 政府的产业投资特别会计为它提供了初始资金，政府持有的日本电信电话公司股票的股息和出售股票所得，以及政府相关金融机构的缴纳金构成了产投特会的资金来源，通过该中心将资金提供给研发机构和民营企业[106]，但遗憾的是没能顺利回收出资和贷款，在颁布《部分修订〈基础技术研究顺畅化法〉的法律》后，基础技术研究促进中心于2003年4月被解散。中心的权利和义务被通信广播机构或者新能源产业技术综合开发机构继承。

独立行政法人新能源产业技术综合开发机构

依据优化整顿特殊法人等计划，前文说的“新能源产业技术综合开发机构”于2003年成为独立行政法人。[107] 该机构涉足以下综合性、国际性的广泛领域：开发及合理利用石油代替能源，稳定供给清洁能源，活用民营企业的能力来提高工矿业技术并使其实用化，参与《京都议定书》规定的减排交易，研究开发和普及福利用品，等等。相关的重要技术中，对于民营企业认为风险很高并难以实用化的技术，为了促进其迅速转入实用并在社会中普及，实施了开发、实证、引入一体化的促进措施。[108]

2003年成为独立行政法人后以运营费拨款开始运转，至此，该机构能够依靠自身的判断对重点项目灵活投入资金。[109] 财投资金的主要支出对象是：基础技术研究促进科目、研究基础出资应计和递延科目，以及工矿业继承科目和促进特定事业活动等应计和递延科目。[110] 此后，2005年制定了《日本酒精产业株式会社法》[111]，为了促进酒精事业本部的完全民营化，将其转移到特殊会社（日本酒精产业株式会社）中。[112]

---

[105] http：//report. jbaudit. go. jp/org/h12/2000 – h12 – 0625 – 0. htm.

[106] http：//itpro. nikkeibp. co. jp/word/page/10000419/.

[107] http：//www. meti. go. jp/report/downloadfiles/g20829b04j. pdf.

[108] http：//www. nedo. go. jp/introducing/yakuwari. html.

[109] http：//www. nedo. go. jp/content/100104994. pdf.

[110] http：//report. jbaudit. go. jp/org/h17/zuiji3/2005 – h17 – 4075 – 0. htm#c32.

[111] 在此期间，2001年4月废除了《酒精专卖法》，施行了《酒精事业法》，同时作为暂定措施以5年时间为目标将购买功能赋予NEDO一家，在这期间进行民营化准备。

[112] http：//www. nedo. go. jp/library/shiryou_ siryouko. html. 刚成立时，全部股票都由国家持有。

独立行政法人核能安全基础机构

独立行政法人核能安全基础机构（简称 JNES）是依据《独立行政法人核能安全基础机构法》（2002 年法律第 179 号）于 2003 年设置的独立行政法人。从事有关核能设施和原子反应堆设施设计安全性的分析、评价以及检查等事务。

该机构将经产省核能安全和保安院的一部分检查业务，以及该院对三个财团法人的一部分委托业务合并在一起。这三个财团法人是指（财）核能发电技术机构[113]、（财）发电设备技术检查协会[114]以及核能安全技术中心。[115]

（3）企业基础建设

中小企业事业团

1980 年设立的“中小企业事业团”，是由中小企业政策（振兴在日本的企业结构中占有较大比重的中小企业、增加小型企业的福利、稳定中小企业的经营等）的核心实施机构——中小企业振兴事业团［（旧）日本中小企业指导中心］和中小企业互济事业团［（旧）小型企业互济事业团］合并成立的，从事旨在发展中小企业（集团化、合作化）的融资活动、小型企业的互助活动（确保小型企业者将来的生活稳定资金和事业重建资金）、防止破产的互助活动（防止交易对象企业破产带来的连锁破产）等。[116]

纺织产业结构改善事业协会

1966 年，迫切需要处理过剩设备和消除结构不景气因素的纺织行业设立了“财团法人纺织工业整备促进协会”，第二年，作为政府改善纺织行业结构（开发新技术和设备的现代化等）的实施机构，设立了全部继承该协会权利义务的“纺织工业结构改善事业协会”。1994 年，该协会更名为“纺织产业结构改善事业协会”。

中小企业综合事业团

1999 年，通过合并“中小企业事业团”、“中小企业信用保险公库”以及“纺织产业结构改善事业协会”，设立了“中小企业综合事业团”，三者的业务全部由新事业团继承，负责实施中小企业厅为中小企业推进的众多政策。

---

[113] 1992 年由（财）核能工学实验中心（1976 年设立）改称。

[114] 1985 年由（财）发电用热机构协会（1970 年设立）改称。

[115] 1986 年由（财）放射线安全技术中心（1980 年设立）改称。

[116] http://www.soumu.go.jp/main_sosiki/hyouka/kigyou-zaimu.htm.

地域振兴整备公团

1962 年，为了促进因煤炭产业衰退而显出疲态的产煤地区工矿业（等）的发展，设置了“产煤地区振兴事业团”。该事业团经过改组成为“工业重新布局——产煤地区振兴公团”后，于 1974 年再次改组成为同时提倡将集中于大城市的人口和产业分散到地方和推进地区发展的“地域振兴整备公团”。[117] 事业资金主要来自财投资金。

产业基础整备基金

在石油危机以后的经济萧条中，日本社会普遍认为对于结构不景气行业必须提供根本性政策。作为处理这些产业过剩设备的对策，1978 年制定了《稳定特定不景气产业临时措施法》（法律第 44 号），并以此为基础为具有信用能力的担保机构设立了“特定不景气产业信用基金”。

该基金通过对完善民间特定产业基础设施所需的借入资金提供债务担保来谋求顺利融资，为此增加了日常需要的新领域。据此，该基金更名为“特定产业信用基金”“产业基础信用基金”，并在 1987 年成为“产业基础整备基金”。

基金的债务担保对象是多种多样的：推进民间活力，活跃地区经济，振兴风险企业，推进城镇建设，扩大进口和对日直接投资，推进节能、再生、事业革新和产业再生，等等。这些政策虽然是分别依据个别法律引入、实施的，但是都在社会经济意义很大且对民营企业风险也很大的领域和案件中，发挥了提供和补充市场信用的作用。[118]

独立行政法人中小企业基础整备机构[119]

以优化整顿特殊法人等计划为基础，2002 年颁布了《独立行政法人中小企业基础整备机构法》（法律第 147 号），将“中小企业综合事业团”[120]、“地域振兴整备公团”[121]以及“产业基础整备基金”[122] 这三个机构合并，于 2004 年设立了“独立行政法人中小企业基础整备机构”。[123]

---

[117] http：//www. soumu. go. jp/main_ sosiki/hyouka/tiikifukkou－01. htm.

[118] http：//warp. ndl. go. jp/info：ndljp/pid/1022127/www. mof. go. jp/singikai/dokuritsu/chuushou/shiryou/160302c. pdf.

[119] Organization for Small & Medium Enterprises and Regional Innovation，JAPAN.

[120] 但是，中小企业综合事业团的信用保险业务，移交给株式会社日本政策金融公库［（旧）中小企业金融公库］管理。

[121] 但是，地区振兴整备公团的地方城市开发建设等业务，移交给独立行政法人城市再生组织［（旧）城市基础整备公团］管理。

[122] 但是，《节能和再生法》相关的债务担保和利息补贴等业务，移交给独立行政法人新能源产业技术综合开发机构管理（参照 http：//www. meti. go. jp/report/dowmloadfiles/g30227b03j. pdf）。

[123] http：//www. smrj. go. jp/kikou/dbps_ data/_ material_/common/chushou/g_ kikou/pdf/30821_ enkaku. pdf.

该机构主要负责对中小企业及其他企业提供事业活动必要的建议和研修，资金借贷、出资、资金资助和债务担保，完善地域设施，运营互助制度等业务，为活跃中小企业及其他企业的事业基础做贡献。[124] 财投资金的对象是下列五个科目：一般科目、设施建设等科目、工业重新布局等业务特别科目、产煤地区应计和递延业务特别科目以及出资继承科目。[125]

特定独立行政法人产品评价技术基础机构[126][127]

本机构通过对工业产品进行技术评价，收集、评价、整理、提供品质信息等，谋求提高产品的品质，确保安全性，以及顺利进行交易。因此，需要对下列事项进行检查（或者入室检查）：燃气事业、电器产品、液化石油气等的安全性，正确标示家用产品的品质和确保安全，遵守化学物质的制造规则和化学武器的禁止规则，等等。

该机构最早起源于1928年作为商工省附属机构设立的“出口丝织物检查所”和1940年设立的“出口毛织物检查所”，经过数次合并、变更、废除，在1984年成为“通商产业检查所”。通商产业检查所在1995年更名为“产品评价技术中心”，2001年起依据《独立行政法人产品技术基础机构法》（1999年法律第204号）变成标题名称的独立行政法人。

（4）政策性金融

中小企业信用保险公库

为了顺利运营和发展中小企业的信用补充制度，需要设立通过国家的特别会计一元化合理运营信用担保制度和信用保险制度的新组织，并且为了增加信用担保协会的担保能力，在1957年的预算中认可了将国家资金引入信用担保协会。在这种背景下，1958年大幅修改了《中小企业信用保险法》（法律第94号），谋求实现信用担保制度和信用保险制度的有机一元化。同时制定了《中小企业信用保险公库法》（法律第93号），以有利于中小企业事业资金融通的顺畅化、设备的现代化、经营管理的合理化以及振兴机械工业和软件行业为目的，作为核心的信用补充制度设立了“中小企业信用保险公库”。[128]

---

[124] http：//www. smrj. go. jp/kikou/disclo/article22/001301. htm.

[125] http：//report. jbaudit. go. jp/org/h17/zuiji3/2005 - h17 - 4075 - 0. htm#c14.

[126] “特定独立行政法人”指职员是国家公务员的独立行政法人。

[127] National Institute of Technology and Evaluation.

[128] http：//www. mof. go. jp/pri/publication/zaikin_ geppo/hyou/g401/401_ l. pdf.

中小企业金融公库

1952年，经历朝鲜战争时期的繁荣后日本经济出现明显衰退，特别是中小企业面临严重的经营困难。金融困难是其中的主要因素，尤其是筹集长期资金处于极其困难的状态。由于政府要求采取积极对策，所以在1953年设立了“中小企业金融公库”，通过为在一般民营金融机构融资困难的中小企业提供长期资金，支持支撑地区经济的中小企业的成长发展。

除了以前的融资业务，从2004年开始还追加了支持民营金融机构证券化的业务，同时合并了中小企业综合事业团的信用保险部门［（旧）中小企业信用保险公库］，追加了为中小企业贷款的债务担保（等）提供保险和为信用担保协会提供资金贷款这两项业务。[129]

顺便说一下，财投资金的对象是融资科目和支持购买证券化业务科目。[130]

株式会社日本政策金融公库[131]

2008年，中小企业金融公库合并了国民生活金融公库、农林渔业金融公库以及国际协力银行（国际金融等业务），成立了“株式会社日本政策金融公库”。

（旧）中小企业金融公库的融资业务不再作为数量补充的一般贷款业务，而是从加强民营事业的角度出发强化了特别贷款，持续为遵循重要政策目的的项目提供设备资金、长期运转资金，同时将信用保险业务和支持证券化业务合并形成三业务体制，由新公库直接继承。

商工组合中央金库

因昭和初期的经济危机而导致的中小企业金融困难，成为深刻的社会问题。当政府和民间都渴望针对这个问题提出对策时，社会普遍认为有效方法是通过同行业组合的金融手段为缺乏信用能力的中小企业提供融资，因此提出以接受国家扶持的同行业组合为中枢设置金融机构。

在这个背景下，1936年通过国家和同行业组合共同出资（各50%）设立了“商工组合中央金库”。商工组合中央金库的目标不是收益，而是以中小企业等协同组合及其他主要由中小型企业构成的团体及其成员的顺利融资为政策目标，与政府共同出资设立的。

---

[129] http://www.jfc.go.jp/c/jpn/summary/disclosure/2008jfs01.pdf.

[130] http://report.jbaudit.go.jp/org/h17/zuiji3/2005-h17-4075-0.htm#c19.

[131] Japan Finance Corporation.

商工组合中央金库网罗了设备资金，长期、短期运转资金的贷款（包含票据贴现）和结算等业务[132]，作为唯一的政府金融机构提供综合性金融服务。虽然其长期资金的贷款业务是财政投融资的对象，但是贷款本金基本上是通过发行商工债券等方式从市场上自行筹集，依靠财政投融资资金的情况并不多。不过，政府出资是比商工债券更好的资金来源，也是稳定筹集自有资金时不可或缺的基础。

此后，作为小泉内阁行政财政改革的一环，商工组合中央金库决定分阶段实施民营化，2008 年成为株式会社。其计划在 5 ~7 年处理完政府持有的全部股票，目标是在采取必要措施维持中小企业金融功能的基础上实现完全民营化。[133]

（5）电力资源开发

电力资源开发株式会社

战败后日本急于开发电力资源，为此有必要设立在国土开发、利用保护、企业能力、资金筹集等方面都很优秀，同时兼顾综合性开发利用及保护国土的特殊会社。1952 年，作为财政投融资机构设立了电力资源开发株式会社，目的是依据《电力资源开发促进法》（1952 年法律第 283 号）在指定地区迅速实施电力资源开发，增加电力供给。

此后半个世纪，日本国内的经济环境也发生了变化，在政府推进的特殊法人改革中，1997 年依据电力资源开发民营化的内阁会议决议，从 2002 年开始停止对财政投融资的资金依赖，变为自主筹资[134]，并于 2004 年在东证一部上市。

冲绳电力株式会社

截至 1972 年 5 月冲绳回归日本，冲绳的发电、输送电业务都是由（美国政府的特殊法人）琉球电力公社负责，另外配电业务由 5 个民营配电会社负责。

回归日本以后，依据《冲绳振兴开发特别措施法》（1971 年法律第 131 号，存在期限是到 1992 年末），琉球电力公社作为“特殊法人冲绳电力株式会社”重新起步，1976 年合并了负责配电业务的 5 个民营会社，然后于 1982 年在全岛达成了电力化事业。此后，1988 年实现了民营化，接着在 1992 年实现了在东京证券交易所市场第二部和福冈证券交易所上市。

---

[132] http：//www5. cao. go. jp/keizai－shimon/special/hearing/03/item1. pdf.

[133] http：//www. shokochukin. co. jp/news/pdf/info070525. pdf.

[134] http：//www. jpower. co. jp/news_ release/news163. html.

（6）竞技等

日本自行车振兴会

1948 年日本设立了“社团法人自行车振兴会联合会”，作为开展、运营自行车竞技的中央机构。此后，因为认识到自行车竞技事业的公正运营需要政府的直接监督，所以在 1957 年解散了联合会，成立了“特殊法人日本自行车振兴会”。该振兴会的目的是公正顺利地开展自行车竞技，同时振兴自行车及其他运输机器，以及推动和振兴体育及其他公益事业。

日本小型汽车振兴会

1950 年日本设置了“社团法人全国小型汽车竞争会联合会”，作为开展、运营小型汽车竞技的中央机构。但是，因为认识到小型汽车相关竞赛的公正运营，需要政府的直接监督，而不是社团法人，所以 1962 年解散了联合会，设立了“特殊法人日本小型汽车振兴会”。其宗旨是公正顺利地开展小型汽车竞赛，同时振兴小型汽车及其他相关机械和推动体育发展等公益事业。

财团法人 JKA

由于公营竞技萧条导致销售额减少，日本依据国家特殊法人改革方针决定将自行车振兴会和小型汽车振兴会由单一的公益法人继承[135]，首先自行车竞技振兴法人指定 2007 年成立的“财团法人日本自行车竞赛财团”继承了“特殊法人日本自行车振兴会”的业务，并更名为“财团法人日本自行车振兴会”。次年，小型汽车竞赛振兴法人又指定该振兴会继承了“特殊法人日本小型汽车振兴会”的业务，并更名为“财团法人 JKA”。

“财团法人 JKA”的主要业务有：登记自行车竞赛以及汽车比赛的选手、裁判、比赛用车辆（自行车、小型汽车），制定自行车竞赛、汽车比赛的实施方法，协调选手出场并对选手进行培养和训练，以及以振兴自行车和小型汽车等相关机械工业、推动体育发展等公益事业为目的的事业辅助活动等。[136]

（7）贸易和经济合作

日本贸易振兴会

1951 年，为了振兴贸易必须进行海外市场调查，因此在政府、地方公共团体以及

---

[135] http：//www. meti. go. jp/press/20070306001/jitensyahou - press - release. pdf.

[136] http：//www. keirin - autorace. or. jp/about/index. html.

相关业界的帮助下设立了“财团法人海外市场调查会”。此后，为了更有效地振兴贸易，必须将调查、展示、贸易谈判这三根支柱一体化，因此1954年合并了国际展览协调会以及日本贸易斡旋所协议会，诞生了“财团法人海外贸易振兴会”。但是，为了建立日本经济长期稳定发展的基础，当时急需的是进一步强化并大力振兴贸易，所以一方面寻求增加贸易振兴事业相关的政府补助金，同时谋求通过政府出资来强化、稳定经营基础。这时候考虑到必须监督事业运营和资金管理，因此在1958年依据特别法改组成立了“特殊法人日本贸易振兴会”。

然而，1998年，将其与亚洲经济研究所合并。[137]

亚洲经济研究所（IDE）[138]

20世纪50年代，有关日本经济的发展研究、调查还处于非常落后的状态。政界、财界、学界一致要求必须改善这种状况，因此1958年设立了“财团法人亚洲经济研究所”，两年后改组为“特殊法人亚洲经济研究所”。该研究所对亚洲地区的社会经济发展情况进行基础性及综合性调查研究，为普及有关这些地区的正确知识做贡献，同时希望促进这些地区与日本的贸易和经济合作。1998年，亚洲经济研究所与日本贸易振兴会合并。

独立行政法人日本贸易振兴机构（JETRO）[139]

通过特殊法人改革，上述日本贸易振兴会在2003年被改组成“独立行政法人日本贸易振兴机构”。该机构顺应时代的要求，从事对日投资、促进出口、开发贸易、经济开发研究等各种各样的事业。

独立行政法人日本贸易保险（NEXI）[140]

1950年设立了贸易保险制度（当初是出口信用保险），由通产省直接负责。鉴于国际贸易对日本经济的重要性，为防备普通保险无法覆盖的高风险，政府要实施再保险。法律依据为《贸易保险法》［制定时是《出口信用保险法》］（1950年法律第67号），为此还设置了出口保险特会。2001年，为了有效实施这项制度设立了日本贸易保险。日本贸易保险还为国际机构承担的保险责任提供再保险。

---

[137] http：//www. jetro. go. jp/disclosure/info/jigyo2003. pdf.

[138] The Institute of Developing Economics.

[139] Japan External Trade Organization.

[140] Nippon Export and Investment Insurance.

（8）信息处理和管理

信息处理振兴事业协会

1970 年，为了促进日本电子计算机项目的开发和利用以振兴信息处理，设立了扶持信息处理服务企业的政府机构——认可法人“信息处理振兴事业协会”。该协会的主要业务有：推进通用程序的开发和普及，先进信息处理技术的研发，协助信息处理服务企业顺利融资，制定计算机病毒对策，完善、运营多媒体支援中心和信息基础中心，提高地区软件的供给能力，等等。[141]

独立行政法人信息处理推进机构（IPA）[142]

2004 年，依据优化整顿特殊法人等计划，（上述的）信息处理振兴事业协会变更为“独立行政法人信息处理推进机构”。鉴于信息技术是支撑安全、可靠、稳定的社会经济活动不可或缺的基础，所以从工学以及人性化侧面提供了 IT 评价标准，并以此为基础建立了评价体系，提高信息处理的品质。[143] 为了实现这一目的，接受财投资金的科目是：该机构地区事业出资业务科目、事业化科目，以及特定项目开发继承科目。[144]

独立行政法人工业所有权信息研修馆（INPIT）[145]

最早是 1885 年在农商务省工务局内设置的商务登记所图书系，1888 年改组成设置在该省专利局内的图书馆、陈列馆，1952 年改组为设置在专利厅内的万国工业所有权资料馆，然后 1997 年改称为工业所有权综合情报馆。2001 年依据《独立行政法人工业所有权综合情报馆法》（1999 年法律第 201 号），变为独立行政法人。该组织一方面从事有关工业所有权的文献、信息的收集、管理和公开，同时还负责专利厅职员及其他从事工业所有权业务人员的研修。2004 年改称为“独立行政法人工业所有权信息研修馆”，开始从事信息提供、人才培养等业务。

（9）研究开发

独立行政法人经济产业研究所（RIETI）[146]

独立行政法人经济产业研究所是以谋求经济和产业的发展，以及稳定并有效供给

---

[141] http：//www. cec. or. jp/es/E－square/h10seika/html－Ⅱ/Ⅱ－Okuzuke. htm.

[142] Information-technology Promotion Agency.

[143] http：//www. cao. go. jp/sasshin/doku－bunka/kaigi/2011/wg2_3/09. pdf.

[144] http：//report. jbaudit. go. jp/org/h17/zuiji3/2005－h17－4075－0. htm#c34.

[145] National Center for Industrial Property Information and Training.

[146] Research Institute for Economy and Trade.

能源为最终目的，是从事国内外经济、产业的实情调查和基础研究，提供调查研究成果并给出政策建议的文科研究机构。它是依据《独立行政法人经济产业研究所法》（1999年法律第200号）于2001年设置的，根据上述目的，从事相关图书资料的收集和管理、保管、编集、提供等业务。其前身是1987年在通产省内设立的“通商产业研究所”。

独立行政法人产业技术综合研究所（AIST）[147]

2001年，作为经产省特别机构的工业技术院（1952年继承了工业技术厅）合并了下属的15个研究所和计量教习所，设置了独立行政法人产业技术综合研究所（参见图5.7）[148]，网罗了环境、能源、生物科学、信息通信、电子工学、新材料、材料工学、标准、计量工学、地质科学等大型物理化学、工学科研究所，是以提高产业技术和向业界普及为目标的理工科综合研究机构。

[147] National Institute of Advanced Industrial Science and Technology.

[148] 依据《独立行政法人产业技术综合研究所法》（1999年法律第203号）。

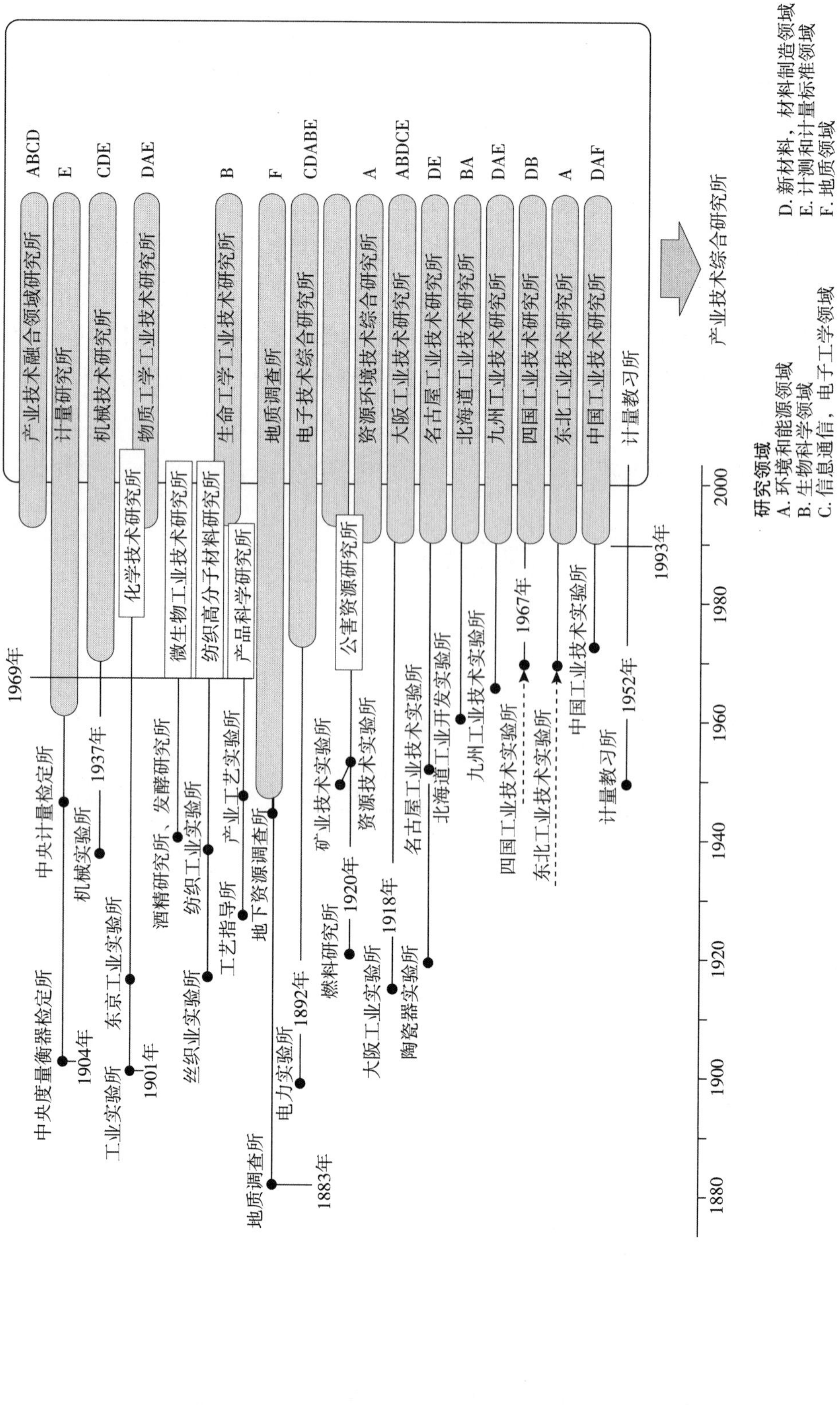

图5.7 产综研及其前身

资料来源：根据产综研网页。另外，原资料是按照颜色区分研究领域的，本书改为按A、B、C等区分。

第二部
分行业概述

第6章　产业政策*

第1节　战后产业政策思想的浪潮

如果概述通产省在第二次世界大战之后产业政策思想的变迁，截至20世纪60年代中期，还留有战后统治经济的影响，特别是为了应对国际收支逆差，针对进口贸易，采取外汇配给和进口商品配给措施。由于贸易限制措施的影响，当时在通商局进口业务课门前，来办理开通贸易事务手续的业务人员排成长龙。

经过10年后，即从国民人均实际GDP超过二战前约两倍时（20世纪60年代中期）起，至石油危机后遗症得以愈合时为止，产业政策向行政指导型政策转换①，此后又转变为完善市场规则型。

这期间，正如通商白皮书所宣扬的，1969年是划时代的一年，从结构上，日本的国际收支保持着稳定的经常收支盈余（所谓的收支盈余基本方针）。经济政策的主导者认为，“至此 stop & go 政策终结，广阔自由的投资发展时代到来了”，但是，与此同时，环境污染问题开始日趋严重。②

20世纪80年代，是完善市场规则型的初期，同时也是行政指导型政策并存的时

---

* 根据通商产业政策史编纂委员会编，冈崎哲二编著《日本通商产业政策史（1980—2000）：产业政策》，第1—3章及通商产业政策担当者的叙述。

① 大致的统计数值参照桥本寿明《1955年》，安场安吉、猪木武德著《高速增长》日本经济史8，岩波书店，1989年，第59页。

② 行政指导型政策的目标是摆脱能源和资源消耗型的产业结构，整个20世纪70年代都是行政指导型政策时代。早在1957年1月熊本大学医学部就指出了水俣病的征兆，但是当时没有得到舆论的重视（武田晴人，《新版日本经济事件簿——从开国至泡沫经济破灭》，日本经济评论社，2009年，第232页）。目光锐利的经济学者早就已经预见到污染的危险性。（例如，1963年都留重人作为民间学术研究团体在统计研究会内设立的“公害研究委员会”委员长，积极开展防止污染和抑制污染蔓延的活动。）

期。在受到第二次石油危机影响和《广场协议》导致日元飙升的形势下，如何使脆弱的日本产业变得强大，成为当时日本产业政策的核心课题。与此同时，针对日本的产业政策本身，来自海外的责难越来越强烈，通产省疲于应付接连不断的国际贸易摩擦。③

进入20世纪90年代之后，重视市场规律调节机制的倾向日趋明显，为了完善市场机制，通产省对制度方面的相关政策课题，即宏观的、经济整体的政策课题越来越重视。21世纪初期，延续制度改革。《经济审议会经济结构调整部会报告书（第二前川报告)》（1987年）开始强调制度改革，《经济改革研究会》（平岩委员会）的报告（1993年）中，制度改革已经成为核心内容。同时，制度改革也具有应对《日美结构协议》（US－Japan Structural Impediments Initiative，1989—1990年）中美方提出的“日本经济的封闭性”这一结构性课题的特点。

第2节　行政指导型政策实施的目标

第二次世界大战之后产业政策的一个显著特征（正如序章概述的内容）是，20世纪60年代、70年代、80年代、90年代4次公布通产省“产业政策远景规划”④，反映了不同时期产业政策的中心课题。这些远景规划是由受通产大臣委托的社会公认知名学者组成的产业结构审议会制作，同时充分发挥政府各职能部门的智慧，反映当时社会上各个方面的意见，在实施必要的调查之后，经过认真地讨论研究，整理总结出的成果。从某种意义上说，这些远景规划反映了国内对于不同时期的产业政策课题具有代表性的意见。

根据远景规划的文献，20世纪60年代日本经济的课题是优先发展重化工产业。为了改善国民经济福祉，发展工业化（或称产业化，industrialization）是必由之路。即使

③ 《日美产业政策对话》(1983—1984年)、《日美结构对话》（1986年)、《日美结构协议》（SII）（1989—1990年)。

④ 20世纪60年代：产业结构调查会答询（即60年代远景规划）（1963年)；20世纪70年代：由大臣官房企划室（天谷直弘室长）编制的产业结构审议会议中间答询《70年代产业通商政策》（1971年)：20世纪80年代：通商产业省产业结构审议会编《80年代通产政策远景规划》（通商产业调查会，1980年)：20世纪90年代：通商产业省编《90年代通产政策远景规划——全球化时代人类价值的创造》（通商产业调查会，1990年)。(从本文阐述的政策时期划分看，20世纪80年代以后应该是转入市场完善型政策的时期，但是，就算时期有所偏差，报告书的题目仍然留有行政指导型政策的影子。)

当时很多资源和原材料需要依靠进口，但是从消费物资到生产物资希望建立全覆盖（全能型）的生产能力的这种目的意识不谋而合。在此基础上，通产省参照“收入弹性基准”和“生产率上升率基准”，把重化工产业提升为重点培育产业的高度。

此后，20世纪70年代远景规划提出，日本产业结构由20世纪60年代以重化工为中心，向20世纪70年代以后以“知识密集型产业”为中心转型。⑤ 所谓“知识密集型”，是指以电脑和飞机等“研究开发密集型”产业、通信设备和数控（numerically－controlled，NC）机床等“高精度组装型”产业，以及信息处理、专业服务等“专业知识型”产业为代表的生产活动。这个时期正值经济高速增长的成熟期，规划指出，产品的生产开始脱离之前的资本集约化潮流，进入“知识密集化”“研究开发密集化”快速发展的时期，同时，要求出台提高福利和保护环境政策，这正是此次远景规划的新意所在。美国早就经历了所谓的脱产业化（de-industrialization）和服务经济化（service economy）等经济现象⑥，通产省预见到同样的现象也会在日本发生。

但是，20世纪60年代经济高速增长时期，需求不断增加，供不应求的情况居多。企业间反复上演激烈的设备投资竞争，所以大型设备型的材料产业在产业政策上也时常受到关注。与此相反，经济萧条时期形成大量供给过剩，对此，通产省推出了包括不景气企业联合措施在内的介入型政策。⑦ 具体而言，通产省企业局探讨供求计划（预测）方案，提交给公正交易委员会（公取委），在得到公正交易委员会许可的情况下，相关行业向公正交易委员会申请排除适用企业联合方式。这种裁度余地较大的政策调整方式，是“通产省”和公正交易委员会为了根据经济形势变化对以钢铁行业为代表的装备制造产业投资过剩问题进行灵活调整，相互沟通意见的市场介入型政策。

但是，在主张重视市场竞争规律的总理府总务长官山中贞则（第三次佐藤内阁，1971—1972年）的主导下，通产省和公取委之间的关系发生了变化。此后，1974年，

---

⑤ 这时期的产业结构未来展望参考了内田忠夫（东京大学）、尾崎严（庆应义塾大学）两位教授的建议。即后述80年代远景规划倡导的“创造性知识密集化”，基本是“知识密集化”的传承。从这种意义上说，70年代的远景规划显示了其前瞻性。

⑥ 早期预见到脱产业化的言论，包括Daniel Bell，Coming of post－industrial society：a venture in social forecasting New York：Basic Books，1973、内田忠夫等译《脱工业社会的到来：社会预测的一种尝试（上·下）》（Diamond，1975年出版）。

⑦ 对于供给过剩的政策性调整，在此之前的景气衰退时期也多次采用。即1952年开始的劝告缩短工时、《纺织工业设备临时措施法》（1956年）的废弃共同设备、通过修订《反垄断法》（1953年）而法制化的不景气企业联合和合理化企业联合。特别是“四十年经济萧条”（1964—1965年）之后，结构用合金钢、汽车轮胎、相机等经济不景气行业的企业联合现象显著增加。

石油业界地下企业联合遭到告发，石油业界上诉至最高法院，但是仍以败诉告终。⑧ 以此为契机，《反垄断法》得到强化，之前该法允许的“裁度余地”变窄。可以说，以石油行业地下企业联合事件为分水岭，企业联合只要通产省同意，公取委也会许可的模式随之土崩瓦解。

但是，20 世纪 70 年代，日本进入经济高速增长末期，设备制造业经历了从未有过的供需关系不平衡现象，设备供给过剩问题接连不断，通产省担心依靠市场机制的调节能力无法尽快解决这一问题。并且，通产省已感受到根本性的改变，不景气企业联合措施的灵活性和有效性均减弱。正所谓，“结构改革”的时代就此拉开序幕。

第四次中东战争引发第一次石油危机（1973 年 10 月），这不仅是未曾预料到的事件，更带来了政策思想上的深刻反省，即日本能源供给结构——在很大程度上不得不依赖政治形势不稳定的中东地区石油——的转变，以及产业结构由重化工为主体向知识密集型转变。这些转变不仅影响国内产业，同时也波及海外大规模开发项目等“国际化项目”。这些以直线（linear）型经济增长为前提设计的项目，多数面临投资费用增加（超出成本，cost overrun）的问题，同时由于需求急剧降低，都相继撤退或必须进行大幅调整。⑨

当然，受到石油危机影响的不仅是产业界。石油危机引发了消费物价暴涨（1974 年物价涨幅为 23.2%），虽然通产省想方设法控制物价上涨⑩，但仍导致了（所谓“卫生纸骚动”等）恐慌性的抢购囤积商品等混乱现象。⑪ 社会舆论批评企业惜售（隐瞒商品库存等）的行为，政府内部也开始议论要启动物价控制令，但是，最终没有采取

⑧ 事件争论的焦点主要围绕企业联合的行政指导的合法性，该事件对产业政策的手法（方式）产生巨大影响。

⑨ 但是，也有比较顺利的案例，例如 SPDC 石油化学株式会社（SPDC，Saudi Petrochemicals Development Co. Ltd.，三菱系；1970 年开始交涉，1987 年商业运行）。另外还有日本新加坡石油化学株式会社（JSPC，Japan Singapore Petrochemicals Co. Ltd.，1971 年开始交涉，住友系，1984 年商业运行），由于 80 年代初期石油制品价格下跌，在开始运行之前，就已经明确是赤字状态。新加坡方面希望将融资由进出口银行转换为 ODA，经过各方面的讨论后，同意了该方案。

⑩ 值得庆幸的是，由于通产省的大机构改革，在第一次石油危机爆发之前（产业政策局）设立了物价对策课。

⑪ 有分析认为，这时期卫生纸、洗涤剂、煤油等消费品价格迅速攀升，是由于消费者的异常行为引发了生产方（实际上是 2 家以上企业）的垄断（辻村江太郎，《计量经济学》岩波全书，1981 年，第 112—135 页）。这一时期卫生纸价格高涨，始于 1973 年 9 月，同年 12 月达到顶峰（同书，第 127 页）。另外还有观点认为，这个时期物价飞涨，受到在石油价格上涨之前开始的过剩流动性的影响（小宫隆太郎《1973 年、1974 年通货膨胀的原因》，《经济学论集》第 42 卷 1 号，1976 年 4 月号，第 2—40 页）。依据这一观点，1973—1974 年迅速通货膨胀的主要原因是日本银行在 1970 年至 1973 年期间持续积极地扩大信贷。不仅如此，还有当时采取了错误的汇率政策（对转变为浮动汇率制度犹豫不决）的因素。但是，由于国际收支顺差形成的强力货币（High-powered money）供给、进口通货膨胀、积极的财政政策、多种供给要因（经济萧条期企业联合、污染、布局问题、工厂事故）等，虽然都助长了通货膨胀的形成，但并非主要因素。

强制性的物价稳定措施。[⑫] 虽然颁布了非常严厉的立法《稳定国民生活紧急措施法》（1973年法律第121号）和《关于针对抢购和惜售生活相关物资的紧急措施法》（简称《防止抢购和惜售法》，1973年法律第48号）[⑬]，但是最终并没有采取分配、配给等严厉的市场介入措施，而是采取了期待市场机制调节和规范健全消费行为的方式加以应对。

此后，第二次石油危机（1979年2月）时，宏观经济政策发挥作用，消费物价上涨控制在每年7.7%，虽然没有出现像第一次石油危机那样的社会性混乱，但石油价格的涨幅已经超过第一次石油危机时期。经过两次石油危机，通产政策也反映出消费者行政增强。

第3节　积极的产业调整

20世纪80年代的远景规划是从1978年春至1980年初，在石油危机恐慌笼罩的社会经济环境之下着手制定的。之前政策的诸多前提条件业已改变，如经济持续高速增长、经济小国、依赖石油能源、美式和平（Pax Americana）等国际经济环境发生巨大变化，在这种情况之下，冷静预测长期经济趋势的姿态是非常难能可贵的。

根据20世纪80年代的远景规划，预想20世纪80年代将进一步推进20世纪70年代的“知识密集化”，“创造性知识密集化”将得以发展。在此背景下，为了实现符合经济发展趋势的“期待的”产业结构，应该在对过去的产业政策进行批判性研究的基础上，实施“积极的产业政策调整”（Positive adjustment policy，简称PAP）。这里所谓的PAP，是指站在对不同产业预测的角度，采取措施促进人力资源再分配、过剩资本

---

⑫ 据说对于物价控制令，椎名悦三郎（基于战争期间物价控制的失败经验）持坚决反对意见。“（民主党税制调查会会长藤井裕久的发言——引用者）田中首相考虑启动物价控制政策，但是椎名悦三郎建言，作为战争期间的物价控制负责人，物价控制是失败的。所以改为通过涨价来抑制消费，电费涨幅也达到56%。”（《山本雄二郎的霞关诊断343回》，《时评》2008年6月号，第4页，http://www.fujii-hirohisa.jp/opinion_format/opinion080600_jihyou.pdf，最后访问时间：2011年8月23日。）

⑬ 其中前者允许设定标准价格，可以就生产、进口、设备投资等进行指示，并最终使分配和配给得以实现，与《石油供需适当化法》一起并称为“石油二法”。另外，后者的名称根据同年第121号法律追加了“等”字，即成为《关于针对抢购及惜售生活相关物资等的紧急措施的法律》。

设备的处置、必要的产业转型或重组。[14] 另外，“期待的”产业结构是指符合以下4点的内容，（1）生产效率上取得长期相对优势；（2）满足因收入水平提高、人口变化（少子化、长寿化等）和意识改变等产生的国民需求；（3）为节能、节省资源做贡献；（4）确保经济安全（长期的经济发展），具体而言，是指在创造性地自主开发新技术的基础之上实现20世纪70年代“知识密集型”的产业结构。

在实现新时代产业结构的过程中，旧的行业或企业退出，新的行业和企业加入。但是，在改革旧时代的产业结构，诞生新的产业结构时，伴随有阵痛。政府的支持发挥了助力这一进程、减轻阵痛的作用。实际上，从经济高速增长到稳定增长的转型时代，与过去经济高速增长时期经常需求增长迅速、供不应求的状况不同，在景气的各个阶段时常会出现总供给大于总需求的情况。结果造成生产设备过剩，企业收益率恶化的严重事态。在这种情况下，应该是PAP发挥作用的时候了。换言之，出现上述情况的时候，废弃设备可以作为一种新的政策手段而发挥作用。但是，为此需要制定相应的法律配套。[15]《稳定特定不景气产业临时措施法》（《稳特法》，1978—1983年）的颁布，就是响应这种需要的产物，旨在通过基于公认规则的设备废弃或企业合同等，恢复企业业绩。这是一部非常有用的法律，截至1983年发挥了对固有产业进行调整的作用。[16]

第4节　拉开“产业结构改革”的序幕

《稳特法》和通产省制定的其他多数法律一样，属于时限立法，期满之后，转变为《改善特定产业结构临时措施法》（《产构法》，1983—1988年）。

1983年1月，原通产大臣山中贞则（第一次中曾根内阁，1982—1983年）对正在酝酿产构法案的通产省，做出了如下6点指示，作为基本原则。[17]

---

⑭ PAP原本是作为国际机构的经济合作与发展组织（简称OECD）的部长理事会于1978年采纳的概念。根据该政策，政府对衰退性产业的介入在以下条件下是正当的：（1）在一定期限内实施，（2）对高效的生产，排除带来超额利润的价格水平，（3）逐渐去除过剩设备，改善财务状况，（4）政策费用透明。[《PAP一般方针》（暂译），通商产业省政策局编，《产构法的解说——面向新产业调整》，通商产业调查会，1983年，第462—469页。]

⑮ 制定法案的启发，来自橙子进口自由化时期，农水省实施的价格差补给融资制度。

⑯ 但是矿石未能成为《稳特法》的对象企业，以前对矿山业就设立了价格差额补给融资制度。

⑰ “制定改善特定产业结构临时措施法的经纬”，通商产业省政策局编，《产构法的解说》，第1—6页。

（1）缩小和激活经济

（2）缓解对就业和地域经济的影响

（3）实施综合性的对策

（4）尊重民企的自主性

（5）重视市场竞争政策，坚持市场开放体制

（6）对策的时限性

自从提出上述原则（被称为“山中六原则”）之后，产业政策不能再永远依靠共同设备的废弃了。制定《产构法》时（1983年）的状况充分说明了这一点。[18]《产构法》是继《稳特法》之后提上国会日程的，在当时的经济环境下，虽然山中大臣允许《产构法》提上国会日程，但也宣告了“结束”。此后，通过大企业的企业联合进行产业调整的方式，除了少数基于《反垄断法》的不景气企业联合情况以外，一律不予批准，企业合并方式（merger and acquisition，简称M&A）作为处理过剩设备的手段取而代之。[19]作为经济国际化发展的结果，这与《反垄断法》限制合并的认定标准发生变化也有关系。[20]总之，在当时企业积极向海外拓展的环境下，采用与之前相同的调整方法，已经无法适应时代的要求。这堪称产业政策的“地壳变动的开始”。

时任产业政策局长小长启一就《产构法》和《稳特法》的区别做过如下阐述：

> ……产业政策的重点在60年代是重化学工业化，70年代是知识密集化产业，80年代提出了以撤退作战和前进作战为车的两轮推进产业政策的新思路……这其实也与积极的产业调整的观点有关。《稳特法》的设备处理，就是仅采用撤退作战的政策手段。这次作为前进作战，将进行企业合并，或业务合作等业务集约化、活跃化的设备投资，以及技术开发。[21]

《产构法》取代《稳特法》，指定行业，组成设备处理联合企业，从推进产业重组的设想出发，对石油化工、铝冶炼、电炉产业等过剩设备进行处理。《产构法》的特征：（1）5年期的时限立法（为了应对紧急事态），（2）尊重民企的实际情况（依据民企提出的申请，通产省指定行业），（3）不设出口限制，（4）虽然事先与公取委协

---

⑱ 还有受到亚洲金融危机和国内泡沫经济破灭造成经济不景气的影响，国内需求骤降的情况。

⑲ 基于《反垄断法》的不景气企业联合，在制度上保留到20世纪90年代末期。

⑳ 从《产构法》开始，“合并”和“全球化”成为流行语。其中典型的案例是造纸行业的统一合并。

㉑ “附1. 寻求产业政策和竞争政策的共存（三人谈话）”，通商产业省政策局编《产构法的解说》，第20—60页。

商，但不适用《反垄断法》。[22] 法规限制取消后，如何让相关企业软着陆，成为主要的焦点，也提供了承认“共同行为”的最后机会。

但是，《产构法》颁布的时候，因为经济有所改善，投资也加大，所以仅有极少的设备处理的案例。当时的通产省行政部门希望在石油化工产业，培育出可以和美国杜邦（Dupont）相匹敌的产业巨头，虽然这个梦想没有实现，但是借此机会，化学肥料产业大部分进行了整合，铝冶炼行业仅留下一家企业，其他企业全部关停。对钢铁产业的预测落空，钢铁业虽然没有达到铝业那样的程度，但也进入长期低迷状态，20 世纪 80 年代后半期才渐渐好转。

不管怎么说，《产构法》时代的终结，宣告了支撑经济高速增长时代的“重厚长大”产业全盛时期的结束，进入了依靠产业的设备投资，迅速扩大内需的时代。企业活动模式以国际化为代表，出现探索取代过去的新方向的趋势。例如，这个时期之后的产业界围绕市场的企业活动的集中、参与、合并、支配、效率等，多数产业组织上的课题，在各自企业的“组织内部”或通过多个企业间的独自的努力得以解决。企业的多元化不断发展。伴随这一变化，可以说产业政策的焦点由行业向企业制度转变。

与此同时，产业政策思想也发生了“地壳变动”。就是在 20 世纪 70 年代之前，“产业”被定义为纵向分割的“行业”单位概念，与各“行业”相对应的（熟悉该行业情况的）通产省的“课（局）”制定并实施政策构想。但是企业进入多元化发展的时代，仅以“行业”的概念无法把握企业的状况，以前的产业政策已经无法适应时代的发展。因此，作为产业政策的根本概念，“产业组织”被“企业组织”所取代，“技术政策”受到特别关注。作为重要的政策概念，“技术”政策取代“行业”走到前台。[23] 但是，技术不限于一种行业，技术是横向（跨行业）拓展的。所以，这个时期的产业政策不是“纵向分割”的，而是具备横向扩展的视角。[24]

截至 20 世纪 80 年代，从产业政策的立场，一直将产业重组作为课题，进入 20 世纪 90 年代，通产省的政策并不是事前直接干预企业合并或整合，取而代之的是就（修改合并审查基准等）竞争政策的规则进行提案，向“重视规则”的政策转型。这一变化与产业政策上原来行政干预的终结是吻合的。

---

[22] 其背后的原因在于，以山中大臣为代表的观点认为市场介入已经不能顺应时代的发展。

[23] 聚焦于技术的知识产权（专利）行政得到重视，如实反映了政策视点的变化。

[24] 过去“追赶超越”的时代，在同样讨论“技术”的时候，以纵向分割的“行业”为单位定义即可。但是在达到技术前沿［结束追赶超越（catching up）］和“全球化”成为现实的时候，这一战略已经不再通用。

总之，强调以行业为单位的政策倾向逐渐消失，经济制度或宏观经济作为政策对象走到台前来。在思想意识上，也逐渐形成以重视市场机制为主流的政策思想。

围绕产业结构政策的思想也发生了变化。支持特定产业的所谓“产业政策”，在20世纪70年代的海外（OECD），（如前所述）被称作积极的调整政策（PAP），而且正面的评价居多。[25] 但是在1988年的美国，对于这种为了扶持特定产业的“目标政策”（targeting policy）的批判很强烈，《稳特法》和《产构法》就正好成为被批判的靶子。所以，通产省制定或实施这些法律的时候顾及海外的批判意见，尽量让企业在自主决策下运营。[26]

但是，自从20世纪80年代之后，与海外的批判无关，日本的产业政策形态如前所述，自身发生内在的变化。第一，经济高速增长时期之后的产业界，发展情况良好，不再需要政策提供支持，信息方面也不像过去那样依赖通产省的部门来提供。这一变化反映在来自民营企业申请弱者保护的数量不断减少。20世纪70年代之前，在设备投资竞争过度，企业设备过剩的困难时期，产业界总是期待政府关照（彼此默契）。这种想法妨碍了衰退企业的退出，有时还会引起企业间激烈的生存竞争（“过度竞争”）。但是，20世纪80年代中期之后市场竞争的实际状况是，（其中以小型企业为主）由于入不敷出而倒闭的数量超过新创立的企业。[27] 第二，20世纪90年代，通产省开始努力重新审视之前的产业政策，目标是采取市场干预之外的政策。[28] 尤其是2001年省厅重组后的经产省，在确定施政正确与否的时候，首先判断是否符合市场原理，并且这种方式被逐渐固定下来。

20世纪80年代中期的产构审认为，世纪末的日本经济应通过进一步的“创造性的经济增长”来解决国际经济不平衡的问题，所以，在重视自由贸易体制下市场作用的同时，也要注重宏观经济政策和产业政策上的国际政策协调。[29] 从这个角度而言，日本经济需要积极的产业结构转换政策，即“结构调整”。[30] 这一论点与为了国际协调设立的经济结构调整研究会（前川春雄会长）于1986年4月7日向总理大臣中曾根康弘提

㉕ 1985年发布的美国产业竞争力委员会报告书“Global Competition the New Reality”，即所谓的《青年报告》（Young Report），借鉴采纳了日本产业政策的手法。

㉖ 20世纪80年代和90年代，围绕企业合并和重组，日本经济团体联合会多次发表意见书。

㉗ 参照中小企业厅《中小企业白皮书》1996年版，第335页；1997年版，第301—310页。

㉘ 从行业来看，这一变化反映了从强调微观到重视宏观的转变。

㉙ 通商产业省产业政策局编，《21世纪产业社会的基本构想》，通商产业调查会，1986年，第70页。

㉚ 同上书第122—125页。

交的报告书（即《前川报告》）的主张有共通之处。[31]

第5节　从制定远景规划到尊重市场原理：产业政策思想转换

受到上述政策变化的影响，在临近《产构法》的有效期限——1988年时，产业结构课把精力主要放在制定“后产构法”《顺利转换产业结构临时措施法》（简称《顺利转换法》，1987年法律第24号，1996年废止）上。根据这一法律，在想要实现《前川报告》所述的“为了国际协调的经济结构调整”（按照通产省的说法，要实施“结构调整”）时，是否使用以前的行业指定方式。对此通产省内部意见不一，一种看法是行业指定已经过时，另一种意见是过去的政策工具依然必要。但是，两方都认为不应该固守以前的行业单位政策，产业政策的核心是支持民企创造出符合21世纪远景规划的“产业”。最终，通产省确定方针，仅指定使用矿工业“特定设备”的“企业”，或业务缩小程度大的“特定地域”，不指定行业。[32]

围绕《顺利转换法》的制定，公取委和通产省之间不存在明显的意见分歧，然而美国议会对该法律的立法表现出极大关注。[33] 实际上与美国议会想象的不同，虽然产业政策对国内行业团体的影响力降低了，但是围绕制定《顺利转换法》的各种状况说明，实施行业指定（目标政策）产业政策时必须充分注意国际协调。通产省频繁向美国通报相关信息，努力使美国加深对该法律的理解。《顺利转换法》也是利于中小企业的法律，这一点可以作为该法合理性的理由，是说服美国的好材料。总之，《顺利转换法》第1条中“与国际经济环境保持协调融和”的表述，在《产构法》中是找不到的，这也是该法的特征。另外，《顺利转换法》（与《产构法》相同）是有时效限制的立法（sunset），这一方针没有变化。[34]

1991年，随着日本泡沫经济崩溃，在此之前似要横扫欧美的日本经济高速增长势头戛然而止。取而代之的是，伴随硅谷（Silicon Valley）的成长，20世纪80年代疲软

---

[31] 根据当时相关人员的回顾，《前川报告》采纳了当时产构审的（扩大内需和放宽限制等）大量主张。当时内阁的经济政策思想与通商产业政策思想联动的部分非常多。

[32] 《产构法》规定，指定行业需要获得业界2/3的同意。《顺利转换法》则规定，指定特定设备（或特定地域）后的决断交给各个企业。另外，钢铁企业考虑灵活运用法律，而棉纺织企业对此并不赞成。

[33] 国会审议中，只有共产党明确表示反对。

[34] 虽然指定了52个地区，但是成功的项目并不多。也许是对需求的预测过于乐观。但是，也有如北海道产煤地区对该法案实施抱有很高热情的地方。

的美国经济开始迅速复苏，经济增长率超过了日本。同时，中国及其他新兴国家经济开始快速增长。在这一背景下，20 世纪 90 年代前期，通产省内弥漫着一个时代已结束，所有政策需要重新考虑的氛围。民企“为了振兴经济，希望发展公共事业”的呼声也没有之前强烈了。

在新的国际经济环境下，“今后应该采用什么政策”？通产省在自问自答中形成一致意见，为了保持和发展日本的国际竞争力，完善和改进市场机制是政府职能所在。如果全球化竞争所需的制度改革跟不上的话，探明原因和解决问题则是产业政策应该发挥的职能。20 世纪 90 年代，由于泡沫经济崩溃，尽管以前的交易关系和商业习惯发生了变化，但是仅依靠行业或个别企业去解决高成本构造的出现和多元化的要求，是非常困难的。[35] 可以取而代之的解决办法之一就是放宽政策限制（之后的制度改革），首先想到的是劳动市场改革和企业组织结构改革。通产省在下一世纪应该履行的职责，是（包括社会保障制度、司法改革、大学改革等）制度的完善和充实。基于这个认识，将企业活动作为产业政策对象，不仅仅是为了解决目前的设备过剩和贸易摩擦等问题，也是强调完善和改进市场制度的重要性。

基于这种问题意识，通产省内部开始研讨大范围的制度改革。[36] 其主题除了研究根据贸易政策需要使制度与国际接轨（国际协调性，harmonization）和法人税改革外，还包括改进《反垄断法》（放宽合并限制、纯粹持股公司限制等）、企业法制度（《公司法》等）、企业会计、中小企业、社会保障、小企业年金、教育、劳动法制、职业介绍、劳动迁移、女性劳动、高龄者雇用等课题。受到通产省内部讨论的影响，通产省在产业结构审议会综合部会下新设基本问题小委员会（1992 年 10 月），正式开始重新审视日本经济的未来和产业政策的作用。并且基本问题小委员会的《中间报告》（1993 年 6 月）建议进行制度改革（纯粹持股公司、劳动市场的部分流动化等），以重新审视日本型经济体系。[37]

依据《中间报告》前后通产省内部的意见，为了拉动经济，必须消除内外价格差，降低中间产品的价格。内外价格差的产生是因为日本是竞争性过少的社会，经营效率

㉟ 通产省从泡沫经济最鼎盛时期就抱有危机感，感觉必须增强竞争力，1995 年提出了结构改革路线。同时其重点向宏观、中观的“横向”型路线政策转变。

㊱ 当时，增强对制度改革的关注的要因之一是内外价格差异问题。其目的是改善以电力为首的中间产品成本比美国高的问题，这是削弱日本企业国际竞争力的原因之一。

㊲ 通商产业省产业政策局编《21 世纪型经济体系——创造·选择·共存》，通商产业调查会，1994 年。

低，为了打破这一局面，期待放宽制度限制（即竞争政策）的呼声高涨。[38]

基本问题小委员会下面设立了产业结构研讨特别委员会，其 1993 年秋天整理的《中间报告》[39]，和在此基础上于次年初夏基本问题小委员会自身整理制作的报告书中都认为[40]，这一时期日本经济不仅需要应对景气低迷（泡沫经济破灭）的对策，更需要中长期的“结构性”改革，并提出宏观结构调整、微观经济改革、产业结构改革三位一体的政策建议。[41] 即强调：

（a）宏观经济方面，趁着在还有储蓄余力的时候，为将来进入高龄化社会做准备，改善生活环境，充实社会资本。

（b）微观经济方面，为了促进发扬企业家精神，放宽政府限制，改善限制竞争的商业习惯，打破制度上的束缚。

（c）为了完善支撑竞争性市场机制的制度环境，通过强化知识产权保护促进独创性研究开发，通过改进商业法简化拆分或合并手续，推进雇用制度的流动化等。

与 20 世纪 80 年代限制企业间竞争、相互联手的方式不同，重新审视大大小小的各种制度和商业习惯，谋求促进竞争和激活经济资源流动，有意识地指明与过去不同的方向。[42] 在政策策划过程中，过去理所当然作为前提条件的资本税制、企业体系[43]、金融体系等，不再作为必要条件，而是摸索制定或修改消费税、法人税、公共投资、制度改革、公司法、产业金融法制等——不是有限的尝试，而是从“根本”上推动经济的策略。另外，产业结构审议会首次将雇用流动化提上议程。[44] 这个时期，可谓学术界讨论得沸沸扬扬的议题在政策方面也被关注并加以论证的时期。

这样的改革机运不仅反映在当时的产业政策上，同时也扩大到全体国民，（1955 年

---

[38] 20 世纪 90 年代，产业政策局内围绕产业政策的意识也发生了变化。例如：在讨论泡沫经济破灭后的“新政策”的过程中，过去的一些想法变得淡薄，如“基础产业如何培养”“如何保住通产省管辖的特定产业”，取而代之的是“创造幸福社会，需要怎么做”“少子高龄化社会的新政策应该是什么样的”等，开始关注新类型的课题。在究竟哪个部局对“新政策”的决定具有强大的影响力方面，不同时期也发生变化。另外通产省筹备的法案中，例如《事业革新法》和《新事业法》，出现了与之前法令的倾向不同的内容。

[39] 通商产业省产业政策局编，《面向 21 世纪的结构改革》，通商产业调查会，1994 年。

[40] 通商产业省产业政策局编，《21 世纪的产业结构》，通商产业调查会，1994 年。

[41] 宏观、微观以及中观（产业结构）合并，称之为“三位一体”。

[42] 当时的通产大臣是桥本龙太郎。产构审综合部会长是辻村江太郎。委员包括来自媒体的小岛明，学者岛田晴雄、吉川洋、本间正明等。另外还包括解禁持股公司的建议，是由客座讲师青木昌彦提出的。

[43] 关于新企业模式，参考了本间正明作为委员长的研究会提出的非公开报告内容。

[44] 但是，小委员会委员新日铁副社长今井敬对这点持慎重态度。

以来首次非自民党政权）细川护熙内阁（1993年8月—1994年4月）拿出制作（新）《前川报告》的士气，着手拟定经济政策。其成果就是经济改革研究会的所谓《平岩报告》。[45] 这份报告基于上述通产省内部的研讨，在宏观经济方面提出增加公共投资，在微观经济方面提出包括制度改革、修改反垄断法、修改公司法、纠正破产法制和金融法制及合并决算、电力自由化等内容。特别是在制度改革方面，提出经济性限制，原则上实行自由化，社会性的限制压缩至最小限度的方针，并决定设立权威的第三方机构。受上述因素影响，在实施计划层面，促进了《公共投资基本计划》的修订（1994年10月）、《限制放宽推进计划》（1995年3月）的制订，以及行政改革委员会的设立。

1994年夏公布的上述新结构性改革构想，在当年秋天之前终于取得成果——颁布了新的法律《顺利适应结构变化临时措施法（案）》。这是因为在村山富士内阁时期，由首相领导的“产业结构转型和雇用对策本部”一致认为，必须通过对完善竞争性市场环境和活用经营资源提供支援，“防止国内产业空洞化和雇用机会减少，推动向与国际经济环境相融合，并且充满活力的产业结构转型”。

上述新法案规定，事先通过行政指令指定期待出现新商品或创新性生产方式的领域（行业）中，通产大臣认为该领域的事业革新计划“对适应结构性经济环境变化既有效又适合”的，可以享受租税特别优惠，或由产业基础整备基金提供债务担保。1987年的《顺利转换法》是为了支援因设备过剩或与进口商品竞争而业绩低迷的企业，进行产业结构转型。而新法案的目的是通过减少制造费用，帮助开拓新领域以抑制国内产业空洞化。另外，当过去的交易习惯妨碍经营创新时，就倡导改变之前的商业习惯。

此后，该法案改称为《关于顺利革新特定企业事业的临时措施法》（简称《事业革新法》），于1995年春在国会通过，并于同年4月1日正式实施。该法案与《顺利转换法》相同，不指定行业，是支援特定企业的法律。

1996年1月，桥本龙太郎内阁成立。从通产大臣成为首相的桥本首相，把经济结构改革作为政权的中心课题，1996年12月，内阁会议决定实施六大改革。上述通产省

---

[45] 经济改革研究会（首相的私人咨询机构，会长是经济团体联合会会长平岩外四）编制的中间报告书《关于放宽限制政策》（1993年11月）及最终报告书《关于经济改革》（1993年12月）。

的改革研讨成果，收录在作为六大改革一环的《经济变革和创新计划》里。㊻ 该计划所倡导的重视市场原则，为之后小泉纯一郎政权时期竹中（平藏）大臣提倡改革打下伏笔。㊼

桥本改革的基本构想继承了3年前（通产大臣桥本管辖下的）产业结构审议会的答复和《平岩报告》的主旨思想。㊽ 如果再往前追溯，这是20世纪90年代中期以后，多个政权探索的经济结构改革路线的集大成之作。桥本改革的基本思想是通过为企业活动创造宽松的经营环境，改善综合生产率（称作全要素生产率）。㊾

在六大改革行动计划的制订过程中，产业政策局（产政局）总务课负责具体的事务工作，委托各省厅制订各领域的计划方案，对所提交的计划书进行协调和整理汇总。㊿ 其中重点关注的是改善物流和缩短劳动时间。这些内容以产构审提案的形式为大藏省等各省厅发挥作用。

1997年7月，在桥本改革尤其是财政改革研讨最高潮的时候，亚洲金融危机爆发。亚洲经济处于危机之中，日本经济也在恶化。虽然通产省内部有意见提出为解决供需不平衡问题启动（30万亿日元规模的）财政支出，但是在当时的形势下，还是把工作重点放在制度改革上，放宽限制作为“不花钱的经济改革”得以实施（加油站的自助加油等），并没有推出积极的财政措施。次年，日本经济陷入负增长，对改革的社会舆论导向发生了变化，要求财政支持的呼声高涨。由于在参议院选举中失败（次年7月），桥本内阁下台，接替桥本内阁的小渊惠三内阁（1998年7月—2000年4月）为了应对长期化的经济低迷状况，以公共事业为中心实施积极财政政策的同时，设置经济战略会议（1998年8月成立），致力于增强国际竞争力的改革。

通产省内部一致认为应对当时长期化的经济低迷，改善企业的资产负债报表（处理设备过剩等）最为关键。实业界也指出，民营企业存在设备、债务、雇用三重过剩

㊻ 桥本六大改革覆盖了行政改革、经济结构变革、金融系统改革、财政结构改革、社会保障结构改革，以及教育改革六个方面，由于其核心是财政改革，包括预算的重新评估和削减、中止补助金等，所以当时的政府部门处境非常困难。

㊼ 草野厚的《历代首相的全部经济政策数据》（角川one题目21，角川书店，2005年，第201—202页，第226—227页），提出小泉内阁的经济改革是桥本内阁改革的延长线。

㊽ 制度改革的讨论也与行政改革的议论相关。

㊾ 全要素生产率（total factor productivity，简称TFP）的概念，是指产出额÷全部投入资源价格，对资本服务、劳动服务等所有的生产要素进行评估测定的生产效率。

㊿ 但是，在《经济结构变革计划》之前，已经于1995年3月开始启动《推进放宽限制计划》。对于在后者上追加新要素的计划，相关各省厅仍有抵触。

问题。换言之，仅靠财政政策是不够的。另一方面，通产省内对“三重过剩论”的批判非常强烈。批判的论点是即使处理设备过剩，也不能带来需求的增长，无法根本解决问题。[51] 这些讨论都收集在不久之后的《产业再生计划》中。

《产业再生计划》的核心是在人口和投资低迷的情况下，提升综合生产率（全要素生产率）。为了实现这一目标，设想通过商业法特例及金融和税收上的措施，为合并、营业权转让等业务变更、事业领域扩大等提供支持。[52] 虽然这是经济战略会议研讨的产物，但实际上具有通产省推荐且支持的内容，在通产大臣与谢野馨的领导下，最终形成《产业活力再生特别措施法》（简称《产业再生法》，1999 年法律第 131 号，截至 2003 年的时限立法）。[53]

该法律从 20 世纪 90 年代初期以后重视市场的产业政策思想上看稍显异质，回顾该法的足迹，可以看到政府的政策介入逐渐强化。最初，《产业再生法》的核心是支持企业自主处理雇用过剩和债务问题（劳动和资本的效率化）。[54] 但 2001 年小泉政权上台后，基于《关于今后经济财政运营以及经济社会结构改革的基本方针》（骨干方针），金融机构的不良债务处理成为经济政策最大的支柱，所以，与此同时推进产业重组和早日重振企业事业发展。[55] 在这一过程中，伴随着 2003 年再生法到期，在修订《产业再生法》的同时，颁布了《株式会社产业再生机构法》（2003 年法律第 27 号）[56]，产业再生机构同期成立启动。其结果是，“三重过剩”的处理不再仅依靠市场机制下企业的

---

[51] 与此形成对照的是，过去（例如 20 世纪 70 年代）通产省的理论认为，如果处理过剩设备的企业收益增加，就会创造需求。

[52] 小渊首相于 1999 年 4 月向经济团体联合会（估计是根据通产大臣与谢野的想法）提出支持《产业再生计划》的请求。

[53] 通产大臣与谢野的主要观点是单独依靠凯恩斯式经济政策有其局限性，一定要克服“三重过剩”，培养实力雄厚的企业。为了实现这一目的，需要简化企业合并（M&A），而修改商法需要时间，所以当时考虑通过《产业再生法》这一特别措施法进行应对。

[54] 对此，通产省内不少意见认为，应该以改善经济环境为主要着眼点，重视“经济结构改革路线”，减少针对个别企业的政策。还有看法认为，产业再生（虽然此前有依据《民事再生法》处理的例子）本来是法院的工作，不应该由行政干预。由此，通产省内产生了各种各样的意见，通产大臣在议论的裁定上发挥了主导作用。

[55] 2002 年 11 月，设置了“产业再生·雇用对策战略本部”，在处理金融机构不良债务的同时，推进产业重组和事业快速复苏以及雇用对策。

[56] 2003 年修改《产业再生法》是为了解决产业侧的供给过剩结构和债务过剩的问题，以及造成生产效率低下的主要原因——设备投资低迷的问题，在修改的同时还延长了期限。另外，2007 年再次进行修订，追加了促进创新、提高服务产业效率、促进事业尽早再生等措施；2009 年再次修订，提出为了使日本经济回到持续发展的轨道，有效利用资源、资金、知识产权、技术等经营资源。2009 年修订时，改名为《关于产业活力再生以及产业活动革新的特别措施法》（通称《产活法》）。

自主行为，而且导入了通过产业再生机构收购债权及其他强有力的政策干预措施。[57] 最初在《株式会社产业再生机构法》的准备阶段，也曾提出债务证券化的方案，但是没有得到银行的支持[58]，债务全部由政府机构处理。产业再生机构的哲学就是健全化首先从整顿（shrink to grow）开始。

通过对企业再生的研讨，通产省以及进入21世纪之后的经济产业省的政策非常突出地反映出企业治理（corporate governance）的问题意识。这一概念在20世纪90年代末的OECD各国风靡一时，也说明在想要积极引进国外先进制度的方针下，企业治理的改善对通产省来说有助于提高企业效率。其影响很大，如鼓励引进外部董事制度和业绩不好的企业退出（为此完善破产法制）。总之，对包括企业法制在内的不适应新动向的地方果断进行改正，对于这一方针，通产省更加积极地落实，并在修订《公司法》时表明积极的意见。

20世纪90年代末起，对悬而未决的企业法制逐个进行修订，包括通过修改《反垄断法》解禁纯粹持股公司（1997年）、创立最低资本金限制特例制度（2003年）、根据新公司法废除最低资本金限制特例制度（2006年实施）。[59]

第6节　由以硬件为中心向重视软件转型

以上以产业政策的思想和手法的变化为中心，回顾了20世纪70年代至21世纪初期产业政策的发展。这期间，在企业活动的国际化进程取得突破发展的同时，企业业务的开展和内部组织结构本身也随之发生变化。将业务主体部分放到海外的企业不在少数，企业的生产制作部门已经不再局限在国内。企业把高附加值的商品和部分生产资料的生产、研发部门保留在国内，以通用产品为代表的主要生产制造部门转移至海外的情况越来越多。

---

[57] 大藏大臣竹中提案设立产业再生机构，金融界表示支持，经济产业省在机构设立上投入大量精力。

[58] 银行表示反对，“债务免除之后，手持如同废纸一样的股票没有任何意义”。另外，虽然银行持有股票的数量有上限，但是通过设定例外规定（调高上限限制）可以避开法规限制。

[59] 最低资本金限制特例制度，是在《中小企业挑战支援法》（2002年，正式名称为《为促进中小企业开展新事业对中小企业等协同组合法进行部分修订的法律》）的基础上创设的制度，在满足一定条件并得到经济产业大臣认可的情况下，所设立的株式会社或有限公司自设立起5年期间，即使不能满足商法的最低资本金要求，也可作为例外处理的制度。法务省的意见不是亲自带头进行商法和公司法的改革，而是先由经产省设置特例法，推进必要的改革，这样法制应该如何变化就一目了然了。

随着企业活动和公司组织的变化，产业政策和《反垄断法》的关系也发生了变化。[60] 截至1980年，围绕《反垄断法》的运用，通产省和公正交易委员会有时也会意见不一致。虽然渐渐意识到不得不强化竞争政策，但是包括执政党自民党在内，对采取市场主义政策还是有些顾虑。20世纪90年代，通产省毫不犹豫地主张推进市场竞争政策。通产省认识到，在竞争激烈的国际市场，竞争政策本身就是国际规则，为进行应对，应该将工作重心放在制定企业合并标准上。20世纪90年代通产省和公正交易委员会的关系和20世纪70年代相比，发生了巨大转变。

20世纪末期，在企业活动和技术革新上对产业政策产生与国际化并列的最大影响的是信息化时代的出现。从技术政策到产业组织、人才培养以及纠正信息不对称性引发的市场扭曲等诸多课题，亟待通产省出台产业政策去解决。由此通产省开始从新视点去审视消费者行政指导，为应对软件人才不足问题，与劳动省合作努力培育人才。

重视知识产权制度（重视专利的时代到来），是非常值得关注的巨大转变。这一变化在专利厅长官荒井寿光的带领下，从20世纪90年代后期开始到21世纪初期得以落实。首先，审查申请期限的上限由原来的7年缩短至3年。2002年在总理大臣小泉的主导下，成立了知识产权战略会议，同年为《知识产权战略大纲》的决定和《知识产权基本法》的制定打下伏笔，进而于2005年，成立了知识产权高等法院。另一方面，信息化的发展带动了世界性的专利申请数量的增加（patent explosion）。各国专利局积压了大量等待审查的专利申请（美国增加近50%）。日本也积极采取对策，尽管当时正值行政改革的最高潮，不可能增加人员，但是在2003年新设立的知识产权战略本部的主导下，数年后，专利审查官增加至500人。

信息化的发展对产业政策提出了培育风险企业、产学联合等新课题。20世纪90年代在美国硅谷，像因特尔（Wintel）这样利用IT技术的新商业模式层出不穷，作为范本的《美国青年报告》极力推出技术政策，以美国硅谷为先驱，推行企业和大学一体的全新创业政策。

第7节　产业政策的效果

本章涉及的20世纪80年代以后约20年的产业政策，在满足一定条件的情况下，

---

[60] 其背景是，美国对行政指导和企业联合的看法越来越严厉。

对于自主发展存在困难的经营主体，使其可以享受政府提供的（包括债务担保）金融、税务或制度上的支援，以帮助其摆脱困境，继续开展自主（自立）生产活动，进而努力开发或获取新技术。这些产业政策是得到政府认可的，其前提是必须遵循法律制定的规则，以及确保从国家预算（一般会计）获得财政支持。

第二次世界大战后的产业政策思想，始终以市场交易的存在为前提，并保持尊重市场交易的立场。但是随着时代的发展，这一立场也发生了变化，即战后初期以保护薄弱产业的政策开始；在经济高速增长时期，转变为经济开发所需的产业保护政策和以调整市场秩序为目标的市场介入型政策；在经济稳定增长时期，又向看护型政策转化，为了改善因较低的生产效率造成企业效益低迷和经营困难，通过维持企业体力的保护政策，防止经济增速变缓。在实施看护型政策的初期，由政府指定行业，政策覆盖全产业链，但随着时间的推移，政府的市场干预也随之减少，尊重企业的自主性，关于生产活动的判断由企业自身决策，产业政策注意贯彻发挥市场机制和维护市场秩序（这里是指完善市场竞争环境）。

对照这个时期的政策变迁，1980—2000 年的 20 年间，正值市场机制调节型（或行政指导型）的产业政策逐渐被市场规则维护型政策取代的转型期，也是完善下一时代制度和社会规则的时期。

本章涉及的旨在顺利实施产业政策的法律有 5 项：《稳特法》《产构法》《顺利转换法》《事业革新法》《产业再生法》。对于遇到经营困难，或尝试实现生产技术进步的企业家，如果满足一定条件，就可以获得产业政策支持。

当然，在不同的时期，这一制度也曾受到来自海内外的批评，认为是对市场不必要的干预。特别是 20 世纪 80 年代，受到来自海外的强烈责难。通产省（经产省）认真接受这些批判的同时，自身也完成了（上述）自主性政策思想的发展。变化之一是，《稳特法》和《产构法》是由国家指定享受政策支援的对象产业（行业），但是在《顺利转换法》之后，变为无论何种行业和产品，只要满足基本条件即可，变化比较大。当然，即使出现了这样的变化，在经济环境恶化的时候，通产省（经产省）对满足一定条件的民营企业给予支援的政策导向始终没有变化。

这些产业政策到底起到怎样的效果？本系列丛书中由冈崎哲二编著《日本通商产业政策史（1980—2000）：产业政策》第 2 章“产业组织政策”，以上述 5 项法律之中的4项为对象，尝试回答了这个问题。其结果摘录见表6.1（1）及表6.1（2）。[61] 即，实施基于这4项法规的政策，对于政策对象行业的资本收益率（return on assets，简称ROA）[62]、全要素生产率（TFP）的增长率[63]、劳动生产效率的增长率[64]、相关地区的雇佣和实际销售额增长，均有显著的正面促进作用。[65]（唯独《稳特法》从统计数据上不能明确判定其正面效果。）

表6.1（1） 产业政策的效果测定 （单位：%）

相关法规（测定期间）	ROA	TFP 增长率	劳动生产效率增长率
《稳特法》(1)	5.4	4.4	2.5
（1975—1982年）	非显著性	非显著性	非显著性
《产构法》(2)	3.4	10.4	11.4
（1980—1986年）	1%显著性	1%显著性	1%显著性
《事业革新法》(3)	—	7.4	8.6
（1994—1999年）	—	10%显著性	5%显著性

注：（1）使用120个产业960个观察数的面板数据进行回归分析。《稳特法》的有效期间是1977年5月15日—1983年6月30日。

（2）使用120个产业840个观察数的面板数据进行回归分析。《产构法》的有效期间是1983年5月24日—1988年6月30日。

（3）使用886家公司的5316个观察数的面板数据进行回归分析。《事业革新法》的有效期间是1995年4月1日—2002年6月30日。

资料来源：日本通商产业政策史编纂委员会编，冈崎哲二编著的《日本通商产业政策史（1980—2000）：产业政策》，表1.2、表1.4、表1.11。

---

[61] 这些表格整理的测量数据是通商产业政策史编纂委员会编，冈崎哲二编著的《日本通商产业政策史（1980—2000）：产业政策》中冈崎哲二报告的内容。这些计算结果，使用日本政策投资银行的企业财务数据库而得出。例如上表中记录的“劳动生产效率增长率为11.4%”，表示在产业固有的情况和年年变化的经济环境因素条件下，政策实施对象企业在整个观察期间劳动生产效率年平均改善11.4%。另外，例如“1%显著性”水平（significant）是指其上面的政策效果数值“（100－1）%（即99%）的概率是准确的”。

[62] ROA＝营业盈利÷总资产。

[63] TFP的增长率＝实质附加价值额的增长率－资本分配额的增长率－劳动分配额的增长率。

[64] 劳动生产效率＝实质附加价值额÷期末员工数量。

[65] 从不可知论（agnostic）的角度分析，即便不启动政策干预，根据市场自我调节机制，也应同样显现正面影响，但或许也可以解释为不过是偶尔由于政策影响加快了其速度。本书不持该立场。

表6.1（2）　产业政策的效果测定　（单位：%）

相关法规（测定期间）	指定地域的雇佣增长率	指定地域的实际销售额增长率
《顺利转换法》(1) （1986—1989 年）	3.0 1%显著性	4.8 1%显著性

注：使用3234个市町村的12936个观察数的面板数据进行回归分析。《顺利转换法》的有效期间是1987年4月1日—1996年5月29日。

资料来源：日本通商产业政策史编纂委员会编，冈崎哲二编著《日本通商产业政策史（1980—2000）：产业政策》，表1.9。

但是，这些表中统计性的判定，并不涉及产业政策的成本收益分析（cost - benefit analysis）。[66] 而且，即使产业政策的实施改善了各个企业的收益率，也未必会马上有助于国民（宏观）经济整体长期的健康发展。[67] 并且，在评判政策时，不能单纯停留于经济和经营方面，还需要考虑对社会意识（消除不安情绪、给予目标意识、增强连带感等）的影响。

---

[66] 为了进行成本收益分析，需要有关政策实施对象企业和组织的经济活动的详细微观数据。

[67] 从单个经营主体（例如企业）特定时期的观点看，在废弃"过剩"的生产设备时，其主体的借贷对照表明显得以改善。但是从长期的宏观经济健康发展的角度看，在生产能力仍可充分消化物质资本的情况下，到底能否起到正面效果，这是另外一个问题。这属于关于产业政策有效性及其意义的经济哲学性的分析课题。

第7章 产业布局政策*

本章概述日本战败后至21世纪初期的产业布局政策及其底层的政策思想，同时简单回顾确保与产业布局密不可分的工业用水的进程。

第1节 产业布局政策的动向

地域分散型产业布局的源流

明治维新以后至经济高速增长期产业化的进程，也是经济社会和政治中央集权化的历史。[①] 但是，作为出发点的德川时代的经济，绝对不是线型的中央集权体系，而是以由众多地方经济圈组成的分权型系统为主。日本工业化初期的条件是在这样的时代形成的，地方经济圈的产地经济发展起来，积累了初期的产业化经验后，其中部分产地向其他地区传播经验，从而使得支撑地方产地经济活动的中央（江户）消费经济圈繁荣起来。[②]

德川时期的经济体系包括消费大都市江户、商业中心大阪和作为各藩首都的地方小都市。特别是西南实力雄厚的藩，将主食大米和各地的特产运到大阪，再将换取的金银带回本藩，兑换成藩内通行货币，为藩内财政做出贡献。[③] 众所周知，大阪的藏屋

---

* 依据日本通商产业政策史编纂委员会编，武天晴人著《日本通商产业政策史（1980—2000）：布局、环境和安保政策》以及从经济产业政策担当处听取的信息，由作者整理而成。根据政策负责人的意见加以修订。

① Tetsuo, Najita, Japan, the modern nations in historical perspective, Englewood Cliffs, N. J. Prentice－Hall, 1974（坂野润治翻译，《明治维新的遗产：近代日本的政治抗争和理性紧张》，中央公论新书，1979年）。

② 例如，参照鬼头宏《江户体系文明》日本历史19，讲谈社，2002年。

③ 典型的例子是长州的经验，在西川俊作《长州的经济构造：1840年代略图》（斎藤修编著，东洋经济新报社，2011年）中有介绍。

敷作为大米的期货交易市场，发挥了当时世界罕见的作用。④

所以，幕藩期的经济是地方分权经济。但是，另一方面当时人们也认同“国”的概念。这也是明治维新时，在地方各藩比较轻微的抵抗下，确立国家统一的中央集权的原因。⑤ 即使是在明治维新之后，初期工业化也是以地方发展生产振兴工业为主。这是因为财政困难和随之袭来的松方通货紧缩，中央政府采取的初期产业政策（政府主导的产业化）几乎都以失败告终。⑥ 但是，随着运输和通信网的扩大，人、物、信息的交流频繁，其成果之一就是带动了中心城市（北九州、大阪、爱知、横滨、东京等）的发展，进而促进了政治经济中央集权化的形成。⑦ 当然，西南战役以后，政治中央集权体制的确立，对经济中央集权化起到了决定性的作用。

工业化可以说是从日俄战争后开始启动，进入昭和时期后加速发展。农商务省于1925 年 4 月拆分为农林省和商工省，这一变化也是与当时工业化进程相呼应的。此后至第二次世界大战后经济高速发展时期结束，政治和经济中央集权化趋势发展迅速。太平洋战争期间实施统制经济，进一步确立了中央集权化趋势。

全国综合开发计划的开展

日本战败后至经济高速增长的末期，中央集权的趋势愈发明显，在 20 世纪末产业政策出现回归地方分权的势头。⑧

即便如此，对于中央集权的倾向，第二次世界大战之后日本就认识到地方自治和地方分权的必要性。战后处理的过程中，驻日盟军总司令部的主旨方针是地方分权⑨，当时日本也是这种思想，所以采取了将部分中央预算下放给地方政府等措施。⑩《对日和平条约》生效后，1954 年，经济审议厅计划部制订了题为《综合开发的构想（案）》

---

④ 宫本又郎，《近世日本的市场经济：大阪米市场分析》，有斐阁，1988 年。

⑤ 尾藤正英，《何谓江户时代：日本史上的近世和近代》，岩波书店，1992 年（岩波现代文库版，2006 年，这里参照该书的“前言”）。

⑥ 例如梅村又次，“松方通货紧缩之下的劝业政策”，梅村又次、中村隆英编《松方财政和殖产兴业政策》（林武编集国联大学项目“日本的经验”系列），东京大学出版会，1983 年，第 8 章。

⑦ 中村尚史，《地方的产业革命：日本企业繁荣的原动力》，名古屋大学出版会，2010 年，第 1 章。

⑧ 对战后产业布局政策路径的展望，例如细谷祐二，《产业布局政策、地域产业政策的历史——透过浜松看高新技术密集型都市和产业集聚的相近性“之一”》，《产业布局》2009 年 1 月号，第 41—49 页。

⑨ 参照竹前荣治、中村隆英、天川晃，《GHQ 日本占领史（13）地方自治改革》，日本图书中心，2000 年，第 5—10 章。

⑩ 地方交付税的想法源于德国，由井藤半弥引入日本。（《都留重人的周边——询问伊东光晴教授》，尾高煌之助、西泽保编《都留重人的回忆：资本主义、社会主义以及环境》，劲草书房，2010 年，第 406 页。）

的长期计划。作为响应该计划的企划，通产省考虑到地方对地区间收入差异扩大的反对，于1961年提出了《工业适当配置构想》[11]，结果次年10月，内阁会议通过了以“地域间均衡发展”为目标、由经济企划厅提案的《全国综合开发计划》（简称《全总》）。这些都是依据《国土综合开发法》（1950年法律第205号）[12] 考虑将公共投资向地方分配的地方开发方案。此后，一直秉承“国土均衡发展”的理念，这些政策一直持续到20世纪末。其中，上述《全国综合开发计划》是一个阶段性节点。从此之后，各地开始了据点开发，以推进工业分散布局。[13]

在这些变化的背景下，稍微早些的作为产业布局政策发挥作用的法律有《首都圈工业限制法》（1959年法律第17号，2002年废止）[14]、《东北开发促进法》（1957年法律第110号）、《新产业都市建设促进法》（1962年法律第117号，2001年废止）、《工业整备特别地域整备促进法》（1964年法律第146号，2001年废止）。[15]

1969年，通产省制订了第二次综合开发计划。该计划的目的是完善包括高速公路、高速干线铁路、电话电信网络等在内的全国性网络，以及大规模工业基地的产业开发，称为《新全国综合开发计划》（《新全总》，参考表7.1）。该计划也是为了纠正过度密集和过度稀疏的地域差异，促进太平洋沿岸带以外地区的发展。[16] 为了促进工业向地方分散，采用了如下三种政策手段，分别是（1）税收制度［加速折旧、减免固定资产税、促进工厂搬迁税收制度（修订）、免除特别土地保有税等］、（2）金融措施［工业园区建造利息补贴（对于地方债或贷款利息6.35%以上的情况，给予1.7%以内的利息补贴）］、（3）补助金［促进工厂再布局补助金（给予当地市町村和企业按照工业用地面积每平方米补助5000日元）］。[17]

---

⑪ 通产省方案是将重点发展太平洋沿海地带的构想改为重视地方的构想［通商产业省，通商产业政策史编纂委员会编《通商产业政策史》第11卷 第Ⅲ期经济高度增长期（4），第8页］。经济高速增长期之后，因为日本经济的相对优势通过机械加工行业得以发挥，所以产业布局的时候（不是沿海地区）而是选择内陆地区作为候选地。

⑫ 《国土综合开发法》于2005年修订时更名为《国土形成计划法》。

⑬ 参照前述《通商产业政策史 第7卷》1993年，第7章第1节，第8—14页。

⑭ 正式名称是《关于首都圈既有市街区工业限制的法律》，具有显著的限制效果。

⑮ 其他法律还包括《首都圈整备法》（1956年法律第83号）、《关于工厂布局调查等的法律》（1959年法律第24号，1973年更名为《工厂立地法》）、《低开发地区工业开发促进法》（1961年法律第216号）、《振兴产煤地区临时促进法》（1961年法律第219号）、《近畿圈工厂等限制法》（1964年法律第144号，正式名称是《关于近畿圈既有都市区域的工厂等限制法律》）。

⑯ 根据内阁会议决定《新全国综合开发计划（增补）》，昭和44年5月30日（昭和47年10月31日部分修订）。

⑰ 之后给付金额增加。

表7.1　第1次至第5次

	第1次	第2次
名称	《全国综合开发计划》（《全总》）	《新全国综合开发计划》（《新全总》）
内阁会议决定	1962年10月5日	1969年5月30日
制定时的执政内阁	池田内阁	佐藤内阁
背景	1. 向经济高速增长期过渡 2. 过大城市问题和国民收入差距扩大 3. 收入倍增计划（太平洋沿线地带构想）	1. 高速经济增长 2. 人口、产业向大城市集中 3. 信息化、国际化、技术更新不断发展
长期构想	—	—
目标年限	1980年	1985年
基本目标	“地域间均衡发展” 就因城市过大化造成的生产方面和生活方面诸多问题、地域生产率差别，从国民经济的角度谋求综合性解决	“创造丰富的环境” 与基本课题相协调，同时以高福祉社会为目标，创造优越的国民生活环境
基本课题	1. 防止城市过大化和缩小地域差异 2. 有效利用自然资源 3. 将资本、劳动、技术等资源合理进行地区分配	1. 长期的人类与自然的协调发展、永久保护和保存自然环境 2. 通过改善开发的基础条件，均衡扩大全国各地开发的可能 3. 通过发挥地域特性推进开发，提高国土再利用效率 4. 建立并完善安全、舒适、具有文化氛围的环境条件
开发方式等	为了达成目标，需要推动工业分散布局，配置与东京等已经成形的工业聚集地相关联的开发基地，通过交通通信设施，使它们相互之间有机联系起来，在相互影响的同时，发挥周边地区的特点，推进连锁性的开发，实现地区间的平衡发展	通过完善新干线、高速公路等交通网络，推进大型项目，纠正国土利用的失衡状况，消除过密过疏问题和地域间差异
投资规模		1966年起的60年间，形成约130万亿至170万亿日元（1965年价格）的累积政府固定资本

资料来源：国土交通省官网（http：//www. mlit. go. jp/kokudokeikaku/zs5/hikaku. html，最后访问时间：2011年2月11日）。

第 3 次	第 4 次	第 5 次
《第三次全国综合开发计划》（《三全总》）	《第四次全国综合开发计划》（《四全总》）	21 世纪国土整体构想——促进地区自立和创造美丽国土
1977 年 11 月 4 日	1987 年 6 月 30 日	1998 年 3 月 31 日
福田内阁	中曾根内阁	桥本内阁
1. 稳定经济增长 2. 人口、产业向地方分散的趋势显现 3. 国土资源和能源有限的问题凸显	1. 人口和诸多功能集中于东京一地 2. 由于产业结构急速变化，地方就业困难的问题严重 3. 正式启动国际化进程	1. 地球时代（地球环境问题、国际间大竞争、与亚洲诸国的交流） 2. 人口减少、老龄化时代 3. 高度信息化时代
—	—	“21 世纪国土整体构想：由一极一轴向多轴型国土结构转变”
1977 年起大约 10 年间	大约 2000 年	2010 年至 2015 年
“改善人类居住的综合环境” 以有限的国土资源为前提，发挥地域特点，扎根历史和传统文化，有计划地建设人与自然和谐共处、安心、健康并且有文化的人类居住综合环境	“构筑多极分散型国土框架” 在建设安全富足的国土的基础上，建立有特色的多极构造，消除向特定地区的人口流动、经济职能和行政职能的过度集中，形成地域间、国际间相互补充、相互触动、相互交流的国土	“建立形成多轴型国土构造的基础” 为了形成多轴型国土构造，构建实现“21 世纪国土整体构想”的基础。重视地域选择和负责任的地区建设
1. 完善综合居住环境 2. 国土的保护和利用 3. 应对经济社会的新变化	1. 通过定居和交流，带动地域经济 2. 对国际化和世界城市功能重新规划 3. 构建安全和高品质的国土环境	1. 促进地域自立和创造具有自豪感的地域 2. 确保国土安全和生活安心 3. 享受和继承丰富的自然 4. 构筑充满活力的经济社会 5. 形成向世界敞开大门的国土环境
一方面抑制人口向大城市流动和产业过于集中，另一方面振兴地方经济，应对过疏过密问题，推动均衡利用全国土地和形成人类居住综合环境	为了构筑多极分散型国土结构，①发挥地区特性，别出心裁地推动地区建设；②国家发起或基于国家引导性的方针，在全国推进基础交通、信息和通信体系的建设；③通过国家、地方、民间团体合作，建立多种交流机会	多样化的主体参与以及通过地区协同建设国土的四项战略：①创造多种自然居住地区（小城市、农村山村渔村、中山间地域等）；②大城市的改造工程（大城市的空间修复、更新、有效利用）；③地域协同轴心（轴状连接的地域协作）；④形成广阔的国际交流圈（全球交流圈）
1976 年起的 65 年间，形成约 370 万亿日元（1975 年价格）的累积政府固定资本	1986 年至 2000 年，1000 万亿日元规模（1980 年价格）的政府和民间累积国土基础投资	未明确投资总额，明确了投资的重点和效率化的方向

强烈感受到工业必须进行地理上的重新布局的背景是地域间的差异问题突出，同时在经济高速增长期，工业生产活动集中于都市造成拥挤混杂和大气污染（公害）问题也是重要原因之一。反映这种意识的是《农村地域工业导入促进法》（1971 年法律第 112 号，简称《农工法》[18]）、《工业再配置促进法》（1972 年法律第 73 号，简称《工配法》，2006 年废止）、《工厂立地法》（由 1973 年法律第 108 号改名）。其中，《农工法》作为“一町一工厂计划”等带动农村经济的手段，在地方政府建设工业园区的时候经常会用到。这些法律，以与通产省的工业布局计划相组合的形式，由农林水产省、通产省、劳动省三省共同提案，为相关地区发展做出了贡献，具体包括：（1）创造就业机会，（2）激发现有企业的活力，（3）振兴农业，（4）促进安居。[19] 另外后面两个法律的作用是，不依赖税收政策，而是通过法规将位于人口密集城市（例如东京都中心）的工厂迁移到郊外地区。引导工厂迁移的目的地主要有以下四类：（1）偏远地区，（2）纺织、矿山、煤炭等产业衰退地区，（3）特定经济不景气地区，（4）发电站所在地区。[20]

这些法律之中，对在都市布局工厂限制最严厉的法规就是《工厂立地法》。由于该法规定，如果工厂改建，从保护环境的宗旨出发，工厂需要设置比以前更多的绿地，所以也就带来了在居民区附近的工厂不得不搬迁的效果。[21] 不同的是，《工配法》是引导型法律，虽然限制性的法律效果比较弱，但是具有工业园区创建[22]、工业用水补助（补助金）、工厂再配置补助金交付三大优惠。《工配法》和《工厂立地法》可谓糖果和皮鞭的关系。总之，这些法律和《新全总》计划携手，提出了产业布局政策远景规划。

---

⑱ 1988 年改称《农村地域工业等引进促进法》。

⑲ 参照日本通商产业政策史编纂委员会编，武田晴人著《日本通商产业政策史（1980—2000）：投资、环境和安全生产政策》，经济产业调查会，2011 年，第 149—153 页。

⑳ 《工配法》的公布时间是 1972 年 10 月，但是经过了很长时间到 1977 年 7 月才决定实施计划。阻碍立刻实施的最大难关在于（虽然也有来自自民党党内的反对意见）钢铁、精炼石油、石油化工三大产业对于厂址搬迁提出“为什么特别对待我们”的质疑。另外，还有宏观经济背景原因，即石油危机之汇率市场随之发生巨大变化（日元升值），产业结构也随着时代发生变化。

㉑ 该法律的目的是，“为了既能保护环境，又能够合理布局工厂，就工厂布局进行调查、公布工厂布局的基准，以及在此基础上进行劝告、命令，通过这一系列措施，实现国民经济的健康发展和国民福利健全完善”，对于新建设工厂的申请，检查“工厂占地面积中生产设施占地面积的上限比例”（1973 年修正法第 1 条、第 6 条）。

㉒ 工业园区是指接受地区申请的地域振兴整备公团（2004 年合并为中小企业基础整备机构），投入财政资金建设而成。

田中角荣所著的《日本列岛改造论》可以说是以上述工厂分散为导向、经济高速增长末期产业布局政策及其思想的代表作品。这一构想在田中担任通产大臣时期（第三次佐藤内阁，1971年7月—1972年7月）完成，并公之于世。[23] 该书虽然不是官方出版物，但由于作者的特殊背景，因此对以重视地方分配投资为基础的大规模公共事业的开展起到推波助澜的作用。该书发行后不久，田中成为首相，但是由于洛克希德事件，田中内阁下台（1974年12月），其构想也随之中断，田中本人几乎没有参与构想的实现。[24] 即便如此，20世纪60年代后期至70年代初期，与各地的高速公路网和铁路主干线的建设、高速输电网络和大规模海港建设同步，工厂分散布局也根据《新全总》的计划积极推进，德山、大分、延冈等地均建成了大规模的工业基地。

《三全总》和高新技术密集型都市构想

1974年第一次石油危机爆发，引发了对上述大规模国土开发模式的强烈质疑。在讨论资源消耗型经济结构转型必要性，以及公害问题向地方扩散的批判的过程中，20世纪70年代后期，“日本经济高速增长期已经结束，处在向稳定增长期过渡的时期”的意见开始满天飞。而且，20世纪70年代至80年代，偶尔出现由地方流入首都圈的人口净流入率减少的现象，有些年度出现人口回归地方的现象（U形回归）（参见表7.2）。好似呼应这一变化一样，大分县的平松彦知事提出“一村一品运动”制度（1979年），掀起地方自治的风潮。在这一背景下，内阁会议通过了《第三次全国综合开发计划》（简称《三全总》，1977年11月）。该计划在避免城市随着经济增长过度集中化、将产业适度向地方分散方面，维持了之前的理念，但为实现这一目标，在构建生活圈、生产圈、自然环境圈三者和谐的地方定居圈方面，提出了新颖的思路。[25]

㉓ 1972年6月由日刊工业新闻社发售，售出91万部。据说该书的执笔筹备得到当时政府官员（下河边淳、小长启一等）的协助。另外，关于围绕列岛改造论的政治背景的说明，参照综合研究开发机构编，星野进保《作为政治的经济计划》，日本经济评论社，2003年，第535—559页［（根据星野的观点，“田中首相的《日本列岛改造论》和佐藤首相的《建设高度福祉社会》同出一辙”（同书第541页）］。

㉔ 构想之中包括尝试推进地方的电力资源布局政策，谋求分散资本（《日本列岛改造论》，第101—102页）。由于公害问题，虽然实现这一点非常困难，但1974年仍然制定了《发电用设施周边地域整备法》（法律第78号）。

㉕ 当时《全总》《新全总》《三全总》各有特点，描绘出点、线、面的开发。这三个计划的特点均以资本量的构筑和配置作为课题。《三全总》把人口作为计划达成效果的衡量标准，经济企划厅1965年制订的《中期经济计划》关注全年收入（流通量）的增长率，之后的诸多计划把收入作为计划达成的框架，这点与其不同。

表 7.2　城市常住人口变化率

年份	城市人口合计（人）	相对 5 年前的增长率（%）						
		城市人口	札幌市	东京 23 区	横滨市	名古屋市	大阪市	福冈市
1950	17740766	20.8	20.9	28.9	16.8	20.8	25.4	19.5
1955	22860536	28.9	35.9	29.4	20.2	29.7	30.2	38.6
1960	26835485	17.4	22.8	19.2	20.3	19.1	18.2	18.9
1965	31330591	16.8	51.7	7.0	30.0	21.6	4.8	15.9
1970	33605826	7.3	27.1	-0.6	25.1	5.2	-5.6	13.8
1975	35851028	6.7	22.8	-2.2	17.1	2.1	-6.8	17.5
1980	36758669	2.5	13.0	-3.4	5.8	0.4	-4.7	8.6
1985	37981257	3.3	10.1	0.0	7.9	1.4	-0.5	6.6
1990	38951930	2.6	8.3	-2.3	7.6	1.8	-0.5	6.6
1995	39397262	1.1	5.1	-2.4	2.7	-0.1	-0.8	3.9
2000	40142490	1.9	3.7	2.1	3.6	0.9	-0.1	4.4
2005	42840419	6.7	3.2	4.4	4.5	2.0	1.2	4.5

资料来源：《各城市人口（大正 9 年—平成 17 年）》，依据总务省统计局官网《日本的长期统计系列》（http：//www.stat.go.jp/data/cheouki/02.htm，最后访问时间：2011 年 2 月 14 日）计算得出。原始资料为国情调查。

当时的社会充满对符合稳定经济增长时代的全新社会经济模式（即与《新全总》代表的对规模工业化一边倒的现象不同）的期待。《三全总》响应这种社会期待，宣布要完善人、自然、生活相互协调的“人类居住的综合环境”（定居圈），提出通过完善定居圈，使人口 U 形回归，以激活地方经济的定居圈构想。㉖ 从这个角度而言，《三全总》在推进大规模工业基地建设方面比《新全总》更加慎重。㉗

另外，关于人口分布上的变化，如表 7.2 所示。根据 1980 年国情调查的结构，该年主要大都市的人口增长率（与 1975 年的国情调查相比）明显减少。1985 年国情调查速报的结果也显示，大城市的人口集中度相对较低。但是，上述国情调查的结果，只不过反映了经济增长趋势下降造成的现象，并非人口 U 形回归已经实现。

由此，相关人士认为虽然地方定居圈构想某种程度上达到了目的，但还必须考虑进一步的地区政策。这也正是虽然《三全总》没能在最初设定的目标期限（1987 年）前完成所有的计划，但也没有延长其期限的原因。

20 世纪 70 年代至 80 年代，通产省推出许多新的产业布局政策。首先，与《三全

㉖ 继承福田赳夫内阁《三全总》的大平内阁，提倡“田园都市国家构想”。

㉗ 1976 年在福田内阁组阁前夕的众议院选举中，自民党议席由 265 席减少至 249 席。受此影响，福田内阁的口号不再是经济增长，而是安定（平静、稳定）。星野的《作为政治的经济计划》（第 590 页）认为，战后经济政策的实施过程中，“经济计划”作为主要政治标语的时代自福田内阁结束。

总》联动，各地通产局制定了《地区产业愿景》，1981年，在产业结构审议会地区产业分科会答复中发表了集大成的政策。其次，1983年，通产省、建设省、农林水产省、国土厅共同制定了《高技术工业聚集地区开发促进法》（1983年法律第35号，通称《高新技术密集型都市法》）。[28] 该法律的目的是促进地方产业布局，从而使地方的产业政策完成了“由被动等待向主动出击”的变化。也就是说，优先发展包括电子科技（electronic）、光电子科技（opt-electronics）、生物科技（bio-technology）等高度技术加工型（都市型）工业技术[29]，以建设（a）小规模的内陆工业带，（b）自然、生活、生产和谐的（工作居住靠近的）住宅环境，（c）先进的信息技术和都市功能集中的新型城市为目标。同时该法促进了工厂地区的绿化。

工业再配置的构想，依托高新技术密集型都市（高度技术工业聚集都市）创建支援政策，目的是培育以开发和利用先进技术为中心的地区工业。如果仅依靠市场调节，企业生产活动有可能向海外转移，造成产业空洞化，所以不是将产业调整完全交给市场，而是发起新兴产业布局运动，同时，促进地方产业集约化发展。而支持以上政策的法律，就是各种振兴法（时限法）。[30]

高新技术密集型都市构想受到地方“狂热的”欢迎，共计26个地区付诸实施。[31] 针对这26个地区，做了评估其政策成果的调查（参照表7.3）。该调查从（1）工业从业人数的增加幅度、（2）工业出口额的增加幅度、（3）粗附加值的增加幅度、（4）附加值劳动生产率增长幅度4个方面评估，分别对26个地区的高新技术密集型都市计划所指定的70种行业的成绩，与全行业（包括高新技术密集型行业）的成绩进行对比，通过前者高于后者的幅度评判成绩。评价的结果采用4种评分，分别是优（2分）、良（1分）、及格（0分）、不及格（－1分）。各地区根据上述4个方面分别的成绩单累计。表7.3中，上述合计分数按照（a）“全行业”的成绩和（b）“高新技术密集型都市计划指定的70种行业”的分数分列（第1—2列）。

---

[28] 1998年废止。

[29] 依据1988年《关于促进特定事业集中以利于地域产业高度化的法律》（法律第32号，通称《头脑立地法》；1998年废止），“高技术工业”的定义扩大至软件（software）。另外《Technopolis法》和《头脑立地法》仅以特定的地域为对象。

[30] 产业政策的特点是，不依据基本法，并且时限法居多。振兴法同样是时限法居多。振兴法的特点是促进自治体的经济运行。

[31] 选址的确定是由行政部门决定（不通过产构审讨论）的。确定选址后，各府县根据各自的方针推进工业园区的重新改造（重新激活联合企业等）。

因此，该表记录的“高新技术密集型都市计划指定的70种行业”的数值（第2列）减去“全行业”的数值，得知各地区高科技相关行业超过其他行业的程度（第3列）。从评分结果可以发现，在全部26个地区中有15个地区前者的成绩超过后者（这里指“全行业”的成绩）。“成功”的比例是15/26，即58%。（另外，高新技术密集型都市的成绩优秀，即第3列的值超过2的地区共有7个。）如果将高新技术密集型都市计划指定的行业与全行业水平相当（（b）-（a）的值是0的地区）列为“成功”的话，则成功率上升至81%。[32]

使用相同的评价调查结果，探讨全行业和高新技术密集型都市计划指定行业中粗附加价值金额和粗附加价值劳动生产率的增长程度，就可以得出该表第4—7列的结果。利用这些结果，求取各地区高新技术密集型都市计划指定行业数值与全行业数值的比，即表格右边的两列。从右两列的数值大于1的地区（即高新技术密集型都市计划指定行业的成绩超过全行业成绩的地区）占全部26个地区的比例（成功率）看，粗附加价值方面的成功率为25/26（96%），生产效率方面的成功率为14/26（54%）。高新技术密集型都市行业在粗附加价值方面，取得了超过平均值的成绩，但是在生产效率方面努力不够或需求不足造成效率不高。

尽管如此，高新技术密集型都市计划仍然在半数以上的案例中取得预期的效果。当然，衡量产业布局政策成功与否，或许10来年的时间太短。对于同一行业的评价，例如观察30年时间，甚至半个世纪后，会得到什么样的结果。

通产省产业布局政策的核心，就是工业再配置。虽然弄清中央政府究竟有多少资金投入地方并不容易，但是试算一下从1972年到2000年间的利息补偿金、补助金、融资额等数据合计的结果，如下图所示（图7.1）。根据下图的数据，这24年间，为了进行工厂再配置，大约有4.9万亿日元由中央政府流入地方。其中，1974年至1991年间，流入地方的资金较多，这期间平均资金流量（年额）达到约2400亿日元。[33] 这些数值可以理解为所动用资金量的下限。因为各地的地方自治体给予资金和实际支持，

---

[32] 但是，这里所谓的“成功”是指观察和判定各个地区的生产成果（performance）的结果。为了对政策进行实质性评价，必须将通过实现政策目的得到的全部收益（benefits），与因此投入的资金额等全部费用（costs）相对照进行考量。从这里开始的两个段落的“成功”，只不过是政策获得正面评价的充分条件之一。

[33] 该图表的数据，不含地方自治体支出的补助金等。关于地方自治体的应对报告有，例如广濑信已，《企业布局和地区经济的活跃化——以大阪府和福冈县的举措为中心》，Reference，2008年8月号（http://www.ndl.go.jp/jp/data/publication/refer/200808_691/069103.pdf，最后访问时间：2011年2月14日）。

表7.3　高新技术密集型都市的评价：1980年与1993年的对比

地域	德尔菲法的评分[1]			粗附加价值的年平均变化率（%）[2]		粗附加价值劳动生产率年平均变化率（%）[2]		(2)／(1)	
	(a) 全行业	(b) 高新技术密集型都市计划指定的70种行业	(b) − (a)	(1) 全行业	(2) 高新技术密集型都市计划指定的70种行业	(1) 全行业	(2) 高新技术密集型都市计划指定的70种行业	粗附加价值	粗附加价值劳动生产率
1. 道央	3	8	5	3.300	15.530	0.330	3.290	4.706	9.970
2. 函馆	0	6	6	2.300	7.550	1.860	10.200	3.283	5.484
3. 青森	6	8	2	3.910	8.170	1.610	2.710	2.090	1.683
4. 北上川流域	8	8	0	7.960	13.740	4.190	6.640	1.726	1.585
5. 仙台北部	7	8	1	5.200	10.710	3.800	6.320	2.060	1.663
6. 秋田	2	8	6	3.160	21.140	1.530	5.030	6.690	3.288
7. 山形	8	8	0	5.020	10.710	3.800	6.320	2.060	1.663
8. 郡山	8	2	−6	3.860	1.320	2.590	0.050	0.342	0.019
9. 宇都宫	8	6	−2	5.130	5.600	3.290	1.700	1.092	0.517
10. 信浓川	5	6	1	3.090	5.070	2.460	2.530	1.641	1.028
11. 富山	−1	0	1	2.280	2.470	2.360	1.330	1.083	0.564
12. 甲府	8	8	0	7.020	8.950	4.270	4.610	1.275	1.080
13. 浅间	5	2	−3	3.210	3.510	2.300	2.150	1.093	0.935
14. 滨松	1	2	1	2.700	3.590	3.100	3.040	1.330	0.987
15. 西播磨	1	4	3	2.690	3.950	2.930	2.040	1.468	0.696
16. 吉备高原	4	5	1	2.830	4.880	1.830	3.000	1.724	1.639

（续表）

地域	德尔菲法的评分[1]			粗附加价值的年平均变化率（%）[2]		粗附加价值劳动生产率年平均变化率（%）[2]		（2）/（1）	
	（a）全行业	（b）高新技术密集型都市计划指定的70种行业	（b）-（a）	（1）全行业	（2）高新技术密集型都市计划指定的70种行业	（1）全行业	（2）高新技术密集型都市计划指定的70种行业	粗附加价值	粗附加价值劳动生产率
17. 广岛中央	-1	2	3	2.830	4.410	2.310	2.070	1.934	0.896
18. 宇部	1	6	5	1.930	5.990	1.340	0.770	3.104	0.575
19. 香川	-1	0	1	1.120	2.580	1.820	1.540	2.304	0.846
20. 爱媛	0	-1	-1	1.500	2.160	1.140	2.170	1.440	1.904
21. 久留美鸟栖	-1	1	2	1.210	2.480	1.430	1.540	2.050	1.077
22. 长崎	7	8	1	5.990	19.040	5.260	8.930	3.179	1.698
23. 熊本	8	6	-2	5.170	7.310	3.190	2.060	1.414	0.646
24. 县北国东	8	8	0	8.200	12.660	4.820	4.230	1.544	0.878
25. 宫崎	8	8	0	6.330	14.490	3.180	4.130	2.289	1.299
26. 国分隼人	5	6	1	3.480	9.210	2.230	1.380	2.647	0.619
27. 地域合计[3]	4	3	-1	3.330	5.240	2.460	2.380	1.574	0.967

注：比较优秀的成绩用灰色标示。

（1）德尔菲法评价方式，针对4种评价项目（工业从业人数、工业出口额、粗附加价值以及平均粗附加价值劳动生产率）分别评分，“比全国值以及高新技术密集型都市地区数值都高”则计2分，“处于全国值以及高新技术密集型都市地区数值的中间值”则计1分，“比全国值以及高新技术密集型都市地区数值都低”则计0分，“负增长”则计-1分，在此基础上将所有值合计起来得出结果。

（2）1980—1993年期间的年平均变化率。

（3）26个地区的加权平均值。

资料来源：根据日本立地中心《高新技术密集型都市计划推进调查研究报告》（1996年3月）第11—12页的数据计算得出。

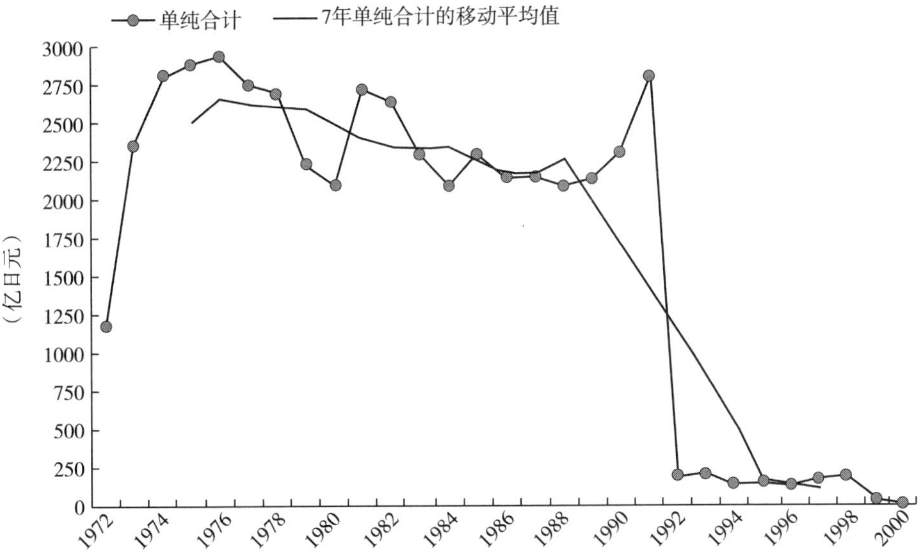

图 7.1　工业再配置的引导资金的动向

注：工业基地建设利息补助金、促进工业再配置补助金、日本开发银行地方开发融资、引导地域制造业融资实绩、转移运行资金融资、拆迁补偿资金融资以及地域振兴整备公团工业再配置部门预算的合计。不包括来自再配置地区的补助金。包括不明确的地方和仅限合同金额（不是交付金额）的数据等，所以仅是概算数值。展示 7 年移动平均值的主要目的是把握其变化趋势。

资料来源：日本通商产业政策史编纂委员会编，武田晴人著《日本通商产业政策史（1980—2000）：投资、环境和安全生产政策》的表 1.6、表 1.7、表 1.8、表 1.9、表 1.11、表 1.12、表 1.13。原著包括日本立地中心、《通商产业省年报》、《工业再配置政策 20 年的历程——国土均衡发展目标》、《21 世纪产业布局愿景》等。

假设以中央政府和地方各出一半资金计算，那么实际资金额度就会达到这一数额的两倍。当然，除此之外，如果加上中央政府派遣的人才支持、提供专业知识和建议的费用，那么资金量就更大了。

《四全总》之后的产业布局

《三全总》定居圈构想所设想的人口回归地方定居最终没有实现，1985 年之后，认为必须进行产业结构调整，以服务经济化为背景，社会和经济功能集中于首都圈的现象再度出现。受此影响，避免经济中心集中于东京一地的讨论再度兴起。1987 年启动的《四全总》，再次反省了首都圈经济职能集中的问题[34]，提出了建立“多极分散化”

---

[34] 1985—1986 年，为了激活销售不畅的工业园区，通产省内部也曾考虑租赁工业园区的方案。尽管都已经研讨制作了标准条款，但最终没有实现（工业园区的租赁是在此之后的很长一段时间才开始）。

的目标（1988年）。因此，计划将首都圈迁移、将首都职能和政治核心职能分离。《四全总》时期制定了多项以地区开发为目标的法律，包括《综合疗养地域整备法》（1987年法律第71号，即《疗养地区法》）、《关西文化学术研究都市建设促进法》（1987年法律第72号）、《关于支持地域产业优化，促进特定事业集中的法律》（1988年法律第32号，通称《头脑立地法》）、《多极分散型国土形成促进法》（1988年法律第83号）[35]、《关于建设地方基地都市地区及促进产业业务设施再配置的法律》（1992年法律第76号，通称《地方基地法》）、《大阪湾邻海地域开发建设法》（1992年法律第110号）等。[36]

在这些法律之中，《头脑立地法》是为了实现“产业高端化”，即通过促进事业布局集中，改进“产业的产品或劳务的开发能力、生产、销售或者关于提供劳务的技术和经营效率”（该法第2条），推进“地区经济的发展和产业配置的合理化”（该法第1条）。总之，目的是推进调查、研究、开发（R&D）职能的集中。

通产省立地公害局的《新产业布局施策研究会报告书》（1989年）也提案了新工业再配置计划。这引起第三次招商热潮的到来。另外，1991年提出了《Office Arcadia构想》[37]，其目的是在生产职能向地方分散的政策基础上，将事务性业务向作为地方定居圈的地方都市地区分散，促进地方产业布局活动的开展。因此，1992年制定了《关于建设地方基地都市地区及促进产业业务设施再配置的法律》。[38]

但是，总的来说，多极分散型发展的计划除了充实交通网之外，并未取得预期的效果。《四全总》结束大约10年后制定了《五全总》，虽然继承了《三全总》和《四全总》共同的构想（即带动地方经济社会发展），但结果仅停留在纸面公文上。这也是

㉟ 该法律的主要内容是搬迁国家行政机关等、完善首都圈业务核心都市，以及建设振兴基地地区以实现地方振兴开发。

㊱ 《四全总》利用这些地区开发法律制度，引进民间企业活力，推进多样化的计划，即大规模都市开发（东京圈的邻海地区开发、业务核心都市完善等）、研究开发基地建设（关西学术研究都市、地方都市的软件园区等）、42个地域的观光（疗养）地建设等。此后，这其中多数都受到泡沫经济破灭、金融危机、国家及地方公共团体财政恶化等打击，不得不重新考量。另外根据地方的要求，完善了交通基础设施。例如计划建设总长14000千米的高规格干线道路，截至2005年完成了8744千米，铁路方面，新铺设了长野新干线。地方机场数量增加，1999年末可起降喷气式飞机的机场增至60个（但同时也带来了经济亏损线路增加的负面效应）。顺便提一下，提及森林具有的意义是《四全总》的特点之一。

㊲ Arcadia是指古希腊的牧歌式乐园。

㊳ 正如第一条所述，“该法律的目的是发挥地区的创意理念，从广域的视角对地方基地都市地区，采取措施增强城市功能、提升居住环境，从而谋求促进整体建设。同时，通过促进从产业设施过度集中的地区向地方基地都市地区转移产业设施，谋求促进产业设施再配置，以利于促进地方自立和国土均衡发展”。

由于从之前的经验认识到，中央政府主导地方分权是无法完全实现理想的。在创建工业园区等大型项目结束后产生的经费（经常费用支出）对于财政困难的地方政府来说，绝对是不小的负担，也是不得不面对的严酷事实。不管怎样，由中央政府主导的地方分权动向，从21世纪初期从产业布局政策面前逐渐销声匿迹。可以说，战后直到20世纪90年代中期一贯推行的“国土均衡发展”政策以及中央政府主导的地区振兴政策，迎来了巨大的转型期。

在此，作为观察20世纪80年代以后至20世纪末工业再配置政策成果的辅助手段，将1985年至1998年期间国内工业带分为三类，分别是（a）促进迁移地区、（b）引导迁移地区、（c）一般地区。表7.4展示了各地区工业产出额和工厂占地面积的比例是如何变化的。根据该表的结果，（a）和（c）的比例基本随着时间的推移逐渐减少，然而（b）的比例则缓慢上升。从这个意义上讲，工业布局政策的结果与其目的是相吻合的。

表7.4　工业再配置政策的成果　（单位：%）

年份	工业产出额				工业占地面积			
	促进迁移地区	引导迁移地区	一般地区	合计	促进迁移地区	引导迁移地区	一般地区	合计
1985	18.2	27.0	54.8	100.0	7.8	41.8	50.4	100.0
1990	15.8	30.5	53.7	100.0	7.1	45.7	47.3	100.1
1995	13.6	33.8	52.6	100.0	6.3	49.0	44.7	100.0
1998	12.9	34.8	52.4	100.1	6.0	49.2	44.9	100.1

资料来源：日本通商产业政策史编纂委员会编，武田晴人著《日本通商产业政策史（1980—2000）：投资、环境和安全生产政策》的表1.16。原著包括日本立地中心的《新工业再配置计划策定调查报告书》，2001年。

但是，泡沫经济崩溃后，日本经济持续低迷，工厂向海外展开布局和大都市职能低下，经济社会问题凸显。20世纪90年代中期以后，通产省受到美国加利福尼亚州硅谷等海外新地区发展案例的激励，重新开始讨论“集聚”的概念。

2001年，经产省启动了“产业集聚计划”。“集聚”（cluster）是一连串的意思。“产业集聚”是指，从事创新产品开发或生产技术的多个知识密集型企业，与在技术上或经营上相关的其他行业的企业、研究设施（大学、研究所等）、各方面专家在同一地区内共生，相互之间频繁交流，共同成长的模式。因为是从葡萄、樱桃、藤等串联在一起群生的状态联想到的，故称为cluster。“产业集聚”的概念，最初从硅谷以半导体等信息技术（IT）为中心的创新型企业的聚集地获得启发，是指以创新型高新技术体系（生物科学、IT、环境科学、全新的“制造生产”）为核心的产业布局，在20世纪末的工业国家广为流行。[39]

2001 年经产省计划“通过完善能不断孕育新事业的外部事业环境，以有竞争力的产业为核心，形成广范围的产业集聚状态，以提高国际竞争力为目标”。依据上述产业集聚的定义，所在地的优秀中小企业和创新企业，与当地的大学及其他研究机构合作，完善创新产品开发和生产活动的事业环境。[40] 随后 2002 年，文部科学省也启动了“创建知识集聚事业”，是以在当地有独立的研究开发课题并且有能力将研发课题产业化的当地大学为核心，通过企业参与，谋求实现创新的目的。通过这些国家政策的引导，地方自治体旨在形成新的、独立的产业集聚活动日趋活跃。

产业集聚的形成需要时间的积累，仅从 2001 年开始的十年间的经验评判政策成功与否是非常困难的。在较早期的地方振兴计划之中，作为从其他地区成功引进企业的案例有，在东北产业经济局的呼吁下，东北 6 县通过协商会议的方式推动汽车产业集聚[41]，以及作为阪神淡路震后复兴的一环，以神户市为中心展开的医疗都市构想等。[42]

此后 2007 年生效了《关于通过促进企业布局形成并活跃地方产业集聚的法律》（法律第 40 号，简称《企业布局促进法》）。制定该法律的目的是对地区“自主的、计划性的”企业布局促进措施提供支援，以强化地区经济自律发展的基础。[43] 经产省推动产业集聚的基本方针如下：

（i）不采用全国统一并且中央主导的施政运营方法，而是根据地区施政的实际情况，对自主开发研究、技术开发、企业合作、销售渠道开拓、创业、人才培育等提供支持；

---

[39] “cluster”是指“通过技术 × 技术、人 × 人、市场 × 市场、商业 × 商业等多种资源“融合”，持续实现科技创新（新事业、新产业）（经产省地域经济产业集团地域技术课，《关于产业集聚政策》，2010 年 8 月 13 日，第 1 页）。其实很早就有关于产业集聚的讨论，为该概念普及做出贡献的学术书籍有 Michael E. Porter, Thee competitive advantage of nations，N. Y. Free Press，1990（M. E. Porter 著，土岐坤、中辻万治、小野寺武夫、户成富美子共同翻译，《国家的竞争优势》，Dianmond 社，1992 年）和 Paul R. Krugman，Geography and trade、Leuven，Belgium：Leuven University Press，1991（北村行伸、高桥亘、妹尾美起共同翻译，《脱“国境”经济学：产业布局和贸易的新理论》，东洋经济新报社，1994 年）。cluster 的名字姑且不论，类似 cluster 的概念自古就有。

[40] 前述经产省的宣传册《关于产业集聚政策》所述，“产业集聚政策计划是指，为了引导持续科技创新之关键——‘融合’发挥作用，形成作为其基础的产官学合作体系，同时重点构建科技创新所需的制度并实施适当的政策，目标是实现地区产业集聚质的转变，该政策自 2001 年至 2009 年实施”（第 1 页）。

[41] 来源于丰田集团的关东汽车和中部汽车。

[42] 近畿医疗产业集聚，是以在神户 Port Island 旧址建立的再生医疗中心为核心。

[43] 2009 年经产省指出，“全国 10200 家优秀中小企业、约 290 所大学（包括高等专科学校）参加。公立试验研究机构 96 家、产业支援机构 404 家、金融机构 227 家、商社 98 家，共约 2450 家机构和团体支援产业集聚”（前述《关于产业集聚政策》，第 2 页）。

（ii）着眼数十年间的长期视野进行施政；

（iii）扩大并加强产官学合作；

（iv）推动相关组织之间形成“能看到对方面孔的网络合作关系”；

（v）推进地区创立具有国际影响力的品牌，吸引世界各地的企业、人才、投资。[44]

以上倡导的方针尊重地区的自主性，同时着眼于长期，注重人才交流和国际合作，给人以与产业集聚之前的政策不尽相同的感觉。但是，2009年春，在地方经济产业局支援下制订的不同地区生物技术相关个别项目计划概要（表7.5）中，虽然设定的理想目标很高，但是作为施政体系，由于内容繁杂，让人感觉缺乏统一性和明确的理念。也许在21世纪初期，通过什么方式实现勾画的企业集聚的理想状态，还处在无法预测的混沌状态。

表7.5　产业集聚计划关联项目的各经济产业局活动对象（2009年至今）

地域	主要活动项目
北海道	健康和医疗为目的，功能性食品*、化妆品、创新药品、医疗
东北	汽车相关、半导体、医疗和福利、光纤、核心技术、有色金属再生利用
中部	生物**相关的制造（医疗机械、诊断和分析仪器、功能性食品*、环境生物**
关西	创新药品、再生医疗、生物工程**（生物**和工艺、环境、食品等）
中国	医疗和福利、机械系统、电子和电气部件、尖端材料、FPD（flat panel display）、生物**
四国	制造业和健康生物**
九州	功能性食品*、健康食品
冲绳	健康相关、信息相关、交易相关、环境相关

注:* 功能性食品，是指预防疾病和促进健康等功能卓越的食品。

** 该表中的“生物”，是指分子生物学、生化学等基础科学研究、生物工学、遗传基因工学等应用技术，进而扩展至利用以上应用技术酿造、发酵、再生医学、创新药品、农作物品种改良等企业活动，包括广泛的多方面的活动，并没有严格的概念规定。概念的不明确既反映了该领域研究及其成果的社会普及性不成熟，也表明各地经济产业局根据独自的判断建立的项目欠缺统一性。

资料来源：作者根据经济产业省官网《产业集聚计划》（http：//www. meti. go. jp/policy/local_ economy/tiikii-nnovation/index. ver4. html）所附参考资料《2009年产业集聚政策手册》制作。

产业布局政策思想的变迁与20世纪末的转型

正如20世纪70年代至80年代广泛议论的一样，对于稳定增长时期的经济而言，

[44] 经产省关东经济产业局官网显示，2001—2005年，在这些方针引导下，全国创造出5万件以上的新事业（www. kanto. meti. go. jp/seisaku/jut－en/seuishinkikankoubo/21fysankurakoubo_ chiikihtml）。

最好是自然、生产、富裕的生活三者共存。而且，我们也可以看到，即使是IT时代（或者正因为是IT时代），在直接面对面的社会关系中，维持日常生活的重要性（需求）反而更加突出。在国民眼中，日本的政治活动过程如同发生在遥远的世界里，并且其政治决策过程并不透明，其原因之一就是政治活动是在相互看不见摸不着的情况下开展的。工作地和居住地相邻是日常政治活动“接地气”的重要因素。中央集权和地方分权并不是完全对立的，不同时期、不同事件，可以在保持相互之间平衡的同时追求双赢。

1980—2000年，是通过产业政策手段尝试带动地方经济的时期。地方自治体也希望带动各地的社会经济发展。[45] 明治之后，不仅中央集权化的倾向得到抑制，而且反对中央集权的政策在地方有受到拥护的基础。日本列岛改造论虽然是基于这一基础产生的，但是仅倡导工业基地向地方分散，在实际推行过程中遭到抵制。为了让社会接纳地区型产业布局构想，需要以新颖并且可行性强的办法作为推进力，发动（鼓舞）民众。通产省这一时期的产业布局政策发挥了有效性是因为政策的核心是明确了具体的产业规划，即高技术密集型城市、Office Arcadia 、头脑立地构想。这些构想的根基在于，各个不同时期对新技术的展望成为推进发展的原动力。但是，这些政策的实施都是由通产省领导，采用指定地区提出振兴政策的中央政府指导型方式，在振兴大城市圈以外的地区这一点上，延续了基于“国土均衡发展”理念的地区开发思路和手法。

国家的全国综合开发计划，虽然也经历了变迁，但基本延续了国土均衡发展的思路。第一次计划（《全总》）和第二次计划（《新全总》）以高速经济增长下的产业需求为背景，作为基于重化工需求的基础设施建设，开发了生产基地，实现了网络式的设施开发，如大规模工业园区建设，新干线、高速公路、电话网线建设等。工业再配置发挥了使与公共投资相对应的民间投资向地区展开的核心作用。[46]

另一方面，第三次计划以环境负荷较小的高度生产技术为契机，推进工作地与居住地相邻的定居圈构想，强调地区主权。[47] 然而，在相关省厅指导下推进模范定居圈和地方生活圈建设方面，不得不采用与上述高新技术密集化政策类似的方式。虽然在此之后的第四次计划基于产业需求的公共投资色彩变淡，但在建设干线铁路和地方机场

---

[45] 但是，并不一定是“重化学工业”。

[46] 对于第一次计划和第二次计划，实业界的期望度非常高。总之，相对于产业政策而言，这是更具备公共事业特征的计划。

[47] “定居圈构想”由国土厅原事务次官下河边淳提案发起。

方面取得了成果。[48] 第二次至第四次计划作为带动地方经济的政策，发挥了应有的作用，但是在实施第五次经济计划时，由于泡沫经济崩溃带来经济疲软和财政收支恶化问题，之前以基础设施建设为主体的开发计划难以为继，在这种情况下，地方分权的政策导向也不得不停滞。

图7.2计算了这期间地区间工业附加值的变异系数（不平等程度）情况，1985年以后，这一数值呈现明显的下降趋势。该图还展示了同一时期全国实际GNP较上年同期的变化率情况。由于泡沫经济崩溃，20世纪90年代前期，实际GNP变化率较低，变异系数下降的趋势仍在持续。虽然没有确定的佐证，但是出现这一现象的原因之一，应该就是工业布局向地方分散政策的影响。同时，这也表明经济增长率迅速下滑的影响在大城市更为严重。

20世纪末至21世纪，通产省（经产省）关于产业布局政策的讨论从之前以地方振

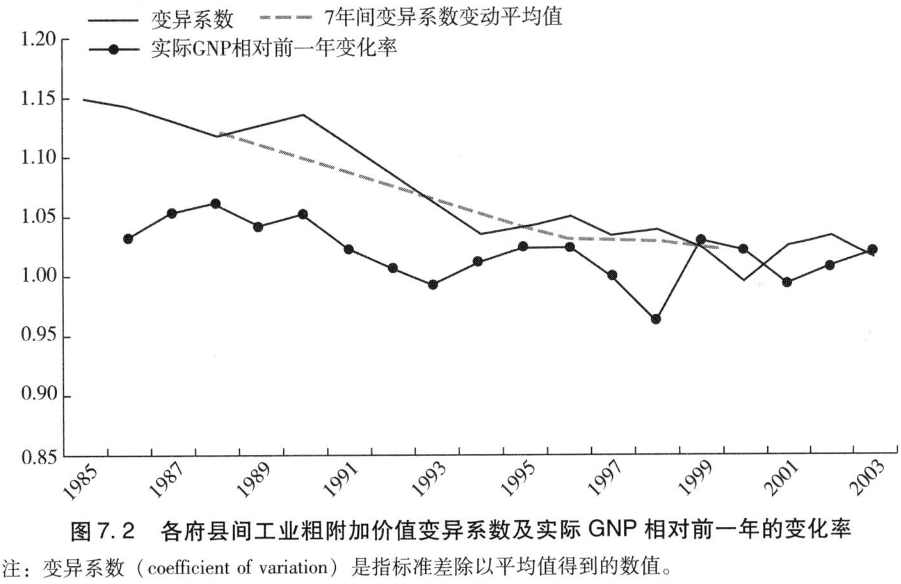

图7.2　各府县间工业粗附加价值变异系数及实际GNP相对前一年的变化率

注：变异系数（coefficient of variation）是指标准差除以平均值得到的数值。

资料来源：总务厅统计局官网“日本长期统计”［原数据出自经济产业省官网“统计和工业统计调查定期发表资料、可靠消息以及工业统计数据库和产业篇数据”（经济产业政策局调查统计部产业统计室）］。

---

[48] 例如在20世纪90年代之后的山形县中，沿国道13号线和东北新干线分布有众多工厂（Yoshiyuki Takeda，Yuya Kajikawa，Ichiro Sakata，and katsumori Matsushima，“An analysis of geographical agglomeration and modularized industrial networks in a regional cluster：A case study at Yamagata prefecture in Japan，” Technovation，28. 2008，p. 535）。

兴为重点发生巨大转变，在泡沫经济崩溃造成“失去的十年”的讨论中，开始质疑“资本向地方扩散政策在任何时候都可以吗”，并提出了“需要新的产业集聚”的问题，重新出现肯定首都圈聚集的意见。[49] 像地方分散政策这样，相关法律一律被废止的情况并不多见。经过上述讨论，1998 年废除了《高新技术密集型都市法》《头脑立地法》，重新制定了以支持个人业主和中小企业创业为宗旨的《新事业创出促进法》（1998 年法律第 152 号）。[50] 2004 年，将地域振兴整备公团与中小企业综合事业团以及产业基础整备基金整合，成立了独立行政法人中小企业基础整备机构。自 2000 年前后，中央主导的工业再配置动作减弱，也许正因为如此，（尽管 GNP 变化率转为增大）地区间差异呈现扩大的征兆。

2001 年，经产省产业布局政策正式开始转变方向，《新产业都市建设促进法》（1962 年）和《工业整备特别地域整备促进法》（1964 年）被废除。政策转变的理由与《工配法》（1972 年）的内容相关。如上所述，《工配法》有两个要素，分别是①由城市向地方的引导政策、②对工厂布局的引导。2001 年政策发生转变，决定终止①由城市向地方的引导政策。对于②，虽然没有明确表示终止，但是由于当时泡沫经济崩溃的影响，经济疲软，几乎没有新工厂园区（特别是超过 100 公顷规模的大型项目）建设需求。即便提供工业再配置补助金，也找不到合适的候选地区。

另外，实际上，（a）大都市地带（由于工厂集中）的公害现象减少；（b）不仅需要再配置的工厂少之又少，大城市也出现了工业空洞化现象[51]；（c）IT 创业企业自不必说，需要灵感制胜的设计、技术和有利融资条件的新型企业需要在城市布局发展。城市有其特有的经济聚集优势[52]；（d）从象征信息化时代新产业布局的美国硅谷获得启发，从简单的城市对地方的陈旧观念中解脱的趋势显著。[53]

产业布局思路的转换，是从 1997 年过渡期的法律《关于特定产业聚集活跃化的临时措施法》（1997 年法律第 28 号，通称《产业聚集活跃化法》）开始的。该法律一方

㊾ 从 1991 年至 1995 年，通产省内部关于这方面的讨论十分激烈。

㊿ 该法律于 2005 年统一为《关于促进中小企业新事业活动的法律》（《中小企业新事业活动促进法》）。

51 例如，东京都三鹰市过去是工厂地带，此后完全变成住宅区。

52 但是，新型产业和旧型产业中“集聚”的含义不同，因为知识密集和商品密集的含义不同。商品没有必要考虑至近距离（walking distance），知识则不同。集聚的要因在新、旧产业中不同，所以集聚发生的地点也不同。另外还有人指出，日本的都市计划完成得过于理想化。也有意见指出，在筑波等地，由于一个区域面积过大，阻碍了自由的交流。

53 同时，作为经产省的负责部门，由于补助金的财政来源限于每年 200 亿～300 亿日元的程度，因此还是考虑必须在投资效果上下功夫研究。

面继续建造工业园区，另一方面淡化了工业再配置的要素。进而《新事业创出促进法》（1998年法律第152号，2005年废止）将“工业布局”的概念转换为“创造新事业”，认为集中于都市更为有利的产业集聚政策就位于产业政策转换的延长线上。[54]

《新事业创出促进法》和产业集聚计划的区别在于，前者是以县和市（政令指定都市，相当于都道府县的行政单位）设置的核心支援机构为中心，为创造新事业提供综合性支援，地方政府参与度强（县和市提出构想，国家给予支持），而后者中县和市的参与并不是必需的。[55] 当然，产业集聚计划具有领先模范试点的特征，各地区的经产局在计划的制订和落实上发挥主导权，同时国家虽然对于以地区为主体的软件方面的各种活动给予了资金方面的支持，但是这些都不是基于法律采取的措施。[56]

2007年，制定了《关于通过促进企业布局形成地区产业聚集并活力化的法律》（2007年法律第40号，简称《企业布局促进法》）。该法律的目的是促进企业布局，而不是产业再配置[57]，带有对抗越来越活跃的海外招商政策的意思。期望地方经济活跃的政策思想延续至今，但是与过去的将大城市和地方对立看待是截然不同的。[58]

作为政策对象的产业集聚（与《产业聚集活跃化法》的对象——产业聚集不同）不是纵向（上游、下游）的企业间合作，而是促进不同行业间的横向合作。从横向拓展企业间网络的意义而言，产业集聚取得了实实在在的拓展：（a）相近领域的多个企

---

[54] 包括对布局企业设备投资在税收上适用特别折旧等措施、适用《工厂立地法》的特例等放宽限制措施、引进企业事业主体实施的人才培养活动、针对完善公共设施等补助、针对中小企业布局提供低息贷款等支持政策。另外，除依据本法律采取的措施外，还为引进太阳能电池等有益于低碳社会的企业，提供补助金支持。

[55] 经产省的“产业集聚计划”和文部省的“创建知识集聚事业”，作为国家为了引领形成地区产业集聚而实施的“模范事业”，意义重大。地区的产、官、学各主体携手合作，使地方特有的各种资源实现升级的同时，将其用于引进地区外的人、物、资金，带动地区经济发展。换言之，产业集聚本来立足于内在发展（bottom－up initiative）的理念上。产业集聚计划中，国家的政策并没有超越引领或推进地域内在发展。因此，产业集聚政策是国家政策，同时也包含地域各主体的活动，是指其整体。

[56] 产业集聚之前，在《产业聚集活跃化法》的时代，指定地区必须得到国家的认可，因此需要相应的法律。产业集聚则不需要国家认定，这是对过去的教训进行反省的结果，要是以国家的批准为条件，会造成过多不必要的参与申请。（另外，有意见指出，高新技术密集型都市有26个地区，实在过多。）

[57] 为引进信息通信设备、太阳能电池等低碳工厂，提供补助金。

[58] 作为其中一个案例，参见地域产业活性化研究会《复苏的地域产业》中的“日本经济新闻”的“研讨”专栏，2002年8月21日—同年9月23日。战后日本布局政策一贯追求的理想是“国土均衡发展”。但是，截至20世纪末，工厂的再配置结束后，城市的环境公害问题基本消除，过于集中一地和其他地方过于疏散的问题也逐渐得以改善。因此，传来以美国硅谷和新材料产业为核心的都市集聚的成功事例时，日本开始否定过去的理想，萌发探索新型都市型发展的可能性。在两方意见相互对立和政治力量平衡关系权衡的过程中，1997年推出了《关于活跃特定产业聚集的临时措施法》。

业（包括大学）形成研发的地区共同事业体（consortium），（b）促进企业间网络（network）的形成[59]，（c）创立创业者支援设施及人才孵化器（incubator）。[60] 但是，准确评价产业集聚政策的意义需要时间。[61]

战后60年间产业布局政策思想的变迁

综上所述，战后60年间的产业布局政策，由经济高速增长初期的中央政府（通产省）主导的“尊重基本计划和计划引导”的政策，向尊重地方自治体主体性的地区（含中小企业）“产地开发及地方分权”的政策转变。

本来产业布局政策包括以下两个要素：（a）“产业布局构想”要素，即从宏观（即中央政府）的视角设计产业地理配置，并为实现之指明布局对象地区应满足的各标准条件，（b）“地区振兴”要素，即尊重推进产业化的各地区的特点及要求。假设通过这两个要素的相对重要性（强弱）表现20世纪50年代至21世纪初期的产业政策思想的变化，如图7.3所示。即可以概括为，由20世纪50年代至70年代的中央引导型和资源导入型政策[62]，转变为两者并存的产业政策，主要体现在《三全总》和高新技术

---

[59] 网络包括（a）近距离交流网络、（b）远距离交流网络。（a）是指相关人员通过与值得信赖的对方密切交流产生革新思想。（b）是指通过与事业和特征完全不同的对方进行不同行业间的交流产生革新理念。初期的产业集聚（a）［或者接近（a）］的效果更显著，（a）因为已经建立相互信赖关系，比较容易事业化，但是形成企业化较难，因此也需要（b）。不管是哪种方式，为了取得成功，不仅要进行信息网络方面的交流，面对面（face - to - face）的交流和通过这种交流建立信赖关系是关键所在。参照前述坂田等（2007，第2—5页）、Yuka Kajikawa et al.（2010，第169—171页）、地域产业活性化研究会（第11次，2002年9月4日）等。

[60] Saxenian著《二都物语》（AnnaLee Saxenian. Regional advantage：Culture and competition in Silicom Valley and Route 128. Cambridge. Masachusetts.：Harvard University Press，1966；山形浩生、柏木亮二共同翻译《现代二都物语：为什么硅谷复苏而波士顿Route128没落》，日经BP社，2009年）的思想至今仍有影响力。一时间被硅谷超越的（美国马萨诸塞州Route128）波士顿地域作为产业集聚地区，在此后也持续得以发展。

[61] 下稿对产业集聚、从横向企业间网络（合作）形成的观点尝试进行了评价。坂田一郎、梶川裕矢、武田善行、桥本正洋、柴田尚树、松岛克守，《地区集聚网络形成的活力：12个地区·行业的网络设计比较分析》，经济产业研究所［RIETI Discussion Paper 07 - J - 023，2007年；Yuya kajikawa，Yoshiyuki Takeda，Ichiro Sakata，Katsumori Matsushima，“Multiscale analysis of interfirm networks in regional clusters Techbovation，30（2010），第168—180页］。上述日文版论稿提及的产业集聚包括，大阪制造业（纳米技术*）、近畿再生医疗、九州半导体（LSI）、福冈环境、北海道食品生物技术、长野制造业（精密仪器）、札幌生物*、富山医疗*、札幌IT、福冈生物*、山形制造业（有机和信息）、青森食品共计12件（英文版不包括标示*的部分）。撰写论稿时显示出比较卓越的网络功能的有，近畿再生医疗、九州半导体、福冈环境、长野制造业4个地域［上述坂田等（2007，第25页）］。

[62] 作为代表性产业开发政策，包括将《新产业都市建设促进法》（1962年法律第117号）和《工业整备特别地域整备促进法》（1964年法律第146号）两个法律合称为《新产业·工特法》的制定和实施。参照通商产业政策史编纂委员会编，武田晴人著《日本通商产业政策史（1980—2000）：投资、环境和安全生产政策》第2章“新布局政策的展开”。

密集型都市构想中，进而在20世纪末转化为布局构想要素强烈的产业集聚方式。

在国际经济全球化过程中，21世纪产业政策的走向是非常值得关注的。

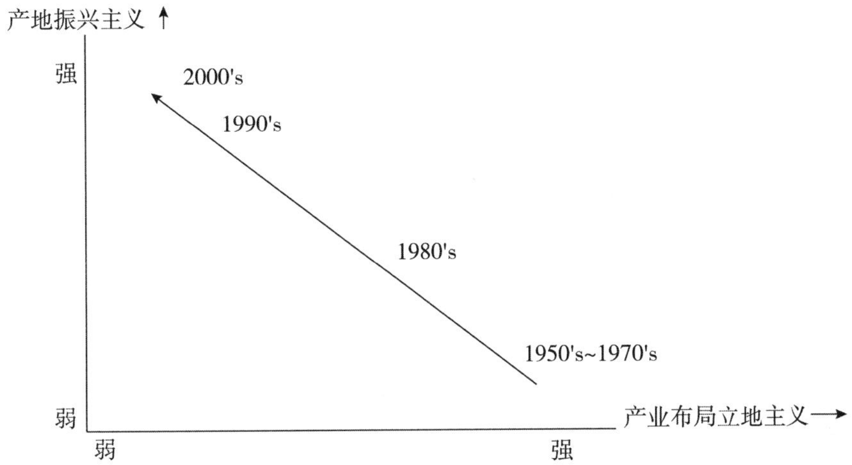

图7.3　产业布局政策思想变迁

资料来源：作者根据细谷祐二，《产业布局政策、地域产业政策的历史——透过浜松看高新技术密集型都市和产业集聚的相近性“之二”》，《产业布局》2009年3月号，第37—38页的内容绘制而成。

第2节　工业用水政策

为实现工业化发展，在确保能源供给的同时，还需要保证工业用水和排水，以及净水设备。因此，作为产业布局政策必要的前提条件，必须要确保工业用水供应。自从经济高速增长初期开始，每年通产省的“新政策”时常会提及工业用水，也正是这个原因。

20世纪50年代前半期开始，大城市沿海工业地带，由于过度开采地下水，地基下沉和地下水盐化问题日益严重。因此，为了限制工业用水井的开采，以工业用自来水代替，1956年制定了《工业用水法》（1956年法律第146号）[63]，为了完善工业用自来水设施的建设，从公共事业经费中专门设立了工业用自来水事业费补助制度。1957年开始，将以完善产业基础设施为目的的产业基础建设事业追加为补助对象，并于1958年制定了《工业用自来水事业法》（1958年法律第84号）。这些政策的目的是，随着

[63] 其适用对象，通过政令另外指定。

工业用自来水事业的快速发展，通过推动工业用自来水事业运营的规范化和合理化，提供充足并且价格低廉的工业用水，以利于工业健康发展。

此后，20世纪70年代末期至20世纪80年代期间，对工业用水的限制进一步加强，在转换水源方面，除了开发银行和中小企业金融机构提供融资以外，为了加快工业用水转换，在法人税、所得税、事业所税、特别土地保有税方面给予减免。1985年，为了在促进用水合理化（节水）的同时，解决工业用水不足问题，开始着力回收用水，并于1985年12月把用水回收率提高至70%作为目标。1976年至1994年期间节水活动的结果显示，调查的35个地区实现了30%乃至40%的节水。污水再生利用也于20世纪70年代以后得以推进。

1985年8月制定的工业用水长期需求展望预计，现有水源利用已经接近极限，新水源开发必不可少，而且（从事纸、纸浆、纺织品制造等）生活相关产业产品不断升级，处理和清洁产品的用水需求增加（因此，回收率的增长也越来越困难）。此后，这些预期酿成了Aqua・Renaissance 90计划（从排水制造沼气、回收经过膜处理的再生水等）。生物技术和高科技相关产业对纯度高的水（超纯水）的需求增加。

图7.4以统计数据的形式展示了以上这些努力的成果。淡水回收率在21世纪初期接近80%，并且工业用水的使用效率（节约度）也逐渐得以改善。

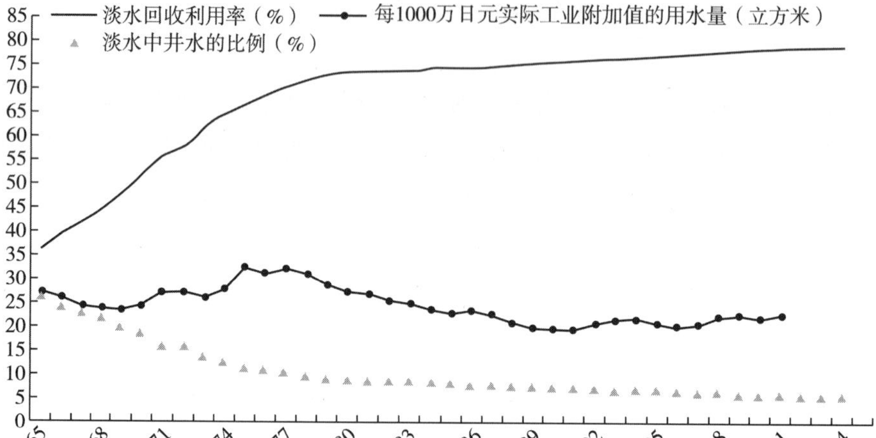

图7.4 产业用水的利用效率变化

资料来源：《工业统计表》。工业附加值是将员工规模在30人以上的数值，以1990年价格基准的GDP平减指数进行量化，用水量中包括平均24.4%的海水。

第8章　中小企业、商务流通以及纺织产业政策

本章以中小企业政策为中心，围绕与之紧密相关的商务流通政策和纤维政策，记录在21世纪来临前三者各自发生的重大变化。

第1节　中小企业政策

战败后中小企业政策的起步和理念

战败后，1948年设立中小企业厅，此时正值从战灾中复兴的时候。《中小企业厅设置法》（1948年7月2日，法律第83号）第1条明确规定：

> 鉴于健全、独立的中小企业能够健全并发展国民经济，防止资本集中，并且对于企业经营者能够保障其公平进行事业活动的机会，本法律的宗旨是培养以及发展中小企业，为改善其经营提供各种条件。

另外，该法第2条规定：作为商工省的外局，设立中小企业厅长官领导的中小企业厅。

当时由于经济民主化的观点，一方面通过解除财阀，消除资本过度集中现象，对战前的大企业进行改组，另一方面，也重视推进中小企业自由的经济活动。[①] 将中小企业从经济窘迫和原料价高、产品价低的处境中解救出来正是当务之急，因此，完善复兴时不可欠缺的金融制度、建立使经营合理化的企业组织形式，以及设立经营诊断制度，这三点成为中小企业政策的主体。具体而言，其内容为：设立基于中小企业金融对策要点、通过复兴金融金库面向中小企业的代理贷款制度和损失补偿制度；运用

① 中小企业厅，《中小企业基本法的解说——新中小企业的指南》，日本经济新闻社，1963年，第21页。

《中小企业等协同组合法》（1949 年法律第 181 号）推行组织化政策；基于《中小企业的诊断以及实施指导要领》和《中小企业诊断实施基本要领》开展中小企业诊断制度。②

但是，1956 年的《经济白皮书》宣称“现在已经不是战后了”，日本经济的复兴过程结束，进入一个新阶段③，同时，大企业和中小企业之间的差距非常显著。当时（1955 年）所有行业的每个民间营利性法人的附加值，大企业为 57 万日元，中小企业为 28 万日元（差异率为 49%）④，中小企业从业人员的薪水是大企业的 51%，大约只占一半。制造业的差距与行业整体几乎相同。⑤

作为所谓的日本经济双重结构论，根据有泽广已 1957 年提出的观点，缩小大企业和中小企业之间的差距问题，作为日本产业政策的根本性问题被提出，之后也被作为重大的政治课题来讨论。⑥ 正如有泽所说：

> 与欧美发达国家不同，日本经济结构不是单一的同质结构，而是由所谓的双重结构构成的。也就是说分为已经近代化的部分和尚未近代化的部分，这两个部分之间存在巨大的断层……已经近代化的部分不断向前发展，但未近代化的部分停滞不前。这种未近代化部分的停滞大概就是造成就业结构停滞的基础吧。⑦

1963 年，接受双重结构论的观点，制定了《中小企业基本法》（1963 年法律第 154 号；以下称《1963 年基本法》）。其序言明确了该法的主旨：

> 近来，企业间存在的生产率、企业收益、劳动薪资等显著差异，对中小企业的稳定经营以及从业人员生活水平的提高造成了很大的阻碍。另一方面，由于贸

---

② 通商产业省、通商产业政策史编纂委员会编，《通商产业政策史 第 3 卷 第 I 期战后复兴期（2）》，通商产业调查会，1992 年，第 4 章第 4 节“中小企业政策”。

③ 引用《中小企业基本法的解说——新中小企业的指南》，第 23 页。

④ 当时的中小企业“指的是资本金不满 5000 万日元或者从业人员不满 300 人的法人企业，以及从业人员不满 300 人的个人企业。但如果是商业或者服务业，则以资本不满 1000 万日元或者从业人员不满 50 人为标准”。《中小企业白皮书》，1963 年，凡例第 1 页。

⑤ 同上，第 329—330 页。

⑥ 但是，对此也有这样的批评：“中小企业的存在方式是非常多样的，不是像一块石头一样没有变化。所以即使是谋求平均值，只要其抵消了多样化的倾向，那就是几乎没有意义。不止这样，为了平均值而提出一定的政策性主张，可以说是有害的。”（清成忠男，《日本中小企业的结构变动》，新评论，1970 年，第 306—307 页）。

⑦ 有泽广已，“日本雇佣问题的基本考虑方式”，《日本经济结构与雇佣问题》，日本生产性本部，1957 年，第 6 页。

易的自由化、技术革新的发展、生活方式的变化等原因，带来了供需结构的变化和经济的显著增长，随之而来的劳动力供给不足，使中小企业在经济上及社会上的生存基础发生了重大变化……

第1条（政策的目标）中规定：

国家有关中小企业的政策目标是，鉴于中小企业在国民经济中应有的重要使命，为了顺应国民经济的增长和发展，纠正经济社会中对中小企业的制约，同时，促进中小企业自主努力，缩小企业间生产率等方面的差距，提升中小企业生产率以及交易条件，谋求中小企业的成长和发展，最终有助于提升中小企业经营者的经济社会地位。

现在为了更加鲜明地刻画基本法制定之前的差距状况，将从业人员规模为10～99人的制造工业事务所与1000人以上规模的事务所进行比较，得到图8.1。从该数据可以看出，1960年，后者每个从业人员的附加值为98万日元，而中小企业为35万日元（差异率为35%），两者的差异比1955年时进一步扩大。另一方面，虽然每月支付的薪资随着经济高速发展迅速改善，但1960年时全行业的差异率依然高达58%（图8.1）。但是，被雇佣者除了每月的薪资外，大多还会有奖金、特别津贴，除了农林渔业之外的行业都会有奖金收入，从这点来看，到20世纪80年代初期，该差距有明显改善的倾向（图8.2）。

根据以上事实，在《1963年基本法》制定时，中小企业被认为是“过小、过多”（企业规模过小、企业数量过多）的“可怜的存在”，而在其中工作的员工则被认为是“应该采取社会政策来救助的弱者”。[⑧] 从这一观点出发，《1963年基本法》提出的政策目标是对大企业和中小企业间生产率和薪资等的“差距修正”，具体方式是中小企业“提高生产率”以及“提升交易条件”，并规定了旨在达成目标的政策手段是“中小企业结构近代化、高度化”以及“弥补事业活动的不利因素”。[⑨] 关于前者，《1963年基本法》第3条提出，为了中小企业的近代化、高度化，国家“引进近代化设备等，使中小企业设备近代化”（第1项）。也就是说，通过设备近代化或者规模效益（scale merit）

⑧　中小企业厅，《新中小企业基本法——修正的概要和逐条解说》，同友馆，2000年，第3页。
⑨　同上。

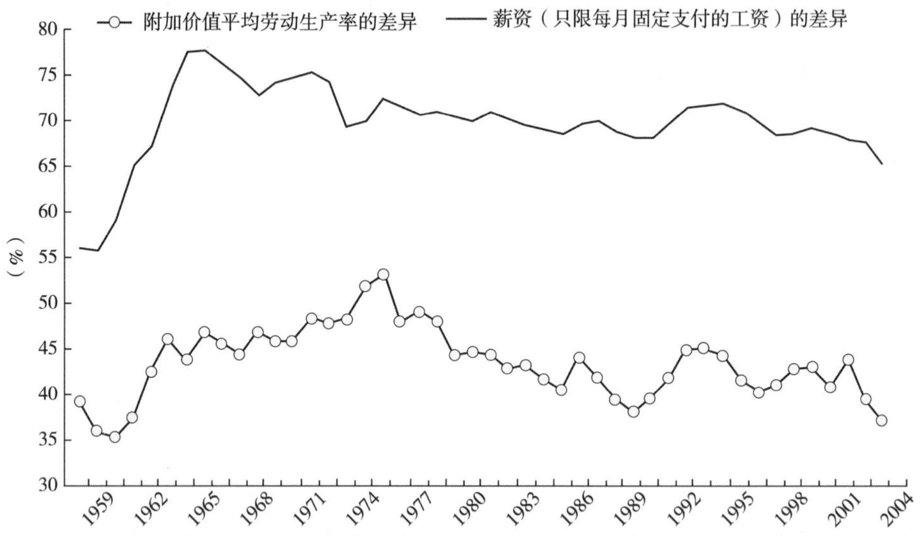

图 8.1　制造业不同规模企业间生产率以及薪资的差距（1958—2003 年）

注：薪资（每月固定支付的工资）是依据企业从业人员不同数量规模分类的数据，但生产率是依据事务所的从业人员数量规模分类的数据，所以两者无法严格对应，但是可以从这张图中看出差异的大致动向。

资料来源：总务厅统计局，《日本的长期统计》第 18—19 章（http://www.stat.go.jp/data/chouki/index.htm，最后访问时间：2012 年 9 月 28 日）。原资料是经产省的《工业统计表》以及厚生劳动省的《薪资结构基本统计调查》。

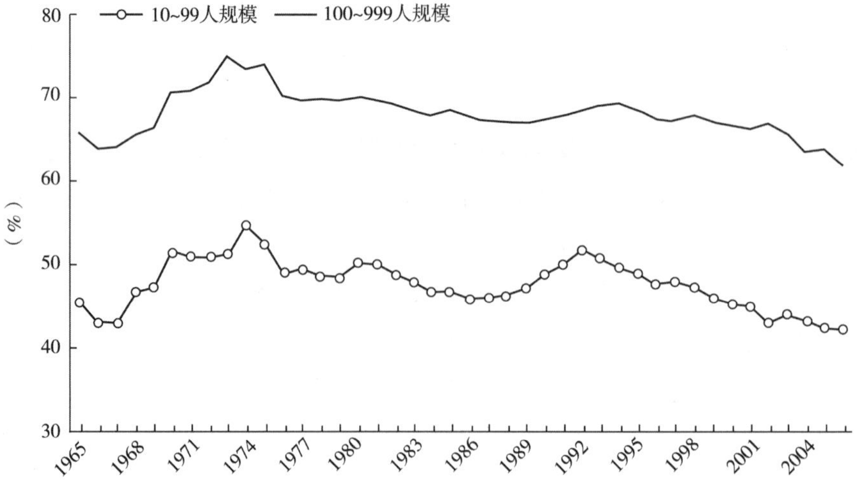

图 8.2　不同规模企业间薪资（包括奖金）的差距

注：以 1000 人以上规模企业为基准，10～99 人规模企业所占比例。薪资包括奖金和特别津贴。

资料来源：总务厅统计局，《日本的长期统计》第 19 章（http://www.stat.go.jp/data/chouki/index.htm，最后访问时间：2012 年 9 月 28 日）。原资料为厚生劳动省的《薪资结构基本统计调查》。

的实现，达到经营合理化的目标。另一方面关于后者，基本法为了改变中小企业经济弱者的地位，提出“为了消除中小企业交易条件中的不利因素，有必要防止过度竞争以及谋求分包交易的合理化”（同条第5号）。这些基本理念（政策思想）度过了昭和时代，一直延续到20世纪末。

20世纪80年代到90年代的中小企业环境

在双重结构论的背景下，大企业和中小企业间薪资的差异，在经济高速增长期曾得到显著改善，而经过第二次石油危机后这一差异再次扩大，但在20世纪80年代末期，扩大的倾向逐渐减弱（图8.2）。概括来说，从1965年到高速增长高峰的1973年，可以看到薪资差距缩小的倾向，后来经过停滞，不久又走向衰减。

附加价值生产率也是同样的情况，1963年之后到20世纪末，差异率在高速增长期已经开始一点点缩小，但在石油危机后，经过20世纪80年代末的缩小期，90年代开始扩大，1993年的差距几乎可以和1963年匹敌。这种现象也出现在制造业，虽然在高速增长期有了一定的改善，但经过第二次石油危机后，两者间的劳动生产率差距稍有扩大的趋势（图8.1）。

然而在石油危机以后，日本经济进入稳定增长期，在很多领域中，追求知识密集型的高质量价值成为主流，另一方面仅扩大企业规模的经营方式（在结构不景气行业存在典型性）的优势也变得不明显了。至今作为中小企业政策基础的高度化政策，为了追求规模经济，主要着眼于推进中小企业的组合化或者团体化，但随着市场竞争清楚地反映出各企业经营资源的优劣，开始谋求政策运用的多样化。

1994年的《中小企业白皮书》，对进入90年代以后中小企业所处的环境变化进行了如下的概述：

> 第一，国际环境的变化。
>
> 随着《广场协议》之后日元的升值以及亚洲地区经济的发展，日本各行业的国际竞争条件发生了变化。到1978年前后，向海外发展日益活跃，在中小企业进出口结构方面，出口比例减少，进口比例和内需依赖增加。在这种情况下，由于去年开始日元升值，以及近年来中国等国的发展，相关潮流不断增强，特别是转了一圈的我国制造业等行业的海外发展，也出现了再一次活跃化的征兆。
>
> 第二，分包分工结构的变化。

由于长期的经济萧条以及日元升值造成国际竞争条件变化，以加工组装行业为首的大企业结构调整正式展开，并持续推进大规模分包重组和集约化，通过提高效率，高度分包分工结构成为日本产业活力的源泉，并不断演变。另外，由于加工组装行业的大企业在海外发展的活跃性，分包分工结构作为日本的一个特征，被纳入以亚洲地区为核心的国际分工结构中。

第三，现有市场中的成熟化等征兆。

第四，中小企业以“人”为本的环境变化。

作为中小企业的核心，多数经营者在被寄希望于积极应对新环境的同时，迎来了新老更替的时期。另外，在从业人员方面，存在年轻员工以及技术人员不足的倾向，一直以来支撑技术基础的从业人员面临老龄化趋势。工龄工资、终身雇佣等“日本式雇佣体系”也慢慢发生了变化，中小企业也有可能投入更加积极的人才引进工作中。⑩

20世纪80年代，已经进入“发达国家”行列的日本，虽然不同规模企业间仍存在差距，但普遍认为这是由市场决定的，而不是双重结构论带来的近代对非近代这样的历史原因导致的。另外，大企业和中小企业间也建立了优秀的分包分工结构（供应链），这也成为日本国际竞争力的源泉。因此，将缩小差距作为中小企业政策的目标，不再具有意义。⑪ 相反，从《广场协议》到90年代初期泡沫经济崩溃，然后进入长期低迷状态的日本经济，需要承担新的经济成长政策。在这样的经济环境中，重新对中小企业的成长抱有很高的期待。⑫

虽然通过创造在日本也能充分发挥中小企业潜在成长性的环境，即完善创业、创新支持和金融安全网，可以期待经济复苏，但这些要求显现出以往以缩小差距为中心的中小企业政策的界限，所以需要提出新政策理念。

中小企业基本法的修订

1999年12月，距1963年法律制定36年后，对《中小企业基本法》进行了彻底修订（1999年12月3日，法律第146号）。其基本理念（第3条）如下：

---

⑩ 《中小企业白皮书》，1994年，第2部“中小企业的经济社会环境”，第53—127页。

⑪ 上述《新中小企业基本法：修正的概要和逐条解说》，第5页。

⑫ 在海外，20世纪80年代经历了经济停滞的美国和英国也已经形成了这样的认知：中小企业和创业在创造雇佣以及技术革新上有很重要的作用。

中小企业通过在众多行业领域开展有特色的事业活动，提供多种就业机会，为个人提供在工作中发挥能力的机会，形成日本的经济基础。特别是多数中小企业者通过发挥创意提升经营的活动，创造出新的行业，增加就业机会，促进市场竞争，激活地区经济，肩负维持以及强化日本经济活力的重要使命。鉴于此，本法律以帮助独立中小企业自主努力为宗旨，促进其经营革新以及创业，强化其经营基础，同时使其顺利适应经济社会环境的变化，促进中小企业多样且有活力的成长发展。

该法如实反映了《1963年基本法》中双重结构论和社会政策性色彩极大退步、产业政策发生“从行业到企业时代”这样重大的变化。1999年10月，中小企业厅公开的资料在《中小企业基本法等的修订：中小企业基本法的全面修订以及相关法律定义的扩大》中⑬，对该理念的转化做了如下论述：

过去是在经济双重结构论的背景下，将摆脱非近代化中小企业结构的“缩小差距”作为政策目标，也就是“脱中小企业论”。但从现在开始，“多样且有活力的中小企业”才是我国经济发展和活力的源泉，中小企业的自主努力应得到全面支持。

因此，政策也从以往的追求规模效益（优化中小企业结构），转变到将重点放在对强化经营基础以及创业、经营革新等事业活动的人员提供支持，在大规模金融危机时完善安全网。

从此，《1963年基本法》中中小企业“整齐划一的弱者”形象被抹去，新的政府政策变为“支持有干劲和有能力的中小企业”。⑭ 中小企业政策寻求的是，在尊重市场原理的大原则下，减少通过竞争限制政策保护中小企业之类的行政管理、强化地区作

⑬ 《中小企业基本法等部分修正法案（上）》，《通产省公报》，1999年11月9日收录。

⑭ 引用自“中小企业白皮书创刊之际（经济产业大臣卷首语）”，《中小企业白皮书》，2003年、2004年版。顺带一提，关于对中小企业政策的评价，1997年12月行政改革委员会最终意见如下：“认为‘中小企业等于弱者’而采取的千篇一律且死板的保护政策，阻碍了效率提升，剥夺了有能力、有意愿、处于创业期的中小企业的成长机会，使中小企业丧失了活力。”另外《中央省厅等改革基本法》（1998年6月12日，法律第103号）第21条规定“经济产业省是基于如下功能以及政策方式编组的”，其中第4号明确指出：“关于中小企业政策，减少保护中小企业或者对相关团体提供支援的行政管理，强化地区作用，同时将重点放在完善环境以创造新产业方面。”另外，1999年9月22日，中小企业政策审议会（会长：稻叶兴作，日本商工会议所会长）在答复《面向21世纪新中小企业政策的方向》中，进行了如下论述：“（前略）但是，中小企业以及围绕中小企业的环境发生重大转变的情况下，将中小企业全部作为‘弱者’，以这样负面的中小企业形象为前提，统一制定提高政策的现行基本法为基调的政策路线，可以说到了需要重新审视的时期。”（《21世纪的中小企业像》，《通产省公报》，1999年10月4日，第5页）

用、缩小中小企业相关团体支援性行政以及活用民间能力等（参照图 8.3）。⑮

《中小企业基本法》（旧）

【基本理念】

缩小企业间存在的生产率等方面的差距

【政策体系】

○ 优化中小企业结构（提高生产率）

- 设备近代化
- 提升技术
- 经营管理合理化
- 企业规模合理化
- 完善事业共同化组织
- 商业以及服务业
- 事业转化
- 工作相关政策

○ 修正事业活动的不利因素（提升交易条件）

- 防止过度竞争
- 分包交易的合理化
- 保证事业活动机会
- 确保国家等接收订单的机会
- 出口的振兴
- 调整与进口商品的关系

○ 金融、税制（共通的政策工具）

- 资金通融的合理化以及顺利化
- 企业资本的充实、租税负担的合理化

○ 对小规模企业的关怀

【定义的修正】

	资本	从业人员数量
制造业及其他行业	1亿日元	300人
批发业	3000万日元*	100人
零售业、服务业	1000万日元**	50人

注：《中小企业信用保险法》等法律中，
*为7000万日元，**为5000万日元。

《中小企业基本法》（新）

【基本理念】

独立中小企业的多样且有活力的成长和发展

期待中小企业能起到的作用：
○创造出新的产业　○促进市场竞争
○增加就业机会　○激活地区经济

【政策体系】

○ 促进经营革新、创业（对自主奋斗企业的支持）

- 促进经营革新（技术、设备、软件方面的支持等）
- 促进创业（信息提供、进修、资金供给顺利化等）
- 促进创造性事业活动（风险投资）

（研究人员、人才支持，通过股份、公司债券等方式筹集资金等）

○ 强化经营基础（充实经营资源）

- 保证经营资源
  - —设备
  - —技术（SBIR产学官协作等）
  - —人才、信息
  - —建设核心支援据点等
- 推进合作
- 激活产业集聚、商业集聚
- 工作相关政策
- 交易合理
- 确保国家等接收订单的机会

○ 顺利适应环境突变（整顿安全网）

- 稳定经营、事业转换等的顺畅化
- 互助制度的完善、破产法制化

○ 金融、税制（共通的政策工具）

- 顺利进行资金供给
- 充实自己的资本，使租税负担合理化

} 包含直接金融在内，完善多样化的资金供给方式

○ 对小规模企业的关怀

【定义的修正】

	资本	从业人员数量
制造业及其他行业	3亿日元	300人
批发业	1亿日元	100人
零售业	5000万日元	50人
服务业	5000万日元	100人

相关法律定义的修正

本次修订了《中小企业基本法》中中小企业的范围，同时也一起修改了规定中小企业相关政策的《中小企业金融公库法》《经营革新支援法》等个别立法（32 个）中中小企业的范围。

图 8.3　中小企业基本法修正概要

资料来源：“修改或制定部分修改中小企业基本法等的法律”“中小企业相关法（二法）”，《月刊中小企业报告》，No. 277，1999 年 12 月号。

---

⑮ 引用《新中小企业基本法：修正的概要和逐条解说》第 9 页。

跨越战后半个世纪的中小企业政策实现了思想上的重大转变。以中小企业基本法的修订为开端，对《新事业创出促进法》（1998 年 12 月 18 日，法律第 152 号）、《关于促进中小企业创造性事业活动的临时措施法》（1995 年 3 月 27 日，法律第 47 号，通称《中小创造法》）、《中小企业信用保险法》（1950 年 12 月 14 日，法律第 264 号）、《信用保证协会法》（1953 年 8 月 10 日，法律第 196 号）、《中小企业金融公库法》（1953 年 8 月 1 日，法律第 138 号）、《中小企业团体组织相关法律》（1957 年 11 月 25 日，法律第 185 号，简称《团体法》）、《中小企业近代化资金资助法》（1956 年 5 月 22 日，法律第 115 号）等法律都进行了相关修订。

另外，制定了《中小企业经营革新支援法》［1999 年 3 月 31 日，法律第 18 号，2005 年修改为《促进中小企业新事业活动的相关法律》，通称《中小企业新事业活动促进法》（2005 年 4 月 13 日，法律第 30 号）］，以及《中小企业产品制造基础技术高度化相关法律》（2006 年 4 月 26 日，法律第 33 号，通称《中小产品制造高度化法》）等。同时，负责中小企业政策实施的中小企业综合事业部，改组为独立行政法人中小企业基础建设机构，作为间接金融主体的金融部门也完善直接金融制度，为市场失败者提供再次挑战的机会，以这种形式（安全网）采取滞贷的对策。

一方面，只有中小企业政策中有的、不适用《禁止垄断法》的卡特尔，在 1999 年被废除。另外，通过合并规定和《产业活力复兴特别措施法》（1999 年 8 月 13 日，法律第 131 号，通称《产业复兴法》《产活法》），导入了能够使中小企业灵活应对市场变化的制度。

从进入 21 世纪以来中小企业的状况可以看出，事业所数量、人员数量持续减少，曾经夸耀集聚方式很优秀的（大田区和东大阪、浜松等）地区相继出现停业（图 8.4）。中小企业正面临严峻的挑战。日本国内，人口少子化高龄化、环境和能源的制约增加、分包结构进一步重组，再加上 2011 年东日本大地震，对供应链产生了巨大的影响。对外方面，各邻国不断追赶，日元升值长期化且不断恶化。另一方面，虽然日本的风险企业不断涌现，但是否能如刚刚战败后一样，具备孕育出索尼和本田这类企业的条件呢？在 21 世纪初期一切尚未明了。

另一方面，东日本大地震表明在国际供应链中日本企业的重要性，促进了关于日本中小企业竞争力、优越性的新一轮讨论。能否将日本中小企业引以为傲的优越性用作冲破上述限制的手段，应该是今后中小企业政策努力的方向。

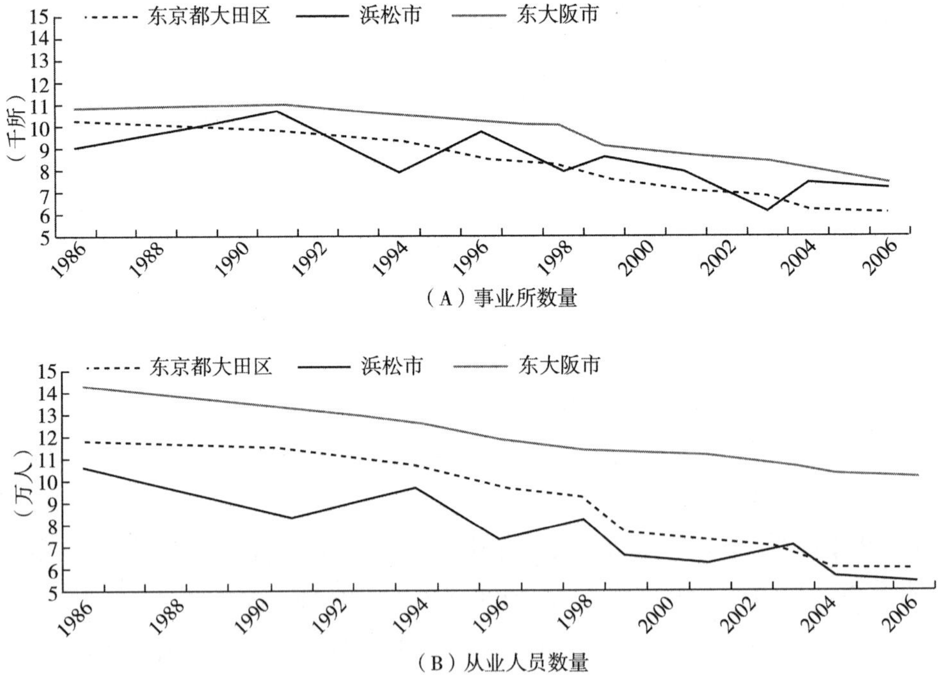

图 8.4　三市区中制造工业的事业所数量以及从业人员数量

注：表中是以 2010 年 3 月的行政区域为标准统计的数值。记录的是 1986 年、1991 年、1994 年、1996 年、1999 年、2001 年、2004 年以及 2006 年的调查结果，调查时间节点之间用直线内插法连接。

资料来源：《中小企业白皮书》2010 年版，第 84 页。原资料为总务省《事业所、企业统计调查》。

第 2 节　大型零售店铺法

战败后流通政策的开展

与旧《中小企业基本法》（1963 年）的修改（1999 年）几乎同时期，进行了零售商业政策和纺织工业政策的大转变。前者是在废除了《关于调整大型零售商店零售业务活动的法律》（1973 年 10 月 1 日，法律第 109 号，以下简称《大店法》）后，在 1998 年（法律第 91 号）公布，在《中小企业基本法》修订一年后开始施行。而后者是在修改《中小企业基本法》的 1999 年，废除了《纺织产业结构改善临时措施法》（1967 年 7 月 25 日，法律第 82 号）。值得注意的是，两者长年宣称的以中小企业为核心的产业特别措施终于结束。下面来看两个政策的变迁。

战败后的“流通政策”是从与黑市的斗争开始的。1946年8月的“黑市取缔令”将黑市作为公开承认的市场，期望可以恢复其秩序，但不久就原封不动地作为商店街固定下来。其结果是，黑市在城市间形成了闹市街区，之后常常需要和城市计划做出协调。

为了管理超级市场（通称“超市”），首先在1956年制定了《百货店法》（1956年5月23日，法律第116号），又在1959年制定了《零售商业调整特别措施法》（1956年4月23日，法律第155号，通称《商调法》）。前者规定，百货店的新建需要有通产大臣的许可，还规定了营业时间和营业天数。后者是在零售从业者之间有矛盾时，为了保证物品流通秩序的合理化，由都道府县知事从中斡旋和调停（同第15条）。后者的制度在后一年又进行了追加，当中小零售团体提出劝告申请时，对于大企业的事业调查、起始时间的延后、缩小规模等方面，知事有权调整和劝告。零售店作为中小企业的典型代表，同时作为集聚模式的商业街激活化，已经在1962年的《商店街振兴组合法》（1963年5月17日，法律第141号）中有了相关规定。但是，从制造商经过批发业到零售业的整个流通业界被冠以“暗黑大陆”的别名，具备了很多复杂且“非近代化”的因素。

1964年的《中小企业白皮书》认为“日本的商业特色具有零碎性和低生产率的特点”[16]，将克服上述问题的可能性隐藏，并给予当时极速发展的超市一定的评价：

> 作为大规模零售店的超市，由于提供了自选服务，所以节约了劳动力。同时由于有大量的采购和贩卖而受到关注。另外，为了应对这种变化，需要有基于准确的计数管理的近代化经营管理方式，一直以来生产率低的流通部门中，超市对推进其近代化起到了很大的作用。[17]

以超市为核心的流通近代化进程为基础，通产大臣向产业结构审议会在同年4月设立的流通部会询问，“为了流通机构的近代化，需要怎样的对策”。流通部会对该询问的答复是，一方面“零售商业整体结构变化的方向，是与超市的成长发展相适应的”，关于超市将来的发展，预期会“在零售商业整体中占据相当重要的地位”，关于已经存在的超市和中小零售店之间的摩擦，“应该注意到，廉价出售的问题……与超市

---

⑯ 引号内引用的是《中小企业白皮书》，1964年版，第29页。

⑰ 同上，第31页。

的行动方式有关，但与超市的存在本身没有关系”。[18]

《大店法》的制定

但是，在20世纪60年代后期的超市店铺选址工作中，出现了一些荒唐的事情，而且出现了卖场面积超过1500平方米等与实际百货店不相符的情况。各地中小零售店对此的反对逐年增强，上述流通部会提出的观点不得不每年重新进行讨论，政治上的争论也愈发激烈。根据1976年《中小企业白皮书》刊载的调查问卷结果，认为超市发展“有利于周边环境”的回答占28%，相反认为“造成周边环境恶化”的占45%。[19]

1973年10月公布了《关于调整大型零售店零售业务活动的法律》（1973年10月1日，法律第109号，通称《大店法》，1974年3月施行），取代了《百货店法》。该法对超市也设定了与店铺面积（1500平方米以上）相符的选址规则，另外在基于该法进行开店协调时，为了听取当地商工会议所或者商工会的意见，决定设立由商业相关人员、消费者、有经验的学术人员三方组成的审议机关“商业活动调整协议会”（简称商调协）。[20]

《大店法》与旧《百货店法》相比有如下不同：①“从企业主义到店铺主义”的转变，②“从许可制到带有事前审查的申报制”的转变，③明确提出对“消费者利益”的关怀。从以上可以看出，《大店法》对流通近代化中超市的作用继续给予一定的评价。但是对该法律也出现了一些强烈的批判之声，比如由于其强化了规制和竞争限制，不仅仅是中小零售业，就连大型超市的市场（实质上）也被固定化，导致延缓了日本零售业的国际化。

20世纪70年代后期，地方对超市布局的抗议发展为要求进一步强化规制的大型运动。地方自治体根据相关条例，相继对该运动做出一定的回应。[21] 因此，通产省根据1978年11月零售问题恳谈会的答复，将《大店法》的对象店铺面积从1500平方米下调至500平方米，该修正法案提交国会后获得通过。尽管如此，地方自治体要求禁止

---

⑱ 《关于超级市场的报告（3）》，《通产省公报》，1964年5月2日，第8—9页。

⑲ 《中小企业白皮书》，1976年版，第201页。

⑳ 商调协的原则是，以三方意见一致为前提，进行相关审议和做出决定，（至少在法律框架内）不是打算“通过商业人员协调”。另外，法律文件上并未写明，要将其意见活用至大型零售店铺审议会的审查过程中（之后一年，围绕着开店调整的决定，这里的第二点成为争议点）。

㉑ 以1976年4月的大阪府丰中市中型店铺调整条例为起点，熊本县在同年11月制定了带有惩罚措施的条例。《大店法》公布5年后的1978年，在39个府县、170个市町引入了相关规章制度。

大型商店开设店铺的势头愈演愈烈。1981 年，28 个府县、63 个市町的商工会议所以及商工会提出了禁止开店宣言。通产省也做出指示年内禁止开店，并在之后一段时间内持续推进。

日美经济摩擦与《大店法》

1982 年 11 月，中曾根内阁成立。当时，以美国为首的各国之间经济摩擦持续激化，新内阁提出的国际协调与扩大进口的方针，成为通产省急需解决的最大课题。另一方面，各地区对《大店法》强化规制的要求越来越强烈，当年再次修订该法，将申报之前召开事前说明会义务化。当时，申报之前的协调一直具有实质性的意义，而且为此进行的讨论是长期性的。这时是要求《大店法》强化规制的呼声最高的时期，围绕通产省进行了多次游行示威。

同时，从这一时期起，日本国内外要求放松管制的观点也慢慢出现。1985 年，对外经济问题咨询委员会（委员长：大来佐武郎）提出了制度的自由化（原则自由、制度例外）。从海外也公然传来了对《大店法》的批判之声（关于 Toys“R”Us 进军日本的事件等）。1986 年，美国贸易代表办公室（United States Trade Representative，USTR）公开提出了批判性意见，认为《大店法》限制了销售渠道。另外，同年 4 月，在中曾根首相（时任）的主导下，提出了报告书《为实现国际合作的经济结构调整研究会报告》（《前川报告》），也提倡为了促进产品进口等，“要对流通销售相关的各制度进行重新评估”。

1989 年 9 月，日美结构问题协商开始，《大店法》也在讨论的议题中。1990 年 6 月的最终报告关于《大店法》提出分 3 个阶段放松限制的政策：

（1）缩短开店协调处理周期；

（2）明确并公开开店的协调手续和时间；

（3）限制地方公共团体单独制定规制。

通过该国际公约式的报告书，《大店法》再次被修改（1991 年 5 月），一直以来该法强化制度的步伐，此时朝着缓和的方向转化。商调协也由于该法的修改而被废除。

进入 20 世纪 90 年代后，围绕超市布局的相关运动，也不再和以前一样存在激烈的对立和纷争，可以看见明显减少的趋势。该变化的起因在于，在中心闹市区的空洞化、泡沫经济崩溃后的不景气背景下，消费者倾向选择低价格产品，或想要改变生活方式，从而选择方便停车的郊外店铺等。另外，各方面都在进行的限制放宽风潮也推进了该变化。商店街方面也出现了一些行动，积极地激活包括超市在内的商业集聚，对“城市振兴”起到一定的作用。日美协议签订之前，在（1989年6月）提出的答复《90年代的流通前景》（《90年代流通的基本方向》）中，伴随《大店法》的合理化运用，以具有世界上为数不多商业集聚的加拿大埃德蒙顿购物中心（Edmonton Mall）为模本，提出了“高舒适性（high amenity）构想”。在修改《大店法》当年的国会上，该构想促成了通产、自治、建设三省的共管法《关于促进特定商业集聚完善的特别措施法》（1991年5月24日，法律第82号，通称《特定商业集聚完善法》）的制定。流通政策在此时出现了明显的与地区振兴政策相融合的色彩。

《大店法》的废除

1995年5月，在产业结构审议会流通部会与中小企业政策审议会流通小委员会的共同会议中（以下简称“共同会议”），作为流通结构改革的主张，策划制定了《我国流通的现状和课题》（通称《面向21世纪的流通构想》）。其中提出了扩大流通业态相关的消费者选择范围、应对新信息技术、流通业的国际化、环境和生活空间的调和、实现有魅力的劳动环境，以及实现中小流通业的竞争环境。该构想指出流通有两个侧面，即作为“连接生产和消费系统”的一面，以及“作为与消费者的连接点”的一面，必须从不同的角度（“作为功能的效率性”和“作为附加价值创造和社会存在的规范性”）分别评价。

根据21世纪流通构想，上述两个侧面并不互相对立，甚至可以说，如果只偏向其中的一面，就会看不清流通的整体。也就是说，“追求流通系统的效率性”是个别企业级别的问题，其积累之后就可以实现流通业整体的效率化，并还利于消费者。“作为与消费者的连接点的流通”，则是业态和商业集聚形态的问题，与个别企业追求效率性并不矛盾。

在该共同会议的见解中，可以看出与这个时期通产省产业政策相同的“从产业到企业”的观点转变。另外该构想也提到了商店街的空洞化现象，提出了通过新的“作为社会资本的商业集聚”形式来进行城市建设。

日美间围绕《大店法》意见的对立，虽然通过暂时的结构协议看似得到了解决，但围绕胶卷在1995年复燃，主要是因为柯达公司（Eastman Kodak）认为其生产的胶卷在日本市场无法扩大销路是由于日本的排他性市场惯例。世界贸易组织（World Trade Organization，WTO）介入该纷争，认可了日本方面的（并不存在排他性市场惯例）主张（1998年）。但是以此事为契机，通产省非常担心在新的WTO规则下《大店法》是否给相关国家留下具有排他性市场惯例的怀疑。

1997年8月的共同会议上，在审议《大店法》之前，先提出了中间报告书《关于中心闹市区商业的振兴》，中心闹市区的空洞化成为“依靠各个商业集聚和商店街的努力仍很难解决的课题”。之后同年12月，共同会议提出废除《大店法》。即：

> 根据现行框架，因各种环境的变化，大型零售店铺进行业务活动调整的有效性不断下降（中略），并且，现行《大店法》无法应对持续提高的各种社会要求。

因此，为了进行由大型店铺布局产生的计划性地区建设，以及为了解决给交通、环境造成的问题，大型店铺相关政策应该转变为新的、更具实效性的政策。

于是2000年《大店法》被废除，在新的被称为“城市建设三法”的法律体系下，零售商业政策发展进入了新的时代。[22]

商店街的空洞化问题，在21世纪初期越来越严重。另一方面，在便利店和制造零售领域，日本企业正展现出新的国际性发展。在对强化规制的强烈政治要求以及来自海外的各种批判和要求下，通产省试图平衡调整政策和中小零售业的振兴政策，向发达国家常见的地区商业政策发展，这一过程与谋求构建重视市场功能、遵守国际规则的经济产业政策的动作是一致的。

《大店法》的设立到废除，作为日本商业近代化的重要进程，以及作为个别产业政策和地区政策融合变化的过程，是非常值得进一步研究和分析的。

第3节　纺织行业政策

战败后不久的纺织政策

众所周知，纺织行业是产业革命的中心。英国棉纺织业能够成为世界工厂主要是因为阿克莱德（Sir Richard Arkwright）发明了水力纺织机，以及印度殖民地可以保证大量的棉花供应。在日本，丰田佐吉发明自动织机也对日本产业近代化起到很大作用。

---

[22] “城市建设三法”是《关于激活中心闹市区的法律》（1998年6月3日，法律第92号）、《城市计划法》（1968年6月15日，法律第100号），以及《大型零售店铺布局法》（1998年6月3日，法律第91号）。

第二次世界大战后，失去海外占领地区的日本，首先作为“和平产业”，也为了获得极其匮乏的外币，在复兴纺织工业上倾注了很多力量。这不单单是遵循 GHQ（General Headquarters）的方针，而且是与日本技术体系比较后自然而然的选择。从明治开始到 1940 年，纺织产品的出口额一直占据第一位。1946 年的出口额中，纺织产品的占比仍达到了 60.1%[㉓]，棉花、羊毛等纺织原料在进口整体中所占比重为 34.7%。[㉔] 战败后的日本经济，可以说是从纺织的海外交易开始重新出发的。

但是，从战败后到 20 世纪 60 年代末期，商工省和通产省（1949 年商工省改称为通产省）几乎始终贯彻的政策目标是“重化学工业化和出口振兴”。在纺织产业复兴上倾注努力时，也不只是在传统的棉纱和棉织物的生产上下功夫，而是着眼于美国开发的尼龙等合成纤维，努力在国内开发。合成纤维属于化学工业，同时从能以国产煤炭为原料这一点看，可以期待大幅度减轻国际收支负担。话虽如此，合成纤维产业的发展，迟早会带来与传统纺织产业的白热化竞争。但以当时的技术能力和资本能力，短时间内培养出能够出口合成纤维产品的企业，几乎是不可能的，所以战败后的一段时间内，大宗出口不得不依赖于传统的纺织产业，目标是提高其生产力。[㉕]

针对纺织产业的个别萧条对策（供需调整政策）的持久化，其背景是朝鲜战争造成的被称为“纺织景气”的特需景气结束，以及之后严重的经济萧条。由此，不仅是通产省中小企业政策，产业政策（尤其是结构政策）的手法原型（乃至前期方案）已经形成，主要内容是：类似劝告缩短作业时间的生产调整、设置滞销货收购机构等调整库存、投资调整和共同设备废弃等投资限制、担保各个政策效果的卡特尔的实施，还有外币分配制度的导入和法制化等。作为这些手法中的一环，不适用《关于禁止私人垄断以及保证公平交易的法律》（1947 年，法律第 54 号，以下简称《反垄断法》），通过《中小企业稳定法》（1952 年，法律第 294 号）和《纺织工业设备临时措施法》（1956 年，法律第 130 号）、《进出口交易法》（1952 年，法律第 299 号）等，这些政策一直实施至经济高速增长期（部分甚至延续到这之后）。

纺织政策回应着上述通产省的期待，在复兴期日本出口产业中起到了核心作用。但是，作为新兴产业的合成纤维行业再次实现了惊人发展，棉纱、棉织物等相对“传

㉓ 通商产业省，《昭和 24 年通商白皮书　关于我国通商的现状》，朝日新闻社，1949 年，第 19 页。

㉔ 同上。

㉕ 通商产业省、通商产业政策史编纂委员会，《通商产业政策史 第 3 卷 第 I 期战后复兴期（2）》，通商产业调查会，1992 年，第 571—572 页。至 1960 年时，日本出口第一位是纺织产品。

统的”纺织工业，则似乎逐渐陷入设备过剩等结构性不景气中。

知识密集化时代的纺织政策

在经济高速增长正规化之后的1966年，通产大臣在纺织工业审议会和产业结构审议会纺织部会（以下简称联合会议）中提出了疑问：“纺织工业的结构改善对策应该是怎样的呢?”从战后复兴开始，经过了高速发展的纺织工业仍是日本的主要产业，但与发展显著的重化学工业相比，仍存在很多“结构性问题”。

1966年9月，联合会议做出了回答，明确了负责战败后出口任务的纺织业和织布业“严峻的”现状，同时也提出了值得注意的建议。可以看出，至此为止的10年间，纺织业通过被动的供需调整政策，“丧失了企业本来具备的对环境变化的适应能力”，另一方面，“发展中国家的追赶、劳动供需的窘境、租金的提高、复合纤维化等，这些都迫使纺织工业进行变革”。另外，织布业虽然作为出口工业非常重要，但“非常脆弱，设备陈旧，自动化率只有15%，大大延缓了其近代化”。因此，在纺织行业、纺织品行业，为了“改善结构”，都需要在过剩设备的处理和企业的集约化、设备的近代化、转业停业的顺利化等方面采取一定的措施。[26]

通产省接受了该建议，为了设立纺织工业结构改善事业协会，对产地组合实施集中式资助措施，1967年7月，向国会提交并制定《特定纺织工业结构改善临时措施法》(1967年7月25日，法律第82号，以下简称《特织法》)。该法以纺织业和织布业为对象，规定了通过结构改善相关计划的筹划和作为主要事业的共同行为进行精纺机和织机的处理事业。该结构改善事业在1968年的答复中扩展到了染色和针织品业。

不过，当国内棉纺纱业等出现结构性问题时，在海外市场上，日本的纺织产品出口正在稳步扩大。尤其是合成纤维相关的增长非常显著，1971年时，占据了全世界合成纤维出口额的第一位（28.9%）。但是，这也成为与美国产生纤维贸易摩擦的原因，并逐步衍生成了政治性课题。特别是关于棉制产品，早在1962年，在《关税与贸易总协定》(General Agreement on Tariffs and Trade，简称GATT）基础上，签订了《国际棉纺织品长期安排》(Long Term Arrangement on Cotton Texiles，LTA)，抑制了各国棉纺织品的进口。1968年，新任美国总统尼克松在大选中承诺，将该“长期安排”的适用范

㉖ 通商产业政策史编纂委员会编写，松岛茂著《日本通商产业政策史（1980—2000)：生活产业政策》，经济产业调查会，2012年，第1章纺织产业政策，第6节，第16—17页。

围扩大到包含合成纤维在内的全部纺织产品，并凭此当选了总统。

于是在1971年，对美纺织出口问题通过政府间高级别的交涉，确定为由业界自主控制。作为与之相应的政策措施，在内阁会议通过了《临时纺织产业特别对策》（同年12月17日），为了支持过剩设备的处理以及时尚化等振兴事业，确定通过国家出资创设基金等。接着在翌年6月，《特织法》得到了修正（1972年，法律第55号），在纺织工业结构改善事业协会（1967年设立）下设振兴基金，同时在该事业协会的任务中追加了对新商品、新技术开发进行资金协助的业务，国内存在激烈争论的纺织产业问题暂时得到了解决。

在这期间，通产省内对美国的保护主义政策存在激烈的反抗。当时的纺织杂货局在和美国交涉时，带着“即使只能乘坐门板回日本，也绝不妥协”的决心去了美国。由上面这种政治决心带动的对过剩设备的处理，成为行政部门主要业务的一部分，但其结果是通产省对政府长期介入投资行为的弊端有了充分的认识（参照第2章“预算”，第4节）。

以对美纺织品谈判的结果为基础，在1973年10月的联合会议上，通产大臣就“70年代的纺织产业政策”进行了答复。该答复提出如下观点：当时以设备处理为主的结构改善政策已经大致完成了其使命。对于纺织部门的共同行为以及精纺机的购买和废弃，虽然此前已明确了废弃的方针，但本答复更进一步，对以扩大产量为主的政策予以全盘否定。

另外，通过大量生产来削减费用（降低成本）以及由此达到振兴出口的产业模型，已经无法应对对美纺织品出口的自主控制、史密森体制（Smithsonian system）过度带来的日元汇率上升[27]，以及经过高度成长后国民需求的多样化等问题。同时，以服装为主的国外高级服饰产品的进口也急速增多。

这之后的纺织相关产业政策，摆脱了以每个工程的设备登记制为中心、追求规模效益的时代，开始追求以知识密集化为基础的垂直合作。设备登记制本身作为产地组合的基础仍在继续施行，但在之后的构想（或者审议会答复）中采取了以知识密集化和垂直合作为根本的结构改善政策（参照表8.1）。然而这期间，《特织法》被继承并更名为《纺织工业结构改善临时措施法》（以下简称《织工法》），每隔数年对其内容

---

[27] 史密森体制是在1971年12月《史密森协议》（Smithsonian Agreement）的基础上设立的，是代替固定汇率制的新的国际货币金融制度。

进行修改，反复修订延长。

从纺织出口国到进口国的发展

1976年12月，纺织工业审议会综合部会向通产大臣提交了“关于新纺织产业发展方向”的建议。其重点在于试图彻底改善知识集约型结构，但同时，也将“确保有秩序的进口”作为重大课题提出。这是因为日本作为曾经世界屈指可数的纺织品出口国，现在部分纺织产品的进口不断增多，国内业界开始感到强烈的危机感。在GATT主导下，《国际纺织品贸易协定》（《多种纤维协定》，Multi-Fiber Arrangement，以下简称MFA）已于1974年生效，要求履行该协定的呼声开始出现。

但是，20世纪70年代中期，日本纺织贸易总体上仍然有相当高的贸易顺差，通产省的方针是通过推行以结构改善为核心的政策，保持纺织产业的竞争力。该基本方针在1978年以及1983年的审议会答复中继续得到继承（表8.1），而且这期间的纺织贸易收支依然保持顺差。

表8.1　纺织业相关审议会等的答复内容一览

审议会答复等
1966年9月：纺织工业审议会、产业结构审议会《关于纺织业的结构改善》《关于织布业的结构改善》
1968年8月：纺织工业审议会、产业结构审议会《染色业、针织品制造业的结构改善》
1973年10月：产业结构审议会纺织部门会议、纺织工业审议会联合部会《关于70年代的纺织产业政策》
1975年11月：纺织问题恳谈会发言《关于当前的纺织对策》
1976年12月：纺织工业审议会意见呈报《关于新纺织产业发展方向》
1978年9月：纺织工业审议会服装部会报告书《当前的服装产业振兴政策》
1978年11月：纺织工业审议会、产业结构审议会《今后的纺织产业结构改善方式》
1983年10月：纺织工业审议会、产业结构审议会《关于新时代的纺织产业（以发达国家产业为目标）》
1988年11月：纺织工业审议会、产业结构审议会《今后的纺织产业及其政策方向（向生活文化提案型产业方向的新发展）》
1993年12月：纺织工业审议会、产业结构审议会《今后的纺织产业及其政策方向（面向市场的拓展和新领域的扩展）》
1998年12月：纺织产业审议会综合部会、产业结构审议会纺织部会《今后的纺织产业及其政策方向（面向21世纪的5个改革）》

资料来源：作者根据纺织产业结构改善事业协会，《伴随着纺织产业的结构改善》，1999年，第67页制作。

1985 年，《广场协议》造成日元急速升值[28]，日本纺织品制造业的扩张造成中国等其他周边各国纺织产业的发展，导致日本纺织产品进口激增，超市也大量展示进口纺织产品。[29] 其结果是，纺织贸易收支在 1987 年变为大幅度的贸易逆差，之后贸易逆差进一步扩大，产业界要求抑制进口的呼声日益增强（参照图 8.5）。另一方面，20 世纪 80 年代日本全国整体经营收支盈余达到了前所未有的规模，1985 年 7 月，日本政府面向海外制订了《市场开放行动计划》。1986 年 4 月发表了前述的《前川报告》，提出了提高日本市场对海外的开放度（“市场准入”的改善）和促进产品进口。“也就是说，日本从微观上看是纤维进口国，但从宏观上看，为了国际协调，必须把促进产品进口当成国策。”[30]

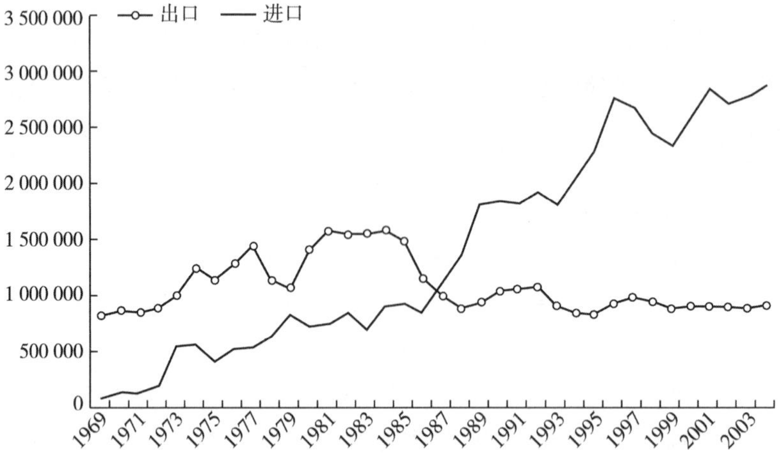

图 8.5　1969—2004 年的纺织品进出口额的变化

1988 年 11 月公布的审议会答复中提出[31]：

在考虑我国纺织商业政策时……必须考虑到我国所处的国际立场。鉴于此，

---

[28] 1985 年 9 月 22 日，在纽约广场饭店举行了日本、美国、法国、联邦德国、英国的财长会议，在协助美国推进“美元贬值”上达成一致。

[29] 这个时期，以日美结构协议为契机的《关于调整大型零售店铺零售业务活动的法律》（1973 年，法律第 109 号，通称《大店法》）中，关于卖场面积的限制得到放宽。

[30] 通商产业政策史编纂委员会编，松岛茂著《日本通商产业政策史（1980—2000）：生活产业政策》，经济产业调查会，2012 年，第 1 章纺织产业政策，第 6 节。

[31] 纺织工业审议会、产业结构审议会答复《今后的纺织产业及其政策方向》，1988 年 11 月，第 30 页。

当欧美各国强加保护主义压力要求制定进口规则时，我国纺织产业在开放市场下推进结构调整的实际战绩，应该得到较高的评价，今后也应该坚持这个基本方向。

另外，纺织业界屡次要求履行MFA协定，[32] 表明了遏制保护主义的立场：

假设开始履行MFA协定，美国、欧盟采取的持久性强的限制进口措施，我国应该予以避免，即使不得不履行，正如昭和58年的答复中所倡导的，无论如何都要坚持只以有序的进口为目的，并且应将对象限定为特定产品，应该只作为暂时的紧急避难措施。

在国内纺织产业保护主义动向抬头的情况下，通产省采取的国内产业政策不再是以往的重视垂直合作的知识集约型结构改善政策，而是以构建能恰当应对市场动向的供给体制为目标的、新的结构改善政策（与实际需要相适应的补充合作）。这些内容表明，纺织产业应该以符合消费者需求的高品质化、时尚化为目标，谋求向生活文化提案型产业转变。[33]

但是，纺织品的进口增加导致国内产地提出了相关要求，对于以后通产省的对外政策，不得不做出选择：是该斩断保护主义，还是坚持在自由贸易主义前提下，在国际规则的范围内勉强地应对。1994年5月，基于WTO新纺织协定确定保护贸易条款的实施标准时汇总的《关于我国纺织产业现状和今后的预测》中，通产省做了如下的表态[34]：

1987年开始我国纺织贸易转为逆差，去年进口超过出口的一倍，进口渗透率虽然在1983年低于20%，但10年间超过50%。我国纺织产业关税比其他各国低，与欧美各国不同，在没有基于国际规则限制进口的环境中，加之日元快速升值以及国内需求长期低迷，产业调整快速推进。由于进口的混乱，容易使有计划的结构改善、事业转型等努力付之东流，最后可能导致从未料到的生产基础的崩溃。

1994年5月17日，纺织产业审议会供需贸易部会通商问题小委员会（委员长：龙

---

[32] 《今后的纺织产业及其政策方向》，第31页。

[33] 同前，第7—8页。

[34] 生活产业局，《关于我国纺织产业的现状及今后的展望》（1994年5月17日），《关于纺织贸易保护条款的使用》，1994年5月，第60页。

泽菊太郎，中京大学教授）就纺织保护贸易条款的处理问题做出如下判断[35]，“关于纺织保护贸易条款的实施，应该从两个方面综合判断，①对扰乱市场的程度的技术性判断、②实施效果和问题点的比较衡量等政策性判断”，提出了详细的实施标准。其立场就是，以自由贸易主义的日本通商政策大前提为基础，在国际规则的范围内，具体情况具体分析。

纺织产业结构改善临时措施法的废除

在20世纪80年代后期白热化的贸易摩擦中，围绕纺织产业的设备登记制度，国内外都出现了强烈的批判。在1976年纺织工业审议会的意见呈报中，已经明确了未来会废除设备登记制度，在之后1983年以及1988年的联合会议答复中，该方针也没有改变。尽管制度的弹性化得以推进，但制度本身依然存在。

另外，1990年6月的日美结构问题协商最终报告，指出了日本禁止垄断法豁免制度需要进行重新评估。1991年5月的日美结构协商追加（follow-up，后处理）年度报告中，日本公平交易委员会就禁止垄断法豁免制度的重新评估进行了研究，并向美国报告了结果。在此基础上，通产省决定在1995年10月31日前全面废除设备登记制度。跨越半个世纪的制度终于在此时画上了句号。

设备登记制度的废除，与20世纪90年代通产省重视市场的政策方针一致。1993年12月，联合会议提出的答复《今后的纺织产业及其政策方向》中，以“面向市场拓展和新领域扩展”为题，明确提出了对企业自主努力的重视。该答复中，从纺织产业的基本政策出发，认为应留意以下三点：

> 第一，“为了构建面向市场充满创造性的国际性产业结构，需要进行必要的市场环境整顿”；
>
> 第二，“不是过去那种只着眼于设备的政策体系，而是以具有中小企业性、产地性、消费多阶段性等纺织产业特色为基础，在信息化、开发、人才、技术、国际化等多方面进行灵活的政策应对”。
>
> 第三，“首先，还是需要自主努力”。[36]

---

[35] 《关于我国纺织产业的现状及今后的展望》，第4页。

[36] 纺织工业审议会、产业结构审议会答复《今后的纺织产业及其政策方向》，1993年12月，第23页。

关于第三点，答复中称：

拯救纺织产业，基本上要依靠市场。对于没有得到市场支持的产业，政府给多少支持都没有任何效果。另外，显然，进口限制以及设备登记制度等竞争限制措施是为了逃避严峻的竞争，所以无法解决产业再生问题。为了得到市场的支持，纺织产业首先需要有自主独立的意识，思考自身需要补足什么、应该成为什么样。㊲

这个基本观点说明，通过政府主导的结构改善计划来实现时代使命的可能性很小。事实是，当时参加结构改善事业的企业数量占所有企业数量的百分比跌至1%左右。以该事件为背景，由1994年修改《织工法》衍生的《纺织产业结构改善临时措施法》也于1999年6月30日废除。

对于构成纺织产业政策基础的结构改善政策的功过，众说纷纭。经济学家大多持批评的态度，认为政府长期介入投资和供需，损害了纺织产业的自主性，延缓了产业调整。㊳

另一方面，纺织产业认为：

从1956年开始，跨越半个世纪的政府纺织产业政策，将提高国际竞争力放在第一位，从属于日美纺织谈判、纺织贸易保护问题等国家政策，谋求推进纺织产业的自由贸易体制。另外，也是通过国家重要政策使受损企业软着陆的国家资金投入政策，是培养其能适应当时市场环境的对症疗法政策。结果是，虽然维持了大的纺织企业的国际竞争力，但并不能阻止国内纺织产业的空洞化、纺织中小微企业的衰退，无法实现纺织产地的振兴和活跃化。㊴

并指出，虽然有国际规则存在，但由于明确的进口对策未能实施，所以导致产地疲软、延缓了真正结构对策的实施。不管怎么说，20世纪90年代通产政策的基调是重视市场，可以说，通过纺织政策，这一政策性立场非常明显。

㊲ 《今后的纺织产业及其政策方向》，第23页。

㊳ 伊丹敬之、伊丹研究室，《日本的纺织产业，为何变得如此之弱》，2001年，NTT出版。但从产业调整的观点看，也具备可以给予一定评价的研究。（京都大学研究生院经济学研究科 Working Paper J-69，渡边纯子，《通产省的供需调整政策——纺织产业的事例》，2009年2月。）

㊴ 砂山七郎，“日本的纺织·服装的再生之路”，全纺织产业劳动工会、纺织产业劳动工会协会纺织劳动运动研究会、纺织产业政策恳谈会，2008年2月，第12页。

在《纺织产业结构改善临时措施法》被废除之前，审议会提出了《21世纪纺织产业展望》（1998年）。这里也和1993年的答复一样，强调了“纺织产业发展的关键是市场”，与此同时，认为：

> 对于人才培养、信息化、环境再循环对策、中小企业合作支援、产业高度集聚的纺织产业来说非常重要的政策领域中，一般性的政策手段质量提高、进一步完备，最大限度地活用这些政策手段是非常有效的。

这表明不仅仅要将纺织产业政策作为一项单独的政策手段[40]，还应将其作为一项原则，活用到一般中小企业政策中的想法。同时，在《纺织产业结构改善临时措施法》被废除的同时，负责其实施的纺织产业结构改善事业协会也被合并到中小企业综合事业团。

21世纪的纺织政策

继《大店法》被废除后，《纺织产业结构改善临时措施法》也被废除，一个个产业政策组成了战后产业政策的大部分内容，与煤炭政策一样，在21世纪的今天都已经告一段落。而与之相对的21世纪产业政策则转变了方向，在紧盯市场走向、以发挥企业活力为目标的同时，也重视宏观上的调整。

但同时，在进入21世纪后，通产省也在持续发布一些关于纺织政策的展望。2007年提出了如下的课题和政策[41]：进行结构改革激活产地中小企业、强化技术力量、强化信息发送能力和品牌能力、人才培养以及推进国际合作。纺织产业是占据了衣食住当中一环的重要基础产业，这一点不会改变，2011年雇用31万劳动力，成为规模巨大的产业[42]，拥有了众多产地。如果进口激增，市场状况持续恶化，很有可能产生国际间的经济摩擦。[43] 通产省发布新的纺织政策展望，就是为了应对这种情况。即使没有了规定纺织政策的个别法，“结构政策”的概念也会继续存在，与重视市场的政策和谐发展，交替持续发挥着作用。

㊵ 纺织产业审议会综合部门、产业结构审议会纺织部门联合会议答复《今后的纺织产业及其政策方向》，1998年12月，第57页。

㊶ 产业结构审议会纺织产业分科会，《纺织产业的展望和课题 通过技术与感性使其腾飞于世界——从尖端材料到时尚》（中间汇总），2007年5月28日。

㊷ 经济产业省经济产业政策局调查统计部，《平成21年工业统计表产业篇》，2011年6月，统计表，第9页。

㊸ 在1995年和1996年时，纺织业界依然在与进口产品进行艰苦的竞争，比如要求发起对毛巾的保护贸易条款等。这之后又由于2010年后半年开始的日元升值，纺织产业的生存环境进一步恶化。

第 9 章　资源能源政策*

第 1 节　资源能源政策的意义

对于产业化来说，能源资源的筹集是一项不可欠缺的课题，所以也成为经济近代化的基本前提。但是在叙述日本经济史时，大多数情况下能源的供需问题都被推到角落，在国民的意识中也并没有受到与其重要性相符的重视。在本章中，我们将聚焦于不被重视的能源供需问题，以及在供需上政府实现其职能的相关能源政策。

从 20 世纪 70 年代开始到 21 世纪 10 年代，通产政策中能源政策所发挥的作用，与通商政策、产业政策并行，成为三大领域之一。能源政策在预算规模上超过其他各政策。在上述期间发生了震撼世界经济的两次石油危机，在应对这样重大的历史事件时，通产省所应发挥的作用是非常重要的。

在发生第一次石油危机（1973 年）的三个月前，资源能源厅的启动是这个时期的象征性事件。以此为契机，资源能源厅向构建作为产业基础（infrastructure，基础设施，也就是社会资本）的能源安全保障体制迈近了一步。其结果就是，在 20 世纪 70 年代到 80 年代期间，相对于日本国内的工矿业生产指数，能源的单位消耗量指数的比率大幅下降，有助于日本产业竞争力的提高。[①] 并且在这期间，持续推进正在衰退的国内煤矿的合理化，实现了不过度依赖石油的能源供给结构。

表 9.1 展示的是 1965 年到 2005 年间，日本能源供给源的变化。从表中可以看

---

* 本章节是作者基于通商产业政策史编纂委员会编写，橘川武郎著《日本通商产业政策史（1980—2000）：资源能源政策》，经济产业调查会，2011 年，以及对经济产业省职员的采访写作而成。

① 日本能源经济研究所计量分析小组编写《EDMC 能源・经济统计要览 2010》，节能中心，2010 年，第 61—65 页。参照后面刊登的图 9.2。能源消耗率是指每生产单位量的产品或金额需要的能源量，一般用千卡（kcal）表示。但是，即使能源消耗率降低，能源的总消耗量也不一定减少。

出，虽然能源的需求量不断增大，但1975年以后，石油（原油）的供给比例稳步减少，燃气和核能逐渐代替石油，另外，虽然煤炭的比例一度变小，但20世纪末又开始反弹。

表9.1　日本国内能源供给源的变化：1965—2005年

年度	一次能源供给源（%）							总供给量
	煤炭	石油	燃气	水力	核能	新能源及其他	合计	（百亿千卡）
1965	27.0	59.6	1.2	10.6	0.0	1.5	100	168.909
1970	19.9	71.9	1.2	5.6	0.3	1.0	100	319.708
1975	16.4	73.4	2.5	5.3	1.5	0.9	100	366.224
1980	17.0	66.1	6.1	5.2	4.7	1.1	100	397.199
1985	19.4	56.3	9.4	4.7	8.9	1.3	100	405.323
1990	16.6	58.3	10.1	4.2	9.4	1.4	100	486.310
1995	16.5	55.8	10.8	3.5	12.0	1.3	100	543.909
2000	17.9	51.8	13.1	3.4	12.4	1.3	100	558.651
2005	20.6	49.8	13.9	3.0	11.4	1.3	100	565.087

注："新能源及其他"包括太阳热能、地热、垃圾发电、其他（黑液、废材、木柴、木炭、木屑棒、炉顶高压以及烃油）。

资料来源：日本能源经济研究所计量分析小组编写《EDMC能源·经济统计要览2010》，节能中心，2010年3月，第36页、第38页。

产业化的出发点是，日本能源资源曾是100%自给。但在高速成长初期，能源自给率的水平跌破六成，1960年降到58%，1980年仅有6%，接着在2000年降低到4%。[②]

1973年和1978年的两次"石油危机"，导致原油价格突然高涨（图9.1）。这对于社会经济整体来说是个大事件，它使每个国民都深刻认识到能源资源的重要性。因此为了以防万一，民间和国家双方都进行石油的储备，同时也推进了全国性的能源节约（节能）和石油替代能源的开发。另外，由于日本大多数能源资源都依赖国外进口，而且相当一部分依赖于政治局势不稳定的中东地区的原油进口，因此大家再次认识到，通

② 摘自International Energy Agency，*Energy balance of OECD Countries*，2009 edition（第10卷，第2章，表2.1），包括原子能的话，"自给率"在这些年份分别改善到了58%、13%、20%的水平。但根据20世纪末的情况看，由于核能源的原料几乎都依赖进口，所以严格来说这些数值不能称为"自给率"。

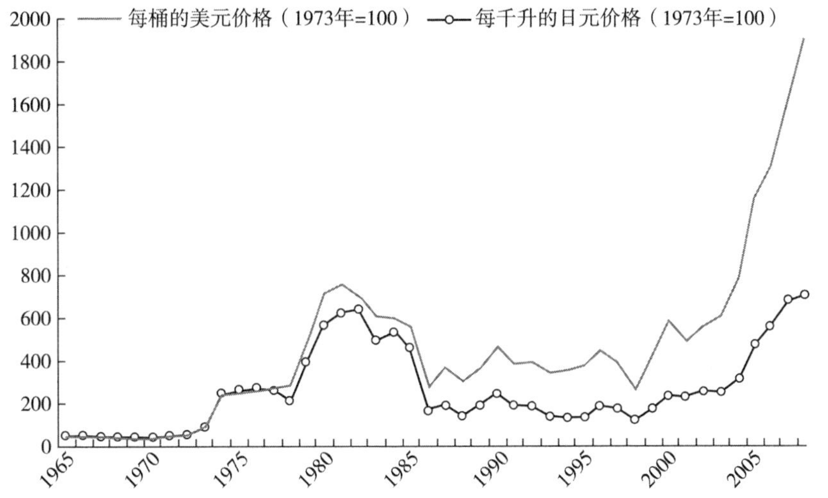

图 9.1　原油进口 CIF 价格的变迁：1965—2008 年

资料来源：日本能源经济研究所计量分析小组编写《EDMC 能源・经济统计要览 2010》，节能源中心，1993 年版，第 43 页，2010 年版，第 50 页。

商产业政策中资源外交的重要性。也正因为如此，对于通产省来说，能源政策成为一个极其重要的政策课题。

20 世纪 90 年代之后，虽然可以确保能源的稳定供给，但另一方面也出现了问题，产业整体朝着国际化即全球化发展，包括电能在内的国内能源价格相对较高。另外削减以二氧化碳为代表的温室气体排放量成为国际性课题，抑制使用化石燃料的国际舆论也在高涨。

2002 年作为议员立法制定的《能源政策基本法》（法律第 71 号），提出了“确保稳定供给”（第 2 条）、“适应环境”（第 3 条），以及“活用市场原理”（第 4 条）三大基本课题。在该法（第 12 条第 4 项）基础上制订的经济产业省（经产省）的《能源基本计划》（2003 年），保留了“核能在性质上无法适当地确保安全时，则隐藏有巨大的危险”，同时认为核能发电“保证安全是大前提，今后也要将其定位为基础电源持续推进”，并宣布包括“准国产能源的核能”在内，“谋求能源的多样性”。[③] 以上这些表明，该计划中核能被定位为重要的能源来源。之后的 2005 年，核能委员会策划了《核

③　引用自经济产业省《能源基本计划》，2003 年 10 月（http：//www. meti. go. jp/report/downloadfiles/g31006b1j. pdf；登录时间：2011 年 10 月 14 日），第 2 页、第 5 页。

能政策大纲》，制定了积极推进核能的方针，内阁会议批准并通过了该方针。[4] 此时的核能，（1）不仅具有作为“准国产”能源的供给稳定性，（2）而且在不排放温室化气体这点上，具有环境适应性，以及（3）由于确保了发电系统的基础地位，扩大了电力自由化的可能性，被认为是21世纪的基础能源。

但是该方针还未经过一个世代，就被迫进行了大转变。2011年3月福岛第一核电站发生事故，迫使大家深刻反省核能作为能源的未来方向。这样一个严峻的事实，将会影响今后日本社会的发展步伐。

尽管如此，《能源政策基本法》提出的三个课题依然具有现代意义。因此本章在以上问题的观点下，想要尝试追寻战败后围绕各类能源资源供给和需求所实施的政策的变迁，以及当时出现的政策思想动向。

第2节　国内煤炭的供给递减和停止

第二次世界大战前，发电的能源来源大部分依靠水力，但随着经济发展，电力需求增大，仍旧以水力为中心来供给电力已经不太可能了，不久火力发电成为电力供给的中心。这样，伴随着工业化的发展，对投入原料煤炭的需求急剧增加。众所周知，世界大战结束后不久的经济复兴时期，有限的资金和材料被率先但交替着投入能源来源（煤炭）的供给以及重要生产物资（钢铁）的供给中。[5]

从在中近东和非洲发现油田的20世纪50年代开始，到1960年左右，当石油作为一种能源来源获得重要地位之后，日本国内的煤炭生产也长久地持续着。尽管如此，随着相对优势的逐渐衰退，该产业活动也需要政府政策性的支持。因此从20世纪60年代开始对煤炭业实行财政上的支援。[6]

1962年煤炭矿业审议会上，以有泽广已为首的煤炭调查团，根据实际调查的结果，作为政策的要点提出了结构调整的目标，并且决定了（1）矿业的合理化[7]，（2）离职

---

④ 经济产业省《能源基本计划》（修订），2007年3月（http://www.enecho.meti.go.jp/topics/kihonkeikaku/keikaku.pdf；登录时间：2011年10月14日），第2页。

⑤ 在设有商工省的时代，片山（哲）内阁曾根据《临时煤炭矿业管理法案》提出过国有化的方案（1947年），虽然过程一波三折，但最终在1947年12月20日确立为第219号法律条文。

⑥ 请参照第2章“预算”第5小节的论述内容。

⑦ “合理化”是指小煤矿的合并，并不包含企业积极自主的投资行为。

者的对策，（3）地域的振兴，以及（4）排除矿山灾害的四点方针。在这个时期，谁都认为可以实现国内煤炭的稳定供给。[⑧]

这样开始的通产省煤炭政策，从第一次到第八次常年持续实施[⑨]，上述的四个政策方针，也是从最初贯彻到了最后。[⑩]

在高度成长初期，与反安保斗争（1960 年）密切相关的反对合理化斗争逐步严重化。而且 1963 年在三井三池煤矿发生爆炸事故，煤矿工人大多数不得不离职。这之后，虽然在 1967 年制定了《煤炭对策特别账户》[⑪]，还在同年的煤炭政策（第三次）中使煤炭企业开始承担负债责任，但同年 10 月，大日本煤矿停止开采。另一方面，作为能源的一个来源，对石油的利用急剧增加。煤炭矿业审议会终于考虑，煤炭矿山平缓地向停止开采过渡[⑫]，在第四次报告（1968 年）时，决定有意不记载煤炭的生产目标值。

但尽管审议会有这样的预期，国内煤炭矿山还是没能一下子全部停止开采。因为能源供给大部分依赖国外进口，由此造成的脆弱性让人担心，同时也有必要考虑如何处理原料煤炭不足的问题。所以坚持国内煤炭一年供给 2000 万吨的方针[⑬]，同时为了支持煤炭价格（原价），将原油关税作为财政来源，当作转嫁资金准备，然后在石油危机来临时，实现新挖掘（特别是露天挖掘）以及煤炭价格的上提。这样的措施通过事后第八次政策得以继续实施。

但是随着时间的推移，来自相关人员的批判之声逐渐增强。由于煤炭对策的财源是原油关税，所以引起了石油业界的强烈不满。在论及消费税问题时，也出现了这样的议论之声："在这之上再从石油中征收税款如何。"电力业界也表示，无法再忍受这样高额的煤炭价格。[⑭] 起决定作用的是在 1986 年第八次制定策略时，钢铁业界主张

---

⑧ 但电力业界从一开始就对国内昂贵的煤炭价格感到不满。

⑨ 煤炭政策的调整在第八次时结束，在这之后的煤炭政策调整都属于事后处理，所以被称为"后第八次"。

⑩ 煤炭矿业审议会关于综合燃料政策的理念是"煤炭为主，石油为铺"，也就是"宁愿不要石油，也不能失去煤炭"。

⑪ 基于《石油对策特别会计法》（1967 年，法律第 12 号）。

⑫ 在第四次报告之后，通商产业省不再以全省之力支持煤炭矿业（即使国会认可煤炭矿业是产业政策的一部分）。参照 C. O. E. 口述和政策研究规划《煤炭政策口述 · 历史》，政策研究大学研究生院（政策研究院），2003 年 3 月 20 日。三菱系的煤矿在初期关闭，之后存留的煤矿以（三池、夕张等）三井系居多。

⑬ 其中一个原因是，1969 年美国的煤矿业出现危机，（日本的）钢铁业界感到无法再安心地依靠国外进口煤炭。所以钢铁业界表示，"即使只能挖掘一点点，也想要依靠自己来挖掘"。富士制铁公司社长永野重雄在国会答复中表示，新煤炭的开发也是非常有必要的。引自《煤炭政策口述 · 历史》，第 89 页。

⑭ 尽管如此，末期仍进行了五年时间的购买。

“如果不以与进口煤炭相平衡的价格供给，就不再购买。”⑮ 通产省也认为，事到如今无法再按照以往的方式进行调整了［话虽如此，此时的钢铁业界同意了“只在这一次”接收（挖掘出来的煤炭）］。

1992 年以后被定位为结构调整的最终阶段，采取了旨在缩小的措施。

国内煤炭措施虽然在 2001 年结束了，但残存的国内煤炭业对国外的技术输出起到了作用⑯，为此还准备了补助金制度。这之后在国内进行煤炭开采的只有北海道钏路。

综上所述，煤炭行政经过半个多世纪，对国内煤矿采取了各种特别的措施，也照顾了其逐渐停业的过程，但最终在 2007 年 3 月结束（除了一些遗留工作的处理）。⑰ 但作为能源来源进口煤炭的重要性，在石油危机后反而提高了，因为强烈感受到其作为石油替代能源的重要性。⑱ 事实上，在 20 世纪 80 年代以后，由于受到进口煤炭的影响，日本煤炭消费的绝对量稳步增加。⑲ 到底和国外的煤矿开采有多少关系，我们需要建立包括国际合作（人才培养等）在内的新的政策应对措施。⑳

第 3 节　新能源的开发

1997 年施行的《关于促进新能源利用等的特别措施法》（1997 年法律第 37 号）中，作为“新能源的利用等”，对现行的新能源进行了如下规定：

---

⑮ 1986 年 5 月，当时的新日铁社长武田丰对通产大臣表示：“绝对不能再购买。”另外当时的日本钢铁联盟原料煤委员会会长今井敬（新日铁常务董事）对日本煤炭协会会长表示：“除非每吨 8500 日元，不然不会购买（不这样的话就会有每吨 15000 日元的赤字）。”（佐胁纪代志《关于政策长期持续的要因分析——以日本煤炭工业的政策过程为例》，东京大学尖端科学技术研究中心、御厨研究室与尖端公共政策研究会，2007 年，第 339 页；《煤炭政策口述·历史：福川伸次》，COE 口述，政策研究工程《煤炭政策口述·历史》，政策研究大学研究生院政策研究院，2003 年，第 158—162 页；以及《通产省公报》，1986 年 10 月 29 日，第 5 页。）一方面电力业界希望消除这样一种情况，即原料煤的内外价格差达到国外煤价的 2 倍以上。尽管他们没有直接说明要立即停止购买，但也表示除了国内煤炭的“交易量需要减少相当程度”，另外“希望尽早撤销为了保护国内煤炭而制定的进口分配制度”。（资源能源厅资源和燃料部煤炭课监修、煤炭政策史编纂委员会编写《煤炭政策史》，2002 年 4 月，第 403—427 页。）

⑯ 太平洋煤矿的从业人员曾参与中国和越南的技术转让。

⑰ 特别账户中的煤炭账目，从 2002 年变成了“暂定账目”，只用于偿还借款本金，2007 年被取消。

⑱ 20 世纪 80 年代以后，在国外煤矿的开拓上倾注了很多努力。也就是说，努力使用核能、LNG 以及煤炭来代替石油，使日本经济对石油的依赖度下降到 10%。

⑲ 但是比较便宜且稳定供应的国外煤炭，与其他的化石燃料相比（每单位能源），存在二氧化碳排放量过大的问题。

⑳ 森广正《在德国工作的日本煤矿工作者：历史和现实》（法律文化社，2005 年）记录了 20 世纪 70 年代从废弃煤矿离职的煤矿工作者们，通过劳动省事务次官石黑拓尔（曾任）的斡旋，奔赴联邦德国煤矿，参与国际合作的有趣的采访。

（1）在制造、发生、利用石油替代能源时；

（2）由于经济方面的制约，先不进行普及和推广；

（3）有助于促进石油替代能源的发展。

这样，将其定位为日本应积极引进和促进的政策性支援对象。相对地，当提到“可再生能源”时，包括大规模水力和闪蒸方式的地热等。新能源和环境问题有密切的联系，一般讨论新能源时，都意味着替代能源措施和温室化措施两方面的问题。其中太阳能、生物能、风能都有很大的意义。对于新能源来说，尽管（太阳能每年分配200亿日元等）有高额的预算补助，但从实现的能源供给量来说，新能源（在20世纪末的阶段）只占全体能源的1%多（参照表9.1）。

1975—2000年间，推进了积极且有效的替代能源开发政策（称为“阳光计划”）。第二次石油危机时，原油价格再次高涨，对替代能源开发的关注也进一步提高，在法律层面和财政层面都对其具体化有很高的兴趣。第二次石油危机后的1980年，设立了特殊法人新能源综合开发机构（New Energy Development Organization，简称NEDO），完善了组织体制。[21] NEDO替代能源的主要开发领域是太阳能、煤炭（液化）、地热等，其中太阳能电池的技术提高受到了高度瞩目。[22]

之后，石油危机造成的能源价格高涨，在20世纪80年代结束。石油政策在谋求稳定供给的同时，也再一次谋求成本上的对策。1983年4月，通产省召开了综合能源调查会基本问题恳谈会，着手于长期能源供需预测和能源政策的总检查。有趣的是不仅仅有关于稳定供给的问题，比如石油依赖度什么时候能够递减、如何构建强有力的能源供给产业，还有类似“如何计算能源费用的减少”等能源供给的经济性（economy）问题也成为论点。[23]

进入20世纪80年代末期，地球变暖问题越来越受到国际瞩目。1989年6月，召开了“关于世界视野中的长期能源问题恳谈会”（资源能源厅长官的个人恳谈会）和“综合能源调查会综合部会”。前者总结的报告书称：“先进国家”应该在重视技术开发的同时引导并积极推进与保护地球环境相适应的能源政策。而后者认为，在谋求能

㉑ 2003年以后为（独立行政法人）新能源与产业技术综合开发机构（NEDO）。

㉒ 当时，太阳能利用方面比较发达的是德国。之后中国（即使与法国相比）迎头赶上。顺带一提，核聚变当时并未成为话题，这可能是由于当时技术上还存在很大的困难。

㉓ 参照前述橘川武郎《资源能源政策》第2部第5章第1节“能源政策的综合开展”，以及通商产业省（编写）《21世纪的能源供需展望——长期能源供需预测的修改以及能源政策的总检查》（通商产业调查会，1984年）。

源利用效率化（节能）时，要超越单纯的节约，在控制地球温室化效应的同时，实现“与富足并立的节能”，强调能源的适度组合㉔（称为“混合能源”）。如果能在现代可能的技术中运用以上观点，可以实现对非石油能源的重用。但是由于从抑制二氧化碳排放量的宗旨出发，要降低对煤炭的依赖度，所以剩下的就是新的可再生能源（太阳能、水力、地热、风力等）和液化天然气（liquid natural gas，简称 LNG），以及核能。

1997 年，确立了《关于促进新能源利用等的特别措施法》（简称《新能源法》，同年法律第 37 号）。该法律基于 1994 年制定的《新能源引进大纲》，对根据国家方针策划新能源利用计划的民间从业者采取支援措施。同年 12 月通过了《京都议定书》，日本的义务是从 2008 年到 2012 年温室效应气体排放量与 1990 年相比减少 6% 。

2002 年，制定了《电力从业者关于新能源等利用的特别措施法》（法律第 62 号，RPS 法），出现了被称为 RPS（Renewable Portfolio Standard）的系统。RPS 是根据前一年新能源部会的提议，作为电力公司的一项义务，对一定比例“新能源”的电力购买征税。该法律所说的“新能源”是指：除了（i）风力、（ii）太阳能、（iii）地热、（iv）水力㉕、（v）生物能作为热源的热能㉖，以及（vi）化石燃料作为热源的热能以外的能源，通过政令进行规定。

“新能源”中的太阳能，在 2008 年的《福田构想》中被提出，到 2020 年其普及率会达到 2008 年的 10 倍，到 2030 年新建筑住房的七成以上普及太阳能。为了达到这个目标，构想提出将太阳能发电设备的价格在数年间减少一半，并为此支出补助金。太阳能受到如此重视，是由于在多山地的日本不适合使用风力（虽然在釜石、远州滩、九州等地有实际使用的例子，但效率很低），另外在人口密度高、森林面积小的日本，也不适合使用生物能。

第 4 节　天然气的引进

液化天然气主要是基于环太平洋各国的长期合同而进口的。

㉔ 1989 年在澳大利亚首都堪培拉召开的第一次亚洲太平洋经济合作组织（Asia-Pacific Economic Cooperation，简称 APEC）部长级会议中，也在能源问题的共同协商以及区域内合作上达成一致。

㉕ 但是，只限于政令中规定的内容。具体指的是水渠式的 1000 千瓦以下水力发电。

㉖ 生物能，指的是将动植物等有机物，作为能源来源而加以利用（除去通过原油、石油气、可燃性天然气以及煤炭及其制造的产品）。

液化气除了LNG之外，还有战败后不久（昭和二三十年代）出现并在国内广泛普及的液化石油气（liquefied petroleum gas，简称LPG，称为丙烷气，德语“Propan-gas”），其作为城市燃气的火力热源做出了重要贡献。

LPG（主要成分是丁烷和丙烷）是在油田、天然气田或者制油设备等产生的副产品中，去除杂物并液化得到的产品。由于其易燃且燃烧后不留残渣，所以作为燃料是非常优秀的。相对地，LNG（主要成分是甲烷）是将埋藏量丰富的天然气液化后所得的产物，可以作为氢的供给源来利用，比LPG更便宜。LPG只要对其加压，在常温下就能变成液体（体积大约是1/250），相反LNG的液化需要极低的温度（-162℃）（体积大约是1/600），这时会失去15%的能源，并且为了维持极低的温度，需要特殊容器，所以价格高。LPG每单位能源量是24000千卡/立方米，而LNG是11000千卡/立方米，仅有一半左右。因此LPG的运输和储藏都很简单，每单位的能源量（火力）也很强，而LNG在燃烧时排出的二氧化碳比较少。

LNG的利用始于1969年，由东京燃气和东京电力共同从阿拉斯加购买。从环境保护角度来说，偏好选择LNG，在石油危机（特别是第二次）之后，其作为石油替代品而被推荐。在政策上也通过税务制度、利息补贴以及财政的投资融资（财投），支持LNG的普及。㉗ 但是LNG比石油更贵，并没有很快得到普及㉘，直到1995年其价格水平也没有得到调整。但在1997年之后，对产业用LNG的引进设置了奖励制度㉙，另外对地方上城市燃气从业者的LNG采用计划进行了援助。

进入20世纪90年代之后，地球温室化问题的严重性迅速推进了LNG的引进。1990年，资源能源厅制订了IGF 21计划（Integrated Gas Family 21），将LNG引入城市燃气中。㉚

㉗ 进口关税免除，石油公团和日本进出口银行对国外的开发、挖掘、各种设施建设等费用融资，日本开发银行（开银）对LNG油船的建造费用融资，日本开发银行、北海道东北开发公库，以及中小企业金融公库对LNG接收设备进行融资等。

㉘ LNG的供给，除了开发和挖掘之外，还需巨额的社会资本投资，例如在生产国建设液化设备和发货港湾、建造LNG油船、在进口国建设接收基地等。

㉙ 在LNG引进项目中，日本开发银行或者中小企业金融公库的长期低息融资、与产业用相符合的LNG合同制度的导入等。

㉚ 在这期间，1980年引入了燃气费用的二部分化（基本费用+根据使用量收取的费用）。1986年时，由于日元升值差价利润而实行了燃气费用的下调。而且，为了在中小建筑物中普及燃气制冷设备，减少电力的负荷，从1998年开始的5年间，实施了补助金事业，除此之外为了错开用电高峰时段而设置了城市冷气设备，对此通过财投的低息融资进行了支援。[2002年8月2日的条件是，贷款时间15年（冻结时间3年），贷款利息率为1.95%。]

在城市燃气的LNG化过程中，由于价格依然比较高，因此遭到了一些反对，但如果没有这个行动，就无法推进减少二氧化碳排放的工作。2000—2001年，从库页岛铺设输气管道，向日本供给天然气的方案被寄予厚望，但最终没能实现。[31] 尽管如此，到2008年时，LNG已经供给了城市燃气的94%。

由于火力发电中LNG的引进对石油替代能源的引入、地球温室化对策两方面都有很大的作用，所以得到积极推进。

顺带一提，韩国和中国台湾也模仿日本引进LNG。LNG在中国大陆也开始使用，美国西海岸和新加坡等也逐步开始推进使用，国际供需变得有点困窘，虽然由于日元升值价差产生了燃气费用的递减，但原价仍然保持大体上涨的势头。

20世纪90年代以后，以美国为中心，开始推进新型天然气、页岩气（shale gas）的使用。这是储藏在美国阿巴拉契亚等山脉附近的古代泥盆纪页岩中的燃气，虽然在19世纪后半期开始被使用，但由于其挖掘生产率较低，所以即使埋藏量丰富也未得到广泛普及。但是由于近年来能源价格上涨，这个情况开始迅速变化，借助以前的挖掘技术（hydraulic fracturing，水力粉碎技法），也可以在实际工作中使用。由麻省理工学院尖端能源研究小组（MIT Energy Initiative）提出的研究项目中间研究报告认为，在消除温室效应的能源实现之前还有一段时间，页岩气很有可能起到填补这段时间空白的作用。[32]

第5节　核能能源

核能发电的进程

第二次世界大战之后，当美国转向核能的和平使用时，日本也迅速采取了同样的

---

[31] 2001年6月的综合资源能源调查会石油分科会开发部会天然气小委员会报告书《关于天然气政策理想状态的报告书——以实现天然气高度使用的社会为目标》，对地理上接近的库页岛产天然气的经济性（产生了被称为“天然气移位”的资源供给源的灵活性）寄予厚望。

[32] 这是该项目领导、物理学家莫尼斯教授（Ernest J. Moniz）所说的话（引用自 http：//web. mit. edu/mitei/research/studies/release - natural - gas. pdf，登录时间：2011年2月22日）。中间报告全文是：MIT Energy Initiative，*The future of natural gas，an interdisciplinary MIT study*，2010（http：//web. mit. edu/mitei/research/studies/report - natural - gas. pdf，登录时间：2011年2月22日）。

行动。[33] 1954年进行了核能预算，在内阁设置了核能利用准备调查会（1954年，事务局是经济企划厅），1956年设置了核能委员会，至此2年间，推进了核能开发利用体制的调整完善。其中最重要的决定是日美核能研究协定的缔结，以及据此开始接收美国的浓缩铀。为接收浓缩铀而在1955年设置了财团法人日本原子能研究所（原研），1956年科学技术厅成立后，成为其下属的特殊法人。另一方面，因核能预算计入通产省，根据省议决定，通产省设置了核能预算碰头会，以事务次官为主席，有学识有经验的人（1954年6月，事务性工作由工业技术院调查课负责）也参加。另外，1955年联合国主办了和平利用核能国际会议，以参加该会议的国会议员团为中心，尽力制定了核能三法［《核能基本法》、《核能委员会设置法》、《部分修订总理府设置法的法律》（设立核能局）］，并于1956年开始施行。[34]

在这些措施之外，第一任核能委员长国务大臣正力松太郎在首次会议上表示，“5年后建成实用规模的反应堆”，所以电力业界也努力向商用核能发电事业迈进。接着在产业界，设立了日本原子能产业会议（原产），产业界开始呈现核能热潮。核能委员会通过了“实用规模反应堆的初期引入方针”，为了建立接受核电的体制，1957年成立了日本核能发电株式会社，作为政府与民间共同出资的公司。

1959年，通产省在企业局设置了核能产业参事官，负责省内核能产业行政事务的汇总调整，另外在公益事业局设置了核能发电课，代替原先的核能发电管理官，扩大了组织（综合能源调查会成立于1965年6月，也对核能发电事业进行审查）。1973年设立了资源能源厅[35]，对通产省的核能相关措施进行了统一化管理。[36] 由于美国从将推进核能发展和规范限制核能发展分离的观点出发进行了相关制度改革，日本也在1978年设立了核能安全委员会，从核能委员会中分离并独立。随后在科学技术厅新设立了核能安全局。1979年1月4日，为了明确政府机关对核反应堆安全的责任，根据核反

---

[33] 美国在1951年12月成功完成了世界首次核能发电。日本也意识到太平洋战争的一个原因是美国的石油禁运政策，考虑通过核能技术克服资源制约。所以日本想要对此进行国家投资，掌握该技术，建设民间企业（电力公司），促进核能的实用化进程。

[34] 此处的记述来自吉冈齐，《核能的社会史：在日本的发展》，朝日新闻社，1999年。

[35] 日本曾是1973—1974年国际能源署（International Energy Agency，简称IEA）的创始成员国之一（2008年日本对IEA的财政资助占了16.7%，美国次之，位居第二）。IEA对平衡性能源政策（石油替代资源、能源再生利用等）、能源安全、环境保护等方面提供政策建议，另外也从事制作统计资料等宣传活动。

[36] 话虽如此，核能机械产业归机械信息产业局管理。而环境相关的政策，由于与选址开发密切相关，所以归布局公害局管理。

应的种类，将许可权交给单一的政府机关，发电用核反应堆交由通产省统一管理。随后通产省在1977年设立了核能发电安全课，并于1979年1月4日扩充为核能发电安全审查课以及核能发电安全管理课两个部门。

日本的核能发电，在繁盛和停滞之间反复。商用反应堆的营运始于1966年（1959年签订合同），此时的核反应堆，是由日本核能发电东海发电站从英国进口的考尔德-霍尔（Calder Hall）型气冷反应堆（gas-cooled reactor）。[37] 但是考尔德-霍尔型核反应堆暴露了很多问题，在20世纪60年代以后的全球轻水反应堆热潮中，日本推进了轻水反应堆的引进。

各电力公司也独立出来，自主开始核电站建设事业。2010年，在日本使用的发电用核能反应堆是“浓缩铀轻水反应堆”，分沸水反应堆（Boiling Water Reactor，简称BWR）和压水反应堆（Pressurized Water Reactor，简称PWR）两种。[38] BWR原来是美国通用电气公司（General Electric Company，简称GE）开发的，该技术由东芝和日立两家公司引进。东京电力在1966年5月决定采用BWR，并且沿用至今。另一个PWR是美国西屋电气公司（Westinghouse Electric Company）开发的产品，由三菱重工引进，关西电力在同年4月决定开始采用该技术，之后也持续使用PWR。其他7所电力公司中，东北电力、中部电力、北陆电力、中国电力采用了BWR，北海道电力、四国电力、九州电力采用了PWR。

1973年的石油危机导致社会对核能的高度关注，以此为契机，为了实现电力资源的多样化（以核能为主、摆脱石油依赖），1974年制定了电力资源三法，即《电力资源开发促进税法》（法律第79号）、《电力资源开发促进措施特别会计法》（法律第80号）以及《发电设施的周边区域整顿法》（法律第78号）。[39] 这些都是为了在电力资源开发区域恢复发电站的利益而设立的制度。该制度从普通电力事业从业者身上征收电力资源开发促进税，将其作为电力资源开发促进措施特别账目的预算，用于补贴开发发电站的自治体，也可以说是为了促进核电站开发而制定的制度。并且在1980年，在

---

[37] 也被称为镁诺克斯型反应堆。但是之后建造的核反应堆均为水冷反应堆。

[38] 国家（根据安全性实证试验）引进了通过既定基准的设备。使中子减速而控制核分裂速度时，由于（没有使用重水）使用的是普通的水（轻水），所以被称为轻水反应堆。这种通过减速的中子［称为热中子（thermal-neutron）］而进行核分裂的核反应堆，被称为热中子反应堆。

[39] 电力资源三法原本的目的是调整电力资源的供需，但后面增加了技术开发［伊朗革命（1979年）的一年后，制定了《电力资源多样化的测定》（1993年修改为《电力资源使用测定》）］。

电力资源开发测算的基础上，增加创办了电力资源多样化测定（由通产省和科学技术厅共同管理），作为能源研究开发预算来使用。这样一来，核电站从20世纪70年代中期开始迅速增多。㊵

但是一旦石油价格回落，不可避免地会出现能源资源竞争势头衰退的现象。在进入规章制度宽松、促进自由竞争的时代，国家无法怂恿电力业界开发核能，电力公司也需要大量资金进行其他投资计划。核能设备的生产企业也开始谨慎投资。

另外，美国［三里岛（Three Mile Island）］在1979年，以及俄罗斯［切尔诺贝利，（Chernobyl）］在1986年都发生了重大事故。尤其是在切尔诺贝利事故中，核辐射造成了重大损害，加上日本国内在20世纪90年代也发生了多起稍严重的事故（福岛第二核电站等），导致对核能的安全性有了怀疑，所以不得不缩小核能发电的推进势头。㊶

但是一进入20世纪90年代，地球温室化问题日趋严重，成为国际性课题，1992年在巴西里约热内卢召开了“联合国环境与发展大会”。此时，核能不排放二氧化碳的特点再一次受到瞩目。美国在20世纪90年代末期由于经济复苏，再次审视核能发电。虽然美国在三里岛事故后，压制新的核电站开发，但在2001年初，布什（George Bush）政府任命了能源政策（national energy policy）特别工作小组（task force），开始重新探讨核能的使用。㊷ 2008年英国（1月）和意大利（5月）分别宣布重新评价核能。㊸ 日本也开发了“改良式沸水反应堆（Advanced Boiling Water Reactor，简称AB-WR）”等㊹，结束了核电的冬季。㊺ 对于核能机械制造商来说，也产生了新的需求。21世纪初，在世界各地，用较低的费用在交付期内建造核电站时，不可能没有日本制造商的参与。

㊵ 在设置核电站时，地方自治体和电力公司会签订安全协议（绅士协议）。

㊶ 福岛事故中，虽然明白问题所在，但由于是在正月，所以要持续运转是个难点。

㊷ 在美国，2008年之前的30年间，一座新的核电站都没有建成。与之相对的是法国，当时法国发电量的大部分（约70%）都依赖核能。2008年时，核能发电得到最有力推进的是芬兰，主要是由于本国排出的废料由本国自己处理，这样的计划得到了国民的支持（与此相反，委托给俄罗斯处理的替代方案未被采纳）。

㊸ 在东欧，（保加利亚等国）也有类似的动向。

㊹ 下一段中提到的改良和大型化后的沸水型反应堆提高了发电能力，采用了电子技术等，改善了安全性。在日本投入商业使用是始于1996—1997年（柏崎刈羽6、7号）。

㊺ 2008年主要的核能区域是：青森、福岛、福井、新潟，日本国内的核电站有55个反应堆（站点数为22个）。［根据新的规定，以增加设备为中心进行扩充。但由于2005年（认为福井县“文殊”核电站的建设是正确的）最高法院的判决（参照本书第349页注㊾），时隔30年终于能够在山口县建设核电站。］

核燃料循环的相关政策[46]

核电站（原发）是在核反应堆中引起浓缩铀 235 原子的核分裂，这时产生大量的热能，通过这些热能生成水蒸气，带动涡轮机的旋转，进行发电。

铀是一种浓缩燃料，在使用 3 年后成为乏燃料，从核反应堆中被取出，通过再次处理，可以成为核燃料重新投入使用。像这样从燃料的挖掘到乏燃料的再处理，整个流程被称为核燃料循环。商业上使用的核燃料循环开发始于 20 世纪 80 年代。核燃料循环的基础是铀浓缩工厂、核燃料再处理工厂、放射性废弃物处理设备（高级、低级）。1985 年 4 月决定在青森县 6 个村设立铀浓缩工厂、再处理工厂，以及低级放射性废弃物中心。但是，对于乏燃料再处理产生的高级放射性废弃物，其处理地点一直没有着落。1992 年 3 月，建设了用于发电的铀浓缩工厂。1992 年 12 月，低级放射性废弃物埋设中心开始动工。另外，再处理工厂也从 1993 年开始建造，进行了被称为激活试验的试运行。试运行原定于 2009 年 2 月结束，但由于接连不断的麻烦而被延期至 2010 年 10 月。之后又公布至完成还需延期 2 年，核电站的运营一直没有着落。

上述在核反应堆中使用的乏燃料（燃料棒等），包含了中子与铀 238 冲突时生成的钚 239。钚 239 在自然界中是不存在的[47]，而且具有很高的毒性，是制作原子弹的材料，是一种非常危险的物质。这一类乏燃料的处理方式分为直接扔掉的一次性方式和循环方式。如果采用后者，那么乏燃料的再处理就是不可欠缺的部分。乏燃料循环方式分为使用轻水反应堆等非增殖反应堆的形式，以及使用快中子增殖反应堆的形式。前者的核燃料有效利用率最高只能达到 10% 多，而后者最大可以达到数十倍。所以从有效利用铀资源的观点来看，使用快中子增殖反应堆（Fast Breeder Reactor，简称 FBR）是最理想的方式。

但是，日本在研究开发中的快中子增殖反应堆的原型堆“文殊”（预定电力输出功

---

[46] 核能发电的解释，参照了电力事业联合会《学习电力的构造→发电的构造→核能发电》（http：//www. fepc. or. jp/learn/hatsuden/nuclear/index. html，登录时间：2010 年 12 月 30 日）、山贺进《你们的地球变成了什么样，又将会变成什么样——无法取代的地球》4. 核能（http：//www. s－yamaga. jp/kankyo/mokuji. htm，登录时间：2010 年 12 月 30 日）等。

[47] 钚元素是在中子与铀 238 冲突时产生的。

率28万千瓦，位于福井县敦贺市）[48]，在1995年钠蒸气泄漏事故后不得不停止运行。需要攻克的技术问题依然存在，直到2011年也无法用于实践。[49]“文殊”事故对快中子增殖反应堆的开发以及核燃料循环事业整体带来沉重的打击。说到底，再处理事业就是带有核扩散风险和不经济等问题，与具有高效利用铀资源以及减少高级放射性废弃物两个优点的快中子增殖反应堆相结合，才具有了最初的意义。

但是，重新评价核燃料循环事业的意见并未被完全重视，通产省综合能源调查会在1997年1月再次确认了核燃料循环推进政策，提出在轻水反应堆中燃烧钚混合燃料，推进钚轻水慢化反应堆应用计划。[50] 核能委员会也接受了相关提议，决定在轻水反应堆中使用钚元素，促进再处理事业发展。同年2月，举行了核燃料循环开发推进相关的内阁会议。之后2009年在玄海核电站，以及2011年1月在福岛第一核电站，开始使用MOX燃料进行钚轻水慢化反应堆发电。[51]

不管使用什么方式处理，都无法完全排除半衰期超长的乏燃料的放射能。所以，围绕核能利用，特别是围绕乏燃料的处理，在未确定最终处理场所这一点上，国内形势将持续严峻。

核能安全措施

每当国内外核能设施出现重大问题时，日本核能相关政策都会发生变化。这是因为想要从已有事故或异常中得出教训，以采取措施防止同类事故或异常重演。

比较早的一次事故发生在1974年，核动力船“陆奥”在初次航行试验中检测到放射线泄漏，1975年组织了再次商讨核能行政的有沢恳谈会（核能使用恳谈会），其报告书（1976年）提出了核能规章制度的统一化。[52] 所以，各设施都确立了其管理机构，

---

[48] 为了了解技术性能、面向实用化和大型化的技术课题的确认、经济性目标等内容而设置的核反应堆被称为“原型堆”（prototype reactor）。以日本的快中子增殖反应堆为例，首先建设作为“实验反应堆”的“常阳反应堆”（热能输出功率100兆瓦），然后建设原型堆“文殊”（热能输出功率714兆瓦）。如果原型堆的实用化成为可能，就可以依次推进“实证反应堆”“实用反应堆”的开发，输出功率也能依次变大。

[49] 文殊于1970年开始设计，1985年开始建设，1995年首次发电。这期间，1985年当地居民向国家提起行政诉讼，要求判决设置许可无效，但2005年5月最高法院撤销了名古屋高院关于核反应堆设置许可无效的判决，驳回了原告诉讼。

[50] Pluthermal，是钚（plutonium）和热中子反应堆（thermal-neutron reactor）相结合造出的日式英语单词。

[51] MOX是Mixed Oxide（混合氧化物）的简称，是铀和钚以氧化物的形式混合后得到的燃料。

[52] 当时是基于《核反应堆等规范法》和《电力事业法》等规章制度（通产省管理后者），因此实施了多阶段的规范（东京电力进行了设计，科学技术厅提出设置许可申请，通产省提出了详细设计之后的工程认可申请以及运输许可申请等）。

谋求对各设施实施统一的规章制度（商业用核反应堆由通产省、研究用核反应堆由科学技术厅管理等）。1978 年，分别设立了商业用和研究用安全规章制度，资源能源厅的组织也与此相结合。

1979 年，在美国三里岛发生核电站事故之后，日本终止了 PWR 的运行，引入了核电站营运管理者制度。1981 年，敦贺发电厂发生放射性物质泄漏时，下达了停止营运核电站的命令。此外，1986 年 4 月，苏联发生切尔诺贝利核电站事故，核能的安全性成为世界性问题。像这样，虽然核能开发的速度被放缓，但是构筑核燃料再利用（再处理、废弃等）的活动却在稳步进展中。

然而，1995 年 12 月动力反应堆核燃料开发公司（动燃）的快中子增殖反应堆"文殊"发生钠泄漏事故，1997 年 3 月动燃东海再处理设施发生爆炸事故，1997 年 4 月动燃新型转换堆"富源"发生重水泄漏事故，1999 年 9 月 JCO 股份公司加工铀的设施发生临界事故。这些重大事故的相继发生，使国民对核能安全性的信赖产生了动摇，同时由于核燃料再利用相关设施的一系列事故，以及 1997 年 6 月法国快中子增殖反应堆超级火凤凰的关闭通知，核燃料再利用政策的进展并不像当初期望的那样顺利。

以 1999 年 JCO 临界事故为契机，日本制定了《原子能灾害对策特别处理法》（法律第 156 号），原子能经营者要履行向国家通报的义务。另外，在 2000 年 4 月单独成立了原子能安全委员会，扩充了该委员会的事务局体制。在 2001 年，以省厅重组为由，决定将试验研究反应堆、核燃料使用设施以外的所有原子能设施由经产省集中管理，为了加强体制，在该省的资源能源厅内设置了原子能安全与保安院。

原子能政策纲要

21 世纪初期，国家的原子能对策方针被汇总到（本节开始时提到的）《原子能政策纲要》（内阁会议决定，2005 年 10 月 14 日）和《原子能立国计划》（资源能源厅，2006 年 8 月）中。其中前者为：

> 核电为防止地球温室效应和我国的能源稳定供给做出了贡献。为了今后从公共福利的角度将这些贡献维持在最合理的水平上，国家应该稳步推进作为基础电源的核电。[53]

---

[53] 原子能委员会，《原子能政策纲要》，2005 年 10 月 11 日，第 32 页。

前者还包括“目标是在2030年之后，核电保持目前约占总发电量30%~40%的水平，或超过这一供给比例”。[54] 而后者的内容有，改善环境以能够顺利实现核电站的新设或增设、对已有反应堆的正式改建进行投资，同时，致力于选定高放射性废弃物的最终处理设施候选地点，对永久放射性废弃物（深于300米的）进行地下掩埋处理并使其制度化。

当然，2011年3月福岛第一核电站事故对该纲要及计划提出了重大质疑。与核能安全相关的行政工作也从经济产业省移交到环境省。在追查事故原因的同时，围绕温室效应及稳定供给等，必须从新的观点再次讨论日本能源政策的诸多问题。

第6节　节能

到此为止涉及的都是能源供给方面的措施。而本节的主题是节能。

首先，看一下与能源利用相关的统计数据。如表9.2，为了将能源资源（称为一次能源）转换成能够用于生产及消费的能源形态（称为二次能源），约20%~30%的能源资源作为促进转换的能源而被利用。2000年之后，二次能源消耗量的增长速度减缓，这主要是受到用于物品生产的能源的增加量在2000年后出现减少的影响。另一方面，从20世纪60年代中期到2000年，与流通和服务、运输以及家用这三个门类相关的能源消耗一直呈现上升趋势。

表9.2　能源平衡的演变：1965—2005年　（单位：百亿千卡）

年度	一次能源总供给			二次能源总供给					
	总计	一次能源的输出与库存	转化成的二次能源	总计	物品生产	流通与服务	运输	家用	作为非能源使用
1965	168909	16615	43757	108537	67848	8004	19055	10696	2934
1970	319708	23036	85446	211226	136251	16335	34273	18329	6038
1975	366224	22741	92400	251083	148940	23989	46295	25574	6285
1980	397199	16900	115758	264541	146139	26362	55003	30120	6917
1985	405323	11953	122825	270545	138561	28913	58880	36883	7308
1990	486310	20042	143398	322870	160864	36467	74386	42381	8772

[54] 原子能委员会，《原子能政策纲要》，2005年10月11日，第32页。

（续表）

年度	一次能源总供给			二次能源总供给					
	总计	一次能源的输出与库存	转化成的二次能源	总计	物品生产	流通与服务	运输	家用	作为非能源使用
1995	543909	23100	162014	358795	169837	43608	86640	50573	8137
2000	558651	23629	159282	375740	178174	46973	90740	52689	7164
2005	565087	24871	170241	369975	171449	46875	90699	55595	5357

注：1. "转化成的二次能源"包括在发电、家庭发电、热供给、煤气供给、焦炭制造、石油提炼以及石油化学等领域中转化成的二次能源、能源转换部门的自身消耗、送电线路消耗以及统计误差。

2. "物品生产"是制造工业和农林渔业的总和。但是，2000 年的"物品生产"数值根据出处文献第 64 页的值对该文献第 40 页的值进行了修正。

3. "流通与服务"是事务所和写字楼、百货商店和超市、小卖部、饭店、学校、酒店和旅馆、医院、娱乐场所以及其他的总和。

4. 由于四舍五入的原因，总计栏的数值与原表格数值有不一样的地方。

资料来源：日本能源经济研究所计量分析组编，《EDMC 能源 · 经济统计要览 2010》，节能中心，2010 年 3 月，第 36 页、第 40—41 页。

从物品生产、第三产业、运输以及家用的能源消耗趋势的结果可以看出，分配到物品生产的二次能源的比例在 20 世纪 70 年代之后稳步递减（参考表 9.3）。这是这一时期能源消耗的显著特点。

表 9.3　二次能源分配的变化：1965—2005 年

年度	二次能源使用方（%）						最终使用量（百亿千卡）
	物品生产	流通与服务	运输	家用	作为非能源进行利用	总计	
1965	62.5	7.4	17.6	9.9	2.7	100	108537
1970	64.5	7.7	16.2	8.7	2.9	100	211226
1975	59.3	9.6	18.4	10.2	2.5	100	251083
1980	55.2	10.0	20.8	11.4	2.6	100	264541
1985	51.2	10.7	21.8	13.6	2.7	100	270545
1990	49.8	11.3	23.0	13.1	2.7	100	322870
1995	47.3	12.2	24.1	14.1	2.3	100	358795
2000	47.4	12.5	24.1	14.0	1.9	100	375740
2005	46.3	12.7	24.5	15.0	1.4	100	369975

资料来源：日本能源经济研究所计量分析组编，《EDMC 能源 · 经济统计要览 2010》，节能中心，2010 年 3 月，第 36 页、第 40—41 页。

节能对策

节约能源（节能）政策涉及规定（以后称为《节能法》）、补助金、税制、财政投融资等政策。这里节能规定是指《合理利用能源相关法律》（1979年法律第49号，简称《节能法》）的制定及其修订结果。该法律以石油危机的到来为契机，并以“确保与国内外能源的经济、社会环境相适应的燃料资源的有效利用”和“全面推进工厂与公司、运输、建筑物、机械用具相关能源的合理利用的必要措施”（第1条）为主要目的制定的。

《节能法》从根本上是能源使用方法相关规定的集合。比如，在钢铁业中，通过工序连续化节省能源、通过安装余热利用装置［高炉压力回收涡轮发电设备Top Recovery Turbine（简称TRT）等］降低消耗的能源等，在水泥制造工序中利用干法窑，在化工厂中促进改善设备运转的工作效率等。其目的是为了鼓励对能源进行合理的管理，减少能源消耗。政府为有助于实现这一目标的技术开发提供支援。

还有一些详细的促进节能的方法，比如鼓励贴标签、为销售店提供优良标识、为热水器和空调提供补助金、为住宅和运输业者以及货主提供各种各样的补助金、促进环保驾驶（削减家用车二氧化碳排放量的运动）的普及，以及减少节能效果好的车型的所得税和重量税等措施。

1979年制定了《节能法》之后，以石油危机为契机，实际GNP的单位能源消耗量得到明显改善，截至2008年，缩减了约30%［参考图9.2（A）］。这是全体国民共同努力的结果。作为专门针对工厂的能源规定，1993年7月内阁会议决定了“合理利用能源相关的基本方针”，增加了能源利用量较多的工厂应定期报告节能工作的义务并强化了确保处罚规定等其他节能工作实际效力的措施。[55] 此外，启动技术开发计划（“月光计划”），致力于节能技术开发等工作发挥了巨大作用。

之后，1992年召开了里约热内卢峰会，地球温室效应问题受到广泛关注，要求产业界按照1993年修订的《节能法》履行定期汇报的义务，同时节能还被追加到

---

[55] 1993年7月15日《通商产业省通告》第361号指出，“为了促进工厂、建筑物、机器用具等相关能源利用的整体合理化，制定了一些必要的项目，并倡导开发与普及使能源利用合理化的技术，导入并普及有效的地区能源供需系统”（《合理利用能源相关基本方针》，《通产省公报》，1993年7月9日刊载）。出于对原本就很高的国内能源利用量进一步增加、国际性能源供需困境的危机，以及因利用能源而排放二氧化碳等导致地球温室化等的担心，2006年3月14日内阁会议修订并通过了这一基本方针。

NEDO（新能源和产业技术综合开发机构）的业务中。此外，1998 年将全年的能源利用量超过 3000 千升或用电量超过 1200 万千瓦的能源管理指定工厂的名称变更为“第一类能源管理指定工厂”，出台了需要设置能源管理员的命令。[56] 1999 年修订《节能法》时，作为促进民生和运输部门节能的一种手段，以被称为“顶级选手”的最佳产品的标准对机械用具的节能标准进行了补充（称为“顶级选手方式”）。也就是说，确定并公布了基于“顶级选手”的节能标准值及其完成时限，促进各企业实现这些目标。

在 2001 年以前，法律的对象仅限于利用量超过 3000 千升的 5 种制造工业，2001 年这种状况发生了改变，扩展至所有行业，在建筑物等建设工程中也采取了节能措施。此外，作为联合国环境开发会议的成果，《京都议定书》开始生效，因此 2005 年对节能法进行了修订。也就是说，为了符合该法的宗旨，修订了（a）使用热和电的总和（但是降低了标准数值的基准），（b）扩展运输业的范围，（c）将建筑物、住宅（高级公寓）也作为对象，以及（d）修理也需要进行申报。

作为节能法制及在此基础上施行政策的结果，包含物资和服务在内的物品生产门类消耗的能源从 1975 年之后开始减少，在 1985 年到 2000 年的 15 年，增长了约 29%，但是在此之后再次减少（在 2000 年到 2005 年的 5 年间，减少了约 4%）。2000 年之后，运输业能源消耗的增长也出现了停滞。[57] 相应地，家用门类的能源效率虽然得到了改善，但是由于家庭户数增加、每户家用汽车增长、住宅占地面积增大等原因，从 1970 年到 2000 年，能源消耗量确实出现了增长。然而 1985 年之后，家用门类消耗量的增长速度有所降低（参考表 9.2）。

节能规定与环境规定不同，更容易构建政府与企业携手共进（双赢）的关系。因此，节能规定顺利实施的例子有很多。尤其是顶级选手方式不仅是世界上独一无二的设定目标的方式，还催生出超过预期的成绩。为了改善 1970 年之前对石油依赖度过高

---

[56] 同时，要求新分类的“第二类能源管理指定工厂”（每年能源利用量超过 1500 千升或用电量超过 600 万千瓦的工厂）履行选任能源管理员的义务（参见上述橘川武郎《资源能源政策》第 11 章“节能政策”）。

[57] 制造业中，能源消耗比例最大的是钢铁业和化工业，然而，1980—2000 年，钢铁业所占比例逐渐减少，化工业仍旧保持小幅增长，所以到了 2000 年后，化工业成为能源消耗最大的产业。除此之外，在同一时期中值得关注的、能源消耗比例发生变化的有“烧窑业和泥石”比例降低，而“其他”比例增加（参照日本能源经济研究所计量分析组编《EDMC 能源・经济统计要览 2010》，节能中心，2010 年 3 月，第 68—69 页）。“其他”所占比例的上升反映出这一时期产业结构的变化。

的情况，国民都有必须进一步努力的意识[58]，所以在观察期内日本的节能成绩（比其他国家）相对较好。当然，还有改善的余地。[59]

将上述节能动向放到历史的脉络中，综合观察明治时期工业化开始之后能源消耗量和实际 GNP 的变化，可以得到图 9.2（A）。也就是说，从 19 世纪末期到高速发展期，能源的平均生产率呈降低趋势（虽然战败后不久呈现暂时性改善，但是这是由于战祸导致的损失，而不是趋势发生了改变）。然而，从 20 世纪 70 年代后半期到 90 年代初期，趋势发生了急剧的反转。这也许反映了以通产省为中心开展国民节能工作的成果。事实上，如图 9.2（B）所示，这一时期制造业能源效率得到了显著改善。流通服务业和货物运输业虽然不像制造业那样明显，但是也能看到改善能源利用率的萌芽。

与此相反，作为狭义的“民生部门”的家用和旅客运送业的低效能源利用趋势，一直持续到 20 世纪 90 年代末期。由此可知，日本节能的要点是在家用和旅客运送方面。但是，2000 年过后，这些门类的低效能源利用也逐渐呈现停止的态势。

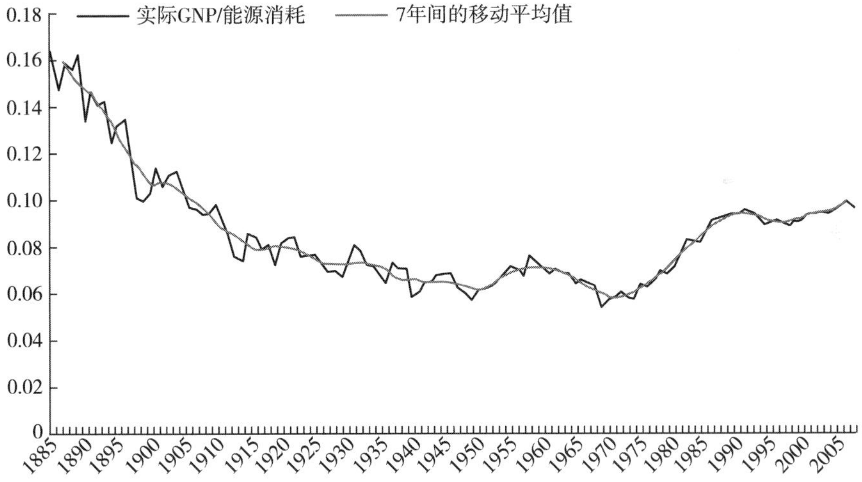

图 9.2（A）　（平均）实际能源生产率的趋势：1885—2008 年
［每千卡能耗的产值（日元）：以 2000 年价格表示］

---

[58] 假如全世界的能量消耗单位与 2008 年的日本保持一致，温室效应会降低至 66%。

[59] 为了鼓励普通家庭节能，出现了想要修改《节能法》的动向（将顶级选手方式引入住宅等）。

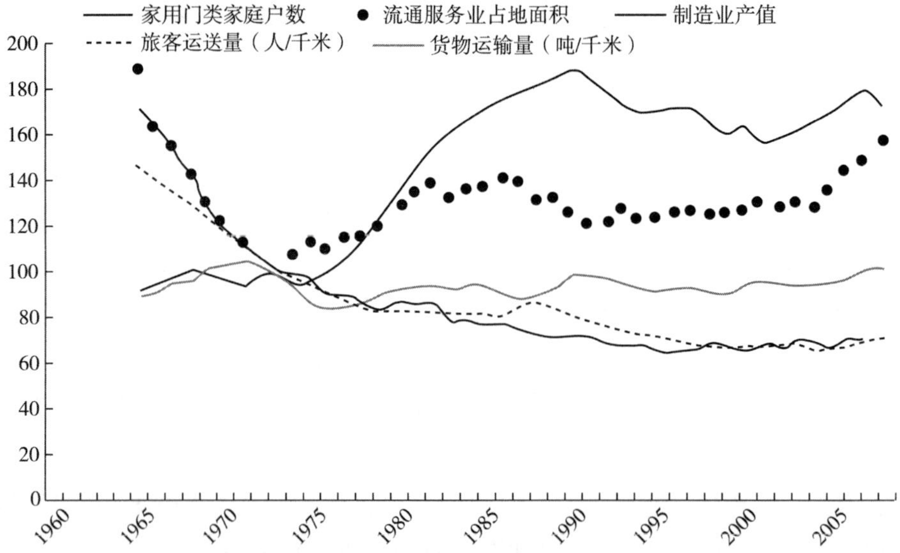

图 9.2（B） 各门类能源消耗效率

[每单位能耗的产量（工作量）：1973 年 =100]

注：1. 1885—1950 年的占 GNP 比例为历年值，1951 年之后为年度值。实际 GNP 用2000 年的价格标示。1945 年的值由直线插补补充。

2. 各门类的消耗效率是用表示各门类活动的数值指数（家用为户数，流通服务业为占地面积等）除以对应的消耗卡路里的指数的值。

3. 原始数据收录在 RIETI 主页“通商产业政策史总论篇附属统计表等”中。

资料来源：根据日本能源经济研究所计量分析组编，《EDMC 能源 · 经济统计要览 2010》，节能中心，1993 年版，第 66 页、第 70 页、第 90 页、第 104—105 页；2010 年版，第 72 页、第 92 页、第 116 页、第 130—131 页、第 280—287 页计算得出。

第 7 节 能源业的行政变化

在这里，以放宽限制为中心，列举了电力业、煤气业、石油业等能源领域主要产业的行政变化。

电力与煤气市场的自由化

作为公共事业的电力业和煤气业需要同时满足作为“能源政策基本法”课题的确保稳定供给、适应环境、活用市场原理三个目的。但是从历史看，开始关注活用市场原理的时间比由于石油危机而开始强调稳定性的时间晚了很多，1990 年，受到规制改革及促进竞争等议论高涨的影响才开始关注，其结果是强调小型政府和放宽规定的国际舆论高涨，国内就国内外价格差以及经济的“结构性问题”争执不下，电力和煤气自由化的落后遭到批判。

在1995年开始的第一次电力“自由化”（正式名称为电气事业制度改革）中，创立了大型电力运营商可以自由参加的制度以及向限定地区供应电力的特定电力运营商制度。此后在1999年开始的第二次自由化中，大宗需求者可以自由选择电力供应商，实现了电力零售的部分自由化。电费在1980—2000年间下降了约25%[60]，然而并不能确定其中有多少是由自由化引起的。[61] 煤气供应产业也实施了与电力一样的自由化。[62]

接着，在第三次电力自由化中（2003年），扩大了零售自由化的范围。此外，设立了批售的电力交易所，以进行弹性化供应。此后，自2008年起，实施了第四次制度改革。然而，在这一阶段，零售自由化只不过3%。[63]

石油流通政策

第一次石油危机时，由于原油价格高涨，需求减少，供油设施相对过剩，出现了汽油销售混乱期（廉价出售）。因此，为了恢复行业的秩序，1976年制定了《挥发油销售行业法》（法律第88号），要求汽油（挥发油）经销商在通产省登记，此外，当经销商“以与标准价格相差非常大的价格销售汽油时，通产省在听取石油审议会的意见之后，为了改善事态，可以劝告其采取必要的措施”（第19条）。[64]

在发生石油危机之前，汽油销售业界一直紧随石油提炼行业之后。所以，如果对提炼行业（生产商）放宽限制的话，销售行业（批发或零售）的规定自然也会随之放宽。然而，一直以来，由于提炼商兼任批发商，而且以便宜的价格批量销售的意向很强，从而放纵了销售行业。也就是说，无论是对批发商还是零售商而言，形成市场竞争力并不容易。由于这样的情形，汽油供油设施（加油站）有供给过剩的趋势，从购

---

[60] 在同一时期内，电费降低了约22%（参照日本能源经济研究所计量分析组编，《EDMC能源·经济统计要览2010》，节能中心，2010年，第52—53页）。

[61] 山口聪，《电力自由化的成果与课题——欧美与日本的比较》，国立国会图书馆ISSUE BRIEF，No. 595，2007年9月25日（http：//www. ndl. go. jp/jp/data/publication/issue/0595. pdf，登录时间：2011年10月14日），第7页。

[62] 1980—2000年间，面向企业征收的城市煤气费降低了约29%（面向消费者征收的约为8%）。然而，2005年之后，电费和城市煤气费都再次出现了上涨的趋势（资料的出处与上述注释相同）。

[63] 德国是20%。本书记录的自由化开始的年度参照东京电力网站（http：//www. tepco. co. jp/ir/kojin/jiyuka－j. html，登录时间：2011年10月14日）。

[64] 到1995年成为《关于确保汽油等品质的法律》（1996年4月1日实施。但是，其中一部分从1996年2月1日开始实施）。

买人数的比例看，是欧美各国的两倍。

虽然得到石油业法的庇护，1984 年，神奈川县加油站从业者还是提出了以前从未要求过的石油产品（从新加坡）的进口许可申请，如何处理这件事成为需要紧急讨论的事项。提炼商遵照“消费地提炼主义”进口并提炼原油，并向国内供应石油产品，而限制石油产品进口的做法已经无法适用了。其中也有来自美国的石油提炼独立经销商的进口自由化的压力。

围绕进口石油产品的是与非，通产省内部进行了激烈的讨论。从其初期开始，石油交易的限制方式就成为焦点。讨论的结果是，虽然认可了石油产品（汽油、轻油、煤油等）的进口自由化，但是由于立刻在国内实施交易的全面自由化会带来混乱的局面，因此制定了以十年为期限的《特定和石油产品进口临时措施法》（1985 年法律第 95 号，简称《特石法》）。《特石法》规定了（1）储存石油能力，（2）调整产品品质能力，（3）能应对产品进口量变化的国内替代生产能力，同时具备以上三个条件的经销商才有资格进行石油产品的进口注册登记。[65] 但是，这部法律虽然承认了进口自由化，却不是真正的自由化，事实上，也批判过这部法律将进口经销商仅限定为提炼商及批发商。

在反复讨论石油产品进口问题的同时，应该下决心进行真正的自由化的想法在通产省内部成为主流。结果，《特石法》（尽管有行业主张继续使用这部法律）被废除（1996 年）。石油产品进口转变成许可批准制[66]，此后，许可批准制于 1998 年末被废除，变成进口自由（承认制度）。1998 年，石油审议会（石油部会基本政策小委员会）建议废除除紧急情况之外石油提炼行业供需调整的限制。受此影响，《石油业法》于 2001 年废除。这样，石油产业的自由化进程告一段落。

1986 年后期到 20 世纪 90 年代末，原油价格（除 1990 年 8 月伊拉克对科威特的军事行动引发的石油禁运时期）在较低的位置上稳定变化（参考图 9. 1）。此外，由于石油替代能源和节能在国内推广，石油产品的供需并没有特别窘迫，所以避免了石油价格的高涨。可以说在 2000 年初期，日本的汽油价格（不含税）与其他国家相比变化很

---

[65] 《特石法》要求进口业者履行登记及申报的义务，其根据是《石油业法》（1962 年法律第 128 号）。《石油业法》规定了（1）由通产大臣制订石油供给计划，（2）新设或增设石油提炼产业及特定提炼设备的许可制，（3）申报进口石油与销售石油产品计划的制度，（4）（根据需要）由通产大臣通告石油产品基准销售价格的制度等，主要对象是石油产业的“下游”部门，也就是提炼和销售。然而，本文中记载的莱昂斯石油由于调度进口所需资金时出现困难，并没有完成其目标。

[66] 此时，与《特石法》一起，还就矿物资源政策重新进行了探讨。金属矿业事业团的重新评估（后述）作为其中一个环节得以实现。

小。于是，由于放宽限制，收益失去了制度性保障，此外，自由化也得到了发展，结果出现了很多废弃的加油站。这些可以说是20世纪末期石油行业的变化给消费者生活带来的最大影响。

然而，在世纪末的数年中，俄罗斯等国限制能源资源产业引进外资，减少能源出口等，资源民族主义也在国外出现，能源外交的重要性不断增长，与此同时，从纵向和横向两个方面开始关注日本能源产业组织的应有状态。[67]

第8节　矿物资源

这里所说的矿物资源由有色金属、稀有金属（rare metal）、稀土（rare earths）以及非金属矿物4种非矿物资源组成。

矿物资源作为工业生产活动的原料是不可或缺的。[68] 商工省认识到非化石矿物的重要性，在战败后不久的1945年8月设置了矿山局，并在矿山局中设置了有色金属课和矿业课，并且还将国内的矿山作为这一时期的政策对象。这是因为国内的矿业活动吸引了主要的关注。

这些产业中，现代日本必需的矿物资源多数都依赖进口。而且，产业中所需的矿物资源对国外供应的依赖程度也在高速增长期后急速上升。现在，对于除煤炭、石油、天然气之外的重要矿物资源而言，日本的供给情况如下表所示（表9.4）。

一般对于日本经济而言，最理想的是能够从供应商那里以稳定并且尽可能低的价格获得这些矿物资源的供应。然而这些资源大致都有以下显著特点：（a）稀少且在地理上有不均匀性，因此（b）（假设即使不在国家管理之下）供应垄断的情况很多，（c）不仅难以用其他资源替代，（d）而且进行开发投资后取得成果的可能性不高（即使有成果，也需要花费很长时间）。由于这些特点，即使一个地区的矿物资源供需条件发生微小的变化，也会给其他地区和产业带来较大的价格变化。[69] 而且，必须明白一个地区的矿物资源消耗情况的变化（比如，中国对铜的需求上升）会波及其他地区的经

---

[67] 需要以澳大利亚、沙特阿拉伯等国为对象，仔细推敲除能源之外的稀有金属、铀、矿物资源等资源外交战略。

[68] 日本工业化初期的机械工厂很多是煤炭矿场的附属物，大正时期的高收入人群中也有不少跟矿场有关。这些事实反映出矿产资源在工业化进程中的重要性。

[69] 对矿物资源的供需变化带来的价格效果进行验算的有，比如，经济产业研究所及社团法人资源和原材料学会的《主要矿物资源的供给障碍对日本经济的影响的相关调查研究》（2002年3月）（http://www.rieti.go.jp/jp/projects/koubutsu/4dail.pdf，登录时间：2011年1月4日）。

表 9.4　有色金属的进口与其特点

有色金属名称	主要用途	○是稀有金属	○是储备的对象	日本的主要进口国及其占所有进口量的比例（2005 年）	世界每年消耗量	日本每年消耗量	日本占世界消耗的比例		每吨美元（2003 年市价）	日本每年预计的消耗金额（万美元，2003 年市价）	占国内原材料的预计再利用比例	
					万吨	万吨	%	年度			%	年度
铟	透明电极（液晶屏等）	○		中国 70%	0.0351	0.0211	60.1	2002	182500.0	3851		
钴	耐热合金（喷气式发动机、汽车零件）磁性材料、充电电池（锂电池等）	○	○	加工后，芬兰、澳大利亚、加拿大等	5.0	1.3	26.0	2005	23480.0	30524	7	1999
稀土	稀土类磁铁	○		中国 90%	8.4	2.0	23.8	2003	6800.0	13600		
铂	用于汽车的催化剂、电子零件				0.0208	0.0041	19.7	2005	22194212.2	90996		
钼	用于构造的合金钢（普通机械、造船、建设）	○	○	智利 45%、中国 15%	17.3	2.9	16.8	2005	11490.0	33321	14	2003
镍	不锈钢、IC 材料、充电电池材料、用于构造的合金（汽车、船舶）	○	○	印度尼西亚 44%、菲律宾 14%、新喀里多尼亚 13%	124.0	17.5	14.1	2005	8800.0	154000	44	2003

（续表）

有色金属名称	主要用途	○是稀有金属	○是储备的对象	日本的主要进口国及其占所有进口量的比例（2005年）	世界每年消耗量	日本每年消耗量	日本占世界消耗的比例		每吨美元（2003年市价）	日本每年预计的消耗金额（万美元，2003年市价）	占国内原材料的预计再利用比例	
					万吨	万吨	%	年度			%	年度
钒	催化剂、用于超导的材料、用于输油管的钢管	○	○	南非49%、中国25%	8.8	1.0	11.4	2005	10220.0	10220		
钨	催化剂（脱硫用）、超硬工具、特种钢	○	○	中国79%	8.8	0.8	9.1	2005	$46/MTU			
铜	电线、伸铜品、电子、机械				1682.0	123.0	7.3	2005	1710.0	210330	14	2004
锌	镀金钢板、压铸、合金				1039.0	60.0	5.8	2005	827.5	49650	16	2004
锰	普通钢、特种钢	○	○	南非47%、澳大利亚23%、中国19%	1963.0	113.0	5.8	2001	460.0	51980		
铅	蓄电池、无机药品				753.0	29.0	3.9	2005	514.8	14929	57	2004
铬	超级合金（原子反应堆材料、飞机零件）、铝合金	○	○	南非49%、哈萨克斯坦26%、印度9%							26	2003
合计										663401		

资料来源：资源能源厅《最近矿物资源供需动向和矿物资源政策情况》，2006年10月23日。

济活动（比如，结果日本的电线和伸铜制造企业将生产据点转移至中国），矿物资源的供需变化情况与经济行为的国际相关性密切相关。另外，近年来，作为最终商品的新动向（比如，IT 相关产品的急速增加）导致的结果，所需矿物资源的内容也发生了显著变化（比如，稀有金属需求结构的急速变化）。[70]

在以上情况的基础上，作为保障矿物资源需要量的手段，日本拥有人力资源（技术开发能力、经营能力等）、国内外勘探活动及勘探资金。将这些手段组合在一起开展的资源外交是现代和未来日本政府及人民要求的。

20 世纪 60 年代之后，日本的矿物资源政策都以如下不可或缺的四个重点作为核心而开展。[71] 这些重点是：

（a）国内勘探（尽可能有效利用国内的矿物资源）；

（b）维持和发展国外的供应源（寻求进口矿物资源的品质和数量都稳定的供给）；

（c）金属矿产物的储备（为了保障经济安全，手头应长期储备必需的矿物资源）[72]；

（d）防止矿业公害（防止与国内矿物资源相关的事故灾害和公害的发生）。

1973 年之后，负责这些措施的是金属矿业公司（Metal Mining Agency of Japan，简称 MMAJ），该公司于 2004 年与石油公团合并，成为独立行政法人石油天然气与金属矿物资源机构（Japan Oil，Gas and Metals National Corporation，JOGMEC）。

尽可能在国内采购矿物资源是战后一贯的政策方针。因此，矿业审议会开始积极关注锌、金、钨、铜、铅、锰等新矿脉的发现，并通过 1966 年“第一期国内勘探长期计划”指定了 28 个地区，还通过 1973 年“第二期国内勘探长期计划”指定了 25 个地区。截至 2003 年，金属矿业公司进行了 54 次“地质结构的广泛调查”，其中对 9 座矿山进行了开发或扩大规模。至此，截至 2005 年花费了约 426 亿日元，结果从事采矿的国内民营企业新获得的资源量（换算成金额）达到约 4500 亿日元。但是，新的勘探工作逐渐达到极限，上述调查也于 2003 年结束。[73]

从 20 世纪末到 21 世纪初，在日本国内，企业规模为 100 人以上的金属矿物供应企

---

[70] 这个段落参考児嶋秀平的《矿物资源稳定供给论》，经济产业省矿物资源课，2002 年 7 月 12 日（http：//www. reiti. go. jp/jp/projects/koubutsu. pp－lr001－r0712. pdf，登录时间：2011 年 1 月 4 日），第 8—17 页。

[71] 参考上述橘川武郎《资源能源政策》中的图 8. 1。

[72] 《金属矿业公司法》（1963 年法律第 78 号），第 18 条第 10 项。

[73] 最后的精密地质结构调查是在 2006 年。

业有丰羽矿山（锌及铅）和菱刈矿山（主要是金）两家，其他企业主要从事非金属矿物的供应。[74] 因此，这些矿物以外的必需矿物资源不得不从国外购买。上述政策主题（b）对国外资源探索的关注也是出于这个原因。特别是从金额上看，有色金属［基底金属（base metal）］占国外供应非化石矿物资源的40%，其原产地主要集中在数量较少的几个国家。因此，这些供应者多数都有垄断能力，不能忽视他们对非经济性情况的影响（风险）。于是，从购买资源的角度来说，在维持多个供应源的同时，有必要保障自主参与矿物资源的开发与开采（进行“自主开发”，即积极地投入资金），从而确保采购矿物的权利（参照表9.5）。不仅如此，还认为最好是选择进口（不是原料金属）矿石在日本国内进行冶炼的路径。这是为了尽快满足客户对品质及其他方面的要求，活用高科技冶炼技术，开发新型冶炼方法以保持技术性优势，有效活用用于有色金属再利用的原料等需求。[75]

表9.5　有色矿石的自主开发比例　（单位：%）

年度	铜	铅	锌	镍
1989	5.8	4.7	3.8	16.0
1990	5.8	4.7	3.8	21.5
1991	13.6	5.1	4.6	23.1
1992	14.1	6.6	3.4	21.7
1993	14.4	12.4	4.3	19.8
1994	15.2	9.5	6.8	17.5
1995	18.5	11.3	9.6	19.4
1996	21.7	16.5	16.4	25.6
1997	24.6	13.4	15.0	23.2
1998	29.4	10.2	15.4	23.0
1999	32.4	9.4	15.1	21.3
2000	41.3	9.6	17.0	20.7
2001	42.9	4.0	16.4	24.0
2002	41.0	7.1	16.4	22.9
2003	41.6	4.5	13.6	20.3
2004	40.9	7.5	15.1	21.6
2005	39.8	6.9	12.5	26.5

资料来源：日本矿业协会。

[74] 2001年，关闭了从养老年间开始挖掘的神冈矿山（锌、铅、银）。

[75] 児嶋，见《矿物资源稳定供给论》，第20—22页。

作为实现这些目标的手段，1968 年制定了“国外勘探资金融资制度”和“国外开发资金债务保障制度”，1974 年制定了“国外勘探资金投资制度”和“国外共同地质结构调查的辅助金制度”。运用这些制度，进行①国外勘探、②国外地质结构调查，和③资源开发合作基础调查，并取得了成果。[76]

一方面有色金属供应对海外的依赖加强，与此同时，应对供给不稳定和价格大幅度波动的必要性也有所提高。这与国内矿山的废弃有直接关系。开始实施储备制度也是出于这个原因。储备制度最初开始于铜、铅、锌（1976 年），之后于 1983 年将对象扩展至稀金属（稀有金属）。需要储备稀有金属不仅是因为稀有金属的产地具有地理上的不均衡性，还因为推测有不少新兴的发展中国家有可能突然变更和中断生产（表 9.6）。但是，从实际情况看，由于每年稀有金属的需求量比较少，因此为了保证稳定的供给，与其参与国外矿山的开发，不如在进口原料金属后，提供约平均 3 个月的库存更好。因此，为了实践政策主题（c），1976 年制定了“进口稳定化储备制度”，1983 年制定了“稀有金属储备制度”。21 世纪头 10 年的中期之后，（作为稀有金属的一种）稀土的交易量也陷入需求过多的状况。这是由于亚洲地区，特别是中国和印度

表 9.6　稀有金属生产国的不均匀性　　（前三位的份额：2001 年）

金属名	第一位	第二位	第三位
镍	俄罗斯（21%）	澳大利亚（17%）	加拿大（16%）
铬	南非（42%）	哈萨克斯坦（30%）	印度（16%）
钨	中国（83%）	俄罗斯（8%）	奥地利（4%）
钴	刚果（19%）	赞比亚（19%）	澳大利亚（18%）
钼	美国（29%）	智利（26%）	中国（22%）
锰	南非（20%）	乌克兰（13%）	加蓬（12%）
钒	南非（40%）	中国（37%）	俄罗斯（21%）

资料来源：Mineral Commodity Summaries 2002。

[76] 第①条国外勘探中，进行开发的有 80 件融资案中的 3 件、3 件投资案中的 3 件以及 12 件债务担保案中的 12 件；第②条地质调查中，进行矿山开发的有 71 件独立调查中的 8 件、42 件共同调查中的 2 件，还有在第③条 46 个国家 180 个地区合作的基础调查中，有 11 座矿山开始了生产（参考上述橘川武郎《资源能源政策》的第 8 章第 3 节“对国外资源开发的支援”）。

的急速发展，导致亚洲地区的整体稀土需求量上升（并不是因为这些地区舍不得出售）。这就是有必要致力于稀土的储备及再利用（有效利用）的原因。由于稀土是开发高科技产品不可或缺的资源，今后有可能会成为政策课题。[77]

---

[77] 参考八田善明《稀有金属/稀土的战略性和安全保障（从资源的不均匀性和保障政策的观点）》，《外务省调查月报》，2010 年 No. 3（http：//www. mofa. go. jp/mofaj/press/pr/pub/geppo/pdfs/10_3_1. pdf ，登录时间：2011 年 10 月 14 日）。

第 10 章　环境、公害和安全保护政策*

第 1 节　由公害到地球环境

经济增长与环境污染

这里说的“公害”是指伴随工业化进程而产生的大气污染、土壤污染、地基沉降、水质污染、噪声、振动、恶臭等。公害治理对策的课题由（1）抑制、消除这些公害，并对这些公害进行防治（管制）的外部不经济性管理和（2）公害损害赔偿构成。

作为外部不经济性的典型事例，人们对公害的认识大多从矿山污染开始。田中正造正是因为痛斥足尾铜山导致的矿山污染而声名大噪。但是，距离政府将公害的治理预防措施作为政府的政策进行落实仍花费了很长的时间。第二次世界大战后，“见鬼去吧，GNP”论作为高速发展时期的副产品备受追捧①，1973 年经济审议会决定以社会福利类指标 NNW（民生净福利，Net National Welfare）取代 GNP 作为衡量经济的指标并进行试行②，在此之前可以说政府并未认真落实公害的治理预防政策。水俣病事件和骨痛病事件的受害者提出诉讼，法院也承认了最终的管理责任在于国家，自此以后③，作为产业政策的对象，政府才正式制定公害治理对策。④

---

* 经济政策和产业政策负责人提供了很多的指点。特此感谢。

① “见鬼去吧，GNP”是 1970 年 5 月至 8 月刊登于《朝日新闻》的系列报道的标题。

② 经济审议会 NNW 发展委员会编著的《NNW 发展委员会报告——新的社会福利类指标 NNW》，大藏省印刷局，1973 年。

③ 1971 年新潟水俣病事件首次诉讼判决如下：中毒的原因在于企业向阿贺野川排放了甲基汞，应对原告的损害进行赔偿。1973 年熊本县水俣病事件的首次诉讼也是一审原告胜诉。在此之后，1983 年地方法院、2001 年高等法院、2004 年最高法院也分别做出了国家和县也应承担责任的判决。

④ 概括了日本发生过的“公害”及其对策的著作，例如：Shigeto Tsuru，*The politicial economy of the environment*，*the case of Japan*，London：The Athlonl Press，1999。

公害大多为许多非特定原因所致，如家用汽车和飞机导致的大气污染和噪声等。此外，以大气污染为首，海洋污染等不分地域和国境对环境造成影响。因此公害的治理并不是要对收益和生产进行征税，以适当的手段加以应对才是必要的（补助金、税收减征、特别折旧、改变固定资产税的征税标准等）。

无论是从历史看，还是从政策思想上而言，公害治理对策多是被动的措施。但是，对日本四日市事件的公害诉讼做出判决后，1973 年制定了《公害健康受害补偿法》(1973 年 10 月 5 日，法律第 111 号，简称为《公健法》)，这是改变消极政策立场的一大契机。虽然该法规尚难以对公害相关的因果关系做出科学明确的决断，但公害损害应及时给予赔偿成了国民的共识并获得了法律效力。该法规的宗旨是，向（指定区域内）造成污染的污染者征税⑤，并以此为基金对病因认定为大气污染或水质污染的患者给予医疗赔偿，抑或用作劳动能力丧失的损害赔偿或日常生活能力丧失的损害赔偿。

可是，就公害损害赔偿的实施而言，产业界、被赔偿方双方均有不满。一方面，有人指出，尽管通过此后的政策协调和国民的努力，大气污染逐渐得到改善，但缴纳税款的指定区域却并未被废除，由于患者数量不断增加，产业界的负担也只能持续增加。另一方面，也有议论认为，鉴于大气中的二氧化氮仍未得到改善，患者数量实际在增加，赋税不应就这么轻易地转嫁到公共负担上。集中各种意见虽然不易，但结果是，通过 1987 年颁布的《公健法修改法》⑥ 以及此后对必要的政令和省令进行进一步完善，1988 年 3 月 1 日废除了第一类指定区域，并将重点由此前的事后赔偿转变为提前预防损害。

由“公害”到“地球环境”

20 世纪 80 年代以后，公害治理对策的主题变成环境保护，随着其规模扩大到世界范围，反而站在时代的前列。⑦ 政策立场的转变，很大程度上归功于联合国主办的一系

---

⑤　用汽车重量税填补移动污染源（汽车尾气等）的相关费用。

⑥　1987 年 9 月 26 日，法律第 97 号。法律的名称变更为《公害健康受害补偿相关法规》。

⑦　当然，并不是取消了抑制和防止“公害”的要素。比如在这一时期之后开始实行的公害防治法律有《土壤污染对策法》（2002 年 5 月 29 日，法律第 53 号）和《PCB 特别处理法》（2001 年 6 月 22 日，法律第 65 号，正式名称为《与推进多氯联苯废弃物的正确处理相关的特别处理法》）。另外，1970—2000 年，立地公害局在组织上以及负责业务上都发生了丰富的变化。名称也发生了变化。1988 年，该局依据《与破坏臭氧层的物质相关的蒙特利尔议定书》（Montreal Protocol on Substances that Deplete the Ozone Layer）和《与通过限制特定物质等保护臭氧层相关的法律》（1988 年法律第 53 号）对臭氧的排放进行限制（这时首次在《环境白皮书》中提及地球环境），然后，1993 年 7 月 1 日，其变身为环境立地局。原来，在《通商产业省设置法》中并没有“环境”这一术语，因此是否采用这一术语成为问题，在围绕地球环境进行广泛争论的时代，考虑到“公害”不能概括所有情况，进而做出了决定。该局在得到相关各省的理解之后设置了“环境政策课”。

列环境会议，其结果是政策方法论和政策项目也发生了改变。⑧ 顺便说一下，虽然“公害”的加害者和被害者可以是特定的，但如果是氟利昂、海洋污染、全球变暖等“地球环境问题”的话，加害者和被害者是非特定的。此外，与节能措施也密切相关。

如若环境保护和改善的对象和地域不够广泛，则其有效性很难得到保证。因此，首先（a）作为政策制定的前提，一定要把握环境的实际状态（也叫环境评估），其次（b）观察和测量后，制定改善环境实际状态的措施并着手实施。为了实现（a），涵盖规则制定（各对象的测定方法）和专业人才培养等制度的设计是极为必要的。此外，为了实现（b），引入法律制度（氟利昂相关法规、危险废物防治对策等），并开展了需要公民合作的活动（节约能源和垃圾分类回收等）。像大气污染的防治对策等需要国际合作的情况也有很多。

直至1960年末，环境实际状态调查（环境评估）的经验仍近乎为零，其相关技术也未得到普及，研究和开发是极其必要的。居民参与也并未得到保证。因此，为改善大气污染，研发了硫氧化物（SOx）总量监管模型（1974—1976年）和氮氧化物（NOx）预测方法（1976年以后）等，为改善水质，开发了内海模型（1975—1976年）等，实现了根据模拟运算对未来进行预测。所以，为防止作为石油替代能源使用进口煤炭导致大气污染进一步恶化，使用这种方法进行预测和调查，并根据结果实施了政策性指导。⑨ 另外，进入20世纪80年代以来，有机化合物等高科技技术（高科技）导致的污染也作为一大问题受到广泛关注⑩，因此制定并发布了排放标准（1984年），另外还对高科技物资的安全性进行定期检查与评估。⑪

围绕电力进行环境评估时，通产省对每个发电站投入了20亿~60亿日元，对陆地动物（哺乳类和鸟类）、海洋生物、水质、工业污染、土地利用、交通以及其他的社会环境等开展了广泛的高精度调查，并根据其结果制订了开发计划。⑫ 也是由于这一原

---

⑧ 作为事例之一，希望企业宣扬自主培养“防止公害技术员”，努力符合环境规定的企业文化。

⑨ 煤尘污染预测方法的开发（1985—1989年）、燃烧技术和煤烟处理技术的调查（1990年以后）等。

⑩ 1984年10月，美国仙童半导体公司（Fairchild Semiconductor Corp.）的加利福尼亚州南圣何塞（South San Jose）工厂发生了使用过的有机氯溶剂泄露，污染了水质。以此事件为契机，开始寻求对策［参考奥地正《产业结构的变化与国土和环境问题》（上），《立命馆经济学》46卷4号，1997年，第11页］。

⑪ 在此之前，1977年通产省会议通过了《加强与发电站选址相关的环境影响调查及环境审查》（《通产省公报》，1977年7月7日），1979年进行了“与发电站选址相关的环境影响调查及环境审查”的环境审查方针（《通产省公报》，1979年6月30日的环境影响调查纲要）等实质性的环境影响评价。

⑫ 多次召开了当地的说明会。

因，在美国、加拿大、英国、法国、德国、意大利等 OECD（经合组织）成员国中，1989—1992 年间，日本火力发电站单位发电量的 SOx 和 NOx 排放量非常低。⑬

此外，虽然环境厅从 1975 年就开始具体讨论环境影响评估的法制化，但 20 世纪 70 年代至 80 年代，比起环境厅，通产省对环境政策更为慎重。虽然按照个别需求对电力、土木建筑、道路等进行“评价”（assess）是可以的，但如果以通常的、普遍的方式对其进行评价，结果必然也是消极的。⑭ 因为如果引入环境规定相关制度，会给企业的自由行动带来不少官方约束，经济团体联合会（经团联）认为这很麻烦，所以是消极的。⑮ 因此，侧重于维持增长路线的通产省和较为积极地致力于环境保护和改善的环境厅之间，有时（比如，围绕二氧化碳及二氧化氮的排放规定）会有激烈的意见冲突。与此同时，1978 年自民党政务调查会的商工部会做出了环境评估法制化为时尚早的结论。⑯ 此后，相关的政府机关、审议会、政党、国会等展开了长期的议论和辩论后，1984 年 8 月，内阁会议决定实施环境评估。

有趣的是，在此期间，多位历届首相多次发言支持环境评估。1977 年 3 月，福田赳夫首相（在众议院预算委员会上）发言称，“希望更早一些制定关于环境评估的法律”，1980 年 2 月大平正芳首相在国会答复中、1980 年 10 月到 1982 年 9 月铃木善幸首相数次在国会答复中、1984 年 2 月中曾根康弘首相在国会答复中，均对环境评估的法制化表明“积极”的态度。但即便如此，环境影响评估法的制定仍花费了很长的时间，这一事实说明了寻求经济发展与环境保护的平衡是国民大计。

环境基本法与环境影响评价法

1989 年 12 月，决定以 1972 年 6 月斯德哥尔摩“联合国人类环境会议（United Nations Conference on the Human Environment，Stockholm）”召开二十周年为期，于 1992 年

---

⑬ 在 1990 年前后，这 6 国的平均值是 SO_X 约 7.6 克/千瓦时，NO_X 约 3.0 克/千瓦时，而日本的值分别为 0.3 克/千瓦时和 0.4 克/千瓦时（参照通商产业政策史编纂委员会编，山崎志郎编著《日本通商产业政策史（1980—2000）：基础产业政策》，经济产业调查会，2011 年，图 9.6）。

⑭ 顺便说一下，对于电力界，通产省早就开始遵循《电气事业法》（1964 年法律第 170 号）的规定，确认并监督安全，并一直严格执行这一规定。

⑮ 但是，通产省绝对不是坚决反对环境问题的。事实上，1962 年首次制定的大气污染规定［《煤烟的排放规定等相关法律》（法律第 146 号）］就是通产省的提案。

⑯ 尽管商工部会开始的第二天召开的政务调查会环境部会决定向国会提交法案，但是，约 3 周后的自民党政务调查会决定方针，认为该问题需要进一步讨论，推迟了法制化。

召开联合国“地球峰会”（Earth Summit），其影响极为深远。[17] 在峰会终于即将召开的1992年，日本组织了以环境政策为首并将制定《环境基本法》纳入视野的环境基本问题恳谈会（议员志愿集会），桥本龙太郎就任会长。另外，此后不久，宫泽喜一首相（在众议院预算委员会上）谈及《环境基本法》的制定，并开始探讨该法的法制化。

在这一时期，经团联和通产省仍然对环境评估保持谨慎的态度，但是，经团联的态度发生了转变，认为不由政府主导，由民间主导也是可以的。从长期看，社会并不容易接纳向私有收益一边倒的企业（为了收益不顾外部不经济的企业）。这与带头引入资本主义的德川时期大商人们反复提倡的商家家训是一样的。按照现在的说法，也可以说是遵循“企业社会责任”（corporate social responsibility，简称CSR）的思想。确实，（有时作为“町人主义”而被谴责）正是因为追求短期利益才能实现长期的繁荣[18]，但同时，也存在短期与长期激烈抗衡的情况。因此，在提出急需解决公害与地球环境问题初期，经团联的应对态度始终是消极的。

世界的动向就不用说了，既然内阁决议也一贯顺应环保潮流，因此通产省也保持同一步调。公害和地球环境与企业经营密切相关，如果综合考虑到CSR理念及技术也对解决环境问题做出过诸多贡献，还不如转换思维，将制约经济增长的环境问题作为推动经济前进的弹簧加以有效利用。[19] 附带说一下，自1990年休斯敦峰会（Houston Summit）以来[20]，出现了试图通过技术作用谋求示范的国际动向。此外在日本国内还存在诸多特殊情况，由于预测新成立的大型工厂很少，所以判断环境实际评估成为制造业的枷锁的可能性实际上很低；还有不少判决承认建立发电站时国家干涉环评审批手

---

⑰ 地球峰会是“关于环境与开发的国际联合会议”（United Nations Conference on Environment and Development，简称UNCED）的通称。1992年在巴西里约热内卢召开，作为联合国会议，其规模及作为对象主题的包罗性是前所未闻的。

⑱ “町人主义”的概念和批判可参见和辻哲郎，《续日本精神史研究》，《和辻哲郎全集》第4卷，岩波书店，1962年。

⑲ 比如，1990年，将二氧化碳掩埋到地下或海里的技术（Carbon dioxide Capture and Storage，简称CCS。二氧化碳回收存积）得到应用。也有利用海洋微生物使二氧化碳（与光合作用同理）固定化的想法。还出现了促进石油和天然气再生的活动。通产省在1997年以后立足于这些新的思路，开始支持经营（可是，金融市场对环境经济的反应不明显）。另外，从1999年起，开始努力普及（以德国为发祥地的）环境管理会计（内部会计）。

⑳ 休斯敦峰会是日本、美国、英国、法国、联邦德国、意大利、加拿大、欧洲共同体的8位首脑于1990年7月在美国得克萨斯州休斯敦聚会，会上充分地讨论了环境问题。在闭会之前提出的经济宣言中称，“我们认识到在今后数十年里，为了削减二氧化碳及其他温室效应气体的排放，协力开发出节能及其他补充措施新技术、方法的重要性”，“我们非常满意地留意到人类前沿科学计划（human frontier science program）开始成功，并期待着该计划为了全人类的利益，对生命科学基础研究的进步做出积极的贡献”。

续的特例；另外在《电气事业法》中也有相同内容的特例。

《环境基本法》制定于1993年（1993年法律第91号，同年实施），以此为前提，内阁会议决定了《环境基本计划》（1994年12月16日）。㉑ 这样播下的种子终于结出果实，制定了规定环境评估程序的法律《环境影响评价法》（1997年6月13日，法律第81号）。㉒

如上所述，围绕环境基准，直至制定评估法律，经历了一代人争执不停的漫长岁月。但是在争论的过程中对概念的理解不断深入，评估相关技术不断渗透，同时，产业政策思想也发生了变化。环境政策并非一概制约经济发展的脚步，而是可确保经济社会品质的中长期发展。尽管如此，基准的水平被设定得很高，而且急于求成的情况下，也可能导致经济增长率的降低，因此，在环境保护和经济增长之间依然存在紧张的关系。

环境和增长之间的紧张关系在1997年12月日本成为轮值主席国的“第三次气候变化框架条约缔约国会议”（防止地球温室效应京都会议，简称COP3）上达到了顶峰。㉓ 围绕作为其成果的《京都议定书》㉔ 展开了激烈交涉，结果，各国决定到2010年全球以温室气体排放量（原则上以1990年为基准进行测定）（换算成二氧化碳的温室气体㉕削减量目标值）减少5%为目标㉖，然后考虑过去的温室气体排放量和削减对

㉑ 在《环境基本法》成立之前，环境规定是基于《公害对策基本法》（1967年8月3日，法律第132号）和《自然环境安全保护法》（1972年6月22日，法律第85号）而实施的。

㉒ 同时，与《环境基本法》一起，部分修改了《电气事业法》。

㉓ COP3的正式名称是The 3rd Session of the Conference of the Parties to the United Nations Framework Convention on Climate Change。桥本龙太郎首相（当时）热情高涨，希望此次会议达成预期成果。

㉔ Kyoto Protocol to the United Nations Framework Convention on Climate Change.

㉕ 用换算成的二氧化碳量（单位吨）的值表示温室气体的量。1990—2000年，日本温室气体中非能源由来的二氧化碳量的比例平均为0.932（见《EDMC能源·经济统计要览2010》，2010年版，第47页）。另外，温室气体由水蒸气、二氧化碳、甲烷、氮氧化物、臭氧、氟利昂等组成，太阳发出的辐射能（可见光线等）可以穿透温室气体，但是从地表辐射到宇宙的能量（红外线）却受其抑制。因此，温室气体的增加会导致进入的热量多于出去的热量，热量被集聚而发生温室作用。《京都议定书》中所指温室气体除去难以人为管理的水蒸气外，还包括二氧化碳、甲烷、一氧化二氮，以及替代氟利昂等三种气体［氢氟碳化物类（HFCS）、全氟碳化物类（PFCS）、六氟化硫（SF_6）］。

㉖ 在COP3中确定的削减排放目标框架按照从大到小的顺序为欧盟15个国家（8%），美国（7%），加拿大、匈牙利、日本、波兰（各6%）、克罗地亚（5%），无增减的国家为新西兰、俄罗斯、乌克兰共和国，排放可以增加的是挪威（1%）、澳大利亚（8%）、冰岛（10%）。顺便说一下，在事前制定议定书时，通产省负责的官员出访欧洲，议论称欧洲主张的水准（20%）过高，而国内认为2.5%以上是不可能的。结果，根据首相官邸的意向，数值落在6%。

策，表示出将目标值分摊到各国之后的结果［以下，本节中称为“削减排放（emission reduction）框架”］。分摊到日本是削减6%的目标，对于产业界来说，受到了极其严重的制约。尽管如此，温室气体的排放量在1990年前半年出现急剧上涨后，有稍许回落的动向（参照图10.1）。

在削减排放框架中，国际间的买卖得到认可（削减排放框架的买卖）。也就是国际间削减排放框架过多或不足时，充裕（信用）的国家（事实上，多为相对的发展中国家）可以向不足的国家（事实上，多为相对发达的国家）出售削减排放框架，以此谋求整体的均衡（遵守削减排放框架的整体目标）。其背后是通过引入拍卖削减排放框架的概念以达成整体的均衡这一值得关注的理念。㉗

但是，这当中也存在问题。这是因为（1）虽然全球目标值以及各国的削减排放框架是通过政治交涉决定的，但是不能保证这个值（在科学上）是合理的；（2）从国际范围来看，排放量相对较多的美国没有批准议定书；另外（3）排放削减被认为是应该由最初造成大气污染的“经济发达国家”承担的义务，发展中国家并未就排放的削减给予积极的支持。

大气污染的实际情况与其变化

环境保护和改善的产业政策以限制二氧化碳排放为典型（当然，限制二氧化碳排放并不是全部）。石油危机以后，被逼无奈不得不采用追求石油替代能源的政策，虽然这种情况并不少见，但是其推进的一个重要理由就是环境保护。在生产活动中需要集中投入大量能源的是钢铁和化学，自20世纪70年代以来，日本为实现这两个产业的节能而付出的努力是有目共睹的。结果，尽管生产指数有上升的趋势，但是来自这两个产业的二氧化碳排放量在相同时期内以肉眼可见的速度不断减少。㉘

虽然规模小，但在其他产业中也实现了同样的节能效果。把工业化开始以后的日

㉗ 其他控制排放的制度有碳税（carbon tax），被引入欧洲（北欧4国、荷兰、德国、意大利）和北美部分地区（芬兰在1990年引入）。在欧洲，碳税的税收被用作一般财源，把它当作减税用基金的情况也是很多的。人均碳税率作为世界通用的原则，也有提案建议应该考虑地域生活水平的差异（与人均实际GDP成比例）调整征税额度（宇泽弘文《比例性碳税与大气稳定化国际基金——超越京都会议》，宇泽弘文、细田裕子编著《地球温室效应和经济发展：考虑可持续发展》，东京大学出版会，2009年，第11章）。

㉘ 将1973年的钢铁业和化工业中每单位生产指数的能源消费原单位当作100的话，1980年分别是81.1和64.2，2000年分别降低到76.4和53.3（参考日本能源经济研究所《EDMC能源·经济统计要览》，2010年版，第72页）。

本人均二氧化碳排放量的动向与人均实际GNP的变化叠加在一起之后可得到图10.1。在20世纪60年代经济高速增长期，由于人均二氧化碳排放量以大于人均GNP增长率的速度急速增加，这两种动向产生了巨大的差距。可是，由于20世纪70年代人均二氧化碳排放量剧降，两者间的差距在80年代以后明显缩小。这是由于经济（实际）增长率（的水平）降低，（在石油危机的影响下）强烈要求改善环境的政策引导的成果。[29] 然而，一旦石油危机的威胁得到缓解，（人均）二氧化碳排放量又开始增加。这就是需要持续努力改善环境的原因。

但是，二氧化碳排放量是除去非能源来源部分的值。

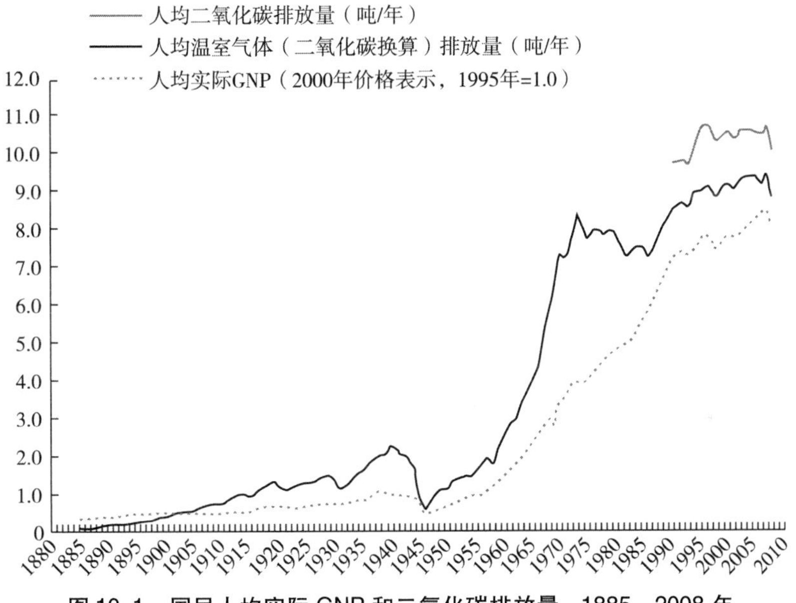

图10.1　国民人均实际GNP和二氧化碳排放量，1885—2008年

资料来源：《EDMC能源·经济统计要览2010》，2010年版，第42页、第280—286页、第288—303页。

---

[29] 经济发展初期，随着增长率的上升，废弃物和二氧化碳的排放量急速增加（经验性事实）。与此相反，在发展后期，由于社会性认知的渗透和环境政策的效果，仍然可以期待即使经济在增长，但二氧化碳排放率却在下降。在这种情况下，将人均实际GDP作为横轴，人均二氧化碳排放量作为纵轴时，后者可能会呈现倒U形［称为环境库兹涅茨曲线（environment Kuznets curve）］曲线。截至2000年，观察到此曲线的是瑞典。（参考内山胜久《可持续性发展和环境库兹涅茨曲线》，上述宇泽、细田编著，第5章，第168—170页）。顺便说一下，经济学家西蒙·库兹涅茨（Simon Kuznets）曾经主张虽然在经济发展过程的初期，收益的不平等加剧，但是随着经济在一定程度上实现富裕，不平等程度会有所减少，因此将人均实际GDP作为横轴，与每个值相对应的收益的不平等程度作为纵轴，后者会呈现倒U形曲线这一“经验性事实”。环境库兹涅茨曲线就是由来于这一主张并用其提倡者的姓名命名。

尽管如此，因为国民普遍努力限制以大气污染和水质污染为首、可对环境带来恶劣影响的因素，所以避免了国内生活环境质量的退步（或者说其速度减慢），与经济高速增长期相比，确实看到了得到改善的方面。同样，更加振奋人心的积极事例是，资源再利用（或者再资源化、再利用，recycling）的趋势开始浮现。

第2节 资源再利用

由"废弃物处理"到"资源再利用"

实业活动产生的产业废弃物随着经济高速增长而显著增加，这已成为社会性问题。截至1970年，产业废弃物的处理体系仍不完善，同年，全面修改《清扫法》（1954年法律第72号）而制定的《废弃物处理以及清扫相关法律》（法律第137号，简称《废弃物处理法》）确定产业废弃物的处理是产业经营者的责任，与之前的政治立场划清了界线。[30] 在此之后，早在1974年，立地公害局召开了"再资源化座谈会"，表达了推进循环利用的构想，同年，作为实现构想的启蒙普及活动的一种手段，成立了绿色日本中心。然而就当时的再利用而言，不仅存在设施不足、经营者缺乏、技术不成熟等问题，吸引经营者的经济因素也未得到充分的保障。

1974—1975年，产业废弃物的非法丢弃成为社会问题而受到关注。此外1985年到2000年间，产业废弃物的数量也稳步增加（参照图10.2）。

在对废弃物处理进行政策性定位之际，环境厅光是以规定和限制的方式处理，厚生省从废弃物处理行政的角度进行考虑，但1980年后期通产省的特征是从循环经济的观点（即不是从"垃圾处理"，而是从"资源的有效利用"的观点）找到了问题的所在[31]，这可以从产业结构审议会的构想中看出。像这样，根据《废弃物处理法》第3条第2项，促进经营者在产品开发及设计阶段预估并考虑到废弃产品的处理方法，致力于提高再资源化的实际成果。[32]

---

[30] 《昭和47年版厚生白皮书》分论第2篇第1章第1节"1 废弃物的处理情况"。自20世纪90年代以来，追加了噪声和恶臭等，对多处做出了修正。

[31] 着眼于何处这一问题与之后的政策开展密切相关。

[32] 《废弃物处理法》第3条第2项规定"经营者……要提前自主地评测当产品、容器成为废弃物时处理的困难性，开发易于进行恰当处理的产品、容器等"。

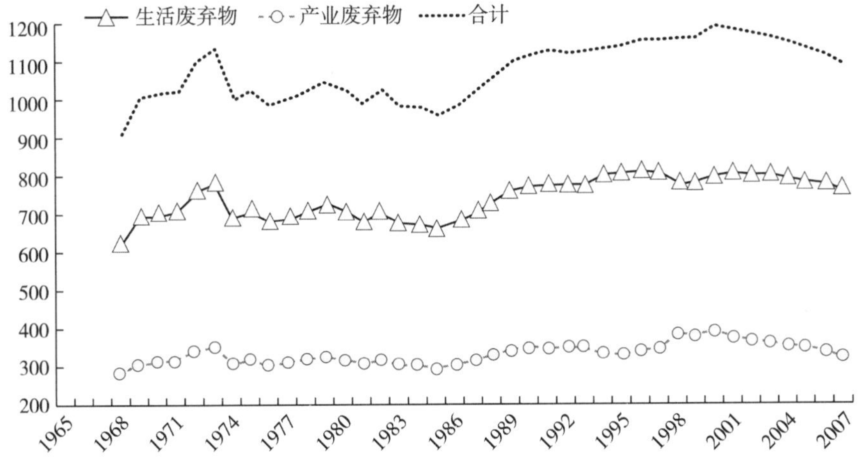

图10.2　人均垃圾排放量（克/人·日），1968—2007年

资料来源：环境省综合环境政策局环境计划课《平成22年版环境统计集》（http：//www. env. go. jp/doc/toukei/contents/index. html；登录时间：2011年1月20日）。

然而，有必要将再资源化定位为包括细微至生活方式的活动。从这个意义上看，回收处理是比较新的概念，1990年之后［1991年制定《促进再生资源利用相关法律》（法律第48号）前后起］才正式成为政策。[33] 2000年以后开始逐渐减少的人均垃圾排放量（如上图）反映了为减少垃圾排放量而付出的努力，也说明再资源化的趋势开始渗透至各个领域。无论如何，通过观察铝罐等几种废弃物的回收再利用情况，发现从1990年后期到2000年，回收率明显上升（图10.3）。再者，1997年到2003年，市町村等回收的资源垃圾被再次商品化的比例大约是95%。[34] 2000年被宣传为循环型社会元年，宣传3R（recycle、reuse、reduce）的观点也不是没有理由的。

也许正是因为这些努力，1990年以后垃圾排放量呈稳步降低的趋势（参照图10.4）。话虽如此，与GNP变化率（的趋势）大幅衰减相比，可能依然会有人遣责这些数值的降低程度还远远不够。

㉝ 通称为《再利用法》。此后，基于3R的观点，修改为《促进资源有效利用相关法律》。

㉞ 回收的玻璃容器、纸质容器、塑料瓶、铁罐、铝罐、硬纸板以及纸包被再次商品化的比例平均为：1997年94.1%、2000年94.8%、2003年96.6%（《废弃物年鉴》（2005年版），2004年，环境产业新闻社，第40页）。

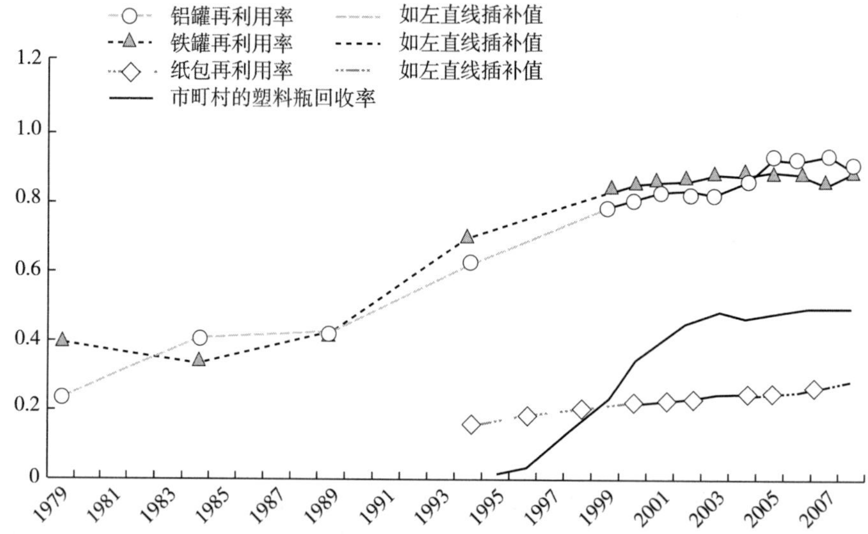

图 10.3　循环利用的发展，1979—2008 年

注：虚线部分是基于直线插补的推算值（使用 1994—2006 年间的循环再利用率相对于前年的平均年变化率 1.042 外推 2007—2008 年的纸包再利用率值）。

资料来源：见环境部综合环境政策局环境规划科《平成 22 年版环境统计集》（http：//www. env. go. jp/doc/toukei/contents/index. html）。原始数据见铝罐再利用协会、铁罐再利用协会、全国牛奶容器环境协议会以及 PET 瓶再利用推进协议会。

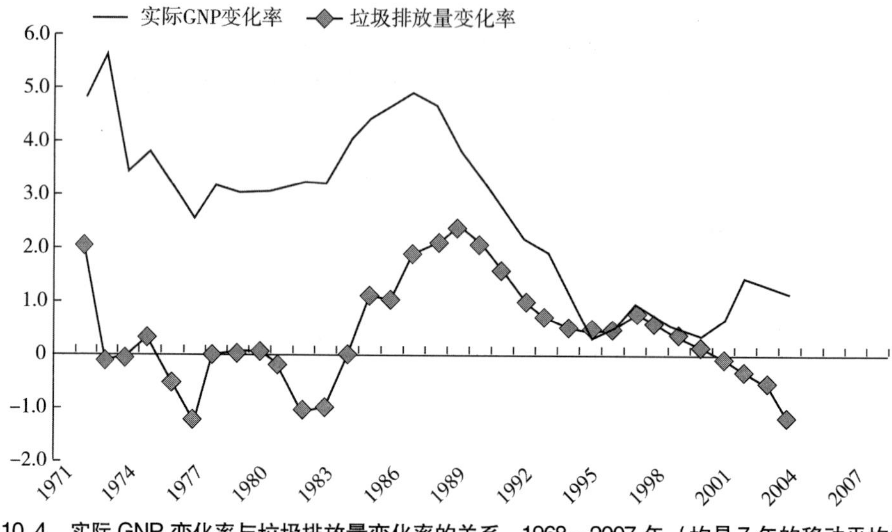

图 10.4　实际 GNP 变化率与垃圾排放量变化率的关系，1968—2007 年（均是 7 年的移动平均值）

注：GNP 和垃圾排放量变化率的原始数值包括 1968—2007 年。

资料来源：日本能源经济研究所计量分析组编《EDMC 能源 · 经济统计要览》2010 年版，第 280—286 页，第 288—303 页（其中 GNP 见第 280—228 页）。

第3节　产业安全保护

高压气体和液化石油气[35]

20世纪70年代初，发生了多起与高压气体相关的化工厂灾害。发生这些灾害的主要原因是伴随工厂规模的扩大，并未采用更加合理的安全保护制度，也没有充分认识高压气体的处理方式。

通产省在高压气体及火药类安全保护审议会上对化工厂事故的相关处理对策展开了讨论[36]，同时致力于贯彻正确的认识，加强经营管理者（以重视现场为基础）的安全保护体制，强化相关知识丰富的人才建设。此外，1973年，对与石油化学和石油密切相关的268家主要企业进行了问卷调查，对安全保护对策的实施状况进行了调查。[37] 除此之外，在认识到有必要加强安全保护设施的情况下，也探讨了从日本开发银行（开银）和中小企业金融公库获得融资的办法。当然，还敦促相关行业者注意地震时联合工厂的安全保护对策。

对于20世纪70年代后期形成的工业安全保护行政体系而言，1989年之后，设置了高压气体安全保护政策恳谈会，从长期且广泛的观点出发，开始对高压气体安全保护对策进行全面修正。这是20世纪90年代推进的安全保护行政工作的重大转变，即为了确保基于自主安全保护体制的产业安全迈出了第一步。此外，在高压气体安全保护对策方面，①制定了高压气体安全保护技术标准、对事故进行调查分析、确定高压气体工厂抗震对策，②基于安全保护技术的进步、国际化进展等，实现安全保护规定的合理化，③延长联合工厂认证经营者的持续运营时间等，另外，在消费者安全保护对策方面，实施了对安全进行高度保护的技术开发和技术指导普及工作（实施了促进普及集中管理系统的示范工作等），此外，还就更加切合实际且合理的规定方式进行了讨论。

㉟ 此项主要依据通商产业政策史编纂委员会编，武田晴人著《日本通商产业政策史（1980—2000）：投资、环境和安全生产政策》，经济产业调查会，2011年，第12章“产业安全保护对策”。

㊱ 在1974年7月开展的高压气体及火药类安全保护审议会报告《关于今后高压气体安全保护体制的应有状态》中提倡贯彻重视现场、强化教育训练等，强调“没有安全保护就没有生产”，同时促进政策方针向强化安全保护行政转化。

㊲ 调查的回复率为94%（如果只算大型企业的话是100%）。

截至20世纪60年代上半期，根据《高压气体取缔法》（1951年法律第204号，1996年更名为《高压气体安全保护法》），实施以一般消费者为主要对象的液化石油气（Liquified Petroleum Gas.，LPG，也叫LP气体）相关安全保护政策，但该法的主要目的是防止工厂高压气体导致的灾害，所以根据不同企业的情况制定规定更为合理。从这一想法出发，想要先制定以丙烷安全保护为内容的丙烷供需稳定法，但进展并不顺利，因此代而先制定了《液石法》（《确保液化石油气安全及交易正规化相关法律》（1967年法律第149号）。

1968年之后的10年中，随着LP气体的普及，LP气体导致的灾害数量也急速上升。针对事故多发的情况，通产省致力于强化销售者的安全认识、提高机器和设备的安全性㊳、严防气体泄漏、设定液化石油气设备相关技术人员的都道府县级资格等，还考虑引入并加强落实这些措施所必需的规定。此外，给消费者普及LP气体的相关知识㊴，并将重点放在通过销售者及安装者的合作与努力达成目标上。

1975年，政府向高压气体安全保护协会（1963年成立的特殊法人机构，1986年10月1日成为特殊民间法人）投资了1亿日元（1986年返还），在高压气体安全保护协会内设立了LP气体消费者安全保护中心，并对筹建气体泄漏自动检测装置及淋灌装置等批准了特殊折旧（1975年），另外通过进一步加强相关规定的方式（强化1976年颁布的利用油罐车运送气体的相关规定等）关注安全保护业务的制度化。1973年，根据《确保液化石油气安全及交易正规化相关法律》（《液石法》）对全国总计约18000个指定制造者及销售网点进行了内部检查。

如上所述，20世纪70年代，对策的主要重心在于加强相关规定与监督，其效果表现为事故及灾难的减少。比如，高压气体导致的灾难数量从1973年的最高峰133起降低到2000年的99起。LP气体导致的灾难数量在1973年达到最高峰973起后急速减少，1997年减少到68起。另外，在使用阶段中，1980年一氧化碳中毒导致死亡的人数约为每年50人，到了1990年，由于防止不完全燃烧的装置开始普及，技术标准不断提高，死亡人数开始递减，从1998年开始变为个位数（表10.1）。㊵

㊳ 在制造业界展开了安全保护投资比降价更为重要的讨论，其结果是事故减少。

㊴ 20世纪70年代“作为每年的例行活动，将10月23日到29日定为高压气体危害预防周，致力于普及高压气体危害预防思想”（1973年《通商产业省年报》第131页），以及从1985年11月开始，将每年10月作为LP气体消费者安全保护月，通过媒体向消费者贯彻正确的LP气体知识和正确使用方法等。

㊵ 同时，应时代所需，与燃气设备相关的通商产业省负责部门进行了多次变更（参考图10.5）。

表 10.1　使用煤气设备导致的一氧化碳中毒死亡人数　（单位：人）

年度	死亡人数	年度	死亡人数
1981	47	1994	19
1982	48	1995	9
1983	35	1996	13
1984	53	1997	11
1985	31	1998	7
1986	37	1999	8
1987	29	2000	4
1988	52	2001	2
1989	31	2002	8
1990	25	2003	8
1991	12	2004	3
1992	49	2005	3
1993	22	2006	1

注：1. 根据经济产业省煤气安全高科技讨论会，《煤气安全高科技讨论会报告书——以构建基于新理念的煤气安全对策为目标》，1998 年 3 月 11 日（http：//www. meti. go. jp/committeedownloadfiles/g60414i08 - 1. pdf），第 12 页，“‘死亡’是指在事故发生后约 5 天内死亡的情况，自杀当事人除外”。

2. 表中引用的文献登录时间都是 2012 年 8 月 21 日。

资料来源：1981—2005 年，参照经济产业省“与产品安全对策相关的总体检查结果汇总——以百乐满工业股份公司生产的煤气快速热水器引发的一氧化碳中毒事故的应对方法为依据”，2006 年 8 月 28 日（http：//www. meti. go. jp/committee/materials/downloadfiles/g60913a06. pdf），第 14 页。2006 年的数值参照经济产业省来自遵守《煤气事业法》《高压气体安全保护法煤气业者及液化石油气销售业者的煤气设备使用相关事故报告的概要（1986—2006 年）》，2007 年 4 月 20 日（http：//www. nisa. meti. co. jp/sangyo/citygas/files/gas_ accident/1986 - 2006（rev2）. pdf），第 172 页（顺便说一下，上述第 2 项资料记载了 1986—2006 年间事故的详细情况）。

就这样，高压气体以及液化石油气导致的灾难不断减少，而且，20 世纪 80 年代之后开始在日本国内呼吁放宽限制的重要性，也就是要重新考虑安全保护相关规定，出现了推进自主安全保护的动向。也就是说，鉴于安全保护技术的发展及安全保护实际成绩的提升等，改变自明治以来经营者通过行政管理确保安全的方式，采用引导经营者进行自主安全保护的方式更为合适。[41] 从 80 年代后期开始的大约 10 年内，通产省遵循这一看法，执行了包含修正政省令在内的各种各样放宽规定的政策。

㊶　例如，《高压气体及火药类安全保护审议会高压气体部会报告书》中“确立更合理的高压气体安全保护体制”，1995 年 12 月 12 日，第 11—12 页。

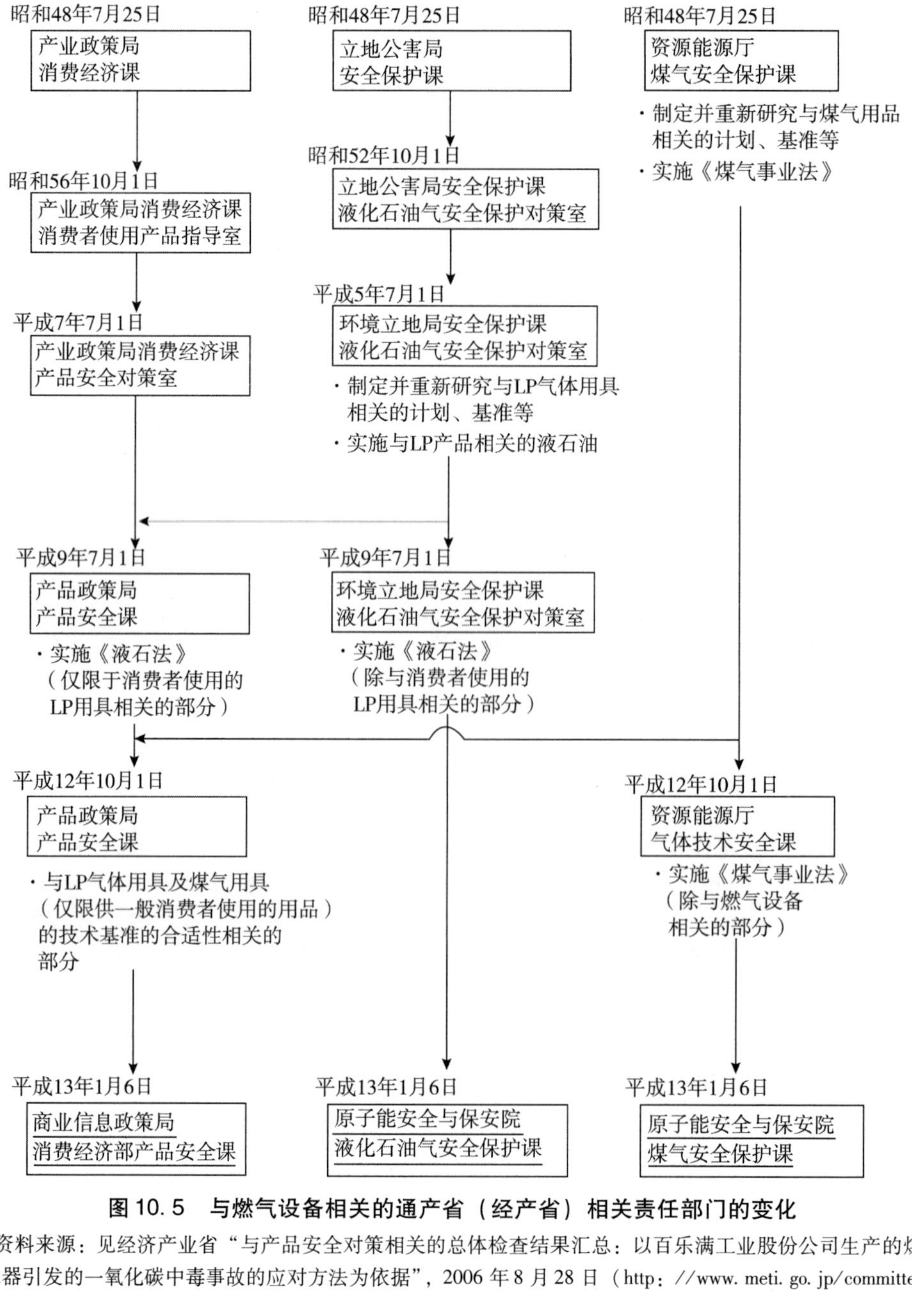

图 10.5　与燃气设备相关的通产省（经产省）相关责任部门的变化

资料来源：见经济产业省“与产品安全对策相关的总体检查结果汇总：以百乐满工业股份公司生产的煤气快速热水器引发的一氧化碳中毒事故的应对方法为依据”，2006 年 8 月 28 日（http：//www. meti. go. jp/committee/materials/downloadfiles/g60913a06. pdf），第 15 页。

电气产业和煤气产业

接下来，就通产省监督下电气产业以及煤气产业的安全保护政策及其成果进行陈述。

首先，在第二次世界大战后，尤其是在高速增长时期，电气产业灾害（事故）的减少趋势十分明显，20世纪末（2000年）大约降低至1965年的1/25（每发电1万千瓦时发生25起变成仅1起）。而且20世纪80年代以后，在这些总数中，电力供给源（即发电厂或者是变电所）发生的事故所占比例不到10%（图10.6）。同一时期，虽然（除自家发电外）产业用电量增加了约5.6倍，但每年由电力导致的火灾数量反而从34起减少到25起，由电击导致的死亡人数从338人减少到7人，受伤人数从497人减少到31人。这些都不仅是因为设备品质和机能得到改善，同时，对安全保护业务的关注比以前更彻底也是重要的原因。

其次，20世纪80年代初，每年城市煤气事故的总数约为200起，在此之后10年左右，降低至约每年70起（参考表10.1）。煤气使用阶段事故的减少大多是因为《特

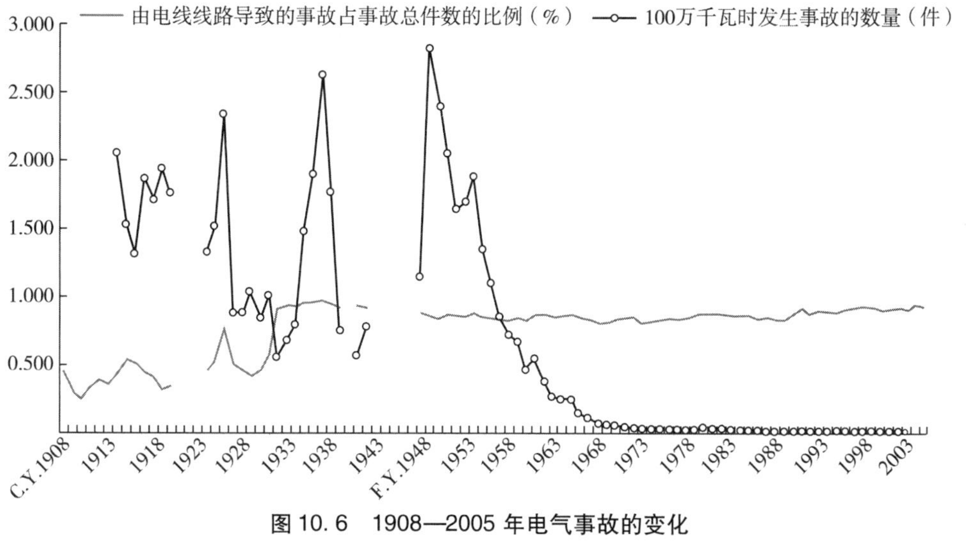

图10.6　1908—2005年电气事故的变化

注：自家发电除外。1947年以前以自然年（C. Y.）为准，1950年以后以财政年度（F. Y.）为准。

资料来源：总务厅统计局《日本统计年鉴》（http://www. stat. go. jp/data/chou - ki/10. htm，登录时间：2011年2月7日）。生产统计的出处是资源能源厅电力与煤气事业部电力市场整备课《电气产业手册》。事故统计的出处是经济产业省原子能安全与保安院电力安全课“电气安全保护统计”，经济产业省原子能安全与保安院主页。

定燃气设备安装工程监督相关法》（1979 年法律第 33 号，简称《特监法》第 3 条，1981 年 8 月实施）的实施。[42]

基于此，1992 年通产省再次委托资源能源厅公益事业部下设的“强化煤气安全研讨会”（第 9 次）就确保安全的理想状态进行审议和讨论，该会议在 1993 年 11 月汇总了《以零煤气死亡事故为目标》的报告书。这份报告书积极地引入“多重安全”的思想，提出了多种对策建议：从制定煤气用具的规定开始，设定以从制造和供给阶段到使用阶段的综合性对策为目标的高度安全化目标；将供给煤气统一改为无一氧化碳气体及耐腐蚀等防泄漏对策；促进安装微机计量表等。[43]

1997 年 4 月之后，根据城市煤气高度安全目标的理想状态和自我责任原则，强化煤气安全研讨会再次围绕煤气安全保护对策的合理性进行了讨论。也就是说，不仅仅是围绕国内的煤气安全状况，还根据对欧美各国实际情况的调查，以及产业政策局下设“产品安全研究会”就包含煤气用具规定在内的整体产品安全规定的讨论，于 1998 年汇总了《以构建基于新理念的煤气安全对策为目标》的报告书。[44]

虽然 1994—1998 年间发生的废气中毒、燃气中毒导致的人员伤亡事故以及由煤气泄漏等导致的爆炸及火灾事故呈上升趋势，但这些事故大部分是燃气经营者以外的诱因导致的（需要者的错误使用、燃气经营者以外的工程等）。鉴于这一情况，这份报告书发表宣言：“在 2010 年之前构建基于新理念的安全保护体系，将死亡事故控制在接近于零的水平上，同时实现可以放心使用城市煤气的社会。”[45] 作为为此而制定的安全保护对策，国家、燃气经营者、设备及器械制造商、设备施工人员、建筑相关从业者以及需要者要正确认识到与这些行为相关的潜在危险，为了处理这些问题，有必要根据自我责任原则来采取安全对策的安全保护体系。此外，为了寻求自我责任原则为基础的安全对策的合理性，提出了使国家干预最小化、安全规定中第三方机构的干预、事后限制的机动且有效启动、贯彻信息公开，以及对于审查基准中未规定的新技术，重新审视包括使性能规定基准合理化在内的规定体系等建议。

---

[42] 根据这一条文，安装带煤气炉的洗澡用热水器、燃气快速热水器等（含 LP 气体）燃气设备时，必须由具有工程监督员资格的人监督或者由他们安装。

[43] 资源能源厅煤气安全保护课《强化煤气安全研讨会报告书（要旨）——以煤气零死亡事故为目标》，《通产省公报》，1993 年 12 月 9 日，第 15—17 页。

[44] 《使国家干预最小化：强化煤气安全研讨会报告书》（上），《通产省公报》，1998 年 3 月 20 日，第 1—6 页，《强化煤气安全研讨会报告书》（下），《通产省公报》，1998 年 3 月 23 日，第 10—15 页。

[45] 《使国家干预最小化，强化煤气安全研讨会报告书》（上），第 4 页。

根据上述方针，通产省采取了与城市煤气用具的性能及使用等相关的安全对策。比如，实施与自然排气式洗澡用热水器相关的特别通告（1988—1989年），强制安装防止不完全燃烧装置等，加强用具规定（1989年），实施小型热水器相关的特别通知（1992年），实施与排气筒的防鸟结构相关的特别通知（1993年），实施与自然排气式洗澡用热水器及小型热水器相关的特别通知（1994年），加强通知的规定（1995年），加强材质等，加强与排气筒相关的安装基准（1997年）等。

1998年8月，通产省确认了上述《强化煤气安全研讨会报告书》与当时推行的基准认证制度的全面修改相契合，为了与确立更加具体的安全规定制度相结合，通产省与产业结构审议会基准认证部会和综合能源调查会城市能源部会联合设置了“煤气安全联合小委员会”。这个联合小委员会需要讨论的是评价上述“强化煤气安全研讨会”提议的各种防治对策，这份报告书的结论部分提到，“为了实现能够放心使用城市煤气的社会”，切实实施该小委员会的各项对策“是极其重要的，需要相关人员今后坚持不懈的努力”。[46]

通过改善用品安全度、在一般家庭中贯彻正确的使用方法等政府和民间的共同努力，如表10.2所示，都市燃气（包括家庭用LP燃气）的死亡事故发生率锐减。但是，自21世纪初以来，由于对事故定义进行修改，将小事故也计算在内，都市燃气事故发生的绝对件数反而有所增加。实现燃气事业安全的努力仍不能有丝毫懈怠。[47]

表10.2　燃气事故件数（不同制造阶段）的变化

年份	事故件数					死亡人数					死亡比例（死亡人数/死亡事故件数）
	都市燃气			LP燃气	合计	都市燃气			LP燃气	合计	
	制造阶段	供给阶段	消费阶段			制造阶段	供给阶段	消费阶段			
1981	10	118	145	714	987	1	3	75	50	129	0.131
1982	6	89	131	570	796	0	1	72	43	116	0.146
1983	14	81	107	559	761	0	2	50	51	103	0.135
1984	16	70	106	545	737	0	3	64	36	103	0.14
1985	4	51	87	496	638	0	1	36	35	72	0.113

[46] Myosin出版编《面向21世纪的新都市燃气安全规定、实现安心利用都市燃气的社会》，1999年，第28页。

[47] 20世纪末以来，正如燃气事故的定义比之前更加宽泛，表10.1（同时期以来）的事故死亡比例逐渐减少的趋势非常明显。

（续表）

年份	事故件数					死亡人数					死亡比例（死亡人数/死亡事故件数）
	都市燃气			LP燃气	合计	都市燃气			LP燃气	合计	
	制造阶段	供给阶段	消费阶段			制造阶段	供给阶段	消费阶段			
1986	11	48	85	515	659	1	1	31	42	75	0.114
1987	6	45	61	401	513	0	0	26	29	55	0.107
1988	9	37	64	390	500	0	0	44	37	81	0.162
1989	5	37	57	306	405	0	4	27	36	67	0.165
1990	7	32	52	262	353	0	5	22	27	54	0.153
1991	11	34	35	194	274	0	0	12	13	25	0.091
1992	2	32	37	146	217	0	2	32	31	65	0.300
1993	7	45	25	112	189	1	5	21	7	34	0.180
1994	8	41	21	82	152	0	3	18	3	24	0.158
1995	6	56	21	88	171	0	4	6	12	22	0.129
1996	7	61	26	101	195	0	3	7	14	24	0.123
1997	4	78	40	68	190	0	0	7	6	13	0.068
1998	7	76	16	75	174	0	3	4	9	16	0.092
1999	6	122	24	79	231	0	2	7	5	14	0.061
2000	12	123	20	78	233	0	2	5	8	15	0.064
2001	14	92	22	87	215	0	1	5	2	8	0.037
2002	6	127	37	90	260	0	4	6	4	14	0.054
2003	21	129	54	120	324	0	0	4	7	11	0.034
2004	12	125	47	105	289	0	3	3	2	6	0.021
2005	9	106	47	105	267	1	1	3	1	6	0.022
2006	19	110	82	219	430	0	1	2	0	3	0.007
2007	17	198	157	239	611	0	3	4	4	11	0.018
2008	15	135	148	234	532	0	0	4	4	8	0.015
2009	11	132	162	185	490	0	0	3	4	7	0.014
2010	11	173	201	204	589	0	0	1	5	6	0.010

注：1986—2006年间的消费阶段的事故明细，通过经济产业省《依据燃气事业法及高压燃气保安法燃气业者及液化石油气销售业者的燃气用具事故报告概要（1986—2006年）》，2007年4月20日［http：//www.nisa.meti.go.jp/sangyou/citygas/files/gas_accident/1986－2006（rev.2）.pdf］可以获取相关信息。

资料来源：1981—1985年，强化燃气安全研讨会《强化燃气安全研讨会报告书——构筑基于新理念的燃气安全对策》，1998年3月11日（http：//www.meti.go.jp/committee/materi－als/dowloadfiles/g60414i08－1.pdf，登录时间：2012年8月20日），第4页及安保院提供的数据。1986年以后，核能安全与保安院《产业保安规制的业务内容、都市燃气安全和LP气体安全》（http：//www.nisa.meti.go.jp/sangyo/citygas/detial/jiko.html，登录时间：2012年8月20日）。

火药类灾害

战后，针对火药类事故的对策，是依据《火药类取缔法》（1950年法律第149号）实施的。根据事故发生经验，出于强化限制并且确立相关人士的自主安全保护体制的目的，1960年对该法进行修订；20世纪70年代实施火药类防止盗窃对策；20世纪80年代为了防止火药类（玩具等）的不当使用，法规趋于更加严格；进而20世纪90年代根据联合国运输基准劝告，进行实证实验等诸多努力。[48]

这一系列努力的结果清晰地反映在事故发生数量的趋势变化上。即，过去最多达到每年671件（1956年）的火药类灾害件数，到1965年减至低于400件，20世纪70年代减至低于200件，20世纪80年代减至125件，90年代减至43件，迅速得到改善（参照表10.3）。[49] 即便如此，在实现件数的低水平化的同时，21世纪之后，根据放宽限制的宗旨，为了使事故件数接近为零，仍需要政府和民间付出更多的努力和工夫。

矿山

保证产业安全，是工业社会持续发展的必要条件。但是，不仅如此，衰退产业的生产活动结束之后，仍会对外部不经济因素留存，针对这些问题必须采取政策措施。矿山矿灾就是典型案例。这在金属矿业和非金属矿业曾经辉煌的时代没有给予过多考虑，但是在现代社会，这是构成极其重要的产业政策的一环。

经济高速增长期间，减少煤矿矿山灾害在国会也成为问题的焦点，1964年对《矿山保安法》（1949年法律第70号）进行了大规模修订（1964年法律第172号）。即，安全保护作为经营管理层的责任，经营者就是“安全总负责人”。进而政府除了对安全保护工程实施支援、重视事前灾害预报技术等多种支持措施以外，还决定由国家购买不良煤矿81座，对剩余的煤矿给予丰厚的财政补助。

1981年夕张新煤矿（燃气喷出）灾害造成特别严重事故（死亡人数93人）。[50] 因

---

[48] 具体内容包括导入安全保护手账制度、制定安全保护技术基准、实施并强化防事故体制、制定旨在防止事故发生的技术基准必需的实验、批准旨在探知可塑性炸药的识别措施相关条约（Convention on the Marking of Plastic Explosives for the Purpose of Detection）（1997年，第140次国会）等。

[49] 1972年之前的事故件数参见经产省资料《关于火药类取缔相关事故发生状况》（http：//www. meti. go. jp/committee/materials2/downlandfiles/g100617b03j. pdf，登录时间：2012年9月4日）第1页及同页的图表。

[50] 事故原因认为是由于绝缘和下水管产生静电，形成火源。

表 10.3 火药类灾害件数的变化（每5年的年平均） （单位：件）

年平均	制造中	消费中	其他[1]	合计
1970—1974[2]	16.5	109.5	26.0	152.0
1975—1979	10.6	109.6	29.4	149.6
1980—1984	6.8	59.0	19.8	85.6
1985—1989	3.4	30.8	8.8	43.0
1990—1994	5.2	27.2	4.8	37.2
1995—1999	5.5	27.8	4.0	37.3
2000—2004	3.0	31.6	4.4	39.0
2005—2009	3.6	32.4	3.2	39.2
平均[3]	6.1	48.8	11.5	66.4

注：1. “其他”包括搬运过程中、存储过程中、玩耍过程中以及其他情况。

2. 1973—1974 年的平均。

3. 1973—2009 年的平均。

资料来源：2000 年之前的数据来自武田晴人著《日本通商产业政策史（1980—2000）：投资、环境和安全生产政策》，第 612 页，2001 年之后，经产省核能安全与保安院保安课各年《火药类灾害事故年报》（www. nisa. meti. go. jp/san - gyo/gunpowder/files/005. pdf，登录时间：2012 年 9 月 4 日）。另外，上述武田著作中的数据来自《通商产业省年报》，1973—1978 年的合计值，与不同原因导致的灾害件数的合计值不一致。本表使用的是不同原因造成的灾害件数合计值。

此，企业不得不做出重大政策性决断。夕张新煤炭质量非常优质，但是，1956 年开始形成深坑，经过断层进入燃气丰富的地域，喷出燃气量非常大。曾经三池煤矿从有明开始不断向深处挖掘，造成塌方事故（1984 年有 83 人死亡），该煤矿在进入最后阶段前夕不得不关闭（1997 年）。夕张新煤矿在发生上述大事故之后 1 年左右停止采矿，最终关闭。（夕张新煤矿之后，未再出现燃气喷出灾害事故。）

1980 年至 2000 年的 20 年间，日本煤炭产业受到二氧化碳排放量等环境问题和能源政策转变的影响，规模逐渐缩小，但是为了煤矿能够继续生产、确保安全及进行事后处理，国家投入大量资金。包括关闭煤矿对策在内，在努力给员工提供生活保障福利的同时，国家在政策上投入大量资金。也正因为如此，以煤炭开采技术为首，在安全保障和防灾技术以及知识积累方面，日本取得了世界一流的成绩。

另外，持续生产的金属矿在 1986 年有 52 座，1991 年减至 26 座，1996 年 17 座，2006 年为 10 座，2007 年 11 座（来自矿物资源课的调查）。但是，废止金属矿产生的含有镉和其他重金属的矿坑废水，造成水质污染（农作物受害）和废弃煤矿的地盘下沉问题，已经到了不容忽视的状态。在各企业经营活动持续期间，从收益中提取部分费用，积累基金，通过运用收益来筹措矿坑废水的处理资金。然而，这些企业退出后，由于经济由高速增长向低速增长转变，日本长期处在低利率状态，作为筹措费用的基金很难获得预期的运用收益，这样就开始显现出不得不依赖中央政府或地方政府财政支持的状况。

不言而喻，金属和非金属矿山、石灰石矿山以及石油、天然气矿山的安全作业和防灾努力丝毫不得松懈。虽然这些矿山也和煤炭相同，生产活动逐渐衰退，灾害发生件数自然而然随之减少，但是通过除以生产活动指数计算，观察“实质”性灾害发生件数的变化情况，可以一目了然地看到20世纪60年代至21世纪初，矿山（抽取金属矿山及石灰石矿山）的安全性得以迅速改善（参照图10.7）。可以说，这是安全技术和制度确立，加之相关各方共同努力的成果。

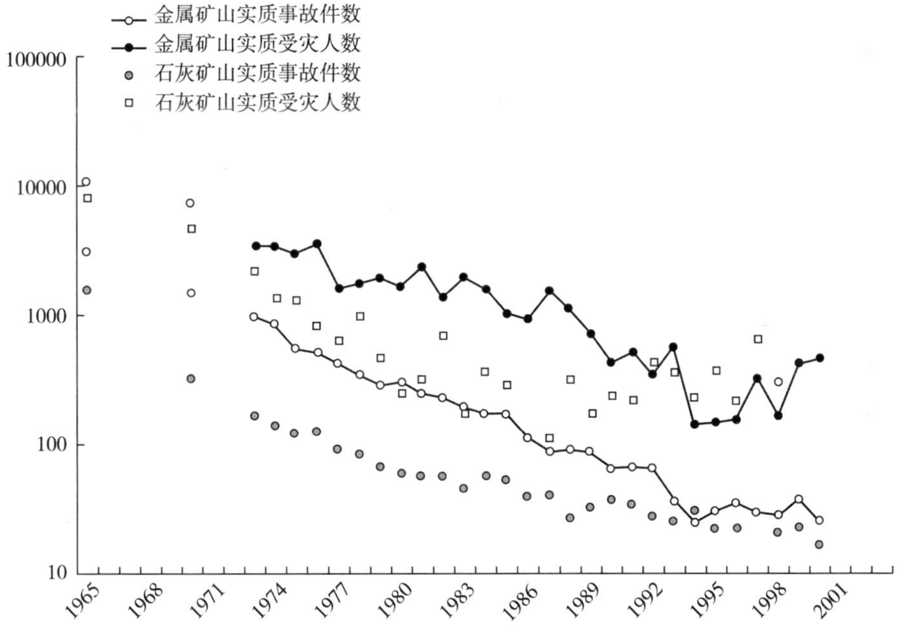

图10.7　1965—2000年矿山灾害的动向

注：1. 金属矿山是指金属和有色金属矿山。

2. 实质事故件数和实质受灾人数，是分别以事故件数和受灾人数除以金属和有色金属矿山的生产指数（1970 = 1.0）的数值。另外，上述生产指数是《日本统计年鉴》中各种矿山的物质生产产量在指数化的基础上，求得的综合指数（金额比重采用加权平均）。受灾人数，是负伤人数和死亡人数（死亡1人按照负伤100人计算）的合计数值。

3. 纵轴通过常用对数尺度测量，附带原数值单位的间隔刻度。

资料来源：灾害统计依据武田晴人著《日本通商产业政策史（1980—2000）：投资、环境和安全生产政策》表3.1；生产统计依据《日本统计年鉴》。

第 11 章　知识产权、技术开发以及信息产业相关政策*

本章将从技术政策的角度出发，选取知识产权政策、产业技术政策以及信息产业相关技术政策三大方面，记述在 21 世纪即将到来之前，各自实现的重大的政策转换。

第 1 节　知识产权政策

产业产权制度的发起及其高度发展的经过

产业产权的概要

技术革新（发明和发现）应用在生产活动时，可使生产技术（设计、生产设备、制造过程）活性化，这是产生竞争力的重要因素。作为促进经济竞争和经营创新的重要手段之一，专利制度是对技术革新的成果承认其所有权，在一定期间内允许排他的权利（垄断权）。①② 在欧美将包含专利的设计、商标等总称为 propriete industrielle、induatrial property、gewerblicher Rechtsschutz，日本明治时期以后将其翻译为工业所有权。

早在 20 世纪初，就有人认为“工业所有权”这一翻译过于狭窄（末广严太郎）。③

---

* 本章内容的归纳得到经济产业政策负责人的诸多献言和支持，特表谢意。

① 知识产权包括四个范畴：产业产权、著作权、品种权以及《预防不正当竞争法》《商法》等（荒井寿光《知识产权革命》，角川 one thema 21，2006 年，第 29 页）。其中品种权保护开发为生产农林产物而栽培的植物新品种的权利。

② 然而，19 世纪中叶，荷兰和英国也曾有过反对专利制度的意见。因为专利制度有些地方宽松而有些地方严格，专利审查负责人因为不熟悉而未必总能做出适当的判断。总之基于对制度不完备的回避反应是反对意见的主要根据。因此，荷兰 19 世纪 60 年代开始实行专利制度，到 20 世纪 10 年代予以废除，英国在 19 世纪末将专利制度改革法案提上日程（石井正《历史上的专利：对发明的奖励 · 所有权 · 赔偿请求权》，见洋书房 2009 年，第 9 章。）

③ 丰崎光卫《工业所有权法》新版 · 补增（法律学全集 54 - I），有斐阁，1975 年，第 4—5 页。

专利的对象从那时起就不仅限于工业，还包括农林渔业及商业。近年来，如下所述，还包括服务业。另外，就设计、商标而言翻译成工业所有权未必合适。因此，20世纪末以后，取而代之称为“知识产权”。但是在本章，因为涉及明治以后的政策史，因此将这两个用语视为同一个意思。

一般情况下，获取专利需要满足三个条件：（1）可在产业上得以运用的发明、（2）具备新颖性、（3）具备进步性。这里的发明是指利用自然法则进行的技术性思想创作。新颖性是指该发明在专利申请前未被公众所知。进步性是指要达到即便是该领域的专家，也不能轻易发明出来的水准。④

《工业所有权法》是保障工业所有权的法律，具体由四部法律组成，分别为《专利法》《实用新创意法》《商标法》《设计法》。它们各自的保障对象是：专利是利用自然法则进行技术性思想创作的发明，实用新创意是关于物品形状、构造、组合的新设计（小发明），商标是赋予商品特征的特定记号、图形，设计是物品的设计、形状和颜色等。保护期间是自申请日算起，专利为20年、实用新创意为10年、商标（更新可能的）为10年、设计为20年。⑤

专利制度的起步

日本专利制度的引进始于1871年的《专卖略规则》（太政官布告第175号）。关于工业所有权制度的重要性，福泽谕吉早在《西洋事情》中就有介绍，1871年为修改不平等条约，以岩仓具视作为全权代表的谈判团也认识到这一点。专利制度作为近代化的一个制度象征，也具有对外展示一国对仿造从严对待的意义。但是1871年的这个规则在执行一年后的短时间里就被废除了。⑥ 虽然之后大藏省和内务省起草了《专卖专利规则》《新发明专用专利条例》，但都未采用该规则。1881年设置了农商务省，高桥是清为制定工作主任，最终诞生了商标条例和专卖专利条例，高桥为首任专卖专利所长。⑦

---

④ 专利厅《关于商业方法的专利的解答》，2000年10月（http：//www. jpo. go. jp/toiawase/faq/ttl210－037_ qanda_ a. htm，登录时间：2010年4月23日），第4—8页。

⑤ 荒井寿光，《知识产权革命》。

⑥ 在高桥是清的自传中提到废除的理由在于“没有适合审核发明的人。因此不得不雇佣许多外国人，这样要花费高额的费用。相对而言，没有像样的发明”。（高桥是清《高桥是清自传》（上），上塚司编，中公文库，1976年，第190页）顺便一提，卧云辰致1873年发明了日本式废纺车（以水车为动力源的棉纺织机），1877年在第一届国内劝业博览会上展出，得到关注，被授予凤纹奖章。但在当时，日本国内专利制度未发挥作用，日本式废纺车在全国普及，可发明者却过着贫困的生活，这成为有名的逸闻。

⑦ 《专卖专利条例》采用发明者主义和审查主义。之后1888年颁布了加入关于审查、审判等内容的《专利条例》《商标条例》以及《设计条例》，1905年颁布了《实用新创意法》。

1883年3月20日制定了《巴黎条约》（《关于工业所有权保护的巴黎条约》）。当时的明治政府面临最大的外交课题是修改不平等条约（“安政五国条约”），在交涉的过程中，英国要求日本加入《巴黎条约》。最初，日本政府是拒绝这一要求的，在谈判过程中日本提出希望以修改不平等条约为条件，于是，1894年在《日英通商航海条约》中规定，两国关于专利、设计、商标受到与本国国民同等保护。同时也要求日本加入《巴黎条约》。

《巴黎条约》在关于工业所有权保护方面，提出加盟国的国民间享有国民待遇⑧，这具有划时代意义，是近代知识产权的源泉。该条约还规定，在X国申请专利、实用新创意、设计、商标时，一定期间内，在该国享有优先权。［4条A（1）、4条C（1）］⑨ 如果在同一时期，同盟国Y国有相同的申请出现，那么Y国的申请视为同X国同时申请。(4条B)⑩ 这项规定为希望在多个同盟国享有专利特权提供了便宜。专利申请可从语言等情况出发，在程序上比较容易的国家开始申请（通常为本国），然后再在优先权期间内向其他同盟国申请。⑪ 日本在1899年加入《巴黎条约》，为此完善了国内法。即1899年制定了《专利法》（1899年3月2日，法律第36号），其内容包括世界公知（新颖作为发明成为专利的条件之一，范围从国内扩展到世界）、在外申请人的国内代理人选定义务、优先权等。

1905年设立了《实用新创意》制度，其目的是保护未达到专利级别的比较简易的设计发明。该实用新创意制度，参照了德国1891年制定的《实用新创意保护法》，旨在保护“工业上与物品的形状、构造以及组合相关的具有实用性的新颖设计”。

⑧ “关于工业所有权保护，各同盟国国民在其他所有同盟国，享有该同盟国法律赋予本国民的现在及将来的利益。”（《巴黎条约》第2条第（1）项）“在某一同盟国提出正规的专利申请或是实用新创意、设计或商标注册申请的个人或其继承人，在其他同盟国进行申请时，享有以下规定期间内的优先权。”（《巴黎条约》第4条第A（1）项）

⑨ 关于优先权时限，专利及实用新创意为12个月，设计及商标为6个月。

⑩ 例如：2005年1月1日在同盟国X国提出发明a的专利申请人，之后12个月内在同盟国Y国提出为相同的发明a专利申请。这时Y国发明a的新颖性和进步性，要以在X国提出的申请日（2005年1月1日）为审查起点。即，在X国的申请（2005年1月1日）和同一发明a，无法否定其1年后在Y国的新颖性。

⑪ 同时，《巴黎条约》还规定了各国专利独立性的原则。［第4条第（2）项］即一国专利权的效力及其生效、无效和撤销不影响他国。同样的，该条约还规定各国的商标也彼此独立。［第6条第（2）项、第（3）项］即某一国民在同盟国申请注册的商标，不应以其未在本国申请注册、注册、更新存续期间为由予以拒绝（但关于实用新创意权、设计权等其他的工业所有权未规定各国的独立性）。

第二次世界大战前，1921 年，日本大规模修改了《专利法》。该法的修订除谋求法律的精细化外，还取消了先发明主义，采用先申请主义，将专利同实用新创意明确区分，同时引入专利申请公告制度和拒绝理由通知制度。⑫⑬同时还大幅修改了关于职务发明的规定，即明治 42 年法中规定，职务上产生的发明如果无特别合同，专利权利属于使用者。与此相对，大正 10 年法关于职务发明的规定有了 180 度大转弯，将专利权归属于发明者。在此基础上，还规定使用者对发明拥有实施权，因重新签订合同专利权由使用者继承时，被使用者有获得一定补偿金的权利，这和 20 世纪 10 年代的职务发明制度有共通的部分。

战败前的另一个大的制度性措施是 1934 年的防止不正当竞争法⑭（1934 年 3 月 27 日）。1925 年制定了《关于工业所有权保护的巴黎条约海牙修正条约》（简称《海牙修正条约》），日本因加盟该条约，为了排除冒用商品名等不正当行为而制定了该法，确立了民法等法律无法覆盖的保护领域。

战败后的知识产权政策和经济高速增长

1949 年 5 月，在设立通商产业省的同时，设立了专利厅作为通产省的外局。第二次世界大战之后，1959 年，大规模修改了《工业所有权法》。刚战败后专利的申请骤减，但专利厅在战败后不久的 1950 年开始着手工业所有权相关 4 部法律的修改工作。1953 年左右，专利申请数恢复到了战前的水平，1959 年《专利法》的修正，完备了新的法律框架，包括“专利法的目的”“发明的定义”“进步性的规定”“通过原子核变制造出的物体不授予专利的规定”等。⑮

之后，在经济高速增长时期，技术革新充满活力，专利申请数激增，审查所需

⑫ 专利申请公告制度是专利厅长官基于审查官的公告决定，在专利公报上登载申请内容的制度。公告后申请人专有临时保护的权利，即实施该发明的权利。同时自公告之日起 3 个月内可提出专利异议申述（但随着 1994 年法的实施，该规定于 1996 年 1 月 1 日予以废除）。1997 年 4 月 1 日商标注册申请予以废除。

⑬ 专利拒绝理由通知制度是准备拒绝审定时，为了给申请人提出意见书的机会而通知拒绝理由的制度。拒绝理由通知书上记载条文、引用文献等。

⑭《防止不正当竞争法》于 1938 年、1950 年、1953 年修订，随着加入《里斯本修订条约》，1965 年再次修订。在 1990 年（营业秘密的民事保护）、1993 年（全面修订）、1999 年（防止技术限制手段的不正当行为）、2001 年（域名的保护）、2003 年（强化营业秘密的刑事保护等）、2006 年（强化违反营业秘密、秘密保持命令的处罚）、2009 年（扩大营业秘密侵害罪的处罚对象范围）相继修订。之后在 2011 年 6 月，为了强化关于营业秘密侵害罪相关刑事诉讼手续的特别法例和关于技术限制手段的法律又再次修订。

⑮ 1959 年 2 月，向国会提出了《专利法》《实用新创意法》《设计法》和《商标法》的修订案，均于同年 3 月通过，4 月公布。

时间变长，需要3年时间才能发布申请公告。为应对这一问题，1969年修改《专利法》和《实用新创意法》［1970年开始施行。以下将两法合称为“1970年法”。此外，鉴于“1970年法”是对工业所有权法的大修改，为了同战前（1921年）的该法相区别，又称其为“新法”］。通过这次修改，采用了申请内容在18个月后全部公开的“申请公开制度”、只审查有审查请求的申请即“审查请求制度”。从“1970年法”实施起至1977年，申请的专利数达到170余万件，这一数值是1922—1969年间申请数的1.5倍。⑯

知识产权（工业所有权）制度很大程度上推进了日本的产业革新，这一点是不容置疑的。图11.1一并显示了19世纪末至20世纪初的日本，以及同一时期英美两国和20世纪60年代以后中国和韩国的专利注册数量的变化。纵轴用常用对数表示，图形的斜率表示增长速度（变化的年率）。由此可见20世纪日本专利活动的增长率是明显高于欧美的。这说明专利制度从根本上推动了当时的日本经济，发挥了经济活性剂（触媒）的作用，同时反映了这一时期日本经济的发展和变化。⑰ 但是20世纪中期以后，中国、韩国专利注册率的上升率进一步超越了日本。⑱

20世纪70年代到80年代的知识产权政策

20世纪70年代至80年代，通产省的知识产权政策主要是解决实际问题，一方面迫于应对国际间的制度调和，另一方面国内面临的课题是如何高效处理激增的专利申请。

20世纪70年代的知识产权政策

1970年6月19日在美国华盛顿缔结的《专利协作条约》（Patent Cooperation Treaty，简称PCT）是继《巴黎条约》以来具有划时代意义的条约。该条约的目的是：

（1）通过给予发明完全的法律保护为科学进步做贡献；

（2）在多个国家寻求发明保护时，可简易且花费较少地取得发明保护；

---

⑯ 根据专利厅1999年荒玉义人的修订序文。

⑰ 根据石井所言（上述书目，第211页），1880年以后100年间日本的（人口每1万人）专利数的变动和同一时期（人口每1人）实质GDP的变化十分一致。

⑱ 20世纪70年代以后，英法专利注册件数呈下降趋势，这是因为1977年《欧洲专利公约》（European Patent Convention）施行。该公约规定，缔约国中（2008年有34国），如果指定希望在某国取得专利，那么要向欧洲专利厅提出申请。另外，对于各自国家的专利厅可直接提出专利申请。英德专利注册件数下降是因为基于欧洲专利公约，有指定英法两国的专利申请。

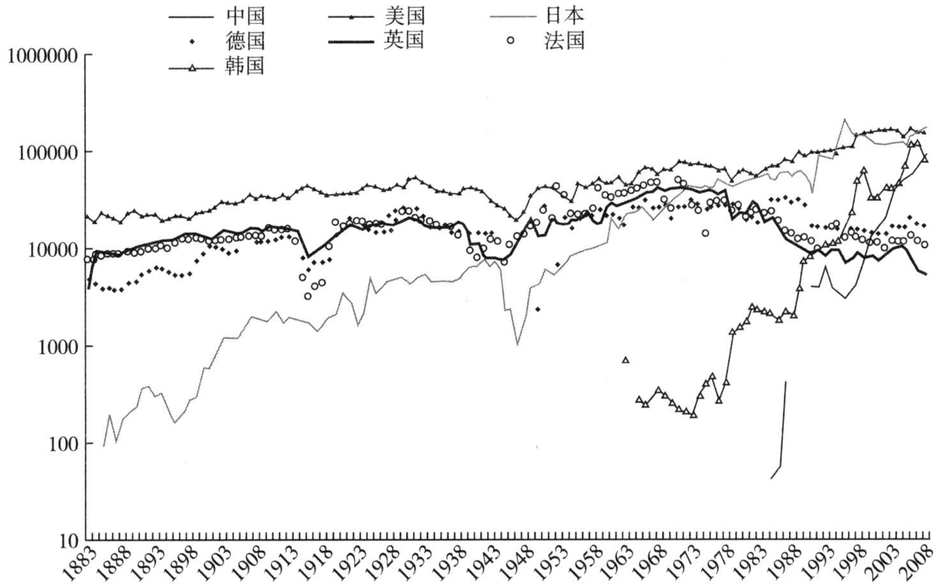

图 11. 1　1885—2008 年年专利件数的国际比较（件数/年）

注：表示居住者和非居住者双方注册件数的总和。1951—1990 年的德国是联邦德国和民主德国的合计。纵轴用常用对数尺度计量，附上原数值单位的刻度。

资料来源：WIPO Statistics Database September 2010。时间数列数值参见 RIETI 网页“通商产业政策史总论篇附属统计表等”。

（3）大众可容易且迅速地利用刊登新发明的文书中的技术情报；

（4）应发展中国家的特别需要，提供入手容易、可解决技术层面问题的情报，为其提供容易利用的、不断提高的现代技术，不论国内制度还是广域制度，提高法律制度效率保护发展中国家的发明，通过采取以上措施，助力、促进发展中国家的经济发展。（该条约序文）

PCT 在获得 8 个国家批准（其生效条件）的同时生效（1978 年 1 月 24 日）。之后数次修订。[19] 2012 年，伴随巴拿马共和国的加盟，PCT 的缔约成员数在当年 7 月达到 146 个。日本在 1978 年 7 月 1 日加入该条约，于当年 10 月 1 日生效。

PCT 是关于工业所有权保护的《巴黎条约》的第 19 条即“特别规定”，在不违反《巴黎条约》的范畴内提供国际统一的专利申请手续。根据《巴黎条约》第 4 条之 2，

⑲ 美国为了关于知识产权的条约能够冠以美国的地名，在华盛顿召开了外交会议，最初使用的称呼是《华盛顿条约》，之后确定简称为 PCT。

专利是各国各自独立的，被各国认可，仅在各自国内有效。这是《巴黎条约》的原则之一，称为“各国专利独立”原则。根据该原则，为享受发明的保护（垄断权），在各国要完成各自的专利申请手续。但是，在各国的专利申请手续中有共通的部分，通过《专利协作条约》的缔结，可汇集国际的申请手续，减轻申请人和各国专利厅的负担。

自信息化发展的20世纪末以来，世界范围对知识产权的关注的高涨和新兴国家的兴起，引发了进入21世纪后可称为专利爆发（patent explosion）的爆炸性国际申请。

20世纪70年代日本产业技术急速提高，为确保国际竞争力，专利法也做了与之对应的修改。即1975年，之前因同国民产业保护和国民健康密切相关的原因，无法申请专利的饮食、医药、化学物品列入专利对象。同时，还采用了允许确定专利权范围的“专利请求范围”记载多项请求的多项制（法律第46号）。1978年在PCT的基础上制定了关于国际申请的法律（法律第30号）。

20世纪80年代的知识产权政策

进入20世纪80年代后，首要的国际课题是1986年9月开始的被称为GATT的乌拉圭回合谈判，交涉对象是“包括不正当商品贸易在内，与贸易相关的知识产权问题”。在该谈判中，强烈要求保护知识产权的美国和持反对意见的发展中国家之间进行反复交涉，于1994年达成《关于贸易有关的知识所有权协定》（Agreement on Trade-Related Aspects of Intellectual Property Rights，简称TRIPS）。据此，GATT过渡到WTO（World Trade Organization，世界贸易组织），在规定国际贸易规则的条约里加入了划时代意义的规定，即WTO加盟国在解决知识产权相关的国际纠纷时，其规则同贸易层面保持一致。《巴黎条约》规定，各同盟国间关于规定的解释、实施如有争议，可委托国际司法裁判所，但这等同于没有实际的解决方法，当然也没有制裁手段。针对这一点，TRIPS协定规定了关于贸易纷争解决的纷争处理程序，同时也规定了无法遵从时的制度措施。TRIPS是全面保护知识产权的协定（著作权以及相关权利、商标、地理标志、设计、专利、集成电路布线、非公开信息）。[20] 这是信息化时代的产物，也成了新的南北问题的对象。例如：得到传染病治疗药物的可能性与专利制度相关的问题，以及《生物多样性公约》（Convention on Biolgical Diversity，简称CBD）要求公正、公平分配

---

[20] 在2001年11月召开的WTO多哈部长级会议（Doha Round）中记载了TRIPS的4个文件，分别为《多哈部长宣言》《关于实施问题的决定》《未解决的实施问题》《关于TRIPS与公共卫生的宣言》。

通过利用遗传资源得到的利益，据此，TRIPS协定中加入了新规，规定必须同意和公布（在专利申请中）遗传资源等的出处、利用和利益分配等[21]，这些就是其中独特的例子。不管哪一个，其赞成者和反对者之间的对立都十分激烈，直到2010年仍然存在对立点。[22]

20世纪80年代专利厅面临的国际方面的问题是，围绕专利审查和美国之间的摩擦。经济高速增长期之后，日本专利申请件数在国际上看也是非常多的，参照1980年主要国家专利申请件数，日本超过第2位的苏联和第3位的美国，荣升为世界第1位。[23] 专利申请数量的膨胀和案件的滞留使专利审查时间变得长期化，海外实业界视此为不合理的贸易障碍。《日美结构协议》（Japan – U. S. Structural Impediments Initiative，1989年）将其改善方法列为一个重要课题。美国的主张是应先强化保护没有实体形态的知识产权（软件、新知识、商业、商业模型、著作权等），对于“搭便车”的行为（free rider）予以严厉取缔。[24] 同时美国的另一重要目的是希望通过《日美结构协议》使本国企业展开新事业获得有利条件。专利厅对于这一要求，一方面在乌拉圭回合谈判中谋求应对，另一方面为强化国内审查体制，采取扩充审查官的措施。

20世纪70年代到80年代，审查业务的效率化问题是和国际间协调并行的一大课题。在后期，开始探讨被称为无纸方式的业务电子化计划并最终得以实现。

1982年专利厅设置了“工业所有权长期问题研讨委员会”，对长期构想（vision）探讨的结果是，提出在审查手续、处理环节全面引入计算机化，与此同时，建议设置强化该体制的专利特别会计。虽然一般会计预算已经处于每年度不得不减少额度的封顶规则（封顶年度预算）的严峻状况，但经过各方调整，1984年向通常国会提出专利

---

[21] CBD在1992年里约（巴西）联合国环境发展会议（United Nations Conference on Environment and Development，简称UNCED，地球峰会）上签署，1993年生效。

[22] TRIPS涉及的知识产权包括著作权、商标权、地理标志权、设计权、专利权、集成电路布线图设计权、非披露信息所有权。日本还有《防止不正当竞争法》，在此基础上加入实用新创意权、新品种权以及非披露信息之外的保护对象。欧盟还对数据库予以保护。TRIPS赋予计算机程序表著作权（日本也是一样）。发展中国家主张遗传因子、传统知识等也应该涵盖其中（清川宽，《知识产权制度的新的地平线·序言：从重新认识未来知识产权的理想状态的视点出发》，RIETI Policy Discussion Paper Series 08 – P – 009，2008年，第10—11页）。

[23] 1990年版《科学技术白皮书》第3章第2节3（2）“专利”。

[24] 关于这一点，作为当时吸引话题的事件，有因盗取日立制作所的秘密情报被IBM（International Business Machines Corporation）起诉的“IBM间谍事件”（盗品移送同谋罪事件，1982年起诉），以及芹泽宏明和冈本卓二人将老年痴呆症遗传因子的研究资料，通过不正当手段从非营利医院的附属研究所带走，被FBI起诉的事件（《经济间谍法事件》，2001年）（荒井，上述书目，第39—40页，第41页）。

特别会计法案，同年4月通过。[25] 利用特别会计设置后所产生的财政来源，1989年建成专利厅厅舍，是领先于世界的优秀“高度信息化建筑物”（intelligent building），之后作为先进的专利厅样板得到各国的关注。

无纸化制度，通过庞大文献的数据库化、检索系统的电子处理技术的开发、网上申请手续的普及，使日本抢先成为信息化时代的电子政府。1990年《关于工业所有权手续等特例相关法》为电子申请提供了法律依据。

无纸化使日本专利厅的审查效率大幅提升，20世纪90年代末，其效率是欧美审查官处理件数的3~4倍，显示出极高的效率。但是在这一时期并行推进《日美结构协议》的过程中，美国对于日本专利审查的迟缓还是表示强烈不满。

20世纪90年代以后的知识产权政策（重视专利政策的实施）

20世纪70年代末的卡特政府以后，美国重视专利（Pro-patent）的趋势开始萌芽。1982年美国法院规定关于专利的上诉审判由新设置的CAFC（U.S Court of Appeals for the Federal Circuit，联邦巡回上诉法院）执行。从这时起权利者优先的判决增多，从司法层面加强对专利的重视。

1985年，美国里根政府下提出的《Young报告》（Young Report）[26] 指出，自不必说要提高美国的产业竞争力、新知识和革新技术的创造、应用（实用化），更应该将重点放在对这些的权利保护上。以此为契机，美国的产业界对专利政策开始由专利消极（anti-patent）政策转向专利重视政策，更加强了对政府的推动。里根政府在上述乌拉圭回合谈判和《日美结构协议》等贸易谈判中，明确表示重视专利的方针。这是因为，在不断发展的信息化社会，要求构建关于知识产权的新模式（paradigm、规范，乃至社会价值观）。

《Young报告》对当时通产省的打击比美国还要大。[27] 但是，这一想法在日本的实

---

[25] 《专利特别会计法》（1984年5月1日，法律第24号）。

[26] 里根政府设置的产业竞争力委员会（President's Commission on Industrial Competitiveness）报告《全球竞争－新现实》（Global Competition－The New Reality Results of the President's Commission on Industrial Competitiveness），其名称起源于委员长Young（John A. Young）的姓。该报告书除建议对研究开发税制进一步优待、撤除禁止垄断法对共同研究的障碍、强化知识产权保护外，还提及劳动者和雇佣者协调的重要性、对大学和实业学校的支援、重视通商政策等。

[27] 参照通商产业政策史编纂委员会编，中山信弘编著《日本通商产业政策史（1980—2000）：知识产权政策》，经济产业调查会，2011年，第75页，注16。

现（即日本政府的专利政策真正出现），花费了一代人的时间。[28]

在国内，20世纪90年代初以来，伴随信息化的推进，产生了许多同知识产权相关的课题。为此，1990年，修改了关于营业秘密保护的《防止不正当竞争法》（1990年6月29日，法律第66号）；软件方面，在经历了各方面各种各样的曲折后，完成了《著作权法》的修订（1985年6月14日，法律第62号）。半导体集成电路方面，完成新的保护立法（《半导体集成电路的电路布线相关法》，1985年5月31日，法律第43号）。关于生物相关技术的法律保护问题，通过UPOV公约（Union Internationale pourla Protection des Obtentions Vegetales，《关于植物新品种保护的国际公约》）的修订得以解决。TRIPS协定也予以达成。强化知识产权的国际竞争力，也是为了对在信息化社会中处于低迷的日本经济进行改革，日本进入了表面上接受《Young报告》指出的通过知识产权强化国际竞争力的时期。

1996年12月，设置了作为专利厅长官的私人咨询机构“思索21世纪知识产权恳谈会”（主席：理化学研究所时任理事长有马朗人）。第二年4月发表的报告书提倡，在信息化的浪潮中，以构筑强化知识产权的“创造”、“保护”以及“活用”的“知识创造循环”为支柱，向“专利政策”转换，并提出了8项目标，即①知识产权的“广域保护”、②知识产权的“强有力保护”、③大学和研究所的“知识产权振兴”、④“专利市场”的创设、⑤“电子专利”的实现、⑥“发展中国家合作”的推进、⑦迈向“世界共同专利”之路、⑧国家范畴的“知识产权政策”。

该报告发布后，1998年以来，以《专利法》为首，陆续修改了与知识产权相关的法律。1998年，先是针对“强有力保护”实现了损害赔偿制度的强化，1999年扩充了对权利侵害的救济措施，审查请求时间由7年缩短到3年。之后依次实现了《代办人法》《设计法》《商标法》的修订。

专利政策划时代的进展是2002年2月小泉纯一郎在国会发表表明信念演说之后设置“知识产权战略会议”。该会议以截至前一年经济产业省“思索产业竞争力和知识产权研究会”研讨的各省知识产权相关成果为基础，以制定“知识产权战略大纲”为目标开展讨论，该大纲在同年7月3日通过。

知识产权战略大纲的划时代意义在于，这是历史上首次在首相主导下设置的知识产权相关会议的建议，除了这一外在形式外，还将知识产权制度及其关联政策定位为

㉘ 1997年，日本政府迈向专利重视政策。

信息化社会最重要的社会资本（infrastructure，简称 infra）。在大纲的开头提及，在“信息创造时代”，要求社会“向适应无形资产创造的体系转变”，而“个人自由的创造是关键”，要求“坚决实施完善重视创造性环境的改革”。同时提到：

> 行政机关需要努力通过初等和中等教育培养学生的创造性人格；在企业和大学推进知识产权创造的战略性措施和专门人才的培养；为推动优秀成果得到保护和活用制定知识产权相关法制、完备相关税制以及同知识产权相关的信息基础设施建设，同时，不断认识到行政机关是知识产权相关行政服务的提供方。另外，还要推进积极的通商、外交政策以应对司法领域诸多改革的完成、海外的仿品和盗版，并在广泛领域采取必要的措施。[29] 这就不仅要求行政领域，同时司法领域也要求改革。

制定知识产权战略大纲后，2002 年 10 月向国会提出了《知识产权基本法案》，同年 11 月表决通过，12 月颁布（2002 年 12 月 4 日，法律第 122 号）。伴随该法的施行，第二年 2003 年 3 月知识产权战略本部（本部长：首相）启动，推进大纲、基本法方针的体制得以建成。该本部当年 7 月决定实施《关于知识产权创造、保护以及活用的推进计划》，汇总以后每年新的施行政策，并推进其落实。

在司法层面，2004 年 6 月制定了《知识产权高等法院设置法》（2004 年 6 月 18 日，法律第 119 号），2005 年 4 月，东京高等法院特别分部实现了知识产权高法。

在以上一系列专利政策得到推进的同时，专利厅的审查官体制也得以强化。2004—2008 年共任用了带任期的审查官 490 人。在其他政策的配合下，一时积攒的 80 万件案件快速处理完毕。

另一方面，21 世纪 10 年代存在的巨大课题是，伴随互联网的普及和全世界信息流通方便性的提升，以新兴国家为中心，仿制品和复制品横生。

关于规定员工发明报酬的“职务发明”，围绕蓝色二极管，中村修二（加利福尼亚大学圣巴巴拉分校教授）对日亚化学工业要求巨额报酬，该审判在社会上产生了巨大的影响，以此为契机，政府修改了《专利法》，以根据员工和使用者之间的“规定”支付回报为原则。

如上所述，日本的专利制度通过（1）制度的设计和建立、跟随时代制度的修改

---

[29] 参见《知识产权战略大纲》，知识产权战略会议，2007 年 7 月 3 日，“序 信息化时代和知识产权立国”。

(法律的修订)，(2) 专利的国际化及其应对，以及 (3) 运用的效率化和公益的增加，完成了历史的变迁。这几点，不仅使日本的经济活跃，对国际经济及国际经营的展开也做出了巨大的贡献。对于本书直接对象的20世纪末，回顾这三点的过程中值得注意的是：关于制度修改，根据1970年法的制定和专利特会的设立，确立了无纸化系统（1984年）；关于国际化，签订WTO主导下的TRIPS协定，以及与世界知识产权组织（World Intellectual Property Organization，简称WIPO）关系密切化；关于运用的效率化，在世界信息化的洪流中，提出以专利政策作为基干的"知识产权战略大纲"。[30]

顺便一提，值得关注的是2010年以后，日本的专利申请呈现急剧减少的趋势。其理由虽然目前言明还为时过早，但因雷曼冲击（Lehman Shock）导致的世界经济不安定化和东日本大地震的影响当然列在其中。[31]

第2节　产业技术政策

技术在经济发展中的重要性是各国共通的，在具体的政策方面如何，国与国之间各有不同。日本明治之后，在很多领域都是国家主导对应。通产省的产业技术政策，在20世纪80年代迎来了真正的国家主导的大规模技术开发开展期，但是进入20世纪90年代，逐渐转换为重视民间创意的公募型研究开发重视型。另一方面，与此同时实现了"历史性"转变，（如上一节所述）强化知识产权制度，以及倾力于作为新的生产要素快速发展的信息关联社会资本的相关技术发展。1980—2000年，该省的研究开发倾斜于基础研究，这同20世纪80年代以后的通产政策全面从追赶型向最尖端技术开发重视型这一转变动向一致。

战败后工业技术开发政策的基本课题

欧美船只（"黑船"）的到来震惊了幕府，开始了明治维新。明治维新初期受欧美

---

[30] 根据经团联关于知识产权政策评价的问卷调查结果（2008年3月18日，156家中有81家回答），积极进行知识产权活动（职务发明、知识产权信息利用、诉讼增加、知识产权方针等）的企业为65.6%（"非常"7.6%＋"积极"58.0%），进行成果知识产权的保护和强化的企业为（专利审查的迅速化和效率化、仿制品和盗版品对策、事业的全球化）60.5%（"非常"8.6%＋"有"51.90%）等（引自清川，上述书目，第5页）。

[31] 雷曼冲击是指由美国投资银行雷曼兄弟（Lehman Brothers）的经营破产为导火索，发生的股市暴跌等世界范围内的不景气。

各国产业革命成果的影响巨大。在运输手段和军事方面，引进以铁道、造船为代表的西洋技术，使日本的国土结构发生剧变。在其他领域，政府也大力吸收西洋的先进技术。通产省的前身工部省的意向尤其强烈。从外国招聘所谓“雇佣外国人”最多的就是工部省。㉜

1884年颁布的《商标条例》和1885年颁布的《专卖专利条例》，都明确显示日本知识产权制度的引进领先于亚洲其他国家。之后，随着国力的增强，民间企业和大学的研究也逐步推进。1904年（社会团体）设立发明协会（当时的名称是“工业所有权保护协会”），1926年该协会设置了恩赐发明奖制度（当时称“恩赐纪念奖”）。打开国门以来政府一贯对技术开发给予高度关注，从日本的十大发明中有九项获得恩赐发明奖这一事实便可窥见一斑。㉝

第一次世界大战之后，随着飞机、潜艇、化学武器的登场，根据陆海军要求，在产官学的合作下推进了新武器开发项目。这一趋势在二战爆发后军队直接指导下得到强化，商工和军需两省旗下的研究所也加入了该体制，推进了研究和生产的一体化。㉞

第二次世界大战结束后，美国实施了对日科学技术政策，之前的陆海军试验研究机构被解散，同时暂时禁止军事相关的研究以及核、飞机、电波等的研究。另一方面，为复兴经济，以总管省内各局分别设置的试验所为目的，设置了工业技术厅（1948年8月），为振兴疲软的经济，对将重点放在应用研究上的研究项目给予奖励［工业技术厅是之后工业技术院（以下称为工技院）的母体］。

工业技术厅成立后经过一年，即1949年9月，该厅对20世纪50年代产业技术政策的基本思考做了如下论述：

> 我国科学技术的发展，其初期由政府起主导作用，随后逐渐将重点过渡到民间的自力发展，政府的政策倾向于辅助、服务的层面。但战争结束后情况完全改变，民间试验研究机构的衰退之势明显，关于技术奖励不得不再次转为政府发挥主导、

㉜ 见梅溪升《雇佣外国人》（概述），鹿岛研究所出版会，1968年，第68页。

㉝ 丰田佑吉（木质人力织机）、御木本幸吉（养殖珍珠）、高峰让吉（肾上腺素）、池田菊苗（谷氨酸碳酸钠）、铃木梅太郎（维生素B1）、杉本京太（日文打字机）、本多光太郎（KS钢）、八木秀次（八木天线）、丹羽保次郎（照片电送方式）、三岛德七（MK磁石钢）（源自专利厅网页：www.jpo.go.jp/seido/rekishi/judai.html，登录时间：2012年11月3日）。

㉞ 阁议决定“关于科学技术战力化”，1944年8月29日。

援助的作用。[35]

日本学术会议基于同样的观点，设立了“基础、应用研究和实用化研究的联络组织”，当时日本的政策目的是探寻将研究成果实用化的方法。通产省在以工技院为中心的技术政策中起核心作用。

高速增长和大规模项目

截至20世纪50年代中期，技术政策面临的巨大课题是如何缩短因战争导致的同海外的技术差距，如何构建相适应的体制。为应对这一课题，首先实现国立试验所的重建和活用，其次要求活用大学人才的专业知识。其结果是，为大学工学部和产业界之间共同协作进行技术开发提供了土壤。[36] 这一时期国家研究机构（机械试验所等）进行的研究开发是，为中小企业诊断和振兴出口进行试验研究、为实现粮食增产进行农业机械化和为煤炭增产进行炭矿机械化等紧急、必要的研究开发。另一方面，地方试验所和地方公共团体的公设试验研究机构（公设试），发掘根源于地域产业的研究需求，发挥了独自推进实用化技术开发的作用。

20世纪50年代以后，各方面努力推进构建国家与民间或是与大学的研究合作体制。日本学术会议1950年提出的“工业技术开发金库”构想，通过总理府的“产业技术审议会”（几年后移交给工技院）和“工业化试融资”得以具体化。另外，日本产业协议会在1951年“关于大学的工业技术以及大学与产业界合作的意见”中提到的强化产学合作的各种措施，也依次得以具体化。1956年科学技术厅成立，在产业技术和科学技术之间做了行政所辖的划分。应该厅要求，1956年10月经济同友会发表意见书，基于该意见书，两年后的1958年成立了特殊法人理化学研究所。该研究所在1961年将其开发部门——新技术开发事业团分离独立出来。

通产省针对集结民间企业的技术开发体制，对各国事例进行调查，目标是以英国的实践和研究组合制度为范本进行制度构建。1961年《矿工业技术研究组合法》（1961年5月6日，法律第81号）的施行，使该计划得以收到成效。

---

[35] 工业技术厅《关于工业技术振兴费的预算要求》，1949年9月2日。

[36] （独立法人）经济产业研究所BBL研讨会议事录，企划案资料【通产政策史系列】“国家创新系统的变迁”（泽井实，大阪大学研究生院经济学研究科教授），2011年6月16日，第31页，（独立法人）经济产业研究所网页（rieti. go. jp/jp/events/bbl/11061601. html）。

这样，关于战败后日本的技术政策，建立了国家主导型的项目推进体制，实现了经济的快速复兴，1955 年以“收入倍增计划”为象征的“经济高速增长”即将开始。收入倍增计划起到了使产业结构高度化和贸易飞跃性扩大的推动作用，其根本是主张“国内的独创性研究和开发”，倡导将研究投资额提升到同发达国家并列的程度，即占国民收入的 2%。[37]

另一方面，针对日本经济的快速复兴，海外各国要求贸易、资本自由化的呼声高涨。1966 年 10 月，对于通产大臣的咨询“为实现产业结构高度化，如何强化技术开发的政策”，产业结构审议会（产构审）的答复是：

> 在真正的开放经济体制下，构成产业竞争力的真正基础是独创的技术开发力。可以肯定的预测到，今后的国际竞争将围绕着伴随各领域的技术综合化、广泛而无限的技术革新展开，面对动荡的内外经济形势，当务之急是在技术革新相关的国际竞争中取胜，通过积极促进我国产业结构改善、强化独创的技术开发力，保持我国产业的自主性和提高国际地位。[38]

工技院以此为基础，将如何通过独自的技术开发来确保国际竞争力作为重要课题。由此课题延伸出的是国家主导的（所谓）大规模项目实施构想。在这更早以前，虽然进行过以政府资金为中心的大型技术开发（维尼龙和飞机 YSII 的开发等），但在重点开发计划之下同时并行多个大型项目，这是首次。

早在 1963 年 11 月，产业结构调查会（产构审的前身）的产业技术部会就提倡，“今后的技术政策”应该由引进吸收型向自立创造型转变，政府发挥主导作用，筹划由产官学协作推进重点技术开发计划。3 年后经过多方探讨，1966 年制定了“大型工业技术研究开发制度”（以下简称“大型项目”）。该制度作为项目预算持续到 2001 年[39]，是战后通产省技术开发制度的骨架。

1966 年到 2001 年，采纳、实施的大型项目共 31 件，研究开发费用总额达 3865 亿

---

[37] 经济企划厅《国民收入倍增计划》，大藏省印刷局，1961 年，第 37 页。

[38] 关于“反对为实现产业结构高度化而强化技术开发的政策”的答复（1966 年 10 月 13 日，产业结构审议会）。工业技术院研究开发官室监修，大型工业技术研究开发制度 20 周年纪念事业推进团体联合会编辑《大型项目 20 周年的演变：构建我国产业技术的基础》，通商产业调查会，1987 年，第 916 页。

[39] 但是，1993 年“医疗福祉机器技术开发制度”（始于 1976 年）同“下一代产业基础技术研究开发制度”统合（始于 1981 年，后文具体论述），形成“产业科学技术研究开发制度”。

日元（平均每件125亿日元）。[40] 工技院主导、矿工业技术研究参与的推进体制是主流，目标是全业界的集结和参与，这一点具有划时代意义。

在高速经济增长期的民间企业中，中央研究所不断发展，与此同时，也面临需要改善的巨大课题，即政府系统试验研究机构设施与装备老化、和民间研究机构相比待遇较低，政府和民间的研究环境等差距扩大。为此，工技院设置了研究区域化推进委员会（1961年），政府全体讨论的结果是，将旗下的试验研究机构重新整编，同时移址到筑波。该决定在1970年到1980年间逐步得以落实。

石油危机和能源相关技术的开发

在1973年10月第一次石油危机之前，作为“大型项目”的课题，工技院探讨了关于太阳能和氢能源的问题。石油危机之前，通产大臣（时任）中曾根向产业技术审议会提出了“关于新能源技术开发的推进方法”的咨询（同年8月），审议会答复称，处在石油危机的紧迫形势下，有必要发起作为国家项目的“新能源技术研究开发计划”（同年12月）。为此，通产省会议做出“阳光计划实施要领”的决定（1974年3月），启动了当时通产省技术开发预算中预算规模最大的项目（持续到1992年）。“阳光计划”除了沿袭大型研究项目的研究开发方式外，作为不同于“大型项目”的预算项目，集中了通产省的能源相关研究开发，在以工技院院长为本部长的“阳光计划”推进本部指挥下开展研究。

1978年至1979年，爆发了第二次石油危机。“阳光计划”为应对加速发展的要求，谋求大幅扩充预算。[41] 1980年5月，制定了《关于促进石油替代能源的开发和引进的法律》（1980年5月30日，法律第71号），依据该法设置了“煤炭、石油以及石油替代能源对策特别会计”和“电源开发促进对策特别会计”中的“电源多样化会计”。另一方面，作为处理很多这种大型项目的核心实施机关，1980年，设立了“新能源综合开发机构”（New Energy Development Organization，简称NEDO）。

与替代能源开发并行，从1977年起，开始正式探讨节能对策技术开发。这个新项目被命名为“月光计划”，一部分大型项目的既存案件（“废热利用技术系统”）以及“电磁流体（Magneto-Hydro Dynamics，MHD）发电”移交到该计划的同时，

㊵　最低额为12亿日元（烯等的新制造方法），最大额为280亿日元（超声速输送机用推进系统）。

㊶　1980年到1990年共2.2万亿日元，其中公共资金为1.6万亿日元。

1978 年加入“高效率涡轮”项目，NEDO 成立后，原则上由 NEDO 负责推进这一民间委托事业。

这样，能源相关技术开发的预算大幅提升，1980 年“阳光计划”预算达到 286 亿日元，“月光计划”达到 78 亿日元。之后这两个计划的预算逐年增加，1985 年前者达到了 438 亿日元，后者达到了 111 亿日元。然而，世界石油供求随后逐渐趋向缓和，20 世纪 80 年代以后石油价格大幅下滑，20 世纪 90 年代到 21 世纪初维持较低的稳定状态（参照图 9. 1）。1993 年，这两个计划同“地球环境技术开发计划”合并，演变成“新阳光计划”，该计划以新能源和节约能源的技术开发以及环境对策技术的推进为目标（后述）。

对外经济摩擦和下一代的产业基础技术研究开发制度

经历了两次石油危机的日本产业，稳健地构筑了在“70 年代通商产业构想”中提出的知识密集型产业结构[42]，强化了国际竞争力。然而，欧美各国强烈批判这是基础技术开发层面的“坐享其成”（freeride）。[43]

第一次石油危机最高潮的 1974 年，工技院作为工技院院长的私人咨询机关，设置了产业技术开发长期战略制定研究会。该研究会在 1977 年 9 月总结的报告书中提到：“要想避免海外一直批判我国无偿使用外国的研究成果，同时不断完备在大的革新（breakthrough）发生时可以迅速实现赶超的体制，培养基础能力十分重要。”[44]

1977 年设置的产业技术开发长期战略制定研究会继承了这一认识，经过 4 年的探讨，于 1980 年 8 月总结出中间报告（最终报告在 1981 年 10 月）。该报告着眼于受到国际社会关注的“基础技术”领域，主张这才是 20 世纪 80 年代国家应该重点解决的领域。[45] 根据该建议，1981 年制定了“下一代产业基础技术研究开发制度”（以下称为

㊷ 通商产业省产业结构审议会《产业结构审议会中间答复 如何设定 70 年代通商产业政策的基本方向》。

㊸ 结合这一情况，1980 年 3 月《80 年代通商产业政策的方向（80 年代构想）》认为“进行创造性的自主技术开发极为重要”。（通商产业省产业结构审议会《80 年代通商产业政策构想》，通商产业调查会，1980 年 4 月 10 日，第 83 页。）同时参照了本书的序章。

㊹ 工业技术院编《未来的技术开发构想——产业技术开发长期战略制定研究会报告》，通商产业调查会，1977 年，第 9 页，括号内为引用者的补充。

㊺《强化应用发现、发明等自然科学成果的基础技术的必要——产业技术开发长期计划制定研究会报告中间报告》，《通产省公报》，1980 年 9 月 10 日。

“下一代技术开发”）。

下一代技术开发涵盖了3个对象领域：（1）生物科技（生物工学，通称生物）、（2）新功能元件、（3）新材料。具体的研究课题由不同领域各自设置的恳谈会来选定，由相关研究行会和相关团体负责实施。实施方法采取面对多个开发目标实施多个开发方法的并行式开发方式，以及将开发期间分为多个数年单位，分别设定各个期间开发目标的分阶段目标设定方式。期待在未涉足领域切实展开具有挑战性的项目。

下一代技术开发可以说是承载着国民追求创造性的期待的项目。战败后，始于“应用研究或实用化研究”的通产省的研究开发，在这一时期为同“发达国家”的称谓相匹配，在方针上有较大的转换，即转为重视基础研究（称为“基础转移”）。但是这一时期，对外经济摩擦逐年严峻，“坐享其成”的批判更加激烈。

1987年，设立了作为工技院院长私人咨询机关的“21世纪产业基础技术项目恳谈会”。该恳谈会当年6月发表了中间报告，关于基础研究提出了46个具体课题。第二年4月，进一步设置了产业技术审议会下一代技术开发部会企划小委员会，指出了当时的下一代技术开发问题点，并在其基础上建议，要比之前更加重视基础技术开发。接受这一建言，下一代技术开发进入了可称为第二期的阶段，在原有3个领域的基础上增加了（4）超电导和（5）软件，在集中研究开发的体制下向基础研究倾斜。

石油供求缓和期的能源相关技术开发

20世纪80年代，产业的国际竞争力得到强化，这一时期，日本成为世界排名第二的GDP大国，同时这一时期日本也面临着严峻的海外经济摩擦。竞争力的来源之一是遭遇两次石油危机，民间企业自助努力，彻底执行代能源、省能源对策，同时官民全体在代替、节省能源技术开发方面做出了贡献。另一方面，20世纪80年代，曾席卷20世纪70年代的中东不安定的政治形势变得相对平稳，加之各国政策产生效果（如前面所述），石油供求变得缓和。一般社会没有了在石油危机时曾有的紧张感，也出现了重新修正巨额技术开发费的意见。

1982年8月，产业技术审议会新能源技术开发部会在题为《关于阳光计划新开展》的报告中，提出了对石油供给缓和的认识。另一方面，在综合能源调查会（供求部会）发表的“长期能源供给预测”（1982年4月发表）中强调，基于长期供给依然紧迫的预想，“阳光计划”的必要性不变。与此同时，还提到研究开发评价方法的改善、项目选定及运营的合理化、充实“萌芽（seeds）研究”、基础研究等也十分必要。从之前的太阳热发电研究过渡到太阳光发电研究，就是表明后者意见转变的一个例子。作为其研究成果的一环，非晶质太阳电池的技术开发成果，之后为太阳电池的世界发展做出了贡献。

20 世纪 80 年代末，由于地球环境变化，温室化气体的处理得到了全世界的关注。从削减以石油为首的化石燃料所产生的二氧化碳这一观点出发，“阳光计划”和“月光计划”在新的视角上再次受到关注。从 1989 年起，工技院各研究所开始着手这些研究。1990 年 7 月，产业技术审议会新能源技术开发部会发表了《阳光计划未来的方向》（中间报告），要求在“阳光计划”的目标中加入能源的“供求稳定”和“应对地球环境问题”。[46] 经过各种探讨，1993 年启动综合处理能源和地球环境问题的“能源与环境领域综合技术开发推进计划”（通常说的“新阳光计划”）。该计划由 3 个项目构成：创新型技术开发、国际大型共同研究以及（考虑到同邻国的关系）适当技术共同研究，决定从 1993 年起到 2020 年投入 1.5 万亿日元进行推进。

“新阳光计划”在严峻的经济环境和深刻的国家财政状况下，对旗下的项目设定了 3 个条件：（1）5 年以内的研究开发期，（2）构筑竞争的、有效的研究实施机制，（3）由外部专家严格评价，同时根据不同的研究题目通过公开招募选定担当者。

长期不景气下的项目合并和变革

20 世纪 90 年代的日本经济，从泡沫经济崩溃开始进入了长期的低迷期。这一阶段的整体通产政策，尤其是在前半期经历了大的转换期。1990 年 7 月产业结构审议会答复的“90 年代通产政策的方向”第一章中列举了 7 个项目，作为 20 世纪 90 年代通产政策的基本态度，其中的第一项是“市场原理与自我责任的重视”。同时，作为产业技术政策的理念，排除保护主义（techno - nationalism）、提倡开放主义（techno - globalism）。

关于 20 世纪 90 年代政策的真实情况，通产省措施的基本态度是：一方面，伴随 WTO 的成立，开启了 20 世纪 80 年代应对经济摩擦新的地平线，另一方面，石油危机后经济结构不良，产业设备处理及一系列供求对策终止，要求内外均要完善可以

---

[46] 《长期的大规模系统的技术开发——产业技术审议会新能源技术开发部会中间报告》（摘要），《通产省公报》，1990 年 7 月 11 日。

活用市场职能的环境。20 世纪 80 年代中期以后，从这一观点出发，有批判认为以技术研究行会方式为中心的大型项目是依靠政府力量强化民间企业的经营能力。这一疑问不仅来自国内，也来自国外。事实上，也有议论认为这是面向特定产业的补助金。[47]

1988 年，产业技术审议会大型技术开发部会企划小委员会开始对工技院进行审议，第二年 4 月发表中间报告，要求工技院针对大型项目制度的发展方向、课题的选定方法等 4 个项目给出具体对应。对此，工技院对包括大臣官房、原局在内全省的国家项目进行重新修正、检讨，结果是在 1993 年 7 月，合并了之前的 3 项制度，即（可称为国家项目的）大型项目、下一代技术开发以及医疗福祉机器技术开发制度，以“产业科学技术研究开发制度”（以下简称“产技制度”）的名称重新启动。产技制度的对象限于基础和独创的领域，或者公共、社会、福祉领域，从确保成果的宗旨出发，设置“先导研究”的课题，要求在研究开发时预先探讨课题的意义和成果的可能性（被称为可行性研究）。

这一时期，隶属于工技院的研究所本身改组为有助于基础研究的体制（称为“基础转移”）。换言之，1993 年 1 月，化学技术研究所、微生物工业技术研究所、纤维高分子材料研究所、产品科学研究所这 4 个研究所进行重组、合并，整合为物质工学工业技术研究所和生命工学工业技术研究所。另外，以融合横跨电子、机械、生物等领域为目的，创设了 2 个产业技术融合领域研究所。为了应对多样化需求，发掘新技术的萌芽（被称为技术种子），多元的对应是有必要的。这项改组就是基于这种认识而进行的大胆的组织改编。

关于预算执行，这些改革要应对国内外的严厉评论，同时也要应对国内外对成为经济大国的日本在未涉足领域进行研究开发的关注。

但是，彻底的“基础转移”一方面使国家支援的研究开发背离了企业寻求的实用研究开发，而且还使工技院抱有时常意识到同原局行政之间距离的烦恼（困境，dilemma）；另一方面，在经济长期低迷的状况下，有人严厉批评第五代计算机和煤炭液化项目等虽然投入了大量的费用，但并不是和实用化直接关联的项目。

---

[47] 通商产业政策史编纂委员会编，泽井实著《日本通商产业政策史（1980—2000）：产业技术政策》，经济产业调查会，2011 年，第 206—210 页，以及（财团法人）日本系统开发研究所《关于大型工业技术开发制度的成果以及今后的发展方向的调查》，1986 年 3 月（引用同上，泽井实著，第 103 页脚注）。

总之，“基础转移”没有形成长期趋势。1995 年 11 月《科学技术基本法》（1995 年 11 月 15 日，法律第 130 号）成立，第二年 7 月，基于该法，内阁通过了科学技术基本计划，该计划倡导强力推进基础研究，应对社会和经济需求的研究开发。

1997 年 5 月，在经济长期低迷的情况下，当时的桥本龙太郎内阁会议通过了包括新产业创造战略的“旨在变革和创造经济结构的行动计划”（以下称为“行动计划”）。该计划倡导医疗和福祉、生活文化、信息通信、生物技术、都市环境整备等 15 项新产业。[48] 为应对这一计划，通产省早在 1997 年该计划发表时就启动了“新产业创造型提案公募制度”，并大幅改革产技制度。

合并了“大型项目”的产技制度，（如上所述）虽然从其设定开始只经过了 4 年，但“行动计划”发表后的第二年，在“基础产技”之上加入了“应用产技”和“大学合作”这两个新设的领域（新产技）。其中，应用产技和上文中提到的 15 个新产业中的技术开发有关，同样，大学合作希望通过与民间企业等的合作，挖掘和拓展能够成为前文中 15 个产业化萌芽的大学研究。而且，上述 15 个新产业领域包含了很多通产省所管辖外的领域，对该省而言，它面临的巨大课题是如何同其他省厅进行密切且有效的合作。在产业技术融合领域研究所设置之际，引进了跨领域研究体制，因此，该省进一步摸索扩充该研究体制的方法。

通产省为推进“行动计划”逐步完善了环境。首先 1998 年，参考美国的研究开发成果民间转移体系，制定了《关于促进大学等技术研究成果向民间事业者转移的法律》（1998 年 5 月 6 日，法律第 52 号），促进了大学、国立研究所等官方研究机构的研究成果向民间转移。1999 年成立了《产业活力再生特别措施法》（1999 年 8 月 13 日，法律第 131 号，简称《产业再生法》《产活法》、日文版 Bayh - Dol 法）[49]，该法规定与国家委托事业的研究成果相关的专利权可向民间转移。2000 年集上述两法之大成，制定了《产业技术力强化法》，完善了各种支援政策以强化产官学的研究开发网络。

---

[48] 15 个新产业领域为：医疗和福祉相关领域，生活文化相关领域，信息通信相关领域，新制造技术相关领域，流通物流相关领域，环境相关领域，商业支援相关领域，海洋相关领域，生物技术相关领域，都市环境建设相关领域，航空和宇宙（民需）相关领域，新能源和节约能源相关领域，人才相关领域，国际化相关领域，以及住宅相关领域。

[49] 美国的 Bayh - Dole 法（The Bayh-Dole Act of 1980），正式名称为 Public Law 96 - 517. Patent and Trademark Act A-mendments of 1980。

2000年政府设置了国家产业技术战略研讨会，发表了“国家产业技术战略”，其序言中阐述了如下认识：

> 随着（经济泡沫的）崩溃，强化竞争力重新成为我国的中心课题。我国长期、持续的经济低迷源于竞争力的低下，基于这一理解，要实现经济重建，我们面临的课题是要以提高产业技术力和活用谈判能力为基轴，强有力地打出必要的措施。探讨该课题时，需深刻认识到根据1995年成立的《科学技术基本法》，1996年制订的“科学技术基本计划”仍在推进中。该项法律是在基于对依靠我国产业技术优势达成经济高速增长进行评价和反省的同时，以摆脱追随型国家，建成可独自为国际社会做贡献的、真正的自立国家为目标制定的。仅从法律对产业技术所产生的效果这一侧面来看的话，应该将学术研究中的基础研究放在中心位置，以其独创的知识生产、新产业的产生为基轴，建立可实现产业技术力提高的战略。虽然在经济高速增长时期，我国产业展现出强有力的力量，但在经济低迷中并没有充分体现，该战略就是要以我国自行生产的、独立的知识资源为食粮，再次体现我国产业的强大力量。[50]

这样，从20世纪80年代到20世纪90年代，倾向于基础转移的研究开发，直面结构性经济低迷，再次回归到将重心放在应用面和实用面的研究上。[51]

21世纪以后的技术政策

伴随2001年1月中央省厅的重组，工技院的历史告一段落。国家的试验研究机构原则上实现独立行政法人化，工技院旗下的各研究所在当年4月改组合并成独立行政法人产业技术综合研究所。

2000年，在研究所合并前夕，通产省委托民间对国家项目的运营和管理状况进行总结（评价）。该报告书在对以前个别项目进行讨论的基础上，提到了研究制度的评价，指出以下7个项目的“深远含义”：（1）应对多样需求的研究课题的选定、

---

[50] “国家产业技术战略《整体战略》”，平成12年4月10日，国家产业技术战略研讨会（产总研网页，www. aist. go. jp/www_i/guide/gyoumu/singikai/saigishin/41siryo/siryo7. pdf，登录时间：2012年11月16日）。

[51] 从2000年起，作为“千禧年项目”（Millenium Project），“产学官共同项目”启动，开始了关于信息化、老龄化、环境对应三个领域的实用化研究。

（2）目标设定的多元性、（3）计划制订的时机（timing）、（4）预算计划的重要性、（5）开发体制构筑的保守性（“老企业”的存在等）、（6）指导力（leadership）的弱化、（7）成果评价的准确性。[52] 省厅重组后，通产省（即经济产业省）在该批判性评价的背景下，根据1996年“经济结构改革项目”，将几乎全部的以创造（15个领域）新产业为目标的研究项目汇集成“研究开发项目制度”。2001年新成立的产总研没有采取之前的以研究所为单位的项目设定方式，而是采用按照研究目的集结多领域研究人员的“单位制”（研究项目方式）。这种新方式同上意下达（topdown）型的国家项目不同，而是以发掘下意上达（bottomup）型的研究课题和研究方法为目标，在研究执行时融合所有研究所，这是其理念。表11.1是2001年以后的研究开发项目内容，以供参考。

表11.1　2001—2007年研究开发项目的变迁

2001年（5个项目）	2002年（15个项目）
·活用型循环产业系统创造 ·应对癌症与心脏疾病等的先进医疗器械 ·信息通信基础高度化 ·化学物质综合评价管理 ·材料超精加工技术	**·以保持和增进健康为目的的生物科学技术** ·生物活用型循环产业系统创造 **·以延长健康寿命为目标的医疗福利机器高度化** **·下一代半导体设备等的基础技术** **·信息通信基础高度化** **·新制造技术** **·21世纪的机器人挑战** **·革新性的温室化对策技术** **·能源环境二氧化碳固定化与有效利用** **·3R** ·化学物质综合评价管理 **·固体高分子型燃料电池/氢能源** **·下一代低公害车辆技术开发** ·超精加工技术 **·创新构件产业**

[52] 平成12年经济产业省委托调查报告书《国家项目的运营与管理状况分析调查报告书》中“Ⅰ关于国家大型项目实际状态的数据库化调查分析”“Ⅱ以国家项目为核心的产业技术研究开发措施的评论——从系统视点出发的考察”，川铁技术调查，2001年3月。

（续表）

2003 年（19 个项目）	2004 年（15 个项目）
·以保持和增进健康为目的的生物科学技术 ·生物活用型循环产业系统创造 ·以延长健康寿命为目标的医疗福利机器高度化 ·下一代半导体器件加工等基础技术 ·信息通信基础高度化 **·下一代显示器技术开发** **·信息通信基础软件开发推进** ·新制造技术 ·21 世纪机器人挑战 **·宇宙产业高度化基础技术** ·革新性温室化对策技术 ·能源环境二氧化碳固定化与有效利用 ·3R ·化学物质综合评价管理 ·固体高分子型燃料电池/氢能源 ·下一代低公害车辆技术开发 **·民间飞机基础技术** ·超精加工技术 ·创新构件产业	**·健康安心** ·生物机能活用型循环产业系统创造 **·高度信息通信机器、设备基础** **·信息通信基础软件开发推进** ·新制造技术 ·21 世纪机器人挑战 ·宇宙产业高度化基础技术 **·防止地球温室化新技术** ·3R ·化学物质综合评价管理 ·固体高分子型燃料电池/氢能源 ·下一代低公害车辆技术开发 ·民间飞机基础技术 ·超精加工技术 ·创新构件产业

2005 年（19 个项目）	2006 年（18 个项目）
·健康安心 ·生物机能活用型循环产业系统创造 ·高度信息通信机器、设备基础 ·信息通信基础软件开发推进 ·新制造技术 ·21 世纪机器人挑战 ·宇宙产业高度化基础技术 ·防止地球温室化新技术 ·3R ·化学物质综合评价管理 ·下一代低公害车辆技术开发 ·民间飞机基础技术 ·超精加工技术 ·创新构件产业 **·新能源技术开发** **·核技术开发** **·电力技术开发** **·燃料技术开发** **·节能技术开发**	·健康安心 ·生物机能活用型循环产业系统创造 ·高度信息通信机器、设备基础 ·信息通信基础软件开发推进 ·新制造技术 ·21 世纪机器人挑战 ·宇宙产业高度化基础技术 ·防止地球温室化新技术 ·3R ·化学物质综合评价管理 ·民间飞机基础技术 ·超精加工技术 ·创新构件产业 ·新能源技术开发 ·核技术开发 ·电力技术开发 ·燃料技术开发 ·节能技术开发

（续表）

2007 年（18 个项目）
·健康安心 ·生物机能活用型循环产业系统创造 ·高度信息通信机器、设备基础 ·信息通信基础软件开发推进 ·21 世纪机器人挑战 ·防止地球温室化新技术 ·3R ·化学物质综合评价管理 ·超精加工技术 ·创新构件产业 ·新能源技术开发 ·核技术开发 ·电力技术开发 ·燃料技术开发 ·节能技术开发 ·新制造技术 ·民间飞机基础技术 ·宇宙产业高度化基础技术

注：省略了各自题目后的“项目”一词。黑体的部分是新项目。3R 指 reduce 减少、reuse 再利用、recycle 再次资源化。

资料来源：经产省产业技术环境局研究开发课“关于重新认识研究开发项目”，2008 年 3 月，经济产业省网页。

为实现技术开发的组织变革

与技术政策相关的政策形成组织也完成了大的变革。战败后，长期审议技术政策的产业技术审议会，过渡到了产业结构审议会产业技术分科会。工技院研究业务以外的大部分业务由经产省的产业技术环境局接管，作为研究实施机关的产总研在得到充实以后，主要进行基础研究，同时，（独立行政法人）新能源与产业技术综合开发机构（NEDO）一元化实施民间委托研究。可以称为国家项目代名词的“新阳光计划”和产业技术研究开发制度，在 2002 年和 2003 年分别迎来了最后个别项目的结束期，之后的新项目被研究开发项目所吸收。经产省的技术开发政策在多样的请求、多元的技术材料和渐强的资金制约下，完成了以广泛发掘国民睿智为目标，向公开招募和自下而上型模式的大转换，与此同时，基本都统一为旨在将基础研究和实用化相结合的制度

（研究开发项目）。[53]

随后，2005年起，每年制定将重点放在从“技术来源”层面提取课题的“技术战略图”，2008年，研究开发项目在重新修改的过程中转为与其一体运用。

作为21世纪的新兴产业，在信息技术和生物技术（生物工学）方面，各国在技术开发上竞争激烈，2001年1月和12月，日本先后在内阁设置了IT（information technology）战略本部（“高度信息通信网络社会推进本部”）和BT（biotechnology，生物科技）战略会议，站在全省的立场进行推进。信息技术的相关情况将在下节中讲述。

关于生物技术，1981年起以工业技术院长为本部长的下一代产业基础技术研究开发制度下推进的生物反应器技术、细胞大量培养技术、遗传重组DNA利用技术等三项开发项目成果，对日本生物技术研究开发具有重大意义。[54] 之后，在威尼斯西方七国首脑会议（1987年）上，日本政府提出并被采用的国际共同开发项目“人类尖端科学项目”（Human Frontier Science program）[55]，由通产省和文部省、科学技术厅共同企划。顺便一提的是，2002年12月在首相官邸召开的“生物科技会议”（BT会议）上通过了“生物科技战略大纲”，其中倡导要努力充实研究开发、强化产业化进程、推进国民理解。

在昭和30年代的收入倍增计划中，设定了将日本的研究开发费用提升到占GNP 2%的目标，2009年该比例达到了3.61%（这一年为世界第一），而且总额的八成以上是由民间支出的。1950年工业技术厅曾认为的“民间试验研究机构衰退显著，技术奖励再次转为由政府起主导、促成作用的状态”的情形发生了很大变化。在加速民间主体研究成果的同时，如何将其成果同技术革新相连接，可以说是21世纪日本技术政策的课题。

小结

通产省战后追求的技术政策大多数是站在时代前沿的，但本书主要研究的区间1980年

---

[53] 该理念基本的研究体制和研究方法，直到2011年也基本没有改变。

[54] 通商产业政策史编纂委员会编，泽井实著《日本通商产业政策史（1980—2000）：产业技术政策》，第2章第2节“下一代产业基础技术研究开发制度”，第188—192页。

[55] 人类尖端科学项目是以解释生物的精妙、优秀机能为中心的国际共同（基础）研究，本部设在斯特拉斯堡（法国），在日本、美国、英国、法国、德国、意大利、欧盟、瑞士、加拿大、澳大利亚、韩国、新西兰、印度以及挪威的支援下推进。1985年，通产省受中曾根康弘首相（时任）指示，开始研究该项目，这也是其原点。

表 11.2　产业技术政策的变迁（源自经产省网页）

战后复兴期　20 世纪 60 年代　20 世纪 70 年代　20 世纪 80 年代　20 世纪 90 年代　21 世纪头十年 →

技术开发的变动	体制	· 工业技术院设置（1952 年） · 科学技术厅设置（1956 年） · 科学技术会议设置（1959 年） · 基础中心设立（1985 年） · NEDO 产技部门成立（1988 年） · 经济通产省成立（2001 年） · NEDO 独立法人行政化（2003 年） · 综合科学技术会议成立（2001 年）
	国研	· 地域 7 试验所体制［1967 年，筑波转移（1979 年）］ · 研究所重组（1970 年） · 研究所重组（融合研设立等）改称地域研究所（1993 年） · 产业技术综合研究所成立（2001 年） · 产业技术综合研究所非公务员化（2005 年）
	法律	· 工业标准化法（1949 年） · 计量法（1951 年）· 矿工业技术研究行会法（1961 年） · 基础技术研究圆滑化法（1985 年） · 研究交流促进法（1986 年） · 产业技术研究开发体制整备法（1988 年） · 科学技术基本法（1995 年） · 大学等技术转移促进法（1998 年） · 产业活力再生特别措施法（改正专利规定）（1999 年） · 产业技术力强化法（2000 年） · 独立行政法人产业技术综合研究所法（2001 年） · 国立大学法人化（2003 年） · 独立行政法人新能源 · 产业技术综合开发机构法（2003 年）
	预算税收制度	· 矿工业技术研究补助金（1950 年） · 试验研究机械设备的特别折旧制度（1952 年） · 工业技术试验研究补助金（1958 年） · 大型项目制度（1966 年） · 增加试验研究税制（1967 年） · 重要技术研究开发费补助金（1968 年） · 阳光计划（1974 年） · 月光计划（1978 年） · 下一代产业基础技术研究开发制度（1981 年） · 新阳光计划（1993 年） · 产业科学技术研究开发制度（1993 年） · 产业技术研究助成事业（2000 年） · 研究开发项目制度（2002 年） · 依照总额方式的试验研究税制（2003 年） · 关于产学间合作的税制措施（2003 年） · 技术战略图（2005 年）

（续表）

		战后复兴期	20 世纪 60 年代	20 世纪 70 年代	20 世纪 80 年代	20 世纪 90 年代	21 世纪头十年
技术开发的变动	其他制度					・基础技术研究促进中心（1985 年） ・研究基础整备事业（1988 年） ・国际共同研究助成制度（1988 年） ・HFSP（1989 年）	・国家产业技术战略（2000 年） ・第一期科学技术基本计划（1996 年） ・第二期科学技术基本计划（2001 年） ・通产省技术评价指南（1997 年） ・产业技术项目制度（1995 年） ・带任期的任用制度（1997 年）
	技术相关动向	重点技术导入 技术指导（国研）		自主技术开发力强化 基础研究萌芽（国研） 第一次中央研究所（民间基础研究）潮 超 LSI 项目（1976—1980 年） 环境问题	能源问题	尖端制造技术开发推进 基础研究转移（国研） 第二次中央研究所潮 第 5 代电脑（1982—1995 年） 基础研究坐享其成论 完善向美国专利政策转换以及研究开发相关法律	产学官合作 产业技术力强化
	科学技术预算	约 17 亿日元（1951 年）	约 65 亿日元（1961 年）	约 212 亿日元（1971 年）	约 1042 亿日元（1981 年）	约 1438 亿日元（1991 年）	约 5283 亿日元（2000 年） 约 5907 亿日元（2005 年）
	指标			民间研究开发费/研究开发费总额 = 60%	研究开发费 GDP 比例（1975 年研究开发费 GDP 比例（1985 年研究开发费 GDP 比例（1995 年）= 2.7%		民间研究开发费/研究开发费总额 = 80%
社会经济形势		高速成长（1955 年 ~）		美元冲击（1971 年） 第一次石油危机（1973 年） 第二次石油危机（1979 年）	安定成长	《广场协议》（1986 年） 贸易摩擦激化 泡沫崩溃（1991 年）	失去的十年 经济安定（2004 年）

至2000年，是在技术尖端领域（frontier）进行各种摸索、尝试的时期。

这时期通产省的政策暂且从重视应用化和实用化研究转向重视基础研究（“基础转移”），之后又重新回归到重视应用研究。这一期间，政府主导的（通常所说的）国家项目一方面深化同企业和大学的合作，另一方面费心于如何提高二者的主体性和创造性。随着民间企业占比的增大，政府主导型的国家项目迎来了转机。

但是之后的21世纪初，日本企业研究开发倾向于现有的技术改良和短期课题，给以创造未来的新兴产业为目的的非连续型研究只投入了总额一成程度的费用。[56] 土地泡沫崩溃后“失去的20年”[57]，也被评价为日本产业界失去目标、没有活力的时期。不过，2011年3月11日东日本大地震，随之发生了福岛第一核电站的事故，给以能源政策为首的日本技术开发带来了空前的挑战，同时也是转换方针的挑战。

2011年8月15日，产业结构审议会产业技术分科会研究开发小委员会，发表了题为“关于创设新的国家项目制度”的建议。该建议基于上述地震灾害，将非连续型技术开发作为重点，总结过往的教训，提出应推进新的国家项目（参照表11.2）。这就要求有革新性地展开产业技术政策。

第3节　信息产业关联的技术政策[58]

20世纪50年代到20世纪70年代的电子工业政策

对通产省机械产业的积极关心，始于战败后复兴告一段落的20世纪50年代。1956年制定的《机械工业振兴临时措施法》（1956年6月15日，法律第154号，简称《机振法》）和1957年制定的《电子工业振兴临时措施法》（1957年6月11日，法律第171号，简称《电振法》）就是其佐证。尤其后者是从机械产业中挑取出电子工业，意图实现其特别的振兴[59]，根据对象行业各自的发展程度，分为（1）试验研究的内容及

[56] 经济产业省产业技术环境局“致力于非连续型研究的发展方向”（第31次产业结构审议会产业技术分科会研究开发小委员会资料7），2011年6月，第12页。

[57] “失去的20年”的说法借用自深尾京司《“失去的20年”和日本经济：解明结构原因和再生的原动力》，日本经济新闻出版社，2012年的标题。

[58] 基于经济产业政策负责人的指教。

[59] 《飞机工业振兴法》制定于1958年。1957年，通产省设置了电子工业课。

完成的目标年度、(2)工业生产开始的目标年度、(3)合理化的目标年度，寻求制定相应的对策。一共指定了31个机种，在促进试验研究的过程中，优先排在第一位的是电子计算机（以下称为计算机或电脑）。当时，掌握世界计算机市场的是美国的IBM公司，日本与美国的技术差距很大，被揶揄比作“蚊子和大象”。因此，对于日本的产业界和通产省而言，为防备即将到来的贸易和资本自由化，如何提高国内电子产业的国际竞争力是其重要的课题。

1960年，通产省认可了由IBM全资出资设立的日本法人，同时，双方达成协议，日本企业在支付主机和系统销售额的5%、部件1%的权利使用费（专利权）后可使用该公司的专利。[60] 至此，日本企业开始真正推进构建电脑生产体制，不断推进同美国电脑制造商的合作。

另一方面，日本迫切需要尽快强化处于生长期的国产电子计算机的竞争力。为此，通产省以国家计算机产业的培育和振兴为目的，设想成立向民间出租国产机的专门公司，并谋求实现该构想。其结果是，1961年基于《电振法》，7家大型国产机制造商作为发起人兼股东，设立了日本电子计算机（股份公司）（Japan Electronic Computer Co, JECC）。[61]

顺便一提的是，在国产计算机性能的提高和技术力开发方面，政府的财政援助发挥了较大作用。被定为《电振法》1号机种的计算机，仅在1957年到1967年间得到的援助就占整个矿工业技术试验研究补助金的1/3，即6.5万亿日元，其中50%以上被最初的3家国产机公司（富士通、冲电气、日本电气）用于合作试制高性能大型电子计算机。3家公司合作设立电子计算机技术研究组合，开发了这台大型电子计算机。1962年7月试验开始，其目的是“开发超越外国机的国产机”，2年后的1964年11月完成。该机取3家公司的首字母，命名为FONTAC。

计算机相关的试验研究[62]，在和日本电报电话公司（现在的日本电报电话，Nippon Telegraph and Telephone Corporation，以下称为“NTT”）的合作下向前推进，1966年启动了上述大型项目（大型工业技术研究开发制度），其最初的对象是“超高性能电子计算机”项目和“脱硫技术”。超高性能计算机项目持续到1971年，其成果是使国产机

---

[60] （财团法人）日本经济史研究所，《日本IBM50年史》，日本IBM，1988年10月，第160页。

[61] （社会团体）日本电子机械工业会，《电子工业30年史》，日本电子机械工业会，1979年2月，第77页。

[62] 日本电子机械工业会，《电子工业20年史》，日本电子机械工业会，1968年9月，第241页。

DIPS－1 和 HITAC8700 等商品实用化。该研究是引进研究组合方式后的首个大型项目。[63]

不过 20 世纪 60 年代后期，为强化旨在强化信息处理和信息处理产业的体制，1967 年设立了（财团法人）日本信息处理开发中心（Japan Information Processing Development Center，JIPDEC），此外，1968 年设立了以提高在经营方面的信息利用水平为目的的（财团法人）日本经营信息开发协会（Japan Computer Usage Development Institute，JCUDI）。[64]

进入 20 世纪 70 年代，在进行以通用大型计算机（mainframe）为中心的硬件技术开发的同时，也开始将注意力集中于软件方面的技术开发。[65] 20 世纪 60 年代末，经济界掀起经营信息系统（Management Information Systems，MIS）的浪潮，1969 年开展了为确保人才的信息处理技术者试验。1969 年，伴随通产省的组织调整，在电子政策课的基础上设立了电子机器电机课，紧接着 1970 年设置了负责软件振兴的信息处理振兴课。同年，制定了《关于信息处理振兴事业协会等的法律》（1970 年 5 月 22 日，法律第 90 号），完善了对没有担保的软件产业（由信息处理振兴事业协会负责）进行融资的制度，设立了（社团法人）日本信息中心协会和（社团法人）软件产业振兴协会。[66]

1971 年，制定《特定电子工业以及特定机械工业振兴临时措施法》（1971 年 3 月 31 日，法律第 17 号，以下称为《机电法》），接替到期的《电振法》。同年 7 月通产省为应对贸易和资本的自由化，创设了“电子计算机等开发促进费补助金”，在 1/2 补助的制度下，1972—1976 年的 5 年间，共支出合计 681 亿日元的补助金[67]，由 6 家国内计算机制造商共同研究，着手国产计算机的开发。同年，“超高性能电子计算机”的研究开发到期，为替代该研究，发起了以开发新项目——第四代信息处理系统为目标的大

---

[63] 但是，没有遵从《矿工业技术研究组合法》。

[64] 1970 年，设立了（财团法人）信息处理研修中心［IIT，即之后的（财团法人）日本信息处理开发协会］。

[65] 硬件是指计算机的机械、设备，软件是指用计算机可理解的语言和形式记录驱动计算机的程序和指令的文书（基本等同于“计算机程序”）。

[66] 1984 年两者整合成社团法人信息产业协会。

[67] 通商产业省机械信息产业局监修，日本电子计算机《笔记本电脑》，1977 年版，日本电子计算机（股份公司），1976 年 10 月，第 87 页。

型项目“样品信息处理系统的研究开发”。[68]

1974年实现计算机技术引进自由化，并完成了作为IBM互换机的国产计算机的开发。[69] 1975年实现计算机资本引进和制造销售自由化，1976年实现软件资本自由化。这一时代，通产省、业界、NTT以及学术界的合作比较顺利地发挥作用，随后实现了所谓“通产省范本”的电子产业的急速发展。[70]

1976年发起的“超LSI（large Scale Integration，大规模集成电路）开发促进费补助金”，其成果[71]关系到20世纪80年代日本企业在存储方面较强的竞争力，得到了国际的广泛关注。另外，1978年起，通过影像信息系统（Highly-interactive Optical Visual Information，HOVIS），开始了交互电视的社会实验（持续到1986年）。

1978年，继承《机电法》制定的《特定机械信息产业振兴临时措施法》（1978年7月1日，法律第84号，以下称为《机信法》），真正实现了软件层面的振兴。1969年，根据美国IBM对司法省反垄断法诉讼的判决，已经实现了硬件价格和软件价格的分离（“分离计价”，unbundling）。在日本，以《机信法》的制定为契机，大型计算机制造商相继实施了硬件价格和软件价格的分离。另一方面，政府推动软件包的振兴，启动了项目准备金制度[72]，民间也意图培养软件产业，成立了软件流通促进中心［之后，被（财团法人）软件振兴协会吸收］。但是，同美国相比，软件产业的竞争力未得到充分强化，作为产业，其之后的发展与硬件产业相比滞后。

20世纪80年代的信息产业技术政策

到20世纪80年代，日本电子产业硬件方面的竞争力急速提高。日美间半导体的贸易收支自1978年起已经实现了顺差。1981年，日本电子计算机的出口也超过了进口（图11.2）。

---

[68] 1971年5月，《公众电气通信法》被部分修改，作为新制度，制定了关于数据通信回路服务以及用户电话连接机的利用制度（日本电报电话公司二十五年史编辑委员会，《日本电报电话公司二十五年史》，1978年1月，第652页）。

[69] 富士通和日立制作所的“M系列”、日本电气和东芝的“ACOS系列”、三菱电机和冲电气工业的“COSMOS系列”。

[70] 关于相关民间团体，1976年合并JIPDEC、CUID、IIT三个财团法人，成立了日本信息处理开发协会（Japan Information Processing Development Corporation，简称JIPDEC）。后者在2011年转变为一般财团法人，改名为日本信息经济社会推进协会。

[71] 超LST开发费为1976—1979年补助的1/2，金额约为291亿日元（通商产业省，《通商产业省年报》，1979年，通商产业省产业政策局调查课，1981年3月，第197页）。

[72] “关于开始受理信息处理振兴事业协会通用项目注册”，《通产省公报》，1979年6月15日；“通用项目开发准备金和注册制度”，《通产省公报》，1979年6月20日。

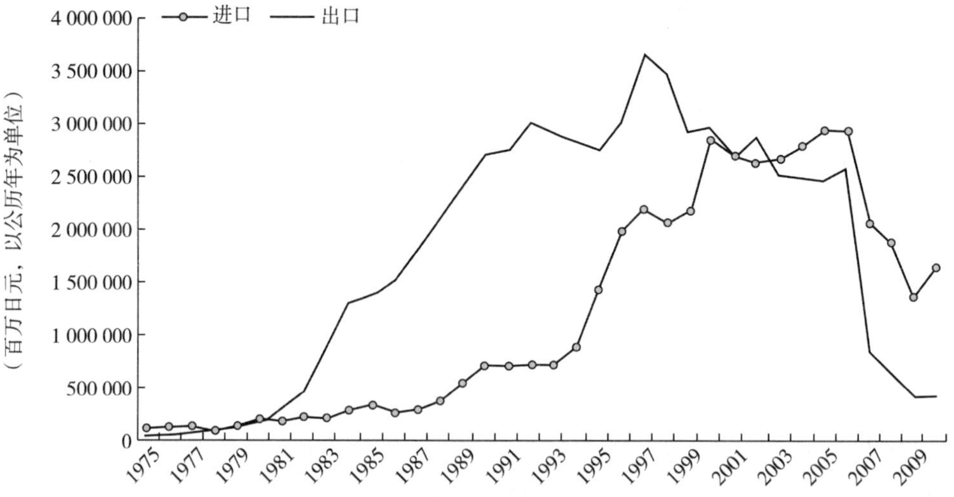

图 11.2　电子计算机的进出口动向

资料来源：作者根据经济产业省商务信息政策局监修《笔记本电脑》日本电子计算机（股份公司），2002年，2011 年版制作。

1981 年，产构审信息产业部会提交报告，指明了“80 年代信息化和信息产业发展方向以及对此的政策方向”。这是将计算机产业作为下一代先进的基础产业（leading industry），将其定位为实现通产省另外发表的“80 年代通产政策构想”提倡的两个课题，即“经济大国的国际贡献”和“克服资源小国的制约”的手段。

另一方面，上述报告立足于这样的认识：社会“信息化”已从现在及之前仅限于产业界的阶段，进入在整个社会全面铺开（即广泛涉及行政、医疗、交通、教育、家庭等），可以说是第二次信息革命的阶段，因为负责日本软件开发的信息处理产业仍处在未成熟的阶段，分析认为有必要在软件产业方面确立企业的基础和强化技术开发力，提出 20 世纪 80 年代应开展以下诸政策，即重新修正通信利用回路、将信息处理和通信相结合、应对伴随信息化所产生的问题（计算机犯罪等）、促进软件流通并确立价值、完善和促进数据服务，以及信息产业基础建设（人才培养等）。同时，该报告要求作为信息相关的技术开发应以制作费用便宜、操作性强的软件开发为目标，作为先进的创新技术，着手开发科学技术用高速计算系统以及第五代计算机（以下称为“第五代”）。[73] 在该报告的最后章节中提倡国际化发展，希望通过这些努力成果为世界信息化

---

[73] 1981 年答复的一年前（1980 年 12 月），产业结构审议会信息产业部会发布的中间答复中，以“S 家的一天”为题，描绘了在家中召开电视会议等在不久的将来就会实现的信息化社会的景象，引发了较大的反响。

做出贡献。

20 世纪 80 年代通产省的信息政策大致沿着“80 年代构想”所示的方向展开。但是，随着信息化范围的扩大，通产省也存在很多无法单独应对的课题。比如：1981 年，通产省和邮政省之间，围绕放宽数据通信回路的限制展开了政策争论。通产省以大幅自由化为目标，邮政省以保持一定限制措施的前提下逐步实现自由化为目标，双方进行政策思想的辩论，这被称为“第一次 VAN（Value Added Network，增值网）战争”。这种论争在两省间开展了 3 次，持续至 20 世纪 80 年代中期，甚至争论到需要政治协调的地步。邮政省以此为契机，将政策重点从之前的邮政业务中心主义转变为重视通信信息政策，1975 年只不过是一个局的电气通信部门在 1985 年以后扩充到三个局。

20 世纪 80 年代，产业界围绕着计算机技术开发，形成了同以往政府主导不同的新环境，即以世界先进为目标的结果是，不得不将重点放在基础研究上。同时日本还必须应对同海外各国间日益激烈的经济摩擦及对“搭便车”（free-ride）的批判。因此，通产省退出了瞄准 IBM 下一代机种的开发战略，从日本独自开拓尖端领域的意图出发，启动了“第五代”项目。“第五代”是超越当时正在推进开发的“第四代”计算机的机种，即不同于以往的 Neuman（von Neuman）型的串行顺序处理，而是想要实现非 Neuman 型的并行处理。[74] 其成功之时，人工智能将得到实际应用，实现划时代的“通过日语操作计算机”。从 1982 年到 1992 年的 11 年间，在该项目上最终共投入 540 亿日元。[75]

1993 年 3 月，“第五代”项目结束，电子计算机基础技术开发推进委员会的最终评价报告书中对该项目评价道：“在创造性的技术开发、国际贡献以及提高日本的基础研究能力等方面，完全达到预期，可作为日本国家项目的范本。”但是，由于未能将与“超 LSI 项目”的比较及成果实际应用，因此，也有意见倾向于给予严厉批评（部分媒体等）。在 10 年这样长的时期内，围绕项目的环境发生了变化，这也是实情。信息处理振兴事业协会实施的委托调查也评价认为，这不过是追随美国最新商

---

[74] John von Neuman（1903—1957），是生于匈牙利的美国数学家。Neuman 型计算机基于其 1946 年的考察，由控制、演算、记忆、输入、输出五要素构成，将程序存储在内部，通过串行顺序处理方式运作。与此相对，非 Neuman 型计算机，要么不将程序存储在内部，要么通过并行处理方式运作（或是两者共同），有模仿脑神经回路构造的神经回路网计算机和应用量子力学的量子计算机。

[75] 《第五代计算机项目最终评价报告书》，电子计算机基础技术开发推进委员会，1993 年 3 月 30 日，第 1 页。

用技术的开发。[76]

紧随“第五代”的开发，1982 年发生了“IBM 产业间谍事件”。[77] 这是在摸索转变 IBM 追赶型开发的过程中发生的一个悲剧。

“第五代”的开发是硬件层面的靠近，与此相对，1985 年着手的“西格马计划”，正如“80 年代的信息构想”所示，是以开发便宜且容易操作的软件为目标的。同时，20 世纪 70 年代后期起，与软件需求激增相对，技术人员严重不足（软件危机），这一问题日益严峻，当务之急是解决这一问题。

西格马计划持续到 1989 年，花费总事业费 250 亿日元，是有 199 家公司参与的大型项目，为了在其结束后可以开展成果的普及活动，设立了西格马系统股份公司。但是，美国早在 1984 年起就开始着手改进西格马计划采用的基本软件 UNIX System V，其成果开放型 OS 迅速在世界范围推广，也开始为互联网的普及做出贡献。因此，西格马计划的成果没有得到真正普及。

进入 20 世纪 80 年代后期，通产省按照“信息构想”所示，面向信息处理和通信的联合，将重点放在标准化等措施上。1985 年制定了《关于促进信息处理的法律》（由《信息处理振兴事业协会等相关法律》改名而来）。遵照该项新法提出的“关于电子计算机合作利用的方针”，开始开发新的大型项目“电子计算机相互运用数据库系统”。该项大型项目持续到 1991 年，投入资金 76 亿日元，目标是确立新的“开放型系统间相互连接”（Open Systems Interconnection，OSI），致力于提高计算机制造商的技术水准、培育人才，以及开发基于 OSI 的新商品。但是，在海外，美国国防高等研究计划局（Defense Advanced Research Agency，DARPA）实证性开发的通信协议（TCP/IP）已经迅速实现国际标准化[78]，因此日本的 OSI 最终没能普及。[79]

另一方面，从 20 世纪 80 年代中期开始，世界范围内电脑（personal-computer，

---

[76] 《关于调查和分析过去信息政策和信息产业的调查报告书》，（独立法人）信息处理推进机构，2004 年 3 月。该报告认为：“如果能够坦率地认识到人工智能研究的困难和重新修正的必要性，那还是来得及的。在 20 世纪 80 年代后期的计算机市场……美国产并行 RISC（Reduced Instruction Set Computer）急增，PIM（Personal Information Manager/Management）的基本技术相当于美国产商用 RISC。”

[77] 即日立制作所和三菱电机的员工盗取了 IBM 正在开发的计算机相关情报，被美国联邦调查局逮捕的事件。

[78] 这里简称为通信协议 TCP/IP 的是 Transmission Control Protocol/Internet Protocol，传输控制通信协议（通信规则）/网络通信协议（通信规则）。

[79] 日本政府的情况是，因为 JIS（Japanese Industrial Standards，日本工业标准）中不含有 TCP/IP，所以难以采用。当时国际机构主要议论的对象也是政府公认的 OSI。

PC）的普及和小型化（down - sizing）快速发展，相比而言，通用大型计算机后退趋势明显。同样的倾向从国内电脑和大型计算机的生产动向中也明显可见（图11.3）。

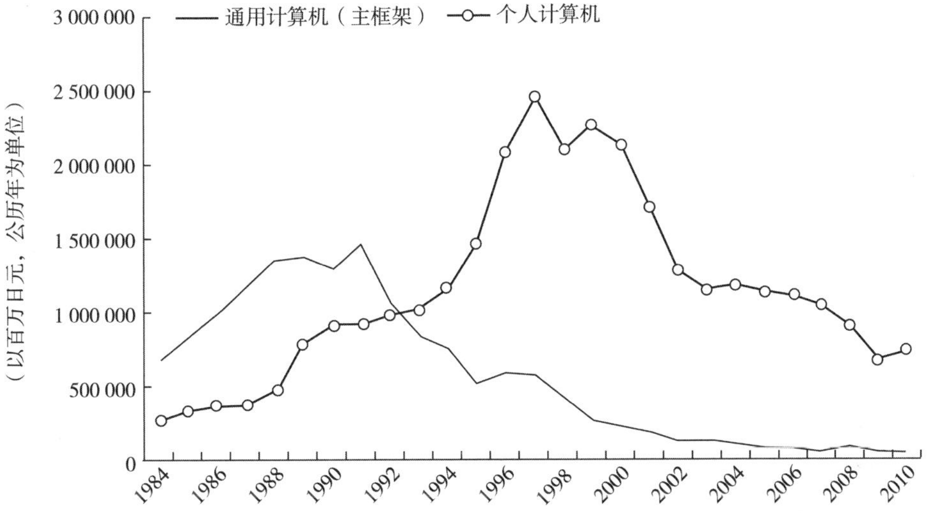

图11.3　通用以及个人计算机的生产额

注：2000年以前的PC生产额，因《机械统计年报》年版的不同多少有些差异。上图2000年以后的数值参见2003年度和2011年度的版本。

资料来源：通产省（经产省）各年《机械统计年报》。

这时的美国，通信运营只委托给像（旧）美国电话电报这样的通信公司，有违反禁止垄断法的嫌疑[80]，经过长期诉讼该公司最终解体（1984年）。

日本也于1984年对《公众电气通信法》（1953年7月31日，法律第97号）的《电气通信事业法》（1984年12月25日，法律第86号）（第二年执行）进行修改，使国内远程通信、国际通信以及移动通信三个领域分别自由化，同时允许新企业加入。

这一时期，计算机的大众化和通信的自由化导致企业间竞争日趋激烈，以超过政府主导的技术开发和现有大型电子制造商的开发速度发展，由新的市场参与者带来了创新性的信息通信技术。在美国加利福尼亚州的硅谷，有不少此类创新企业出现。

1987年，产构审信息产业部会发表了“2000年信息产业构想”，再次强调20世纪80年代构想中指出的信息产业作为社会资本的意义，主张开拓多种多样的社会性利用

[80] United States v. AT&T. 552F. supp. 131（D. D. C1982）.

渠道。为此，1988 年启动了综合研究计划“未来型分散信息处理环境基础技术开发、FRIEND21”，主题是令人满意的人和信息机器的关系（称为 human interface），目的是建设适合电脑时代的环境。[81]

20 世纪 90 年代的信息产业技术政策

1990 年 7 月，产构审 90 年代政策部会公布了“90 年代通产政策构想”，其副标题为“创造地球时代的人类价值”。关于信息产业政策，该构想属于上述“2000 年信息产业构想”的流派，将通过“信息化”提高生活层面、教育层面等的便利性作为重点。

1992 年，泡沫经济的增长结束，以往一直持续增长的计算机产业也面临着严重的经济低迷。因为软件产业的经营恶化进一步严峻，同年 12 月，产构审发表了“紧急建议：软件新时代”。虽然从 20 世纪 70 年代起，政府不断重视软件，但是日本市场依然将硬件和软件绑定销售，该建议对此敲响了警钟，提倡软件的独立性和确立软件产业的市场机制。在这一时代，日本软件产业所处的环境还是从属于硬件的倾向色彩更浓。

在这样的环境下，通产省于 1992 年启动了国家项目“真实世界计算项目”（Real World Computing，以下称为 RWC）。该项目的目的是开发“现实世界的智能技术”和“并行分布计算技术”这两项信息处理技术，即（1）通过认识或推测环境和状况，可自动应答的信息综合和学习型的信息处理技术以及（2）根据变化多样的计算机处理需求，将分散系统上的异机种计算资源重新动态组合，提供最佳并行处理能力的技术。负责该项目的是技术研究组合——新信息处理开发机构（Real World Computing Partnership，简称 RWCP）和独立行政法人产业技术综合研究所，通过公开招募选定细节的研究课题，截至 2001 年的 10 年间，实施该项目共使用预算 480 亿日元。

经产省对 RWC 项目的概括是“基本上适当实施完毕，取得了获得世界认可的研究

---

[81] 顺便一提的是，推进教育用电脑标准化的是由文部省和通产省共同管理的团体（财团法人）计算机教育开发中心，在 12 个成员公司的协同下，为了向小学、中学、高中等学校普及计算机，推进 TRON 方式的教育用电脑模型的开发措施（《电子工业振兴 30 年进程》，日本电子工业振兴协会，1988 年 5 月，第 313—314 页）。TRON（The Real - time Operating System Nucleus）是由东京大学的坂村健提倡的，使分散的标准方式的计算机群相互协调、配合起来运作的方式。

成果，作为研究开发项目来说总体是成功的”。[82]

1994年7月，产构审信息产业部会产业信息化小委员会公布了《高度信息化项目》。该文件指出：日本信息化仍远远落后于美国，为推进教育、医疗、研究等公共领域的信息化，应充实作为“新社会资本”的软件，有必要在“公共投资基本计划”中加入信息化投资。日本政府接受了该主张，同年8月，在内阁设置了高度信息通信社会推进本部。[83]

但是，20世纪90年代后半期，因特网，即通过通信线路将各个独立的个人电脑连接起来的国内外网络，取得了惊人的发展。上述RWC项目就是意识到网络社会即将到来的规划。以往的通信基础设施，除美国外的大多数国家都是由国营机构负责的，但新的通信系统的发展与以往不同，是由个体（包括民间非营利组织在内各种领域的研究者和组织）进行开发和运用。[84] 软件开发为实现跨境通信网络，创造了非连续的信息通信相关技术，这是引领20世纪80年代苦于经济低迷的美国走向经济长期增长的一个因素。[85]

这一时期的日本，经济整体持续不振。电子计算机贸易也是以1993年为节点，进口比例逐年提高（参照图11.2）。20世纪80年代日本飞跃发展的一个象征是半导体，其在世界产量的占有率从20世纪80年代的90%下降为20世纪90年代的50%，随后又跌到20%上下。[86]

1995年10月，产构审信息产业部会基本问题小委员会发表了“旨在恢复有效利用

---

[82] 中村吉明（《产官共同研究开发的效果：真实世界计算项目的案例学习》，1998年1月），对于RWC给予了以下暂时评价。其概要是：“1. 同进行类似项目和国内同领域研究的大学相比，该项目的影响比较大。2. 该项目由集中研究所和设立在各企业的分散研究所进行研究开发，因为它们各自开展研究开发，所以未能达成当初希望通过共同研究升华研究成果的意图。3. 本项目没有发生共同研究过程中可能出现的‘搭便车’现象。该项目前期刚刚完结，现阶段对该项目进行最终评价还为时过早。但是仅看前期，可推测该项目取得了一定的研究成果，但以技术研究组合为核心的研究开发体制未必合适。今后在推进这类大规模研究开发项目时，应构建事前评价系统，在该评价系统内事先运用客观数据，在对项目的有效性进行评价之后，选择最适合该研究开发的体制。”

[83] 通产省主张同信息化相关的政策，不仅由通产省和邮政省管辖，还应该在多数省厅的合作体制下推进，在内阁设置高度信息通信社会推进本部与该主张一致。

[84] 初期，美国国防省研究机关ARPA（Advanced Research Projects Agency）开发的网络是母体，1987年继承该母体的全美科学财团（National Science Foundation），在1995年结束其核心任务后迅速商业化。

[85] 美国商务部1998年发表 *The Emerging Digital Economy*，暗示了不同于以往的、新的经济分析的必要性。

[86] 中马宏之“日本半导体制造商竞争力低下的要因和今后的对策是?”（第24次RIETI政策座谈会“日本的革新系统：优势与劣势”事前企划），经济产业研究所网页（rieti. go. jp/special/af/024. html）。

电子信息技术相关产业活力的计划”，对日本企业信息化投资缩小一事敲响警钟。1996年，电子商务贸易实证推进协议会（Electronic Commerce Promotion Council of Japan，ECOM）成立，探讨信息化推动经济活跃化的方法。但是，日本经济持续低迷，经济界要求站在国家战略角度创建高度信息通信社会的呼声高涨。[87] 为应对该要求，当时小渕内阁的经济战略会议决定设置“信息网络战略委员会”作为首相直属的特别调查委员会（taskforce，战略实施部队），但因小渕首相离世，未能实现。

1999年12月，发表了内阁全体的技术开发计划（千禧年计划），其信息通信部门被命名为“IT21的推进”，到2005年的目标是：

> 关于网络，要拥有现在网络1万倍的处理速度和3万倍的连接规模，建成使用者可安全、准确地查找到目标情报的超级网络，同时，关于计算机操作，不被键盘这一特定的接口所束缚，实现安心地、任何人都可简单进行高度的信息处理和网络连接的新一代计算机操作。[88]

2006年发表的《平成17年度评价报告》对该项目的评价是，“基本达成目标”。

如上所述，20世纪90年代，通产省关注信息化作为社会资本所具有的特质，为扩大其影响范围，鼓励构建日本政府的战略和体制。关于信息技术的开发，在经济长期低迷的情况下，一边对不断创造新的非连续发明的美国关注，一边持续推进可匹敌以往大项目的、从硬件和软件两方面着手的国家项目。但是，并没有发现可引导时代的创新，没能赶上创新的母体——因特网的诞生的看法蔓延开来。

另外，20世纪末，全世界共同面对的问题是应对“电脑公历2000年的问题”[89]，作为和信息相关的官厅，通产省负责解决这一问题。通产省从1996年开始致力于解决该问题，1997年12月16日在内阁官房设立相关省厅联络会议，由通产省的信息处理振兴课负责制定具体应对措施。截至2000年的3年间，通产省采取了各种措施，如把握国际动向、实施实态调查和起草对策、向地方公共团体和国民提供信息并提醒注意等。其结果是避免了大的混乱，顺利迎来了2000年。

---

[87] “为创建高度信息通信社会的紧急建议”，经济团体联合会，1998年11月。

[88] 该项目分为四个领域：网络软件、网络硬件、计算机操作软件、计算机操作硬件，同时每个领域分别设置技术开发课题。

[89] “电脑公历2000年问题”是指，因为公元2000年年代变化导致电脑的误动作，可能会招致大的混乱的问题。也称为“Y2K问题”。

2000年以后的信息技术政策

2000年4月，通产省发表了“国家产业技术战略”。其中，关于信息通信相关制度探讨事项，提出了如下课题：构筑针对研究者个人的研究开发支援制度；明确项目代表的权限和实施严格的评价；完善知识产权的流通环境；推进规格标准化；完善新技术商业化和促进普及的环境、技术创新制度；迅速地应对规则；促进国家研究成果向民间的转移等。

2001年，经过省厅再编，通产省以经产省的身份重新出发。经产省的产业技术政策分为两部分，产业技术综合研究所负责研究开发，产业技术综合开发机构（NEDO）负责民间委托。两者都是在国家产业技术战略的指导下，以集结优秀的个人能力为目标，其基本的研究方法是通过公开招募选取研究课题和研究者。

同年1月，内阁成立了首相直属的“高度信息通信网络社会推进战略本部”（以下称为IT战略本部），基于日本落后于网络时代的认识，提出了“e-Japan战略”方针，即5年内“变身”为世界最先进的信息技术（Information Technology，以下称为IT）国家。[90] 同年11月，制定了《高度信息通信网络社会形成基本法》（2000年12月6日，法律第144号，通称《IT基本法》），提出如下基本方针：

- 扩充高度信息通信网络、充实内容［（media）contents，信息内容］；整体推进信息利用能力的掌握；
- 形成世界最高水准的高度信息通信网络；促进公平竞争及其他措施；
- 提高国民的信息利用能力以及培养专门的人才；
- 改革制度；通过对知识产权的适当保护和利用等促进电子商务贸易；
- 推进电子政府、电子自治体（提高行政的简便化、效率化、透明度）；公共领域的信息化；
- 确保网络的安全性和可信性；保护个人信息；
- 推进创造性的研究开发；
- 国际协调及贡献［完善国际规格，同LLDC（Least Less-Developed Countries，最不发达国家）合作］。

通产省一直以来希望建立全省的配合体制，政府的信息通信政策真正达成了这一

---

[90] 最少让3000万家庭平常可连接高速网络，让1000万家庭可连接超高速网络，其目标就是完善这样的环境。

目标。信息相关技术政策的战略是，将学术研究等基础研究放在中心位置，以独创的知识生产和基于它的新产业创新为核心，力图提高产业技术力。2002 年，在该战略的指导下，以“信息通信基础高度化计划”（2001 年开始）为开端，启动了“下一代半导体器件加工等基础技术计划”（2002 年开始）、“下一代显示装置技术开发计划”、“信息通信基础软件开发推进计划”（2003 年开始）等研究开发制度。

2005 年启动的经产省技术战略中，在 2010 年阶段，将半导体、存储器、计算机、网络、可操作性、软件 6 个领域的路线图（road map）考虑到 2020 年。另外，自 2006 年起启动了以开发独自的检索系统为目标的“信息大航海项目”。[91]

2010 年 5 月，IT 战略本部明确了“新的信息通信技术战略”，关于信息技术开发，其“重点是推进日本优势的信息通信技术相关研究开发，争取早日投入市场”，具体为：

> 今后将确定可望取得世界性进展、我国有优势的技术领域（新一代光网、下一代无线电、云计算、下一代计算机、智能电网、机器人、下一代半导体与显示装置等创新性设备、内部系统、立体影像、语音翻译、软件工程等）集中进行研究开发。同时，在国际伙伴关系合作下，推进国际标准（事实上和原则上）的取得以及与知识产权活用相关的知识产权管理。而且，为满足客户的多样化需求，开发和完善创新性的计算机操作环境，同时进行与信息通信技术相关的最尖端研究，加强从海外吸引优秀教员等高等教育机构。[92]

20 世纪 80 年代以后的通产省技术政策中，信息产业技术政策和能源相关技术政策并列，占有很大的分量。同时，该政策终结了追赶美国企业的时代，目标是在自己新

---

[91] 项目的概要如下所述：“现在，包括图像、影像在内多种多样的信息在 Web 上急速增多，另一方面，不仅在 Web 上，在其他领域（如医疗领域、流通领域）也积蓄着大量未被活用的信息，现在对有效利用这些种类繁多、信息数量巨大的手段的需求提高。这种手段的关键是共同技术（‘智能信息检索技术’）的开发，该项目的目标就是开发这种技术，即不依赖信息的种类，用户就可以从大量信息中准确检索、解析所需的信息。该项目开辟了利用所有信息的途径，如果可以创造出新的产品和服务，那么除了可以提高我国产业的竞争力外，还可以扩大市场规模、提高用户的方便性、减少社会成本等，可期待的影响有很多。”见经济产业省网页（meti. go. jp/policy/it_policy/daikoukai/index. html）。

[92] “新的信息通信技术战略”，平成 22 年 5 月 11 日，高度信息通信网络社会推进战略本部（kantei. go. jp/singi/it2/100511honbun. pdf）。

开拓的领域进行开发。另一方面，在这期间世界信息技术发展的规模和速度都是划时代的，这就要求日本举国应对。日本企业是否做到了充分应对信息化社会的潮流，对此存在各种见解[93]，但无论如何，日本的信息技术政策在多元化的现代信息技术发展中开始了新的选择和集中。

---

[93] 关于日本的信息化投资对生产率和经济增长所产生的影响，经济产业研究所进行了多次实证研究。Jorgenson和元桥（Jorgenson and Motohashi，2003）进行了日美增长会计分析，结果显示，20世纪90年代后半期，日美两国在IT投资对经济增长的贡献度方面没有太大差异。见 Dale W. Jorgenson 和 Kazuyuki Motohashi（2003），"Economic Growth of Japan and the United States in the Information Age." RIETI Discussion Paper，03-E-015。另一方面，深尾、宫川（2008）基于RIETI构建的产业生产率数据库和EUKLEMS的国际比较数据，指出20世纪90年代后半期到21世纪头十年前半期，日本IT资本的增加同欧美诸国相比是处于低迷状态的，同时指出IT投资要想有效作用于生产率，IT和补充的无形资产投资非常重要。见深尾京司、宫川努编著，《生产率和日本的经济增长：根据JIP数据库从产业、企业层面进行实证分析》，东京大学出版会，2008年。之后，围绕IT和生产率的实证研究焦点转移到该问题上，见事前调查论文宫川努、金荣悫，《无形资产的计算和经济效果：宏观·产业·企业层面的分析》，RIETI Policy Discussion Paper，10-P-014，2010年。

第 12 章　通商经济政策*

第 1 节　日本的国际通商环境

加工贸易国

首先，让我们纵观从高速成长期到 21 世纪初日本经济所处的国际经济环境。为此，我们用 GDP（国内生产总值）和进口总额（M）的合计表示日本国内产品和服务的总供给（S），即，

$S = \mathrm{GDP} + M$

通过出口总额（X）和进口总额（M）各自分别占总供给的比例，可分析日本国内市场的出口和进口的情况。即，

出口比例 $= X/S$，以及

进口比例 $= M/S$

通过观察上述两个比例，可发现以下三个特征。

首先，进口比例和出口比例经常出现彼此非常相似的变动（图 12. 1）。

这是现代日本作为加工贸易国必然产生的现象。而且，在出口比例趋向上升的时期进口比例也紧随其后上升，两者的差呈现缩小的迹象。这可能是出口产业的生产能力接近极限，生产效率低下的原因。出口比例呈下降趋势时，出现与此相反的变动。

---

* 本系列参考通商产业政策史编纂委员会编，阿部武司编著《日本通商产业政策史（1980—2000）：通商和贸易政策》、山崎志郎编著《日本通商产业政策史（1980—2000）：基础产业政策》第 2 章、长谷川信编著《日本通商产业政策史（1980—2000）：机械信息产业政策》总论及第 7 章。同时，还与参与政策实务的相关人员会面并听取意见，笔者基于这些做出负责任的总结。

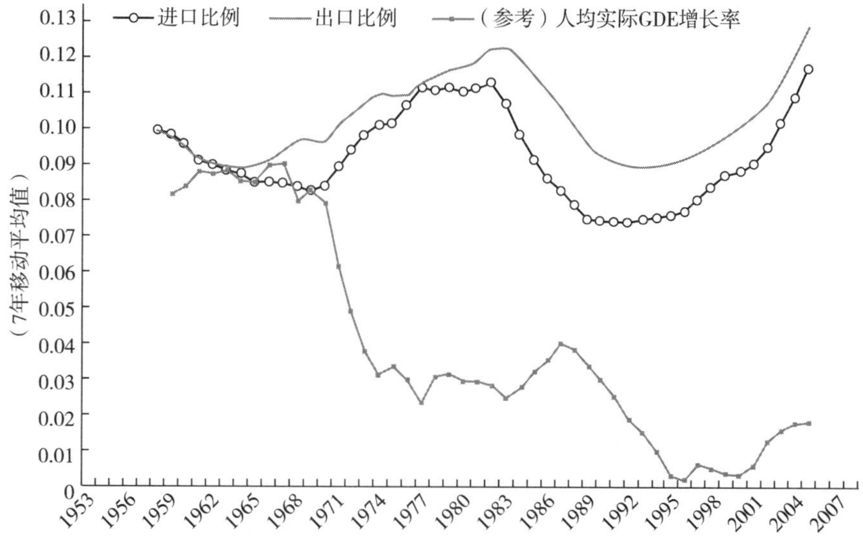

图 12.1　进口和出口占总供给的比例

注：作为参考，人均实际 GDE 增长率是指，1990 年价格的 GDE 数列和 2000 年价格的 GDE 数列在 1990 年接续（统一为 1990 年价格）后，求它与前年增长率的比，将其结果进行 7 年移动平均。

资料来源：根据 1979 年以前总务省统计局网站“日本的长期统计”（http：//www. stat. go. jp/data/nihon/03. htm，登录时间：2011 年 2 月 19 日）中 1990 年基准值（1968 年 SNA）、1980 年以后内阁府网页（http：//www. esri. cao. go. jp/jp/sna/toukei. html，登录时间：2011 年 2 月 19 日）刊登的 2009 年度确切值（1993 年 SNA）计算。

观察出口比例和进口比例时注意到的第二个特征是，到 1988 年前后，这两个比例的上下运动与人均实际 GDE 的增长率呈相反的变化倾向，但这之后与实际 GDE 增长率呈现连动变化（同上图）。这一特征与世界和日本的宏观经济环境有关。即，20 世纪 80 年代末之前，日本国内需求增长较弱，为填补这一部分，发动了出口攻势（这就诱发了进口的增加）。相反，国内市场活跃的时候，优先满足国内需求，从而抑制了向海外的出口。这一现象持续到 20 世纪 80 年代末。

观察出口比例和进口比例时注意到的第三个特征是，日本的出口比例和进口比例的值明显高于美国，但和欧洲诸国相比处于低位（表 12.1）。

这一特征可能是源于市场规模。也就是说，日本同欧洲各国相比因为人口多、GDP 高，所以国内市场大，同时可在国内进行多品种的生产，对出口和进口的依存度和欧洲各国相比可能较低。此外也可能与日本和欧洲各国所处的地理环境有关。因为欧洲各国国境陆地相连的较多，所以可能容易跨越各国形成广大的市场。同时在欧洲 20 世纪

表 12.1　贸易依存度的国际比较（出口和进口占总供给的比例，10 年平均值）

期间	出口比例（出口/总供给）					进口比例（进口/总供给）				
	德国	英国	法国	日本	美国	英国	德国	法国	日本	美国
1950—1959	0.161	0.186	0.119	0.102	0.050	0.188	0.138	0.120	0.101	0.042
1955—1964	0.170	0.176	0.118	0.095	0.049	0.179	0.147	0.115	0.096	0.042
1960—1969	0.163	0.169	0.122	0.091	0.049	0.174	0.145	0.116	0.087	0.044
1965—1974	0.178	0.180	0.135	0.098	0.056	0.186	0.157	0.132	0.088	0.054
1970—1979	0.195	0.206	0.159	0.107	0.070	0.210	0.175	0.154	0.099	0.072
1975—1984	0.216	0.218	0.176	0.118	0.080	0.212	0.201	0.176	0.111	0.088
1980—1989	0.235	0.207	0.182	0.114	0.078	0.208	0.210	0.183	0.097	0.096
1985—1994	0.223	0.198	0.183	0.096	0.083	0.211	0.198	0.177	0.075	0.100
1990—1999	0.208	0.207	0.195	0.092	0.096	0.214	0.199	0.180	0.077	0.108
1995—2004	0.241	0.211	0.209	0.100	0.094	0.222	0.225	0.196	0.087	0.120
2000—2009	0.296	0.208	0.209	0.121	0.094	0.229	0.263	0.211	0.110	0.134
总平均	0.210	0.198	0.164	0.105	0.073	0.204	0.188	0.161	0.095	0.083

注：贸易依存度是指，出（进）口额除以国内总供给额（国内总支出额 + 进口额）的值。对于新旧重复的数值使用、连接新的数列。另外，英国的 1950—1959 年栏使用的是 1952—1959 年的平均值。

资料来源：根据以下资料计算所得（1）OECD Department of Economics and Statistics. *National Accounts of OECD Countries*（1950—1978）. Volume 1. Main Aggregates. 1980；（2）OECD Statistics Directorate. National Accounts（1960—1996）. Volume 1. Main Aggregates. 1998；（3）经济协力开发机构编，鸟居泰彦监译《国民经济计算（1996—2007）》第 1 卷，主要统计，2009 年；（4）OECD. StatExtracts. http：//stats. oecd. org/index. aspx。

60 年代建立了关税同盟欧洲经济共同体，之后为推进市场的统合，欧洲形成了统一的市场，这可能促进了欧洲各国间的物品往来。

如果考虑到这一事实，以往对于日本因为国内市场狭小所以必须振兴出口的争论，未必全部正确。但是，和上述争论不同，为获得等价外币，用以支付日本经济所必需的资源、原料、物资等进口品，必须振兴出口（或者通过直接投资在海外开展实业活动），这一根本无论过去还是现在从未改变。

地域间交易的变化

图 12.2 是历年来日本产品对主要出口地出口额占出口总额的比例，这里要注意的是，亚洲和欧美一直是主要的出口地，而且，作为日本产品的出口地，亚洲、北美、欧洲三个地区发挥相互补充的作用。即（a）对北美的出口比例上升时，对亚洲的比例

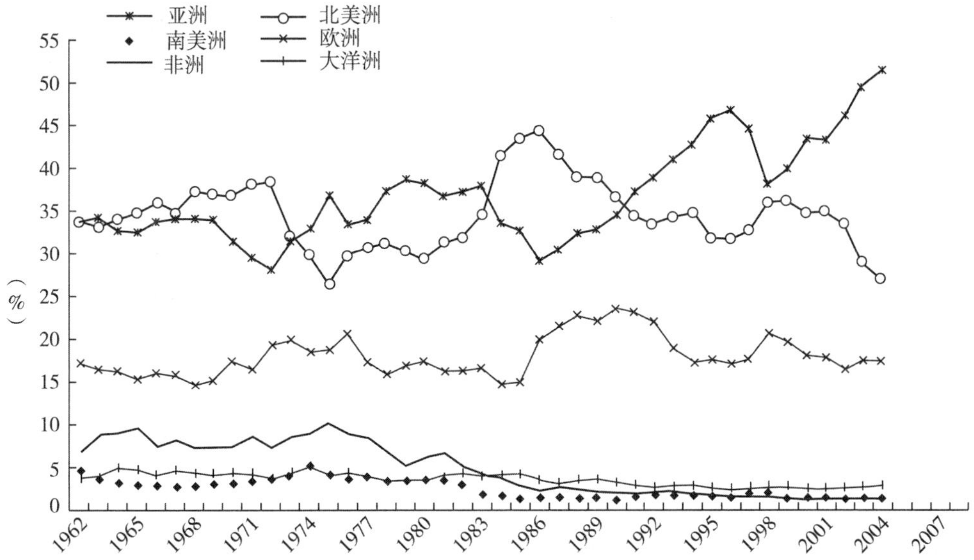

图 12.2　不同地域的出口动向

资料来源：根据总务厅统计局网页“日本的长期统计”第 18 章（http：//www. stat. go. jp/data/chouki/18. htm，登录时间：2011 年 2 月 19 日）计算而来。原资料为日本关税协会《外国贸易概况》。

下降；（b）反过来也是成立的；（c）日本对欧洲的出口居（a）（b）两者中间。

与此相对，图 12.3 是每年日本进口产品不同原产地的占有率。从趋势看，来自亚洲的进口呈增加的倾向，20 世纪 80 年代来自欧美的进口（应对方国家的强烈要求）呈渐增的趋势，这时与此相对的是来自亚洲地区的进口产品逐渐减少。① 再者，从该图中可得知，20 世纪 80 年代后期之后，面向北美的出口呈下降的趋势。20 世纪末，日本机械器具制品虽然依然是出口的主力，但伴随着日本企业推进在北美当地生产（直接投资），同种商品的出口被当地生产取代，其结果就是，作为日本的出口市场，北美各国所占的比重减退。② 亚洲作为直接投资地也和北美同等重要，但亚洲地区（同北美不同）随着当地生产的扩大，反而促进了日本的出口（增加）。③

---

① 20 世纪 80 年代后期的日本，北美商品的进口额占总进口额的比例逐渐增加。但是该上升趋势，与日本对北美出口额比例（1983—1985 年）的急剧增长相比落后数年，而且前者的增长率与后者的上升相比较为缓慢。美国的对日经常收支赤字难以减少的原因也在于此。

② 导致该趋势的一个原因是日美间的贸易摩擦。

③ 当然，这种倾向将来未必不变。作为一个例子，日本开发新的、独特的，而且收入弹性值高的出口产品（或者服务）之时，将再次迎来对北美的出口比例上升的时期。

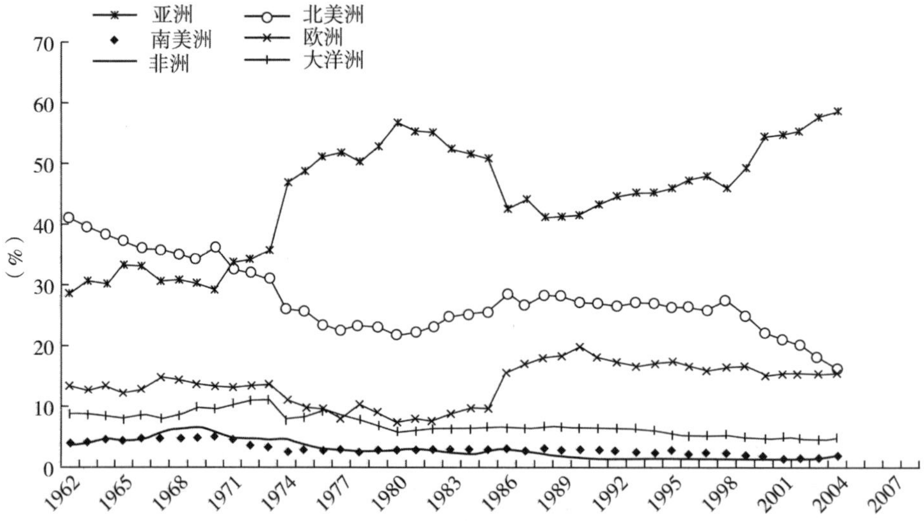

图 12.3　各地区的进口情况

注：本图中中近东属于“亚洲”。

资料来源：根据总务厅统计局网页“日本的长期统计”第 18 章（http：//www.stat.go.jp/data/chouki/18.htm，登录时间：2011 年 2 月 20 日）计算而来。原资料为日本关税协会《外国贸易概况》。

进出口商品的变化

图 12.4 是不同商品的出口比例，其中值得关注的是，纺织制品的占比呈现独有的显著减少趋势（每年必然要低于前一年）。另一方面，到 1965 年，日本的钢铁制品得益于积极的设备投资和最新技术的引进，其生产效率迅速改善，而且品质也不输于外国商品。钢铁产业因为日元贬值（1 美元兑换 360 日元的固定汇率），收到了海外顾客的大批量订单，对美出口额大幅增加。与此相反，美国钢铁产业没有日本那么活跃的设备投资，加上被日本商品所追赶而陷于困境，于是美国钢铁产业向美国议会做工作，结果导致日美围绕一般被称为日美钢铁摩擦的一系列事态开始了外交谈判（后述）。

不过，以 1975 年为界，钢铁一直以来的上升趋势出现反转。相反，20 世纪 70 年代机械器具（运输用和非运输用）的出口比例快速上升，之后，直到 20 世纪 80 年代中期，运输机械一直维持稳定的占比，同时非运输机械的占比直到 20 世纪 90 年代持续增大。这也是日美间、日欧间贸易摩擦的原因。因为当时日本受两次石油危机和之后的《广场协议》（1985 年）的影响，国内需求增长乏力，结果通过这些（比较有竞争力的）产业的商品展开了对美的出口攻势。20 世纪 80 年代美国经济稍显不振，正因为如

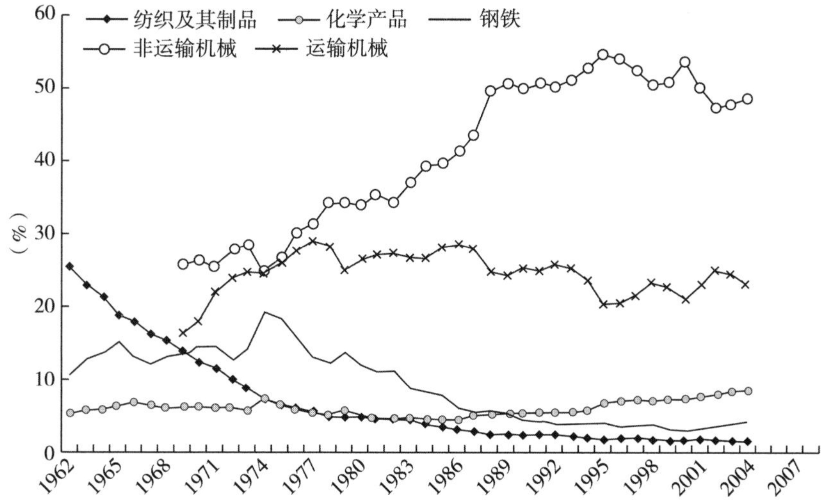

图 12.4　主要出口产品占出口总额的比例

资料来源：根据总务厅统计局网页“日本的长期统计”第 18 章（http://www.stat.go.jp/data/chouki/18.htm，登录时间：2011 年 2 月 19 日）计算而来。原资料为日本关税协会《外国贸易概况》。

此，痛感来自日本的出口商品竞争力强大。④ 关于被称为日美汽车摩擦的贸易谈判（后述），其发生的背景就有这些宏观的经济要因。

再者，运输机械（主要是汽车）的出口比例，从 20 世纪 90 年代开始呈现减退倾向。这反映出日本企业已经扎根海外，在当地生产汽车。

另一方面，图 12.5 是不同商品各自的进口比例，从中我们可以惊讶地看到，以 1980 年为界，原材料的进口比例显著减少。毋庸赘述，这是石油危机以后，国内各产业尽最大努力“脱石油”和“节能”的结果。与此相对，各商品，特别是金属和机械类的商品进口比例上升，可见代表日本产业强大的机械器具产业从先进工业国进口成品、从发展中国家进口半成品的情况也成为常态。

产业内贸易和雁行形态论

前面提到的两张图表显示同一产业内跨境国际贸易（所谓的“产业内贸易”）十分活跃。比如：有批判认为，和欧美相比，20 世纪 70 年代以前日本的机械器具产业

---

④　日本商品的强大竞争力不仅来源于名义价格的便宜，还因为改善了包含品质和附带服务（保修等）在内的实际价值。

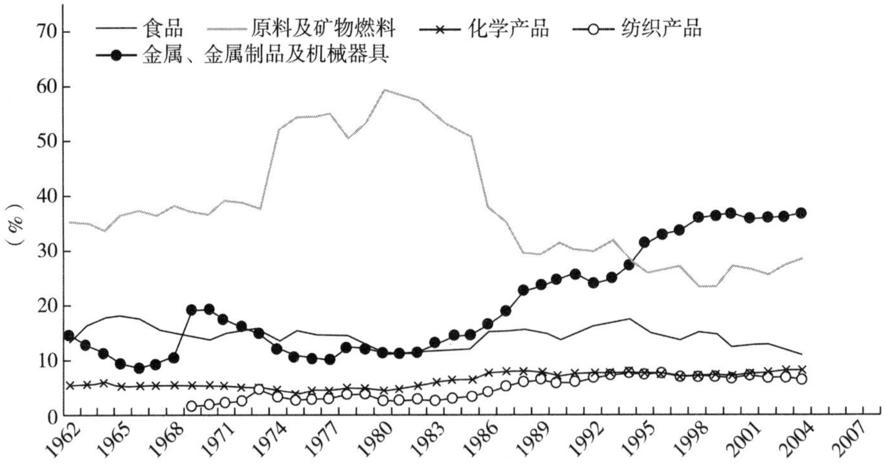

图 12.5　主要进口产品占进口总额的比例

资料来源：根据总务厅统计局网页“日本的长期统计”第 18 章（http：//www.stat.go.jp/data/chouki/18.htm，登录时间：2011 年 2 月 19 日）计算而来。原资料为日本关税协会《外国贸易概况》。

（含运输机械）的产业内贸易进展度比较低。即日本的机械器具产业专注于出口的增加，而不热心于从海外进口，特别是国际贸易水平的程度过低。然而，如图 12.6 所示，仅看贸易总额即可发现，20 世纪 80 年代以后这一趋势得到改善。⑤

但是图 12.6 所示的纺织、化学、钢铁诸产业，从 20 世纪 80 年代到 20 世纪 90 年代以后指标反转，其背后的情况各有不同。换言之，1986 年以后，纺织的进口额超过了出口额，这一倾向逐年扩大。与此相对，钢铁在 1976 年以后虽然波动幅度不大，但再次出现了出口额超过进口额的年份，这一变动在 20 世纪 80 年代后期到 20 世纪 90 年代中期有所扩大（不过，20 世纪 90 年代以后有所好转）。化学介于两者之间，1981 年以后到 20 世纪 90 年代中期，进口额小额超出出口额的年份在持续一段时间后，在 2000 年以后再次进入出口额小幅超过进口额的时期。

无论哪个国家在工业化的过程中，都经历过一个现象，被称为商品的“雁行形态”（flying geese pattern of industrialization 或 product cycle），后面将要叙述的日美间钢铁及

⑤　如果将产业 i 的出口额设为 Xi、进口额设为 Mi、总出口额设为 X、总进口额设为 M（全部名目额），那么与图表中的产业内贸易指数就用 $1-|Xi/X-Mi/M|\div(Xi/X+Mi/M)$ 表示（引用大山道广《现代的国际分工》；贝塚启明等监修、伊藤元重等编《日本经济事典》，日本经济新闻社，1996 年，第 406 页）。如果产业 i 的商品只有出口没有进口，那么该指数的值为 0，如果出口和进口相等，那么该指数为 1。

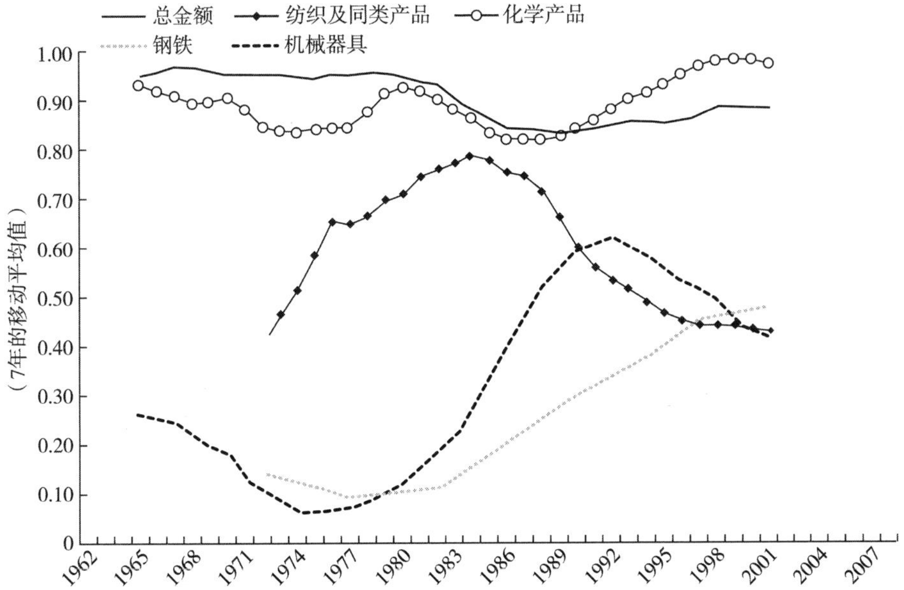

图12.6　产业内贸易指数（7年的移动平均值）

注：如果第一产业的出口额设为 Xi、进口额设为 Mi、总出口额设为 X、总进口额设为 M，那么产业内贸易指数就用 $1-|Xi/X-Mi/M|\div(Xi/X+Mi/M)$ 表示。

资料来源：根据总务厅统计局网页“日本的长期统计”（http：//www. stat. go. jp/data/chouki/18. htm，登录时间：2011年2月19日）计算而来。原资料为日本关税协会《外国贸易概况》。

汽车贸易摩擦⑥就和该现象有关。某个产业（比如纺织产业）的发展，通常始于产品的进口，然后，国内生产随着国内需求的扩大而增长，随后，产品的品质上升且在国际上的价格较低，得到认可后出口增大，“雁行形态”指的就是这样一个经验事实。⑦ 最终该产业的国际竞争力衰退，重新进入该商品的进口量再次增加的状态。第二次世界大战后日美贸易摩擦首先发生在纺织制品上，然后是钢铁制品、汽车和半导体（这一

⑥　同样的摩擦在欧洲和日本之间也发生过。

⑦　日本近现代经济史上关于“雁行形态”的假说，最初是由赤松要提出的，在其他的亚洲国家也得到确认（Kaname Akamatsu.“A theory of unbalanced growth in the world economy.” Weltwirtschaftlicheas Archive，Band 86. Heft 2，1961，ss. 196－217；Kaname Akamatsu. “A historical pattern of economic growth in developing countries,” *The developing economies*. preliminary（1），1962. pp. 3－25）。山泽逸平《日本经济发展和国际分工》，东洋经济新报社，1984年日本在纺织产业（第4章）和钢铁产业（第5章）对该假说做了统计验证。关于雁行形态论形成的经纬，参照池尾爱子《赤松要－超越我国体系（评传·日本的经济思想）》，日本经济评论社，2008年，第41—46页、第142—146页、第199—218页，以及原洋之介《一桥大学的亚洲学，以赤松要的亚洲经济论为核心》日本的亚洲地域研究系列（小册子）No. 8，需求对应型地域研究推进事业“亚洲中的中东：以经济和法为中心”，事务局，2011年。

时间顺序），这是因为日本制造工业的国际竞争力是按照这一顺序提高的。图 12.7 以汽车（乘用车）为例反映了“雁行形态”的发展状态。

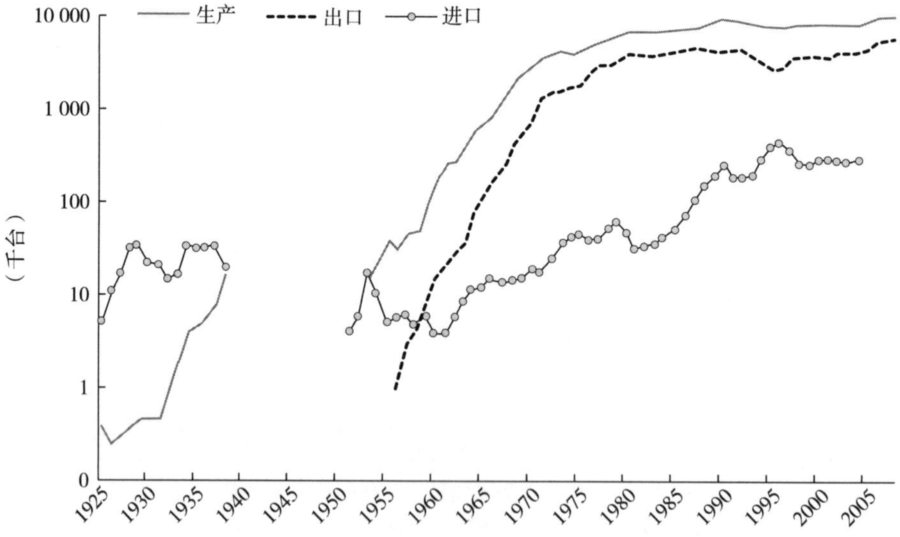

图 12.7　1925—2004 年乘用车供给的“雁行形态”图

注：纵轴用常用对数标准计量，附上原数值单位的刻度。

资料来源：生产量数据 1980 年前引用山泽逸平《日本的经济发展和国际分工》，东洋经济新报社，1984 年，第 215 页；1985—1992 年引用总务省统计局网站（长期系列 http：//www. stat. go. jp/data/chouki/index. htm，登录时间：2011 年 10 月 25 日）；1993—2010 年引用日本汽车工业会各年《主要国家汽车统计》。出口量 1974 年前引用山泽逸平《日本的经济发展和国际分工》，1975—2010 年引用日本汽车工业会各年《主要国家汽车统计》。进口量引用 1980 年山泽逸平《日本的经济发展和国际分工》，1981—2010 年引用总务省统计局前面提到的网站（长期系列）。

第 2 节　贸易摩擦的踪迹：以日美贸易摩擦为中心

日美贸易摩擦的开始

第二次世界大战后的日本经济，很大程度上受惠于经济力第一位的美国的领导力。援助资料的供给自不用说，在技术信息和经营管理手法等软件层面也从美国学到很多。关于战后不久的宏观经济运营，美国经济学家的建议起到了非常重要的作用。[⑧]

⑧　比如，采取 Dodge（Joseph dodge）建议的通货紧缩政策（Dodge Line，1949 年），当时日本国民虽然承受了极大的经济负担，但抑制了通货膨胀，在战败后的较早期就为之后到来的实质性增长打下基础，这一点发挥了可匹敌明治前期的松方通货紧缩的效果。

当时处于有名的“Pax Americana”（美式和平）时代，同疲于战争的欧洲和亚洲各国相比，美国政府和人民对社会经济充满健康和新涌现的热情，对其他国家的物质支援和精神支持极为宽大。⑨

要实现战后日本经济的复兴，必须要进口能源等资源和原料，如果想获得作为支付手段的外币（尤其是美元），就需要出口财富。因此战后初期，日本向东南亚和北美（尤其是美国）供给纺织和杂货商品。

但是，一旦日本经济渐渐开始恢复，对美国的产业而言，来自日本的出口商品变成了不能忽视的竞争对手。比如，20 世纪 60 年代后期到 20 世纪 70 年代前期，日本向美国出口的纺织品急增，当时的纺织产业依存劳动相对密集型的生产技术，因此，来自出口商品的竞争很可能妨碍美国纺织企业扩大销路。因此，美国采取了一系列举措，向美国参众两院提出了包含 1967 年《纺织进口分配量法案》（5 月）和《1967 年纺织贸易法案》（7 月）在内的 15 部以上的保护主义法案，政府（约翰逊政府）在 1968 年暗示引进进口附加税等（无论哪一个都没能立刻实现）。⑩ 不过，当年美国关税委员会对美国纺织和衣料产业进行“彻底”调查的结果证实，并没有像这些保护主义派主张的，（因进口纺织制品）对美国国内纺织产业产生坏的影响。⑪ 但是，之后美国纺织业界对日本纺织制品的批判并没有停止，（第一次）佐藤荣作内阁通产大臣宫泽喜一对美谈判未能解决这一问题。继宫泽之后上任的通产大臣田中角荣果断实施毛制品和化纤制品的对美自愿出口限制（Voluntary Export Restraints，VER）（1971 年 10 月临时签署，1972 年 1 月正式签署），其结果是达成协议，由政府补偿日本纺织业界因强制废弃产生的过剩设备。⑫

从 1970 年起，日本经常收支持续保持赤字状态，如何缩小对美、对欧洲的经常赤字成了日、欧、美间通商问题的焦点。特别是从 20 世纪 60 年代到 20 世纪 80 年代，因

---

⑨ 具体表现为，设置和实行对欧洲的马歇尔计划（Marshall plan）、对亚洲的 GARIOA 资金（Government Appropriation for Relief in Occupied Area Fund，简称 GARIOA，占领地域救济政府基金）、对日本复兴支援等。

⑩ 通商产业省通商产业政策史编纂委员会编《通商产业政策史 第 9 卷 第 III 期高度增长期（2）》，1989 年，第 344 页、第 482—485 页。

⑪ U. S Tariff Commission，Textiles and apparel：report to the President on investigation No. 332 – 55 under section 332 of the Tariff Act of 1930，TC publication 226，Washington，D. C. January 1968（前述《通商产业政策史 第 9 卷》第 485—486 页）。

⑫ 纺织业界的过剩设备通过政府开支予以处置，这当然给当时的通产省一般会计开支带来了不小的影响（参照本书第 2 章第 4 节）。1970—1972 年日美纺织谈判的详细情况可参照前述《通商产业政策史 第 9 卷》，第 4 章第 2 节。

为来自日本的家电、钢铁等工业品的出口增加（有时是“倾盆大雨”般），欧美产业界对此的不满加大。⑬

20 世纪 70 年代到 20 世纪 80 年代，经常反复出现的是欧美对日本市场“封闭性”的谴责。这些谴责不仅限于工业品，还涉及第一产业的原始产品，关于牛肉和橙子，首先在 1978 年就扩大进口范围达成一致，其次在 1988 年就取消进口数量限制达成一致。此外，还要求向海外企业开放建设投标、政府采购机会、港湾码头装卸等。结果是，政府间就向外国企业开放日本电报电话公司（NTT）的采购一事达成协议（1981 年）。

1971 年黄金美元兑换停止（一般所说的尼克松危机，Nixon shock），1973 年日本也逐渐过渡到变动汇兑制，进入了与以往相比日元大幅升值的时代。即使这样，也没能平息美国对日本贸易不公正的不满。由于担心美国实行贸易保护政策，通产省根据出口预期实施了行政指导，但还是没能来得及。

日美钢铁贸易摩擦

继前述纺织贸易摩擦之后，围绕着日本向美国在钢铁、半导体、汽车等领域的出口，日美间产生了摩擦。下面围绕各个商品选取代表性的例子，按照钢铁、电子和信息机器、汽车的顺序一一说明。

关于钢铁行业，同纺织行业大致在同一个时期（1969 年），考虑到美国的不满，日本钢铁界首次对美实施了自愿出口限制。但是来自日本的进口钢铁制品急增，为抑制美国钢铁界感到威胁的不安感，这一时期的对美钢铁自愿出口限制不是根据政府的规定实施的，而是根据日本钢铁出口组合理事长稻山嘉宽的书信而由业界主导实施的。日本的大型高炉制造商大胆进行设备投资，使日本的钢铁产品和美国高炉制造商的钢铁产品相比，在单价和品质上都更具有竞争力，对美出口迅速增长，形成了侵占美国钢铁企业市场占有率之势，这也导致日美间产生贸易摩擦。

日美间围绕钢铁产品产生的进一步实际的贸易摩擦是在 1974 年，在美国产生了特种钢（主要是不锈钢）“进口过剩”的问题，1975 年美国钢铁业界申请启动免责条款（escape clause）。而且，作为该制度（法律层面）的支持，1975 年 1 月，1974 年《贸

⑬ 作为“倾盆大雨”般的出口，受到关注的代表性工业品是 20 世纪 60 年代的纺织、钢铁，20 世纪 70 年代的彩电，20 世纪 80 年代的工程机械、轴承、汽车、半导体等。

易法》（The Trade Act of 1974）出台，这具有重大意义。该法在20世纪70年代以前的美国通商政策思想基础上，加入了站在国内产业的立场看“公正贸易”（fair trade）的视角。于是，根据该法第201条，即所谓的自我防卫条款（safeguard clause），应美国产业团体等的申请，美国商务部任命美国国际贸易委员会（International Trade Commission，ITC）展开调查。根据该调查，如果外国的贸易对象被认定为“不公正”，美国总统为纠正不公正，可以发动关税、进口配额、制定同外国的出口限制（双边）协定、调整援助措施等进口急增对策（该法第203条，称为“逃脱条款”）。⑭

在特种钢问题出现的当口，卡特（James E. Carter. Jr.）政府制定了触发机制（Trigger Mechanism，TPM），当进口产品的单价低于一定的临界值（trigger price，触发价格）时，立刻启动对抗措施的制度。

尽管这样，不想打乱自由贸易原则的美国政府在1976年对来自日本的特种钢进口发起了对抗措施，不是ITC提出的提高进口关税，而是希望日本政府承诺限制出口的（双边协定）约束。

通产省通商政策局国际经济课，担心如果顾及美国的这一要求会违反GATT第19条。日本的GATT专家也认为应该拒绝这一要求。两国经过短暂、激烈的争论后，美国决定采取单方面措施（进口限制），受此影响，日美间制定了《维持市场秩序协定》（Orderly Market Arrangement，OMA，1976年）。这就是将比截至这一时期日本商品在美国市场占有率稍高一点的对美出口量设为上限，“作为后果”自愿出口限制（VER），并约定持续3年。⑮

但是，由于经《维持市场秩序协定》认可的日本产特种钢的品质在美国国内得到公认，所以美国市场需求坚挺（因此所规定的进口份额经常销售一空），而且因为有数量限制，无须努力单价就会上涨，因此美国希望日本钢铁业界将当初设定为3年的自

---

⑭ 1974年《贸易法》法案的议会审议中，法学家的争论之中有评价认为，从20世纪30年代中期以来，到1962年《贸易扩大法》（The Trade Expansion Act of 1962），美国的贸易政策是开发志向，而该法转换了这一政策的方向［Siegel，JerryL.“The Trade Act of 1971：a fundamental change in United States foreign trade policy，”Yale Law Journal，vol. 60. no. 7（June7），pp. 1，418－1，455；只是该论文执笔时正值1974年法处于法案审议阶段，所以并不是对实际出台的法律的评价］。另外，也有见解认为，美国的自由贸易主义不过是冷战时期的“例外现象”（猪木武德《战后世界经济史——从自由和平等的视点出发》，中央公论新社，2009，第298—301页）。

⑮ 当时的通产省没有选择把和美国的纷争问题放入GATT的框架里解决。这是因为比起两国间谈判，多国间的谈判门槛更高。另一方面，通产省关于数量规则最为担心的是，美国司法部判定其违反《反垄断法》，到时，通产省可以用“日本有启动贸易管理令（官方规定）的权限，因此可不受美国《反垄断法》限制”这一理论来对抗。

愿出口限制期限延长，结果自愿出口限制持续到1980年。

其次，1984年，因产生了普通钢“进口过剩”的问题，美国钢铁业第二位的Bethlehem Steel公司（Bethlehem Steel Corporation）感到了来自日本进口产品的威胁，决定申请启动免责条款。这样，日美间关于钢铁产品的摩擦再次燃起。这时里根政府的行动原理是单纯且单向的，即表面上打着自由贸易的旗号，对方国家不接受美国的主张时就亮明态度，依据1974年《贸易法》第301条发起制裁。[16] 美国期待对方逆来顺受，认为如果提起反倾销起诉，那么审查期间内将中止出口，与其这样还不如自愿限制出口。一直以来，一旦美国经济不景气，反倾销问题就增多，所以在征税和通过双边谈判解决这两种做法之间面临着艰难的选择。

不过，这时的里根政府虽然在5年的进口限制和GATT起诉上摆出一副在所不惜的架势，但最终没能落实，（1984年10月）召开了谋求紧急避难措施的日美钢铁协议会议，结果是缔结了《日美钢铁协定》（1984年），再次实施对美自愿出口限制措施（1985年）。[17] 这时日美间的交涉共开展6次。最初3次是民间级别（两国相关高炉制造商之间）的，没有达成成果。第4次交涉是在政府间（通产省对美国贸易代表办公室）进行的，在大致确定妥协的底线之后，相关的所有日本企业和日本政府同行，完成了最终的谈判。

这时日本的自愿出口限制措施受美国钢铁业界主张的影响很大，几乎全面接受了限制色彩严重的美方主张，对日本企业来说是非常苛刻的内容。在自愿出口限制措施实施之际，为了不违反美国的反垄断法，在日美两国的合作下，约150家日本钢铁企业联合成立了出口企业联盟（钢铁出口组合）（1985年）[18]，通产省对各个成员（和劝告减少生产、缩短作业时间的方法一样）提出分配配额，寻求达成一致。[19] 出口量的调整方法在第二年以后也是同样的，出口份额按日方的主张灵活运用。

1989年10月，按布什总统的指示，《日美钢铁协定》（1984年）的期限延长了两

---

⑯ 参照通商产业政策史编纂委员会编，山崎志郎编著《日本通商产业政策史（1980—2000）：基础产业政策》第2章“钢铁业”的记述。

⑰ 顺便一提，这时VER对象国除日本外，还包括东盟10国、巴西、韩国、西班牙、南非、墨西哥、澳大利亚、荷兰等，汽车、半导体、工程机械的VER仅限定在日美两国间，两者形成了对比。

⑱ 当时通产省内有意见认为出口企业联盟落后于时代。

⑲ 生产量配额是通产省根据过去10年间的实际成绩，分别对每个公司单方面实施的［如果在整个业界实施的话就成了串通（企业联盟行为），是违法的］。这时企业间不存在（日美间存在工程机械摩擦时，工程机械业界所经历的）利益对立。

年半，因为当初明确说明1992年3月以后不再延长，所以1992年6月日美钢铁贸易摩擦再次燃起。如果日本企业再次实施自愿出口限制，那么美国有意向撤回反倾销诉讼，所以，日本钢铁联盟会长齐藤裕（当时），希望同以前一样以自愿出口限制来解决这一问题。通产省内没有统一意见，当时的钢铁业务会课长（奥村裕一）于1991年12月向GATT乌拉圭回合谈判提交贸易谈判国际规则草案，认为"通过《登凯尔文件》（Dunkel Paper），国际纷争的调解方式将不断完善，时代正在改变[20]，自愿限制的时代已经过去了（美国政府的本意或许也是这样）"，"今后诉诸多边纠纷解决手段，通过透明、非政治的交涉来解决更好。如果美国提起反倾销诉讼，应据理力争地迎战。决心按照这种思路来证明钢铁业界"。基础产业局长（牧野力）也同意该意见。[21] 因此，日本钢铁业界放弃了自愿出口限制措施，宣告对美钢铁出口自愿限制结束。

这样，由政府介入的钢铁对美自愿出口限制在持续了7年半之后，于1992年3月失效，日本的自愿出口限制份额最终以未消化终结。面向美国的钢铁出口组合也在1994年5月解散。

自愿出口限制期间，因为日元升值，来自日本的钢铁出口总量持续减少。对美出口量也下降，面向亚洲的出口比例扩大。1984年12月，日本产钢铁占美国国内钢铁消费量的5.8%，1989年占5.3%，到1991年下降至5.0%。

然而，自愿出口限制结束后日美间围绕钢铁的贸易摩擦依然存在。1993年，美国商务部（同对各国的裁定一起）判定日本产钢板倾销，开始实施制裁。之后这一状况持续。比如美国商务部1999年判定日本产钢铁制品倾销，开始对日本实施制裁。为反抗制裁，通产大臣在1999年10月向WTO提起诉讼，WTO受理该起诉，认定美国违反WTO规则。但美国企业的反倾销起诉一直持续到2000年。

电子与信息设备的日美交涉

1976—1977年，围绕彩色电视机的日美贸易谈判涵盖了之前通产省所有贸易交涉

---

⑳ 《登凯尔文件》是1991年末乌拉圭回合谈判的最高机关贸易交涉委员会主席登凯尔（Arthur Dunkel，GATT总干事）制定的最终协议案，该协议案长达500页，旨在结束谈判，对促进WTO的成立发挥了有效作用［Uruguay Round，（1987－1994）Trade Negotiations Committee，"The Dunkel draft" from the GATT Secretariat：draft final act embodying the results of the Uruguay Round of multinational trade negotiations，20 December 1991，Buffalo，N. Y：W. S. Hein，1992］。

㉑ 从本段第二句到这里，听取了当时通产省负责谈判的人员的叙述。

的要素。1976 年是日本彩电出口异常增加（从 110 万台增加到 290 万台）的一年。美国以前就将日本产电视列为倾销商品，通产省本着避免对外经济摩擦的宗旨，要求日本电机业界积极增加彩电的海外生产，但是并没有取得效果。1975 年，美国宣布发起对抗日本产彩电进口的（基于 1971 年《通商法》）自我防卫政策（safe guard），表明希望通过交涉制定维持市场秩序的协定。

由于 1976 年秋产生了新的美国总统，因此关于彩电的贸易交涉（1977 年 1 月—3 月）在福田赳夫内阁和卡特政府之间进行。首相官邸希望此次谈判务必达成协定，在实施自愿出口限制的前提下先后展开了三次谈判。[22] 日本主张 200 万台，美国主张 150 万台，最后（在伦敦）依照美国贸易代表办公室施特劳斯（Robert S. Strauss）的意见，定为 175 万台。但是，之后日本企业发展当地生产，关于彩电的贸易谈判仅一次就结束了。[23]

20 世纪 80 年代到 20 世纪 90 年代的贸易纷争是围绕着半导体展开的。美国谴责日本商品倾销，要求日本控制出口和开放日本市场，随后要求缔结（1986 年）以数值目标为依据的双边协定，再往后要求落实多边协定。这一系列动向的背后，是日本追赶上对美国军事和宇宙开发十分重要的半导体开发和生产，20 世纪 80 年代后半期在美国市场的占有率也位于前列。[24]

另外，美国之后围绕着超级计算机以日本的电子业界为对象，提起反倾销诉讼，根据裁定结果（有嫌疑），日本电气（Nippon Electric Company，NEC）的商品撤出美国市场（1997 年）。

从 20 世纪 80 年代前期起，围绕软件的贸易摩擦变得尖锐。[25] 比如，根据美国商务部的主张，软件具有知识产权，对于知识产权保护制度不健全的国家而言，就等同于设置了进口壁垒。

通产省在 1983 年开始了程序权法立法的工作。[26] 根据 1983 年 12 月产构审信息产

---

[22] 三次谈判分别在东京、华盛顿、伦敦举行。第二次谈判对方主张“日本的谈判隐瞒过多”，日方立刻离席，因此需要展开第三次谈判。

[23] 负责彩电谈判的日本代表是通商产业审议官增田实。以本次谈判作为前例，之后的贸易谈判都由通商产业省作为代表。

[24] 1986 年日本电气居市场占有率首位（东芝第二）。日本电气在随后的 1992 年、1998 年、1999 年都居第二位（2000 年东芝为第二位）。

[25] 软件的定义参照第 11 章“知识产权、技术开发以及信息产业相关政策”第 418 页。

[26] 根据经济产业省商务情报政策局信息处理振兴课《关于软件的法律保护和创新的思考》，第 2 页（http：//ossipedia. ipa. go. jp/legalinfo/20071221 – 1. pdf. 登录时间：2012 年 9 月 2 日）。

业部会下设的软件基础整备小委员会的讨论结果，现存的法律制度有不适合保护软件权利的一面，因此有必要制定新的程序权法。[27] 但是美国商务部不同意该小委员会的见解[28]，另外在日本国内，文化厅的意见认为应该通过修改著作权法来保护软件。[29] 结合欧洲各国正普遍推广通过著作权法保护软件和世界知识产权组织（WIPO）的讨论情况等，同时加以深思熟虑，讨论的结果是，通产省接受美国和文化厅的主张[30]，约在1年后将编程技术作为专利的对象。半导体的集成电路配线图也受到同等待遇。另外，1984年美国IBM公司的副总裁访日，抗议东芝和三菱制作的大型电子计算机程序内容和IBM电子计算机程序雷同，是仿造（copy）IBM公司的程序。与此相关，根据美国国内的诱捕调查逮捕了日本技术人员。

1986年，关于日本政府和美利坚合众国政府之间的半导体贸易的条约生效（《日美半导体协定》）。该协定的主要内容是扩大日本市场的外国半导体市场准入，防止日本企业对美半导体出口倾销。

该协定规定，为扩大市场准入，日美两国政府要让各自国家的半导体使用者和供应者认识到增加在日外国企业市场开放度（access）的必要性；日本政府设立机构支援外国半导体的销售，促进日本使用者和外国供应者之间的合作关系等。

实际上该协定的背后存在一些对立事项，关于市场准入数值目标的有无，两国政府间意见不同，日美两国预先决定针对第三国的政策，对此日本政府感到忧虑。对于这几点没有通过官方文书达成妥协，而是记载在日本驻美大使（松永信雄）写给美国贸易代表办公室代表（Clayton Keith Yeutter）的“私人书信”中。但是存在官方文书以外的文书，这在后来引发了问题，同时关于法律的约束力和数值目标的解释，两国政府间产生了分歧。因为存在这一分歧，两国政府间的协议延迟实施，1987年4月针对对美出口的日本产计算机、小型彩电以及电气工具征收100%的进口关税（当年解除）。[31]

同一时期，欧洲共同体起诉日美间的半导体协定违反GATT。理由是依照日美协定

㉗ 《完善软件基础的方向》，《通产省公报》，1983年12月14日。

㉘ 《日本经济新闻》，1984年1月14日早报。

㉙ 《日本经济新闻》，1984年4月21日及4月27日早报。

㉚ 《关于计算机程序的法律保护》，《通产省公报》，1985年3月22日，第4页。另外，修改的《著作权法》从1986年1月开始施行。

㉛ 参照《通商白皮书》1988年版，第117页；行天行雄、黑田真编《日美经济问题100个关键词》，有斐阁，1992年，第112—113页。

半导体价格上升，这给欧共体和第三国市场带来了恶劣影响，依照 GATT 审查的结果，全会一致认为《日美半导体协定》中关于向第三国出口半导体的部分违反了 GATT 的第 11 条。

这些状况的结果是，虽然《日美半导体协定》在 1991 年部分修订的基础上继续延长，但由于民间业界之间的协议制定有所进展，政府的介入减少，该协定于 1996 年予以废除。通产省内面对日美双边压力（bilateral），认为比起在框架内解决问题的处理方式，不如在 GATT 多边协定（multilateral ruling，多国间共同协定）下解决，因此开始尝试积极利用 GATT 解决贸易纠纷。于是，作为贸易政策史上的首次经验，通产省在 1988 年决定起诉欧共体主板商品倾销，取得胜诉。通过这一系列事实，可以看出 20 世纪 80 年代后期，贸易政策思想迎来了一个转折点。

日美汽车摩擦

20 世纪 70 年代后期以后，日美贸易关系中关于汽车的悬而未决的案子较多。

1981 年，日本产汽车及相关产品给美国汽车产业造成很大冲击。㉜ 通过技术革新，欧洲和日本的汽车业紧紧追赶美国汽车业，同时美国的经营团队没有意识到美国消费者对小型汽车的需求增大，而且因为石油危机的到来美国大型汽车的国际竞争力下降。1950 年沃尔特·鲁瑟（Walter Reuther）率领的全美汽车工人联合会（United Automobile Workers of the U. S. A，UAW）同该国的三大汽车装配公司（通用、福特、克莱斯勒）缔结劳动协约［被称为《底特律条约》（Treaty of Detroit）］，这使汽车制造业的人工费上涨。㉝

汽车摩擦问题发生的初期（1980 年），美国汽车业希望美国政府依据 1974 年《贸易法》第 201 条限制进口。其主要的依据是：（1）日本对美国的汽车出口量（绝对值）增长，其结果（2）给美国的汽车产业销售额造成“损失”。但是福特公司以该理由向美国国际贸易委员会（United States International Trade Commission，简称 USITC）

㉜ 在这之前的 20 世纪 70 年代后半期，就已经出现了日美汽车摩擦的征兆。这是本田汽车决定进入美国（1978 年，生产开始于 1982 年）的契机。

㉝ 《底特律条约》是劳资条约，工会承诺 5 年内不提出争议。作为交换，资方承诺给付疾病、失业、养老金，同时使工资和消费者物价联动（cost of living adjustment）。顺便一提的是，该条约也普及了其他产业，直到里根政府放宽限制前一直发挥着作用（参照猪木，前述书，第 112—123 页以及 Frank Levy and Peter Temin，“Inequality and institutions in 20th century America，” Working Paper 13106，Cambridge，MA：National Bureau of Research. 2007，http：//www. nber. org/paper/w13106；登录时间：2011 年 2 月 2 日）。

起诉时，这一主张并没有被认同（同年11月）。因此美国议会准备了几个限制日本汽车进口的法案，害怕法案成立的日本政府（铃木善幸内阁）向当时的里根政府表明日本准备实施汽车出口的自愿限制。实际谈判由通产省和美国贸易代表办公室执行。这一时期自愿出口限制的份额最终定为168万台。[34]

可以消除（或者改善）贸易摩擦的一个方法是，日本企业增加汽车的海外生产。日本政府鼓励日本企业在海外生产，包括海外直接投资，为推进装配器在美国国内生产，制定了许多官方支援政策（土地、同员工的斡旋、交通便利性的探讨等）。日本进出口银行（输银）和日本开发银行（开银）等也提出了融资方案。同时日本贸易振兴会（Japan External Trade Organization，简称JETRO）提供了种种技术情报以得到美国州政府的协助。

以日美汽车摩擦为契机，丰田汽车和美国国内的通用（General Motors，简称GM）成立合资公司NUMMI（New United Motor Manufacturing Inc，1984年开始生产）。[35][36] 于是，丰田这一年在加利福尼亚州开始生产中型乘用车（国内商标，卡罗拉），踏出了真正在海外建立生产据点的第一步，也迈出了成长为世界企业大变革的第一步。

NUMMI进军的决断，虽然从结果上看对丰田来说取得了巨大的成功，但这也缘于丰田享受了极大的幸运条件。在两年之前，NUMMI的前身是因与强大的全美汽车工人联合会产生劳资纠纷（1982年）而关闭的通用拉斯维加斯工厂，再建该厂对劳资双方来说都是喜闻乐见的。长时间失业、经历惨痛的劳方迫切希望获得就业机会，对于资方而言，丰田目前正威胁其经营战略，所以如果顺利的话，就得到了宝贵的机会可以窥视丰田的实力。

事实上通用的原劳资双方（无论是全美汽车工人联合会还是经营管理层）都真挚地、不遗余力地与丰田合作。通用完全没有轻视丰田的姿态，相反大举学习丰田的生产方式，劳方非常感激丰田式的尊重劳动者自主性的生产管理，和以往工会的路线相比采取的是远远优于之前的工会协调路线。

㉞ 这期间的详情参见上述《通商产业政策史 第12卷 第Ⅳ期多样化时代（1）》，1993年，第3章第2节，第442—484页。

㉟ 1982年丰田汽车工业和丰田汽车销售合并成立丰田汽车，以下简称为丰田。

㊱ 关于NUMMI以下四个段落的记述，参照松岛茂、尾高煌之助编《熊本祐三口述历史》，法政学革新与管理研究中心，WP系列No. 27，2007年2月，第199—222页，以及松岛茂、尾高煌之助编《池渊浩介口述历史》，法政学革新与管理研究中心，WP系列No52，2008年3月，第87—112页。另外NUMMI因通用破产而关闭。

现在回顾来看，丰田的NUMMI进军决断存在很大风险。实际上，也有经营非常艰辛的时期，当时虽然利益率低迷，但通用与丰田双方（出资方只有这两家）始终保持坚守的态度。宏观上，贸易谈判和企业战略动向紧密相连，设定了规定今后国际经济关系的新舞台，这是一个值得关注的例子。这也是在宏观和微观的相互关联上应予以关注的原因所在。

1985年，于1981年实施的自愿出口限制期限即将临近，延长对美出口限制问题浮出水面。这时，通产省担当官个别会见日本汽车装配各公司，要求实施自愿限制，赞成和反对的意见均有，没能达成统一意见。为此，无奈由政府决定实施出口限制，但是出口台数的上限由168万台增加到230万台。

顺便一提的是，当时日元贬值（1美元兑240日元），但预想即便没有限制也能将出口量控制在260万~270万台。回头来看，由于当地直接生产和日元升值，日本的出口没有达到230万台。

围绕成品车的贸易谈判刚告一段落，围绕汽车零部件的不满又在加剧。在美国有组装汽车零部件（Original Equipment Manufacturer，OEM；对方国商标制造）的业界团体（Motor and Equipment Manufacturers Association，MEMA）和修补零部件的业界团体（National Automotive Parts Association，NAPA），这些团体的不满来自两点：（1）美国国内从业的日系装配工，其组装成品车的零部件大多依赖从日本进口，很少从美国国内的零部件供应商处采购，（2）美国产修补用汽车零部件在日本市场不畅销。美方理解其原因是：（1）日本的组装用零部件仅从本公司系列的零部件供应商处购买，于是形成了日本汽车界内向、不合群的特点，以及（2）日本市场封闭和排他的贸易习惯。对此日美两国政府围绕美国批判日本市场的封闭性这一点，在1985年1月开始的“关于日本市场开放的个别领域的日美谈判（Market Oriented Sector - Selective Talks，MOSS协议）”中加入了电子学、电气通信、医药品与医疗器械、林产品，1986年5月起运输机械（具体为汽车零部件）也被纳入谈判对象。

其结果是，日美两国政府提供支援和信息，两国业界致力于事例研究、协议、意见交换，以及日本汽车零部件工业会（Japan Auto Parts Industries Association，JAPIA）和MEMA两业界团体间的信息交流等，美国零部件制造商逐渐理解日系装配工的零部件开发和采购方针，同时美方扩大对日方的贸易额。在日本国内，各汽车制造公司增加在美国国内的零部件采购担当者等，努力增加对美国产汽车零部件的购买。

MOSS最终谈判时（1992年1月）正值布什总统访日，因此其成果备受瞩目。协商中提出到1994年日本企业必须增加（美国产）零部件的购买额。关于协商的核心——零部件（预计）购买额，虽然是将日方各汽车制造（装配）商自主计算出的数值累加起来得出的——不是日本政府承诺的，只不过是民间企业的努力目标——但政府间协商时，在美国的强烈要求下，不得不以该数值为基础。而且，最终美国提出的1994年MOSS相关对日出口总额（案），超过两国间预先商定的170亿美元，达到230亿美元。谈判的结果是双方就取其中间值190亿美元达成妥协。

从上述氛围中我们可以看出，即便到了20世纪90年代日美间的汽车摩擦还是没有终止。不只如此，美国汽车装配的经营环境令人不满，美国汽车业界对于日本车的进口更加敏感。因此，1993年1月上台的克林顿政府，基于1974年《贸易法》第301条，大肆主张制裁措施（对日本产品征收100%的关税等），强迫促进汽车和汽车零部件的对日出口。作为汽车摩擦的解决对策，美国要求美国产品的进口目标额（Voluntary Import Expansion）由日美双方政府商定并遵守。

但是，对于美国的这一主张，日本政府的应对和20世纪80年代前有些许不同。1993年7月宫泽喜一首相在和克林顿总统举行“日美间新经济伙伴关系合作框架（日美一揽子经济协定）”（U. S - Japan Framework for a New Economic Partnership）会谈中，面对美方主张政策目的数值化（设定数值目标）时，日方以其与自由贸易矛盾为由进行反驳，出现了意见分歧。这是第二次世界大战后首例日美间谈判决裂的例子。

不论怎样，通产省没有打算接受克林顿政府的数值目标的要求。因为双方主张不一致，谈判陷入胶着状态。从双边摩擦的痛苦经历中，日本政府（通产省）开始想要使用多边规则同美国对抗。通产省国际关系担当官通过在GATT乌拉圭回合谈判（Urguay Round）中积极参与WTO设立的运作等经验，开始倾向于认为双边（或多边）经济纷争通过国际间共有的规则（“GATT/WTO的规则”）解决更好。这样，通产省牵制了美国的主张，没有提出政治妥协，而是将找出让双方共赢的解决方法作为今后的课题。同时决心以世界舆论为后盾，必要时将争端事项交由WTO裁定。

得益于该决心，处于胶着状态的双边汽车谈判重新启动。通产大臣（当时）桥本龙太郎和USTR代表（当时）坎特（Michael Kantor）交涉，美方坚持通过设定数值目标解决问题，而日方拒绝了美方的主张，两国关于数值目标没能达成一致。1995年6月最终达成协议。至此日美间的汽车摩擦逐渐趋于平静。

第3节　超越贸易摩擦[37]

日美经济关系的历史脉络

有关美国对外贸易政策的言论，历史上点缀着自由贸易的思想。但是这些始终是原理和原则维度上的言论。如果对方国家的经济实力增大，赶超了自己，进口增加、经常赤字增大，而且影响进一步波及相关产业的销售额，那么这时美国通常会谴责对方国家经济行为不公正、对贸易对手进行倾销、过度保护本国市场、为实现公平竞争必须废除政府介入市场、回归自由贸易的原则开放本国市场等，迫使对方让步。

通常，世界经济相互间“是异质的”，换言之，即以美国为首的发达国家技术创新繁盛、通过新产品的供给凌驾他国，在这种情况下，这些发达国家因发展中国家的商品威胁国内市场的程度很低，因此容易主张自由贸易。相反，当世界经济“同质”时，换言之，即发展中国家的经济实力追赶上美国等发达国家，双方产品竞争力差距缩小时，发达国家的通商政策就倾向于主张贸易保护主义。

换言之，美国使用的贸易谈判武器是一般大众容易理解的、和美国建国精神一致的自由贸易原则，但同时在其背后还存在使特定产业获利，即维护本国产业（或者是经常收支）、减轻负面影响（或者是增大利益）的明显的现实主义。因此当本国产业受到外国同产业竞争力的威胁时，对外使用自由贸易主义进行攻击，对内通过贸易保护主义进行防守，出现乍一看相反的双重构造。

事实上，从19世纪到20世纪初，美国贸易政策一直贯穿保护主义。该倾向转为自由贸易主义的标志是，在罗斯福新政（New Deal）下施行的1934年《互惠贸易协约法》（Trade Agreements Act of 1934）。如果同他国就双方关心品目关税下调达成一致时，该法律赋予总统无须经过国会批准就可将美国关税下调至50%的权限。该法规代表了美国贸易自由化的潮流，经过第二次世界大战，1962年，根据《贸易扩展法》（Trade Expansion Act of 1962）贸易自由化进一步扩大。该法的目的是拓展美国产品的出口地，同时为促进自由世界贸易做出贡献，肯尼迪回合（Kennedy Round）谈判即以该理念为

---

[37] 出席日美通商谈判的一名成员撰写的一本有趣的回忆录，畠山襄《贸易谈判：围绕国家利益的电视剧》，东洋经济新报社，1996年，第1—3章。

基础展开。这两部法规的法理思想是不辱“美式和平”之名的自由贸易主义，这给世界经济整体带来大大的裨益。

这一风向的转变是在20世纪70年代，尤其是1974年《贸易法》成立的时期。这一时期，（如上所述）欧洲经济自不待言，日本经济从第二次世界大战的凋敝中完成复兴，呈现对美国在世界经济中的王者地位构成威胁之势。另外，美国杜勒斯（Johe Foster Dulles）外交实行反共产主义政策的结果是，因越南战争的开支消耗了经济体力，20世纪60年代豁达的乐观主义已经逐渐成为过去。纺织、钢铁、半导体、汽车以及之后范围扩大的摩擦对象，均反映了日本经济存在感的扩大。其背景是，遭受第一次石油危机气势消沉、传闻“日本的时代已经终结”的日本经济在短时期内完美恢复活力，给人以深刻的印象（顺便一提的是，之后美国开始强烈主张保护知识产权）。

这一时期，尽管根据1985年达成的《广场协议》实施了汇率调整，但和欧洲不同，日本对美的经常赤字一直不减，为此激起了美国对日本的批判，这是不怕将不振的国内经济转为政治问题的美国政府的自然选择。但是，日美经常收支不均衡是两国宏观经济储蓄与投资平衡使然（即日本相对国内储蓄剩余和美国相对国内储蓄不足的原因），日本产业的国际竞争力并不是直接原因。

当时日本制造业生产率得到改善，比较轻松地推进产业转换是事实，企业的自助努力是实现的主因。但是美国当局的解释却不同，认为是日本经济的国际竞争力太强。美国的谈判官员坚持认为（至少在谈判时）完全是由于通产省非公正地（unfair）瞄准支援（targeting policy）特定产业，即产业政策的原因。的确，《广场协议》引发日元升值，对日本经济产生了很大的影响，所以1986年的产业政策鼓励竞争力衰退的企业转换行业（新潟县燕之洋餐具产业等，为避免企业倒闭提供融资），实施积极的中小企业支援政策，但这些“产业调整”和在欧美实施的同种政策在实质上是相同的。

这些成了美国在1989—1990年提案《日美结构问题协议》（Structural Impediments Initiative，SII）的伏笔。20世纪80年代到20世纪90年代初期，在“结构调整”的幌子下，日本被迫让步时美国的贸易政策从上下文可以理解。换言之，当时美国的贸易政策负责人，将美国对日出口没有如期待一样增加的原因归结为企业方面（广义）的商业惯例和以《关于大规模零售店铺零售业事业活动调整的法律》（1973年10月1日，法律第109号，简称《大店法》）为代表的国内规则，同时认为这些商业惯例和国内规则很难通过 GATT 多边机制予以解决。[38] 基于这一认识，美国贸易政策担当者们理论上坚信只有通过双边谈判来解决对日贸易赤字问题。

在结构协商期间，美国贸易谈判官主张日本国内增加消费和公共投资额度，同时缓和《大店法》。实际上，对美国而言，日美结构协商的一大核心是《大店法》对策。而且美国要求的背后是希望 Toy “R” Us（发源于美国的大型玩具店）可以在日本开店。

不管怎样，结构协商取得了一系列成果，包括《反垄断法》的修改、（细川护熙内阁以后）行政指导的透明化、专利审查的迅速化、控股公司认可的方针转换等。除此之外还提出修改法律让股份公开收购（takeover bid，简称 TOB）更加容易推进；使会计标准符合国际标准等要求。这些都是和“结构协商”相关的事项。

日美结构协商的成果给日后日本经济社会带来了极大影响。即《大店法》的修改和废除、《反垄断法》的修改自不用说，还有细川内阁以来的行政指导透明化、控股公司的认可、会计标准的重新修正、内外价格差的改善等。而且，规制改革带来的影响一直延续到 21 世纪初。通产省（经济产业省）的政策思想也不例外。

第二次世界大战后，美国政府无论是喜欢还是不喜欢都被置于世界政治的领导地位，而且作为民主主义政治的常态，必须听取民众的呼声和产业界的利害，并在实际中给予处理。但是对外收支占美国 GDP 的比重相对轻微，不可能将大量的精力和时间分给这些方面。贸易问题必须尽可能迅速解决，同时要对本国有利，得到市民的满意。正是因为如此，才要提出自由主义原理的危机，获得普通民众的支持，这也是一个有效的政策。

即使短期内（这是明显违反自由市场原理的）数量限制是不得已的手段，但中长期来看要寻求可能实现、确保更加自由的竞争（workable competition）的市场，就要求本国进行政策性的应对。

超越贸易摩擦

前面已经提过，1987 年前后，通产省通商政策局萌生了贯穿贸易政策的思想——“规则志向”原理（但是和 WTO 的思想不同）。该主张认为，像之前那样，在贸易摩

---

[38] 关泽洋一《日本的 FTA 政策：其政治过程的分析》，东京大学社会科学研究所研究系列 No. 26，2008 年，第 25 页。

擦谈判时，一国（如美国）仅从本国的立场出发来判断是否为“不公正贸易”、一经判定为“不公正”就对他国加以惩罚的方法是不合适的。同时认为公正与否应该按照国际标准来判断。如果参照这一观点，日本之前数次实施的自愿出口限制，都是比较轻易地服从对方的不恰当要求，被消极地判定为同一罪名。

当初，“规则志向”原理未能突破通产省内的论战。但是，因为这一时期是政策由主要抑制出口向促进进口转变（即1989年），所以该主张的重要性也逐渐被大家所认识。1991年前后，确立了作为政策原理的“规则志向”，并开始实际运用。之后，1993年制定了“新政策”，这时“规则志向型”在省内达成了统一见解。

1989年日本因不公正贸易开始向GATT起诉，起因是欧盟的主板倾销问题。1990年缔结了半导体协定，但之后第301条款被停止使用，短时间内进入了无须主张规则志向型贸易政策的时期。

但是1993年以后，在美国克林顿政府下，再次出现了全是数值目标的案件（玻璃、纸、保险、汽车以及半导体）。对此，通商政策局针对这些问题，准备用GATT理论予以对抗。其中，汽车（关于进出口）的数值目标尤其巨大，因此问题十分严重。细川与克林顿会谈决裂后，为了判明美国根据《贸易法》第301条启动对日经济制裁（100%征收日本产汽车的出口关税）的是非，日本向（取代GATT，1995年5月刚刚成立的）WTO提起诉讼。得知此事后，美国国内律师界99%的成员确信日本会败诉。但结果是美国（桥本与坎特交涉后，预计征收100%关税的那一天）停止行使第301条款。

评价贸易摩擦

关于日美贸易摩擦，两国间激烈对峙的场面很多。在可以说是清算两者对立的《日美结构协议》中美国的基本主张是，“日本不合理的（事实上的）竞争规则较多”。美国批判认为，以《大店法》为首，日本业界企业联盟的非关税壁垒（non-tariff barrier，NTB）等类似制度和惯例很多，妨碍了外国企业（资本）的加入，结果导致外国产品遭受了不当的“差别”对待。这一议论，可以说是概括提出了美国实业界一直以来对日本经济的不满，也源于对日本商业惯例的实情和其历史背景的不理解，这所有的一切不是马上能够被接受的。

但是，再回顾美国对日本商业惯例以外领域的要求，在之后，有很多被日本国内采纳或是开始进行探讨。比如，研究开发中基础研究的国际贡献、知识产权的重视以及行政手法的改善、金融和证券业的限制缓和［举一个例子，为促进企业合并与收购（mergers and acquisitions，M&A）放宽限制］、人事管理成果主义的采用等。

另外，在贸易政策思想上，以日美贸易摩擦为契机，日本政府再次认识到仅依靠双边的贸易谈判是不完善的，需要尽快改变这一状况，于是对（过去重视的）多边贸易谈判的意义有了新的认识。换言之，日本政府痛感有必要将侧重点从双边谈判转为多边谈判。因此在 GATT 乌拉圭回合谈判中全力协助设立 WTO，今后准备通过 WTO 来解决纷争。在这一过程中，日本在贸易政策战略上和谈判战略上都取得了宝贵的学习成果。

这么看来，20 世纪 80 年代到 90 年代的贸易摩擦，对日本的通商产业政策思想而言，反倒是提供了一次宝贵的学习机会。

上述的学习成果给日本和日本的近邻——亚洲各国之间的贸易关系带来了怎样的变化？这是我们下节谈论的主题。

第 4 节　多边贸易政策的构想和变迁

WTO 成立的意义

日本通过高速经济增长成为“经济大国”，有些产业甚至形成了可以凌驾美国之势。因此日美间经济摩擦频繁发生，这就要求日本贸易政策予以应对。关于摩擦，如上所述，先是始于纺织，随后是钢铁、彩电，到了 20 世纪 80 年代是半导体，到 20 世纪 90 年代波及汽车。

关于这一系列摩擦，从判定其是否公正的标准到制裁手段的选择，主导权都掌握在美国手中，而且屡次是由高层的政治谈判来结束摩擦。20 世纪 80 年代末期起，通产省通商政策局内部萌生了这样的问题意识：日美间这样的谈判方式，对日方而言容易形成不利的解决结果，而且，不依靠有关贸易的国际规则，而由两国随意决定是不可取的。这一问题意识推动了以 GATT 为中心、依据规则解决国际经济纷争的进程。

这一时期，国际谈判的阵地是 GATT 乌拉圭回合谈判（1986—1995 年）。在该谈判中，通产省将重点放在制定工业品贸易摩擦（特别是反倾销）的解决框架上。实际上，20 世纪 90 年代以后（WTO 成立之后），以日本为对象的贸易纠纷案件中约有一半是倾销问题，而且美国企业是当事者的居多，日本国内对于反倾销的滥用的担心很强烈。

20 世纪 80 年代末开始，通产省（特别是通商政策局）中认为“依据国际上一致同意的规则解决贸易摩擦十分重要，不应该无视规则而通过政治方式解决”的意见多了起来。乌拉圭回合谈判期间，日美间围绕各种产业产品展开经济摩擦谈判，因此，基于这些动向，日本经济担当者之间围绕贸易谈判的对策展开了认真的讨论，结果是再次确认了上述见解（当时，通产省对乌拉圭回合谈判的关注提高，也是有上述情况的原因）。

20 世纪 90 年代初期以前的国际贸易谈判中，日本被动接受对方国家要求的时候居多。但是在乌拉圭回合中，日本改变了谈判态度。即美国所使用的“公正”一词的定义，不应该是一国恣意的、单方定义的概念，依照 GATT 规则才是“公正”，因此日本想要使遵照规则的谈判成为共同的理解。作为其中的一环，日本积极展开提案，强化防止滥用反倾销的规定。

这一时期，日本国内公布了《不公正贸易报告书》（1992 年以后，每年），将 GATT 规则作为主要的判断基准，列举了当时世界贸易的问题点。美国 USTR 也制作了相同的文件——《国际贸易壁垒报告书》［通称 NTE 报告（National Trade Estimate Report）］，美国的报告书是按照美国的标准判断是否公正，与此不同，日本的《不公正贸易报告书》是基于世界共同的规则 GATT 来判断是否公正，这是它的一个特征。

在乌拉圭回合谈判中，由美国、欧共体、日本、加拿大构成“四极”，通过部长级会晤和事务级协调，在推动谈判进展方面起到了巨大的作用。比如：日本作为主席国于 1993 年 7 月在东京召开东京四方贸易部长会议，这成为促使已经显现低迷的乌拉圭回合谈判走向妥协的动力（momentum，契机）。

经过 7 年的长期交涉，1993 年 3 月，乌拉圭回合谈判最终达成一致，诞生（1995 年）了世界贸易组织（WTO）。[39] 日本对于世界贸易组织的成立十分欣喜。如前所述，世贸组织的存在有利于日本在这个平台上解决日美汽车贸易摩擦，乌拉圭回合谈判中，（作为“四极”成员）通产省的努力可以说为 20 世纪末以后日本贸易经济关系的正常

---

[39] 第二次世界大战之后不久，曾经有计划推进设立以美国政府为中心、名为 ITO（International Trade Organization）的国际贸易机构，但因美国参议院的反对没能成行。想起该事件时，可知克林顿政府赞成设立 WTO 的意义重大。

化做出了巨大的贡献。

WTO 组建后，各国间围绕贸易问题产生纷争时，两国间不是通过政治方式解决，而是可以按照 WTO 的纷争解决规则进行解决，这是很大的进步。话虽如此，在发挥职责作用方面，WTO 除了被期待成为基于规则解决纷争的机构外，还推进了贸易自由化，但是对于后者，因为美国失去热情和非政府组织（NGO）对自由贸易的排斥，没有取得很大进展。[40] 因此，有人奚落称 WTO 是“没有引擎的汽车”。

WTO 成立后，1996—1997 年，贸易政策所直面的一个问题就是中国要求加入 WTO。作为社会主义国家的中国，其国内制度同 GATT/WTO 的基本思想不相容的地方很多，如国有企业发挥着极大的作用、接受国家支援的企业很多等，虽然这些都是阻挡中国加入 WTO 的难关，但在 2001 年，中国跨越这些难关，加入了 WTO。

2001 年，在 WTO 的努力下开始了多哈回合谈判（Doha Development Round），其目标是农业进一步的自由化、工业品关税的削减以及推进服务贸易等，但因为 WTO 的成员数大幅增加，导致发达国家（特别是美国）和发展中国家之间的对立表面化，谈判陷入低迷。

“APEC 开端”的记述

在 20 世纪 70 年代前，民间经济界萌生了以下思考：（1）亚洲各国间繁盛的通商贸易将为该地区社会经济发展做出巨大贡献；（2）为实现该目标，日本有做出贡献的能力和准备；（3）日本本身从同亚洲各国的自由贸易中获得很多；因此（4）日本应为在亚洲太平洋地区[41]设立自由贸易圈（free trade zone）付出努力，同时围绕这些思考进行讨论。

---

[40] 1999 年末在美国西雅图召开了第 3 次 WTO 部长级会议，围绕农业和环境问题，日本、美国、欧共体之间意见对立，加之因有看法认为 WTO 只是为先进工业国的大企业利益服务，从各国聚集了（大约 5 万人的）游行队伍阻止会议的进行，所以没有取得任何成果就散会了。

[41] 这里所说的“亚洲太平洋”是指涵盖临太平洋各国（东亚、东南亚、大洋洲以及北美）的概念。曾经在 20 世纪 60 年代中期以后，一桥大学小岛清教授（当时）的“太平洋自由贸易区”（Pacific Free Trade Area, PAFTA）构想，在澳大利亚 Crawford（Sir John Grenfell Crawford）教授和 Drysdale（Peter David Drysdale）教授等之间得到升温（Kiyoshi kojima（ed.）. *Pacific trade and development*. The Japan Economic Reserch Ceenter. 1968）。据说，截至 1986 年春，在日本贸易振兴会悉尼与日本贸易中心担任产业调查员的喜田胜治郎也有过同样的构想。另一方面，一桥大学筱原三代平教授（当时）等宣扬重视日本和东南亚经济交流（特别是直接投资）的看法。

另一方面，1970年在印度尼西亚发生了针对丰田ASTRA公司的火攻事件，以及田中角荣首相（当时）访问泰国时遭遇抗议游行等，体现出当时希望快速实现向东南亚进军的日本和东南亚国民之间产生了很大的社会矛盾，这是不容否定的事实。1978年，总理大臣（当时）太平正芳私人研究会设立了“环太平洋联合研究组”。收到该研究组的报告书后，太平正芳首相于1980年遍访了东南亚以及澳大利亚，提起了环太平洋合作构想的话题。这时，虽然印度尼西亚总统苏哈托表示担心这是又一个“大东亚共荣圈”，并不期望其有进一步的发展，但是，1980年9月在堪培拉召开了“太平洋共同研讨会”，并以该研讨会发展的形式，设立了作为产官学意见交换平台的太平洋经济合作会议（Pacific Economic Cooperation Conference，PECC）。㊷

如上所述，20世纪90年代，东南亚存在排斥日本的力量，随着东南亚经济的发展，地区经济合作也取得了进展。比如：20世纪80年代，东盟（Association of South－East Asian Nations，ASEAN）各国确立了汽车（两轮、四轮）国产化计划，作为实施该计划的一个案例，被称为“ASEAN（汽车零部件）相互补充计划”（ASEAN complementation program）的构想浮出水面。虽然各国均以汽车产业的振兴为目的，推进同日本和欧美汽车制造商的合作，但是无论哪个地方，汽车生产所需的技术和技术工人均不足，各国很难单独达成生产费用递减所需的市场规模。从必需的全部零部件的采购到最终组装（assembling）均由各国亲自完成的话，不仅很难实现市场所需的生产规模，而且在不同的地方多次重复进行同一设备的投资是愚蠢的做法。因此，在整个东盟地区实施产业内分工和协作，同时在区域内撤销彼此的关税的话，就可以提高效率，从而生产出相对便宜的汽车，这就是东盟补充计划的道理所在。㊸

20世纪80年代是“小松下”的时代，即日本松下电工总公司在东南亚各地建设了（被称为Panasonic）工厂，计划在各个工厂专门生产不同的松下电工产品。因此到20世纪90年代（初期），东盟各地松下工厂的商业疆域不断扩大，最迟到2000年，在整个东盟地区诞生了供应该公司全部产品的制造和销售网。

在这样的经济发展背景下，20世纪80年代，东盟各国逐步强烈意识到，为了进一

㊷ 菊池努《APEC：亚洲太平洋新秩序的摸索》，日本国际问题研究所，1995年11月，以及亚洲太平洋协力推进恳谈会《亚洲太平洋协力推进恳谈会报告：迈向开放的“合作发展的时代”》，1989年6月。

㊸ 1976年设立东盟汽车联合会（ASEAN Automotive Federation）和该构想有关。但可惜的是，因东盟间的运输网不发达，该提案没能马上付诸实施（参照Kobosuke Odaka（ed.）. The motor vehicle industry in Asia，a study of ancillary firm development，Singapore University Press. 1983. p415）。

步发展东盟经济，必须促进地区内各国间贸易的活跃化，并进一步密切同东亚各国经济圈的关系。

APEC 设立时的国际政治状况

在上述背景下，1989 年 1 月，澳大利亚总理霍克（当时）（Robert James Lee Hawke）在韩国演讲时提出了被称为 APEC（亚太经济合作组织）的新构想。但实际上，作为背后的力量，日本在 APEC 的创设上起到了很大的作用。

当时日本的一个课题是应对贸易顺差问题，作为亚洲的经济大国，追究日本责任的呼声很高。另一方面，对日本而言，另一个课题是如何抑制来自美国的、通过不时的制裁让对方国家做出让步的单边主义（unilateralism）的影响，同时日本也担心欧洲联合后实行贸易保护主义。在谋求这些问题的解决方法时，日本的选项之一就是与亚洲各国联手。从这个意义上讲，成立作为东亚经济联合的 APEC 对日本而言十分重要。

1988 年，在通产省内召开了以国际经济部长坂本吉弘为首的学习会“亚洲太平洋贸易开发研究会”，该学习会制作了关于 APEC 的中间报告，名为《坂本报告》[44]，1988 年 8 月在东京举行日澳有关贸易的课长级定期协商时，引起了澳方强烈关注，成为协商的议题。以此为契机，日本贸易振兴会的产业调查员奥村裕一遍访东南亚各国，致力于获得东南亚各国对 APEC 构想的理解。

话虽如此，当时通产省内还存在慎重论，认为“比起多边关系，保持良好的双边关系最重要”。针对这一意见，用“双边关系当然十分重要，以良好的多边关系为背景构筑双边关系才是现代所必需的”论断予以说服。

经过以上的准备，1989 年 3 月通商产业审议官村冈茂生等遍访东盟和韩国，说明 APEC 构想，得到了大多数国家的赞同。[45]

结果，在 1989 年 7 月 ASEAN +3[46] 部长扩大会议上，以先前就强烈关心太平洋地区经济合作的澳大利亚总理霍克的提案为基础，提起组建 APEC 的议题。[47] 于是设立了包含美国在内的 APEC。

---

[44] 参照通产省通商政治局通商政策企划室“地区合作：推进亚洲太平洋合作”，《通商日报》，1988 年 12 月号。

[45] 但是中国没有马上行动。

[46] ASEAN +3，是指除了东盟各国之外，还有韩国、中国和日本。

[47] 考虑到与上述事情原委的关系，日本避免成为提案国，仰仗了澳大利亚的协助。

在APEC设立时，发生了相当多的国际背景事件：当时，（a）乌拉圭回合谈判不得不中断、（b）欧盟成立、（c）美国动员韩国和澳大利亚签订自由贸易协定（Free Trade Agreements，FTA）等。另外，东盟+3召开前不久（1989年6月25日），美国国务卿贝克（James Baker，1989—1992年在任）于访问东盟前在（纽约的）日本协会（Japan Society）发表演讲，其中对APEC的评价也起到积极的效果。

对于日本而言，设立APEC的目的是：

（1）在日美摩擦中遭到美国攻击的日本，可以得到亚洲各国的声援。

（2）不仅仅期待美国作为成长的动力，亚洲作为一个整体也会成为动力。

（3）对于1987年美国加拿大自由贸易协定（U. S - Canada Free Trade Agreement）成立、1992年（预定）欧盟成立等地区联合的动向，亚洲各国（包括日本）出于对世界经济有可能会向联盟化方向发展的担忧，所以要进行牵制，等等 。

APEC的目标并非成为决策机构，归根结底是为了区域内合作达成政策协议的国际联合体。比简单的合作更紧密、比经济联盟更弱小是它的特点。第一次APEC会议于1989年在澳大利亚召开。

APEC成立后，以1993年在美国西雅图召开非正式首脑会议为契机，成为流程中含有首脑会议的大型组织。第七次APEC首脑会议于1995年在大阪召开。这次会议作为单独的课题导入了“协调性单边行动”（Concerted Unilateral Action，CUA）概念，旨在推进APEC贸易和投资的自由化，各成员国无须通过谈判来推进自由化的策略。虽然大阪会议本身成功结束，但协调性单边行动成为导致之后APEC没能顺利发挥作用的间接原因。1997—1998年，APEC致力于不同领域的早期自由化，但围绕林木产品和水产品的贸易自由化，日美对于“自主的”意思产生不同理解，并且分歧表面化。[48] 这样，因为APEC间的利益错综复杂，没能达成一致，贸易自由化的动机无法形成，这也是很多APEC成员转向自由贸易协定的一个原因。

从多边协定到双边协定

但是，20世纪末日本的经济政策因为泡沫经济崩溃后的“泡沫不景气”（所谓“失去的10年”），将关注转向国内，而不是亚洲。不过，APEC贸易自由化的停滞、日本经济长期的低迷成了摸索贸易层面新举措的契机。但是现实情况是，多边协定的

㊽ 不同领域的早期自由化举措被称为EVSL（Early Voluntary Sectorial Liberalization，部门自愿提前自由化）。

缔结需要花费很长时间，同时对成员国之间各自不同的特殊情况难以灵活应对。探索过后得出的暂时结论是，双边协定和地区联合未必就违反自由贸易原则，反而可以将其作为多边协定的补充。

新加坡不时提案缔结双边自由贸易协定，从而进入缔结双边协定的进程。[49] 这也是日本贸易政策从一边倒的“多边主义”过渡到“双边协定、多边协定并用主义”的契机。在这之后，缔结自由贸易协定的谈判对象持续扩大到马来西亚、智利、泰国、菲律宾、印度尼西亚、文莱、东盟全体[50]、澳大利亚、印度、越南、瑞士等。但这并不意味着抛弃“多边”投向“双边”。缔结双边协定的当事国之间彻底贯彻自由贸易是得到广泛理解的国际规则，扩大自由贸易协定的真正目的其实包含了默默的期待，如果双边协定不断累积，那么双边自然就逐渐接近多边。

“双边”的目的是追求同“多边”的共存，这对日本的经济政策来说具有重大含义。日本推进自由贸易协定是因为日本需要得到世界的支持，这样才能实现战败后持续不断的农业保护政策的转换（广义的自由化）。因为这一转换不是以农林水产业的衰退为代价，而是以发现和实行有效的、富有国际竞争力的新的初级产品生产形式为必要条件。[51]

1997 年到来的“亚洲货币危机”开始于泰国，随后扩展到印度尼西亚和韩国，美国一开始并没有支援泰国，直到金融危机蔓延到韩国才开始采取行动。虽然 IMF（International Monetary Fund，国际货币基金组织）对泰国展开支援，但是需要附上令泰国感到屈辱的附加条件。经过这一事件，泰国对美国的不信任感增强。另一方面，韩国出于担心被全亚洲抛弃的危机感，提案了 ASEAN +3。

真实情况是，为应对金融危机日本也采取了一系列措施，比如：对遭受金融危机的泰国给予巨额援助、宫泽 300 亿美元构想、设立日本 - 东盟经济产业协力委员会（AEM - METI Economic and Industrial Cooperation Committee）（1998 年）等。[52] 日本民间

---

[49] 关于缔结自由贸易协定的谈判，同新加坡的谈判于 2001 年开始（对方的非正式提案是在 1999 年 1 月），2002 年签订，同墨西哥的谈判于 2002 年开始（对方的非正式提案是在 1998 年 6 月），2004 年签署（前述，关泽论文《日本的 FTA 政策：其政治过程的分析》，第 7 页、第 39 页、第 41—42 页）。

[50] “日本 ASEAN 一揽子经济合作”（ASEAN Japan Comprehension Economic Partnership，AJCEP）。

[51] 有见解认为这一条件的完备和实现是十分可能的（比如：神门善久《日本的食物和农业：危机的本质》NTT 出版，2006 年）。顺便一提的是，该书获得了 2006 年三得利学艺奖，该奖项的获得不仅高度评价了作者在学问上的业绩，同时也佐证了在现代日本这一主张的意义已经被世人认可。

[52] 日本 - 东盟经济产业协力委员会是日本 - 东盟经济部长会议（AEM - METI Economic Ministers and Minister Economy. Trade and Industrial of Japan Consultations，简称 AEM · METI）的下级组织，其设立的目的是强化东盟产业竞争力、推进日本同东盟间产业合作、为东盟新加盟国提供支援。

制造业也积极开展对亚洲地区的直接投资（foreign direct investment，FDI），优先考虑东南亚，然后是中国。

以亚洲货币危机为契机（1999年），出现了东亚地区一体化的新概念。作为类似的概念，1991年马来西亚总理马哈蒂尔（Mahathir bin Mohamad）（当时）也提出过EAEG（East Asia Economic Group，东亚经济集团）的构想，但当时美国因为该构想没有包含美国而极力反对，日本也没有立刻赞同。但是之后，因为中国和印度经济实力提升，考虑到力量平衡，日本提议ASEAN+6的东亚首脑会议。[53]

经过一系列推动，2005年成立了将形成未来共同体列入发展范畴的东亚首脑会议，在2006年的经济部长会议上，“东亚经济一体化”（East Asia Economic Integration）的构想被列为议题。[54] 该构想的要点是内外一体完备事业环境。换言之，就是在亚洲区域通过“生产一体化”（production network）形成经济一体化，维持和强化竞争力，进而实现东亚一体化。

东亚经济一体化构想由两部分构成：（1）亚洲版OECD（Organization for Economic Cooperation and Development，经济合作与发展组织）、（2）东亚一揽子经济政策协作。其中（1）是想要在亚洲也实践政策协调的框架，效仿OECD组织，构成由三层构造组成的共同体的根基部分[55]，通过ASEAN+6平衡地准备着政策协调素材。另一方面（2）是将ASEAN+6统一成一个自由贸易协定的提案，谋求在整个符合条件（这里假设称为“广域亚洲”）的地域推进自由贸易下的经济政策。[56] 各成员国一边共享广域亚洲的基本计划，一边谋求扩大内需和扩充社会资本（包含运输手段、水、住宅、购物中心等住宅开发和都市开发构想）。比如：在广域亚洲，一方面积累了庞大资金，同时另一方面又存在社会资本普遍不足的问题，因此利用印度开发的民间型开发成套系统等构筑联结双方的系统。同时，培养广域亚洲短缺的专门负责开发的人才，设置贸易保险等风险规避制度。顺便一提的是，OECD的发展援助委员会（Development Assistance Committee，DAC）各国提供给该地域的政府开发援助（Official Development Assistance，

---

[53] ASEAN+6是指东盟、韩国、中国、印度、澳大利亚、新西兰和日本。

[54] 由第三次小泉改造内阁经济产业大臣二阶俊博提案。

[55] 如果第一部分是提供政策构想的材料think tank（Economic Research Institute for ASEAN and East Asia，ERIA），那么第二部分构成了事务局，第三部分构成了政策构想论坛。

[56] 东亚一揽子经济合作构想（Comprehensive Economic Partnership in East Asia，CEPEA）。

ODA）资金，2009 年在网上领取的金额就达到了约 227 亿美元的规模。[57] 这是一个长远的大型构想，甚至将未来发行区域内债券、统一利率、统一货币等纳入考虑范畴。东盟对此表示赞成。东亚经济一体化构想在 2006 年的实际感受还很微弱，但 2007 年 11 月在第五次东亚论坛上该话题又被提起。

第 5 节　其他贸易政策：汇兑自由化、贸易保险、贸易管理、促进出口以及海外经济合作

外汇交易自由化

日本对金融市场空洞化的危机感增强，在这样的背景下，1979 年修改了《外汇及外贸管理法》（1949 年，法律第 228 号），虽然为时已晚，但对外贸易原则上实现自由化，所以被粉饰成“日本版（金融）大爆炸”的先驱。[58]

在这之后，1998 年该法再次实施了大的修改（1997 年 5 月 23 日，法律第 59 号，1998 年 4 月 1 日施行），法律的名称将“管理”二字删除，改为《外汇及外贸法》（以下称为《外汇法》）。这次修改法律的要点有 4 个，分别是“外汇业务”的自由化[59]、“资本交易”的自由化、“对外直接投资”的自由化，以及“东京海外市场”的扩大，其目的是从制度上使外币交易完全自由化，使东京市场不落后于国际金融的动向。

贸易保险

20 世纪 90 年代，中美、拉丁美洲、俄罗斯发生了大的债务问题，日本受到了影响。1997 年，亚洲经济危机以后，贸易保险的作用发生了变化。首先从 2001 年开始，贸易保险不再由经产省负责，而是由独立行政法人日本贸易保险（Nippon Export and

---

[57] 包含阿富汗、孟加拉国、不丹、柬埔寨、中国、印度、印度尼西亚、朝鲜、老挝、马来西亚、蒙古、缅甸、尼泊尔、巴基斯坦、菲律宾、斯里兰卡以及越南，省去负值的泰国。根据 2009 年的汇率。OECD，*Aid statistics*，*statistics by region* 2012：*aid at a glance*（参照 www. oecd. org/dac/ aidstatistics/42139371，pdf，登录时间：2012 年 9 月 3 日）。

[58] 但是因为该法没有设想控股公司和投资基金，随后通过政令加以补充，另外，虽然说是自由化，但是买入 10% 以上股份的外国投资家和部分受限的产业（武器产业等），需要事前呈报（顺便一提的是，20 世纪 90 年代，美国采取的制度是，无论任何产业都要接受安全保障相关的检查，这比日本限制更加严格）。

[59] 即废除仅限大藏大臣许可处理外汇的外汇公认银行（汇银）的旧法原则（被称为汇银主义）。

Investment，NEXI）负责。伴随这一改变，贸易保险业务脱离经产省成了另外一个（独立的）组织，还单独设置了事务所。同时，原来制度的对象仅是出口，现在扩大到海外融资、海外事业、海外投资。

贸易管理

关于贸易管理，在《外汇法》之下实施了以下进出口规则：基于《瓦森纳协定》（Wassenaar Arrangement，WA）等国际制度从安全保障的观点出发进行出口管理[60]、基于《濒危野生动植物种国际交易公约》（Washington Convention，简称《华盛顿公约》）等国际条约进行贸易管理、为管理国内供求进行贸易管理（鳗鱼鱼苗、配套饲料等）。[61]

安全保障出口管理是由国家管理战略性较高的物资和技术出口，限制危险国家开发和扩散大规模杀伤性武器等以及非正常地储备常规武器。日本1952年加入巴黎统筹委员会以后[62]，作为西方诸国的一员，在出口巴黎统筹委员会限制的战略物资时，根据《外汇法》，限制武器和兵器类产品的进出口。

东芝机械事件（1987年）是违反基于巴黎统筹委员会规定的《外汇法》的著名事例。以该事件为契机，日本对《外汇法》进行修订，强化惩罚规定等，此外还设立了100人审查体制等，这样安全保障出口的管理体制得到了飞跃性的强化。

另外，20世纪70年代以后，世界形势发生变化，即印度进行核试验（1974年）、伊朗和伊拉克战争中使用化学武器、第三世界弹道导弹开发活跃化等，因此作为防止大规模杀伤性武器等扩散的重要一环，限制大规模杀伤性武器等相关物资和技术国际出口管理制度逐步启动，日本也加入其中。具体有：核供应国集团（Nuclear Suppliers Group，NSG。1977年启动第一部分，1992年启动限制核相关通用品的第二部分）、澳

---

[60] 《瓦森纳协定》的正式名称是“关于常用武器以及通用物品和技术出口控制的瓦森纳协定（The Wassenaar Arrangement on Export Controls for Conventional Arms and Dual - Use Goods and Technologies）。这里所说的国际制度除了以《瓦森纳协定》为基础的常规兵器控制制度以外，还有以核供应国集团为基础的核武器相关控制制度、导弹及其技术控制制度、以澳大利亚集团为基础的生物和化学武器相关出口管理制度。

[61] 除了《华盛顿公约》以外还有《关于有害废弃物越境转移及处理规则的巴塞尔公约》（Basel Convention on the Control of Transboundary Movements of Hazardous Wastes and Their Disposal，简称《巴塞尔公约》）、《关于破坏臭氧层物质的蒙特利尔议定书》（Montreal Protocol on Substances that Deplete the Ozone Layer，简称《蒙特利尔议定书》）、《关于持久性有机污染物的斯德哥尔摩公约》（Stockholm Convention on Persisitent Organic Pollutants，简称斯德哥尔摩公约）等。

[62] 巴黎统筹委员会的正式名称是“输出管制统筹委员会”（Coordinating Committee for Export Controls，COCOM）。

大利亚集团（Australia Group，AG。1985 年成立）、大规模杀伤性武器运载手段导弹及其通用品和技术的出口控制制度（Missile Technology Control Regime，MTCR。1987 年成立，简称导弹及其技术控制制度）。这些防扩散型的国际出口控制制度是以欧美等为成员国的君子协定，其目的是限制成员国向非成员国外流大规模杀伤性武器相关的物资和技术等，是对《关于核武器不扩散条约》（Nuclear Non - Proliferation Treaty，NPT，简称《核不扩散条约》）、《关于禁止细菌（生物）及毒素武器的发展、生产及储存以及销毁这类武器的公约（Biological Weapons Convention，BWC，简称《禁止生物武器公约》）、《关于禁止发展、生产、储存和使用化学武器以及销毁这类武器的公约》（Chemical Weapons Convention，CWC，简称《禁止化学武器公约》）等不扩散条约的补充。

而且，东西方冷战时启动的巴黎统筹委员会（1949 年）伴随着冷战的终结也结束了其使命，于 1994 年解散，另一方面，像海湾战争这样的地区纷争频发，这就要求应对这些新的担忧。为此，1996 年从防止地区纷争的角度出发，启动了以防止非正常储备常规武器为目的的《瓦森纳协定》。该协定继承了巴黎统筹委员会所限制的对象物资和技术名单，成员国加入了俄罗斯和东欧各国，关于出口是许可还是不许可的判断交由各国裁定，依据其最终用途个别判断。

日本遵照这些在国际出口管理制度中达成一致的规则，以《外汇法》为基础，实施了安全保障出口管理（参照表 12. 2）。在《外汇法》之下，上述各国际制度所规定的清单，被列为出口贸易管理令及外汇令的限制对象，相关货物和技术的出口，需要得到《外汇法》的许可。

1996 年，从引进“补充出口规定”开始，引入这样的机制，即使不是清单中限制的对象，但有可能被用于大规模杀伤性武器等开发的产品，其出口也受到限制。当初，在补充出口规定下，其对象只是清单中所限制对象品目中的下级规格（specification downgraded），但如果从防止大规模杀伤性武器等扩散的角度出发，仅限制下级规格是不够的。2002 年，引入“全面限制”制度，原则上除了食品、木材等一部分品目外，所有的货物和技术都列为限制对象。

除上述以外，根据联合国决议，在《外汇法》下实施了经济制裁，向伊朗禁运大规模杀伤性武器并停止付款等（2007 年）、对朝全面禁止进口（2006 年）和出口（2009 年）等，这些都广为人知。

表 12.2 出口贸易管理令所限制的对象货物

号码	限制对象的品目	对应的国际协议
1	武器	武器出口三原则、WA
2	核	NSG、NPT
3	化学、生物武器	AG、CWC、BWC
4	导弹相关	MTCR
5	尖端素材	WA
6	材料加工	WA
7	电子学	WA
8	计算机	WA
9	通信相关	WA
10	传感器和雷达	WA
11	导航装置	WA
12	海洋相关	WA
13	推进装置	WA
14	其他	WA
15	微妙品种	WA
16	全部品种（粮食、木材等除外）	补充出口规则

注：对应国际协议中英文简称如下：
WA：瓦森纳协定（Wassenaar Arrangement）
NSG：核供应国集团（Nuclear Suppliers Group）
NPT：核武器不扩散条约（Nuclear Non - Proliferation Treaty）
AG：澳大利亚集团（Australia Group）
CWC：禁止化学武器公约（Chemical Weapons Convention）
BWC：禁止生物武器公约（Biological Weapons Convention）
MTCR：导弹及其技术控制制度（Missile Technology Control）
资料来源：经济产业省。详细的限制对象请参照下方链接：http：//www.meti.go.jp/policy/anpo/moto/kankei - horei/kamotu/list/matrix.html（登录时间：2012年9月3日）。

促进进口活动

近现代的日本经济，其作为加工贸易国的特征持续存在。从明治时期到20世纪中期，虽然工业部门默默地奉行“从原料加工到最终成品”尽可能都在国内生产的“全能志向”[63]，但没有形成欧美那样繁盛的横向贸易。

[63] “全能志向”的倾向并没有作为产业政策实施。但是，直到经济高速成长期初期外币慢性不足，如果国内的附加价值率增高就会牵涉外币使用受限，可能是这样的意识作用的结果。

20世纪70年代以后，尤其是20世纪80年代，美国对日赤字达到800亿~900亿美元，出现了日美间经常收支不均衡的问题。早在《前川报告》（1986年）中，就有鼓励增加采购外国商品和服务的看法，但作为日本政府，无法将政府采购商品的供应商扩展到海外，并没有采取特别的政策手段。不过，1989年通产省决定正面解决这一问题，该年度末启动进口促进事业，以促进快速的综合进口活动为目的给予补充预算。从1990年起在日本贸易振兴会设置了进口促进本部和进口促进事业部，为促进出口想出了各种办法。比如：

（1）同美国的“对日出口振兴活动”（Operation Japan Campaign）合作，在法国、北欧、西班牙等地开展食品、家具、住宅建材、工程机械等对日出口振兴活动，以及接纳对日贸易调查团（每年20~30件）等[64]，在国内也实施住宅进口事业、进口车促进事业等。

（2）实施短期专家派遣事业（一个月左右）、长期专家（商社OB等）派遣事业[65]、样品展示事业等。

（3）设置外国商品展示厅，同时在日本全国都道府县共设立51个“经济国际化中心”，谋求实现国民经济意识的国际化。

（4）将“月刊出口最前线”（日文）、“PIER-J”（英文月刊杂志进口促进事业报告）等资料[66]制作成数据库[67]进行分发。实行网络展示（在网络上介绍外国商品）、制定进口商务顾问（资格制度由JETRO认定，之后变成出口顾问）。

（5）鉴于国外批判日本非关税壁垒多的问题，为证明没有这种情况，JETRO自行负担费用设立咨询调查委员会（委员长伊藤元重），展开深度挖掘的调查——“对日路径实态调查”。

（6）为了外界可以实地考察日本的市场并非封闭、让更多的人知道JETRO的事业内容，在日本国内设立了“进口支援中心”，向外国专家提供事务所场地，半年内免费使用[68]，进一步谋求推进对日投资，等等。

---

[64] 之后不是以国家为单位而是以事业为单位实施。

[65] 这是首次真正采用特约职员。

[66] 在“Your market in Japan”系列刊物上呼吁向日本出口。另外“PIER-J”来自“进口商品卸载的码头（Pier）”加上JETRO的J，是怀着扩大进口的愿望而命名的（《JETRO 40年历程》，日本贸易振兴会，2000年3月，第422页）。

[67] Tops、Trade opportunity service、Potential exporters database等。

[68] 提供复印机和电话以及共有的秘书服务等。

因为这些大多是过去经验比较少的事业，没有相关经验积累，所以对于 JETRO 而言十分艰难。

可以说进口促进事业，促进了以消费者为首的日本国内市场对外国产品接受方式的改变。举个例子来说，应该说是以进口促进事业的开始为契机，海外时尚品掀起热潮，衣料、食品等外国商品席卷而来。日本市场的进口过敏（假设有过的话）完全消失。

进口促进事业从 20 世纪 90 年代后半期起，将重点转移到投资促进事业上，2002 年在国会上进口促进事业成了被批判的对象，因此被中止。

海外经济合作

日本的政府开发援助（ODA）预算有两种使用方式，一是向特定的国家提供资金援助（双边援助），另一种是不限定国家，通过国际机构提供资金援助（多边援助）。其中双边援助有三种方式。

（1）政府贷款（日元贷款）；

（2）技术合作[69]；

（3）无偿资金合作；

（1）是提供日元资金[70]用于建设道路和港湾等基础设施（social overhead capital 或 infrastructure），（2）是提供技术合作和人才教育培训等非物质（软件）社会资本服务，（3）是提供无偿资金（狭义的赠与）。（1）是有偿支援，与此相对，（2）（3）及对国际机构的出资和捐款都是无偿援助，后三者合起来可称为（广义的）赠与。

政府开发援助总额（被称为“事业规模”）的资金来源由（a）各省一般会计中的政府开发援助相关经费、（b）日元贷款本金的财政投融资资金、（c）通过对国际开发

---

[69] 作为技术合作的一环，在人才培养领域的 AOTS（Association of Overseas Training Scolarship，海外技术者研修协会）和 JODC（Japan overseas Development Corporation，海外贸易开发协会）所发挥的良好作用是不能忽视的。比如，AOTS 是 1959 年 8 月得到通商产业省认可而设立的财团法人，其经营的制度是在一定期间内邀请当地人才（经营管理者、技术者等）来日本，提供包括现场实习在内的教育和培训机会，仰仗为数不多的日本企业的合作，鼓励为海外技术人员等提供实地训练和指导。完成研修课程回国的研修生们（特别是技术者）在各自国家组织 OB 会，致力于相互间交流信息和最新知识。派遣生们不仅从日本的生产活动中学到很多，通过他们还可以将日本的经营模式介绍给其他国家，也是听取他国毫无顾忌的批判的好机会。2012 年 3 月 30 日，AOTS 和 JODC 合并，成立了财团法人海外产业人才培养协会（The Overseas Human Resources and Industry Development Association，简称 HIDA）。

[70] 支援的对象在战败后不久的阶段主要是社会资本和工业生产，之后逐渐涵盖资源和环境等。

金融机构投资国债支付、（d）各省特别会计中政府开发援助相关预算等构成。[71] 政府开发援助预算（被称为“事业预算”）是从事业规模中减去收入额（日元贷款的回收金等）得出的金额。但是，政府开发援助事业规模中通产省所占比重和文部省大致相同，为3%左右（1997—1999年的实绩），从资金绝对额来看，只不过是很小的部分（表12.3）。

表12.3　各省厅的政府开发援助事业规模（百万日元）

年度	1997	1998	1999
总理本府	7	0	—
警察厅	146	127	125
总务厅	1826	1635	1709
经企厅	8869	1009	166
科技厅	692	554	510
环境厅	711	558	477
国土厅	65	52	51
法务省	607	551	542
外务省	598631	571375	575588
大藏省	1235132	1000853	1150246
文部省	59906	55065	56711
厚生省	11565	10197	10816
农水省	29086	27976	27822
通输省	58501	54252	53916
运输省	941	840	740
邮政省	936	836	801
劳动省	6267	5536	5523
建设省	793	709	693
自治省	29	0	—
小计（事业规模）	2014710	1732125	1886436
回收金	338109	343062	341260
合计	1676601	1389063	1545176

资料来源：外务省“ODA是什么？ODA预算和实绩：各省厅预算的变化（事业预算）”（http：//www.mofa.go，jp/mofaj/gaiko/oda/shiryo/yosan/seifu99/ippan－4/ht，登录时间：2001年10月1日）。

[71] 政府开发援助一般会计预算在政府开发援助事业总额（gross）中所占的比例是，1998年60.5%（17.321亿日元中占10.473亿日元），1999年55.6%（18.864亿日元中占10.489亿日元）。另外这两个年度各自的收入是3431亿日元和3413亿日元（参照外务省“ODA是什么？ODA预算和实绩：平成11年度ODA预算概要”，第2页。http：//www.mofa.go.jp/mofaj/gaiko/oda/shiryo/yosan/seifu99/gaiyo.html，登录时间：2011年9月30日）。

20 世纪 90 年代末，政府开发援助总额的大约一半都是由日元贷款（有偿支援）构成的（表 12.4）。反过来说，日本政府开发援助的无偿援助比例在 50% 以下。因此，

表 12.4　日本政府经济开发合作动向

年度	政府开发援助事业预算	政府开发援助事业规模	赠与	两国间赠与	无偿资金协力（赠与）	技术合作	转入贸易再保险特别会计＋国际机构交付金	对国际机构的出资和捐款	借款	回收金（差额）
1996	15 210	17 998	8 193	6 534	2 772	3 762	—	1 659	9 805	2 788
1997	16 766	20 147	10 380	6 695	2 814	3 881	—	3 685	9 767	3 381
1998	13 890	17 321	8 863	6 296	2 536	3 760	—	2 567	8 458	3 431
1999	15 452	18 865	9 284	6 289	2 495	3 794	—	2 995	9 581	3 413
2000	15 115	18 864	9 196	6 306	2 511	3 795	—	2 890	9 668	3 748
2001	14 500	18 296	9 218	6 346	2 470	3 776	100	2 872	9 078	3 690
2002	12 773	16 646	8 838	6 064	2 392	3 602	70	2 774	7 808	3 801
2003	11 570	15 599	8 068	5 589	1 895	3 341	353	2 479	7 531	4 028
2004	10 607	14 826	7 700	5 295	1 821	3 134	340	2 405	7 126	4 220
2005	10 078	14 658	7 649	5 189	1 765	3 104	320	2 460	7 009	4 580
2006	11 364	16 249	8 441	5 045	1 682	3 015	348	3 396	7 808	4 886
2007	8 903	14 149	6 316	4 845	1 636	2 984	225	1 471	7 833	5 246
2008	9 350	15 113	7 301	5 000	1 588	3 253	159	2 301	7 812	5 764
2009	10 764	17 046	8 747	5 142	1 608	3 440	94	3 605	8 299	6 283
2010	11 676	17 667	8 649	4 816	1 542	3 258	16	3 833	9 018	5 991

资料来源：外务省政府开发援助网页“ODA 是什么？ODA 预算和实绩：平成 11 年度预算额（事业预算）[政府全体]”第 2 页（http://www.mofa.go.jp/mofaj/gaiko/oda/shiryo/yosan/seifu99/ippann-2/hthtml，登录时间：2001 年 10 月 1 日）。

外界认为其他各工业国政府开发援助中无偿资金援助较多[72]，而日本政府开发援助的“无偿性”较低（“grant element”比较少）。这一事实的背后是20世纪50年代后半期日本政府开发援助起步时发生的事。当时的日本政府为实现经济复兴，必须谋求出口振兴（尤其是机械设备出口），同时，与赔款相区别，日本希望通过自行判断来开展对外经济合作。日元贷款制度（1958年）就是为了使这两个目的共存而产生的。[73] 即当时的日本也处在苦于战败后国内复兴资金供给短缺的状态，财政上并没有富余，因此就允许海外援助依赖财政投融资资金。既然是投融资，从中拿出的资金就没有办法是无偿的，还要以日元计算。日元贷款的借贷业务由外务省、大藏省、通产省、经济企划厅“4省厅体制”共同实施，这也是日元贷款制度成立的由来使然。[74]

话虽如此，看一看把日元贷款的偿还金等收入考虑进去的网上政府开发援助预算（事业费），关于有偿和无偿就会得出和上述不一样的结果。即如果求日元贷款、技术合作、两国间无偿援助（狭义的赠与）以及向国际机构的出资这四者各自占政府开发援助预算的构成比的话，从高速增长期到21世纪初，大致呈现下图所示顺序的变化（图12.8）。[75] 即从高速增长期到21世纪初这期间，赠与和技术合作的比例均稳步上升，与此相反，包含偿还的日元贷款（有偿贷款）的位次自始至终都在下降。

但是，抛开多边无偿援助的政府开发援助，不仅有益于接受支援的国家，同时也有益于日本国民（也就是日本企业）。这种说法是根据下面的情况得出的。通常，经济发展援助对参与提供资金的企业的国籍会附带一些制约条件，这称为附带条件（tied aid）的援助。[76] 附带条件的援助，是以比市场行情有利的条件对特定国家提供资金援助。[77] 也就是说，政府开发援助通过民间生产活动执行的时候，只对特定国家的特定企

---

[72] 英美的无偿比例比较低。与此相对，在发展中国家援助方面，后起步的德国同英美相比有偿的比例较高。

[73] 国际合作银行《日本进出口银行史》，国际合作银行，2003年。同时参照林信太郎、柴田章平《产业政策制定者的体验记录：战后到经济高速增长期对产业创造的挑战》，国际商业出版，2008年，第311—316页。

[74] 关于从通产省（经产省）的一般会计中支出的经济合作经费的动向，在本书第2章第4节中考察。

[75] 即便改变期间和选取方法，这一序列也没有大的变动。另外，关于政府开发援助预算占GDP（GDE）的比例，从高速增长期到20世纪80年代末期（第一次石油危机及之后的数年除外）一直持续增加，之后突然反转，开始呈现下降趋势，直到21世纪初。

[76] 相反，对于资金的使用没有国籍限制的援助称为非绑定（untied）案件、不附带条件的援助等。“绑定条件”有很多方式，仅限提供援助的国家、援助国家与接受国家限定为两国、接受国家仅限于发展中国家等。

[77] 举一个例子，日元借款，即便是有偿的，也是以低于提供援助国家市场利息的利率提供资金的，因此事实上包含为接受资金的企业提供信用。

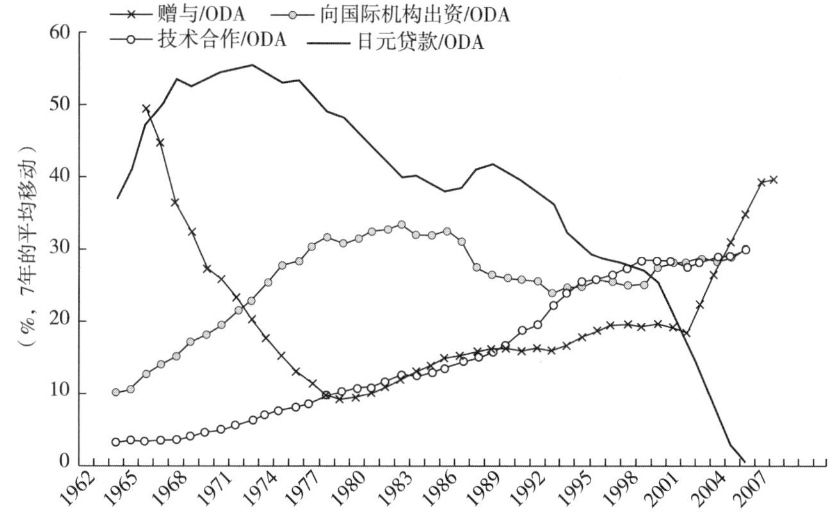

图 12.8　1961—2009 年日本 ODA 比例的变化情况

注：根据美元基准统计。日元贷款是指包含偿还在内的净值。

资料来源：经济产业省《经济合作的现状和问题点》以及外务省经济合作局调查计划课《政府开发援助白皮书》（htttp：//www. mofa. go. jp/mofaj/gaiko/oda/shiryo/10_ hakusho/index. html，登录时间：2011 年 9 月 29 日）。

业有益。[78] 如上所述，日本政府开发援助事业总额（gross，即将偿还计入前的支出总额）的大半是日元贷款，而且以日本籍企业为附加条件的居多，可以说这对日本的出口振兴和海外投资起到了积极的作用。毕竟，和海外支援一样，通产省关于政府开发援助的基本方针关系到国内企业的利益。[79]

不管怎样，有偿的政府开发援助视其条件有可能通过支援国企业获得出口振兴的要素，因此，围绕出口振兴案件的订单，企业之间以及国家之间的竞争有可能激化。OECD 在 1978 年制定了《出口信用协议》（Arrangement on Officially Supported Export Credits），就是为了防止上述事态的发生。[80]

但是从 20 世纪 70 年代到 1996 年期间，日本的政府开发援助逐渐呈现“无偿和无

---

[78] 顺便一提的是，当日元正在（或者连续）升值的情况下，为了维持日本企业机械设备的出口竞争力，日元借款可以说是为数不多的选项之一。

[79] 这一点，在通产省公开出版的《经济合作现状和问题点》中有明确的记载（1959 年版，通商产业调查会，总论第 1 节，第 8 页）。另外，通过 ODA 谋求本国经济活动利益的政策，在国际上也被广泛观察。

[80] 日本政府在巴黎统筹委员会崩溃后，致力于利用 OECD 出口信用协议制度。官方出口信用协议的详情可参照国际合作银行《OECD 官方信用出口协议》，2010 年，（http：//www. jbic. go. jp/finance/export/oecd/pdf/arrange. pdf，登录时间：2011 年 9 月 22 日）。

条件”的倾向，1997 年“无条件”的比例达到 100%。这是成为“经济大国”的日本觉悟到有为国际发展做贡献的责任和义务，也是通产省一直维持“通过政府开发援助振兴出口”的路线明显弱化的原因。这一变化产生的结果是，通产省在制订政府开发援助计划时强调对发展中国家政策合作的有效性。[81]

1997 年的亚洲金融危机也带动了日本政府开发援助政策的变化。其原因是：一方面，尤其随着东南亚各国致力于从危机中恢复，他们对相对短期的对策表示强烈的关心，另一方面，通产省在之前一直强调的中长期政策计划和工程表制作方面变得弱化。[82] 因此日本政府借此机会，考虑到日本产业结构有必要再次转换的事实，设立“特别日元贷款制度”（1998 年）[83]，再次向“附带条件”的方向转变。

另外，同政府开发援助上述经济合作的进程不同，特别是在 20 世纪 90 年代，通商省试图将日本国内实施的产业政策向发展中国家宣传，这被称为“政策合作”。[84] 其背景是，当时的通产官僚认为，国内实施的产业政策在实现日本经济高速增长方面有实质性效果[85]，再加上一部分学者对产业政策给予了积极评价。[86] 作为 1993 年东盟产业高度化展望等东盟产业高度化政策，“政策合作”得以具体化。在这两个新的倾向下，通产省国际开发支援逐渐将重点放在人才培育和技术支援上。[87] 其背景是有见解认为，为

---

[81] 通商产业省编《ASEAN 产业高度化展望：产业政策的进步》，通商产业调查会，1993 年。

[82] 经考虑判断，相比之下作为短期项目进行有偿援助，可以确切期待其实现目标成果。

[83] 正式的名称是“为支援经济结构改革的特别日元借款”。该政策“支援有助于刺激经济、促进雇佣以及经济结构改革的城市基础设施等”，提供 3 年最高 6000 亿日元的支援。

[84] 本段落主要依据通商产业政策史编纂委员会编，阿部武司编著《日本通商产业政策史（1980—2000）：通商和贸易政策》，第二部第 5 章。

[85] 通产官僚的这一认识，从政策思想的观点看极为重要。

[86] 作为代表性的见解，积极评价 20 世纪 90 年代提出的产业政策的是村上泰亮《反古典的政治经济学》，中央公论新社，1992 年。另外，同一时期出版的 The International Bank for Reconstruction and Development, *The East Asian miracle: economic growth and public policy - A World Bank policy report -*. Washington. D. C; The World Bank, 1993（世界银行著、白鸟正喜监译《东亚的奇迹：经济增长和政府的作用》，东洋经济新报社，1994 年），认可了政策金融和出口振兴的积极效果，但对产业政策的效果表示否定（第 6 章）。另外，与此相对，产业政策的否定见解有，三轮芳朗《政府的能力》，有斐阁，1998 年；三轮芳朗、J. Mark. Ramseyer《产业政策论的误解：高速增长的真相》，东洋经济新报社，2002 年；David Weinstein. “Evaluating administrative guidance and cartels in Japan (1957 - 1988),” Journal of the Japanese and International Economics. 9, 1995; Richard Beason and David E. Weinstein, “Growth, economies of scale, and targetting in Japan (1955 - 1990),” The Review of Economics and Statistics, vol. 78, no. 2, May 1996 等。

[87] 这一倾向开始于 1985 年（参照本书记载的通商产业省《经济合作的现状和问题点（1985）》，通商产业调查会，1986 年，第 2 章第 2 节“发展中国家的政策和我国经济合作的作用及效果”）。另外，20 世纪 90 年代以后，关于日本对东盟工业化提供经济支援的具体事例，比如，石川幸一“日本对 ASEAN 产业高度化的支援”，《日本・ASEAN 的经济合作和竞争力》，亚研话题报告，No. 49，2003 年，第 6 章。

取得海外经济开发实质上的成功，除资金援助外，努力提供工学技术以及协助制定政策，在这些领域培养优秀的、智慧的人才是关键。其中，关于政策制定，要求将经济发展主义作为根基，制定和实行合适的经济政策，并依据该主张实施了各种计划，比如：向东南亚、非洲、南美等国派遣人才，日本政府邀请对方国家政府、民间的青年和骨干成员来日，开展教育和训练，开设实践研修课程（预算相对较少），等等。[88]

---

[88] 比如泰国政府从1998年开始，在日本的协助下着手以中小汽车零部件供应企业为主要对象的"产业结构调整事业"，接受国际协力机构（Japan International Cooperation Agency，简称JICA）和JODC派遣的日本专家对其品质、成本价、交货期、技术以及生产管理等的指导［末广昭《东南亚的汽车产业和日本的跨国企业：产业政策、企业间竞争、地域战略》；工藤章、橘川武郎、Glenn Dawson Hook共同编著《现代日本企业2》企业体制（下）-秩序变样的动力，有斐阁，2005年，第62页］。同时，虽然是全省基准的数值，在《经济合作的现状和问题点（1985）》各论第1章第2节的"技术合作"中，记载了日本国内不同地域、不同关系团体详细的人才合作情报。上述通商产业省《ASEAN产业高度化展望：产业政策的进步》，通商产业调查会，1993年（第312—320页）也报告了JICA、JETRO、AOTS等实施的研修员接纳人数和专家派遣人数等（这些机关的名称可参照第5章附论）。

终篇　超越“产业主义”

本书的目的在于，让世人清楚地了解20世纪末的通商产业政策（以下称为通产政策）的轨迹，准确记录其在经历了怎样的过程后才得以制定和实施，并留给后世，同时作为参考资料可以有助于斟酌和制定现代通产政策。在“总论”中，为符合上述目的，将从20世纪末到21世纪初不到60年的通产政策，放在通商产业思想史的脉络中斟酌思考，尝试将现代和未来的政策课题总结成一部参考资料。

因为是“总论”，所以不一一地详细叙述每一个政策。主要课题是：一方面回顾通产政策手段（政策工具）的作用，另一方面，发现贯穿整个时代通产政策的大的波动，理解该政策的社会经济意义。另外，在完成上述第二项工作时，有选择地选取各个时期政策潮流中具有代表性的（而且是第2卷以后的各卷没有做过的）政策进行斟酌、体会。

作为智力工作必不可少的素材，当然必须全面利用以经济产业省（以下称为经产省）仓库保存的过去的政策文件为首的那些第2卷以后各卷详述的历史史实及其评价，同时为获取补充性的新的资料线索，向参与政策制定和实施的诸位相关人员（通产省职员和退休职员等）实施调查并听取其意见。

作为考察对象的约60年，根据通产政策展开的特征可分为三种局面：（1）处理战败的时代（1945年到20世纪50年代初）、（2）高速增长开始到其终结的时代（20世纪50年代后半期到20世纪70年代中期）、（3）新时代的开始（从20世纪70年代结束，经过20世纪90年代直到2010年）。这三种局面在其分界线前后，都经历了宏观经济上的大变革。① 而且20世纪末的20年间，我们可以看到在此之前战败后日本的通产政策思想实态慢慢地朝着明确的方向发生着变化。日本清醒地认识到一直追赶经济发

① 田中浩曾在NHK讲座上将从（1）到（2）称为“第二次开国”。因为泡沫经济的不景气及之后的处理③宣告终结之后，有人开始问到底有没有“第三次开国”（如果有的话，是什么形式）。《“第三次开国”是否可能》，日本广播出版协会，“NHK丛书”，2003年。

展先进各国的时代（catching up 的时代）已经结束，因此进一步尊重市场的自我调节机制，将规定放宽到必要的最低限度，行政机关的介入仅限于市场机制没能很好地实现预期目的的时候。

虽说如此，但当然并不是指政策没有任何意义。满足使市场充分发挥其功能的前提条件、完备将来市场经济发展的各种条件、为解决国际经济问题（利害冲突等）进行谈判等，通产政策在这些方面发挥的作用很大。而且，虽说方向改变，但并不是转换为同之前完全不同的新思想。

然而，就像在后半段中分析的，从20 世纪末到21 世纪初，关于将今后通产政策的重点置于何处，通产省（经产省）的确进入了开始摸索政策思想的时期。暂时也可以将这一摸索称为摆脱产业主义（industrialism）即产业成长中心主义的摸索。② 鉴于该变化具有的意义，在以下各节，将观察的焦点集中在最后的期间。

第1 节　通产政策的社会经济功能（一个作业假说）

通商产业政策思想在20 世纪末的20 年间逐渐改变了面貌。通产政策思想的改观是为了应对日本以及日本所处的国际政治经济状况的变化，同时也是觉悟到日本有必要推进自己的经济市场化。③

如果从本书中摘取几个这一变化的例子，比如：在20 世纪60 年代、70 年代和80 年，省内外共积极提出了3 次通商构想，之后却变得不那么受关注了。这是因为发挥工业化先导作用的“构想行政”已经发挥了作用。与此相对应，概算申请中“新政策”在初期优先振兴出口，继而是振兴产业技术，到世纪末逐渐转移到国民生活的充实和产业结构改革上，不可否认，作为工业化“方向指示者”，通产省对市场的影响已经减弱。④ 碰巧与此相吻合的是，作为财投（财政投融资）资金，以经济高速增长期为

---

② 产业主义的概念是通过下列书籍普及的。Clark Kerr，Charles Myerd，Frederick Harris Harbison and John Dunlpo，*Industrialism and Industrial Man*：*The Problem of Labor and Management in Economic growth*，Harvard University Press（川田寿译，《产业主义：工业化中的经营者和劳动》，东洋经济新报社，1963 年）。

③ 积极开展加深这一觉悟（或者扎根这一觉悟）的官方或非官方的省内研究会和省内讨论会。

④ 顺便一提的是，“新政策”的最优先项目（所谓的“一丁目一番地”）在当年度预算申请额中未必排第一（或者占上位）（其典型的例子是，1979 年度“一丁目一番地”项目——构想行政）。这是因为看清并按照未来经济社会的需要来繁荣新政策的制定是“新政策”的宗旨。即产业政策制定的重要性（在政策思想上判断何为重要）经常并不意味着金额（预算额）的巨大。换言之，经济产业政策的意义不应该只通过预算额的大小判断（当然，如之前所述，小规模金额未必意味着支出效果就小，因此根据成本—收益的比例进行政策评价十分重要）。

中心，为新项目的执行持续提供有效预算框架的邮政储蓄，在 20 世纪末完成了其使命。这一趋势既是受到当时所强调的放宽限制的影响，同时，也是公共资金管道过粗（管制宽松，公共资金投入过多——译注），对民间金融造成压迫，从而带来不太令人满意的影响。

（如第 2 章观察到的）与通产政策相关的财政支出仅构成政府年支出总额的极小的一部分。从这一点看，通产政策在金钱方面对国民生活整体的影响有限。当然，也有可能存在这种情况，即如果只看特定领域（比如中小企业政策和能源政策），对其范围内一定领域（比如中小企业的“近代化”、石油替代能源的探求）的宏观经济的影响很大。虽然如此，从国家整体社会经济来看，通产政策在金钱方面对国民生活整体的影响范围还是有限的。因此，不难想象通产政策的政治经济含义也有限。

另一方面，为执行通产政策，或者控制资金的流动（补贴的支付、税收特别措施等），或者引入有利于顺利实现市场机制的规则（煤气安全规则、产业废弃物规则），这时，必须广泛、正式地确立相关法律依据。因此，按年代追溯通产省相关（所管或是共管）法规的话，其轨迹会反映出政策思想历年变化的另一个侧面。比如：关于产业结构相关法规内容的变迁，就体现了从认为市场介入是正确的到尊重市场规律的这一立场变化，在通产省一般会计（当时）预算额中，中小企业支援的预算措施之所以可以始终维持稳定的地位，是因为与中小企业政策相关法规（包括新法和修订）多是相对应的。不过，某些时候与需不需要资金完全无关，而是与政策和法规直接相关（所谓的表里一致，像战略物资进出口规定），当然法律的存在和政策资金控制之间并不存在一一对应的关系。

但是，由于通产政策需要根据不时变化的国内外政治经济环境来制定和实施，因此，就要求组织和人事的变动要符合政策需求的变化。战败后的大约半个世纪，其间多次制定的通产构想都得益于具有应用力的组织和人事构成。另外，像 20 世纪 80 年代的国际贸易谈判，因为谈判担当官的存在，他们十分了解与谈判内容密切相关的国内产业情况，具备根据对方态度视情况当场提出代替方案的敏锐性，这大大关系到短期乃至中长期的国家权益以及国家威信。无论如何，作为政策手段，尝试组织的重构、围绕新政策的形成持有不同见解的专家们展开自由豁达的论战，同时准确配置具备应对政策需求能力和行动力的职员，并定期谋求重构，这些都具有重要的意义。

综上所述，产业政策不仅（以培育不成熟产业为代表）指明产业成长意向，还发挥了加强市场机制有效性的作用（在这一意义上，社会资本或社会政策的作用）。环境保护、节能、废弃物再利用、衰退产业和谐地退场以及相关的社会政策措施等，不单纯是产业支援政策，这样的事例在20世纪末及之后不断增多。国际贸易条约的缔结件数也在增加。[5] 不管怎样，产业政策不仅仅是经济成长支援政策，它涉及广泛领域，贯彻市场交易的规则，支撑市场发展，同时对时代和国际形势的要求能灵敏且灵活地转变和应对。

第2节　20世纪末经济环境的变化[6]

20世纪末的20年间，通产政策所处的社会经济环境同之前相比，至少有四个不可忽视的变化，即国内宏观经济状况的变化、世界范围的经济全球化、国民对政府职能的期待减退，以及关于地球环境保护的国际舆论高涨。

20世纪70年代前半期，高速成长的时代终结，可以说进入了稳定成长期。[7] 但是，20世纪70年代以后，日本民间企业活动飞速国际化。例如，就是在这一时期，借助电子机械化的浪潮，日本汽车生产的国际竞争力未被撼动。[8] 按照森口亲司的说法，日本的“产业政策意在创造出口产业的循环”[9]。即出口产业的明星，从20世纪70年代前的纺织、造船、钢铁、化学，逐步发展成电气机械、乘用车、微电子，这一变迁的背后一定是产业政策在发挥作用。

其后，20世纪80年代，“日本型经营”的成功在世界上广为传扬，日本企业和政府都加深了对经济实际和经济运营的信心，令他国羡慕的时期到来了。但是，这一

---

⑤ 通产政策在以支持增长为目的时，停留于扮演预见性的信号旗兵（或是产婆的作用）的角色，一旦预期的变动开始，就尽可能将之后的处置交给市场（当然，也有政策没有按照计划进行，预期延迟的时候）。

⑥ 2006年对曾担任通商产业事务次官者进行采访，以下的两节以此为主要资料，由笔者加以总结而成。另外，根据小宫隆太郎教授的意见有部分修正的地方。在此谨表谢意。

⑦ 比如：桥本寿朗、长谷川信、宫岛英昭《现代日本经济（新版）》，有斐阁，2005年，第134页，第158—159页。但是，20世纪70年代前半期，因为散漫的财政金融政策造成通货膨胀和石油危机，也是经济混乱的时期。1979—1981年第二次石油危机后不久，进口总额的大半不得不用作石油进口的货款，交易条件恶化。另外，对于开始于明治维新的日本经济的成长史，将重点放在总结宏观经济的特征上（20世纪70年代前后到现在），并展望其将来的优秀论文有：kyoji Fukao and Osamu Saito，“Japna's altering phases of growth and outlook for future，” a paper presented at Asia Pacific Seminar on “World Economic Performances：Past，Present and Future.” to mark the occasion of Angus Maddison's 80thbirthday. held at the University of Queensland. 5 - 6 December 2006。

⑧ 前述，桥本等著，第204页。

⑨ 森口亲司《日本经济论》，创文社，1988年，第19页。

“志得意满”的时代，在1990年伴随泡沫经济的崩溃也淡淡消逝。⑩ 不仅如此，尽管世界各方面建议和期待“立刻采取紧急应对措施”，但这之后“经济不景气”还是持续了一代人的时间。这也是20世纪90年代被称为“失去的10年”⑪ 的缘由。

将目光投向海外，20世纪80年代中期以后是世界经济国际化显著发展的时期。其象征是美国成为纯债务国、美国（《广场协议》后）批准通货调整、启动设立欧盟相关工作、戈尔巴乔夫（Mikhail Segeevich Gorbachey）的改革重建开始（perestroika）（即冷战终结的前兆）等。⑫ 20世纪80年代末到20世纪90年代初，苏联及东欧计划经济圈的先后解体，在地缘上也促进了这一倾向。⑬ 日本企业之间，这一时期以后的海外直接投资变得繁盛起来（不过，相比之下对日的外国直接投资不活跃的倾向一直持续到21世纪初）。

同国际化一样值得关注的是，20世纪70年代末英国撒切尔（Margaret Thatcher）政府（1979年到1990年11月）诞生，在这之后美国里根政府（1981年1月到1989年1月）上台，政府重视金融财政政策的凯恩斯思想被否定（不过，实际上里根政府下的财政赤字增大），取而代之的是提倡充分活跃市场机制，同时控制包括中央银行在内的政府职能。与此同时“放宽限制”风靡世界。在日本，中曾根政府也对英美的经济政策动向致以敬意，（虽然不及英美的程度）和从前相比，尊重市场原理，排除限制和人制的政策思想慢慢向社会渗透，在一般市民之间，也出现了放弃对政府职能抱有过大期待的倾向。⑭

20世纪80年代以后，中央官厅等的“丑闻”不断（大藏省的事例以及其他事例），这很大程度上损害了国民对政府的信赖感。例如，东芝机械违反巴黎统筹委员会

---

⑩ 20世纪70年代初期（“尼克松冲击”之后），在哈佛大学东亚研究中心（East Asian Research Center）的走廊，在领取午饭的队伍中偷听到这样的对话：“现在‘日本的世纪’结束了。”“是啊，没有想到持续的时间这么短。”但是，20世纪70年代以后的大约20年间，日本克服石油危机，上述对话的主人无疑再次经历了一场大的“意想不到”。看到20世纪90年代日本经济再次逆袭的他们是不是会说：“成功恢复过来了，日本果然还是一等国家。”

⑪ 作为“日本型经营”的说明原理，20世纪80年代人们对青木昌彦的理论十分狂热，“失去的10年”也是这一狂热迅速降温的时期。另外，日本经济在这之后持续低迷，所以后来“失去的20年”再次成为问题（深尾京司《“失去的20年”和日本经济、阐释结构性原因和再生的原动力》，日本经济新闻出版社，2012年）。

⑫ 依据原通商事务次官福川伸次的言论。

⑬ 苏联共产党事实上的解散是在1991年8月24日，苏联解体是在同年12月26日。顺便一提，当时的中国还是“计划经济”。

⑭ 但是，过分强调市场，也有对政府职能评价过低（或是否定）之嫌（谴责政府）。RP. Dore（Ronald P. Dore）《不可思议的国家——日本》，筑摩书房，1994年，第xii—xiii页、第87—89页等，建议警惕这一倾向。

事件（1987 年）发生时，有批判认为通产省应对不当。也正因如此，开始强调行政手续的透明化、压缩没有法律依据的（自行裁度）行政指导。和这一改变相关的还有《信息公开法》（正式名称为《关于行政机关持有信息的公开的法律》，1999 年法律第 42 号）和《行政手续法》（1993 年法律第 88 号）的制定。顺便一提，后者“谋求确保行政运营的公正和提高透明度……目的是有助于保护国民权利利益”（同法第一条）。

世纪末发生的另一个重要变化是，对抗地球环境破坏的国际合作行动慢慢地扎根。不过，在这一领域，很早之前有罗马俱乐部（Rome Club），有识之士预测地球环境问题将会变得严峻。日本从前就对工业化对环境带来的不良影响敲响警钟[15]，伴随气候温室化征兆的愈发明显，尤其是里约峰会（United Nations Conference on Environment and Development，关于环境和发展的联合国会议，1992 年）缔结《气候变化框架公约》，推进了地球环境保护运动。之后，在日本作为东道主的防止地球温室效应京都会议［气候变化框架公约第三次缔约国会议（The Third Conference of the Parties to the United Nations Framework Convention on Climate Change，COP3），1997 年］上，通过了《京都议定书》（kyoto Protocol），据此，日本（至少是表面上）承担了改善地球环境的领导角色。

以上围绕日本经济的变动对通产政策也有很大的影响。通产政策的要点是围绕日本的国内经济状况和国际经济状况，保持适当的政治经济平衡，因此，泡沫经济崩溃使掌舵通产政策变得艰难起来也是理所应当的。而且，20 世纪 90 年代日本失去最大的是信心，政策抉择充满迷惑，反复的失败也是有道理的。

不管怎么说，20 世纪末是通产政策迎来转机的时期。不过，政策的变化是慢慢显现的，短期的观察很难明确看清，但从中长期来看变化是明显的。接下来，尽可能分年代、有逻辑地追溯其变化情况。

第 3 节　20 世纪末通商产业政策通览

宏观环境的巨变

如上所述，20 世纪末，日本经济同以前相比，其宏观经济环境发生了显著的变化，

---

⑮　历史上对抗环境污染的运动有足尾铜山事件。参照都留重人《公害的政治经济学》，岩波书店，1972 年等。

一方面经常收支的顺差幅度变大，因此，虽然自然资源的供给依赖海外的状况没有改变，但20世纪50年代“现代重商主义”潜伏在背面。[16] 不仅如此，经常收支的顺差幅度有时会成为海外各国（尤其是美国）强烈批判的对象。另一方面，政府财政赤字幅度膨胀，GDP中的国债发行比例上升，这使政府被迫紧缩财政支出，为达成产业政策目标利用财政措施（补助金、税收特别措施等）的自由度变窄。同时，在高速成长的过程中，金融资产的积蓄增多，这使得民间企业对官方的金融支持（提供财政投融资资金、利息补贴等）的感恩渐弱。因此，贸易政策的金融效果也在降低。

政策中心的转移

桥本龙太郎首相设置了首相直属的“行政改革会议”（1996年），从这以后，首相官邸下达政策决断的例子增多。关于通产政策可以说也是一样的。政府税制调查会和自民党税制调查会同时设置以后，后者政治分量超过前者，像这样政治和行政的力量关系也逐渐发生了变化。

如果只是说总理大臣直接指示通产政策，这样的事例以前就有。比如：第一次石油危机时，依照田中角荣首相的指示，以通产省为中心整理了石油消费规定法案，以经济企划厅为中心整理了生活安定法案，最终成立了《稳定国民生活紧急措施法》（1973年法律第121号）和《石油供求合理化法》（1973年法律第122号）。

机构和组织的变化

作为变化必然的归宿，通产省的行政机构也发生了重要的变更。即1973年实施通产省大机构改革以来，作为产业保护和培育的基地发挥作用的部局（所谓的原局）进行了改组或变更，[17] 不仅如此，部局和民间企业的接触密度也在减退。

通过1973年大改革，通产省的编制由“大臣官房”下设的多个“局”和追求独立主题的几个“厅”构成。这里多个“局”，由同特定业界开展联系活动的几个“原局”（机械信息产业局、基础产业局以及生活产业局）和掌握原则原理的（这里暂称为

---

[16] “现代重商主义”出自尾高煌之助《高度增长的轨迹》和安场保吉、猪木武德《高速增长》，日本经济史8，岩波书店，1989年，第157页。

[17] 对应民间特定产业的“原局”的存在，这一结构（而且“原局”这一概念本身）是日本产业政策的一个特征。这一结构是为了满足第二次世界大战时的军需所设置的（参照第5章第2节）。在这个意义上，可以说它也是“1940年体制”的一部分。

“非原局”）各局（产业政策局、通商政策局、贸易局以及立地公害局）构成。另外“厅”有资源能源厅、中小企业厅以及专利厅，还有作为附属机构的工业技术院。

1973年到2000年通产省的编制，由与业界联系的纵向各局和贯穿不同业界、和所有产业相关的横向各局构成。根据问题的不同，纵向的主张和横向的主张未必不相容。这时两者互相对立，通产省的结构就是通过调整实现产业政策整体平衡。

例如，贸易谈判时，非原局的通商政策局（通政局）一边通过通商产业政策五花八门的各行业，注意与对方国保持良好的关系和维持自由贸易主义的国策，一边参与对外经济谈判等，但不触碰国内的产业调整。和国内产业政策相关的原局，不直接参与对外谈判（但是，原局副局长和审议官有时会陪同）。因此，负责对外谈判的通商产业（通产）审议官，虽然是非原局的最高层，但对于谈判的实质内容要通过原局征求国内相关业界的意见，反过来，对方国的要求和谈判走向（预计）要通过原局传达给业界，试探其反应。也就是说，非原局专注于对外谈判。另一方面，原局不直接参与对外谈判，承担向谈判窗口（＝通产审议官）递送情报、反过来应窗口的要求汇总业界意向的职责。

这样，非原局和原局的分工关系不是树形（tree diagram，一次元）构造，而是纵横交错的矩阵（matrix，二次元）构造。发挥关键作用保持二次元结构的是通产省人事政策和大臣官房下设的法令审查委员。

即（1）该省职员通过定期人事调整，在相互间原理不同、各自负责广阔领域的各局工作，从而逐渐造就广博的见识。另一方面（2）在法令审查委员会，纵横各局第一课室成员每周有两回讨论，涉及通产政策的所有方面，从该省整体的角度进行横跨各局的讨论，同时拥有相互调整的机会（实际上，该室的主要业务不是“法律审查”本身）。大学刚毕业者入省后首先被分配到各局总务课，作为主席代理多次出席该会议，很早就开始接受训练，从全省的视角出发思考政策，而不仅是自己负责的狭窄领域。

如此一来，在这期间，通过职场的OJT（岗位培训，on-the-job-training，工作的同时接受培训）与克服二次元组织运转产生利害对立的智慧相结合，使通产省虽然是官僚机构，但还是产生了作为组织的整体观、创造力和使命感等。⑱

---

⑱　顺便一提的是，20世纪70年代以后，丰田汽车的生产组织就是采取类似的二次元构造，这一事实不能轻易遗漏（参照松岛茂、尾高煌之助编《池渊浩介的口述历史》，法政大学创新管理研究中心，working paper series No.52，2008年，第50—53页）。

但是，20 世纪 80 年代以后，产生了横向比例弱化的倾向，这是因为，比起以业界为基准来思考或行动而言，按照特定的必要性和个别企业的要求来办事的情况增多。在这个意义上，20 世纪 80 年代迎来了产业政策的转机。和这一新的动向相应地，以行业为中心的产业政策数量减少，随之业界团体的数量和影响力也在减小。因为要有产业政策才有行业团体，同时，政府为了执行政策，需要通过行业团体收集相关信息。政策需求没有了，那么行业团体存在的意义也随之减少，这是自然的趋势。随之而来的是，从前负责政策对象、竖向并肩的部局（机械信息产业局等）和负责政策原理、谋求维护政策一贯性的横向部局（产业政策局等）纵横交错的二次元构造衰退了。

宣告新时代到来的象征性事件是，世纪交替时中央官厅的重组（2001 年 1 月 6 日）。桥本行业改革所确立的原则可以概括为三点：（1）强化内阁的作用、（2）削减省厅（由 22 个减少到 12 个），以及（3）不依靠掌控（即取消纵向行政），以任务为中心开展工作。以此为契机通产省改名为经产省（2001 年），将重心放在宏观经济政策和产业政策上，做到了名副其实，并且组织扁平化，撤销总务课，废除法令审查委员会，代之以政策企划官会议等，旨在实现信息传达和决断的迅速化。另外，关于产业政策内容，注意发现和扶植尖端企业（top runner），同时认识到创新生产技术的开发才是新时代政府的职责所在。

虽说如此，上述内部组织的实质变化，从桥本行政改革的很早以前就已经成为必然了。

产业政策立场的变化

特定行业扶植立场后撤，取而代之的是开始谋求行业横向的对策，如结构改革、日元升值造成不景气的对策等［不过，石油危机以后，产业扶植政策也并非全部消亡。例如：20 世纪 70 年代末，广泛使用电解法制作碳酸钠，该方法使用的是会产生公害的水银，通产省宣传替代新技术——离子交换膜法（当时，只有旭硝子株式会社能够采用）的商业应用，说服行业的厌烦态度，引入转换目标（1985 年），其结果是行业竞争力增大］。

依照前田靖幸（原法政大学教授）等的说法，1983 年《特定产业结构改善临时措施法》（1978 年法律第 44 号，简称《产构法》），是装点行业政策末期的法律。通产省认为该法律是曾经被国会废除的《特定产业振兴临时措施法案》（简称《特振法案》）的“复仇战”，作为被排除在《反垄断法》适用对象之外的替代新方式，该法引入

“事前同公正贸易委员会协调”。这是因为当时通产大臣山中贞则的思想是强调竞争政策，也反映出通产省的思想在发生变化，其态度转为“民间主导，接受已有状况”，这也是和美国构造协议的开始。⑲

依照原通产事务次官小长启一的说法，《产构法》经历了《稳定特定不景气产业临时措施法》（《稳特法》）→《产构法》→《顺利转换产业结构临时措施法》（《顺利转换法》）的变迁，“行政所占位置越来越小”。

总之，因为日元升值出现了苦于出口下滑的企业，另一方面，因为担心进口增加、制造工业空洞化加剧，作为应对措施制定了《顺利转换法》，但实际上活用该法律的行业很少。

强调尊重市场机制型的政策

代替之前的市场介入型产业政策，日本开始采用尊重且促进市场机制型的政策。其典型就是挥舞放松限制（强调市场机制）的大旗。这种情况下，空洞化对策、高费用构造的改善等时常被提起。中小企业政策方面，在1999年《中小企业基本法》的修订中，旧法（1963年制定）的核心法理思想“不利的补充修正”这一概念消失了，作为产业政策，中小企业政策的性质发生了根本性变革。

同高速成长的前期相比，针对《反垄断法》的产业政策方针也发生了变化。从20世纪50年代后半期到60年代前半期，为了增强产业竞争力，不适用《反垄断法》（《关于禁止私人垄断以及确保公正贸易的法律》）的情况屡有发生（1966年4月王子汽车和日产汽车的合并、1969年10月八幡制铁和富士制铁的合并等）。但随着将重点放在培养市场竞争机制上，通产省和公平贸易委员会（公取委）之间发生正面对立的情况减少。另一方面，对于企业合并和企业联合完全听不到来自经济学家的反对。⑳

探求产业政策新的存在意义

此外，开始探索与从前不同的新型介入政策，如通过促进外部经济防止市场失败、

---

⑲ 前田靖幸、大山耕辅、东野裕人《产业政策的形成和实施过程》，《通商产业政策史研究》，1997年。

⑳ 21世纪，经济学家“安静”的原因是，他们认为开放体系下贸易和直接投资变得繁盛，虽然是大型合并，但成为限制竞争因素（因为垄断商品价格被提高）的危险很小。顺便一提，战败后日本的企业合并，因为一个公司经营困难而企划合并的情况较多，攻击性的收购很少，富士和八幡的合并计划也是起因于他们担心如果各自强行进行大规模设备投资，可能导致共同倒闭。

承担民间部门不能完全承担的风险在背后支持市场运营等新型政策。其事例有：强调广义的环境保护和改善、采取积极的能源政策、支持大型基础研究和开发等。这些新政策名单的提出和选择，是在各自领域的严重问题被提出后短时期内——根据情况不同在其成为社会问题之前——开始实行的（比如 1973 年资源能源厅的独立等）。

像原通产事务次官牧野力指出的那样，产业政策的任务是将市场能够发挥作用的领域交给民间，承担市场自身不能发挥作用的领域。曾经，无论是钢铁还是汽车领域，也都需要产业政策帮助扶植民间企业。但是，时代改变了，现在经产省的职能正是在中小企业对策、知识产权保护、能源政策、安全保障规定、化学武器规定、产业技术开发、环境规定（特别是温室化）和消费者保护等各领域。

不过，对产业政策作用的上述（牧野）认识很早以前就有了。比如：根据原通产事务次官儿玉幸治的话，在其担任企业二课课长（1972 年）时，因为不再是重要产业合理化特别偿还的时代，“确定进行整顿的方针……代之以防止公害税，制定了防止公害准备金等几个新制度”。早在大平内阁时代，自民党就提案过环境评估法案。当时通产省反对环境保护相关立法，尽管如此，负责促成各官厅意见一致的通产事务次官矢野俊比古（当时）提醒自民党“财界反对立法，临近选举（参议院）真的要这么做吗”，并制定了评估法草案［不过，《环境影响评价法》是在很久之后才成立的（1997 年）］。

另外，以 1970 年为界，能源问题十分重要的（正确）认识在省内浮现。像是接受了这一认识，1973 年和 1978 年石油危机带来了政策上的大转换。作为最优先的政策目标，提出了“脱离石油”和“节能”，甚至建立和增强必要的特会。作为能源的核电，被称为不产生大气污染的“清洁的半国产能源”，这导致对核的依存度大幅提高。

增大对看不见、摸不着的资产的关心

关于强调知识产权政策，在本系列书中已经提到过。当然，这和以美国为中心的世界知识产权保护行动密切相关。

更进一步说，防止产业空洞化、将比较有优势的制造工业拴在国内，从这一思想中诞生的就是：促进新技术的开发和研究人员交流、专利申请程序的简便化以及审查官的增加、企业布局条件的改善措施（法人税的减额等）等。尤其是，根据 1995 年制定的《科学技术基本法》，倡导促进研究开发成果的适当应用，为此，1998 年制定了促进大学、国立研究所等的研究成果向民间转移的《大学等技术转移促进法》（《TLO 法》），1999 年制定了促进国家委托事业的研究成果相关专利权等向民间转移的《产业

活力再生特别措施法》(日文版 Bayh－Dole 法,《产活法》)。

除此之外，作为期待制造工业活力的法律措施，诞生了《制造基础技术振兴基本法》(1999 年)。

聚焦新领域行政

同上述变化一起，还出现了以下变化：流通业的“现代化”和消费者保护行政的强调等[21]、存在于高速成长时代背后的政策华丽登场，以及果断引入新的视角等。《大型零售商店立地法》(《大店立地法》) 就是其中一个显著的事例。1973 年公布的《大店法》(《关于调整大型零售商店零售业务活动的法律》)，其目的在于调和同一地域强者（大型店铺）和弱者（小规模零售商）之间的竞争（即保护弱者)[22]，1998 年的新法（《大店立地法》)，去掉了名称中的“调整”字样，从中可以看出放弃了通产省的干预职能。

1989 年《日美结构问题协议》(SII) 包含的重要事项有《大店法》《专利法》《公制法》以及财政赤字等各种各样的事项，根据原通产事务次官儿玉幸治的说法，这时对于通产省来说首要的课题是“如何放宽《大店法》的规定”。而且结构协议的结果不是废除《大店法》，而是确定根据该法快速处理开店申请（不要像之前一样需要花费一年半以上的时间）的方针更为重要。即，

> 终于制定了《大型零售商店立地法》。这次完全是全新的形式，如中心市区重新活跃化，在街区建设整体中考虑商店问题，我感觉这是最好的解决方法。

像欧洲的城镇一样，在中心区设置广场、文化设施、行政、教育等设施的情况下对商店定位比较好——日本曾经也是这样的。

政策手段、政策方针的变化

或许是反映了这些经济环境的变化，政策方针也发生了变化。比如：作为产业政策工具，比起行政指导，引人注目的是开始倾向于法令制定。没有法律依据的行政手

㉑ 《消费者基本法》(1968 年)、《消费生活产品安全法》(1973 年)、《制造物责任法》(1994 年)、《消费者契约法》(2000 年) 等。

㉒ 强者与弱者间的调和原理由四项组成：店铺面积、闭店时间、停业天数以及开店日。

段和行政指导变得难以实施。另外，出现了由事前规定向事后规定（不是在问题发生之前制定规定，而是明白问题所在后再制定）的转变。[23]

行政指导的减少，如上所述是纵向部局（原局）减少的结果（因为行政指导是由拥有“糖”和“鞭子”这两者的原局才能实施的，不具备这些的横向部局是很难实施的）。

进一步可以观察到的是，通产政策提出的课题，不拘泥于省厅间的纵向行政的常规，而是应课题的要求呈现纵横自由设定的倾向。这是因为政策方针和背后的政策思想呈现反复的动态变化，同时，也是由于政策担当官对常年地理环境变化（“全球化”就是其中的一环）灵活做出反应的原因。作为早期的事例，1989 年 10 月通产省“缩短工时经营问题恳谈会”建议缩短工时和促进对女性、高龄者的雇佣。之后还有地价税的提案（1991 年）、法人税减税的提案（1996 年）、关于人类基因组解析研究方针的制定（2000 年）、低污染车行动计划（2001 年）等，不胜枚举。

另外通产事务次官小长启一在和笔者的意见听取会中强调，应该致力于为新产业发展进行技术开发；国际化时代的开发方向应该包含国际性、创造性、文化性三大要素；在将新的构想具体化时，相关人员应该跨越省厅间的障碍通力合作、共同出谋划策。

贸易政策上的变化

布雷顿森林体系给第二次世界大战后的日本经济复兴和成长提供了重要的框架，该体系终止以后，日本贸易政策也发生了很大的变化。其中一个契机就是引入浮动汇率制。比如：因为汇率大幅度波动，一瞬间会产生巨额的损失（或是获利）等，海外贸易的风险增大。另一方面，在同新兴国家进行贸易时，为弥补政治风险（因政治不稳定使出口贷款长时间不能回收），贸易保险的重要性上升。

更进一步说，一方面，在整个 20 世纪 70 年代日本企业的技术以及经济竞争力上升，另一方面，20 世纪 80 年代美国企业同日本企业相比营业业绩低迷，因此美国产生了雇佣不安。结果导致 20 世纪 70 年代后半期到 90 年代前期，日美双边贸易摩擦多发。

---

[23] 但是，原通产事务次官矢野俊比的意见是“（比起法律）行政指导更好”。该意见认为，经济是不停变化的，因此还是不将通商行政的基础放在固定的法律上为好，设置法中通产省的任务是“产业的振兴及调整”，基于这一任务的行政指导是有效且适当的。另外，行政指导是以民间业界的存在为前提实施的，因此也有意见认为它不缺乏公正性和透明性。根据此观点，正是行业团体的存在阻止了官厅和特定企业之间的勾结和贪污。因此，介入政策直接与官民勾结、贪污相关是误解（森口，《日本经济论》，第 169—170 页）。

比如：原通产事务次官棚桥祐治在职时（1991—1993年），贸易政策毕竟以机械工业为对象，这也是与美国经济摩擦的中心。这完全是因为此人的经历偏集中于机械信息产业局。当时的日美经济问题始于彩电的出口规定，之后扩展到工程机械摩擦、半导体摩擦以及汽车零部件谈判。除此之外，还有围绕专利行政的问题、秘密保护问题、计算机软件盗窃事件（对IBM）等，摩擦处于退无可退的状态（顺便一提，贸易政策的对外谈判不是由外务省，而是通产省（经产省）负责，这是值得注意的日本特征）。

这一时期，日本政府多年来奉行自由贸易主义，因此倡导多边解决的重要性，但日本政府又处于不得不参与同外国政府（尤其是美国）开展双边谈判的状况，多次进行自愿出口限制（VER）等，被迫采取对国内产业来说未必令人满意的政策应对。㉔

可是，世纪末（1995年），GATT体制改为WTO。WTO的设立对日本贸易政策来说是一大转折点，因为基于世界共同规则的贸易谈判原则在国际上得到推广。

此前的日美贸易摩擦中，对于美国提起反倾销诉讼或是要求废除贸易障碍的问题，两国间总是在如何平息，或是在哪里找到妥协点上反复谈判。但是在WTO框架内，路线由采取双边谈判转为放眼全世界、找寻满足相关各国要求的解决对策。这一变化在半导体摩擦时尤为显著，即日本尽可能将欧洲拉拢到本国一侧，同时促使美国注意到，现在亚洲的半导体生产地不仅仅是日本，已经扩展到韩国和中国台湾，并且通过和韩国合作，可实现更加顺利的谈判过程。汽车领域也是一样，20世纪90年代以后日美间尖锐的对立消失了。可以说日美贸易摩擦已经成为过去时。

当然，要想加入这一新的框架，日本也要准备好承担相应的代价。这就是认可在农业保护方面被迫妥协的可能性。顺便一提的是，一时间似要变天的日美半导体摩擦得以平静的一个重要理由是，以WTO成立为背景，日本的战略奏效——将双边谈判置于多边协商的背景中。㉕

这一时期欧美各国经济活跃，而日本经济陷入泡沫和萧条中，同时亚洲新兴工业国明显兴起，因此，把日本当作对象的双边摩擦一时沉寂下来。另一方面，随着欧盟的成立，在欧洲经济一体化的进程中，在日本政府（通产省）主导下的APEC（亚太经济合作组织，1989年启动）的活动带来了现实意义。按照原通商产业审议官细川恒

㉔ 以防万一附带说一下，自愿出口限制的渊源最早可追溯到20世纪60年代的棉制品协定，而不是这一时期新出现的问题。另外，对于自愿出口限制，国内产业的应对比较复杂，并不全是反对的行业。

㉕ 参照大矢根聪《日美韩半导体摩擦：通商谈判的政治经济学》，有信堂高文社，2002年。

的说法，进入以市场主义为前提安排贸易政策的时代后，必须确立国际规则，并且必须在其指导下思考政策上（政治）的应对。这时重要的战略对策是，前瞻性地尝试设立本国长期利益所在的平台，将其他国家卷入其中谋求谈判的利益，但是日本还缺少可以完成这项战略对策的人才，即便有也并不擅长。鉴于这一实情，APEC 所具有的国际关系上的意义变小了。这么说的理由是，在当时，这是唯一的根据日本的创意而制定的国际通用的贸易规则。与此相比，围绕个别案件的日美交涉，从长远来看并不是大到能成为贸易谈判主流的问题。

在这一新的事态之下，在贸易政策制定者之间出现这样的看法，即作为实现多边解决体制的一个手段，同特定国家（地域）缔结双边协定也是一个现实的政策选择。日本对亚洲和拉丁美洲地区的国际政策方针是，一改过去坚持多边协商主义，变为双边交涉主义。即与这些地域之间改变以前一味的多边谈判，通过双边谈判逐渐实现终极目标（即接近自由贸易体制），也就是说放弃拘泥于理想主义，转为现实主义。

国际经济状况的变化和始于 1989 年柏林墙倒塌的计划经济圈后退有着密切的关联。值得注意的是，以苏联解体（1991 年）为开端的一系列计划经济圈崩溃的时期，同贸易政策（产业政策）的大转换时期是重合的。[26] 经济全球化向前推进，这就意味着世界经济一体化的趋势增强。在之后的 10 年里，由于中国作为新的经济成长冠军登场，21 世纪世界经济发生进一步的变化。以中国新兴工业国的兴起为前提，研究新的贸易政策的时代到来了。本政策史项目的研究目标时期，可以说以“中国的世纪”拉开序幕而终结，构建令人满意的日中关系很可能是新时代通产政策的最大课题之一。

灵活的政策思想的流露

伴随时代的前进和要求的变化，可以看到政策方针发生了显著变化，政策工具也必然实现更替，这是通产政策（和其他省的政策不同）的特征。根据原通产事务次官山下英明的形容，通产省就像是“软体动物”。该省可以说是有创意的官厅。通常认为，通产政策是根据时间和场合的不同，在实施已经固定的例行政策时多少会伴有变形，但实际情况并不是这样。随着时代的要求，将什么作为政策目标的政策原点也在发生变化，或者是它先行变化引领时代，这是它最大的特征。每隔 10 年会设定“通产构想”的事实就是这一特征的反映。顺便一提的是，原通产事务次官浓野滋回忆道

㉖ 参照细川恒《大竞争时代的通商战略》，日本广播出版协会，1999 年，第 2 章。

“战后政府机关的举动指引了很多方向”，“通产省战后的政策之一……是放宽限制的历史”，但是，到 2000 年，已经不是政府机关挥旗先行的时代了。

不过，与此相反，原通产事务次官堤富男指出，产业政策思想随时间变化而变化，但是其底层一直是“放松规定”的哲学。的确，产业政策曾经努力振兴汽车和其他产业，待其具备实力后这些政策都会撤销以使其自立，这是其最终的意图所在。

20 世纪 70 年代到 90 年代，在担任通产大臣之后就任总理大臣的事例变少，这并非偶然。因为通产大臣自认是政策上的时代红人、话题上演的担当者，同时成功塑造了这一角色。[27] 不过，同样地，关于政策选择的话题也很丰富，预算规模与其他省相比相对较小也是其特征。

自由方针的通产政策事实上发挥着形成宏观经济政策思想的作用，同时，这一角色要不断关注宏观和微观的连接点，从政策上调整两者之间的关系，并为谋求国内经济和海外经济关系的平衡发挥重要作用。比如：引入消费税时（1988 年公布，1989 年施行），当时的产业政策局长、原通产事务次官儿玉幸治指出，消费税“虽然是比较难的税，但通产和大藏大臣之间进行了非常顺利的协作，并且努力不给产业带来严重的影响，这可以说做得很好”。不过，必须指出的是原来通产省全省都反对消费税。

过去从未有过的泡沫不景气发生时，原通产事务次官棚桥祐治认为，有必要制定对策以平衡不景气的内在原因——储蓄。因而，强烈反对“地价税”，主张土地的流动性才更重要，并与当时的大藏省主税局展开争辩。同时，棚桥认为银行的总量规则已经偏离（过于缓慢）时机，应该搁置。对通产省（当时）掌管外的事项，在了解后都会论证，因为这与产业界的动向密切相关。但是，来自大藏省（当时）的阻碍很大。通产省向总理大臣（当时）宫泽喜一提出，应该着手新型公共投资，目标是创立以福利、信息、教育为中心的新社会资本，认为对于其财源可以通过发行建设国债来获取。虽然首相对这一提案表示理解，但即便拥有总理大臣的权力，也还是很难压制建设族和道路族的主张，加上大藏省对于给予支持也很消极，导致提案最终被搁置。

同样，原通产事务次官堤富男也认为泡沫不景气的元凶是宏观经济政策打错了算盘。失策的开端是认为桥本内阁连续不断实施日元升值对策的效果显现，终于摆脱了不景气，就在这时决定了 8 万亿日元的增税。结果同原本意图相反，不景气正式开始，不良债权的重压全部强加给银行。可以说进一步实行金融自由化，是接二连三的时机

---

[27] 当然，这也是因为比这些更重要的是，通产大臣要求具有国际视野的人才。

错误。

之后，20 世纪 90 年代末，围绕经济结构改革以及财政金融政策的立案和运用，通产事务次官（当时）渡边修陆续提出了一些重要政策建议（例如，法人税应该从当时的 49% 中削减 10%）。

但是，20 世纪末，在亚洲地区可以感受到新的发展气息已经越来越强，单纯回顾人均 GDP（用购买力平价表示）的进展，2003 年韩国已经达到了 1980 年日本的水平[28]，东南亚经济已经“起飞”很久了。中国按照 21 世纪初的速度持续增长的话，预计到 2020 年就可以追上 1980 年日本的水平。[29] 印度经济方面，20 世纪 90 年代开始的自由化路线已经渐渐结出成果，俄罗斯以利用能源资源获取的外币为发条谋求成长路线的展开。[30] 在中亚，正在具备工业化初期条件的国家已经出现。[31] 在这样的国际经济环境中，日本的贸易政策方针应该是什么形式，同时它的根本原理应在何处。在研究这些课题时，比如，可以多多关注美国对亚洲的政策（尤其是对中国的政策）。

第 4 节　遗留的课题

本书记录了通产省政策变化的全过程（包括通产省成立后的大约半个世纪、改名为经产省后的数年）以探寻其思想渊源，试图理解其政策手段的结构和作用，并进一步概观各领域的政策的功绩，尝试准确且中立地陈述通商产业政策的形成和落实情况。

在这一尝试中，有时候会试图解释政策制定和实施的时代意义，但没有对政策的成果进行评价（或是分析）。本来项目的初衷是准确、客观地记录政策内容及其目的，在为后世做记录的同时，可以为现在形成和实行新时代的通商产业政策提供参考。也就是说，本书的着眼点是，就政策的制定、实行以及成果，尽可能全面、不偏颇地陈述。

因此，本书在尝试追溯通商产业政策的历史时，留下了下面的两个课题。一是根据（包括政策展望在内的）政策思想确定这一时期（年度或是一定期间）的政策目的

---

[28] 篠原三代平《东亚经济的动态——成长、循环和“亚洲金融危机”》，同志社大学，《经济学论丛》57 卷 3 号，2006 年 3 月，第 238—239 页。

[29] 同上。

[30] 参照久保庭真彰《俄国经济的成长和构造：资源依存经济的新局面》，岩波书店，2011 年。

[31] 既然是广域亚洲，将西亚（伊朗等）和中近东（土耳其、埃及等）纳入范围更好。

到底是否恰当。二是所执行的通商产业政策是否真正完成了预期的目的（某种意义上的“成功”）。[32] 换言之，是评价课题的设定是否恰当、政策的最终结果是否符合预期的问题。

本书没有解答这两个问题。要妥善完成政策评价的课题，首先需要对本系列各卷所涉及的各个政策案例，围绕课题设定的恰当性及其成果分别进行探讨。[33] 通商产业政策整体的综合评价，只有在各个案例的评价完成后方有可能。

㉜ 当然，这些问题通过认识到政策思想所在时代的制约性而具有相对化［作为探索和评价20世纪末大约20年间通商政策思想变化的尝试，有板垣晓《透过〈通商白皮书〉看通产省的通商思想政策变迁》，《北海学园大学经济论集》，59卷1号（总计185号，2011年6月）］。

㉝ 有必要进行成本—收益分析（cost - benefit analysis）等定量评价，同时对不适合数量分析的政策课题进行定性评价。

致谢词

本书的重要信息来源之一是采访参与政策制定及政策实施的相关人员。著者参与了本政策史系列各卷的访谈，特别是为了整理政策史总论，创造机会听取参与各行业从政策立案到政策执行全过程人员的讲述，并请其对政策手段的作用以及政策变迁给予评价和分析。

对谁、提出什么主题的访谈请求，对于确保调查结果的客观性和普遍性格外重要，在选定人选、发出邀请、选择日期和场所等方面，以政策史编纂室的编辑为中心承担了这些工作。在本书主要的观察对象期间，经产省（通产省）中大学毕业的工作人员（特别是高级职员）定期进行岗位调整，积累多个领域职务的经历的情况比较普遍，而且工作人员之间对彼此职务的经历也惊人地熟悉。因此，利用该省的人际网络关系，根据不同政策课题，现在在任的工作人员自不必说，从曾经历任人员、产业界的专家中确定访谈的对象也并不是特别困难。

2006 年春至 2010 年春期间，在接受我们访谈的诸位之中，当时在民间任职的人员如下表所示，共计 80 名。另外，出于同一目的，对经产省（调查当时的）现任工作人员（同时有少数财务省现任工作人员）进行了访谈，给予协助者（包括之后离任的诸位）达到 138 位。对相关人员在百忙之中毫不推辞地接受我们的采访，有时还多次接受我们的约访，表示衷心感谢。

本书的最终草稿根据不同的对象领域，呈经产省负责部门审阅，并对照所获得的意见进行了修改。这也给拨冗阅读的诸位增添了不少负担。在此对给予协助的诸位表示由衷的敬意。

经济产业研究所原理事长及川耕造先生，从本政策史系列的筹划到最终完成，方案的详细内容自不必说，对政策史系列的进度情况和需要改正的方案、因不得已的情况编者阵容的变动、编纂情况的督促和防止延迟等方面，亲自给予无微不至的关怀。关于本书，及川耕造先生也提出具体的建议意见，并提供原始素材，在修改过程中给予很多宝贵的意见。与政策的立案和实施措施相关的章节，得到松岛茂、尾崎雅彦两位的大力支持，在分领域概述章节，得到来自石井正、中村吉明、林良造、冈松壮三郎以及森川正之（经济产业研究所副所长）等诸位的鼎力协助。

历任政策史编纂室编辑和副编辑的（以到任先后为序）宫本武史、吉田悦子、田边正美、相乐希美、铃木一司、入野泰一、早川卓郎、西恒淳子、关泽洋一，始终像明灯一样给本书的制作指引方向，同时，在资料搜索、向本省负责的部局问询，以及纠正编者的偏颇以引导其迷途返回方面倾注了大量精力，在审阅编纂工作最后阶段的草稿时，给予了毫无保留的批评，并且提供了改进和增补所需的资料。

表　《日本通商产业政策史（1980—2000）：总论》执笔协助者一览表

顺序	姓名	顺序	姓名	顺序	姓名	顺序	姓名
1	秋间升	21	加藤浩	41	田中秀明	61	福川伸次
2	荒冈拓弥	22	川岛俊章	42	棚桥祐治	62	北条尚子
3	安藤胜良	23	神户厚	43	塚本弘	63	细川恒
4	石井正	24	橘川武郎	44	堤富男	64	细谷祐二
5	石川洋一	25	木下博生	45	德增英博	65	前田充二
6	石黑一宪	26	木原诚实	46	内藤正久	66	牧野力
7	板谷宪次	27	浓野滋	47	中田哲雄	67	松岛茂
8	一村信吾	28	肥塚雅博	48	永田干男	68	松本健
9	井出亚夫	29	小岛彰	49	中野正孝	69	三重野文晴
10	稻川泰弘	30	儿玉幸治	50	中村俊彦	70	宫入宗人
11	岩武俊广	31	后藤芳一	51	西出撤雄	71	八代尚宏
12	浦嶋将年	32	小长启一	52	根津利三郎	72	安藏胜良
13	及川耕造	33	小宫隆太郎	53	野口昌良	73	矢野俊比古
14	大矢根聪	34	佐伯嘉彦	54	林明夫	74	山下英明
15	冈崎哲二	35	坂田一郎	55	林良造	75	山田康博
16	冈松壮三郎	36	佐藤真树	56	平井敏文	76	山本贞一
17	奥田真弥	37	杉山和男	57	平野周作	77	山本雅史
18	奥村裕一	38	杉山弘	58	广濑胜贞	78	吉海正宪
19	尾崎雅彦	39	高桥英树	59	广濑昌志	79	渡边修
20	加藤司	40	武田晴人	60	深沢亘	80	渡边义宪

注：不包括在协助编纂期间在职的公务员。

实际编纂工作正是在团结在编辑周围的政策史编纂室诸位同人热心的通力协作下，才得以顺利完成。在这个机缘之下，发挥关键作用的还有负责编纂总务的桝潟晶子，负责宣传的桂井直子，负责编纂业务（经济产业调查会）的小泽和彦、田中健夫、横山繁，以及编纂工作人员三泽惠子、香川永利子、小川佳奈等。调查助手（按时间顺序，板恒晓、今城辙、结城武延、北浦贵士、平野创、大岛朋刚、寺田裕亮、高松航平等）负责统计及其他原始资料检索、整理和整合，以及计算和制表等需要踏踏实实的基础工作，有时还参加相关文献的批判性研讨会。本书中基于纸质以及电子资料的观察资料（图表）大部分得益于调查助手的协助。另外，在审查草稿的过程中，文献和评论等往来传阅的管理、在细节事实内容的准确性的监督检查（资料标题、法律名称、相关人士的姓名和组织名称、历史日期等）以及印刷版校对等方面，得到横生和三泽二人的鼎力相助。

综上所述，本书正是因为得到众多人士的鼎力协助才得以顺利完成。在此向相关各位表示衷心的感谢。但是，这里需要明确说明的是，最终完成的本书的内容由著者负责。

最后，包括本书在内，本政策史系列出版用编辑和指定印刷等方面，得到经济产业调查会莫大的支持和帮助。时常出现多个文卷同时进行印刷、校订、改订，而且时间期限非常紧迫，付出巨大努力可想而知，有时不得不加班加点。在此对相关各位人士的无私协助表示深深的谢意。

著者

2012 年 12 月 11 日

策划出品：中信出版·比较

策划编辑：吴素萍

责任编辑：马媛媛

营销编辑：梁明月

装帧设计：水玉银文化 syyart@qq.com